Wissenschaftliche Untersuchungen
zum Neuen Testament · 2. Reihe

Herausgeber / Editor
Jörg Frey (München)

Mitherausgeber / Associate Editors
Friedrich Avemarie (Marburg)
Judith Gundry-Volf (New Haven, CT)
Hans-Josef Klauck (Chicago, IL)

255

Hans Joachim Stein

Frühchristliche Mahlfeiern

Ihre Gestalt und Bedeutung
nach der neutestamentlichen Briefliteratur
und der Johannesoffenbarung

Mohr Siebeck

HANS JOACHIM STEIN, geboren 1969; Studium der Evangelischen Theologie in Bethel, München, Gettysburg/PA, Washington/DC und Bonn; 1999–2002 Vikariat; 2002–2007 Assistent für Neues Testament an der Kirchlichen Hochschule Wuppertal; seit 2008 Gemeindepfarrer in der Evangelischen Landeskirche in Württemberg.

ISBN 978-3-16-149816-9
ISSN 0340-9570 (Wissenschaftliche Untersuchungen zum Neuen Testament, 2. Reihe)

Die Deutsche Nationalbibliothek verzeichnet diese Publikation in der Deutschen Nationalbibliographie; detaillierte bibliographische Daten sind im Internet über *http:// dnb.d-nb.de* abrufbar.

© 2008 Mohr Siebeck Tübingen.

Das Buch wurde von Laupp & Göbel in Nehren auf alterungsbeständiges Werkdruckpapier gedruckt und von der Buchbinderei Nädele in Nehren gebunden.

Frauke

Vorwort

Die vorliegende Arbeit wurde im Sommersemester 2008 von der Kirchlichen Hochschule Wuppertal als Dissertation angenommen. Für die Drucklegung wurde sie geringfügig überarbeitet und ergänzt.

Auf das Thema stieß ich im Rahmen einer Studienwoche zum Abendmahl, die im Dezember 2002 an der Kirchlichen Hochschule stattfand. Herr Professor Dr. Martin Karrer, dessen Assistent ich sein durfte, ließ sich sofort dafür begeistern und begleitete mich sowohl fachlich als auch persönlich durch die Promotionszeit. Er war für mich ein Doktorvater im besten Sinne des Wortes, und dafür danke ich ihm von Herzen! Viel habe ich von ihm gelernt und empfangen, sei es in Seminaren und auf Studientagen, beim wöchentlichen Dienstfrühstück oder bei Wanderungen im Bergischen Land. Immer hatte er ein offenes Ohr für mich, ermutigte mich und forderte mich heraus.

Das Zweitgutachten übernahm freundlicherweise Professor Dr. Klaus Haacker. Seine Skepsis gegenüber großen Theoriegebilden und sein ständiges Insistieren auf den biblischen Texten halfen mir sehr bei der Erstellung meiner Arbeit. Auch ihm gilt mein herzlicher Dank!

Zahlreiche Hinweise empfing ich von den Teilnehmerinnen und Teilnehmern der neutestamentlichen Sozietät, die sich in gut sympotischer Tradition mit Wein und Gebäck zu Vortrag und Gespräch versammeln. Hier ist neben den beiden Gutachtern vor allem Herr Professor Dr. Kurt Erlemann zu nennen. Frau Dr. Eva Ebel und die Herren Professoren Dr. Bernd Kollmann und Dr. Peter Wick referierten auf einem Studientag zum Herrenmahl im Sommer 2004 und diskutierten mit mir über meine ersten Thesen. Ich denke gerne an diesen Tag zurück.

Mein Dank gilt schließlich Herrn Professor Dr. Jörg Frey und Herrn Dr. Henning Ziebritzki für ihr Interesse an meiner Arbeit und die rasche Aufnahme in die zweite Reihe der „Wissenschaftlichen Untersuchungen zum Neuen Testament". Herr Matthias Spitzner vom Verlagshaus Mohr Siebeck war mein Ansprechpartner für die Erstellung der Druckvorlagen und reagierte stets prompt auf meine Anfragen und Probleme.

Für das Korrekturlesen danke ich Dr. Georg Freuling, Christian Mulia, Anne Förster, Susanne Schelle und Maike Scherhans.

Parallel zu meiner Assistenz an der Kirchlichen Hochschule war ich Pfarrer zur Anstellung in der evangelischen Kirchengemeinde Altenberg-Schildgen. Hier fand ich eine ausgeprägte Abendmahlspraxis und Abendmahlsfrömmigkeit vor. Die wöchentliche Sakramentsfeier hat mich in meinem eigenen Glauben geprägt und war mir ein wichtiger Gegenpol zur Beschäftigung mit dem Abendmahl am Schreibtisch. Mein herzlicher Dank gilt vor allem dem dortigen Gemeindepfarrer Christoph Nötzel.

Am meisten zu danken habe ich meiner Familie: Meine Mutter Edeltraud Weid hat, wie auch mein Bruder Andreas, meinen Weg von Anfang an begleitet. Sie hat die Grundlage für meinen Glauben gelegt, aus dem ich bis heute lebe. Meine Kinder Paula und Jonathan halfen mir auf ihre eigene Weise, auch einmal abzuschalten und mich anderen Seiten des Lebens zu widmen. Meine Frau Frauke hat die Promotionszeit so existenziell miterlebt wie niemand sonst; sie stand mir zur Seite, wenn ich Durststrecken zu durchleben hatte, und freute sich mit mir, wenn sich neue Türen auftaten. Sie las mit Akribie Korrektur, fragte und hakte immer wieder nach und half mir dadurch, meine Gedanken und Worte zu präzisieren. Ich freue mich, dass das Gespräch mit ihr weitergeht. Ihr sei diese Arbeit gewidmet.

Billensbach, Erntedankfest 2008   Hans Joachim Stein

Inhaltsverzeichnis

Kapitel III. Die Mahlfeier im Kontext der Paulusbriefe

Kapitel IV. Die Mahlfeier im Kontext der Deuteropaulinen

Literaturverzeichnis

Abkürzungsverzeichnis

Die *Abkürzungen der Reihen und Zeitschriften* richten sich nach SCHWERTNER, Siegfried: Theologische Realenzyklopädie. Abkürzungsverzeichnis, Berlin/New York [2]1994. Ergänzend bzw. abweichend dazu wird hinzugezogen: Abkürzungen Theologie und Religionswissenschaften nach RGG[4], hg. von der Redaktion der RGG[4] (UTB 2868), Tübingen 2007.

Darüber hinaus bzw. abweichend davon werden folgende Abkürzungen verwendet:

ABG	Arbeiten zur Bibel und ihrer Geschichte
AJEC	Ancient Judaism and Early Christianity (bislang AGJU)
ASMA	Aarhus Studies in Mediterranean Antiquity
BWM	Bibelwissenschaftliche Monographien
HTA	Historisch-Theologische Auslegung
LSAM	Lois sacrées de l'Asie Mineure
NTAK	Neues Testament und Antike Kultur
PAwB	Potsdamer Altertumswissenschaftliche Beiträge
STusc	Sammlung Tusculum
STAR	Studies in Theology and Religion
ThK.NT	Theologischer Kommentar zum Neuen Testament

Die *biblischen Bücher* werden nach den Loccumer Richtlinien abgekürzt, allerdings ohne Spatium.

Antike Quellen werden soweit wie möglich nach RGG[4], darüber hinaus nach EWNT[2] 1 (1980), XV–XXI, abgekürzt.

Die *Handschriften aus Qumran* werden sowohl mit den geläufigen Bezeichnungen nach DJD als auch so weit wie möglich numerisch angegeben. Die einzelnen Belege werden entsprechend RGG[4] nach dem Schema Handschrift, Fragment, Kolumne, Zeile (z.B. 4Q405 23 I 7–10) bzw. Handschrift, Kolumne, Zeile (z.B. 1QS VI 4–6) zitiert.

Die *Sekundärliteratur* wird mit Kurztiteln zitiert, wobei i.d.R. das erste Substantiv des Titels verwendet wird. Zur Erleichterung des Auffindens der Literatur ist das entsprechende Substantiv im Literaturverzeichnis kursiv gedruckt. Kommentare werden abweichend davon mit der Abkürzung des entsprechenden biblischen Buches und Lexikonartikel mit der Abkürzung des jeweiligen Nachschlagewerks zitiert, was ein Auffinden im gegliederten Literaturverzeichnis erleichtert.

Kapitel I

Einführung

1. Fragestellung

Das Abendmahl ist der *sinnlich reichste Teil* eines jeden Gottesdienstes. Hier gibt es nicht nur etwas zu hören, sprechen und singen, sondern über die anderen gottesdienstlichen Teile hinaus auch etwas zu schmecken und zu sehen. In liturgischen Dialogen, Gebeten, Riten und Gesten wird umfassend wahrnehmbar, was das Mahl der Gemeinde bedeutet.

Eine Vielfalt an verschiedenen Feiergestalten habe ich in besonders dichter Weise im Rahmen eines Studienjahres in den Vereinigten Staaten von Amerika erlebt. Studiert habe ich am Lutheran Theological Seminary in Gettysburg, PA und dabei schwerpunktmäßig das lutherische Abendmahl kennen gelernt, das mir als uniertem Rheinländer bis dahin noch nicht geläufig war. Zugleich habe ich über das Jahr hin versucht, Gottesdienste auch anderer Konfessionen zu besuchen und deren Mahlpraxis zu erfahren. Die Bandbreite, die sich mir dabei auftat, war groß:

In den meisten Gemeinden wurde das Mahl gegen Ende des Gottesdienstes gefeiert, was als Ausdruck dafür gelten kann, dass es als Höhepunkt der gottesdienstlichen Kommunikation mit Gott verstanden wird: Während der Eingangsteil des Gottesdienstes der Reinigung (*purificatio*) dient und es im Verkündigungsteil um die Erleuchtung (*illuminatio*) im Hören auf das Wort Gottes geht, zielt das Abendmahl auf die Vereinigung (*unio*) des gereinigten und erleuchteten Menschen mit seinem Erlöser.[1] In einer Pfingstgemeinde wurde dagegen das Abendmahl zu Beginn des Gottesdienstes gefeiert; die Gemeindeglieder traten auch nicht in Gruppen um den Altar herum, sondern standen in einem großen Kreis, der den ganzen Kirchenraum durchzog. Hier wird die Mahlgemeinschaft offensichtlich nicht als Höhe- und Schlusspunkt, sondern als Voraussetzung gottesdienstlichen Handelns begriffen. Anders gesagt: Die Feier des Mahls bedarf nicht der vorgängigen Reinigung und Erleuchtung der Gemeinde, sondern konstituiert überhaupt erst die Gemeinde und präpariert sie für den pneumatisch orientierten Wortteil des Gottesdienstes.

Aber nicht nur der gottesdienstliche Ort des Mahls, auch die Feiergestalten, die ich erlebte, waren vielfältig: In einigen lutherischen Gemeinden knieten die Gemeindeglieder um den Altar herum und bekamen Brot und Wein direkt in den Mund gereicht, Ausdruck einer großen Ehrfurcht vor den Elementen als Realsymbolen der Gegenwart des Fleisches und Blutes Christi. In anderen Gemeinden war der Umgang mit den Elementen weitaus nebensächlicher und standen gemeinsame Lobgesänge oder Gemeinschaftsgesten wie Händeschütteln oder Umarmungen im Zentrum. Steht bei Ersterem die Gemeinschaft mit Christus im Zentrum, so ist es bei Letzterem die Gemeinschaft untereinander.

---

[1] So exemplarisch dargelegt bei JOSUTTIS, Weg, 162 f.

An der Abendmahlsfeier lässt sich der Stellenwert des Mahls in der Gemeinde und seine Bedeutung für das gemeindliche Selbstverständnis ablesen. Der Mahlrhythmus, die Integration der Abendmahlsfeier in den Gottesdienst, die Art des verwendeten Geschirrs, die Auswahl des Brotes und des Getränks, die begleitenden Gebete und Formeln – all das sagt nicht nur etwas über die Feiergestalt des Abendmahls, sondern auch über das theologische Selbstverständnis der Gemeinde aus.

In Deutschland haben die protestantischen Kirchen seit je her gerade im Gegenüber zur römisch-katholischen Kirche auf dem *Gemeinschaftscharakter* des Abendmahls insistiert und versucht, ihm einen sichtbaren Ausdruck zu verleihen.[2] Gegen die priesterkirchliche Verengung der Mahlfeier, wie sie ihren Ausdruck in den so genannten Winkelmessen fand, hat man die konstitutive Bedeutung der Gemeinde herausgestellt,[3] gegen die individualistische Auffassung von der Gemeinschaft des Einzelnen mit seinem Herrn hat man in jüngerer Zeit gemeinschaftsbetonte Feierformen eingeführt. So wird das Abendmahl in den meisten evangelischen Gemeinden nicht mehr als Wandelkommunion, sondern im großen Kreis um den Altar herum eingenommen. Einige Gemeinden gehen sogar noch weiter; die Gemeindeglieder geben einander Brot und Kelch weiter, statt dass der Pfarrer oder die Pfarrerin allen einzeln die Mahlelemente reicht. Dadurch kommt es zu einer Interaktion zwischen den Teilnehmerinnen und Teilnehmern, die noch dadurch verstärkt werden kann, dass sich zum Sendungsteil alle die Hände reichen, bevor sie auf ihre Plätze zurückgehen. In alledem spürt man das Verlangen, einer theologischen Einsicht liturgischen Ausdruck zu verleihen, damit praktisch nachvollzogen und für alle sichtbar gemacht wird, was zuvor in den Köpfen reflektiert wurde. Auf diese Weise wird die gemeindliche Abendmahlsfeier ästhetisiert. Ihre Gestalt – also ihr Ablauf und die in ihn hineinkomponierten Gesten und Worte – wird für den wahrnehmenden Betrachter dafür durchsichtig, wie sich die Gemeinschaft versteht, was ihr wichtig ist, was sie glaubt, wovon sie lebt, wovon sie sich abgrenzt und was die einzelnen Gemeindeglieder füreinander sein wollen. Darum ist die Liturgie nicht einfach ein Schmuckstück, das den Gottesdienst verschönert und ganzheitlich werden lässt, sondern theologische Bedeutungsträgerin. Sie ist wie ein Fenster, durch das hindurch eine Gemeinschaft mit ihrem ureigenen Selbstverständnis angeschaut werden kann. Deshalb ist der Gemeinschaftscharakter des Abendmahls auch nicht allein sozial, sondern auch und vor allem theologisch zu verstehen.

---

[2] Vgl. dazu WELKER, Kirche, 5 f.

[3] Auch innerkatholisch hat man sich inzwischen von den Privatmessen distanziert. Zur Bedeutung der Liturgischen Bewegung für die Erneuerung eucharistischer Messpraxis vgl. KRANEMANN, Privatmesse, 211–229.

Die neue evangelische Sensibilität für die Ausdruckskraft von Ritualen und Feiergestalten kommt auch im so genannten eucharistischen Streit zum Ausdruck. Es handelt sich um einen noch allein innerdeutsch geführten Streit, der sich an einer Agendenreform entzündet hat.[4] Im Zuge der Erneuerung der Agende der Vereinigten Evangelisch-Lutherischen Kirche Deutschlands (VELKD) und der ehemaligen Evangelischen Kirche der Union (EKU) hat man das altkirchliche Eucharistiegebet wiederentdeckt und liturgisch neu zur Geltung gebracht. Die Einsetzungsworte werden demnach nicht isoliert vorgetragen, sondern – wie erstmals in der Apostolischen Tradition aus dem 3. Jh. greifbar – in ein umfassendes Dank- und Lobgebet eingebettet, das der Gemeinde die Heilstaten des dreieinigen Gottes in Erinnerung ruft und Gott dafür dankt.

Promotor der Neuerung war vor allem der Wiener Liturgiewissenschaftler Hans-Christoph Schmidt-Lauber.[5] Er versteht sie im ökumenischen Horizont als Annäherung an die Traditionen der Ostkirchen und als Anknüpfung an die allen Konfessionen gemeinsamen altkirchlichen Wurzeln. Die Fokussierung der Liturgie auf die Einsetzungsworte verurteilt er als westlichen Irrweg, den die Reformation im Rahmen ihrer Kritik an der römischen Messpraxis nicht korrigiert habe, sondern im Gegenteil konsequent zu Ende gegangen sei. Demgegenüber betont er, dass erst das Eucharistiegebet den Sinn der Einsetzungsworte zur Geltung bringt, indem es sie in ein umfassendes Gedenken an Jesus einbettet und in einen Sinnzusammenhang mit dem Lobpreis des Schöpfers und dem Herbeirufen des Geistes stellt.

Scharfe Kritik daran kam vor allem von der Kirchenhistorikerin Dorothea Wendebourg.[6] Sie hat sich hauptsächlich an der Spitzenaussage Schmidt-Laubers gestoßen, dass die Reformation trotz ihrer grundlegend anderen Abendmahlsauffassung durch die Reduktion der Liturgie auf die Einsetzungsworte den falschen Weg Roms zu Ende gegangen sei.[7] Sie selbst versteht diese Reduktion nicht als Engführung, sondern als sachgerechte „Selbstklärung und Entfaltung", weil sie gewährleiste, dass kirchliches und göttliches Handeln im Mahlvollzug bleibend unterschieden werden und die Kirche sich nicht an die Stelle Gottes setzt.[8] Würden dagegen die Mahlworte als Teil eines Eucharistiegebets verlesen, vermischten sich Gebet und Verkündigung, gemeindliches Handeln im Reden zu Gott und göttliches Handeln in der Anrede der Gemeinde.[9] Die Einführung des Eucharistiegebets in den Kirchen der Reformation bedeutet ihres Erachtens den Verlust der Einsetzungsworte als Zusageworte an die Gemeinde und damit zugleich eine folgenreiche Bedeutungsverschiebung von der Sündenvergebung Christi weg zum Dank der Gemeinde.

Den Streit müssen wir hier nicht lösen; es kommt uns hier allein darauf an, dass und wie rituelle und theologische Fragen miteinander zusammenhängen: Ob eine Gemeinde das Abendmahl mit langem Eucharistiegebet oder nur unter Rezitation der Einsetzungsworte feiert, sagt etwas darüber aus, aus welchen Traditionen heraus sie lebt, was ihr wichtig ist und wovon sie sich abgrenzt, und letztlich auch, ob sie sich selbst eher als

---

[4] Einen Überblick über die Diskussion bieten RASCHZOK, Streit, 145–172, und WALLRAFF, Eucharistie, 55–63. Zur Geschichte und Relevanz der Agendenreform vgl. MEYER-BLANCK, Möglichkeiten, 490–508.

[5] Aus seinen zahlreichen Veröffentlichungen zum Thema seien exemplarisch genannt: SCHMIDT-LAUBER, Eucharistiegebet, 203–237; DERS., Eucharistie, 207–246.

[6] Vgl. zuletzt WENDEBOURG, Weg Roms, 400–440.

[7] Vgl. die entsprechenden Aussagen bei SCHMIDT-LAUBER, Eucharistie, 226.

[8] So WENDEBOURG, Weg Roms, 419.

[9] Vgl. WENDEBOURG, Weg Roms, 404–418.

vergebungsbedürftige Gemeinschaft der begnadigten Sünder oder als dankende Vorhut des Reiches Gottes begreift. Die Diskussionen um Riten und Worte zeigen, dass mit der Entscheidung für eine bestimmte Feierform ein bestimmtes Identitätsverständnis mitgesetzt wird.

Was für die Gemeinden gilt, die sich heutzutage zum Abendmahl oder zur Eucharistie versammeln, das gilt nicht weniger für die ersten christlichen Gemeinschaften, von denen das Neue Testament erzählt. Riten, Räume, Gebete, Mahlworte, Speisen und Getränke – all das gibt Auskunft über die Identität der jeweiligen Mahlgemeinschaft. Dem soll in dieser Arbeit nachgegangen werden. Welche äußeren Gestalten frühchristlicher Mahlfeiern lassen sich erheben? Wie sind diese Gestalten innerhalb ihres kulturgeschichtlichen Umfeldes einzuordnen? Und was erzählen sie uns über die sie durchführenden Gemeinden? Kurz: Welcher Zusammenhang besteht zwischen der *äußeren Gestalt* der frühchristlichen Gemeinschaftsmähler und dem *inneren Selbstverständnis* der feiernden Mahlgemeinschaften? Welche impliziten und expliziten Aussagen machen diese allein dadurch über ihre Identität, dass sie gemeinsam essen und trinken, und zwar in einer bestimmten Weise?

Mit dieser Verquickung von Gestalt und Bedeutung ist eine genuin *ästhetische Fragestellung* berührt. Denn die ästhetische Erfahrung besteht genau darin, in einer sinnlichen Wahrnehmung – in unserem Falle der äußeren Mahlgestalt – mehr zu entdecken, als für die Sinne dargestellt werden kann, eine Idee – oder eben in unserem Falle eine Identität, die für ihren Grund sichtbar wird. Auf die Darstellung der gegenwärtigen ästhetischen Theoriediskussion können wir verzichten; wenn wir im Folgenden von der Mahlästhetik sprechen, dann meinen wir damit nichts anderes als diesen Darstellungscharakter, der das Mahl für etwas Tieferes durchsichtig machen soll. In der Liturgiewissenschaft haben sich ästhetische Fragestellungen an der Deutung des Gottesdienstes als „Inszenierung"[10] oder „Performanz"[11] festgemacht. Die Abendmahlsfeier im Besonderen hat mit Günter Bader ein systematischer Theologe unter ästhetischen Gesichtspunkten untersucht.[12] Er konzentriert sich aber auf die Mahlsubstanzen und bezieht die Frage nach der Inszenierung von Identität nicht ein.

2. Forschungsgeschichtliche Tendenzen

In der Forschung ist dem Zusammenhang von äußerer Gestalt und inhaltlicher Deutung frühchristlicher Mähler nur unzureichend Aufmerksamkeit zuteil geworden. Meistens konzentrierte man sich auf den einen oder den anderen Aspekt und wurden etwaige Zusammenhänge nur vage erläutert. Dabei haben sich liturgiewissenschaftliche, soziologische und theologische Positionen zunehmend auseinanderentwickelt, statt einander zu befruchten.

---

[10] MEYER-BLANCK, Möglichkeiten, 503 f.
[11] PLÜSS, Erfahrung, 246.255.
[12] Vgl. BADER, Abendmahlsfeier, 108 ff.

Ein vollständiger forschungsgeschichtlicher Überblick über die exegetische Abendmahlsforschung ist an dieser Stelle weder möglich noch nötig. Wir konzentrieren uns auf neuere und prägende ältere Beiträge zum Zusammenhang von Form und Inhalt des Mahls:[13]

Einen dezidiert liturgiewissenschaftlichen Ansatz verfolgte Hans LIETZMANN in seiner für die Mahlforschung bis heute grundlegenden Studie *„Messe und Herrenmahl"* von 1926.[14] Dabei hat er in der Beschreibung der liturgischen Entwicklungen durchaus theologische Grundentscheidungen als die eigentlichen Wirkkräfte im Blick. Der Form nach unterscheidet er zwei Mahltypen, die sich inhaltlich als eschatologisches Freudenmahl und als Totengedächtnismahl beschreiben ließen und sich altkirchlich zur sakralen Agape und zur sakramentalen Eucharistie weiterentwickelt hätten.

In seiner Analyse geht er von den ältesten ihm zugänglichen Liturgien aus, der Hippolyt zugeschriebenen römischen Liturgie aus dem 3. Jh. und der ägyptischen Liturgie des Serapion aus dem 4. Jh.[15] Sie unterscheiden sich seines Erachtens im Opferbegriff und in der liturgischen Funktion der Mahlworte Jesu über Brot und Becher. Während im westlichen Typus Hippolyts die Mahlworte die innere Mitte der Liturgie bildeten und die Mahlfeier als Gedächtnis des Kreuzesopfers Jesu charakterisierten, wirkt nach Lietzmann der Einsetzungsbericht in der östlichen Liturgie Serapions wie ein Fremdkörper, weil das Opfer dort nicht das Todesopfer Jesu, sondern die Darbringung der Gaben der Gemeinde auf dem Altar meine.

Lietzmann sieht in den beiden unterschiedlichen Liturgien zwei unterschiedliche Mahltypen nachwirken, die sich bis in das frühe Christentum zurückverfolgen ließen.[16] Den östlichen Typus Serapions führt er über die Didache auf einen Jerusalemer Mahltypus zurück, der die alltägliche Mahlpraxis des irdischen Jesu unter österlichen Bedingungen als erwartungsvolles Freudenmahl fortsetzt. Er sei durch einen eröffnenden Brotritus, den Verzehr einfacher Speisen und durch eine intensive eschatologische Naherwartung geprägt gewesen (Apg 2,42.46 f.). In der Alten Kirche habe sich dieser Typus zur sakralen Agape weiterentwickelt. Den westlichen Typus Hippolyts dagegen führt er auf einen hellenistisch-paulinischen Mahltypus zurück, der das letzte Mahl Jesu mit seinen Jüngern unter nachösterlichen Bedingungen als Gedächtnisfeier des Todes Jesu wiederholt. Er sei durch einen eröffnenden Brot- und einen abschließenden Becherritus geprägt gewesen (1Kor 11,23b–25). In der Alten Kirche habe sich dieser Typus zur sakramentalen Eucharistie weiterentwickelt.

Auf Jesus zurückführen lässt sich Lietzmann zufolge nur der Jerusalemer Typus. Zwar habe Jesus auch ein besonderes Abschiedsmahl im Jüngerkreis gefeiert, doch habe

---

[13] Zu weiteren Positionen in der Forschung vgl. die Überblicke bei KLAUCK, Herrenmahl, 8–28, und KOLLMANN, Ursprung, 17–33.

[14] So formuliert LIETZMANN selbst: „Vielleicht daß es gelang, auf diese Weise von der liturgischen Seite her dem viel umstrittenen Problem der Entstehung und Bedeutung des Abendmahls neues Licht zuzuführen" (Messe, V). Von seiner grundlegenden Bedeutung bis heute zeugen die Würdigungen bei KLINGHARDT, Gemeinschaftsmahl, 5–10; MESSNER, Eucharistie, 493 f.; THEISSEN, Sakralmahl, 174 f.

[15] Vgl. LIETZMANN, Messe, 174–197.

[16] Vgl. LIETZMANN, Messe, 249–255.

er nicht dessen Wiederholung angeordnet. Der Gedächtnisbefehl verdanke sich also nicht dem irdischen Jesus, sondern dem erhöhten Herrn, der ihn Paulus offenbart habe (1Kor 11,23a): „Die Erzählung vom letzten Mahl kennt er (= Paulus) aus der Gemeindetradition, wie sie uns auch bei Markus vorliegt. Aber das wesentliche Verständnis dieser Geschichte hat ihm der Herr offenbart, nämlich daß sie das Vorbild des Herrenmahls der Gemeinde sei und zum Gedächtnis Jesu immer wiederholt werden müsse. [...] Paulus ist der Schöpfer des zweiten Typus des Herrenmahls."[17] Weil nicht beide Typen in einem gemeinsamen Ursprung konvergieren, sondern der erste sich am irdischen, der zweite am erhöhten Jesus festmacht, sind sie Lietzmann zufolge irreduzibel und müssen nebeneinander stehen gelassen werden: „Von der Feier der Jerusalemer Urgemeinde führt keine Brücke zu dem Gleichniswort vom Brot und Leib: es bleibt ein selbständiger und nicht ableitbarer Faktor."[18]

Lietzmanns Zwei-Typen-Theorie wird trotz aller Kritik bis heute hoch geschätzt, auch wenn sich die Stimmen mehren, die frühchristlich nicht mehr zwischen einem jüdisch geprägten Freudenmahl und einem hellenistisch durchdrungenen Totengedächtnismahl, sondern zwischen einem wöchentlich begangenen Freudenmahl in Erwartung des baldigen Wiederkommens Jesu und dem jährlich begangenen Passamahl im Gedenken an Jesu Tod unterscheiden.[19] Nach wie vor ist es aber das Nebeneinander zweier Mahltypen, die erst allmählich miteinander verschmolzen seien, von denen ein Großteil der Forschung ausgeht.

Nur am Rande an äußeren Abläufen interessiert zeigt sich Hans-Josef KLAUCK in seiner 1980 eingereichten Habilitationsschrift „*Herrenmahl und hellenistischer Kult*". Er bemerkt zwar zu Recht auffällige Parallelen zwischen der äußeren Gestalt antiker Gast- und Vereinsmähler und der christlichen Herrenmahlsfeier in Korinth,[20] zieht daraus aber keine theologischen Konsequenzen. Sein Augenmerk gilt vielmehr der inhaltlichen Fragestellung nach religionsgeschichtlichen Analogien zum Herrenmahl in der hellenistischen Kultur, die ihn von den Vereinen weg zu den Mysterien führt.[21]

---

[17] LIETZMANN, Messe, 255.

[18] LIETZMANN, Messe, 253.

[19] So JEREMIAS, Abendmahlsworte, 115–118; FULLER, Double Origin, 60–72; ROUW-HORST, Célébration, 109 f.; HENGEL, Mahl, 456, Anm. 16; SCHWEMER, Mahlgemeinschaft, 214 f.; THEOBALD, Paschamahl, 133–180; DERS., Leib, 127 f.; 152 f. mit Anm. 115; 162 f. mit Anm. 154; THEISSEN, Sakralmahl, 183.

[20] So bemerkt KLAUCK, Herrenmahl, 367: „Was das Vereinsmahl [...] angeht, muß eine weitreichende Übereinstimmung im Phänotyp eingeräumt werden. Die christliche Gemeinde trifft sich wie der Kultverein eines orientalischen Gottes in ihrem privaten Lokal regelmäßig zum Gemeinschaftsmahl." Vgl. a.a.O., 371: „Die äußere Form der Hauptversammlung (sc. in Korinth) könnte an den hellenistischen Dreischritt von Mahl, Trankspende und Symposion angeglichen sein." Weiterhin DERS., Leib Christi, 196 f.

[21] Vgl. neben der großen Monographie auch KLAUCK, Präsenz, 313–330; DERS., Mysterienkulte, 171–193.

Anders als Vereins- und Totengedächtnismähler haben die Mysterienmähler nach Klauck nicht nur auf die äußere Gestalt, sondern auch auf die tragende Konzeption des Herrenmahls eingewirkt.[22] Die Begründung des Mahls in einem göttlichen Stiftungsakt, der imitierend nachvollzogen werde, die Heilserwartung und die Vorstellung der Mahlgemeinschaft mit dem Kultgott verbinde die Mysterienmähler mit christlichen Mahlfeiern. So kann Klauck festhalten, dass ohne die Einflüsse jüdischer und paganer Mysterien „die sakramentale Herrenmahlkonzeption im Urchristentum nicht zustande gekommen wäre".[23] Erst sie hätten es den Gemeinden ermöglicht, die Gegenwart des erhöhten Herrn und die Teilhabe an seinem Heilswerk konzeptionell umzusetzen. Während Jesus in den österlichen Erscheinungsmählern nur als Gastgeber und Spender gedacht worden sei, habe seine Gegenwart unter Einfluss der Mysterienkulte auch als leibliche Präsenz in den Mahlsubstanzen gedacht werden können.[24] Damit einher ging – so Klauck – eine zunehmende Fokussierung der Mahlfeier auf die Riten um Brot und Becher, die schließlich in der Trennung von Mahlzeit und Kultakt mündete.[25]

Hans-Josef Klauck stellt zu Recht die Einflüsse gemeinantiker Mahlkultur auf die christlichen Mahlfeiern heraus. Das christliche Mahl entwickelte sich nicht aus sich selbst heraus, sondern im Zuge kultureller Austauschprozesse. Dabei übernahmen die christlichen Mahlgemeinschaften Elemente ihrer Umwelt, setzten aber auch eigene Akzente. Diese Eigenarten lassen sich nicht nur inhaltlich, sondern auch formal beschreiben. Hier ist über Klauck hinauszugehen.

Bernd KOLLMANN öffnet in seiner 1990 erschienenen Göttinger Dissertation *„Ursprung und Gestalten der frühchristlichen Mahlfeier"* den Blick für die Vielfalt der Mähler im Urchristentum. Nicht nur zwei Typen wie Lietzmann, sondern drei Grundmodelle schält er aus den neutestamentlichen Texten heraus. Während der Buchtitel aber von „Gestalten" der Mahlfeiern spricht und damit eine Abhandlung über äußere Vollzüge christlicher Mähler erwarten lässt, geht es Kollmann überhaupt nicht um äußere Abläufe, sondern allein um inhaltliche Mahlkonzeptionen.

Anders als Lietzmann unterscheidet Kollmann keine sakralen und sakramentalen Mahlfeiern. Alle frühchristlichen Mahlfeiern – ob mit oder ohne Todesgedenken Jesu – seien gleichermaßen als religiös qualifizierte Kultmähler zu begreifen. Sie unterschieden sich nicht hinsichtlich ihrer grundsätzlichen Sakramentalität, sondern nur hinsichtlich ihrer konkreten sakramentalen Konzeption. Ein erster pneumatologisch orientierter Mahltypus liege in der Auffassung von der geistlichen Qualität der Speisen und Getränke vor (Did 9 f.; 1Kor 10,3 f.); ein zweiter christologischer Mahltypus in der Auffassung von der Anteilhabe der Mahlteilnehmer an Jesu Kreuzes- und Auferstehungsleib (Joh 6; 1Kor 10,16). Ein dritter ebenfalls christologisch orientierter Typus schließlich gehe noch weiter als der zweite, weil er die Kategorie der Partizipation in die der Identifikation überführe. Er sei überall dort gegeben, wo von der Identität des Brotes und des Becherinhalts

---

[22] So KLAUCK, Herrenmahl, 367 f.
[23] KLAUCK, Herrenmahl, 372.
[24] Vgl. KLAUCK, Herrenmahl, 329 f.
[25] Vgl. KLAUCK, Herrenmahl, 330.332.371 f.

mit dem Leib und Blut Jesu ausgegangen werde, also in der synoptisch-paulinischen Einsetzungstradition (1Kor 11,23b–25 par.).[26]

Von Lietzmann unterscheidet sich der Ansatz Kollmanns aber nicht nur durch die drei theologischen Mahlmodelle, sondern auch durch das Bemühen, sie auf einen einzigen Ursprung zurückzuführen. Dieser bestehe in der offenen und auf das Reich Gottes ausgerichteten Mahlpraxis des irdischen Jesus. Sie sei nachösterlich unter dem Einfluss hellenistischer Kultmahlzeiten und Mysterienkulte allmählich in einer Weise ausgebaut worden, dass aus der Präsenz Jesu als Gastgeber seine Gegenwart in den Elementen geworden sei. Im Zuge dieser Hellenisierung der christlichen Mähler seien dann auch die Einsetzungsworte formuliert worden. Sie markierten demnach nicht den Beginn, sondern den Schluss- und „Kulminationspunkt eines komplexen Entwicklungs- und Modifikationsprozesses".[27]

Der Frage nach dem historischen Ursprung der Mahlworte Jesu ist hier nicht nachzugehen. Hier ist Kollmann wohl auch am leichtesten angreifbar.[28] Dagegen ist der These von der Vielfalt frühchristlicher Mahlkonzeptionen zuzustimmen. Allerdings ist der Vielfalt an Deutungen, die Kollmann aufzeigt, noch die Vielfalt möglicher Gestalten zur Seite zu stellen und dann nach dem Zusammenhang zwischen beidem zu fragen.

Ähnlich wie Kollmann verfährt Bruce CHILTON in seiner 1994 veröffentlichten Monographie „A Feast of Meanings".[29] Auch er konzentriert sich ganz auf die Mahldeutung. Anders als jener reduziert er die Deutung aber nicht auf den soteriologischen Gehalt der Speisen und Getränke, sondern bezieht die Gruppendeutung mit ein.[30]

Insgesamt stellt Chilton sechs Entwicklungs- und Bedeutungsstufen des Mahls zusammen,[31] die als Indikator sowohl eines Gruppenselbstverständnisses als auch der zunehmenden Entfremdung vom Judentum gelten können:[32] (1) Am Anfang stehe die offene Mahlpraxis Jesu als Antizipation der Gottesherrschaft. (2) Der Konflikt Jesu mit der Tempelaristokratie habe sich dann im Abschiedsmahl niedergeschlagen, das Jesus als tempelkritischen Kultersatz konzipiert habe. (3) Nachösterlich sei die tempelkritische Opfermetaphorik Jesu in petrinischen Kreisen Jerusalems unter Rekurs auf Ex 24 bundestheologisch weiterentwickelt und für Nichtjuden geöffnet worden. (4) Ebenfalls in Jeru-

---

[26] Vgl. KOLLMANN, Ursprung, 251–258.

[27] KOLLMANN, Ursprung, 251.

[28] Neuere Versuche, die Mahlworte dem irdischen Jesus zuzuschreiben, bieten mit Unterschieden im Detail THEISSEN/MERZ, Jesus, 371–373; NIEMAND, Abendmahl, 93–111; THEOBALD, Herrenmahl, 260–267; HEININGER, Mahl, 36–47. Wie KOLLMANN zeigt sich neuerdings auch SCHRÖTER, Abendmahl, 132 f., skeptisch gegenüber solchen Versuchen.

[29] Vgl. auch CHILTON, Eucharist, 175–188. Ihm folgt DALY, Eucharistic Origins, 3–22.

[30] Vgl. etwa CHILTON, Feast, 158: „Eucharistic traditions were rather the catalyst which permitted communities to crystallize their own practice in oral or textual form."

[31] Vgl. CHILTON, Feast, 13–145. Eine zusammenfassende Übersicht findet sich a.a.O., 146–158.

[32] Vgl. CHILTON, Feast, IX.

salem beheimatete jakobeische Kreise hätten dagegen die Mahlfeier als jüdische Passafeier verstanden, die eine Teilnahme von Nichtjuden ausschließe. (5) Die petrinische
Öffnung für Nichtjuden sei dann von Paulus und den Synoptikern weiterentwickelt worden. Paulus habe dazu das Motiv vom neuen Bund eingeführt und damit den Juden mit
Nichtjuden verbindenden Aspekt der Sündenvergebung stark gemacht sowie gegen die
jakobeischen Kreise das Abschiedsmahl Jesu vom Passakontext gelöst und an die Nacht
des Verrats gebunden. (6) Den Boden des Judentums verlasse erst das johanneische
Christentum, indem es Brot und Wein mit Fleisch und Blut Jesu identifiziere und in einer
zuvor nicht da gewesenen Weise als übernatürliche Speise und Trank definiere.[33]

Chilton verankert die Mahldeutungen zu Recht in der sozialen Realität
konkreter Gruppen. Auch hebt er richtig hervor, dass sich an der Entwicklung der christlichen Mähler schon sehr bald die Trennungsprozesse vom
Judentum ablesen lassen. Allerdings erscheinen seine „stages of mea-
ning"[34] im Einzelnen arg konstruiert und lassen sich kaum von den Texten
her verifizieren. So ist zwar sein soziotheologischer Ansatz grundsätzlich
zu begrüßen, muss aber stärker von konkreten Texten her entfaltet werden.

Matthias KLINGHARDT knüpft in seiner 1996 veröffentlichten Heidel-
berger Habilitationsschrift *„Gemeinschaftsmahl und Mahlgemeinschaft"*
zwar ausdrücklich an Lietzmann an,[35] empfindet dessen Vorgehensweise
bei aller Hochschätzung aber letztlich als inkonsequent, weil dieser mit der
These von den beiden urtümlichen Mahltypen unerlaubterweise eine theologische Kategorisierung eingebracht und damit den streng an den äußeren
Vollzügen orientierten Ansatz verlassen habe. Demgegenüber stellt Klinghardt die Theologie zurück und begreift sie als nachträgliche Rationalisie-
rung ursprünglich sozialer Prozesse. Diese sozialen Prozesse beschreibt er
auf dem Hintergrund des antiken Vereinswesens. Christliche Gemeinden
hätten sich demnach wie Vereine um ein regelmäßiges Mahl herum gebildet und seien sowohl in ihren Abläufen als auch in ihrer Bedeutung vom
Vereinsmahl her zu verstehen.[36]

Da die Vereinsmähler uns noch im kulturgeschichtlichen Teil der Arbeit beschäftigen
und Ergebnisse der Arbeit Klinghardts dort würdigend aufgenommen werden (vgl. unten
Kap. II.3), können wir uns hier in der Darstellung auf wesentliche Eckpunkte beschränken. In einem ersten Teil stellt Klinghardt die liturgische Gestalt und soziale Bedeutung

---

[33] Vgl. die ähnliche Deutung der johanneischen Mahltheologie bei SMITH, Symposium, 273–275.

[34] CHILTON, Feast, X.

[35] Vgl. auch die Kurzfassung seiner in der Monographie ausführlich entfalteten These
in KLINGHARDT, Mahl, 37–69.

[36] Vgl. KLINGHARDT, Gemeinschaftsmahl, 524: „Es gab für christliche Gemeinden, so
wenig wie für irgendwelche anderen Gruppen, überhaupt keine Alternative, als sich zu
Gemeinschaftsmählern zusammenzufinden und sich als Mahlgemeinschaften zu organisieren: Die Entstehung von Gemeinde und Gemeinschaftsmahl fällt in eins." Die Gemeinden waren damit „sowohl nach ihrem Selbstverständnis als auch in der Perspektive
Außenstehender nichts anderes als *Vereine*" (Kursivdruck im Original).

der Vereinsmähler dar: Formal folgten sie der Zweiteilung von Mahlzeit und Trinkgelage, wobei die Mahlzeit durch eine kultische Handlung, der Trankopferzeremonie, abgeschlossen werde.[37] Inhaltlich dienten die Mähler der Verwirklichung von Gemeinschaft,
Friede, Eintracht und Freundschaft. Insofern die Vereine damit nur umzusetzen trachteten, was als allgemeines Gesellschaftsideal gegolten habe, komme den Vereinsmählern
letztlich ein sozialutopischer Zug zu.[38]

Auch die jüdischen Mahlversammlungen seien dem Vereinsmahlschema in formaler
wie inhaltlicher Ausrichtung gefolgt, wie Klinghardt am Beispiel der Therapeuten und
der Gemeinschaft am Toten Meer aufzeigt.[39] Spezifisch jüdisch sei lediglich das Eingangsgebet vor dem Mahl gewesen, weil sich in paganen Vereinen die religiöse Ausrichtung allein auf die Trankspende nach der Mahlzeit konzentriert habe, während ein ein-
heitlicher Mahleröffnungsritus dort nicht bezeugt sei.[40]

Dass auch die frühchristlichen Mahlgemeinschaften in diesen Rahmen hineinzustellen
sind, versucht Klinghardt anhand des korinthischen Herrenmahls und der Eucharistie der
Didache zu zeigen. Beide Mähler beschreibt er von ihrem Ablauf her als dem Mahl-
Symposion-Schema folgend.[41] Auch in der Mahlideologie bleibe Paulus mit seinem Bild
von dem einen Leib mit den vielen Gliedern (1Kor 12), der Orientierung an der Agape
(1Kor 13) und dem Ideal der Auferbauung der Gemeinschaft durch gemeinschaftsför-
dernde sympotische Beiträge (1Kor 14) ganz im Kontext paganer Mahlideologie.[42] Das
spezifisch Christliche des Mahls stecke weder in den Einsetzungsworten noch in der mit
den Mahlworten verbundenen Vorstellung der Präsenz Jesu,[43] sondern allein in den Gebeten, sei also verbal zu bestimmen: „Der spezifisch religiöse Charakter der Mahlfeiern
äußert sich in den Mahlgebeten, die daher in besonderer Weise der Identitätsbestimmung
der Gruppe und der Unterscheidung von anderen Gemeinschaften dienen."[44]

Die Arbeit Klinghardts stellt einen wichtigen Fortschritt in der Mahlforschung dar.[45] Sie kommt ohne die monokausalen Ableitungen der älteren
Forschung aus und stellt mit der Vereinsthese ein ernstzunehmendes Rahmenmodell zur Verfügung, in das die frühen Gemeinden mit ihren Mählern

---

[37] Vgl. KLINGHARDT, Gemeinschaftsmahl, 45–129.

[38] Vgl. KLINGHARDT, Gemeinschaftsmahl, 153–174.

[39] Vgl. KLINGHARDT, Gemeinschaftsmahl, 175–249. Zur Problematik von synagogalen Mahlversammlungen vgl. a.a.O., 251–267.

[40] Vgl. KLINGHARDT, Gemeinschaftsmahl, 58 f.178.

[41] Vgl. KLINGHARDT, Gemeinschaftsmahl, 275–295 (zu 1Kor 11–14) und 379–405 (zu
Did 9 f.).

[42] Vgl. KLINGHARDT, Gemeinschaftsmahl, 297–363.

[43] Nach KLINGHARDT, Gemeinschaftsmahl, 367, rechnete Paulus überhaupt nicht mit
einer Präsenz Christi, in welcher Kategorie sie auch immer vorgestellt werde. Dazu die
Kritik von HOFIUS, Vergebung, 284 f., Anm. 26 (mit 277 f., Anm. 5 zu lesen).

[44] KLINGHARDT, Gemeinschaftsmahl, 318. Demnach überrasche es nicht, dass die Didache sehr an der Fixierung ihres Wortlauts interessiert war (a.a.O., 484–487). Nach
KLINGHARDT war auch schon der Wortlaut der Gebete in Korinth nicht beliebig, sondern
stand „wenigstens im Kern" fest (a.a.O., 318 f., Zitat 319).

[45] Trotz der fundamentalen Kritik von HENGEL, Mahl, 477 mit Anm. 105, der zwar
bezüglich der Tischsitten eine Verwandtschaft mit jüdischen und griechisch-römischen
Mählern sieht, das Herrenmahl aber in seiner Entstehung und Entwicklung als Größe
eigener Art begreift.

eingezeichnet werden können.[46] Die Arbeit leidet lediglich unter mangelnder Differenzierung. Denn Klinghardt zeichnet nicht die Mahlpraxis konkreter Vereine nach, sondern er stellt reichhaltiges Material zu einem Gesamtbild zusammen, das dann eher einem Durchschnittstypus vom Verein entspricht, den es so nie gegeben hat.[47] Dadurch entgeht ihm nicht nur die Vielfalt an Vereinsmählern mit ihren unterschiedlichen Räumen, Speisen, Getränken und Deutungen, sondern ebenso die Vielfalt innerhalb der christlichen Mahlkultur. Selbst wenn sich frühchristliche Gemeinden als Vereine organisiert und verstanden haben sollten, ist damit noch nicht viel über die Gestalt und Bedeutung der Mahlversammlungen gesagt, weil es hier innerhalb des vielfältigen Vereinswesens mitunter starke Unterschiede gab. Seine Skepsis gegenüber theologischen Herangehensweisen verhindert es schließlich, dass er die Bemühungen der frühchristlichen Gemeinden, innerhalb des allgemeinen kulturellen Rahmens eine unverwechselbare Ausdrucksgestalt für ihre Mähler zu finden, wahrnimmt. Wir werden danach zu fragen haben, ob christliche Propria wirklich nur verbal, also vor allem in den Gebeten, zum Ausdruck kamen, wie Klinghardt es postuliert, oder ob sie nicht auch rituell greifbar sind.

Die bei Klinghardt vermissten Differenzierungen liefert Andrew MC-GOWAN in seiner 1999 erschienenen Monographie *„Ascetic Eucharists"* zumindest bezüglich der Realienfrage. Ihm geht es darum, die Speisen und Getränke frühchristlicher Mahlfeiern zusammenzustellen und auf ihren tieferen Aussagegehalt in Auseinandersetzung mit dem kulturellen Umfeld zu untersuchen.

Nach McGowan lassen sich eine Vielzahl von Speisen und Getränken nachweisen, die im Zuge frühchristlicher Mähler eingenommen wurden.[48] Belegt sind Feiern mit Brot und Wein, Käse und Quark, Milch und Honig, Öl, Salz, Obst und Gemüse sowie Fisch. Auffällig ist dabei, dass wohl weder Fleisch noch Wein zum Standardprogramm gehörten. Dies sei kein Zufall, weil Speisen und Getränke der Grundthese des Buches zufolge nicht nur Mittel zur Nahrungsaufnahme, sondern soziale Codierungen seien, die für das Selbst-

---

[46] Nicht zufällig häufen sich seit Mitte der 90er Jahre Studien zum Vereinswesen und seiner Bedeutung für das Werden der frühchristlichen Gemeinden. Einen Überblick bieten WILSON/KLOPPENBORG (Hg.), Associations; EGELHAAF-GAISER/SCHÄFER (Hg.), Vereine; GUTSFELD/KOCH (Hg.), Vereine. In der deutschsprachigen Exegese haben sich insbesondere Thomas SCHMELLER und Markus ÖHLER mit der Bedeutung der Vereine für die sozialen Prozesse im frühen Christentum auseinandergesetzt. Vgl. dazu SCHMELLER, Hierarchie; DERS., Gruppenethos, 120–134; DERS., Gegenwelten, 174 f.; DERS., Interesse, 1–19, und ÖHLER, Vereinsrecht, 51–71; DERS., Didache, 35–65; DERS., Urgemeinde, 393–415; DERS., NTAK 2, 79–86. Dass die Vereinsthese für die Erforschung frühchristlicher Gemeindestrukturen bei aller Leistung nicht überschätzt werden darf, betonen jetzt KARRER/CREMER, Vereinsgeschichtliche Impulse, 33–52, bes.45-51.

[47] So auch die Kritik von EBEL, Attraktivität, 5 f. mit Anm. 5. Zum formgeschichtlichen Ansatz KLINGHARDTs vgl. Gemeinschaftsmahl, 10 f.

[48] Vgl. MCGOWAN, Ascetic Eucharists, 89–142.

verständnis einer Gemeinschaft durchsichtig würden.[49] Konkret spiegele sich im Fleisch-
und Weinverzicht asketischer Gruppen eine Kritik am Opferkult der paganen Umwelt
wider; Fleisch sei durch die religiöse Regulierung der Schlachtungen *per se* kultisch
codiert gewesen, Wein vor allem wegen seiner Verwendung in Trankopferzeremonien.[50]

Besonders weit verbreitet gewesen sei neben der Brot- und Wein-Eucharistie die Tradition einer Brot- und Wasser-Praxis: „Yet the most widespread practice other than the
use of bread and wine is a case less than rather more; many Christian groups seem to
have used water rather than wine for the cup of the eucharistic meal, and for meals in
general.“[51] Viele Zeugnisse einer Brot- und Wasserpraxis findet McGowan in den apokryphen Apostelakten und Pseudoclementinen,[52] doch lassen sich ihm zufolge die Spuren
bis in die neutestamentliche Zeit zurückverfolgen.[53] Asketische Tendenzen entdeckt er in
den paulinischen Speise- und Getränkekonflikten (Röm 14; Kol 2,16.21; 1Tim 5,23), im
Zeugnis vom Brotbrechen nach Lukas (Lk 24,35; Apg 2,42.46; 20,7.11; 27,35) und vor
allem in der Fleisch- und Weinpolemik der Johannesoffenbarung (Offb 14,8–20; 17,2.16;
18,3; 19,3.18–21).

Überzeugend stellt McGowan heraus, dass Speisen und Getränke vor allem
in asketisch orientierten Gemeindekreisen nicht beliebig waren und als
Bedeutungsträger fungierten. Insbesondere die Brot- und Wasser-Tradition
lässt sich leicht auf dem Hintergrund einer radikalen Kritik an paganer
Kultpraxis und an der Kultisierung des Alltags durch Gast- und Vereinsmähler begreifen. Dass eine solche Tradition vor allem im ersten Timotheusbrief und in der Johannesoffenbarung auch schon neutestamentlich
greifbar sei, klingt plausibel und muss in dieser Arbeit vertiefend untersucht werden.

In seiner 2002 veröffentlichten Baseler Habilitationsschrift *„Die urchristlichen Gottesdienste"* folgt Peter WICK in der Mahlfrage zwar weitgehend den Beobachtungen Klinghardts zur äußeren Form der Mahlversammlungen in der Zweiteilung aus Mahlzeit und Nachtischgelage oder
Symposion,[54] deutet sie jedoch strukturell nicht vom hellenistischen Vereinswesen, sondern von der jüdischen Hausfrömmigkeit her.[55] Daraus ergibt sich nicht nur ein eher familiärer Kontext der frühchristlichen Mahlversammlungen, sondern auch ihr unkultischer Charakter, weil jüdische
Häuser im Unterschied zu ihren paganen Pendants keine Hausaltäre und
Kultnischen aufweisen durften. Schließlich bewertet Wick auch die Problematik der Erotisierung von Mahlfeiern, wie sie mit der Teilnahme von

---

[49] Vgl. MCGOWAN, Ascetic Eucharists, 3–9.

[50] Vgl. MCGOWAN, Ascetic Eucharists, 60–67.

[51] Vgl. MCGOWAN, Ascetic Eucharists, 143.

[52] Vgl. MCGOWAN, Ascetic Eucharists, 175–198.

[53] Vgl. MCGOWAN, Ascetic Eucharists, 218–250.

[54] Vgl. WICK, Gottesdienste, 120–126.

[55] Dass auch das frühe Judentum nicht einfach der Vereinsorganisation folgte, Synagogengemeinden also nicht Vereine waren, betont WICK, Gottesdienste, 105 f., ebenfalls
gegen KLINGHARDT.

Frauen an Mahl und Symposion gegeben war, höher, als Klinghardt es tat.[56]

Das jüdische Haus erlangte nach Wick gerade in den paulinischen und lukanischen Gemeinden besondere Bedeutung für die Ausbildung und Stabilisierung christlicher Gemeinden, weil sie dort abseits der öffentlichen Wahrnehmung ihre charismatische Identität leben konnten. Doch während Paulus die Orientierung am Haus regelrecht fördere, weil sie seinem Anliegen einer familiär geprägten und an Mahl, Lehre und Geschwisterlichkeit orientierten Gemeindestruktur entspreche,[57] sei sie bei Lukas eher eine Notlösung, weil die Erfahrung des Bruchs mit Tempel und Synagoge den lukanischen Gemeinden keine andere Wahl gelassen habe, als sich zum gemeinsamen Mahl im Haus zu treffen.[58] Im Zuge dessen habe der häusliche Mahlgottesdienst auch synagogale Elemente integriert, was seine Gestalt veränderte, wie es in Apg 20,7–11 (Lehre – Mahlzeit – Symposion) greifbar sei.[59]

Neben der Orientierung am Haus war den Gemeinden auch die primäre Orientierung an der Synagoge möglich. So sei es im toraobservanten Diasporajudentum, von dem der Jakobusbrief zeugt, zur Ausbildung christlicher Synagogenversammlungen gekommen, die keine Mahlversammlungen im Liegen, sondern Wortversammlungen im Sitzen abgehalten hätten.[60] Und auch die Gottesdienste nach dem Hebräerbrief beinhalteten zwar ein einfaches Mahl (Hebr 13,9 f.), im Vordergrund aber habe die Schriftfrömmigkeit gestanden.[61]

Der Tempelkult sei dagegen von keiner christlichen Gemeinde kopiert worden, auch da nicht, wo es zum Bruch mit dem Tempel gekommen war. Die Gemeinden feierten nach Wick vielmehr unkultische Gottesdienste, die keiner Liturgie folgten. Erst ab dem 3. Jh. sei es zu einer fortschreitenden Kultisierung und Liturgisierung der Gottesdienste gekommen, der Tempel ins Haus integriert, der Amtsträger zum Priester und das Mahl zum Opfer geworden.[62]

Wicks These vom jüdisch-häuslichen Sitz im Leben der christlichen Mahlversammlungen ist als Korrelat zu Klinghardts Vereinsthese wichtig. Sie zeigt, dass das Ablaufschema von Mahl und Trinkgelage nicht auf Vereine beschränkt war, sondern weiter zu fassen ist. Außerdem lenkt sie das Augenmerk auf die Problematik des Vereinsmahlablaufs mit seiner kultischen Trankspende, die für Christen jüdischer Provenienz aufgrund ihres Opfercharakters nicht nachvollziehbar war. Wir werden dieser Frage nachzugehen haben. Schließlich macht auch seine These, dass nicht alle frühchrist-

---

[56] Vgl. WICK, Gottesdienste, 125 f.205.

[57] Vgl. WICK, Gottesdienste, 221: „Die paulinischen Schriften zeigen, daß die christliche Orientierung am Haus nicht nur äußere Form war, um darin heimlich einen anderen Inhalt zu entfalten, sondern daß gerade durch die häuslichen Formen dem eigenen Inhalt adäquat Ausdruck gegeben werden konnte."

[58] Vgl. WICK, Gottesdienste, 283. Zu den zahlreichen lukanischen Mahlgesprächen und Mahlgleichnissen vgl. a.a.O., 277 f.

[59] Vgl. WICK, Gottesdienste, 287 f.

[60] Vgl. WICK, Gottesdienste, 301–303.

[61] Vgl. WICK, Gottesdienste, 324.

[62] Vgl. WICK, Gottesdienste, 382 f.

lichen Gemeinden – so formulierte es noch Klinghardt[63] – zu Mählern zusammenkamen, hellhörig. So wies eine Gemeinde, die sich statt am Haus
stärker am Tempel oder an der Synagoge orientierte, nach Wick einen anderen Lebensschwerpunkt als den des regelmäßigen Mahls auf. Das macht
skeptisch gegenüber dem Alleingültigkeitsanspruch der Vereinsthese und
nimmt die spezifisch jüdischen Wurzeln christlicher Mahlkultur ernster als
Klinghardt es tut.

Auch Dennis E. SMITH geht in seiner 2003 publizierten Studie *„From
Symposium to Eucharist"* wie schon Klinghardt und Wick vom sympotischen Charakter paganer, jüdischer und dann auch frühchristlicher Mähler
aus. Allerdings orientiert er sich nicht allein am Vereinsmahl oder am jüdischen Hausmahl, sondern ganz allgemein am dreigliedrigen Ablauf des
griechisch-römischen Banketts aus Mahlzeit, Trankspende und Trinkgelage sowie seinen Sitten und Konventionen,[64] das er dann in eine Vielzahl
von Untertypen untergliedern kann, die alle demselben Ablauf folgten,
aber inhaltlich unterschieden waren und den frühen Gemeinden Möglichkeiten eröffneten, sich mit ihrer Mahlpraxis und Mahltheologie in diese
Vielfalt einzuzeichnen.[65]

Vier Banketttypen kann Smith eruieren und sie alle unter das Grundmodell des griechisch-römischen Banketts subsumieren:[66] (1) Das philosophische Bankett sei ein primär
literarisches Produkt, darin aber als Ideal auf eine soziale Wirklichkeit bezogen. Es orientiere sich an Werten wie Gemeinschaft, Freundschaft und Festfreude und stelle damit
zugleich den Bedeutungsrahmen für tatsächlich gehaltene Mähler. (2) Das Opferbankett
sei integraler Bestandteil jeder kultischen Schlachtung gewesen und wurde in Tempelare-
alen begangen. (3) Das Vereinsbankett diente der Gruppenbildung und dem Gruppenzusammenhalt. So unterschiedlich die Vereine auch gewesen seien, „their primary purpose
was to provide social intercourse and cohesion for their members, and the central activity
for meeting those goals was the banquet."[67] (4) Auch das jüdische Mahlwesen sei vom
Bankett geprägt gewesen. Selbst dezidiert jüdische Mähler wie das Passamahl oder das
vorwiegend literarisch bezeugte messianische Mahl ließen sich von daher verstehen. Das
messianische Mahl stehe dabei für die jüdische Variante der aus dem philosophischen
Bankett bekannten Wertvorstellung der Festfreude. Die Speisegebote versteht Smith als
besondere jüdische Manifestationen der auch sonst belegten Mahlordnungen.

Der zweite Teil der Monographie widmet sich der Anwendung der im ersten Teil er-
arbeiteten Sozialdaten auf die neutestamentlichen Texte. Der in der Forschung gängigen

---

[63] Vgl. etwa KLINGHARDT, Mahl, 37 f.: „Von den allerersten Anfängen an haben *alle*
Christen – ganz gleich, woher sie kamen und durch welche paganen oder jüdischen Traditionen sie geprägt waren – ein gemeinsames, religiös ausgezeichnetes Mahl begangen.
Es hat *nie* Christen gegeben, die sich nicht zu einem Mahl versammelt haben" (Hervorhebung STEIN).

[64] Vgl. SMITH, Symposium, 13–46.

[65] Vgl. SMITH, Symposium, 279: „Early Christians celebrated a meal based on the
banquet model found commonly in their world."

[66] Vgl. SMITH, Symposium, 47–172.

[67] SMITH, Symposium, 105.

These von der offenen Mahlpraxis als typischem Kennzeichen des Wirkens Jesu vermag sich Smith nicht anzuschließen.[68] Wichtig sei das Mahl zuallererst nach Ostern geworden. Erst Paulus habe es zur zentralen Ausdrucksgestalt seiner Juden und Nichtjuden verbindenden Ekklesiologie erhoben und sich in seiner Mahltheologie an der philosophischen Freundschaftsethik orientiert (Röm 15,7).[69] Markus veranschauliche anhand von Mahlmotiven Themen wie Jüngerschaft, Gemeinschaftssinn und Martyrium und orientiere sich dabei am Topos des königlich-messianischen Mahls.[70] Lukas schließlich diskutiere sympotische Themen wie Sitzordnung, Tischgespräche und Tafelluxus und orientiere sich dabei am Topos des philosophischen Banketts.[71]

Wie für Klinghardt gilt auch für Smith, dass sein Rahmenmodell einen sinnvollen Fortschritt in der Mahlforschung darstellt. Allerdings darf das Rahmenmodell nicht überschätzt werden. Es klärt nur die Rahmenbedingungen, nicht aber alle Spezifika christlicher Mahlfeiern. Vor einem kulturellen Automatismus, demgemäß die frühen Christinnen und Christen nur deshalb zum Mahl zusammenkamen, weil eine Gruppe sich in der Antike immer um ein Mahl mit Symposion herum bilden musste, ist unbedingt zu warnen.[72]

Aus dem Anliegen heraus, frühchristliche Impulse für die gegenwärtige Abendmahlspraxis zu geben, konzentriert sich der protestantische Leipziger Neutestamentler Jens SCHRÖTER in seiner jüngst erschienenen Schrift *„Das Abendmahl"* auf Deutungsfragen zu frühchristlichen Mahlfeiern und behandelt die äußere Gestalt und Praxis nur am Rande. Dabei folgt er im Wesentlichen der von Klinghardt noch scharf kritisierten Unterscheidung von Form und Inhalt.[73] Die Gemeindemähler konnten sich nach Schröter zwar an die gängigen Mahlformen der jüdischen und griechisch-römischen Umwelt anlehnen, seien aber mit neuen Inhalten versehen worden: „Entscheidend für die Gestalt der frühchristlichen Mahlfeiern war deshalb, dass sich in ihnen die durch Jesus Christus begründete Ordnung widerspiegelt."[74]

Schröter zieht den Zeitrahmen weit über das Neue Testament hinaus, geht bis in die Mahläußerungen der frühen Kirchenväter hinein und bezieht auch apokryph gewordene Traditionen (EvPhil; ActJoh; ActThom) ein, lässt aber bei aller Weite ein Gutteil der neutestamentlichen Mahltraditionen außen vor, die nur indirekt auf das Abendmahl hin

---

[68] Vgl. SMITH, Symposium, 221–239.

[69] Vgl. SMITH, Symposium, 173–217.

[70] Vgl. SMITH, Symposium, 240–253.

[71] Vgl. SMITH, Symposium, 253–272.

[72] Man nehme nur Aussagen wie die von SMITH: „Early Christians met at a meal because that is what groups in the ancient world did" (DERS., Symposium, 279). Dieselbe Kritik am kulturellen Automatismus äußert schon KOCH, History, 248–250 in seiner Replik auf JONGE, History, 223–230, der sich wiederum in seinen Erwägungen zur Geschichte der christlichen Mahlfeier stark an KLINGHARDT orientiert.

[73] Vgl. KLINGHARDT, Gemeinschaftsmahl, 363–365.

[74] SCHRÖTER, Abendmahl, 166.

auswertbar sind, was freilich das Ergebnis vom allgemein bezeugten frühchristlichen Kultmahl beeinflusst.[75] Die untersuchten Mähler stellt er anschließend in den kulturellen Kontext paganer Vereins- und Mysterienmähler sowie jüdischer Gemeinschaftsmähler hinein.[76] Dabei nimmt er Analogien zu paganen Mählern vor allem auf der Ebene des Mahlvollzugs, zu jüdischen Mählern darüber hinaus auch auf der inhaltlichen Ebene wahr.[77]

In der Gesamtschau hält Schröter – hier klingt eine Kritik an Klinghardt an – fest, dass die frühchristlichen Mähler nicht nur reine Gemeinschaftsmähler gewesen, sondern „von frühester Zeit an als *sakramentale* Mähler verstanden" worden seien.[78] Er widerspricht damit der uns oben bei Wick begegneten These, dass aus ursprünglich nicht-sakramentalen Mählern im Zuge einer fortschreitenden Kultisierung und Liturgisierung sakramentale Mähler entstanden seien, und behauptet das Gegenteil: „Die Neuerung ist deshalb nicht die Einführung eines eigenen sakramentalen Mahles, sondern, gerade im Gegenteil, die zuerst in der Traditio Apostolica deutlich greifbare Absonderung eines hiervon unterschiedenen, nicht-sakramentalen Mahles, das dort ‚Eulogie' genannt wird."[79]

Diese sakramentalen Mahlfeiern seien in ihrer Gestalt und Deutung vielfältig gewesen, ließen sich aber nicht – hier hört man eine Kritik an Lietzmann mit – in unterschiedliche Mahltypen einteilen. Vielmehr gab es nach Schröter nur eine einzige frühchristliche Mahlfeier, die sich ausgehend von der Mahlpraxis des irdischen Jesus und der österlichen Transformation seines Abschiedsmahls im Urchristentum „als sichtbarer Ausdruck der Einheit der Gemeinde und als Vergegenwärtigung des Heils in Jesus Christus"[80] ausgebildet habe.[81] In den Deutungen dieser einen zentralen Mahlfeier sei es dann zu Differenzierungen gekommen: „Dieses Heil kann als Neuer Bund, als neugewonnenes Leben, als Auferstehung, Unsterblichkeit oder ewiges Leben, als Befreiung von den Sünden oder als Vereinigung der Menschen mit ihren himmlischen Urbildern ausgedrückt werden. In dieser Mannigfaltigkeit, die sich in dem gemeinsam gefeierten Mahl ausdrückt, ist das Abendmahl zugleich ein Zeugnis für den Reichtum frühchristlichen Glaubenslebens."[82] Die frühchristliche Mahlfeier war also nach Schröter zuallererst eine religiöse Symbolhandlung, die auf einen Inhalt verweist, in dem bei aller äußerlichen Verwechselbarkeit mit den Kultmählern der paganen und jüdischen Umwelt ihr eigentliches Proprium liegt.

Mit Schröter ist an der Vielfalt frühchristlicher Mahlgestalten festzuhalten. Auch seine Kritik an der Interpretation der Mähler als bloßer Gemeinschaftsmähler und an ihrer Kategorisierung in unterschiedliche Mahltypen ist weiterführend. Schließlich ist seinem Interesse, die Mähler der Gemein-

---

[75] Vgl. SCHRÖTER, Abendmahl, 25–122.

[76] Vgl. SCHRÖTER, Abendmahl, 137–156.

[77] Vgl. SCHRÖTER, Abendmahl, 156.

[78] SCHRÖTER, Abendmahl, 157 (Kursivdruck im Original).

[79] Ebd.

[80] SCHRÖTER, Abendmahl, 163.

[81] Auch die Mähler in Apg 2,42.46, die LIETZMANN noch als Indiz für einen eigenen Mahltypus wertete, liest SCHRÖTER ganz auf der Linie von Lk 22,14–20: „Die Jerusalemer Urgemeinde feiert der lukanischen Konzeption zufolge also dasjenige Mahl, dessen Wiederholung als Brotbrechen Jesus beim letzten Pesach angeordnet hat" (a.a.O., 55; vgl. auch 56).

[82] SCHRÖTER, Abendmahl, 164.

den kulturell in der Mahlkultur der Antike zu verorten und gleichzeitig an ihrer Unverwechselbarkeit festzuhalten, zuzustimmen. Dies konnten die Gemeinden – hier greift Schröter zu kurz – jedoch nicht nur auf der Ebene der Deutungen, wie sie vor allem in den Gebeten geäußert wurden, sondern auch auf ritueller Ebene zum Ausdruck bringen, d.h. durch die Auswahl der Speisen und Getränke, durch die Fixierung von Zulassungsbedingungen, durch den Umgang mit Trankopferzeremonien und Trinkgelagen. In diese Richtung ist sein Ansatz fortzuschreiben.

Einen neuen kulturwissenschaftlich und religionssoziologisch orientierten Zugang zur frühchristlichen Mahlfeier, verbunden mit dem Anspruch, damit nicht nur das frühe Christentum zu erhellen, sondern auch die gegenwärtig stagnierende ökumenische Debatte zu beleben und voranzutreiben, verfolgt das DFG-Projekt *„Herrenmahl und Gruppenidentität"* des Seminars für Exegese des Neuen Testaments an der Katholisch-Theologischen Fakultät der Universität in Münster unter der Federführung von Martin EBNER.[83] Anders als die theologische oder religionsgeschichtliche Mahlforschung will man nicht mehr das Mahl selbst, sondern die Gruppen, die sich zum Mahl versammelt und ihren Auffassungen literarischen Ausdruck verliehen haben, in den Blick nehmen.[84] Die Fragestellung erinnert an jene Klinghardts, jedoch wird nicht mehr nur von Vereinen, sondern allgemein von Gruppen gesprochen, und es wird auch nicht mehr der Mahlverlauf und seine Deutung, sondern der Teilnehmerkreis in den Blick genommen. Im Zentrum des Interesses stehen darum die Fragen nach den Zulassungsbedingungen zum Mahl und nach den Strategien, die sich zum Mahl versammelnden Personen zu einer Gruppe zu formieren und sie in ihrer Identität und ihrem Zusammenhalt zu stabilisieren.[85]

Im Kern geht es um die Freilegung der „Identitätskonstruktionen, die sich in der Feier und im Verständnis des Herrenmahls niederschlagen" und ihrer „theologischen Kommentierung".[86] Damit sind die Prioritäten gesetzt: Theologische Deutungen werden nur noch als nachträgliche Kommentare zu vorgängig soziologisch und kulturwissenschaftlich zu beschreibenden Prozessen verstanden. Auch wenn die christlichen Mahlgemeinschaften nicht in die antike Mahlkultur hinein aufgelöst werden sollen, sondern gerade ihre eigene christliche Konturierung innerhalb dieser Kultur herausgearbeitet werden soll, sucht die

---

[83] Im Zuge des Projekts hat eine Zwischentagung in Münster stattgefunden, deren Beiträge inzwischen in einem Sammelband publiziert worden sind (EBNER [Hg.], Herrenmahl).

[84] Vgl. EBNER/LEINHÄUPL-WILKE, Herrenmahl, 11. Zum religionssoziologischen Ansatz vgl. KRECH, Kontexte, 39–58.

[85] So EBNER/LEINHÄUPL-WILKE, Herrenmahl, 16. Formal entspricht die Fragestellung der von Edward P. SANDERS im Zuge der Debatte um das neue Paulusbild eingeführten ekklesiologischen Unterscheidung von „getting in " und „staying in". Mit den Zulassungskriterien ist Ersteres, mit den Strategien zum Gruppenzusammenhalt ist Letzteres angesprochen.

[86] EBNER/LEINHÄUPL-WILKE, Herrenmahl, 11.

Forschungsgruppe um Ebner die Eigenarten nicht in einem theologisch charakterisierten Proprium, sondern in einem soziologisch zu beschreibenden Gruppenprozess. In diesem Sinne ist auch das Primärziel des Projekts zu verstehen, „die konkrete Feiergestalt des Herrenmahls im Zusammenhang mit der dafür reklamierten Theologie als Ausdruck für das Selbstverständnis einer christlichen Gruppe zu lesen".[87]

Als Paradigma einer solchen mahlorientierten Ausdrucksgestalt von Gruppenidentität fungiert dabei Philos Schrift „De vita contemplativa" über die Mahlpraxis der Therapeuten.[88] So wie Philo sein jüdisches Mahlideal in Anlehnung an und Abgrenzung von der Mahlpraxis der Umwelt konstruiere, so verführen auch die neutestamentlichen Autoren in ihrem Entwurf eines christlichen Mahlideals. Das zeigen Ebner und sein Assistent Leinhäupl-Wilke anhand des Markus- und des Lukasevangeliums. Gegen die Fokussierung der Abendmahlsforschung auf die „Kultätiologie" vom letzten Mahl Jesu wollen sie das „Abendmahl vernetzt"[89] verstehen.[90] Demnach ist der Mahlentwurf der beiden Evangelisten missverstanden, will man ihn isoliert aus den Einsetzungsberichten und nicht aus dem Netzwerk der Gesamterzählung heraus entwickeln: „Die Funktion einer Kultätiologie, die Form und Intention einer Kultfeier festhalten will, wird [...] auf das Gesamtevangelium ‚umgelegt'."[91] So gesehen sei es gerade nicht das Anliegen der Evangelisten, das Abendmahl als exklusives Mahl darzustellen, an dem im Gegensatz zu den offenen Mählern des irdischen Jesus nur die vertrauten Zwölf anwesend waren, sondern sei das Netzwerk der Mahlzeugnisse als innergemeindliches Ringen um Grenzöffnungen zu verstehen. Markus proklamiere dabei die Öffnung der gemeindlichen Mähler für Nichtjuden, Lukas für Arme, Kranke und sozial Deklassierte.

Mit der Fokussierung auf die Zulassungsbedingungen und die Gruppenstabilisierung ist ein Kernbereich frühchristlicher Mahlfeiern getroffen. Mit der religionssoziologischen Öffnung für Gruppenprozesse im Allgemeinen wird die Verengung auf Vereine gesprengt und zugleich ein brauchbares hermeneutisches Instrumentarium für die gegenwärtigen ökumenischen Debatten zur Verfügung gestellt. Zu Recht fordert Ebner ein, dass die Diskussion um eucharistische Gastfreundschaft und Interkommunion in einen ekklesiologischen Rahmen eingebettet werden muss, der die jeweiligen Gruppenverständnisse offen legt und in Beziehung zu anderen Gruppenprofilen setzt.[92] Berechtigt ist auch seine Kritik an der einseitigen Orientierung der laufenden Diskussionen an Themen wie den Mahlelementen, dem Opfergedanken, der Präsenzvorstellung und dem Weihepriestertum. Allerdings markieren diese Themen zugleich wichtige Problemkreise. Sie dürfen nicht aufgegeben werden, sondern müssen als Bausteine eines Gesamt-

---

[87] EBNER/LEINHÄUPL-WILKE, Herrenmahl, 12 (man beachte auch hier den sekundären Charakter der Theologie, denn eine Theologie wird für eine vorgängig getroffene Entscheidung nachträglich „reklamiert").

[88] Vgl. EBNER, Mahl, 64–90. Dazu auch unten Kap. II.4.4.

[89] Vgl. die Überschrift „Statt Kultätiologie: Abendmahl vernetzt" bei EBNER, Tafelrunde, 43.

[90] Vgl. EBNER, Tafelrunde, 17–45; LEINHÄUPL-WILKE, Gast, 91–120.

[91] EBNER, Tafelrunde, 38.

[92] Vgl. EBNER, Kraft, 284–291.

entwurfs begriffen werden, von dem her sie zu interpretieren sind. Nur in der gleichberechtigten Zusammenschau von soziologischer Teilnehmerorientierung, liturgiewissenschaftlicher Ablauforientierung und theologischer Deutungsorientierung können wir der Komplexität frühchristlicher Mähler gerecht werden.

3. Konsequenzen für die Durchführung der Arbeit

Damit können wir zu den Konsequenzen kommen, die sich aus dem forschungsgeschichtlichen Durchgang für unsere weitere Arbeit ergeben:

1. In der Mahlforschung setzt sich auf ganzer Linie die Einsicht durch, dass im frühen Christentum mit einer *Vielfalt an Mahlgestalten* zu rechnen ist. Als paradigmatisch kann die Feststellung des Liturgiewissenschaftlers Reinhard Messner gelten:

„In der neutestamentlichen wie auch liturgiewissenschaftlichen Forschung der letzten Jahre dürfte deutlich geworden sein, daß die Annahme einer einlinigen Entwicklung des urchristlichen Herrenmahls vom letzten Mahl Jesu über die mit einem Sättigungsmahl verbundene Feier der Eucharistie in apostolischer Zeit bis zur Trennung der Eucharistie vom eigentlichen Mahl, das sich zur so genannten ‚Agape' verselbständigt hätte, im 2. Jahrhundert (Justin!) zu einfach ist und den Quellen nicht gerecht wird. Am Anfang stand wohl in den verschiedenen Gruppen von Christen eine Vielfalt von Kultmählern (die nicht einfach mit dem, was wir heute unter Eucharistie verstehen, gleichgesetzt werden dürfen), deren jeweilige Deutung und damit auch Bedeutung in Korrelation zur ebenfalls nicht einlinig verlaufenen Interpretation des christlichen Grund-Ereignisses ‚Jesus von Nazareth', seines Lebens, Sterbens und seiner Auferstehung stand."[93]

Klärungsbedarf besteht vor allem darin, worin sich diese Vielfalt geäußert hat, ob sie eher auf der Deutungsebene oder auch auf der Gestaltebene der Mähler zu suchen ist. Das soll diese Arbeit unter Analyse ausgewählter neutestamentlicher Textstellen zutage fördern.

2. In der Mahlforschung setzt sich die Einsicht durch, dass lineare Entwicklungsmodelle der komplexen Entstehungsgeschichte der frühchristlichen Mähler nicht gerecht werden. Weder die theologische Herleitung aus der Mahlpraxis Jesu noch die religionsgeschichtliche Ableitung aus dem Mysterienwesen können befriedigen, so wichtig jesuanische und hellenistische Einflüsse im Einzelnen auch gewesen sein mögen. Weiterführend erweisen sich *kulturgeschichtlich orientierte Rahmenmodelle*, die den theologischen und kulturgeschichtlichen Rahmen abstecken, innerhalb dessen sich die frühchristlichen Mähler als unterscheidbare Größe herausbilden konnten. In dieser Ar-

---

[93] MESSNER, Grundlinien, 3. Vgl. auch LUZ, Herrenmahl, 2–8, der allerdings sehr idealtypisch vorgeht und den Konfessionen die verschiedenen neutestamentlichen Mahldeutungen zuordnet.

beit soll die Frage nach einem möglichen Ursprung deshalb zugunsten kultur-
geschichtlicher Auseinandersetzungen zurückgestellt werden. Wir setzen
nachösterlich bei den bestehenden Gemeindemählern ein und beleuchten ihre
Gestalt und Bedeutung im Kontext paganer Vereins- und Mysterienmähler
und jüdischer Mahlanschauungen. Dabei soll deutlich werden, inwiefern sich
die frühchristlichen Mähler an ihren jüdischen und nichtjüdischen Pendants
orientieren und wie sie zu einem eigenen unverwechselbaren Profil gelangen.

3. Die neuere Mahlforschung lässt sich nach dem Bedeutungsverlust der
Religionsgeschichtlichen Schule vor allem in eine theologisch und eine sozio-
logisch orientierte Richtung unterteilen. Vertreterinnen und Vertreter beider
Richtungen nehmen sich zwar inzwischen wahr, befruchten sich aber nur we-
nig und grenzen sich eher voneinander ab. Während theologisch orientierte
Forscher nach den spezifisch innerchristlichen Wurzeln und Bedeutungen der
Mähler suchen, fragen soziologisch orientierte Forscher nach den kulturellen
Bedingungen für die Entstehung von Mahlgemeinschaften und nach ihrer Be-
deutung für die Konstitution und den Zusammenhalt der feiernden Gruppe. Ist
Letzteren darin Recht zu geben, dass die frühen christlichen Gemeinden der
antiken Kultur nicht gegenüber standen, sondern an ihr partizipierten,[94] diese
Kultur also eher Mitwelt als Umwelt war, so bleibt doch mit Ersteren zu fragen, wie sich innerhalb der allgemeinen Vorgaben eine spezifisch christliche
Mahlidentität ausbilden konnte. In dieser Arbeit soll deshalb drittens eine
Vernetzung theologischer und soziologischer Erkenntnisse herbeigeführt werden. Dabei sind auch Erkenntnisse der Liturgiewissenschaft zu berücksichtigen, wo sie neutestamentlich relevant sind. Ziel der vernetzten Fragestellungen wird sein, herauszufinden, wie sich die frühen Gemeinden in ihrer Mahlkultur an jüdische oder pagane Vorgaben anlehnten oder sich von ihnen ab-
grenzten. Es ist zu erwarten, dass unterschiedliche Gemeinden diesbezüglich
auch unterschiedliche Grundentscheidungen getroffen haben.

Insgesamt macht der Durchgang durch wichtige neuere Stationen der Forschungsgeschichte deutlich, dass die Erkenntnisse der unterschiedlichen Zu-
gangsweisen vernetzt werden müssen. Die Ergebnisse soziologischer, liturgiewissenschaftlicher und theologischer Forschung sind zusammenzuführen
und falsche Alternativen und gegenseitige Verwerfungen zurückzuweisen.
Ausgehend von der äußeren Gestalt frühchristlicher Mahlfeiern ist danach zu
fragen, welcher Bedeutungsgehalt diesen Gestalten zugrunde liegt, wo
Schwerpunkte gesetzt werden, wo zentrale Anliegen der feiernden Gemein-

---

[94] Wie jetzt auch das groß angelegte Projekt „Neues Testament und antike Kultur"
(NTAK) unter der Federführung des Wuppertaler Neutestamentlers Kurt ERLEMANN
zeigt, das die Einbettung des frühen Christentums in die mediterrane Kultur in fünf Bän-
den ausführlich darlegt (die entsprechenden Artikel zu Vereinen, Tischsitten, Nahrungs-
mitteln u.ä. sind in die vorliegende Arbeit eingeflossen).

schaft zum Ausdruck kommen, wo das religiöse Selbstverständnis der Mahlteilnehmerinnen und Mahlteilnehmer verankert ist.

Es geht in dieser Arbeit also um den Zusammenhang von äußerer Gestalt
und inhaltlicher Deutung frühchristlicher Mahlfeiern im kulturellen Rahmen
antiker Mahlgruppen jüdischer und nichtjüdischer Provenienz. Konkret sollen
die Mähler auf *drei Ebenen* untersucht werden, auf der Organisationsebene,
also der Ebene der Vorbereitungen und Vorklärungen, bevor das Mahl überhaupt begonnen hat, der Verlaufsebene, also der Ebene der Durchführung und
Ausgestaltung, und schließlich der Deutungsebene, also der Ebene der Grup-
pen- und Mahldeutung:[95]

– *Organisationsebene*: Wo trifft sich die Mahlgemeinschaft? Wer ist zuge-
  lassen? Wie sieht die Teilnehmerstruktur aus? Wer sorgt für Essen und
  Trinken? Zu welchen Anlässen und in welchen Abständen versammelt
  man sich zum Mahl?
– *Verlaufsebene*: Wie läuft eine Mahlversammlung ab? Wie beginnt sie?
  Wie wird sie beendet? Was wird gegessen und getrunken? Wer hat die
  Leitung inne? Welche Riten, Gesten und Worte spielen eine Rolle im
  Mahlverlauf?
– *Deutungsebene*: Von welchen Mahlgemeinschaften grenzt man sich ab?
  An welche Mahlgemeinschaften lehnt man sich an? Welche Mahlkonflik-
  te treten zutage? Wie versteht die Feiergemeinschaft das Mahl? Wie ver-
  steht sie sich selbst? Was ist ihr wichtig, was tritt zurück?

Diese die drei Mahlebenen betreffenden Fragen sollen uns in dieser Arbeit
leiten. Sie werden im Anschluss an den kulturgeschichtlichen Teil (Kap. II)
noch einmal konkretisiert, weil dann erst deutlich werden wird, worauf wir
unser Augenmerk zu richten haben.[96]

4. Erläuterungen zur Textbasis, Methodik und Begrifflichkeit

Klassische *Textgrundlage* jeder Untersuchung zu Form und Inhalt frühchristlicher Mahlfeiern ist das im Rahmen der Gemeindeversammlung begangene Herrenmahl in Korinth (1Kor 11–14)[97] und die Eucharistie der

---

[95] THEOBALD, Leib, 122, unterscheidet nur zwei Ebenen. Die Organisationsebene
spielt bei ihm keine Rolle, die Verlaufsebene heißt bei ihm „Primärebene", die Deutungsebene „Metaebene". Die Primärebene fasst er zudem zu kurz, weil er ihr nur die
Gebete und Segensworte zuordnet.

[96] Vgl. unten Kap. II.5.

[97] Vgl. neben den Kommentaren vor allem KLAUCK, Herrenmahl, 285–364; HOFIUS,
Herrenmahl, 203–240; LAMPE, Herrenmahl, 183–213; KOLLMANN, Ursprung, 38–70;
KLINGHARDT, Gemeinschaftsmahl, 271–371; WINTER, Paul, 142–158.159–163; WICK,
Gottesdienste, 193–223; SMITH, Symposium, 173–217; KONRADT, Gericht, 402–451;

Didache (Did 9 f.).[98] Nur diese Texte erlauben, so exemplarisch Klinghardt, „mit einiger Sicherheit Aussagen zugleich bezüglich der Gestalt des Mahls, der implizierten Mahltheologie und der damit zusammenhängenden sozialgeschichtlichen Fragen".[99] In dieser Arbeit sollen von da ausgehend auch Stellen besprochen werden, die in der Forschung nur selten oder nur am Rande ausgewertet worden sind. Dabei klammern wir die erzählende Literatur des Neuen Testaments aus und konzentrieren uns auf die neutestamentliche Briefliteratur.

Zwar sind auch die Evangelien und Apostelgeschichte im Hinblick auf die hinter den Erzählungen stehende gemeindliche Mahlpraxis bislang nur unzureichend ausgewertet worden, sie können aber aus Gründen des Umfangs in dieser Arbeit keine Berücksichtigung finden. Weil sie aber einzubeziehen sind, wenn es um einen neutestamentlichen Gesamteindruck geht, sollen Schlüsselstellen zumindest skizzenhaft in den ergebnissichernden Schlussteil (Kap. VII) einfließen. Dort werden auch frühe nachneutestamentliche Entwicklungen (Didache; Ignatius; Justin; apokryphe Apostelakten) Berücksichtigung finden.[100]

Die Briefe eignen sich deshalb in hervorragender Weise als Textgrundlage dieser Arbeit, weil sie zur Vorlesung in den Gemeindeversammlungen, in denen auch gegessen und getrunken wurde, bestimmt waren[101] und deshalb auch primär auf diese Versammlungen zu beziehen sind. Die Gemeindeversammlungen sind demnach als Bühne aufzufassen, auf der die Briefautoren vermittels ihrer Texte agieren.

Zu Recht bemerkt Peter Wick, dass die brieflichen Anweisungen in der Gemeindeversammlung ihren primären, wenn auch nicht einzigen Ort der Bewährung haben: „Der Hausgottesdienst ist der erste Ort, um mit Ehrerbietung einander zuvorzukommen (Röm 12,10), Einmütigkeit untereinander zu suchen (Röm 12,16), einander anzunehmen (Röm

---

EBEL, Attraktivität, 143–180; COUTSOUMPOS, Paul; SCHRÖTER, Abendmahl, 25–40; THEOBALD, Leib, 153–161.

[98] Vgl. FELMY, Funktion, 1–15; WEHR, Arznei, 333–356; NIEDERWIMMER, Did, 173–209; MAZZA, Origins, 12–41; KLINGHARDT, Gemeinschaftsmahl, 373–492; LAVERDIERE, Eucharist, 128–147 (der die alte Forschungsmeinung wieder aufgreift, dass die in Did 9 f. bezeugte Mahlfeier keine echte Eucharistie gewesen sei, weil ihr die wesentliche Bezugnahme auf Tod und Auferstehung Jesu fehle [vgl. 128.131.144 f.]); SANDT/FLUSSER, Didache, 296–329; MILAVEC, Did, 351–435; DÜNZL, Herrenmahl, 51–63; SCHRÖTER, Abendmahl, 60–72; THEOBALD, Leib, 142–152.

[99] KLINGHARDT, Gemeinschaftsmahl, 17.

[100] Wir gehen hier von der Echtheit der Ignatianen und damit von deren Verortung im frühen 2. Jh. aus. Diese wurde jüngst von HÜBNER, Thesen, 44–72, bes. 59 f., bestritten; er hält die Briefe für Fälschungen und datiert sie ans Ende des 2. Jh. (zur Diskussion vgl. LÖHR, Christentum, 247–262; STAATS, Ignatius, 80–92). Ins 2. Jh. hinein ist auch die Didache zu datieren, auch wenn Einzeltexte wie die hier relevanten Mahlgebete deutlich älter sein dürften (so geht beispielsweise MAZZA, Origins, 36–41, von einer Entstehung der Gebete noch vor dem Apostelkonzil in der ersten Hälfte des 1. Jh. aus).

[101] Vgl. etwa 1Thess 5,27; Kol 4,16; Eph 3,4; Offb 1,3.

15,7), einander mit heiligem Kuß zu grüßen (Röm 16,16), für einander zu sorgen (1Kor 12,25), einander in Liebe zu dienen (Gal 5,13), einander die Lasten zu tragen (Gal 6,2), einander zu trösten und zu erbauen (1Thess 5,11), in Frieden miteinander zu leben (1Thess 5,13), einander Gutes zu tun (1Thess 5,15), einander in Liebe zu ertragen (Eph 4,2), gütig und barmherzig zueinander zu sein (Eph 4,32), sich einander unterzuordnen (Eph 5,21) und einander zu verzeihen (Kol 3,13). All diese Aufgaben sind nicht auf die Hausversammlung beschränkt. Doch da die Gläubigen in den Häusern zusammenkommen, sind sie dort besonders relevant, und es wird dort zuerst sichtbar, ob die Gemeindeglieder in Liebe zueinander leben oder nicht."[102] Analog gilt für Mahlanspielungen in den Briefen, dass sie nicht nur, aber doch primär das Gemeindemahl betreffen.

Weil Paulus dem gemeinsamen Mahl eine besondere Bedeutung gab, die wichtige Impulse setzte und deutlich nachwirkte, soll sein Ansatz, obwohl er bereits gut erforscht ist, zuerst zur Darstellung kommen (Kap. III). Die Mahlzeugnisse im Kolosserbrief (bes. die Schlüsselstelle Kol 2,16 f.) und im ersten Timotheusbrief (bes. die Schlüsselstellen 1Tim 4,3–5; 5,17.23) lassen sich als Weiterentwicklungen und Nachwirkungen paulinischer Grundentscheidungen verstehen; untersucht werden soll auch der zweite Thessalonicherbrief mit seinem umstrittenen Mahlzeugnis in 2Thess 3,10 (Kap. IV). Im Anschluss daran wenden wir uns zwei nichtpaulinischen Schriften zu, die in ihrer Briefform und aufgrund ihrer kleinasiatischen Verortung aber in einem engen Zusammenhang zum Paulinismus stehen und beide ein jüdisch-apokalyptisches Gepräge aufweisen. Zunächst kommt der Judasbrief mit seinem Zeugnis von den gemeindlichen Agapemählern (Jud 12) zum Zuge (Kap. V), abschließend die Johannesoffenbarung mit ihren expliziten Mahlanspielungen in Offb 2,14 f.; 2,20; 3,20 f.; 22,17.20 und ihrer ausgefeilten Mahlbildersprache, die auf eine symbolische Mahlkonfliktbewältigung hindeutet (Kap. VI).

Behandelt werden also nahezu alle mahlrelevanten Briefe des Neuen Testaments. Vom Mahlzeugnis des Kol wird zugleich ein Seitenblick auf den Eph geworfen. Kein auswertbarer Mahlbezug ist erkennbar in den hier nicht behandelten Briefen (2Kor; Phil; 1Thess; Phlm; 2Tim; Tit; Jak; 2Petr). Vage Andeutungen finden wir im 1Petr. Die Aufforderung zur innergemeindlichen Gastfreundschaft 1Petr 4,7 kann als Zeugnis für wechselnde Versammlungsorte gewertet werden,[103] die in 4,8 unmittelbar folgende Anweisung zum Einsatz der Charismen füreinander als Hinweis auf den wortorientierten Teil der gottesdienstlichen Versammlung. Das Mahl bleibt aber in diesen Andeutungen außen vor, so dass wir den 1Petr ausklammern können. Strittig ist in der Forschung schließlich das Mahlzeugnis des Hebr. Die Rede vom neuen Bund (Hebr 9,20; 10,29) und vom Altar und seinen Speisen (13,9 f.) wird zwar immer wieder auf das Abendmahl bezogen,[104] aber der

---

[102] WICK, Gottesdienste, 222.

[103] So auch THEOBALD, Gastfreundschaft, 191 f., Anm. 6.

[104] Auf die Bundestheologie rekurriert vor allem BACKHAUS, Bund, 228–232. Doch ist mit GÄBEL, Kulttheologie, 406, Anm. 334 zu betonen, dass der Hebr seine Bundestheologie unabhängig von Abendmahlstraditionen entwirft, die bloße Analogie in der Wortwahl zu den Einsetzungsworten Jesu also noch kein hinreichender Beleg für ein Gemein-

Briefautor verlagert das gemeindliche Interesse so weit von der Erde weg zum himmlischen Kult des Hohenpriesters Jesus, dass ein gemeindliches Kultmahl kaum noch denkbar ist.[105] Wir können die Probleme hier beiseite lassen und den Brief aus unserer Untersuchung ausklammern.

Der Konzentration auf die Briefliteratur entspricht der *methodische Zugriff*
in dieser Arbeit. Neben traditionsgeschichtlichen und kulturgeschichtlichen Verfahrensweisen, also motivgeschichtlichen Herleitungen und kul-
turwissenschaftlichen Vergleichen,[106] kommt auch rhetorischen Herangehensweisen eine hohe Bedeutung zu, denn die zu untersuchenden Briefpas-
sagen werden auf ihre rhetorische Funktion sowohl im literarischen Kontext des Briefs als auch im sozialen Kontext der Briefverlesung untersucht.

Bezüglich der hier verwendeten *Begriffe* soll noch vorausgeschickt werden, dass möglichst umfassende und neutrale Termini verwendet werden
sollen, um vorschnelle Kategorisierungen, die dann doch nur in die Irre
führen, zu vermeiden. So wird nicht von „sakralen" oder „sakramentalen"
Mahlfeiern gesprochen,[107] sondern einfach nur von „Mahlfeiern" oder
„Mählern". Statt dessen wird der Begriff „Gemeinschaftsmahl" verwendet,
der jedoch nicht als Gegenbegriff zum „Kultmahl" verstanden werden darf,
sondern in dem bereits eingangs eingeführten Sinne als Bezeichnung eines
Mahls, das eine horizontale und eine vertikale Gemeinschaft begründet
und zur Darstellung bringt, dient. Die Termini „Mahl", „Mahlfeier" und
„Gemeinschaftsmahl" fungieren also als synonyme Begriffe und bezeichnen allesamt Versammlungen mit integrierter Mahlzeit, die für den Teilnehmerkreis einen sozialen und religiösen Sinngehalt hatten.

Die alte Entgegensetzung von sakramentalen Eucharistiefeiern und nichtsakramentalen
Agapen hat nicht selten dazu geführt, dass man nur Ersteren einen theologischen Sinngehalt zugebilligt, Letztere dagegen als allenfalls diakonisch motivierte Sättigungsmahlzeiten verstanden hat. In der vorliegenden Arbeit wird dagegen davon ausgegangen, dass
allen gemeinschaftlich begangenen Mählern der Antike ein religiöser Sinngehalt inne-
wohnte. Dieser konnte freilich unterschiedlich stark und dicht akzentuiert werden. Die
Bandbreite reicht im frühen Christentum vom Dank für die Nahrungsmittel als Gaben
Gottes (Röm 14,6; 1Kor 10,30; 1Tim 4,4) bis hin zum Dank für die Segens- und Heilsga-

---

demahl ist. Die Rede vom Altar deutet WICK, Gottesdienste, 324, als Mahlzeugnis (dazu
kritisch GÄBEL, a.a.O., 457 f.).

[105] Dagegen spricht KLAPPERT, Glaube, 237 f., ausgehend von Hebr 12,22–24 von einer Vorwegnahme des Himmlischen in der irdischen Feier.

[106] Die Frage nach der kulturgeschichtlichen Analogie muss strikt von der nach der
kulturgeschichtlichen Genealogie unterschieden werden (dazu SEELIG, Religionswissenschaftliche Methode, 260–333, bes. 278–284). Es geht in dieser Arbeit nicht um Letzteres, also um die genealogische Ableitung christlicher Mähler aus ihrem kulturellen Umfeld, sondern um die phänomenologische Beobachtung und Feststellung von Ähnlichkeiten und Differenzen.

[107] Auch MESSNER rät dazu, den Begriff „sakramental" für die frühe Kirche zu vermeiden, weil er „anachronistisch (und mehrdeutig)" sei (Grundlinien, 14, Anm. 44).

ben Gottes, die durch die Nahrungsmittel repräsentiert werden (1Kor 10,16 f.; Did 9,2–4; 10,3; IgnEph 20,2; Justin, 1apol 66). Hinter diesen unterschiedlichen Akzentuierungen stehen aber keine unterschiedlichen Mahltypen, sondern nur unterschiedliche Ausdrucksformen für das theologische Selbstverständnis der feiernden Gemeinschaft. Deshalb sollte man sich mit Kategorisierungen zurückhalten und das jeweilige Gruppen- und Mahlverständnis lieber beschreibend statt begrifflich entfalten.

Die Begriffe „Kultmahl" und „Liturgie" werden weitgehend vermieden, weil sie streng genommen den Altardienst beinhalten und damit eine opferkultische Ausrichtung in sich tragen, die für das frühe Christentum trotz der Auffassung von Jesu Lebenshingabe und Tod als Opfer nicht gleich reklamiert werden darf, sondern je gesondert im Einzelfall zu erhellen ist.[108] Wenn im Folgenden der Begriff „liturgisch" verwendet wird, dann ist er ausdrücklich nicht kultisch verstanden, sondern auf den Ablauf und seine Elemente bezogen.

Nicht verzichtet wird auf den missverständlichen Begriff „Trinkgelage". Er steht zwar in der Gefahr, als Wertbegriff missverstanden zu werden, doch meint er in dieser Arbeit das vom gemeinsamen Trinken geprägte Unterhaltungsprogramm nach dem Mahl, also das eigentliche Symposion.

Eine Reihe weiterer Begriffe haben sich in der Forschung eingebürgert und werden auch hier der Einfachheit halber trotz inhaltlicher Unschärfen gebraucht. Das gilt zum Ersten für den Terminus „Einsetzungsbericht". Er steht für die paulinisch-synoptisch bezeugten Mahlworte Jesu bei seinem Abschiedsmahl. Obwohl von einer Einsetzung im strengen Sinne nur bei Paulus und Lukas die Rede sein kann, weil nur sie den Anamnesisbefehl überliefern, Markus und Matthäus dagegen eine einmalige Situation am Ende des Lebens Jesu im Blick haben, so ist doch davon auszugehen, dass sich in den Mahlworten nicht nur eine Erinnerung an Jesus, sondern zugleich die Gegenwart der Gemeinde niederschlägt. Die Worte müssen also in jedem Fall sowohl christologisch als auch ekklesiologisch verstanden werden.[109]

Zum Zweiten wird in dieser Arbeit auch der Begriff „Altes Testament" gebraucht, wiewohl der Kanon heiliger Schriften in neutestamentlicher Zeit noch offen war. Es ist, wenn im Folgenden vom Alten Testament die Rede ist, also in jedem Fall der Schriften-

---

[108] Vgl. WICK, Gottesdienste, 21–26. Dass aber eine kultische Deutung christlicher Mahlfeiern nicht gleich als Verletzung der Kultzentralisation auf den Jerusalemer Tempel und damit nicht als Ersetzung des Tempels verstanden werden muss, zeigt zu Recht KLAWANS, Last Supper, 1–17. Darüber hinaus zeigt GRAPPE, repas, 81–95, wie schon im Diasporajudentum die kultische Gottesgemeinschaft vom Tempel auf den häuslichen Tisch ausgeweitet wurde.

[109] Das habe ich im Hinblick auf das Matthäusevangelium zu zeigen versucht (STEIN, Vergebung, bes. 144–146). Für Markus hat Martin EBNER – wie oben im forschungsgeschichtlichen Abschnitt 2 dargestellt – die erwägenswerte These vorgetragen, dass der Evangelist die Kultätiologie auf das Gesamtevangelium umgelegt habe (Tafelrunde, 38; vgl. auch a.a.O., 44: „Was die Abendmahltradition [als Kultätiologie] in knappen Worten festhält, kann nach Markus erst dann verstanden und in seiner eigentlichen Tiefe verstanden werden, wenn es auf dem Hintergrund des gesamten Wirkens und Lehrens Jesu gehört wird.").

korpus gemeint, der später zum Alten Testament wurde und sich damit aus der Fülle der Schriften Israels heraushebt.

Von den Autoren der neutestamentlichen Schriften selbst verwendete Wertbegriffe wie „Götze", „Götzenopferfleisch" oder „Hurerei" werden beibehalten, ohne dass sich der Verfasser dieser Arbeit zwangsläufig dem Werturteil anschließt. Doch haben sich die Termini in der Forschung verfestigt und ist es oft nicht möglich, mit einem einzigen deutschen Wort die Fülle dessen wiederzugeben, die in ihnen steckt und bei der Hörer- und Leserschaft evoziert werden soll.

Schließlich wird der Begriff „ekklesial" im Unterschied zu „ekklesiologisch" verwendet. Er zielt auf die gemeindliche Wirklichkeit; die ekklesiale Identität ist also die Identität der Gemeinde, die im Mahl zur Anschauung gebracht wird. Im Unterschied zu dieser Primärebene gehört der Begriff „ekklesiologisch" zur Metaebene. Hier geht es nicht um eine rituelle Darstellung, sondern um deren nachgehende Reflexion.

Die in der Arbeit zitierten *Übersetzungen* antiker Schriften folgen den im Literaturverzeichnis angegebenen Textausgaben. Sie sind im laufenden Text entsprechend gekennzeichnet. Nicht gekennzeichnete Übersetzungen – darunter alle Zitate neutestamentlicher Schriften – sind von mir selbst erstellt worden.

Kapitel II

Kulturgeschichtlicher Hintergrund

1. Einleitung

Frühchristliche Mahlfeiern sind nicht im luftleeren Raum entstanden, sondern entfalten sich inmitten der antiken mediterranen Mahlkultur. Damit sind die frühchristlichen Gemeinden in das Netzwerk der antiken Bankettgesellschaft einzuzeichnen. Die antike Gesellschaft feiert nicht nur Bankette, sondern sie inszeniert sich selbst im Bankett; sie existiert nicht als übergreifend organisierte Größe, sondern als eine Vielfalt von Teilöffentlichkeiten, die nebeneinander agieren und zugleich miteinander vernetzt sein können. Das antike Bankett ist damit nicht nur eine von vielen gesellschaftlichen Aktivitäten, sondern der Ort schlechthin, an dem sich gesellschaftliches Leben in einzigartiger Weise verdichtet.[1] Diese Bankettgesellschaft hat eine eigene Mahlkultur mit Verhaltensregeln und Wertvorstellungen hervorgebracht, die inzwischen gut erforscht und breit dargelegt ist.[2]

Im Folgenden müssen daher nur noch die Ergebnisse zusammengetragen und auf ihre wesentlichen Merkmale hin zugespitzt werden. Zunächst sind anhand des von den Quellen am besten bezeugten privaten Gastmahls die übergreifenden Rahmenbedingungen darzulegen (Abschnitt 2): Wer nimmt an Mahlfeiern in der Antike teil? Wo kommt man zusammen? Was wird gegessen und getrunken? Welcher Ablauf lässt sich eruieren? Welche Wertvorstellungen kommen in der Mahlfeier zum Ausdruck und was bedeuten sie für die Konstitution der feiernden Gruppe? Danach werden die herausgestellten Rahmendaten auf Vereine Anwendung finden, weil es sich bei diesen um den frühen christlichen Gemeinden strukturverwandte Gruppen handelt (3). Schließlich werden noch die Besonderheiten jüdischer Gemeinschaftsmahlpraxis in den Blick genommen werden, die im frühen Christentum eine wichtige Rolle bei der Suche nach einer eigenen

---

[1] Vgl. RÜPKE, Collegia sacerdotum, 62–64.

[2] Vgl. neben den einschlägigen Artikeln im DNP und NTAK vor allem die Sammelbände NIELSEN/NIELSEN, Meals, und SLATER, Dining. Monographisch sind aus jüngster Zeit vor allem KLINGHARDT, Gemeinschaftsmahl, 45–267, SMITH, Symposium, 13–172, und STEIN-HÖLKESKAMP, Gastmahl, zu nennen.

Mahlkultur spielt und die sich in etlichen Punkten dezidiert von ihrer griechisch-römischen Umwelt unterscheidet (4).

2. Das griechisch-römische Gastmahl als Paradigma antiker Mahlpraxis

2.1 Einleitung

Der Aufstieg des Gastmahls (συσσίτιον / σύνδειπνον / συμπόσιον; *convivium*) begann mit der Verlagerung der täglichen Hauptmahlzeit vom Mit-
tag auf den Abend in hellenistischer Zeit. Dieses Abendessen konnte zwar
auch im Rahmen der Familie stattfinden, doch wurde dem kein besonderer
idealer Wert zugeschrieben;[3] wesentlich attraktiver war es, sich mit
Gleichgestellten und Gleichgesinnten zum Gastmahl zu treffen. Einen besonderen Anlass brauchte man dafür nicht. Das Gastmahl war gerade kein
herausgehobenes, sondern ein alltägliches Mahl und zumindest für die
städtische Elite „selbstverständlicher Teil eines streng geregelten, ja weitgehend standardisierten Tagesablaufs".[4] Das mag damit zusammenhängen,
dass Mahlzeiten im Rahmen der Familie allein als Sättigungsmahlzeiten
betrachtet wurden, man den Gastmählern darüber hinaus eine soziale Funktion zuschrieb, die sich im lateinischen Fachbegriff *convivium*, also Zusammenleben, widerspiegelt. Demnach steht im Mittelpunkt nicht die eigentliche Mahlzeit, sondern die über die Mahlzeit hergestellte Gemeinschaft, Geselligkeit und Kommunikation der städtischen Elite. Dies wird
im Folgenden anhand der Räume (2.2), der Teilnehmerinnen und Teilnehmer (2.3) und des dreigliedrigen Ablaufs (2.4) des Gastmahls vor Augen
geführt.

2.2 Speiseräume

Wer zum Gastmahl einlud, musste eine entsprechende Infrastruktur vor-
weisen können. Eine Kochstelle und ein möblierter Versammlungsraum
mussten vorhanden sein, dazu Koch- und Essgeschirr, Holz und Wasser
sowie das entsprechende Personal für die Küche und die Bedienung. Einen
solchen Aufwand konnte sich längst nicht jeder leisten. Gerade das Vor-
handensein von Küchen – diese konnten von einer offenen Herdstelle (*fo-*

---

[3] So formuliert BRADLEY, Family, 51: „Dinner was not a meal at which the company
of family members was automatically and invariably assumed essential or even desir-
able." Vgl. auch NIELSEN, Children, 57–59, der festhält, dass das Mahl im Kreis der Familie in der römischen Literatur weitgehend ignoriert werde, weil es nicht als Ideal galt,
mit der Familie zu speisen.
[4] STEIN-HÖLKESKAMP, Gastmahl, 261.

cus) bis hin zu einem separaten Wirtschafts- und Arbeitsraum (*culina*) reichen – kann nicht selbstverständlich vorausgesetzt werden;[5] im kaiserzeitlichen Rom hatten nur „40% der armen Häuser gegenüber 93% der reichen Häuser eine fest eingebaute Herdstelle".[6]

Gespeist wurde meist im *Triklinium*.[7] Es handelt sich dabei um einen rechteckigen Raum, der, wie der Name schon sagt, mit drei Liegen (κλίναι) ausgestattet war, die an dreien der vier Wände des Raums entlang standen und auf denen jeweils drei bis vier Personen Platz fanden. Gespeist wurde im Liegen,[8] und zwar auf der linken Seite, gestützt auf den linken Ellenbogen und mit einem Kissen oder Polster im Rücken, so dass man die rechte Hand zum Essen frei hatte. In größeren Speiseräumen kann es über diesen Grundbestand hinaus noch weitere Liegen gegeben haben, so dass auch größere Mahlgemeinschaften als solche von neun bis zwölf Personen denkbar sind; auch die Einrichtung mehrerer nebeneinander gelegener Triklinien in einem Raum war möglich.

Über ein eigenes Triklinium verfügten zunächst ähnlich wie über Küchen und Personal nur wohlhabendere Bevölkerungsgruppen. Es war typischer Repräsentationsraum eines villenartigen Privathauses (*domus*) und vom säulenumsäumten Innenhof des Hauses aus zu erreichen.[9] Triklinien sind aber auch in mehrgeschossigen Mietshäusern (*insulae*) sowie in Vereinshäusern und Tempelanlagen nachweisbar. Wer über kein eigenes Spezezimmer verfügte, konnte dort für seine Gäste auch entsprechende Räume anmieten.

Gerade die Speiseräume in den *Mietshäusern* sind in der Mahlforschung notorisch unterschätzt worden.[10] Das hängt damit zusammen, dass man dabei meist nur die kleinen Einzimmerwohnungen (*cellae*) in den oberen Stockwerken vor Augen hatte, die weder das entsprechende Platzangebot noch die für die Zubereitung und Ausrichtung von Mählern erforderlichen Wasserstellen und sanitären Anlagen boten.[11] Dagegen hat die jüngere ar-

---

[5] Vgl. EGELHAAF-GAISER, Kulträume, 278–282; SCHAREIKA, Römer, 31–33.

[6] EGELHAAF-GAISER, Kulträume, 283.

[7] Zur Typologie der Speiseräume und zur Unterscheidung von Speiseräumen im Haus und im Garten vgl. EGELHAAF-GAISER, Kulträume, 300–305; SCHAREIKA, Römer, 23–31.

[8] Die Praxis des Liegens geht wahrscheinlich auf nomadische Ursprünge zurück und hat von da aus auch auf die sesshafte Bevölkerung des Orients übergegriffen. War sie in nomadischen Zeiten pragmatisch durch die Situation der Zelte und fehlender Möbel bedingt, also Ausdruck von Armut oder Einfachheit, wurde sie in späterer Zeit zum Symbol von Luxus, Reichtum und Macht. Die griechischen und römischen Mahlsitten nehmen diesen Wandel auf: Fand die Hauptmahlzeit zunächst in der Mittagszeit und im Sitzen statt, wechselte sie im 6./5. Jh. v.Chr. auf den Abend und wurde im Liegen eingenommen (vgl. dazu SMITH, Symposium, 14–18).

[9] Vgl. KUNST, Leben, 72–77.83–88.

[10] Bis hin zu KLINGHARDT, Gemeinschaftsmahl, 62.

[11] Vgl. KUNST, Leben, 112. Martial XII 32 nennt als mögliche Einrichtungsgegenstände Bett, Tisch, Lampe, Mischkrug und Nachttopf.

chäologische Forschung herausgestellt, dass die mehrgeschossigen Wohnhäuser differenzierter zu beurteilen sind.[12] Repräsentativ für die neutestamentliche Zeit ist eine um 100
n.Chr. errichtete *insula* am Nordwesthang des römischen Capitols mit vier Geschossen:[13]
„Im Erdgeschoss befanden sich ausschließlich Läden und Werkstätten mit darüber lie-
gendem Zwischengeschoss als Wohnräumen. Vorgelagert waren Arkaden, wie sie in den
Brandschutzverordnungen Neros gefordert wurden. Der zweite Stock wies zwei großzügig geschnittene *cenacula* von etwa 200 qm auf. Fünf nebeneinander liegende Zimmer
[...] wurden durch ein *medianum* auf der Vorderseite des Hauses verbunden. Auf der
dritten Etage waren immer drei nebeneinander liegende Räume von jeweils 10qm im
rechten Winkel zur Fassade angeordnet. Der vierte Stock ist nur schlecht erhalten, weist
aber auf eine ähnliche Raumaufteilung wie der dritte. Leichtere Wände lassen darauf
schließen, dass hier billigere Wohnungen als im Stock darunter zu haben waren. Nach
oben gab es möglicherweise zwei weitere Stockwerke aus Holzkonstruktionen.“[14] Dieser
Befund zeigt, dass eine *insula* mehr zu bieten hatte als kleine Schlafzellen. Gemeinschaftsmähler konnten in den Tavernen und Hinterzimmern der Garküchen im Erdgeschoss abgehalten werden; ihnen kam, weil sich dazu die Bewohner der kleinen Mietzel-
len regelmäßig trafen, eine gemeinschaftsstiftende Funktion für die Hausbewohnerschaft
zu.[15] Private Gastmähler konnten darüber hinaus vor allem in den großzügigen *cenacula*
im ersten Obergeschoss stattfinden,[16] sie boten „schon wegen ihrer Vielräumigkeit mehr
Platz als die einfachen *cellae*. Menschliche Bedürfnisse konnten in der Wohnung befrie-
digt werden [...]. Gäste konnten empfangen und bewirtet werden, was ein gewisses Maß
an Repräsentation zuließ.“[17] Die in Ostia in einem aus dem 2. Jh. stammenden Etagen-
haus nachgewiesenen luxuriösen Zwölfzimmerwohnungen mit sechs Meter hohen Triklinien dürften allerdings eher die Ausnahme gewesen sein.[18]

Raumästhetisch auffällig ist die Ausgestaltung der Triklinien wohlhabender Gastgeber weit über das Mindestmaß an erforderlichen Einrichtungs-
gegenständen hinaus. Ihre Ausstattung mit aufwändigen Bodenmosaiken
und Wandmalereien, die im Gegensatz zu den meist einfachen und allein
nach Sachaspekten eingerichteten Küchen steht, weist darauf hin, dass
nicht das Essen und Trinken an sich, sondern das *Repräsentationsbedürfnis*
des Gastgebers im Mittelpunkt stand.[19] Das wird umso deutlicher, wenn
man sich die Entwicklung vom einfachen griechischen Herrenzimmer
(ἀνδρών) zum römischen Triklinium vor Augen hält, die mit einem gestei-
gerten Interesse an der Darstellung von sozialem Status und ökonomischer
Macht einhergeht.[20]

---

[12] Vgl. etwa PRIESTER, Untersuchungen, 229–234. WALLACE-HADRILL, Domus, 3–18,
weicht überhaupt die Grenzen zwischen *domus* und *insulae* auf.

[13] Vgl. dazu die Abb. 66 f. bei KUNST, Leben, 104 f.

[14] KUNST, Leben, 103.

[15] Über Garküchen und Tavernen informiert anschaulich SCHAREIKA, Römer, 18 f.

[16] Vgl. EGELHAAF-GAISER, Kulträume, 302; KUNST, Leben, 99.

[17] KUNST, Leben, 109.

[18] Dazu KUNST, Leben, 109.

[19] Vgl. KUNST, Leben, 83–88.

[20] Vgl. DUNBABIN, Dining Couch, 81–102; DIES., Roman Banquet, 36–71; NIELSEN,
Royal Banquets, 102–133. Nach DUNBABIN verlief die geographische Entwicklung der

Der griechische Andron ist ein nahezu quadratischer Raum; die Liegen bilden einen Ring entlang der vier Wände, der nur von der Eingangstür unterbrochen wird und etwa zwölf bis vierzehn Personen zu fassen vermag. Aufgrund der quadratischen Anlage des Raums waren alle Mahlteilnehmer gleich weit von der Mitte entfernt und konnten gleichermaßen vom Tischdiener wahrgenommen und bewirtet werden. Die Zentralität steht demnach für die Einheit und Gleichheit der dort zusammenkommenden Gruppe, die sich in einer gleichberechtigten Kommunikation Ausdruck verschaffte, insofern als hier alle Teilnehmer leicht in die Konversation einbezogen werden konnten. Seit hellenistischer Zeit wurden die quadratischen durch rechteckige Speiseräume verdrängt, in denen die Klinen nun nicht mehr reihum, sondern in U-Form standen. Damit ging zugleich eine zunehmende Hierarchisierung einher, denn es gab nun eine feste Mitte und ebenso eindeutig auszumachende Ränder.

Die Architektur des römischen Trikliniums ist zutiefst statusorientiert. Durch die Platzierung der Liegenden konnte der Gastgeber nach innen hin Hierarchien inszenieren, durch die Ausgestaltung des Raums, die aufgetischten Speisen und Getränke und das zum Trinkgelage dargebotene Unterhaltungsprogramm seinen Status zur Schau stellen und seinen Gästen ein exklusives Gruppengefühl vermitteln. So wundert es nicht, dass sich in der ausgehenden Republik und der beginnenden Kaiserzeit zunehmend ein *Tafelluxus* entwickelt hat, der das gesamte Ambiente des Gastmahls durchsetzte und über Wandmalereien und Bodenmosaike hinaus auf Mobiliar und Geschirr ausgriff.[21] Davon weiß auch Apuleius im 2. Jh. zu berichten:

„Da findet sich eine große Anzahl von Tischgenossen und, wie bei einer Frau aus der ersten Gesellschaft begreiflich, die Blüte der Bürgerschaft. Die reichen Tische strahlend von Citrusholz und Elfenbein, die Lager mit goldenen Teppichen bedeckt, die großen Pokale mannigfach an Schönheit, aber einheitlich an Wert. Hier gibt es kunstvoll geschliffenes Glas, dort reines Kristall, anderswo helles Silber und gleißendes Gold und wunderbar ausgehöhlten Bernstein und Trinkgefäße aus Stein, und alles Unmögliche ist dort vorhanden. Zahlreiche prachtvoll gekleidete Diener reichten geschickt umfangreiche Platten, lockige Knaben in schönen Gewändern boten immer wieder Becher alten Weins an, die aus Edelsteinen geformt waren. Schon wurde Licht hereingebracht, das Tafelgespräch wurde lebhaft, schon nahm das Gelächter überhand, und freie Scherze und Witzelei kamen von hüben und drüben. Da hebt Byrrhena (= die Gastgeberin) so zu mir an: ‚Wie sagt es dir zu in unserer Stadt? Soweit ich weiß, an Tempeln, Bädern und sonstigen Gebäuden sind wir den übrigen Städten weit voraus. An Lebensmitteln haben wir außerdem reichlich'" (Met. II 19,1–5).[22]

Der Tafelluxus wurde von den Gastgebern nicht nur gepflegt und zur Schau gestellt, er wurde, wie Apuleius zeigt, von den Gästen geradezu erwartet. So blieb es auch nicht unbemerkt, wenn ein luxuriöses Ambiente

---

Speiseräume von den hellenistischen Herrschern nach Rom und von da aus wieder zurück in den Osten, nach NIELSEN von den hellenistischen Palästen direkt nach Westen und Osten.

[21] Vgl. STEIN-HÖLKESKAMP, Gastmahl, 116–158; SCHAREIKA, Römer, 48.
[22] Übersetzung nach KUNST, Lebenswelten, Nr. 63d, 220 f.

ausblieb. In diesem Sinne ist die Beschwerde Ciceros über den Konsul Lucius Piso zu verstehen, der als Gastgeber seiner Aufgabe nicht gerecht wurde und die Erwartungen seiner Gäste bitter enttäuschte:

„Wenn euch der Kerl nur ruchlos und grausam erscheint, einst ein kleiner Dieb, jetzt aber auch ein Räuber, wenn ihr ihn für gemein, eigensinnig, hochmütig, hinterhältig, wortbrüchig, schamlos und unbändig halten solltet, so wisset: er ist ein Ausbund von Verschwendung, Ausschweifung, Dreistigkeit und Nichtswürdigkeit. Denkt aber nicht, dass es bei ihm diese Verschwendungssucht ist. Gewiss, jede ist lasterhaft und schändlich, aber es gibt doch eine, die eines Freigeborenen würdiger ist. An ihm ist nichts Vornehmes, nichts Feines, nichts Erlesenes, ja – und hier will ich meinen Gegner einmal loben –, auch nichts übermäßig Kostspieliges außer seinen Begierden. Kein getriebenes Edelmetall, nur riesige Tonschüsseln, und zwar, damit es nicht so aussieht, als verachtete er seine Landsleute, aus Placentia, sein Tisch nicht mit Austern oder Fisch ausgestattet, sondern mit Unmengen von leicht vergammeltem Fleisch. Sklaven in schmutziger Kleidung warten auf, auch ein paar alte Kerle darunter; Koch und Hausmeister sind eine Person; kein Bäcker im Hause, keine Vorratskammer, Brot und Wein vom Krämer und aus der Kufe; immer fünf Griechen auf einem Sofa zusammengepfercht, oft noch mehr; er selbst liegt allein; man trinkt so lange, bis das Fass zu Neige geht. Wenn er den Hahn krähen hört, meint er, sein Großvater sei wieder zum Leben erwacht. Dann hebt er die Tafel auf" (Pis. 67; 55 v.Chr.).[23]

So ist die gesamte Mahlszenerie, vom Raum über das Mobiliar und Geschirr bis hin zu Speisen und Getränken, Ausdruck von Prestige und Status. Selbst bei weniger üppigen Mählern als denen der städtischen Elite dürften solche Wertvorstellungen eine wichtige Rolle gespielt haben. Dieses Repräsentationsbedürfnis prägte nicht nur den Raum, sondern auch die Mahlzeit und insbesondere das sich daran anschließende Trinkgelage, wie im Folgenden zu zeigen sein wird. Doch zuvor ist noch ein Blick auf die Teilnehmerschar zu werfen.

2.3 Teilnehmerinnen und Teilnehmer

Die Teilnahme am Gastmahl erfolgte auf *Einladungen* hin. Solche wurden direkt mündlich ausgesprochen oder durch Sklaven übermittelt.[24] Mitunter wurden auch Kontrollmarken (*tesserae*) ausgegeben, um Exklusivität zu inszenieren und ungeladenen Gästen den Zugang zu erschweren.[25] In der Tat stellten ungeladene Gäste, die als Schmarotzer in die Mahlgemeinschaft eindrangen, eine reale Bedrohung der Mahlgemeinschaft dar.[26] Sie störten die soziale Einheit und Homogenität der Gruppe und brachten die

---

[23] Übersetzung nach KUNST, Lebenswelten, Nr. 46j, 157 f.
[24] Einladungspapyri sind bei ARZT-GRABNER u.a., 1Kor, 321–324 (zu den Belegen im Einzelnen vgl. unten Abschnitt 3.4) zusammengestellt. Das Einladungsmotiv ist auch in neutestamentlichen Mahlerzählungen bezeugt (so etwa in Lk 14,12–14; 14,17.21 f.).
[25] Vgl. Plautus, Poen. 958.1047–1049.
[26] Vgl. Xenophon, Symp. 1,11. Dazu KLINGHARDT, Gemeinschaftsmahl, 84–86.

sorgfältig ausgeklügelte Platzverteilung durcheinander. Denn sie kamen nicht selten aus anderen Sozialmilieus als die schon anwesende Gästeschar und begnügten sich nicht mit den ihnen zugewiesenen Plätzen am Ende der Hierarchie, sondern drängten sich zu den regulären Gästen auf die Klinen und beanspruchten deren soziale Anerkennung für sich.[27]

Gerade an solchen Störungen lässt sich ablesen, welch sensibles Thema die *Platzverteilung* im Triklinium darstellte.[28] Um einen möglichen Streit um Ehrenplätze zu vermeiden, war nicht nur die Einladung, sondern auch die Platzierung der Gäste reglementiert. Der Platz des Gastgebers und der Ehrenplatz waren konventionell vorgegeben; der Gastgeber lag auf dem obersten Platz der vom Eingang aus gesehen linken Couch (*lectus imus*), der Ehrengast auf dem untersten Platz der mittleren Couch (*lectus medius*), also direkt neben dem Gastgeber, weitere Gäste fanden auf dem *lectus summus* Platz.[29] Dennoch ließen sich Auseinandersetzungen um die Platzierung auch bei geregelter Zuweisung nicht immer verhindern,[30] und so avancierte die Platzfrage zum beherrschenden Thema im antiken Mahldiskurs. Grundsätzlich ging es dabei um die Frage, ob die Sitzordnung bestehende Statusunterschiede zwischen den Gästen abbilden soll, das Gastmahl also als mikrokosmisches Abbild der makrokosmischen Gesellschaftsstruktur zu gelten habe, oder ob die Statusunterschiede durch die Platzordnung zugunsten einer utopischen Gemeinschaft aufgehoben werden sollten.[31] Die Lösungsvorschläge schwankten folglich zwischen Hierarchie und Egalität und machen damit deutlich, dass die beim gemeinsamen Mahl zur Darstellung kommende Gruppenidentität wesentlich an der Platzfrage hing. Noch bevor der erste Gang aufgetischt worden war, gaben der Raum und sein Ambiente sowie die Platzverteilung Auskunft darüber, wie die Gruppe

---

[27] Vgl. KLINGHARDT, Gemeinschaftsmahl, 88.

[28] Vgl. STEIN-HÖLKESKAMP, Gastmahl, 101–111.

[29] Vgl. Plutarch, mor. 619b–f (dazu KLINGHARDT, Gemeinschaftsmahl, 78–83; Abb. 2 bei STEIN-HÖLKESKAMP, Gastmahl, 102). Zur Auseinandersetzung um Ehrenplätze im frühen Christentum vgl. Lk 14,7–11; 22,24–27, vielleicht auch Jak 2,2–5 (KLINGHARDT, a.a.O., 79, Anm. 68, deutet die uneinheitliche Textüberlieferung dahingehend, dass sowohl an einen Sitzplatz für den Armen am Fußende der Kline des Gastgebers [Lesart ἐπί: B[2]; P, Ψ u.a.] als auch an einen Liegeplatz auf der Kline unterhalb des Gastgebers [Lesart ὑπό: ℵ; A; B; C u.a.] gedacht werden kann).

[30] Eine solche Auseinandersetzung belegt Plutarch, mor. 148f–149b, der daraus schließt, dass nicht die Rangfolge der Plätze, sondern der freundschaftliche Umgang mit dem Nachbarn entscheidend sei.

[31] Vgl. die umfangreichen Ausführungen zum Thema bei Plutarch, mor. 615c–619a, die sich an einem Streit zwischen Plutarchs Bruder Timon und seinem Vater Lamprias festmachen. Lamprias ist Vertreter einer strikten Platzzuweisung und fordert die Orientierung an den realen Sozialverhältnissen, damit das Gastmahl nicht in ein Chaos münde (615e–616b), Timon dagegen ist Vertreter einer freien Platzwahl und fordert die Orientierung an der Sozialutopie sympotischer Gleichheit (616c–f).

sich selbst verstand, welchen Wertvorstellungen sie folgte und was sie im Innersten zusammenhielt.

Das Gastmahl war vor allem Männersache. Die Teilnehmer waren in den meisten Fällen *Männer*. Das hängt unmittelbar mit der sozialen Funktion des Mannes zusammen. Wie gesamtgesellschaftlich patriarchale Strukturen über emanzipatorischen Tendenzen dominierten, so diente auch das Gastmahl dazu, als Instrument der Darstellung und Bekräftigung der sozialen Ordnung den Ruf des Mannes in der Gesellschaft zu steigern.[32] Es ging also zuvorderst um die Gemeinschaft und Geselligkeit unter Männern, das gemeinsame Abendessen war „in essence an occasion for a man and his friends, male friends above all, to pursue ease, well-being and conversational refinement while consuming food and drink".[33]

Die *Teilnahme von Frauen* am Gastmahl war dagegen zunächst nicht vorgesehen und verdankte sich nach dem Zeugnis von Cornelius Nepos einer Neuerung, die erst von den Römern eingeführt wurde und mit der alten Tradition der Griechen gebrochen hat:

„Dagegen gilt nach unseren Moralvorstellungen sehr vieles als ehrenvoll, was bei jenen Völkern (= den Griechen) als Schande angesehen wird. Welcher römische Mann schämt sich denn, seine Frau zu einem Gastmahl (*convivium*) mitzunehmen? [...] Wie anders ist das doch in Griechenland. Denn die Frau darf nicht an einem Gastmahl teilnehmen – außer an einem Essen unter Verwandten" (praef. 6–7).[34]

So kann zumindest für die römische Zeit die Teilnahme der Ehefrau des Gastgebers vorausgesetzt werden; möglicherweise erschienen auch die Gäste in Begleitung ihrer Frauen. Die Frauen bekamen auf diese Weise die ihnen sonst verwehrte Möglichkeit zur Teilhabe am gesellschaftlichen Leben.[35] Von einer gleichberechtigten Teilnahme am Gastmahl kann dennoch keine Rede sein. Zum einen lagen die Frauen im Unterschied zu ihren Männern nicht zum Mahl, sondern saßen auf der Kline unterhalb ihres Ehegatten oder auf eigenen Sesseln (*subsellia*), zum anderen verließen sie den Raum zum Symposion und damit zum eigentlich bedeutsamen Teil der Versammlung, damit die Männer zum eigentlichen Trinkgelage unter sich bleiben konnten.[36]

Zwar ist auch die Sitte bezeugt, dass Frauen beim Mahl lagen, doch wurden solche Verhaltensweisen von der Männerwelt scharf verurteilt.[37]

---

[32] Vgl. BRADLEY, Family, 48–50.
[33] BRADLEY, Family, 38. Vgl. Plutarch, mor. 697d.
[34] Übersetzung nach PFEIFFER. In die gleiche Richtung weist Cicero, In Verr. II 26,66.
[35] Vgl. STEIN-HÖLKESKAMP, Gastmahl, 76.
[36] So werden die Frauen bei Platon, Symp. 176e und Plutarch, mor. 150d nach dem Mahl entfernt.
[37] Cicero, fam. IX 26,2 beschwert sich darüber, dass beim Gastmahl des Eutrapelus, zu dem er geladen war, auch eine Frau – sie heißt Cytheris – anwesend war, die neben

Das zeigt Plutarchs Gastmahl der sieben Weisen (mor. 146b–164d), an dem auch die zwei Philosophinnen Melissa und Eumetis teilnehmen, die von Plutarch in idealtypisch konträrer Weise gezeichnet werden. Während Melissa wie die Männer zu Tisch liegt (150b) und Kränze verteilt (150d), sitzt Eumetis (150b) und ergeht sich in Schweigen, um den Männern Raum zum Reden zu geben (154b). Beiden gemeinsam ist allerdings, dass sie das Mahl vor dem sich anschließenden Trinkgelage verlassen (155e). Man wird solche Schilderungen nicht als neutrale Wiedergabe wirklicher Mähler, sondern zunächst einmal als Bestandteil eines Diskurses über das ideale Mahl verstehen müssen, der dazu auch noch hauptsächlich von Männern geführt wurde.[38] Allerdings darf die wirklichkeitsbestimmende Kraft dieses Diskurses nicht unterschätzt werden. Weil die Männer daran interessiert waren, unter sich zu speisen und zu trinken, und diesem Interesse in der Gastmahlliteratur auch literarischen Ausdruck gegeben haben, wird die Teilnahme von Frauen an gesellschaftlich relevanten Gastmählern nicht nur in den Köpfen dieser Männer, sondern auch realiter begrenzt gewesen sein. Ausnahmen bildeten lediglich Gastmähler, in denen die Frauen unter sich waren, männliche Rollenzuweisungen also nicht greifen konnten,[39] und Gastmähler, die einen klar familiären oder religiösen Charakter aufwiesen.[40]

Neben etlichen erhaltenen von Frauen ausgestellten Einladungsbillets zu Hochzeitsfeiern ist insbesondere die Inschrift eines privaten Kultvereins aus Philadelphia/Lydien zu nennen, der den Zugang zum Versammlungshaus, das ein Privathaus zu sein scheint, ausdrücklich nicht nur Männern, sondern auch Frauen gewährt (LSAM 20 [2./1. Jh. v.Chr.], Z. 15 f.).[41]

---

dem Gastgeber gelegen habe (Text und Übersetzung bei KUNST, Lebenswelten, Nr. 63b, 218 f.). KUNST, a.a.O., 218, Anm. 246, deutet sie als Freigelassene und Konkubine des Eutrapelus. Auch Lukian, Symp. 8 kennt beim Mahl liegende Frauen. Allerdings erzählt er kurz darauf von einem ungeladenen Gast, der keinen Platz mehr auf der Couch fand und zum Sitzen auf einem Sessel aufgefordert wurde, worauf er sich über den weibischen (γυναικεῖον) Platz beschwerte (Symp. 13). Das Bild von der beim Gastmahl sitzenden Frau war also trotz der im Fluss befindlichen Sitten noch präsent und für das Denken der Männer prägend.

[38] Vgl. STANDHARTINGER, Frauen, 5–7. STEIN-HÖLKESKAMP, Gastmahl, 86, schreibt treffend: „[D]ie Texte präsentieren uns die Frauen ja weiterhin nur als wandelnde Spiegelbilder männlicher Vorstellungen, als Figuren in allein von Männern bestimmten Handlungsfeldern. Und damit bleiben sie für uns letztlich ‚vage Schatten auf der Bühne der Erinnerung‘."

[39] Vgl. Cicero, Quint 21,19; Cael 20,49.

[40] So auch STANDHARTINGER, Frauen, 4 f.

[41] Text und Übersetzung bei EBEL, Attraktivität, Anhang IV, 228–232. Zur Inschrift vgl. auch Kap. IV.3.4.

Wie den Frauen stand schließlich auch den *Kindern* des Hausherrn das
Gastmahl nur für den ersten Teil, die Mahlzeit, offen;[42] wie die Frauen
hatten sie sich dabei zu setzen.[43] Jungen durften in griechischer Zeit ab
einem Alter von ungefähr achtzehn Jahren als vollberechtigte Teilnehmer
zum Mahl liegen, in römischer Zeit wurde das Mindestalter auf ungefähr
fünfzehn Jahre herabgesenkt. Das mag damit zusammenhängen, dass die
Gastmähler als pädagogische Lernräume begriffen wurden, in denen die
Söhne in die Gesellschaft und ihre Regeln eingeführt werden konnten –
eine durchaus verständliche Auffassung, wenn man sich vor Augen hält,
dass sich gerade im Gastmahl eine ganze Gesellschaft rituell verdichtete.
Wer ins Gastmahl und seine Sitten eingeweiht war, der konnte sich auch
am gesellschaftlichen Leben beteiligen. Die Väter mussten ihren Söhnen
beim Gastmahl „im Wortsinne vorleben, welcher Habitus bei welchen Ge-
legenheiten angemessen war; wann es Überlegenheit zu demonstrieren
galt; wann Luxus und Kultiviertheit zur Schau gestellt werden durften;
wann es Würde und Moral herauszukehren galt."[44] Die Teilnahme am
Gastmahl hatte jedoch für die Jungen auch eine Kehrseite, die darin bestand, dass sich ihre gesellschaftliche Initiation nur selten ohne sexuelle
Missbrauchserfahrungen vollzog; die Männer, die sie ins Leben einführten,
suchten zugleich den erotischen Kontakt zu ihnen.[45]

2.4 Ablauf

Das Gastmahl begann oftmals schon am späten Nachmittag mit dem gemeinsamen Thermenbesuch[46]. Hier konstituierte sich die Gruppe und erlangte im Reinigungsakt die für den Vollzug der Trankspenden notwendige
Kultfähigkeit.[47] Danach erst ging man zum eigentlichen Gastmahl über. Es
bestand aus zwei Hauptteilen, der Mahlzeit (δεῖπνον / συσσίτιον / *cena*)
und dem Trinkgelage (συμπόσιον / πότος / *comissatio*). Dazwischen wurde
zum Abschluss der Mahlzeit ein (Speise- und) Trankopfer (σπονδή / *liba-
tio*) vollzogen.

---

[42] Vgl. Plutarch, mor. 725f–726a; Lukian, Symp. 8.

[43] Vgl. Xenophon, Symp. 1,8; Sueton, Aug 64,3; Cl. 32; Tacitus, Ann XIII 16; Clemens von Alexandrien, Paed II 54,3 (dazu BRADLEY, Roman Family, 45 f.).

[44] STEIN-HÖLKESKAMP, Gastmahl, 88 f. (Zitat 88).

[45] Vgl. Sallust, Bell.Cat. 7,4; 14,5–7; Quintilian, InstOrat I 2,6–8; II 2,14–15. Zum
Problemzusammenhang vgl. BOOTH, Age, 113; WINTERER, Sexualität, 34–38.

[46] Die Annehmlichkeiten der Bäder bezeugen die Inschriften CIL X 1063 (1. Jh.) und
CIL XIV 4015 (2. Jh.). Der zunehmende Badeluxus in der Kaiserzeit wird von Seneca,
ep. 86,4–13 angeprangert. Als Folie dient ihm das dunkle, bescheidene Bad des Scipio
Africanus (alle Texte mit Übersetzung bei KUNST, Lebenswelten, Nr. 28c.d.f, 89–93).

[47] Vgl. KLINGHARDT, Gemeinschaftsmahl, 47–49.

2.4.1 Mahlzeit

Einen festen *Mahlbeginn* mit Eingangsgebet gab es im griechisch-römischen Kontext nicht; Mahleröffnungsgebete gehören zu den jüdischen Mahlspezifika und haben sich von da ausgehend auch in frühchristlichen Mahlfeiern durchgesetzt. Möglicherweise gab es aber einen Begrüßungs- oder Mahleröffnungstrunk, der den Beginn der Mahlzeit sichtbar markierte.[48] Daraufhin folgte das eigentliche Essen, zunächst eine Vorspeise (*promulsis*), dann das Hauptgericht in meist mehreren Gängen (*prima mensae*), nach der Mahlabschlusszeremonie und zu Beginn des Trinkgelages dann der Nachtisch (*secundae mensae*).

Welche *Speisen* wurden gereicht?[49] Als Vorspeise wurden meist Eier und Gemüse verzehrt.[50] Zum Hauptgericht gab es Brot (ἄρτος / *panis*) oder Fladen (μάζα / *puls*), das bzw. der zugleich als Sättigungsgrundlage und Besteck diente, weil damit die Zukost gelöffelt oder aufgetunkt wurde.[51] Die Zukost (ὄψον) konnte aus Oliven, Käse, Zwiebeln, Kohl und anderen Gemüsesorten bestehen; seit hellenistischer Zeit wurden daneben auch verstärkt Süß- und Salzwasserfische und Meeresfrüchte, insbesondere Muscheln, verspeist. Fleisch dagegen gehörte nicht zur täglichen Kost des Durchschnittsbürgers und war zunächst nur im Rahmen von Opferfesten erhältlich.[52] Die Fleischmärkte (*macella*) kamen erst in der frühen Kaiserzeit auf und wurden überdies meist nicht von der einfachen, sondern eher von der wohlhabenden Bevölkerung aufgesucht. Insofern ist mit Fleischverzehr vor allem bei Gastmählern der städtischen Elite und bei ausgesprochenen Kult- und Opferfesten, wie sie im Rahmen des Götter- und Herrscherkults begangen wurden, zu rechnen, nicht dagegen bei einfachen Gast- oder Vereinsmählern. Der Nachtisch schließlich „bestand in einfacheren Kreisen aus Nüssen, Obst und Backwerk"[53], in gehobenen Kreisen konnte er zuweilen zu einer zweiten Hauptmahlzeit ausufern.[54]

Wie sah es mit den *Getränken* aus?[55] Der vielbeschworenen These vom Weingenuss schon beim Mahl, wie sie in der neutestamentlichen For-

---

[48] Athenaios II 58b–c scheint ihn jedenfalls vorauszusetzen.

[49] Vgl. dazu KLINGHARDT, Gemeinschaftsmahl, 50–52; SIGISMUND, NTAK 2, 31 f.; HEININGER, NTAK 2, 36 f.; ROYER/SALLES/TRASSARD, Leben, 62–69. Ausführlich jetzt SCHAREIKA, Römer, 58–85.

[50] Vgl. Martial V 78; XI 52; XII 19.

[51] Vgl. Aristophanes, Eq 1167. Diese Regel macht auch den christlich bezeugten Ritus des Brotbrechens zu Beginn der Mahlzeit verständlich, insofern den Mahlteilnehmerinnen und -teilnehmern mit dem Brot zugleich das Besteck gereicht wurde.

[52] Zur damit verbundenen frühjüdischen und frühchristlichen Problematik des Verzehrs von Götzenopferfleisch vgl. die Kap. III.3.1.1 zu Paulus und VI.2.1 zur Offb.

[53] KLINGHARDT, Gemeinschaftsmahl, 54.

[54] Eine Sitte, die Sueton, Vitellius 13, scharf tadelt.

[55] Vgl. dazu KLINGHARDT, Gemeinschaftsmahl, 59 f.

schung gerade unter Berufung auf 1Kor 11,20–22a immer wieder geäußert worden ist,[56] ist mit Zurückhaltung zu begegnen. Denn es war das Anliegen der Gastgeber, die Trunkenheit der Gäste nicht zu fördern, sondern gerade zu verhindern, um die Wohlordnung zu erhalten und eine gesittete Kommunikation zu ermöglichen. Zur Vorspeise wurde deshalb ein alkoholarmer Honigwein (*mulsum*) gereicht,[57] zum Hauptgericht trank man in der Regel überhaupt nicht oder einfach nur Wasser, und erst zum abschließenden Trinkgelage gab es Wein, allerdings mit Wasser gemischt. Ungemischter Wein (ἄκρατος) wurde nur in geringen Mengen getrunken, und zwar zum Trankopfer zwischen Mahlzeit und Trinkgelage.

Wie dem Raum und dem Tafelluxus kam auch der Mahlzeit ein nicht zu unterschätzender *sozialer Symbolwert* zu. Ein reich gedeckter Tisch und eine üppige Menüfolge stellten in erster Linie den Gastgeber zur Schau und repräsentierten seinen Reichtum, seinen Einfluss sowie seine kulinarische Bildung.[58] All das ist als Instrumentarium zu begreifen, mittels dessen sich der Gastgeber im Kreise seiner Gäste darzustellen und innerhalb der Gästeschar Egalität und Hierarchie zu inszenieren vermochte. Sowohl die Quantität als auch die Qualität der bereitgestellten Speisen und Getränke waren Ausdrucksmittel für ein bestimmtes Gemeinschaftsverständnis. So berichtet der Statthalter Plinius von einem Gespräch mit seinem Tischnachbarn beim Mahl:

„Es würde zu weit führen, ausführlich zu erzählen – es tut ja auch nichts zur Sache –, wie es kam, dass ich als keineswegs guter Bekannter bei jemandem zum Abendessen eingeladen war, der sich selbst vornehm und doch sparsam, mir aber schäbig zugleich und verschwenderisch vorkam. Denn sich und einigen wenigen ließ er üppige Leckerbissen, den übrigen (am Tisch) billiges Zeug und bloße Probierstücke vorsetzen. Sogar den Wein hatte er in kleinen Flaschen in drei Qualitäten verteilt, nicht, um eine Möglichkeit zum Auswählen, sondern keinem die Gelegenheit zum Zurückweisen zu geben: die eine Marke war für ihn und uns, die zweite für seine geringsten Freunde – er hatte nämlich abgestufte Freundschaften –, eine dritte für seine eigenen und unsere Freigelassenen. Das bemerkte der, der mit mir bei Tisch am nächsten lag, und fragte, ob ich das billige. ‚Nein.' – ‚Und Du?', fragte er, ‚wie hältst Du es damit?' – ‚Ich setze allen dasselbe vor, denn zum Essen lade ich ein, nicht zum Bemäkeln, und mit wem ich Tisch und Polster teile, den stelle ich in jeder Hinsicht mit mir auf eine Stufe.' – ‚Auch die Freigelassenen?' – ‚Ja, denn dann sehe ich in ihnen Tischgenossen, nicht Freigelassene.' – Darauf er: ‚Das kommt Dich teuer zu stehen!' – ‚Keineswegs.' – ‚Wieso nicht?' – ‚Weil nicht meine Freigelassenen dasselbe trinken wie ich, sondern ich dasselbe wie sie. Und, zum Donnerwetter: wenn Du den Gaumen in der Gewalt hast, ist es nicht so schwer, was man hat, mit mehreren zu teilen: Den Gaumen also muss man zügeln, muss ihn gewissermaßen in Reih und Glied bringen, wenn man Kosten sparen will, und dafür sorgt man bei

---

[56] Bis hin zu SIGISMUND, NTAK 2, 33. Vgl. dazu oben Kap. III.3.2.3.

[57] Dazu SCHAREIKA, Römer, 52.

[58] Vgl. STEIN-HÖLKESKAMP, Gastmahl, 202 f.

weitem besser durch eigene Selbstbeherrschung als durch Beleidigung anderer'" (ep. II 6,1–5).[59]

Dass es beim Gastmahl letztlich nur vordergründig auf das sättigende Essen und Trinken, in Wirklichkeit dagegen auf die soziale Kommunikation ankam, zeigt derselbe Autor in einem Brief an seinen Gast Septicius, der nicht zum verabredeten Mahl erschienen ist. Zwar war er zunächst vor allem wegen der von ihm besorgten und dann nicht verzehrten Speisen – hier werden wir detailliert über einen möglichen Speiseplan zum Gastmahl informiert – und der vergeblich organisierten Unterhaltungsbeiträge zum Symposion beleidigt, zumal er damit rechnete, dass Septicius eine für ihn speise- und programmmäßig lukrativere Einladung angenommen hatte und darum nicht bei ihm erschienen war, aber letztlich war es für den enttäuschten Gastgeber doch die verpasste Gelegenheit zur Gemeinschaftspflege, die ihn am meisten schmerzte:

„Caius Plinius grüßt seinen Septicius. Na, Du versprichst, zum Abendessen zu kommen, und kommst nicht! Das Urteil lautet: Bis auf den letzten As sollst Du mir meine Auslagen zurückerstatten. Und das ist nicht wenig. Angerichtet waren: je ein Kopf Salat, je drei Schnecken, je zwei Eier, Griespudding mit Honigwein und Eis – denn auch das musst Du mit dazurechnen, oder vielmehr: das ganz besonders, zumal es in der Schale schmilzt –, dann Oliven, rote Beete, Kürbis, Zwiebeln und tausend andere, nicht minder leckere Sachen. Du hättest hören können: Schauspieler oder einen Vorleser oder einen Zitherspieler oder – das ist meine Großzügigkeit! – alle zusammen. Aber Du hast bei ich weiß nicht wem Austern, Schweinevulven, Seeigel und Tänzerinnen aus Gades vorgezogen. Dafür wirst Du büßen! Ich sage noch nicht, wie. Das war ein harter Schlag: missgünstig hast Du etwas vorenthalten, ich weiß nicht, ob Dir, auf alle Fälle mir, doch sicherlich auch Dir. Wie hätten wir uns geneckt, hätten gelacht, hätten angeregt disputiert! Du kannst bei vielen Leuten aufwändiger speisen, nirgendwo fröhlicher, einfacher, unbegangener. Kurz: versuch es erst einmal, und wenn Du Dich danach nicht lieber bei einem anderen entschuldigen willst, dann entschuldige Dich bei mir gleich ein für allemal! Leb wohl" (ep. I 15).[60]

Bei alledem wird deutlich, dass ein lukratives Essen und Begleitprogramm zwar Anziehungskraft ausübten, der eigentliche Sinngehalt eines Gastmahls damit aber nicht im entferntesten getroffen ist. Man speiste zwar zusammen, aber man kam nicht zusammen, um zu speisen. Die Sättigung trat zurück hinter die soziale Darstellungskraft der Speisen und Getränke.

2.4.2 Trankopferzeremonie

Die Trankopferzeremonie nach dem Mahl hing an der paganen Konzeption vom Haus als Sakralort und ist vom *Hauskult* her zu verstehen.[61] Der

---

[59] Übersetzung nach KUNST, Lebenswelten, Nr. 63c, 219 f.

[60] Übersetzung nach KUNST, Lebenswelten, Nr. 64b, 221 f.

[61] Vgl. BARCLEY, Family, 67 f.; KUNST, Leben, 93–95. Anders BENDEMANN/FASSBECK, NTAK 3, 224 f.

Hauskult wiederum ist fester Bestandteil des polytheistischen Religions-systems der Griechen und Römer und wurde, wie Cicero bezeugt, sehr ernst genommen:

„Was ist heiliger, was durch jede religiöse Rücksicht geschützter als das Haus jedes ein-zelnen Bürgers? Hier sind die Altäre, hier ist der Herd, hier sind die Götter des Hauses; die Mauern des Hauses umfassen die Heiligtümer, den Gottesdienst, die Zeremonien; dies ist ein Zufluchtsort, der allen so heilig ist, dass jemanden von dort fortzureißen einen Frevel bedeutet" (Cicero, dom. 109).[62]

Dem Hauskult kam also eine identitätsstiftende Funktion für das Haus und sein Sozialgefüge zu. Darum verwundert es nicht, dass sich in Privathäu-sern archäologisch eine Vielzahl an Tempelchen, Altären, Nischen und kultisch zu deutenden Wandmalereien nachweisen lässt.[63] Wie eine solch häusliche Kulthandlung vorzustellen ist, überliefert Cato im 3./2. Jh. v.Chr. Sie bestand aus drei Teilen:

„Das Speiseopfer muss in dieser Weise dargebracht werden: Dem Jupiter des Opfermahls bringe einen großen Becher Weins, so groß du willst, als Opfer dar; an diesem Tage sei Feiertag für die Rinder und die Rinderhüter und die Teilnehmer am Opfermahl. Wenn du es darbringen musst, mache es so: ‚Jupiter Dapalis, weil dir dargebracht werden muss in meinem Hause und meiner Hausgenossenschaft ein Becher Weines zum Festmahl, so sei dieser Sache halber verherrlicht durch Darbringung dieses und jenes Speiseopfers.‘ Wa-sche dazwischen die Hände, hernach nimm den Wein: ‚Jupiter Dapalis, sei verherrlicht durch die Darbringung dieses Speiseopfers, sei verherrlicht durch den dargebrachten Wein.‘ Der Vesta, wenn du willst, gib ein Opfer. Das Speiseopfer für Jupiter: Opfergaben für ein As, eine Urne Wein. Dem Jupiter heilige das Opfer rein und berühre es selbst; hernach, wenn das Opfermahl gehalten ist, säe Hirse, Kolbenhirse, Knoblauch, Linsen" (Cato, agr. 132).[64]

Die Libation beim Gastmahl funktionierte ähnlich, wurde allerdings anders als die gerade beschriebene Opferhandlung nicht oder zumindest nicht re-gelmäßig von Speiseopfern begleitet. Sie hatte ihren Ort als Übergangsri-tual zwischen Mahlzeit und Trinkgelage. Dazu wurden die Tische aus dem Raum hinausgetragen, die Speisereste auf dem Boden ausgefegt und die Hände gewaschen.[65]

Hier setzt der Bericht des Xenophanes über die Gastmahlfreuden ein.[66] Die Mahlzeit war beendet, das Trinkgelage hatte noch nicht begonnen,

---

[62] Übersetzung nach KUNST, Lebenswelten, Nr. 50a, 167.

[63] Selbst in Garküchen waren Kultorte vorgesehen (vgl. die Abb. bei SCHAREIKA, Römer, 19 unten; Erklärung 21 oben).

[64] Übersetzung nach KUNST, Lebenswelten, Nr. 60a, 207. Vgl. auch Cato, agr. 134 (Text und Übersetzung a.a.O., Nr. 60b, 207 f.).

[65] Zum ungefegten Speiseraum vgl. die Abbildung eines römischen Mosaiks bei SCHAREIKA, Römer, 17.

[66] Es handelt sich bei der Beschreibung nicht, wie oft angenommen, um den Gast-mahlbeginn (so z.B. die Textsammlung von LEHMSTEDT), sondern um den Übergang vom

warf aber schon seine Schatten voraus, was sich daran zeigt, dass Mischkrug und Nachtisch bereits bereitstanden. Doch zuvor mussten noch die
Götter bedacht werden:

„Denn jetzt sind rein der Boden und die Hände aller und die Becher; einer legt geflochte-
ne Kränze um, ein anderer reicht in einer Schale wohlduftendes Salböl; ein Mischkrug
steht da, voll von Heiterkeit, und anderer Wein ist bereit, der niemals auszugehen ver-
spricht, mild, in Krügen, blumenduftend; in der Mitte verbreitet Weihrauch heiligen
Duft; kühl ist das Wasser und süß und rein; daneben liegen goldgelbe Brote und der statt-
liche Tisch mit Käse und dickem Honig beladen: Der Altar in der Mitte ist völlig mit
Blumen bedeckt, Gesang erfüllt das Haus und festliche Freude. Zuerst aber müssen froh-
gesinnte Männer den Gott preisen mit frommen Geschichten und reinen Reden, indem sie
spenden und beten, das Gerechte tun zu können – denn dies ist für uns das Nächstliegen-
de – und keinen Frevel zu begehen."[67]

Xenophanes erwähnt alle Elemente, die zur Trankopferzeremonie gehören:
Spenden, Gebete, Lobreden auf die Götter, Lieder und Bekränzungen. Da
ist zunächst einmal die *Götterspende*. Sie wurde mit ungemischtem Wein
vollzogen, von dem zunächst unter Anrufung der Gottheit ein wenig ausgegossen und danach ein Schluck getrunken wurde.[68] Xenophanes entfaltet
sie nicht weiter, doch gilt auch hier dieselbe Dreiteilung, die wir schon
beim Hauskult beobachten konnten. Sie besteht „aus drei Bechern bzw. aus
drei Schlucken, die mit Anrufung dreier verschiedener Gottheiten verbunden sind",[69] nämlich des Agathodaimon, der mit dem Weingott Dionysos
identifiziert wurde (der erste Schluck heißt deshalb auch Glück-auf-Toast),
der Hygieia und des Zeus Soter.[70] Unklar ist, ob insbesondere die ersten
beiden Spenden auf Gottheiten zu beziehen sind, oder ob es nicht eher um
den einfachen Wunsch nach Glück und Gesundheit ging, den man sich
zusprach und dazu göttliche Kräfte beschwor, ohne gleich konkret Gottheiten zu adressieren. Nur die Zeus-Soter-Spende ist eindeutig an einen Gott
gerichtet.[71] Doch wie der Befund auch im Einzelnen zu bewerten ist, in
jedem Fall gehen soziale und religiöse Bedeutungsgehalte ineinander über
und lassen sich nur schwer auseinanderhalten.

Zur Trankspende gehörten neben dem zentralen Trankritus auch die von
Xenophanes angesprochenen *Hymnengesänge und Ehrbezeugungen*. Da ist

---

Mahl zum Trinkgelage. Dafür spricht die Rede vom Mischkrug und von Käse und Honig,
typischen Nachspeisen (so mit KLINGHARDT, Gemeinschaftsmahl, 58). Das vorangegangene Essen, so darf man schließen, interessiert Xenophanes nicht im geringsten.

[67] Übersetzung nach GEMELLI MARCIANO (dort Fragment Nr. 4 = DIELS/KRANZ, FVS
1, 21 B 1).

[68] Vgl. KLINGHARDT, Gemeinschaftsmahl, 101 f.

[69] KLINGHARDT, Gemeinschaftsmahl, 102. Vgl. DERS., Mahl, 49.

[70] Vgl. Athenaios XV 692f–693c.

[71] Vgl. KLINGHARDT, Gemeinschaftsmahl, 103. Er weist auch darauf hin, dass neben
den genannten drei noch weitere Gottheiten in Libationszeremonien belegt sind.

zunächst der chorische Festhymnus (παιάν) zu nennen, der von allen Mahlteilnehmern gemeinsam gesungen[72] und von Flötenmusik[73] sowie gelegentlich von gemeinsamen Tänzen[74] begleitet wurde. An den Gesang schlossen sich Bekränzungen und Ehrungen vor allem von anwesenden Mahlteilnehmern an. Aber auch Abwesende konnten geehrt werden. Hier ist insbesondere an die amtierenden Herrscher zu denken, deren Ehrung sowohl als Weiterentwicklung des Zutrinkens zu Ehren eines Mahlteilnehmers als auch als Opferhandlung an eine Gottheit verstanden werden kann.

Die Ambivalenz verdeutlicht Cassius Dio, der von einem Senatsbeschluss berichtet, nach dem bei allen privaten und öffentlichen Gastmählern alle Gäste dem Augustus „zu Ehren Spenden darbringen sollen" (LI 19,7). Man kann den Schwerpunkt auf die Ehrbezeugung oder auf die Opferspende legen und die Handlung entweder als Weiterentwicklung des gegenseitigen Zutrinkens zu Ehren eines Mahlteilnehmers, also analog zur Agathodaimon- und Hygieia-Spende, oder als Weiterentwicklung der Libation auf eine Gottheit, also analog zur Zeus-Soter-Spende, verstehen. Wahrscheinlich spielt beides hinein und lässt sich das eine nicht vom anderen trennen.[75]

2.4.3 Trinkgelage

Auf die Libation folgte das Trinkgelage. Die zur Libation hinausgetragenen Tische wurden nun wieder hereingeholt, um darauf den Nachtisch bereitzustellen. Umgekehrt verließen die zum Mahl noch anwesenden *Frauen* mit den Kindern jetzt den Raum,[76] sofern es sich nicht um ein familiäres oder religiöses Fest handelte. Die von Seneca bezeugte sympotische Praxis von Frauen ist wohl nicht auf gemischte Gelage, sondern auf reine Frauengelage zu beziehen:

„Nicht hat sich die Natur der Frauen gewandelt, sondern sie ist erlegen: denn da sie der Zügellosigkeit der Männer gleichkommen, sind sie ihnen auch in ihren Beschwerden gleich. Ebenso machen sie die Nächte zum Tag, ebenso trinken sie, und in puncto Öl und unverdünntem Wein fordern sie die Männer heraus; ebenso erbrechen sie, was sie den widerstrebenden Eingeweiden eingezwungen haben" (ep. 95,20 f.).[77]

Das Zitat macht neben der Existenz von Frauensymposien deutlich, worauf es beim Symposion zentral ankam, auf das *Trinken*. Gereicht wurde gemischter Wein (κεκραμένος),[78] der „für alle gemeinsam in einem Krater

---

[72] Vgl. Platon, Symp. 176a; Athenaios V 179d.192b.

[73] Vgl. Plutarch, mor. 150d.713a.

[74] Vgl. Theognis 777–794.

[75] So mit KLINGHARDT, Gemeinschaftsmahl, 110 f.

[76] Vgl. Plutarch, mor. 150d.

[77] Übersetzung nach ROSENBACH.

[78] Der Genuss von ungemischtem Wein zum Gelage galt als verpönt (Platon, Leg. I 637e; Herodot, Hist. VI 84,1).

zubereitet und dann an die Symposiasten (in individuelle Becher) ausgeschenkt" wurde.[79] Je nach Anzahl der Teilnehmer und je nach Trinkfreude
wurden während des Symposions mehrere Krüge gemischt, wobei drei
wohl als normal galten.[80] Die Mischung von gleichen Teilen Wasser und
Wein wurde noch als zu berauschend empfunden;[81] üblich waren Misch-
verhältnisse von 3:1, 2:1 oder 3:2.[82] Mit einem Schöpflöffel wurde dann
den Teilnehmern jeweils das gleiche Maß ausgeteilt. „Das Trinken ist also
häufig nicht in das Belieben des Einzelnen gestellt, sondern folgt einer
verabredeten Regel."[83] Man wird daher dem Urteil, dass die Trinkgelage in
regelrechte Sauffeiern übergegangen seien, das vor allem im Kontext des
Judentums und des frühen Christentums begegnet,[84] zumindest in seiner
Pauschalität skeptisch begegnen müssen. Wenn auch die Trunkenheit bei
Symposien oft genug vorkam und zu Streit wie auch zu Schlägereien führte, so dass der Besäufnischarakter der Gelage schon sprichwörtlich wurde,
so lag sie jedenfalls nicht in der Absicht des Gastgebers, dem vielmehr am
rechten Maß (σωφροσύνη) zwischen Abstinenz und Überfluss gelegen war.
So rät schon Xenophanes im bereits zitierten Fragment:

„Von den Männern soll man aber den loben, der nach dem Trunk Rechtes vorträgt, wie
ihm das Gedächtnis und der Ton der Stimme im Singen über Tugend eignet, und weder
Kämpfe der Titanen noch der Giganten noch der Kentauren soll man besingen, Erfindun-
gen der Früheren, oder heftige Aufstände; daran ist nichts Nützliches. Vielmehr soll man
die Götter immer mit guter Achtung behandeln."[85]

Die Mäßigung und das friedliche Miteinander wurden demnach nicht nur
um der Gemeinschaft, sondern auch um der Götter willen eingefordert. Der
religiöse Charakter des Gastmahls, der in der Trankopferzeremonie verdichtet zum Ausdruck kam, strahlte also auch auf das Trinkgelage aus.

Damit tatsächlich alles geordnet und gesittet ablaufen konnte, wählte
man einen *Symposiarchen*, der das Gelage zu leiten hatte. Er wachte über
das Trinken, indem er das Mischverhältnis und die Regeln, nach denen
getrunken wurde, bestimmte, und moderierte die Unterhaltungsbeiträge.

---

[79] KLINGHARDT, Gemeinschaftsmahl, 114.

[80] Vgl. das Komödienfragment des Eubulos bei Athenaios II 36b–c.

[81] So von Athenaios X 426b.

[82] Vgl. die Zitatsammlung bei Athenaios X 426c–431b und die Erwägungen bei Plutarch, mor. 657d.

[83] KLINGHARDT, Gemeinschaftsmahl, 115.

[84] In diesem Kontext gehört die unten noch zu besprechende Mahlfeier der Therapeuten (vgl. Abschnitt 4.4), wie sie Philo berichtet, aber auch das Motiv der Trunkenheit in
frühchristlichen Lasterkatalogen (Röm 13,13; Gal 5,21; Eph 4,17 f.; 5,18; Tit 2,2 f. u.a.)
und Ämterspiegeln (1Tim 3,2 f.8; Tit 1,7 f.).

[85] Übersetzung nach GEMELLI MARCIANO (dort Fragment 4 = DIELS/KRANZ, FVS 1,
21 B 1). Vgl. auch die Ausführungen zum Maßhalten bei Theognis 219 f.; 335 f.; 478;
593 f.; 837–841; 873–876 (dazu KLINGHARDT, Gemeinschaftsmahl, 158 f.).

Ihm oblag also die Regelung der Abläufe und damit die Wahrung der Eintracht untereinander.[86] Er führte auch durch das sympotische Begleitprogramm.[87] Belegt sind gemeinsame Rätsel-, Würfel- oder Brettspiele,[88] wichtiger aber waren Liedvorträge und das gemeinsame Tischgespräch. Die Einzelgesänge (σκόλια) sind vom gemeinschaftlich gesungenen Hymnus bei der Libation zu unterscheiden.[89] Sie wurden reihum in wettbewerbsartiger Manier gesungen und thematisierten die dem Symposion zugrunde liegenden Werte im Modus des Lobpreises: „Freundschaft, Loyalität, Treue, Gleichberechtigung, aber auch die Warnung vor der Gefährdung dieser Werte durch Neid und Mißgunst."[90] Stattdessen oder in Ergänzung dazu konnten auch professionelle Musiker angemietet werden. Vor allem die im Zuge des Kaiserkults zunehmenden Sängergilden der Hymnoden werden sicher auch im Rahmen von größeren Symposien gesungen haben.[91] Den eigentlichen inhaltlichen Kern des Unterhaltungsprogramms aber machte die philosophische Konversation aus.[92] Dabei wurden sowohl allgemeine Fragen in großer Bandbreite als auch mit dem Gastmahl unmittelbar zusammenhängende Themen der Gemeinschaft und Ordnung (συμποτικά) behandelt. Letztere machen den eindeutigen Schwerpunkt in der Literatur aus.[93]

Das Symposion spiegelt deutlich die geltende *Werteordnung* der feiernden Gruppe wider. Im Mahl inszenierte sich vor allem der Gastgeber und brachte er seine soziale Stellung und ökonomische Potenz zum Ausdruck. Im Trinkgelage inszenierte sich dagegen die Gemeinschaft – was schon daran lag, dass hier das Engagement und die Beteiligung aller gefragt war – und brachte ihre Wertvorstellungen zum Ausdruck. Auf dem Trinkgelage nach dem Essen liegt also aus der Sicht der Literatur der eigentliche Schwerpunkt des Gastmahls. Exemplarisch dafür steht eine Äußerung Ciceros, der die körperlichen Vergnügungen, zu denen in erster Linie Essen

---

[86] So z.B. Plutarch, mor. 620a–622b. Vgl. KLINGHARDT, Gemeinschaftsmahl, 115–118.

[87] Mosaikdarstellungen von sympotischen Programmteilen bei SCHAREIKA, Römer, 87.89.

[88] Zum beliebten Kottabosspiel vgl. KLINGHARDT, Mahl, 53; ROYER/SALLES/TRASSARD, Leben, 75.

[89] Vgl. Plutarch, mor. 615a–b.

[90] KLINGHARDT, Gemeinschaftsmahl, 121. Beispiele für solche Skolien überliefert Athenaios XV 694c–696d (zu deren thematischen Einordnung vgl. KLINGHARDT, a.a.O., 120–122).

[91] Zu den pergamenischen Hymnoden (IPerg 374) vgl. unten Abschnitt 3.3.5.

[92] Sie ist von Platon und Xenophon zu einer eigenständigen Literaturgattung ausgebaut worden.

[93] Bedeutend sind vor allem Plutarchs *Quaestiones Convivales* (mor. 612d–748d).

und Trinken zu zählen sind, relativiert und den sozialen Austausch beim Symposion ins Zentrum stellt:

„Die Freude an Gastmählern selbst bestand für mich weniger in körperlichem Vergnügen als vielmehr im Zusammensein mit meinen Freunden und den dabei geführten Gesprächen. Es war nämlich durchaus richtig, wenn unsere Vorfahren das Tischgelage mit Freunden, weil es eine gemeinsame Lebensgestaltung sei, ein ‚Zusammenleben' nannten; sie trafen damit die Sache besser als die Griechen, die das gleiche Geschehen teils ‚Zusammentrinken', teils ‚Zusammenspeisen' nennen, so dass sie den Punkt, dem dabei am wenigsten Bedeutung zukommt, offenbar am meisten schätzen" (Cato mai. XIII 45).[94]

So verwundert es nicht, dass der Terminus des Symposions bald nicht nur für den zweiten Teil des Gastmahls, sondern für die gesamte, also Mahl und Nachtischgelage umfassende Gemeinschaftsveranstaltung stand.[95] Und es waren vor allem die sympotischen Beiträge, die Skolien und Reden, in denen sich die Gruppe ihres Zusammenhalts und ihrer eigenen Grundlagen vergewisserte. Sie öffnen in besonderer Weise den Blick für die Wertvorstellungen, die einen zugleich gelebten und utopischen Zug trugen, weil sie im Gelage nur gebrochen zur Darstellung gebracht werden konnten.[96] Im Zentrum stand die Pflege von Gemeinschaft (κοινωνία).[97] Weil die Mahlgemeinschaft beständig durch Störungen der Gruppenhomogenität (ungeladene Gäste), übermäßigen Weingenuss und Statusauseinandersetzungen (Platzverteilung; Zuteilung von Mahlportionen) bedroht war, war man umso sensibler für das kostbare Gut einer funktionierenden Gemeinschaft, die sich in Festfreude (εὐφροσύνη),[98] Frieden (εἰρήνη)[99] und Freundschaft (φιλία bzw. φιλοφροσύνη)[100] Ausdruck verschaffte.

Bei allem Gemeinschaftssinn darf aber nicht die Bedeutung der *Erotik* – wir haben es ja in der Regel mit Männergelagen zu tun – unterschlagen

---

[94] Übersetzung nach FALTNER. In die gleiche Richtung weist auch Plutarch, mor. 697d.

[95] Das zeigt sich auch daran, dass das eigentliche Mahl in der Symposienliteratur Platons, Xenophons und Plutarchs bis zur Unkenntlichkeit verkürzt worden ist. Dennoch betont KLINGHARDT, dass es ein Trinkgelage ohne vorangegangene Mahlzeit nicht gegeben hat (Gemeinschaftsmahl, 99).

[96] Vgl. KLINGHARDT, Gemeinschaftsmahl, 153–174.

[97] Plutarch, mor. 615a; vgl. Apg 2,42; 1Kor 10,16.

[98] Homer, Od. 9,5 ff.; Theognis 773–782; vgl. Athenaios XI 462c (dazu SMITH, Symposium, 54 f.). Zum Judentum vgl. 3Makk 6,30–36.

[99] Theognis 885 f.; 773–782; 757–764 denkt auch an den äußeren Frieden als Voraussetzung für die Abhaltung von Symposien.

[100] Plutarch, mor 660b; vgl. 612d. Nach Aristoteles ist Freundschaft auf gleichwertige und gleichberechtigte Partner bezogen, so dass Gleichheit die Voraussetzung für Freundschaft ist (e.N. 1158a; 1168b). Das Neue Testament kennt den Freundschaftsbegriff nicht und redet stattdessen von φιλαδελφία (Röm 12,10; 1Thess 4,9; Hebr 13,1; 1Petr 1,22; 2Petr 1,7). Es geht damit von freundschaftlicher in familiale Beziehungssprache über (dazu SANDNES, Equality, 150–165; PILHOFER, Überlegungen, 139–153).

werden.[101] Sie ist besonders von jüdischen und christlichen Gruppen kritisiert worden und neben vermeintlicher Fresserei und Sauferei zu einem der
Hauptkritikpunkte am paganen Mahlwesen geworden. Wiewohl Vorwürfe
solcher Art in ihrer Pauschalität kaum als Abbild sympotischer Wirklichkeit bewertet werden dürfen, ist die grundsätzliche Bedeutung der Erotik
nicht von der Hand zu weisen. Sie ist nicht nur aus der polemischen Au-
ßen-, sondern auch aus der Innensicht griechisch-römischer Quellen belegt.

Besonders aufschlussreich sind die Darstellungen erotischer Szenen auf Mahl- und
Trinkgefäßen, die bei Symposien im Gebrauch waren. So finden sich zahlreiche Abbildungen von Hetären, d.h. oftmals gebildeten Prostituierten, die den anwesenden Männern
Gedichte, Musikstücke, akrobatische Kunststücke oder (erotische) Tänze vortrugen und
ihnen anschließend auch sexuell zur Verfügung standen, wie die Darstellungen von Lie-
beswerben, Liebesspiel und Liebesakt zeigen.[102] Daneben sind auch Abbildungen homo-
sexueller Handlungen bezeugt.[103] Interessant ist schließlich, dass die erotische Thematik
nicht nur in bildlichen Darstellungen, sondern darüber hinaus auch in der Form der
Trinkgefäße zum Ausdruck kommen konnten; belegt sind so genannte μαστοί, d.h. als
weibliche Brust gestaltete Trinkgefäße,[104] aus denen die Symposiasten tranken.

Erotische Aspekte lassen sich auf allen Ebenen sympotischen Beisammenseins nachweisen. Nach Plutarch hatte schon die Tatsache, dass die Ehefrauen nach dem Mahl aus dem Raum verbannt wurden, sexuelle Untertöne, weil nun die Männer unter sich waren und sich nach Herzenslust berau-
schen und mit Prostituierten oder Sklavinnen belustigen konnten.[105] Regelmäßig wurden die Mahlteilnehmer von Hetären zum Mahl begleitet,[106]
und auch junge Männer wurden dadurch in die Gastmahlkultur eingeweiht,
dass sie von Älteren dorthin mitgenommen wurden, in ihrer Nähe lagen
und ihnen auch sexuell zur Verfügung standen.[107] Das sympotische Unterhaltungsprogramm konnte von erotischen Beiträgen geradezu durchzogen

---

[101] Vgl. CARTLEDGE, Kulturgeschichte, 222 f.; FOTOPOULOS, Food, 169–174; WICK,
Gottesdienste, 125 f.

[102] Vgl. DIERICHS, Erotik in der Kunst Griechenlands, 56–92, sowie DIES., Erotik in
der römischen Kunst, 86–95.

[103] Vgl. DIERICHS, Erotik in der Kunst Griechenlands, 94–98, Abb. 165–174.

[104] Vgl. DIERICHS, Erotik in der Kunst Griechenlands, 43, Abb. 64.

[105] Plutarch, mor. 140b versucht, die Ehefrauen zu beschwichtigen, weil sie ja dankbar
dafür sein könnten, dass ihre Männer nicht sie, sondern Prostituierte und Sklavinnen
sexuell instrumentalisieren. Von nackten Sklavinnen weiß Sueton, Tiberius 42,2 zu berichten (dazu D'ARMS, Slaves, 173 f.).

[106] In diesem Sinne ist wohl auch eine Bemerkung von Cornelius Nepos zu deuten:
„Keine Witwe in Sparta ist so vornehm, dass sie sich nicht, verführt durch eine Bezah-
lung, zu einem Gastmahl einladen ließe" (praef. 4; Übersetzung nach PFEIFFER). LEIN-
HÄUPL-WILKE, Gast, 100–105, sieht auch in der Sünderin aus Lk 7,36–50 eine solche
Hetäre.

[107] Vgl. Athenaios XIII 555a–610b. Zum kulturgeschichtlichen Kontext vgl. WINTE-
RER, Sexualität, 34-52.

sein, dazu gehörten Tanz- und Musikvorführungen,[108] Skolien mit erotischem Inhalt,[109] und sexuell konnotierte Gesprächsbeiträge.[110]

Paradigmatisch für sympotische Erotik ist Xenophons Symposion geworden. Er schildert eine burleske Inszenierung der Hochzeit des Dionysos
und der Ariadne, die von den Gästen heftigen Applaus und die Forderung
nach einer Zugabe erntet:

> „Als aber Dionysos aufstand, hob er Ariadne mit sich auf. Daraus konnte man aufgrund
> ihrer Stellungen sehen, dass sie sich küssten und lieb hatten. Als sie aber sahen, dass
> Dionysos einerseits schön und Ariadne andererseits reizend war und dass sie nicht
> scherzten, sondern sich wirklich auf den Mund küssten da schauten sie alle gespannt zu.
> [...] Denn es sah nicht so aus, als ob sie die Stellungen gelernt hätten, sondern als wenn
> sie das machten, was sie schon seit langem ersehnt hatten" (Symp. 9,5 f.).[111] Humoris-
> tisch klingt dann die Fortsetzung in 9,7, dass die Geladenen von der sexuelle Aspekte
> deutlich herausspielenden Darbietung so erregt waren, dass sie weitgehend ungeordnet
> aufbrachen, um mit ihren Frauen ins Bett zu gehen.[112]

Insgesamt macht die erotische Thematik in herausragender Weise die Män-
nerorientierung des Symposions deutlich. Man konnte noch so sehr die
Wertvorstellungen von Einheit, Gleichheit und Gemeinschaft herausstellen
und heraufbeschwören, im Grunde galten diese nur für die teilnehmenden
Männer, nicht aber für die dienstbaren Sklavinnen und Sklaven, Frauen
und Kinder.

3. Die Besonderheiten griechisch-römischer Vereinsmähler

3.1 Einleitung

Vereine sind „soziale Netzwerke, deren Mitglieder sich grundsätzlich freiwillig und auf eine bestimmte Zeit mit einem gemeinsamen Ziel und diesem entsprechenden Handeln zusammenfinden".[113] Sie lassen sich entspre-

---

[108] Vgl. JONES, Dinner Theater, 190 f.

[109] Athenaios XV 694c–696d (Skolien Nr. 17–22).

[110] Athenaios X 457d bezeugt den Geschlechtstrieb als Gesprächsthema. Zur Eros-
thematik in den großen Gastmahlschilderungen vgl. Platon, Symp. 176a–212b und Xenophon, Symp. 8 (dazu HUSS, Symposion, 32–34).

[111] Übersetzung nach BUX.

[112] Diesem Abschluss scheint die große Rede des Sokrates über den Eros in Symp. 8
zu widersprechen, stimmt sie doch ein Lob der geistigen Liebe (φιλία oder τῆς ψυχῆς
ἔρως) und eine Schmähung der körperlichen Liebe (ὁ τοῦ σώματος ἔρως) an. Doch ist mit
HUSS, Symposion, 355, davon auszugehen, dass die Verurteilung der körperlichen Liebe
nicht generell zu verstehen ist, sondern nur auf homosexuelle und päderastische Praktiken zielt.

[113] ÖHLER, NTAK 2, 79. Vgl. auch die Definitionen bei SCHMELLER, Hierarchie, 10;
DERS., Gegenwelten, 174; SIRKS, Vereine, 21, Anm. 1.

chend ihrer primären Handlungsziele grob in religiöse Vereine, Berufsgenossenschaften und Landsmannschaften untergliedern,[114] doch dürfen solche Klassifizierungen nicht starr gehandhabt werden, weil bei aller Vielfalt der Ziele und Zwecke dem Leben der meisten Vereine jedweden Typs soziale wie religiöse Dimension zu eigen waren. Es ging religiösen Vereinen, Berufsgenossenschaften und Landsmannschaften gleichermaßen um die Pflege von Gemeinschaft untereinander und die Ausübung von Religion. Geselliges Beisammensein und der Vollzug kultischer Rituale markieren die Mitte des antiken Vereinslebens überhaupt.[115]

Die ältere Forschung hat noch in einseitiger Weise die Begräbnisfürsorge als Hauptzweck antiker Vereinsbildungen herausgestellt. Dagegen betonen neuere Forschungsbeiträge die immense soziale Funktion der Vereine, in der unüberschaubar gewordenen Welt des Hellenismus Orientierung und Geborgenheit zu vermitteln und politische Einflussmöglichkeiten zu bieten.[116] In gleicher Weise ist dem alten Urteil zu widersprechen, dass Vereine nur ärmere Bevölkerungsschichten anzusprechen vermochten. Sie waren vielmehr auf allen gesellschaftlichen Ebenen präsent.[117]

Kult und Gemeinschaftssinn der Vereine kulminierten in den regelmäßigen *Mahlversammlungen*, die zwar aufgrund des unterschiedlichen Organisationsgrades und der unterschiedlichen Finanzlage in ihrer konkreten Gestalt verschieden aussahen, doch unbedingt zum Standardprogramm des antiken Vereinslebens dazugehörten. Den Vereinen ist es zu verdanken, dass die aristokratisch geprägte Gastmahlkultur ein gesamtgesellschaftliches Phänomen, das auch die unteren Bevölkerungsschichten erfasste, werden konnte. Während die regelmäßige Ausrichtung von privaten Gastmählern hauptsächlich Angelegenheit der städtischen Eliten war, trafen sich zu den verschiedenen Vereinsmählern Menschen aus je sehr unterschiedlichen Sozialschichten. Während die privaten Gastmähler also nur einen kleinen Teil der Bevölkerung erreichten, gehörten die Vereinsmähler zur Alltagskultur eines Großteils zumindest der männlichen Stadtbewohner.

Im Folgenden soll ein Einblick in die Vielfalt der Vereinsversammlungen gewährt werden. Ein erster Blick gilt dem differenzierten Raumprogramm der Vereinshäuser und seiner sozialen Aussagekraft (3.2), ein zweiter der Praxis und Deutung von Vereinsmählern anhand ausgesuchter Vereine verschiedener sozialer Zusammensetzung und geographischer Verortung (3.3). Die Mysterienmähler sollen als Unterkategorie der Vereinsmäh-

---

[114] Vgl. KLINGHARDT, Gemeinschaftsmahl, 34–40; ÖHLER, NTAK 2, 79 f.

[115] So mit KLINGHARDT, Gemeinschaftsmahl, 36. Zur Bedeutung der religiösen Dimension in Berufsvereinen und damit ihrer faktischen Nähe zu Kultvereinen vgl. KLOPPENBORG, Collegia, 26 f.; DITTMANN-SCHÖNE, Götterverehrung, 81–96.

[116] Vgl. KLINGHARDT, Mahl, 41–44; SCHMELLER, Egalität, 27 f.; BENDLIN, Gemeinschaft, 15–18; STEUERNAGEL, Alltag, 208.

[117] Vgl. RÜPKE, Collegia Sacerdotum, 42.

ler separat behandelt werden, weil sich an ihnen besondere Mahldeutungen festmachen (3.4).

3.2 Raumordnung und Raumästhetik in Vereinshäusern

Archäologisch waren die Vereine wie auch die frühen christlichen Gemeinden bis ins 2. Jh. n.Chr. unauffällig.[118] Die Kollegien nutzten die privaten Räumlichkeiten ihrer Vereinsmitglieder, mieteten geschlossene Speiseräume in Gasthäusern an oder nutzten die Bankettsäle öffentlich zugänglicher Heiligtümer. Denkbar ist im Grunde jeder geschlossene und wettergeschützte Raum. Das allein reichte schon, um Geschäftssitzungen, Kulthandlungen und Bankette abhalten zu können. Lediglich für den Kult war eine spezielle Einrichtung erforderlich, wobei die Bandbreite von einem Altar, einem Podium oder einer Apsis bis hin zu eigenen Kulträumen oder Tempeln reichen konnte.

Erst ab dem 2. Jh. n.Chr. sind regelrechte *Vereinshäuser* nachweisbar. Sie haben aufgrund ihrer vereinsintern geregelten Zugangsvoraussetzungen einen eigenen halböffentlichen Status zwischen privaten und öffentlichen Gebäuden.[119] Unter dem wachsenden innerstädtischen Konkurrenzdruck entwickelten sie sich rasch von einfachen und funktional angelegten hin zu repräsentativen Gebäuden.[120] Die Vereine traten im wahrsten Sinne des Wortes aus der Verborgenheit heraus und inszenierten sich in der Öffentlichkeit durch eine extrovertierte bauliche Gestaltung, die sich vor allem in einer aufwändigen Fassadengestaltung[121] und in der Aufstellung von Ehrenstatuen und -inschriften niederschlug.[122] Als eigener Bautyp entstand der sich an der privaten Villenarchitektur orientierende Portikusbau, der anders als die älteren Saalbauten nicht nur aus einem großen rechteckigen Versammlungsraum bestand, sondern wie ein Wohnhaus über verschiedene Räume verfügte, die nach Haupt- und Nebenräumen abgestuft werden konnten.[123]

Vielfältig wie die Häuser waren die *Speiseräume*. Allzweckräume sind ebenso belegt wie festgefügte Triklinien. Vereine kamen in Gästetriklinien,

---

[118] Anders BOLLMANN, Vereinshäuser, 157–163, die eine Lücke nur für die republikanische Zeit postuliert. Doch beruhen die von ihr dem 1. Jh. n.Chr. zugeschriebenen Bauzeugnisse für Vereinshäuser auf einer Fehldeutung, insofern es sich dabei um munizipale Kaiserkultbauten, nicht aber um Versammlungslokale der Augustalen handelt (dazu STEUERNAGEL, Alltag, 181 mit Anm. 906 f.; 205, Anm. 1041).

[119] So grundlegend BOLLMANN, Vereinshäuser, 11 f. Die Unterscheidung von privaten, öffentlichen und halböffentlichen Kultgebäuden ist von STEUERNAGEL kritisiert worden, weil sie nicht dem grundsätzlich gemeinschaftlichen Charakter der antiken Religion Rechnung trage. Er spricht dagegen von öffentlichen und häuslich-familiären Heiligtümern und unterteilt die öffentlichen noch einmal in offizielle oder städtische und kollektive oder korporative Lokale (Alltag, 191). Vereinshäuser wären dann den öffentlich-kollektiven Gebäudetypen zuzuordnen.

[120] Vgl. BOLLMANN, Vereinshäuser, 171–173.

[121] Vgl. EGELHAAF-GAISER, Religionsästhetik, 148 f.; STEUERNAGEL, Alltag, 205.

[122] Vgl. BOLLMANN, Vereinshäuser, 138–145.

[123] Vgl. BOLLMANN, Vereinshäuser, 52–54.58–80.

die an viele Tavernen angefügt und vom eigentlichen Publikumsverkehr abgeschirmt waren, in den Banketträumen der Tempel und städtischen Bauten oder in den privaten Repräsentationsräumen der Vereinspatrone oder führenden Amtsträger zusammen, in Oberschichtvereinen auch reihum bei jedem Mitglied in den privaten Repräsentationsräumen.[124] Es dominierten die Multifunktionsräume, die je nach Ansprüchen temporär möbliert werden konnten, also nicht einseitig auf die Nutzung als Bankettraum eingeengt waren.[125] Mit transportablen Holzliegen ließ sich schnell ein Triklinium herstellen, das zu den Seitenräumen hin erweitert werden konnte. Bei gutem Wetter ließ sich auch der Innenhof einbeziehen. Nicht benötigte Klinen konnten in kleinen Nebenräumen oder im Obergeschoss verstaut werden. Allein dieser Befund ruft zur Vorsicht auf, das Vereinsleben allein auf das Bankett zu reduzieren. Die Offenheit vielseitig nutzbarer Räume war anscheinend gewollt und weist auf Vereinssitzungen hin, die auch ohne Mahl abgehalten werden konnten.

Das änderte sich unter dem wachsenden städtischen Konkurrenzdruck. Aufstrebende und vermögende Vereine, die zentral gelegene und mit repräsentativen Fassaden versehene Vereinshäuser unterhalten konnten, waren in der Lage, auch hausinterne Differenzierungen vorzunehmen.[126] Durch den Einsatz von kostspieligem Dekor werteten sie die bestehenden Räume in ihrem Wert auf und gaben ihren Mitgliedern Selbstbewusstsein und Elitegefühl. Durch die gleichzeitige Untergliederung großer Versammlungsräume in kleinere Einheiten oder die Anlage mehrerer kleindimensionierter und intimer Speiseräume konnten Abstufungen in der Gemeinschaft inszeniert werden.[127] So entspricht der Darstellung von Geschlossenheit und Exklusivität nach außen die Inszenierung von Gemeinschaft und Rangabstufung nach innen.[128]

Insgesamt spiegelt die Vereinsarchitektur wider, was wir schon beim privaten Gastmahl beobachteten, dass Raum und Atmosphäre im Dienst der *Statusinszenierung* stehen. Nur Hinter diese inszenatorische Funktion konnten kultische Zwecke und Anliegen auch leicht zurücktreten,[129] so dass beim gemeinsamen Vollzug der Speise- und Trankopfer nicht mehr die Kommunikation mit der Gottheit, sondern die Darstellung der Gruppe im Vordergrund stand. Das bezeugt auch eine Bemerkung des Aristoteles:

„Manche Vereine entstehen übrigens, wie man annimmt, um der Lust willen, z.B. Kultgenossenschaften (θίασοι) und Geselligkeitsvereinen (ἔρανοι). Denn deren Zweck sind Opferfeste und geselliges Beisammensein. [...] Sie feiern Opfer, um die sie eine Festge-

---

[124] Vgl. EGELHAAF-GAISER, Kulträume, 312.

[125] Vgl. BOLLMANN, Vereinshäuser, 48 f.; EGELHAAF-GAISER, Kulträume, 315 f.

[126] Vgl. EGELHAAF-GAISER, Kulträume, 317 f.

[127] Vgl. EGELHAAF-GAISER, Kulträume, 398. Vgl. DIES., Raumästhetik, 159.

[128] Vgl. EGELHAAF-GAISER, Kulträume, 322 f.

[129] Vgl. EGELHAAF-GAISER, Sakrallandschaften, 254–267, bes. 266 f.

meinde scharen, sie erweisen den Göttern Ehre und verschaffen sich selbst frohe Entspannung" (Aristoteles, e.N. 1160a).[130]

Die Konzentration auf das Gemeinschaftserleben hob allerdings weder die Kultpraxis noch die internen Hierarchien auf. Auch im kollektiven Gefüge des Vereins konnten einzelne Personen herausstechen, wie die Ausstattung der Vereinsräume mit Ehreninschriften und Statuen für Herrscher, Patrone, Sponsoren und verdiente Mitglieder zeigt. So blieb bei aller zur Schau gestellten Kollektivität eine genau beachtete Rangabstufung bestehen.

3.3 Mahlpraxis und Mahldeutung ausgewählter Vereine

3.3.1 Einleitung

In ihrem Ablauf folgen die Vereinsmähler dem vorgegebenen Muster von Mahl und Symposion. Aber schon in ihrer Organisation dürften sie sich weitgehend von privaten Gastmählern unterschieden haben. Während jene von den einzelnen Gastgebern selbst finanziert wurden, oblag die Verantwortung für die Vereinsmähler einer Gruppe. Es ist darum nicht verwunderlich, dass sich Vereinssatzungen sehr viel mehr als Gastmahlberichte mit der Frage nach der *Ökonomie* der Mähler beschäftigen und mitunter akribisch festlegen, welche Speisen und Getränke aufgetischt werden sollen, wer für ihre Bereitstellung zuständig ist und wer welche Portionen zu erwarten hat. Relativ schwierig ist es dagegen, hinter die pragmatischen Regelungen auf die Bedeutung der Mähler für das Selbstverständnis der Gruppe zu schauen. Anders als die literarischen Gastmahlzeugnisse sind die inschriftlich belegten Vereinssatzungen nicht an einer Reflexion der Mähler interessiert. So lassen sich nur andeutungsweise Aussagen über die Werteordnung der Mahlversammlungen machen.

Im Folgenden soll anhand ausgewählter Beispiele die *Mahlpraxis religiöser Vereine* vorgestellt und, soweit es die Quellen erlauben, in die übergreifende Vereinsstruktur und Gruppendeutung eingezeichnet werden. Ein erster Blick gilt dem Zeus-Hypsistos-Verein im ägyptischen Philadelphia als Beispiel eines vorchristlichen Vereins (3.3.2), ein zweiter Blick den Verehrern der Diana und des Antinous in Lanuvium als Beispiel für einen Unterschichtenverein aus dem römischen Westen (3.3.3). Danach sollen die Iobakchen als Beispiel für einen Oberschichtenverein aus dem römischen Osten zur Darstellung kommen (3.3.4). Der Verein des Aesculap und der Hygia in Rom wird in besonderer Weise durchsichtig für die Unterscheidung von gemeinschaftlich und privat zu erbringenden Mahlbeiträgen (3.3.5). Der Ertrag wird abschließend kategorisiert und ausgewertet (3.3.6).

---

[130] Übersetzung orientiert an DIRLMEIER.

3.3.2 Der Verein des Zeus Hypsistos in Philadelphia/Fayum

Die Gemeinschaft des Zeus Hypsistos aus dem ägyptischen Philadelphia
(PLond VII 2193 [69–58 v.Chr.])[131] ist anders als die folgenden Vereine
nicht durch eine Inschrift, sondern einen Papyrus belegt; damit ist bereits
angezeigt, dass die darin enthaltenen Bestimmungen keinen langfristigen
Charakter haben.[132]

Über die Zusammensetzung des Vereins und damit auch über den Kreis
der Teilnehmer am Mahl erfahren wir nichts. Allerdings hat der Vorsitzen-
de während seiner einjährigen Amtszeit monatlich je ein Bankett auszurichten, das verkürzt als πόσις bezeichnet wird (Z. 8; in Z. 15 f. ist vom
συμπόσιον die Rede).[133] Dazu finden sich die Vereinsmitglieder in einem
an den öffentlichen Zeustempel (ἱερόν) angeschlossenen Speiseraum
(ἀνδρών) ein.[134] Was dort gegessen und getrunken werden soll, bleibt im
Dunkeln, die Inschrift selbst legt den Schwerpunkt auf die Kulthandlungen
nach dem Mahl, denn die Mitglieder sollen „Trankopfer spenden, beten
und die üblichen Riten für den Gott und Herrn, den König vollziehen"
(Z. 9 f.).[135]

Wie wichtig die Bankettversammlungen für das Gruppengefühl des
Vereins sind, ergibt sich aus der dringenden Mahnung, an den Versammlungen (συνλόγοι καὶ συναγωγαὶ καὶ ἀποδημίαι; Z. 12)[136] teilzunehmen
und dem Verein die Treue zu halten, d.h. weder Spaltungen (σχίσματα) zu
verursachen noch in eine andere Bruderschaft (φράτρα) zu wechseln
(Z. 13 f.).[137] Mit dem Verbot von Beleidigungen, Plappereien, Beschuldi-
gungen und Anklagen (Z. 15–17) sind typische Disziplinprobleme angesprochen, die im Zuge von Trinkgelagen auftreten können und, wie wir im
Folgenden sehen werden, zu den typischen Vereinsregeln gehören.

---

[131] Text und Übersetzung bei ROBERTS/SKEAT/NOCK, Gild, 40–42. Sie überliefern den
Papyrus unter seiner Inventarnummer 2710.

[132] ROBERTS/SKEAT/NOCK, Gild, 42 f., erwägen, ob es sich bei dem Papyrus um die
Kopie der Satzung handelt, die jedem Mitglied ausgehändigt worden sei. Weitere Exem-
plare sind allerdings nicht gefunden worden.

[133] Zur verkürzten Redeweise vgl. KLINGHARDT, Gemeinschaftsmahl, 99, Anm. 1.

[134] Der nach ROBERTS/SKEAT/NOCK, Gild, 48, angemietet war.

[135] Vgl. ROBERTS/SKEAT/NOCK, Gild, 49 f.

[136] Sachlich unterschieden werden die Versammlungstypen nicht. Aus der Reihe fallen
allerdings die ἀποδημίαι. Damit sind wohl auswärtige Versammlungen gemeint, sei es
die Teilnahme an den Kultveranstaltungen in anderen Heiligtümern, sei es der Besuch
anderer Gemeinschaften (vgl. ROBERTS/SKEAT/NOCK, Gild, 51).

[137] Nach ASCOUGH, Voluntary Associations, 175, handelt es sich dabei um einen sel-
tenen Beleg für das Verbot von Mehrfachmitgliedschaften in Vereinen.

3.3.3 Die Verehrer der Diana und des Antinous in Lanuvium

Zu den Mahlversammlungen der *cultores Dianae et Antinoi* aus dem südlich von Rom gelegenen Lanuvium (CIL XIV 2112 [136 n.Chr.])[138] kommen Teilnehmer aus den mittleren und unteren Bevölkerungsschichten im wahrscheinlich vereinseigenen Tempel des Antinous zusammen.[139] Zutritt erlangen Männer ohne jede Eignungsprüfung allein durch die Zahlung der einmaligen Aufnahmegebühr und einer Amphore guten Weins sowie der monatlichen Mitgliedsbeiträge (Z. I,20–22). Da der Verein eine gemeinsame Begräbniskasse führt, ist im Grunde jedes neue Mitglied willkommen. Auch Sklaven können aufgenommen werden, sofern ihre Herren oder Herrinnen einwilligen, und werden als gleichberechtigte Mitglieder respektiert, was sich nicht zuletzt darin zeigt, dass sie auch Zugang zu den Vereinsämtern haben.[140]

Im Hintergrund steht ein wohlhabender Patron, der den Verein in der Ausrichtung der aufwändigen Festmähler zum Geburtstag der beiden Schutzgottheiten Diana und Antinous großzügig unterstützt, nicht aber an den vereinsinternen Mählern teilnimmt, weil sozial Niedrigerstehende keine angemessenen Tischgenossen für ihn darstellen. Dies gilt im Übrigen für die meisten Vereinspatrone, die in der Regel Ehrenvorsitzende, nicht aber Mitglieder des Vereins sind. Sie nehmen weder an den Vereinsmählern teil noch üben sie eine vereinsinterne Leitungsfunktion aus. Sie agieren als Wohltäter, indem sie Räume und Kapital zur Verfügung stellen, bleiben dabei aber außen vor und lassen sich lieber im Gegenzug für ihre Taten vom Verein öffentlich ehren.[141]

Jeweils sechsmal im Jahr, neben den Götterfesten auch am Geburtstag des Patrons, seiner Eltern und seines Bruders, finden sich die Vereinsmitglieder zu Mahlfeiern zusammen.[142] Dazu kommen außerordentliche Mähler anlässlich besonderer biographischer Einschnitte; erwähnt wird in der Inschrift der Fall, dass ein Sklave anlässlich der Erlangung seiner Freiheit

---

[138] Text und Übersetzung bei EBEL, Attraktivität, 19–32 (alle folgenden Zitate dort); vgl. auch SCHMELLER, Hierarchie, 99–105; SMITH, Symposium, 126–128. Zum Ganzen vgl. SMITH, a.a.O., 97–102; EBEL, a.a.O., 12–75.

[139] Eine Baubeschreibung bietet BOLLMANN, Vereinshäuser, A 48, 354 f. Sie zeigt zugleich überzeugend, dass es sich bei dem Bau wahrscheinlich nicht um einen öffentlichen Tempel gehandelt hat, der vom Verein lediglich mitgenutzt wurde.

[140] Vgl. EBEL, Attraktivität, 39 f.

[141] Vgl. SCHMELLER, Hierarchie, 33–36.

[142] Von den Mahlversammlungen sind die monatlichen Geschäftssitzungen zu unterscheiden, die allein der Zahlung der Mitgliedsbeiträge dienten und sicher nicht mit einem Mahl begangen wurden (so mit SMITH, Symposium, 99; EBEL, Attraktivität, 65 f.). Dagegen kann sich KLINGHARDT, Gemeinschaftsmahl, 68 f., Anm. 23, nicht vorstellen, dass bei den monatlichen Konventen nichts gegessen wurde, obwohl auch er einen Unterschied zwischen den Festbanketten und den regulären Zusammenkünften sieht. Doch kann er nicht leugnen, dass in der Beschreibung der Geschäftssitzungen jeglicher Hinweis auf eine mögliche Speisefolge fehlt und es dem Verein wichtig war, die Mahlversammlung von Vereinsgeschäften frei zu halten, beides also sauber zu trennen.

eine Amphore Wein zu stiften hat, so dass sein persönliches Schicksal Anteilnahme durch den Verein erfährt (Z. II,7 f.). Für die Organisation und Bereitstellung der Speisen und Getränke sind vier jährlich neu zu bestimmende *magistri cenarum* verantwortlich. Das Amt wird reihum vergeben, um Ungerechtigkeiten zu vermeiden (Z. II,14). Damit sie auch tatsächlich ihrer Pflicht nachkommen, droht der Verein mit Geldstrafen und Ersatzforderungen (Z. II,8–10).

Eingeleitet werden die Mahlfeiern durch einen Besuch im öffentlichen Bad, zu dem der Vereinsvorsitzende zumindest an den beiden großen Festtagen der Schutzgottheiten Öl zu spenden hat (Z. II,30–32). Zum eigentlichen Mahl werden dann „je eine Amphore guten Weines und Brote im Wert von zwei Assen in der Anzahl (der Mitglieder) des Vereins und vier Sardinen an der Zahl, das Gedeck, heißes Wasser mit Bedienung" gereicht (Z. II,15 f.). Den Amtsträgern wird dabei eine Sonderbehandlung zuteil: Sie sind für die Dauer ihrer Amtszeit nicht nur von der Beitragszahlung ausgenommen, sie erhalten darüber hinaus bei allen Mählern Sonderportionen; der für fünf Jahre gewählte Vorsteher (*quinquennalis*) erhält stets die doppelte, der Schreiber (*scriba*) und der Bote (*viator*) je die anderthalbfache Menge, ehemaligen Vorstehern, sofern sie ihr Amt rechtschaffen ausgeübt haben, werden ehrenhalber anderthalbfache Portionen zugeteilt (Z. II,17–22). Im Gegenzug haben sie besondere Aufgaben zu verrichten und zu finanzieren. So ist beispielsweise die Verpflichtung des Vorstehers zum Vollzug von Opferhandlungen mit Weihrauch und Wein (Z. II,29 f.) sicher als Vollzug der Trankspende zum Abschluss des Mahls zu verstehen, die nicht aus der Gemeinschaftskasse, sondern aus eigener Tasche zu leisten ist.

Eine Deutung der Mähler wird in der Inschrift nicht gegeben. Insgesamt jedoch lässt sich eher eine gesellig als religiös ausgerichtete Versammlungspraxis vermuten. Ein religiöser Bezug lässt sich zwar sowohl aus dem Vereinsnamen als auch aus dem Vereinsstempel schlussfolgern, wirkt aber nicht spürbar gemeinschaftsprägend, sondern ist eher als politisches Signal zu verstehen, mit dem sich die Mitglieder zu dem bei der Vereinsgründung amtierenden Kaiser und damit zum römischen Staat überhaupt bekennen. Zudem heißen die Amtsträger nicht Priester, verstehen sich also nicht als Kultpersonal. Dem geselligen Charakter entsprechen schließlich auch die Verhaltensmaßregeln für die Bankettversammlungen, die von Geschäftsangelegenheiten freigehalten werden sollen, „damit wir ungestört und heiter an den festlichen Tagen speisen können" (Z. II,23 f.). Dass die Festfreude durch Verletzung der Sitzordnung oder Beleidigungen getrübt werden konnte, legen entsprechende Strafandrohungen nahe (Z. II,25–27).

3.3.4 Die Iobakchen in Athen

Ganz anders ist die Mahlpraxis der Athener Iobakchen zu beurteilen (IG II^2 1368 [178 n.Chr.]).[143] Im Unterschied zu den Verehrern der Diana und des Antinous haben sie priesterliche Amtsträger und geben sie sich nach außen hin höchst exklusiv. Nur wohlhabende Männer[144] können Mitglied der Iobakchen werden. Dazu müssen sie sich einem aufwändigen Aufnahmeverfahren unterziehen, im Zuge dessen auf eine schriftliche Eingabe hin ihre Würdigkeit und Eignung geprüft wird (Z. 35–37).[145] Der nach erfolgter Prüfung mögliche Eintritt wird durch die Leistung eines Geldbeitrages und den Vollzug eines Trankopfers dokumentiert. Dadurch dass die Söhne von Mitgliedern bis zur Geschlechtsreife nur den halben Beitrag zu zahlen haben (Z. 39–41), werden Familiensippschaften begünstigt und dem Selbstverständnis Ausdruck verliehen, dass man unter Seinesgleichen bleiben will. Außerdem fällt damit auch ein Licht auf die Vereinsmitgliedschaft und Mahlteilnahme älterer Kinder und Jugendlicher.

Die Zusammenkünfte finden im Heiligtum des Vereins, dem Bakcheion, statt,[146] das durch Mauern von der Nachbarschaft abgegrenzt ist, so dass der bereits durch die Aufnahmeregelungen zum Ausdruck gebrachten Exklusivität des Vereins auch eine räumliche Geschlossenheit entspricht. Es handelt sich im Wesentlichen um einen Allzweckraum nach Art der Saalbauten.[147] Sein dreischiffiger Aufbau bietet zudem die Möglichkeit, neben der nach außen demonstrierten Geschlossenheit nach innen hin Hierarchien zu inszenieren.

Die Mähler selbst werden allerdings nicht eigens thematisiert. Man wird daraus nicht folgern dürfen, dass sie nicht stattfinden, sondern dass eine genaue Festlegung von Speisen, Getränken und Portionsgrößen sich anders als in anderen Vereinen nicht als notwendig erweist; detaillierte Regelungen erwachsen meist aus konkreten Missständen, so dass das Schweigen der Inschrift hier dahingehend gedeutet werden darf, dass die Bereitstellung der Speisen und Getränke auch ohne Festlegung von Zuständigkeiten reibungslos funktionierte. Entweder ist die Vereinskasse ausreichend gefüllt, um daraus die Bankette zu finanzieren, oder einzelne Freiwillige stel-

---

[143] Text und Übersetzung bei EBEL, Attraktivität, 87–103 (alle folgenden Zitate dort); vgl. auch SCHMELLER, Hierarchie, 110–115; SMITH, Symposium, 129–131. Zum Ganzen vgl. SMITH, a.a.O., 111–123; EBEL, a.a.O., 76–142.

[144] Zumindest spricht die Inschrift nur von Männern. SCHÄFER, Raumnutzung, 183, erwägt dagegen aufgrund archäologischer Zeugnisse, dass auch Frauen Mitglieder gewesen sein konnten, denn im Bakcheion steht eine Frauenbüste (Abb. 7, 219; Beschreibung B 12, 200), die er für die Darstellung der Stifterin oder eines verdienten Mitglieds hält. Dafür spräche auch die prominente Rolle von Frauen in anderen Dionysosvereinen.

[145] Vgl. EBEL, Attraktivität, 122–124.

[146] Baubeschreibung bei EBEL, Attraktivität, 82–85, und SCHÄFER, Raumnutzung, 173–220.

[147] Zur Architektur der Saalbauten vgl. BOLLMANN, Vereinshäuser, 103–113.

len die Speisen und Getränke großzügig zur Verfügung. Auch eine Misch-
finanzierung ist vorstellbar; die Anweisung, dass jedes Vereinsmitglied
„den festgesetzten monatlichen Beitrag für den Wein bezahlen soll"
(Z. 46 f.), könnte dafür sprechen, dass der Wein aus der gemeinschaftlichen Vereinskasse, das Essen dagegen aus privaten Spenden finanziert
wird. Dabei sind nicht nur die zu erwartenden Portionen größer als die der
Diana- und Antinousverehrer, auch ist der Rhythmus der Mähler wesentlich dichter. Neben den mit der Beitragszahlung verbundenen monatlichen
Zusammenkünften werden als herausragende Höhepunkte das Jahresfest
und die Festtage des Dionysos (Z. 42–44) begangen. Somit feiern die Iobakchen ihre Mähler doppelt so oft wie der Verein aus Lanuvium. Dazu
kommen – wie bei den Diana- und Antinousverehrern – Mähler mit eher
individuell wertschätzender Ausrichtung, die sich freudigen biographischen Einschnitten verdanken, „wenn jemandem, der Iobakche ist, irgendetwas zum Besseren zuteil wird" (Z. 135 f.), wozu z.B. Hochzeit, Geburt
eines Kindes, Erlangung des Bürgerrechts oder Übernahme eines öffentlichen Amtes zu zählen sind (Z. 127–134).[148] Erwähnt wird aber wieder
nicht das Mahl selbst, sondern nur das Trankopfer, das aber als Mahlabschlusszeremonie wahrscheinlich ein solches impliziert.

Wie bei den *cultores Dianae et Antinoi* gehen auch bei den Iobakchen
gesellige und religiöse Momente ineinander über. Steht dort aber die Geselligkeit im Vordergrund, scheint es hier der gemeinsame Kultvollzug zu
sein, wie schon aufgrund der priesterlichen Ämterstruktur zu vermuten
ist.[149] Dennoch lassen sich soziale und religiöse Aspekte nicht sinnvoll
auseinanderhalten. Die regelmäßigen Zusammenkünfte tragen zwar kultischen Charakter, wie noch zu zeigen ist, doch werden sie zugleich gemein-
schaftsorientiert ausgestaltet, denn neben dem monatlichen Beitrag für den
Wein ist auch von jedem Vereinsmitglied ein „Beitrag in Wort oder Tat"
zu erbringen (Z. 45). Gedacht ist wohl an Redebeiträge, Lieder oder mu-
sisch-tänzerische Einlagen.

Damit dies geordnet vonstatten gehen kann, ist es den Vereinsmitgliedern verboten, „bei
der Versammlung zu singen oder Unruhe zu stiften oder zu klatschen, sondern in aller
Ordnung und Ruhe sollen sie ihre Rollen sprechen und spielen unter der Leitung des
Priesters oder des Archibakchos" (Z. 63–67). Auch sind Streit, falsche Platzbelegung und
Beleidigungen zu unterlassen (Z. 72–75), was als Indiz für entsprechende Missstände
gedeutet werden darf, wahrscheinlich als Folge übermäßigen Weingenusses. Dazu wird
von der Vereinsleitung ein eigener Ordnungsdienst (Eukosmos) ausgelost oder bestimmt,
der das Recht hat, Unruhestifter des Speisesaals zu verweisen (Z. 136–146), und eine
Vereinsgerichtsbarkeit installiert, die zum Ersten Streitfälle, die zu Körperverletzungen
geführt haben, ahndet, zum Zweiten über die Beitragszahlung wacht und anderenfalls ein

---

[148] Vgl. EBEL, Attraktivität, 116–118.
[149] Vgl. EBEL, Attraktivität, 125–129.

Lokalverbot erteilt und zum Dritten den Eukosmos mit einer Geldstrafe belegen darf, wenn er seiner Aufgabe als Ordnungshüter nicht rigoros genug nachkommt (Z. 84–102).

Die Anforderung, ehrliebend zu sein (Z. 45 f.), weist auf die im Rahmen der Trankspende vollzogenen Ehrungen von Wohltätern, Verstorbenen oder Amtsträgern hin. Dazu kommt ein regelrechtes Kulturprogramm zu den großen Jahresfesten, dessen Höhepunkt ein Mysterienspiel ist, in dem fünf Gottheiten durch verkleidete Vereinsmitglieder verkörpert werden:

„Der Priester aber soll die üblichen Dienste des Bakchosfestes und des Jahresfestes in angemessener Weise verrichten und das eine Trankopfer für das Fest der Rückkehr (des Bakchos) vollziehen und eine ‚Predigt‘, die der ehemalige Priester Neikomachos aus Ehrliebe zu halten begonnen hat, (halten). Der Archibakchos soll das Opfer dem Gott darbringen und das Trankopfer am zehnten (Tag) des Monats Elaphebolion vollziehen. Nach der Bereitung der Portionen sollen der Priester, der Anthiereus, der Archibakchos, der Schatzmeister, der Bukolikos, der (Darsteller des) Dionysos, der (der) Kore, der (des) Palaimon, der (der) Aphrodite, der (des) Proteurhythmos sie nehmen. Ihre Namen sollen ausgelost werden aus allen" (Z. 111–127).

Es ist davon auszugehen, dass durch diese Inszenierung die Gottheiten nicht nur dargestellt, sondern vergegenwärtigt werden sollen. Wenn zudem im Anschluss an das Spiel die Opferportionen an die versammelten Vereinsmitglieder verteilt werden, kommt zugleich die Teilhabe aller an den Heilsgaben der Götter sichtbar zum Ausdruck.[150]

3.3.5 Der Verein des Aesculap und der Hygia in Rom

Auch das in Rom ansässige *collegium Aesculapi et Hygiae* (ILS II/2 7213 [153 n.Chr.])[151] ist ein reiner Männerverein. Zugang haben Freie und Freigelassene, also keine Sklaven; familienintern dürfen Plätze auch an Söhne oder Brüder vergeben werden (Z. 6). Die einzige in der Inschrift benannte Frau ist die Patronin Salvia Marcellina, die als Witwe eines Freigelassenen dem Verein „zum Gedächtnis (*ob memoriam*) an Fl[avius] Apollonius, einem Prokurator des Augustus, der Leiter der staatlichen Gemäldesammlung war, und an seinen Assistenten Capito, einen Freigelassenen des Augustus, ihren allerbesten und herzensguten Gemahl" (Z. 2 f.) dem Verein ein „Häuschen mit Anbau (*aedicula cum pergula*)" schenkt, das mit einem Marmorbild Aesculaps und einer bedeckten Terrasse ausgestattet ist (Z. 3 f.).

Das Haus darf man sich trotz der Verkleinerungsform nicht als zu klein vorstellen, denn immerhin darf der Verein nach dem Willen der Stifterin bis zu 60 Personen umfassen: „Ebenso schenkte dieselbe Marcellina dem genannten Verein 50.000 Sesterzen für 60 Personen unter der Bedingung, dass nicht mehr aufgenommen werden als die genannte

---

[150] Vgl. SMITH, Symposium, 115–119.
[151] Text und Übersetzung bei SCHMELLER, Hierarchie, 106–109.

Zahl" (Z. 5). Das bedeutet aber im Umkehrschluss, dass damit das Raumkontingent erschöpft ist.

Das Gebäude wird dem Verein ausdrücklich zu dem Zweck, dort zu speisen (*epulari*), übergeben. Die Mahlversammlung bildet also *expressis ver-
bis* die Mitte des Gemeinschaftslebens. Allerdings wirkt der Speiseplan des
Kollegiums recht einfach: Zum Geburtstag des Vereins am 4. November
und zum Neujahrstag werden den Vereinsmitgliedern Geld und Wein dargereicht. Die Höhe des ausgezahlten Geldbetrags und die Anzahl der
Weinportionen sind dabei nach Hierarchie gestaffelt; die Vereinsführung
erhält neun, die Kuratoren erhalten sechs und die einfachen Mitglieder nur
drei Schoppen Wein (Z. 11 f.). Zu drei weiteren Festanlässen, dem am 22.
Februar begangenen Tag der lieben Verwandtschaft, dem am 22. März begangenen Veilchentag und dem am 11. Mai begangenen Rosentag, soll den
anwesenden Mitgliedern Brot und Wein dargereicht werden (Z. 13.15.16).

In dieser kargen Mahlregelung berühren sich die Verehrer Aesculaps und Hygias mit
etlichen anderen Vereinen, so mit den *negotiatores eborarii et citriarii* (CIL VI 33885 [2.
Jh.]),[152] die sich zum Mahl im Tetrastyl des Vereinshauses (Z. 1) zusammenfinden. Mit
der Bereitstellung der Speisen sind vier reihum wechselnde Kuratoren beauftragt. Zum
jährlichen Neujahrsfest werden Kuchen, Datteln, karische Feigen und Birnen (Z. 8 f.)
aufgetischt, aber wohl kaum als Hauptgericht, sondern eher als Nachtisch. Zu den fünf
weiteren in der Inschrift benannten Festanlässen sind dagegen nur „Brot und Wein und
warmes Wasser" (Z. 11.13.15.16) bereitzustellen. Ähnliches gilt auch für die Hymnoden
der Dea Roma und des Augustus aus Pergamon (IPergamon 374 [Mitte 2. Jh.]).[153] Die auf
der Altarinschrift verzeichneten Amtsträger werden nur auf die Bereitstellung von Brot,
Wein und zu bestimmten Anlässen auch eines einfachen Gedecks (στρῶσις) verpflichtet.
Eine ägyptische Inschrift aus ptolemäischer Zeit erwähnt gar keine Speisen, sondern nur
die Getränke Wein und Bier.[154]

Wie ist diese auffällige Beschränkung des Speiseplans auf Brot und Wein
bzw. auf den Nachtisch zu verstehen? Wohl kaum in dem Sinne, als sei
damit das gesamte Mahl schon bestritten; selbst ein im Vergleich mit den
hier genannten Gruppen armer Verein wie die *cultores Dianae et Antinoi*
kann sich mehr als nur Brot und Wein leisten. Die Satzungen des Vereins
für Aesculap und Hygia reden außerdem ausdrücklich vom gemeinsamen
Schmausen, was absurd wäre, wenn es außer Brot und Wein keine weiteren
Nahrungsmittel gäbe, die zu den Zusammenkünften verspeist werden. Eher
ist zu vermuten, dass mit Brot, Wasser und Wein der Grundstock bezeichnet ist, der gemeinschaftlich aus der Vereinskasse finanziert wird, während
die Zukost durch private Spenden beizusteuern ist. Warum der Verein ge-

---

[152] Text und Übersetzung bei EBEL, Attraktivität, Anhang V, 232–234.

[153] Eine Teilübersetzung der Inschrift ins Englische bietet FRIESEN, Imperial Cults,
108–110. Zu den einzelnen Festtagen vgl. HERZ, Festkultur, 249.

[154] Text und Übersetzung bei ERICHSEN, Satzungen, 7–17 (hier: rechte Kolumne,
Z. 5 f.; dazu ERICHSEN, a.a.O., 24 f.).

rade Brot, Wasser und Wein finanziert, ergibt sich aus der Logik des Gastmahls: Brot steht für die Mahlzeit und fungiert sowohl als Besteck als auch als Sättigungsgrundlage, Wein steht für das Trankopfer und für die Festfreude beim Trinkgelage, Wasser wird zum Mahl getrunken und zum Trinkgelage mit dem Wein gemischt. Weil eine Mahlversammlung ohne Brot, Wein und Wasser nicht vorstellbar ist, kann ihre Bereitstellung in einer Satzung geregelt werden; anders verhält es sich mit der Zukost, die saisonal wechselt und sich darum gegen eine minutiöse Festlegung sperrt.

Wie verbreitet diese Sitte ist, zeigen die antik bezeugten Auseinandersetzungen um die Frage, ob nur die vom Verein bereitgestellten oder auch die privat mitgebrachten Lebensmittel als Gemeingut angesehen werden dürfen.[155] Offensichtlich gibt es regelmäßig Probleme, die mit Ungleichbehandlungen bei der Essensausgabe und mit der Weigerung einiger, die mitgebrachten Speisen mit den anderen zu teilen,[156] zusammenhängen.

3.3.6 Fazit

Die Bandbreite an Vereinen und Vereinsmählern ist so groß, dass man nicht von einem Durchschnittstypus ausgehen kann, sondern die Vielfalt herausstellen muss.[157] Unterschiede lassen sich nicht nur in der Zulassungsregelung, im Organisationsgrad und im Selbstverständnis festmachen, sondern auch in der Mahlpraxis. Die Organisation, der Verlauf und die Deutung der Mähler unterliegen einer erheblichen *Bandbreite und Vielfalt* an Möglichkeiten, wie die folgende Übersicht zusammenfassend zeigen soll:

	Mahlorganisation	*Mahlverlauf*	*Mahldeutung*
Der Verein des Zeus Hypsistos im ägyptischen Philadelphia	Die Mähler finden monatlich im Bankettraum des örtlichen Zeusheiligtums statt. Sie werden vom jeweils für ein Jahr gewählten Vorsteher ausgerichtet. Teil-	Die Hauptmahlzeit wird nicht näher beschrieben. Ihr folgt eine ausführliche Libationszeremonie mit Gebeten und Riten für Gott und König. Die Verhaltens-	Verhaltenmaßregeln und Anwesenheitspflicht sprechen für ein primär geselliges Mahl. Die Einheit der Gemeinschaft soll nicht durch Spaltungen zerstört werden.

---

[155] Der Scholiast Aristophanes unterscheidet zwei Möglichkeiten. Die eine heißt ἐπὶ δεῖπνον, εἰς συμπόσιον und besteht darin, dass nur der Wein Gemeingut ist, das Übrige dagegen selbst mitzubringen ist und nicht mit den anderen geteilt werden muss; die andere heißt πανθοινία und besteht darin, dass auch die mitgebrachten Speisen zum Gemeingut erklärt werden (Vesp 1005 [Übersetzung bei STRECKER/SCHNELLE, Neuer Wettstein II/1, 352]).
[156] Vgl. Xenophon, Mem III 14,1.
[157] So zu Recht EBEL, Attraktivität, 5 f. (bes. Anm. 5 zur Kritik an der Vorgehensweise von KLINGHARDT).

	Mahlorganisation	*Mahlverlauf*	*Mahldeutung*
	nahmeregelungen werden nicht erwähnt	maßregeln sprechen zudem für ein Gelage nach dem Mahl.	
Die Verehrer der Diana und des Antinous in Lanuvium	Die Mähler finden sechsmal im Jahr und zu besonderen Anlässen seitens der Mitglieder im Tempel des Antinous statt. An ihnen nehmen nur Männer teil, zu denen aber auch Sklaven gehören dürfen. Die Bereitstellung der Speisen und Getränke erfolgt durch vier jährlich neu zu bestimmende Speisemeister.	Dem Mahl geht ein Besuch im öffentlichen Bad voraus. Zu essen gibt es Brot, Sardinen und Wasser, wobei die Amtsträger besondere Portionen erhalten. Nach dem Mahl vollzieht der Vorsteher das Trankopfer. Die erwähnten Disziplinarmaßnahmen deuten auf ein geselliges Trinkgelage hin, das von Geschäftsangelegenheiten frei gehalten werden soll.	Tempel und Opferhandlung sprechen für ein kultisches Verständnis der Versammlung, das durch die Disziplinarmaßnahmen sichergestellte ungestörte und heitere Beisammensein und die Einbeziehung biographischer Einschnitte in den Festkalender sprechen eher für gesellige Mahlversammlungen.
Die Iobakchen in Athen	Die Mähler finden monatlich im vereinseigenen Heiligtum statt. Dazu kommen Jahresfest, Dionysosfeste und biographisch bedingte Feiern der Mitglieder. Teilnehmer sind exklusiv ausgewählte Männer (und Frauen?). Die Bereitstellung des Essens wird nicht geregelt.	Die Mähler und Trankopfer werden nicht weiter beschrieben. Zum Trinkgelage nach dem Mahl sollen alle Vereinsmitglieder etwas zum Vortragen bringen. Zu den großen Jahresfesten wird ein Mysterienspiel zur Aufführung gebracht. Womöglich hat auch die Vereinsgerichtsbarkeit ihren Ort in der Mahlversammlung.	Neben die Geselligkeit, wie sie sich in den Vorträgen und Programmbeiträgen sowie im Interesse an biographischen Einschnitten äußert, treten kultisch-religiöse Anliegen, die sich in der Feier von Mysterien äußern.
Der Verein des Aesculap und der Hygia in Rom	Die Mähler finden mindestens fünfmal jährlich im gestifteten Vereinshaus statt. Zu den Teilnehmern gehören ausdrücklich	Eine äußere Gestalt der Zusammenkünfte ist aus der Inschrift nicht ersichtlich.	Eine Mahldeutung ist nicht ersichtlich.

Mahlorganisation	Mahlverlauf	Mahldeutung
keine Sklaven. Ein Grundstock aus Brot und Wein wird aus der Vereinskasse bezahlt, den Rest scheint jeder selbst mitbringen zu müssen.		

Insgesamt haben die Vereinsmähler eine wichtige Bedeutung für die Prozesse um Gruppenbildung und -zusammenhalt. Das Interesse der Inschriften an der regelmäßigen Teilnahme an den Mählern und eines geordneten und ungestörten Ablaufs zeugt davon, welchen Stellenwert sie für den Verein und sein Selbstverständnis hatten. Doch die im Rahmen des Gesamtablaufs stattfindende Mahlzeit darf in ihrer sozialen und religiösen Bedeutung nicht überbewertet werden. Geselligkeit und Zusammengehörigkeit erleben die Vereinsmitglieder auch beim Besuch der vereinseigenen Thermen und Latrinen vor und beim Trinkgelage mit Gespräch und Unterhaltungsprogramm nach dem Mahl. Hier ist die Gemeinschaft für die Mitglieder viel stärker erlebbar als beim Verzehr der portionierten Menüs. So ist die Bedeutung der Mahlversammlung zwar hoch zu gewichten, die der darin enthaltenen Sättigungsmahlzeit aber nicht zu überhöhen, sondern recht pragmatisch zu betrachten. Nicht auf das gemeinsame Essen und Trinken kommt es an, sondern auf die Konstitution und das Erleben von Gemeinschaft, wozu ein gemeinsames Essen nicht unbedingt wichtig ist, weil es primär der Sättigung und der Statusinszenierung im innerstädtischen Konkurrenzkampf der Vereine dient, nur vereinzelt auch der religiösen Selbstdeutung der Gruppe.

3.4 Die Mahldeutung in Mysterienmählern

Die antiken Mysterien sind in der Forschung meist als religiöses Phänomen und nur selten als institutionelle Größe wahrgenommen worden. Dabei hängt ihre weite Verbreitung nicht nur an der Attraktivität ihrer Ideenwelt, sondern auch an ihrer Einbettung in das antike Vereinswesen.[158] Wie die meisten anderen Vereine auch verstanden sich die Mysterienvereine nicht exklusiv, sondern erlaubten ihren Mitgliedern auch die Teilnahme an den Vereinsaktivitäten der anderen.[159] Mysterienkulthandlungen wurden zudem nicht nur in den reinen Mysterienvereinen vollzogen, sondern konn-

---

[158] Zu den Vereinen zählt die Mysterien auch GÄCKLE, Die Starken, 170, Anm. 303.
[159] Vgl. PILHOFER, Dionysos, 85–87.

ten auch auf andere Kultvereine und Kultgruppen ausstrahlen. Züge einer inszenierten Mysterienfrömmigkeit konnten wir schon bei den Athener Iobakchen und ihrer Götterdramaturgie beobachten; ähnliches gilt – wie wir gleich sehen werden – auch für private Gastmähler im Familienkreis. Im Vereinswesen institutionell beheimatet wirken die Mysterien mit ihren Handlungen und Deutungen in die antike Mahlkultur verschiedenster Mahlgemeinschaften hinein.

Vielfach ist der Versuch einer phänomenologischen Darstellung der Mysterienkulte unternommen worden. Auch wenn Vorsicht gegenüber idealtypischen Klassifizierungen geboten ist, lässt sich doch ein allgemeiner Rahmen skizzieren:[160] (1) Die Mysterienvereine vollziehen ihre Kultpraxis als *Geheimkulte* abseits der Öffentlichkeit, oft bei Nacht. Der Geheimnischarakter weist auf ein Bedürfnis nach Intimität im religiösen Bereich hin. Der öffentliche Kult im Stadtstaat und das alltägliche, nicht geheimnisvolle häusliche Brauchtum bleiben davon unberührt und werden mit den Mysterien nicht hinfällig. (2) Die *Einweihung* erfolgt einmalig oder in verschiedenen Abstufungen. „Die Aufnahmeriten umfassen vorbereitende Prozeduren wie Reinigung, Fasten, sexuelle Enthaltsamkeit, Gebete, Einübungen in den Kultus und vorbereitende Opfer.“[161] Zum Akt der Initiation selbst gehören die δρώμενα, d.h. der äußere dramatische Vollzug mit seinen rituellen Handlungen, in denen der identitätsbegründende Mythos vergegenwärtigt wird, die δεικνύμενα, d.h. die Gegenstände und Kultobjekte, die dem Initianten vor Augen gestellt werden, und die λεγόμενα, unter die „alles, was bei der Handlung gesagt wird, im Sinne von Zurufen und kurzen Deuteworten, nicht im Sinn einer belehrenden Ansprache oder einer längeren Unterweisung“[162] subsumiert werden kann. (3) Die so beschriebenen Kulthandlungen unterliegen der *Arkandisziplin*, die oft bis zu den Grenzen des Erlaubten strapaziert wird und weniger eine inhaltliche als eine formale und soziale Funktion hat. Denn sie verleiht dem Kult „eine Aura des Geheimnisvollen und erhöht dadurch seine Attraktivität“[163]. Das ausgewogene Verhältnis von Bekanntem und Verborgenem macht den Erfolg aus. (4) Insgesamt sind die Mysterienkulte dadurch gekennzeichnet, dass *Mythos und Ritus* eine eigentümliche Einheit eingehen. Die Göttermythen erzählen vom Schicksal und endlichen Sieg der jeweiligen Gottheit.[164] Sie werden im rituellen Nachvollzug verstehbar gemacht und in einer solchen Weise zur Darstellung gebracht, dass die Initianten selbst in die Mühen und den letztendlichen Sieg der Gottheit hineingenommen werden, an ihm partizipieren. Die damit verbundene Heilshoffnung kann sowohl innerweltlich als auch jenseitig gedacht werden.[165] In jedem Fall geht es um die „Steige-

---

[160] Vgl. zum Folgenden KLAUCK, Mysterienkulte, 176–181; KLOFT, Mysterienkulte, 82–110. Kritisch AUFFARTH, Anpassung, 28 f.: „Das Bild von exklusiven religiösen Gruppen, in die man aufgenommen werden konnte und nach einer Lernphase nur durch Initiation mit Gleichgesinnten in einem Sakrament, wo man in strenger Ethik lebte, andernfalls mit Ausschluss rechnen musste, dafür aber das Versprechen auf Auferstehung erhielt, all das ist ein Bild, für das man aus Sonderfällen auf ein allgemeingültiges Ganzes geschlossen hat.“

[161] KLOFT, NTAK 3, 24 f.

[162] KLAUCK, Mysterienkulte, 180.

[163] Ebd.

[164] Der Demeterkult von Eleusis darf dabei als Prototyp gelten, der auf andere Kulte abgefärbt hat. Dazu KLOFT, NTAK 3, 21 f.

[165] Vgl. BURKERT, Mysterien, 19–34; KLOFT, NTAK 3, 22.

rung von Lebenskraft und Lebenserwartung, die durch die Teilhabe am unzerstörbaren Leben einer Gottheit gewährt werden soll"[166]. Das implizite Zeitverständnis ist allerdings nicht linear, sondern zyklisch. Dies erleichtert gerade die ständige Wiederholung des Götterdramas und wird nur des Nachvollzugs wegen in eine chronologische Abfolge gebracht.[167]

Was die Mähler der Mysterienvereine und der von ihnen beeinflussten Mahlgemeinschaften von den oben besprochenen Vereinsmählern unterscheidet und ihre Eigenart ausmacht, ist ihr Interesse an einer religiösen Deutung der Mahlvollzüge. Während die untersuchten Vereine zumindest in ihren Satzungen dem eigentlichen Essen und Trinken überhaupt keine inhaltliche Bedeutung zumessen und schon gar nicht über die Frage nach der Gegenwart der angerufenen Gottheiten nachdenken, sondern religiöse Vorstellungen nur im rituellen Zusammenhang mit der Trankspende nach dem Mahl zum Ausdruck bringen, beziehen die Mysterienvereine auch das gemeinsame Essen und Trinken in die religiös-gemeinschaftsstiftende Deutung mit ein.[168] Gedeutet werden zum einen die Mahlsubstanzen, also die Speisen und Getränke, zum anderen aber auch die Mahlhandlung, also das Essen und Trinken. Letzteres ist vor allem für den Sarapiskult gut bezeugt, wie Aristides (2. Jh.) zu berichten weiß:

„Mit diesem Gott allein kommunizieren (κοινωνεῖν) die Menschen in besonderer Weise die richtige Kommunion (κοινωνία) in den Opfermahlzeiten (θυσίαι), indem sie ihn zum Herd einladen und ihn sich als Speisegenossen und Gastgeber zum Vorgesetzten machen, so dass er [...] der gemeinsame Vollführer aller gemeinsamen Mahlzeiten (ἔρανοι) ist und für alle, die sich um ihn versammeln, die Rolle des Vorsitzenden beim Trinkgelage (συμποσίαρχος) hat [...] Er ist gleichzeitig derjenige, der die Opferspenden (σπονδαί) darbringt und empfängt; der als Gast zum rauschenden Fest (κῶμος) kommt und die Festgenossen zu sich einlädt."[169]

Die Gottheit, so das Mahlkonzept des Sarapiskults, ist also zugleich Gastgeber und Gast. Man wird davon ausgehen dürfen, dass dieses Konzept für alle Kultgemeinschaften des Sarapis prägend war. Dafür sprechen eine Reihe von Einladungskarten zum Bankett ins Sarapeion, also in das dem Sarapis geweihte Heiligtum:

---

[166] KLAUCK, Mysterienkulte, 181.
[167] KLAUCK, Herrenmahl, 367 f., erblickt darin den wesentlichen Unterschied zum christlichen Kultmahl.
[168] Die Mysterienmähler werden bei RÜPKE, Gäste, ausgeklammert. So trifft seine These, die Vorstellung einer Vergegenwärtigung von Gottheiten in römischen Kultmählern sei nicht zu hoch zu hängen (a.a.O., 228), nicht auf Mysterienvereine zu, sondern allein auf die jüngeren römischen Vereine (a.a.O., 234–236).
[169] Aristides, Or. 45,27 (Übersetzung nach MERKELBACH, Isis regina, § 313, 165 [Text a.a.O., Anm. 6]).

„Neilos lädt dich zum Essen zur Kline (κλίνη) des Herrn Sarapis, im Sarapeion am 10. von der neunten Stunde an."[170]

Auffällig ist hier die Tatsache, dass das Speisesofa zum Inbegriff der Mahlversammlung geworden ist und *pars pro toto* für das ganze Ereignis steht. Wichtiger aber noch, und damit kommen wir zu unseren Anfangsüberlegungen zurück, ist die Beobachtung, dass die Vorstellung von Sarapis als Gastgeber zum Mahl weit über die nach ihm benannten reinen Kultvereine hinaus belegt ist. So weisen eine Reihe von Einladungsbillets darauf hin, dass Sarapismähler nicht nur in Sarapisheiligtümern stattfanden, sondern auch auf andere Heiligtümer übergreifen konnten. Damit erweist sich sein Kult als kompatibel mit einer Vielzahl an Privat- und Vereinskulten, die nicht primär Sarapis geweiht sind, aber Elemente der mit ihm verbundenen Religiosität adaptieren und in ihre eigene Glaubens- und Gemeinschaftswelt integrieren können:[171]

„Der Gott ruft dich zum ‚Liegebett‘, welches morgen von der neunten Stunde an im Thoeris-Tempel stattfinden wird."[172]

Schließlich sind Sarapismähler auch außerhalb von Tempelanlagen in Privathäusern bezeugt. Über das Vereinswesen hinaus ist auch die private Gastmahl- und Feierkultur vom Sarapiskult durchsetzt. Hier liegt die Berechtigung dafür, von den Mysterien nicht nur als Vereinsreligionen, sondern weitergefasst noch als „Gruppenreligionen" zu sprechen:[173]

„Sarapion, der ehemalige Gymnasiarch, lädt dich zum Essen zur Kline des Herrn Sarapis, im eigenen Haus morgen, das ist der 15., von der achten Stunde an."[174]

Die Anlässe für solche Mähler in Privathäusern sind wohl vorrangig familiärer Natur. Zu denken ist insbesondere an Geburtstage und Hochzeiten. Insgesamt lässt sich so von einem breiten Bedürfnis sprechen, Gast- und Vereinsmähler zumindest zu herausragenden Anlässen religiös zu fundieren. Der Sarapiskult ermöglichte dabei auf recht unkomplizierte Weise, Geselligkeit und Kult miteinander zu verbinden, Gemeinschaft mit einer Gottheit und untereinander zu erleben.

---

[170] POxy XXXI 2592 (1./2. Jh.; Text und Übersetzung bei ARZT-GRABNER u.a., 1Kor, 321). Aus dem späten 1. Jh. oder dem beginnenden 2. Jh. stammen POxy I 110; XII 1484; XIV 1755 (Texte und Übersetzung bei FOTOPOULOS, Food, Tafel 4.1, 106).

[171] Vgl. KLAUCK, Herrenmahl, 135 f.

[172] PKöln 57 (2./3. Jh.; Text und Übersetzung bei MERKELBACH, Isis regina, § 313, 165 mit Anm. 5).

[173] So AUFFARTH, Anpassung, 29.

[174] POslo 157 (2. Jh.; Text und Übersetzung bei ARZT-GRABNER u.a., 1Kor, 322).

4. Die Besonderheiten jüdischer Gemeinschaftsmähler

4.1 Einleitung

Die jüdische Mahlpraxis hat Anteil an der allgemeinen griechisch-römisch geprägten mediterranen Mahlkultur. Sie weist aber auch eine Reihe von Besonderheiten auf, die von der nichtjüdischen Umwelt wahrgenommen und mitunter als Absonderung verurteilt wurden. Das gilt zunächst für die alltäglichen häuslichen Mähler. Ob es daneben auch regelmäßige *synagogale Gemeinschaftsmähler* gegeben hat, in denen jüdische Identität in einer familienübergreifenden Mahlgemeinschaft gelebt wurde, ist in der Forschung umstritten.[175]

Die Quellen versagen eine eindeutige Antwort, doch eine Reihe von Indizien legt die Existenz solcher Mähler nahe: (1) Die Synagogengemeinden gerade in der Diaspora haben sich zumindest in rechtlicher Hinsicht als landsmannschaftliche Vereine organisiert.[176] Die Vertrautheit insbesondere der jüdischen Sozialelite mit Gastmählern und dem städtischen Vereinswesen kann leicht auch zur Assimilation der Synagogenversammlung an Vereinsversammlungen geführt haben. (2) Wenn das gemeinsame Essen und Trinken als Kernbestandteil häuslicher Frömmigkeit zu betrachten ist,[177] dann kann auch dies auf die synagogalen Versammlungen abgefärbt haben, weil um die Zeitenwende herum die Übergänge zwischen Haus und Synagoge noch fließend waren. Die meisten Gemeinden versammelten sich in Privathäusern oder in Haussynagogen, die durch den entsprechenden Umbau von Privathäusern entstanden waren.[178] Diese Transformationsprozesse vom Haus zum Synagogengebäude erklären den Befund, dass sich in den Synagogen von Stobi und Cäsarea eigene Speiseräume nachweisen lassen.[179] Folglich lässt sich vom Ursprung der Synagoge im häuslichen Brauchtum und Raum her die idealtypische Abgrenzung von Haus und Synagoge nicht mehr aufrecht erhalten und ist mit Austauschprozessen in der Frömmigkeitspraxis zu rechnen, konkret im Gebet, in der Lehre und im Mahl. (3) Auffällig ist schließlich ein Vermerk bei Josephus über ein Vereinsverbot unter Julius Cäsar, von dem die jüdischen Gemeinden dergestalt ausgenommen waren, dass sie „nach ihren Gebräuchen leben und die Mittel für Gemeinschaftsmähler (σύνδειπνα) und heilige Handlungen einziehen" durften (Ant. XIV 213). Gemäß dem Edikt Cäsars waren sie vom Verbot ausgenommen, sich zu Zusammenkünften zu versammeln, Geld einzusammeln und gemeinsame Mahlzeiten (σύνδειπνα) abzuhalten (Ant. XIV 215), was umgekehrt bedeutete: „Genauso, wie ich (= Cäsar) die anderen Vereine (θίασοι) verbiete, erlaube ich jenen (= den Juden) allein, sich nach den väterlichen Bräuchen und Gesetzen zu versammeln und Mähler zu veranstalten (συνάγεσθαί τε καὶ ἑστιᾶσθαι)" (Ant. XVI 216).

---

[175] Die These synagogaler Sabbatmähler hat KLINGHARDT, Gemeinschaftsmahl, 258–267, in die Diskussion eingebracht. Ihm folgt EBNER, Mahl, 76, Anm. 39, während sich WICK, Gottesdienste, 106, kritisch zeigt.

[176] Vgl. RICHARDSON, Synagogues, 90–109; ÖHLER, NTAK 2, 85; BARCLEY, Money, 113–127. Kritisch dazu WICK, Gottesdienste, 105 f.

[177] So WICK, Gottesdienste, 120–126.

[178] Vgl. CLAUSSEN, Versammlung, 299.

[179] Vgl. CLAUSSEN, Versammlung, 221 f. Zum Triklinium in Stobi darüber hinaus HENGEL, Synagogeninschrift, 111–113.

Wenn das Edikt nicht nur eine pauschale Außenwahrnehmung widerspiegeln sollte,[180] kann tatsächlich eine eigene Mahlkultur im synagogalen Rahmen, sei es in Privathäusern, Haussynagogen oder eigenen Synagogengebäuden vorausgesetzt werden.[181]

Allerdings scheinen die Jüdinnen und Juden diese synagogalen Gemeinschaftsmähler, wenn es sie tatsächlich gegeben hat, nicht als wesentlichen Bestandteil ihrer gelebten jüdischen Identität wahrgenommen zu haben. Die Bauinschrift der Synagoge des Theodotus aus Jerusalem (CIJ II 1404)[182] nennt als gemeindliche Aktivitäten nur „die Lesung des Gesetzes und die Unterrichtung der Gebote" (Z. 4 f.) sowie die Beherbergung von Pilgern. Dazu kommt in der Diaspora noch die Sammlung regelmäßiger Transferzahlungen nach Jerusalem, die als Ausdruck von Loyalität und Mutterlandbindung zu bewerten sind.[183] Von Mählern ist dagegen keine Rede. Schriftkunde und Mutterlandbindung scheinen folglich für die Gestaltung jüdischer Identität in der Synagoge bedeutsamer gewesen zu sein als gemeinsame Mahlzeiten. Diese scheinen neben der Familie vor allem in radikalen Sondergruppen wie den Pharisäern oder Essenern eine wichtige Funktion gehabt zu haben; um sich gleichermaßen von der paganen Umwelt und den Synagogenversammlungen abzugrenzen, bedienten sie sich gerade des Mahls, um ihre Besonderheiten zum Ausdruck zu bringen.

Jüdische Mahlkultur in neutestamentlicher Zeit bewegt sich zwischen den beiden Polen der Integration und Distanznahme, die im Folgenden genauer untersucht werden sollen: Zum einen partizipierten die jüdischen Gemeinden an der übergreifenden Mahlkultur und lehnten sich an die griechisch-römischen Tischsitten an (4.2), zum anderen versuchte man, darin nicht aufzugehen, sondern durch Besonderheiten die genuin jüdische Identität sichtbar herauszustellen (4.3). Beides fließt in exemplarischer Dichte in Philos Darstellung der Therapeuten und ihrer Mahlpraxis zusammen (4.4).

4.2 Die Partizipation an der griechisch-römischen Mahlkultur

Die Hellenisierung des Judentums und die kulturelle Integration vieler jüdischer Familien in ihre nichtjüdische Mitwelt haben dazu geführt, dass die griechisch-römischen Tischsitten und Mahlgewohnheiten auf das Judentum

---

[180] So versteht es WICK, Gottesdienste, 106.

[181] HORBURY, Cena Pura, 113–122, nimmt eine gemeinjüdische familienübergreifende Gemeinschaftsmahlfeier am Vorabend des Sabbat an. Demnach könnte es zumindest in der Diaspora auch synagogale Mähler am Freitag zur üblichen Vorabend- bzw. Abendzeit gegeben haben, während die Sabbatversammlungen rein schriftorientiert waren. Daraus könnte sich das Schweigen der Sabbatzeugnisse zur Mahlfrage erklären.

[182] Text und Übersetzung bei CORSTEN, NTAK 1, 129.

[183] Und darum mit Argwohn betrachtet wurden, wie Josephus, Ant. XVI 163–170 berichtet. Vgl. BARCLEY, Money, 118 f.

abfärbten. Spuren davon finden sich im *dritten Makkabäerbuch* (1. Jh. v.Chr.), das in seinem Hauptteil (3Makk 2,25–7,22) von der Rettung der ägyptischen Juden aus der drohenden Vernichtung berichtet. Das daraufhin begangene Freudenfest der Geretteten (6,30–36; vgl. 7,15 f.) weist deutliche Momente hellenistischer Kultur auf:

	3Makk 6,30–36
Mahlzeit	Die Mahlzeit wird nach 6,30 im Liegen eingenommen. Die teilnehmende Volksmenge wird nach 6,31 in eine Mehrzahl an Tischgesellschaften, d.h. Triklinien aufgeteilt.
Übergangsritual	Die in 6,31 f. genannten Klage- und Loblieder sowie der gemeinschaftlich vollzogene Reigentanz als „Zeichen friedfertigen Frohsinns" deuten auf ein der paganen Libation analoges religiöses Ritual hin, denn nach 6,35 wurde erst im Anschluss an den Reigentanz das eigentliche Symposion begangen. Von Trankspenden scheint das Ritual aber nicht begleitet gewesen zu sein. Dem rettenden Gott sind folglich keine Speisen und Getränke, sondern allein die Lieder geweiht.
Trinkgelage	In 6,30 wird insbesondere der Wein herausgestellt, der für sieben Tage reichen soll. Alle weiteren Realien werden unter den Begriff der „übrigen, für ein Gelage notwendigen Dinge" subsumiert. Neben den Weingenuss treten als inhaltliche Elemente Lobgesänge und Psalmen. Dies festzuhalten, ist dem Autor wichtig, um das Gelage von „Trinken und Prassen" abzuheben und seinen Sinngehalt auf die Freude über die durch Gott erfahrene Rettung zu fokussieren (6,36).[184]

Deutlicher noch wirken die antiken Mahlsitten im aristokratisch und weisheitlich geprägten Buch *Jesus Sirach* (2. Jh. v.Chr.) nach. Sein Autor ist über 3Makk hinaus nicht nur Zeuge des zweigliedrigen Ablaufs von Mahlversammlungen, sondern auch der Adaption griechisch-römischer Tischsitten und Verhaltensmuster.[185] LXX Sir 31,12–32,13 liest sich geradezu wie ein „antiker Knigge"[186] für die mit Gastmahlsitten unvertrauten palästinischen Juden und ist als Beleg dafür zu deuten, dass hellenistische Mahlkultur nicht nur im Diasporajudentum, sondern auch im jüdischen Mutterland präsent war. Das Anliegen des Autors, die Bejahung von Lebensgenuss

---

[184] In ähnlicher Weise ist auch das Festgelage anlässlich des Aufbruchs der Juden aus Alexandrien (3Makk 7,13–16) mit bekannten Motiven durchsetzt: Es wird mit „Frohsinn und Jubelgeschrei" begangen, es werden „Lobgesänge und melodienreiche Hymnen" gesungen und die Teilnehmer werden „mit allerlei sehr wohlriechenden Blumen" bekränzt. Wie in 6,36 steht das Fest jedoch ganz im Zeichen des rettenden Gottes (7,15 f.).

[185] Vgl. SMITH, Symposium, 134–144.

[186] SAUER, Sir, 224.

und Festfreude auf der einen und die Warnung vor zu luxuriöser Lebensführung auf der anderen Seite im Ideal der mäßigenden Zurückhaltung zusammenfließen zu lassen, ist ein bekannter Topos der griechisch-römischen Gastmahlliteratur.[187] Das zeugt nicht nur von seiner breiten und fun-
dierten Kenntnis des Hellenismus, sondern lässt auch darauf schließen,
dass er selbst oft zu Gastmählern geladen war.[188] Demnach wäre es kein
Zufall, dass er sich in seinen Benimmregeln am Ablauf des Gastmahls orientiert. Da er dabei insbesondere die Verhaltensregeln der Gäste reflektiert, dagegen nicht die der Gastgeber, lässt sich darüber hinaus folgern,
dass die von ihm angesprochenen Juden – wie er selbst offensichtlich auch
– häufiger in die Verlegenheit kamen, in die Häuser nichtjüdischer Gastgeber eingeladen zu werden, als selbst in die Rolle des Gastgebers schlüp-
fen zu müssen.

LXX Sir 31,12–32,13

Einladung

Sir 31,12 setzt die bereits in 13,9 f. bezeugte Praxis voraus, dass ein
Jude in das Haus eines reichen Gastgebers eingeladen wird. Dabei ist
sicher in erster Linie an nichtjüdische Gastgeber gedacht, weil nur
für einen solchen Fall besondere Verhaltensregeln zu beachten sind.
Während bereits in 13,9 f. das auch für das Mahlverhalten gültige
Mittelmaß vorweggenommen wird, weil die Reaktion auf die Einladung weder zu rasch und aufdringlich noch zu zurückhaltend und
vorsichtig erfolgen darf, die Mäßigung also nicht erst beim Mahl
selbst, sondern schon bei der Einladung zu beachten ist, geht es in
31,12 um ein der Einladung würdiges Verhalten zu Tisch.

Teilnehmer

In Sir 9,9 ist die Teilnahme von Frauen am Mahl und am anschließenden Trinkgelage vorausgesetzt, wird aber als problematisch empfunden, weil insbesondere erhöhter Weingenuss sexuelle Begierden
hervorrufen kann.[189]

Essen

In 31,12–31 geht es um das Verhalten beim gemeinschaftlichen Essen und Trinken. Dieses scheint allerdings entgegen den griechisch-
römischen Sitten im Sitzen stattzufinden (31,12). Beim Auftragen
und bei der Verteilung der Speisen sollen Bescheidenheit und Mäßigung walten (31,16 f.; vgl. 37,29–31). Die gierigen Hände müssen
also in Schach gehalten werden, damit sie nicht beim Griff in die
Schüssel die Hände des Nachbarn treffen (31,14 f.).

---

[187] Vgl. KIEWELER, Benehmen, 191–195.
[188] So auch SAUER, Sir, 224.
[189] Im Buch Ester wird die Protagonistin als Gastgeberin zweier Mähler mit anschließendem Weingelage vorgestellt (Est 5,4–7; 7,1–8), in Hiob 1,13.18 wird von einem gemeinsamen Festmahl mit Wein berichtet. In beiden Fällen handelt es sich um Mähler im
Familienkreis, die ja auch nach römischen Sitten für Frauen zugänglich waren. Vgl.
STANDHARTINGER, Frauen, 8.

Trinken Kaum zufällig folgen auf die Anweisungen zum Mahlverhalten die zum Verhalten beim Trinkgelage (31,25–31). Nach 32,2 sitzt man dazu nicht mehr, sondern liegt. Der Wein wird als Inbegriff des Lebens und der Festfreude (εὐφροσύνη) gelobt (31,27 f.; vgl. 40,20), birgt jedoch die Gefahr der Berauschung, die wiederum Streit und Gewalt hervorbringen und gemeinschaftszersetzend wirken kann (31,29 f.). Wie beim Essen gilt auch beim Weingenuss die Regel der Mäßigung, das gesunde Mittelmaß zwischen der Gier auf der einen und der Askese auf der anderen Seite.

Gelageprogramm Mit der Thematisierung des Weingenusses ist bereits der Übergang vom Mahl zum Trinkgelage markiert. In 32,1–13 geht es nun um die Unterhaltungsbeiträge zum Gelage. Deren Organisation übernahm in griechisch-römischen Symposien der aus den Reihen der Gäste gewählte Symposiarch. Mit dem in 32,1 f. angesprochenen Leiter ist wohl ein solcher gemeint.[190] Er hat über den Ausschank des Weins zu wachen[191] und zeichnet sich in seinem Schankverhalten dadurch aus, dass er sich selbst hinter die anderen zurücksetzt und sich erst dann selber hinlegt wenn er seine Pflichten erfüllt hat. Wenn er seine Aufgabe zufriedenstellend ausübt, wird ihm von den anderen Ehre zuteil (31,1 f.). Über die Weinzuteilung hinaus trägt er die Sorge dafür, dass die Beiträge in geordneter Weise dargeboten und aufgenommen werden können. Dazu gehören Reden und Gespräche (32,3 f.7–9), Musikvorführungen (32,3) und Liedvorträge (32,6) mit Flöten- und Harfenbegleitung (40,2 f.). Im Redeteil haben zuerst die Alten (32,3 f.) und dann die Jungen (32,7–9) das Wort, doch sollen die Redebeiträge nicht zu Wortgefechten und Diskussionen führen, damit die fröhliche Laune und die gute Stimmung nicht getrübt werden (32,5 f.).

Werteordnung Der ganze Passus 31,12–32,13 kann als Lob der Mäßigung und Bescheidenheit gelesen werden, wie es auch für die pagane Umwelt belegt ist.[192] Das Mittelmaß gilt es beim Verzehr der aufgetischten Speisen, beim Weingenuss und schließlich beim Tischgespräch zu finden und einzuhalten. Ziel der Mäßigung ist die Ermöglichung von Gemeinschaft; denn nur wer von sich selbst und seinen Bedürfnissen absehen kann, wird offen für die anderen zum Gastmahl Geladenen. Im Mittelpunkt des Gelageprogramms stehen Musik- und Liedvorträge (32,5 f.), weil sie mit dem Weingenuss zusammen sinnfälliger Ausdruck von Freude und guter Laune sind, während die Gesprächsbeiträge schnell in Streit und Unordnung ausarten können, weshalb

---

[190] So auch KIEWELER, Benehmen, 208; SAUER, Sir, 227; SMITH, Symposium, 136.

[191] SAUER, Sir, 227, denkt an die Bewirtung mit Speisen und Getränken. Dafür sind aber wohl Tischdiener zuständig, erst recht in einem wohlhabenden Haushalt. Die Tatsache, dass der Autor den Leiter im Anschluss an die Behandlung der Weinfrage und im Vorfeld der Behandlung der Programmbeiträge thematisiert, lässt eher daran denken, dass die Sorge für die Gäste nur auf die Versorgung mit Wein, nicht auch auf die zum Mahl verzehrten Speisen zu beziehen ist.

[192] Vgl. Theognis 219 f.; 335 f.; 478; 593 f.; 837–841; 873–876.

ein Gast nicht ungefragt reden (32,7) und nicht schwätzen soll (32,8 f.).

Lobpreis   Der Hinweis auf eine kultische Übergangszeremonie zwischen Mahlzeit und Trinkgelage fehlt. Die im Zuge von Libationen stattfindenden Bekränzungen zur Ehrung einzelner Symposiasten schimmern nur in der Beschreibung des Vorstehers durch, der nach guter und ordentlicher Leitung einen Ehrenkranz erwarten darf (32,2). Stattdessen erfährt das gelungene Gastmahl seine religiöse Zuspitzung erst nach dessen Ende im Privathaus des vom Autor vorgestellten jüdischen Gastes, wo er im Gebet Gott für die Fülle der erlebten und empfangenen Lebensgaben preist (32,12 f.).

Insgesamt bettet der Autor seine Anweisungen in die gemeinantike Gastmahlkultur ein, gibt ihnen aber eine neue Zielrichtung: „Die Ratschläge und Hinweise, die er gibt, mögen sich zunächst von den Sitten der Griechen nicht grundlegend unterscheiden. Die damit verbundene Argumentation Ben Siras zeigt aber, daß der Weise nicht vordergründig in den herrschenden Verhaltensweisen seiner Zeit stecken bleibt, sondern den größeren Zusammenhang von Sitte, Schöpfung und Erkenntnis der Ordnung Gottes sieht und in seine weisheitliche Lehre einbezieht."[193] So sehr er sich also an Wein und Musik erfreuen mag (40,20), Ziel und Höhepunkt menschlicher Freude sind allein ideelle Werte, allem voran die Gottesfurcht (1,12) und die gottgewirkte Weisheit (40,20).[194] Über die für den griechisch-römischen Kontext zentralen Gemeinschaftswerte hinaus ist also die Gottesbeziehung von fundamentaler Bedeutung für ein gelingendes Leben inmitten der hellenistischen Kultur und ihrer Gastmähler. Die Teilnahme am Gastmahl gelingt, wenn man sich an die übliche Regel des Maßhaltens hält und wenn man nach Beendigung des Symposions in der häuslichen Verborgenheit Gott für die dort erfahrende Lebensfülle und Lebensfreude dankt. So bekommt das Gastmahl eine Tiefendimension, die ihm nicht selbst innewohnt, sondern ihm von außen, d.h. vom häuslichen Nachtgebet des jüdischen Mahlteilnehmers, zuwächst.

Auch das *Passamahl* als urjüdisches Gemeinschaftsmahl hat Anteil an der Hellenisierung der jüdischen Mahlkultur. Davon zeugt der im 2. Jh. n.Chr. niedergeschriebene Mischnatraktat Pesachim, der uns erstmals detailliert über die liturgischen Abläufe des Sederabends informiert. Die Einflüsse sowohl der literarischen Gattung der Symposienliteratur als auch der sozialen Institution des Gastmahls sind in der Forschung schon seit langem

---

[193] KIEWELER, Benehmen, 214.
[194] Dazu WAHL, Lebensfreude, 278–282.

beobachtet und konstatiert worden.[195] Einzelne „Elemente der Symposia können schon vor der Zerstörung des Tempels das der Opferliturgie und Zubereitung des Lammes folgende Mahl geprägt haben."[196] Zu denken ist hier vor allem an die Praxis des Liegens[197] – eine bedeutsame Abweichung von der Anweisung in Ex 12,11, das Mahl nicht in bequemer, sondern in Aufbruchshaltung einzunehmen! – und die sympotische Gruppengröße von zehn bis zwölf Personen, die sich bequem in einem Triklinium einfinden konnten. Denkbar ist auch, dass der Wein erst nach der Tempelzerstörung Bestandteil des Rituals geworden ist,[198] sich also mit dem Wegfall des Passalamms die Festfreude auf den Wein verlagert hat.[199] Damit wäre das Passamahl den schon von Jesus Sirach vorgezeichneten Weg einer jüdischen Teilhabe an der griechisch-römischen Mahlkultur weitergegangen.

Lediglich im Ablauf unterscheidet sich das Passamahl vom griechisch-römischen Gast- und Vereinsmahl.[200] Nimmt man an, dass die Passahaggada dem paganen Nachtischgelage entspricht – dafür spricht ihre Formalisierung als Frage-Antwort-Wechselgespräch, wie sie auch aus den literarischen Symposien Platons, Xenophons und Plutarchs bekannt ist –, dann geht das Gelage der Mahlzeit voran, statt wie im Gast- und Vereinsmahl üblich dieser zu folgen.[201] Wahrscheinlich fand die Haggada ursprünglich als lockeres Gespräch und Erzählprogramm tatsächlich wie ein Symposion nach der Mahlzeit statt,[202] bevor sie dann im Zuge des Wegfalls der Opferschlachtung ins Zentrum des Passamahls rückte.[203] Inhaltlich kann man sich die Reihenfolge von Haggada und Mahlzeit auch mit der theologischen Besonderheit des Passamahls erklären, die darin besteht, dass nur hier Speisen und Getränke mit einer besonderen religiösen Bedeutung versehen werden.[204] Diese Bedeutung aber muss vor der Mahlzeit, in der diese Speisen und Getränke verzehrt werden, zum Ausdruck gebracht werden, damit die Mahlteilnehmer sie dann nicht nur der Sättigung wegen, sondern in Erinnerung an den Exodus als dem Grunddatum der Geschichte Israels zu sich nehmen.

---

[195] So grundlegend STEIN, Influence, 13–44. Vgl. KLINGHARDT, Gemeinschaftsmahl, 178–180; LEYERLE, Meal Customs, 29–61; TABORY, History, 62–80; SMITH, Symposium, 147–150.

[196] LEONHARD, Pesachfest, 23.

[197] So HAARMANN, Gedenken, 107, Anm. 12 (allerdings ist seine etymologische Herleitung des Begriffs „Symposion" aus dem Zusammenliegen falsch; der Begriff bezeichnet nicht das gemeinsame *Liegen*, sondern das gemeinsame *Trinken*!). Zum Liegen beim Passa als Zeichen der Freiheit vgl. JEREMIAS, Abendmahlsworte, 42 f.

[198] Belege für den Weingenuss beim Passamahl vor 70 n.Chr. lassen sich nicht erbringen (so KARRER, Kelch, 202 f.). Philo grenzt das Passamahl sogar ausdrücklich von Gelagen mit Wein und Fressereien ab (spec. II 148).

[199] So KARRER, Kelch, 204.

[200] Zum Mahlablauf vgl. JEREMIAS, Abendmahlsworte, 78–82; THEISSEN/MERZ, Jesus, 374.

[201] Vgl. KLINGHARDT, Gemeinschaftsmahl, 179 f.

[202] So HOFFMAN, Passover Meal, 12–15; TABORY, History, 70.

[203] So TABORY, History, 73 f. Ihm folgt HAARMANN, Gedenken, 107 f.

[204] Vgl. NOY, Jewish Meals, 141.

Insgesamt bezeugen sowohl das im 2. Jh. v.Chr. verfasste Buch Jesus Sirach als auch das ins 1. Jh. v.Chr. zu datierende dritte Makkabäerbuch und der im 2. Jh. n.Chr. niedergeschriebene Mischnatraktat Pesachim die Vertrautheit des Judentums mit griechisch-römischen Mahlsitten. Das Judentum suchte sich also in die allgemeine Mahlkultur hinein zu integrieren. Dennoch gehen weder die Benimmregeln Sirachs noch die Passaliturgie in antiken Gastmahltraditionen auf. Zum einen will man auf keinen Fall in einen Topf mit den vermeintlich exzessiven Schmausereien und Weingelagen der nichtjüdischen Welt geworfen werden und zum anderen werden alle kulturellen Adaptionen theologisch zurückgebunden und begründet. Jüdische Mähler können also nicht einfach unter einen Allgemeinbegriff von Gast- oder Vereinsmahl subsumiert werden, sondern sind innerhalb des allgemeinen Rahmens als eigenständige Größe in den Blick zu nehmen.

4.3 Die Abgrenzung von der griechisch-römischen Mahlkultur

Mit den theologischen Eigenarten jüdischer Mahlkultur ist der Aspekt der Abgrenzung angesprochen. Jüdische Mähler sollten sich nicht nur kulturell in die nichtjüdische Mehrheitsgesellschaft einpassen, sie sollten auch ein unverwechselbar eigenes Gepräge tragen und von den Mählern der nichtjüdischen Umwelt unterscheidbar sein. Diese Unterschiede treten in besonders augenfälliger Weise in den Mahlgebeten und in der Beachtung von Speise- und Reinheitsgeboten zutage. Beide Unterscheidungsmerkmale sind dadurch aufeinander bezogen, dass sie im genuin jüdischen Gottesverhältnis verwurzelt sind.

Dabei haben die *Mahlgebete* primär eine identitätsstiftende Funktion nach innen. Sie ersetzen die für pagane Gast- und Vereinsmähler obligatorische Trankspende. Diese war aufgrund des profanen Charakters jüdischer Häuser, der sich aus der Kultzentralisation am Jerusalemer Tempel ergab, im jüdischen Kontext undenkbar. In jüdischen Häusern lassen sich folglich auch keine Kultnischen und Altäre nachweisen.[205] So sehr jüdische Mähler aber auch von dezidierten Kultmählern unterschieden waren, dürfen sie nicht als areligiös missverstanden werden. Die Gebete zu Beginn und Abschluss der alltäglichen wie auch der festlichen Mahlzeiten qualifizieren das Mahl als religiös und stellen das gemeinsame Essen und Trinken in den Rahmen eines gelebten Gottesbezugs. Darüber hinaus können sie insbesondere im Zuge der Tempelzerstörung, in Ansätzen aber schon davor, kultische Aspekte an sich gezogen haben.[206]

---

[205] Vgl. WICK, Gottesdienste, 119.

[206] Nach GRAPPE, repas, 70–102, hat sich der Kult im Judentum zunehmend vom Altar zum Tisch verlagert.

Die Wichtigkeit der *Mahleingangsgebete* reflektiert die Tosefta: „Niemand koste etwas, ehe er eine Benediktion gesprochen hat, denn es heißt: ‚JHWHs ist die Erde und was sie erfüllt, der Erdkreis und die darauf wohnen.' Wer etwas von dieser Welt genießt ohne Benediktion, siehe, dieser frevelt" (tBer IV 1).[207] Der Wortlaut der Gebete wird nicht festgeschrieben, man zeigt sich nur an den Ausnahmeregelungen interessiert, also an den Mahlgebeten zu besonderen Festanlässen wie dem Passamahl. Auffällig ist demnach, dass der Wein- und Brotsegen angegeben werden: „Gepriesen (ברך) seist du, Herr, unser Gott, König der Welt, der du schaffst die Frucht des Weinstocks" und „Gepriesen (ברך) seist du, Herr, unser Gott, König der Welt, der du hervorbringst Brot von der Erde" (mBer VI 1). Die kurzen Formeln zeigen, dass es dabei nicht auf die Ausführlichkeit ankam, sondern auf den Lobpreis oder Segen Gottes als Spender der zu verzehrenden Speisen und Getränke.

Ausführlicher sind dagegen die *Mahlabschlussgebete*, die aber anders als die Eingangsgebete kein jüdisches Spezifikum darstellen, weil sie von ihrer Stellung im Mahlablauf her der paganen Libation entsprechen. Sie werden zwar ohne Trankspende vollzogen, kennen aber auch die bei der Libation beobachtete Dreiteilung (bBer 48b):[208] (1) Lobpreis Gottes, der alle Geschöpfe ernährt; (2) Dank für das Land, den Bund und die Tora; (3) Bitte für Jerusalem. Erst im 2. Jh. kam (4) der abschließende Lobpreis Gottes, der gut ist und Gutes tut, dazu.[209] Als Analogie zu den Trankopfergebeten und -hymnen ist das Ineinander von Lobpreis, Bitte und Dank sowie die über die Nahrungsmittelorientierung hinausgehende Reflexion der Identität der Mahlgruppe zu bewerten. Durch das Gebet wird die Gruppe in den Kontext der durch die Tora verbürgten Bundesgemeinschaft und der durch Jerusalem repräsentierten Mutterlandbezogenheit hineingestellt. Das Mahl bekommt von daher über den Charakter der Sättigung hinaus einen religiösen und identitätsvergewissernden Sinngehalt. Nicht zufällig gewinnen sowohl die Tora als auch Jerusalem einen hohen Stellenwert in den jüdischen Gemeinschaftszusammenkünften der Diaspora, durch Schriftstudium einerseits und die Geldsammlungen andererseits.

Greifbar ist diese durch die Tora und den Bund verbürgte jüdische Identität insbesondere in der Beachtung der *Speisegebote*. Anders als die Mahlgebete dienen sie weniger der Identitätsklärung nach innen als der Abgrenzung nach außen. Konnte ein zu einem paganen Gast- oder Vereinsmahl eingeladener Jude seine Gebete auch für sich im Stillen sprechen, so musste es den anderen Teilnehmern auffallen, wenn er den Verzehr von Schweine- und Götzenopferfleisch ablehnte.[210] Darüber hinaus lässt sich die Praxis der Speisegebote allerdings nicht generell spezifizieren. Eine allgemeingültige Speisepraxis hat es im Judentum demnach wohl nicht gegeben. Man muss sich die Orientierung an den väterlichen Sitten weniger als konkrete, biblisch begründete Vorgabe denn als laufenden Diskurs vorstellen, der vom realienorientierten Schweinefleischverbot auf der einen bis hin

---

[207] Übersetzung nach LOHSE/MAYER.

[208] Vgl. auch bBer 46a; 49a (dazu Bill. IV/2, 627–634). Zu Nachtischgebeten in den Schriften aus Qumran (4Q41 [= 4QDeut^n] 41; 4Q434a 2) vgl. WEINFELD, Grace, 427–437.

[209] So SCHMIDT-LAUBER, Eucharistiegebet, 205 f.

[210] Zum damit zusammenhängenden Vorwurf der Separation vgl. 3Makk 3,4–7; Tacitus, Hist. V 4,1 f.; 5,1 f.

zum personenorientierten Verbot der Tischgemeinschaft mit Nichtjuden
überhaupt reichen konnte; als unrein konnten also sowohl Speisen und Getränke nichtjüdischer Herkunft und Zubereitung als auch nichtjüdische
Menschen gelten.[211] Für Vertreter der realienorientierten Speisepraxis war
damit noch eine gewisse Integration in die städtische Gesellschaft möglich.
Sie konnten bedenkenlos an Gast- und Vereinsmählern teilnehmen, wenn
sie tabuisierte Speisen mieden, was im Alltagsleben meist unproblematisch
war, weil ja längst nicht immer Fleisch gereicht wurde. Dagegen mussten
Vertreter der personenorientierten Absonderungspraxis ihre jüdische Existenz als radikalen Rückzug aus der Mehrheitsgesellschaft verstehen und
leben.

Die erste, realienorientierte Richtung vertritt der im 2.Jh. v.Chr. verfasste *Aristeasbrief*.[212] Er berichtet von der Begegnung einer vom Jerusalemer
Hohenpriester entsandten Delegation jüdischer Weiser mit dem ägyptischen König, im Zuge derer es zu einem gemeinsamen Mahl kommt. Der
Brief lehnt nicht die Tischgemeinschaft von Juden und Nichtjuden überhaupt ab, sondern nur die konkreten Bedingungen, wie sie sich im Verzehr
bestimmter Speisen und Getränke, aber auch in ihrer Verbindung zum paganen Opferkult manifestieren. So müssen zum gemeinsamen Mahl nicht
nur die entsprechenden Lebensmittel besorgt werden, sondern es muss
auch ein jüdischer statt eines paganen Priesters die Gebete sprechen (Arist
181–184). Zudem liegt dem Verfasser daran zu zeigen, dass die realienorientierte Sichtweise nicht die Speisen und Getränke in ihrer Substanz, sondern in ihrem ethischen Verweischarakter meint, also argumentativ nachvollziehbar ist.

Die in Arist 128 angesprochene Speisegebotspraxis wird in einer ausführlichen Apologie
allegorisiert und damit in einen allgemeinverständlichen Diskurs überführt.[213] Sie gründet
nach Auffassung des Verfassers im jüdischen Monotheismus (132). Denn Mose „umgab
uns mit undurchdringlichen Wällen und eisernen Mauern, damit wir uns mit keinem anderen Volk irgendwie vermischen, (sondern) rein an Leib und Seele bleiben und – befreit
von den törichten Lehren – den einzigen und gewaltigen Gott überall in der ganzen
Schöpfung verehren" (139).[214] Die Speisegebote dürfen demnach nicht primär als Ausdruck gesellschaftlicher Absonderung verstanden werden, sondern sind zuvorderst als
Schutz jüdischer Identität vor polytheistischer Überfremdung zu begreifen (134–138).[215]
Es geht ihnen um das Gottesverhältnis. So zögert der Autor nicht, die Speisen und Getränke an und für sich herunterzuspielen. Sie haben keinen eigentlichen Wert (140 f.),
sondern sind in ihrem tiefer liegenden Verweischarakter zu sehen; es geht eigentlich um
etwas anderes, nämlich um den gerechten Lebenswandel und die Bildung eines frommen
Charakters (144). So verweist der Verzicht auf den Genuss wilder und fleischfressender

---

[211] Vgl. LÖHR, Speisenfrage, 18–23.

[212] Vgl. HEIL, Ablehnung, 55–57.

[213] Vgl. BIRNBAUM, Allegorical Interpretation, 311–314.

[214] Übersetzung der Zitate nach MEISNER.

[215] Vgl. LÖHR, Speisenfrage, 21 f.

Vögel beispielsweise auf einen gewaltlosen Lebensstil (145–148), während der Genuss wiederkäuender Tiere ein Sinnbild für die von Gott geforderte Gedächtniskultur ist (150–156). Solchermaßen von der Integrität der jüdischen Weisen überzeugt, lädt sie der ägyptische König zum Gastmahl ein, das nun nach jüdischen Bräuchen zubereitet wird (180–186). Dabei legen sich die Weisen in der Rangfolge des Alters auf die vorbereiteten Liegen (187) und beantworten die Fragen des Königs in Form eines an Platon und Xenophon erinnernden Tischgesprächs (187–294).

Die radikalere, personenorientierte Variante der Speisegebotsobservanz repräsentiert der um die Zeitenwende herum zu datierende Bekehrungsroman *Josef und Aseneth*.[216] Er knüpft an die kurze biblische Notiz über die Heirat Josefs mit der ägyptischen Priestertochter Aseneth an (Gen 41,45) und erklärt in einer ausladenden Erzählung, wie es für einen jüdischen Mann möglich gewesen sein konnte, eine ägyptische, nichtjüdische Frau zu ehelichen. Im Mittelpunkt der Geschichte steht aber nicht so sehr die Frage nach der Möglichkeit von Mischehen, sondern noch viel grundlegender von Tischgemeinschaft mit Nichtjuden. Weil eine solche aus theologischen Gründen als höchst problematisch empfunden wird, bedarf es erst der Bekehrung der ägyptischen Priestertochter, bevor sie mit Josef zusammen essen kann. Die Bekehrung Aseneths zum jüdischen Gottesglauben, die sich in einem Gebet vollzieht, dokumentiert sich demnach nicht zufällig in einem auf das Gebet folgenden Initiationsmahl.

Als Josef in das Haus des ägyptischen Priesters Pentephres eintritt, setzt er sich zum Essen an einen eigenen Tisch. Darin manifestiert sich seine jüdische Grundsatzhaltung. Denn obwohl er als Vizekönig über ganz Ägypten herrscht, isst er nicht zusammen mit den Ägyptern, da dies ihm ein Gräuel ist (JosAs 7,1). In der Begegnung mit Aseneth wird dann deutlich, dass diese strikte Haltung im monotheistischen Bekenntnis Israels wurzelt: „Es ziemt sich nicht für einen gottverehrenden Mann, der mit seinem Mund den lebendigen Gott segnet und gesegnetes Brot des Lebens isst und den gesegneten Becher der Unsterblichkeit trinkt und sich mit der gesegneten Salbe der Unverweslichkeit salbt, eine fremde Frau zu küssen, die mit ihrem Mund tote und stumme (Götzen)bilder segnet und von ihrem Opfertisch Brot der Erwürgung isst und aus dem Trankopferbecher des Hinterhalts trinkt und sich mit der Salbe des Verderbens salbt" (8,5).[217] Die Tischgemeinschaft von Juden und Nichtjuden ist demnach aufgrund der verfehlten Gottesgemeinschaft ausgeschlossen. Entsprechend muss sich Aseneth erst von den ägyptischen Göttern trennen, um in eine Mahl- und Lebensgemeinschaft mit Josef eintreten zu können. Die Bekehrung selbst vollzieht sich darin, dass Aseneth sich im Gebet von den Göttern lossagt und dem einen Gott zuwendet. Die Erhörung ihres Gebets und die Annahme bei Gott dokumentiert sich dann in einem Mahl, das aus einer Honigwabe besteht, die für pneumatisch-himmlische Heilsgüter steht: „Diese Wabe ist Geist des Lebens, und diese haben die Bienen des Paradieses der Wonne aus dem Tau der Rosen des Lebens, die sich im Paradiese Gottes befinden, gemacht. Und alle Engel Gottes essen von ihr, ebenso alle Auserwählten Gottes und alle Söhne des Höchsten, da sie eine Wabe des Lebens ist. Und

---

[216] Vgl. HEIL, Ablehnung, 69–71.

[217] Diese und die folgende eigene Übersetzung auf Grundlage der kritischen Textausgabe von BURCHARD.

jeder, der von ihr isst, wird in Ewigkeit nicht sterben" (16,14). Als Aseneth von dieser Wabe kostet, empfängt sie den Bissen als Brot des Lebens, Becher der Unsterblichkeit und Salbung der Unverweslichkeit (16,15 f.).

So sehr der Aristeasbrief und die Novelle um Josef und Aseneth sich in der Auffassung über die Bedingungen der Möglichkeit für eine Tischgemeinschaft unterscheiden, so konvergieren sie doch darin, dass Tischgemeinschaft immer auch Gottesgemeinschaft impliziert und deshalb nur dann möglich ist, wenn geklärt ist, mit welchem Gott bzw. welchen Göttern Gemeinschaft hergestellt wird. Während der Arist die Gottesgemeinschaft schon allein mit der Beachtung der jüdischen Speisetabus und Zubereitungsregeln gewährleistet sieht, ist nach JosAs die Bekehrung der Mahlteilnehmer notwendige Voraussetzung jedweder Mahlgemeinschaft, jede Mahlzeit mit Nichtjuden ein Verrat an dem einen Gott. Beiden Schriften gleich – und das verbindet die Frage nach den Speise- und Reinheitsgeboten mit der oben besprochenen Gebetsthematik – ist allerdings die Auffassung, dass sich die in der Mahlgemeinschaft mitgesetzte Gottesgemeinschaft in besonderer Weise in den Gebeten dokumentiert: Das Mahleröffnungsgebet in Arist 184–186 sprechen nicht die ägyptischen Opferpriester, sondern ein jüdischer Priester, und zwar in der Weise eines Segens über den gastgebenden König (185). Und das Gebet ist auch mitgedacht, wenn in JosAs 8,5 das gesegnete Brot des Lebens und der gesegnete Becher der Unsterblichkeit dem Brot der Erwürgung und dem Becher des Hinterhalts entgegengestellt werden, weil Brot und Becher durch die über ihnen gesprochenen Gebete zu dem einen Gott Israels zu Segens- und Lebensgaben werden (vgl. JosAs 8,9; 15,5; 16,16; 19,5; 21,21). Das Gebet stellt also nicht nur nach innen hin sicher, dass die zu verzehrenden Gaben aus der Hand des einen Gottes empfangen werden, sondern schafft darüber hinaus auch Vergewisserung darüber, ob die Mahlteilnehmer demselben Gott zugehören; es hat also eine realien- und eine teilnehmerorientierte Bedeutung.

Insgesamt kann festgehalten werden, dass Jüdinnen und Juden sowohl nach ihrem eigenen Selbstverständnis als auch in der nichtjüdischen Außenwahrnehmung eigene Akzente in der Mahlfrage setzten. Durch die Mahlgebete und die Beachtung von Speisevorschriften gaben sie ihrer Mahlkultur eine eigene Note. Beides steht gleichermaßen für die Hinwendung zu dem einen Gott Israels und die Abgrenzung von der kultischen Gemeinschaft mit Fremdgöttern. So „lassen die jüdischen Quellen aus der Zeit des zweiten Tempels erkennen, dass die Speisegebote als Erkennungszeichen jüdischen Erwählungsglaubens und jüdischer Identität beachtet wurden, auch unter den schwierigen Bedingungen des Lebens in der Diaspora. Die Speisetora war nicht nur toter Buchstabe, sondern Anleitung zur täglich neuen Treue zu Gott und seinem Gebot."[218] Die Frage nach der konkreten Umsetzung insbesondere der Speisegebote in der Alltagspraxis war damit aber noch nicht beantwortet, sondern blieb bis ins rabbinische Judentum hinein Bestandteil eines offenen Diskurses,[219] der den Jüdinnen und Juden die Freiheit zu persönlichen Grenzziehungen und Kompromissen gewährte.

4.4 Mahlpraxis und Mahldeutung bei Philos Therapeuten

Auch Philo von Alexandrien partizipiert an der Polarität jüdischen Lebens zwischen Integration und Absonderung und bewegt sich innerhalb des Diskurses mal näher an dem einen, mal an dem anderen Pol. Auf der einen Seite erlaubt er die Mitgliedschaft von Juden in paganen Vereinen und damit zugleich die Tischgemeinschaft von Juden mit Nichtjuden.[220]

In ebr. 20 f. setzt er voraus, dass Juden Vereins- oder Gastmähler besuchten, zu denen sie Beiträge beizusteuern hatten. Philo rät allerdings dazu, eher geistige Werte als für den Bauch bestimmte Speisen und Getränke mitzubringen. Dem Integrationswillen entspricht auch das Lob auf die jüdischen Eltern, die ihre Kinder in nichtjüdische Gymnasien schicken (spec. II 229 f.), obwohl er wissen musste, dass dort Götterbilder aufgestellt waren und die Sportwettkämpfe immer religiös durchdrungen waren.[221]

So sehr er die Integration grundsätzlich befürwortet, betrachtet er sie aber auf der anderen Seite kritisch. Die jüdische Teilnahme an Brand- und Trankopferriten und Gottesdiensten der paganen Umwelt tadelt er als offene Apostasie (spec. I 192 f.; 315 f.). Und auch die Vereine können Gegenstand massiver Polemik werden:

„In der Stadt gibt es Vereine mit zahlreichen Mitgliedern. Die Zugehörigkeit gründet nicht auf einem vernünftigen Grundsatz, sondern auf ungemischtem Wein, Trunkenheit, Gelagen und auf der Hemmungslosigkeit, die daraus folgt; ,Synoden' und ,Konvente' heißen sie bei den Leuten. In allen oder den meisten Vereinen führt Isidorus den Vorsitz unter dem Titel ,Oberster beim Gelage', ,Konventspräses', er, der Stadtverwirrer. Wenn er dann seine Nichtswürdigkeiten ausführen will, versammeln sich alle auf ein Zeichen hin und besprechen und tun, was ihnen befohlen ist" (Flacc. 136 f.).[222]

Dieses Ringen um die bleibend jüdische Identität integrierter Diasporajuden manifestiert sich in exemplarischer Dichte in seiner Darstellung der Therapeuten. Ihnen widmet er die Schrift De vita contemplativa.[223] Es

---

[218] LÖHR, Speisenfrage, 23.

[219] Dazu GÄCKLE, Die Starken, 276-279.

[220] So auch LÖHR, Speisenfrage, 20, Anm. 21. Zur Vertrautheit Philos mit dem städtischen Vereinswesen in Alexandrien vgl. SELAND, Philo, 110.

[221] Vgl. GÄCKLE, Die Starken, 277.

[222] Übersetzung nach GERSCHMANN in der Textausgabe von COHN u.a.

[223] Zur inhaltlichen Übersicht vgl. KLINGHARDT, Gemeinschaftsmahl, 185–187; HAY, Foils, 331 f.

handelt sich nach seiner Eingangsdefinition um eine asketisch lebende jüdische Gruppe, die zwar vielerorts nachweisbar sei, jedoch in besonders eindrücklicher Ausprägung in Alexandrien lebe, genauer gesagt im Umfeld Alexandriens, außerhalb der großen Stadt und ihrer Versuchungen (cont. 19) in der dörflich geprägten Einöde am mareotischen See (21–23).[224] Ihr Leben – so Philo – haben die Therapeuten ganz der Philosophie und der Frömmigkeit verschrieben (2). Paganen Philosophenschulen sind sie weit überlegen, weil diese sich durch ihr polytheistisches Fundament als betrügerisch, dumm und blind erwiesen haben (3–10). Aus dem „Verlangen nach dem ewigen, glückseligen Leben" heraus führen die Therapeuten ein besitzloses Leben, wobei sie im Unterschied zu den paganen Philosophen Anaxagoras und Demokrit ihren Besitz jedoch nicht verkommen lassen, sondern ihren Familienangehörigen oder Freunden vermachen (13).[225] Schon diese Eingangsbeschreibung lässt hervortreten, was das ganze Werk und insbesondere auch die Mahlbeschreibung durchziehen wird: die Abgrenzungspolemik gegenüber paganen Gruppen und Vereinen. Diese erklärt sich von daher, dass die Therapeuten bei aller Eigenheit an den paganen Konventionen und Sitten partizipieren; formale und inhaltliche Nähe begründet die Gefahr der Verwechslung und macht die Polemik umso notwendiger.

Ob die Therapeuten mit einer historisch realen Gruppe identifiziert werden dürfen, ist in der Forschung umstritten. Die idealtypische Schilderung hat etliche Ausleger dazu bewogen, sie als bloße Fiktion Philos zu begreifen. Philo habe analog zu paganen Zeugnissen über die ideale Gesellschaft wie beispielsweise Platons Staatslehre ein Bild von der idealen jüdischen Gemeinschaftsform gezeichnet, ohne sie als eigene Schöpfung ausgeben zu wollen, und sie deshalb historisiert.[226] Dagegen sprechen jedoch zwei Beobachtungen: Zum einen knüpft Philo in cont. 1 an die Beschreibung der Essener an (vgl. prob. 75–87), die als real existierende Gruppe bezeugt sind,[227] zum anderen sind seine Angaben über die geographische Verortung der Gruppe vor den Toren Alexandriens leicht überprüfbar und im Falle einer Fiktion auch falsifizierbar.[228] Die Existenz der Therapeuten sollte also nicht geleugnet werden. Allerdings trägt die Beschreibung Philos in der Tat utopische Züge, so dass der Traktat nicht als eine reine Widergabe von Fakten aufzufassen ist, sondern vielmehr als eine „utopian construction of a real (ἀλήθειαν) community"[229]. Diese Utopie ist auf Rezeption angelegt und zielt auf die Prägung jüdischen Lebens in der Diaspora. Während nur die Besten der Therapeuten in monastischer Weise am mareo-

---

[224] Zur geographischen Verortung vgl. TAYLOR, Women Philosophers, 74–104. Sie geht von einer geschlossenen Gruppe vor den Toren Alexandriens aus, die aber – anders als Philo es darstellt – nicht als Eremiten verstanden werden dürften, sondern Verbindungen zum städtischen Judentum Alexandriens pflegten.

[225] Dieses und alle folgenden Zitate nach der Übersetzung von COHN u.a.

[226] So ENGBERG-PEDERSEN, Philosopher's Dream, 40–64, bes. 43.63 f.

[227] Josephus, Bell. II 119–127; Ant. XV 373–379.

[228] So BEAVIS, Therapeutai, 31 f.

[229] BEAVIS, Therapeutai, 41. Die Existenz der Therapeuten vertreten auch RICHARDSON/HEUCHAN, Associations, 239; TAYLOR, Women Philosophers, 3–20.

tischen See leben, sind alle in paganer Umwelt lebenden Diasporajuden aufgefordert, in ihre Fußstapfen zu treten und jüdisches Leben, auch jüdisches Mahlverhalten, analog zu gestalten.[230] Letztlich geht es Philo also, wiewohl er eine echte Gruppe im Blick hat, um Werbung für gelebte jüdisch-kulturelle Identität inmitten der Fremde.[231]

Das *religiöse Leben* der Therapeuten umfasst nicht nur eine Reihe explizit religiöser Aktivitäten wie Gebet, Schriftstudium, Hymnendichtung und Vortragsversammlung, sondern schließt das ganze Leben ein. So sind auch die Nahrungsaufnahme, die Behausung und die Kleidung Ausdruck tiefster Vergeistigung und Askese (cont. 25–39).

Zweimal täglich, am Morgen und am Abend,.beten die Therapeuten um Geisterfüllung und Beruhigung von Sinneslust (27). Zwischen den Gebetszeiten ergehen sie sich in geistiger Übung. Dazu ziehen sie sich in den eigens zu diesem Zweck in ihren schlichten Häusern angelegten Klausurraum zurück und studieren je für sich die heiligen Schriften Israels und großer Denker. Währenddessen essen und trinken sie nicht, sondern konzentrieren sich so sehr auf die Gottesgelehrsamkeit, dass sie sogar davon träumen und träumend ihre philosophischen Lehrsätze entwickeln (25 f.). Methodisch bedienen sie sich dabei der Prinzipien der allegorischen Auslegung, die hinter dem Literalsinn einen verborgenen, tiefer greifenden Sinn aufsucht und offen legt.[232] Die Allegorese führt aber nicht nur zu einer tieferen Betrachtung der Schriften, sondern auch zu einer eigentümlichen Produktivität, dem Dichten von religiösen Liedern und Hymnen (28 f.). Wöchentlich zum Sabbat treten sie aus ihrer Vereinzelung heraus und halten Versammlungen ab. Dazu finden sie sich im gemeinschaftlichen Heiligtum ein und nehmen dort in der Rangfolge des Alters (30) sowie nach Geschlechtern getrennt (32 f.) Platz. Der Schriftkundigste und zugleich Älteste hält daraufhin einen Vortrag, dem die anderen schweigend lauschen (31). Über die explizit religiösen Aktivitäten hinaus ist aber das ganze Leben von Selbstbeherrschung und Askese geprägt: Die Mahlzeiten bestehen aus Brot, Salz, Ysop und Wasser (37) und werden – weil das Schriftstudium nahrungsfrei zu halten ist – nur nach Sonnenuntergang eingenommen (34), wobei einige besonders begabte Therapeuten auch nur alle drei oder sechs Tage Nahrung zu sich nehmen und sonst wie die Zikaden von Luft leben (35). Die Häuser sind schlicht und ausschließlich nach Nützlichkeitserwägungen gestaltet (24.38). Analog dazu ist auch die Kleidung einfach und funktional (39).

---

[230] So EBNER, Mahl, 65, Anm. 7, der jedoch von einer fiktiven Gruppe ausgeht: „Philo hat die *reale* Judenschaft in der Diaspora vor Augen und erklärt das *Ideal* dieser religiösen Gruppierung anhand der *fiktiven* Gruppe der ‚Therapeuten‘" (Kursivierungen dort). Angedacht wurde diese auf die Prägung des Diasporajudentums zielende Interpretation schon von HAY, Foils, 342 f. In seiner rezeptionsästhetischen Studie kommt er zum Ergebnis, dass die jüdischen Leserinnen und Leser die Schrift dann richtig verstanden haben, wenn sie erkennen: „you, too, may learn from this community without physically (literally) joining it" (348).

[231] Nach EBNER, Mahl, 78–87, bes. 86 f., hat er dabei vor allem die jungen jüdischen Männer im Blick.

[232] Eine Methode, die Philo auch selbst anwendet (dazu BIRNBAUM, Allegorical Interpretation, 318–322), so z.B. in der ethischen Auslegung der Speisegebote (LA III 139; spec. IV 100–118; dazu HEIL, Ablehnung, 75–77).

Schon diese Beschreibung ist auffällig. Denn der äußere Vollzug des Lebens der Therapeuten wird ausführlich geschildert, mit keinem Wort aber ihre spezifische Lehre vorgestellt, obwohl sie doch nach Auffassung Philos im Unterschied zu den Essenern nicht dem praktischen Leben, sondern der Betrachtung nacheifern (cont. 1). Der Inhalt der Lehrvorträge wird nicht überliefert. Sie sind also ideale Juden nicht aufgrund besserer Überzeugungen und Ansichten, sondern aufgrund ihrer Lebensgestaltung im Kontext der griechisch-römischen Mehrheitskultur. Und weil sich die griechisch-römische Kultur in Gast- und Vereinsmählern einzigartig verdichtet, muss auch die Darstellung der Therapeuten über ihr Mahlverhalten erfolgen.[233]

Im Zentrum des therapeutischen Lebens steht folglich das *Gemeinschaftsmahl*, dessen Darstellung und Abgrenzung weit über die Hälfte der Schrift gewidmet ist (40–89). Es wird wöchentlich am Sabbat und in einer verlängerten Form an jedem siebten Sabbat gefeiert. Es ist jedoch in seiner Wesenheit – so will es Philo seiner Leserschaft vermitteln – nicht aus sich selbst heraus zu verstehen, sondern nur im Kontrast zu den Mählern der Umwelt. Diese werden zuerst dargestellt, freilich nicht neutral, sondern in überspitzter Polemik (40–63), bevor das den Therapeuten eigene Mahlverhalten im Sinne eines Gegenentwurfs geschildert wird (64–89). Bereits die Scharnierstellen cont. 40 (Übergang von der allgemeinen Beschreibung der Therapeuten zur konkreten Beschreibung ihres Mahlverhaltens) und cont. 64 (Übergang von der Beschreibung der Mähler der Umwelt zur Beschreibung der Therapeutenmähler) machen deutlich, dass das Mahlverhalten der Therapeuten im Kontrast zu den Gast- und Vereinsmählern[234] der nichtjüdischen Umwelt zu sehen ist:

„Ich will auch von ihren (sc. der Therapeuten) gemeinsamen Zusammenkünften und ihrer recht fröhlichen Kurzweil bei Tischgesellschaften sprechen, wenn ich die Tischgesell-

---

[233] So richtig gesehen von EBNER, Mahl, 65–67. Das Problem erkennt auch HAY, Foils, 343, doch er greift zu kurz, wenn er feststellt: „Thus the Jewishness of the community is made clear by references to their devotion to the Jewish Bible. The Therapeutae reveal who they are in their reading, study, writing, and scripture-centered worship."

[234] Nach EBNER, Mahl, 67, Anm. 15, hat Philo nur die Gastmahlkultur der aristokratischen Oberschicht im Blick, nicht aber die schichtenübergreifende Vereinsmahlkultur. Freilich kann der von Philo beschriebene Tafelluxus von den meisten Vereinen nicht geleistet werden, aber es handelt sich um eine polemische Verzerrung, die nicht nur einseitig ausgelegt werden darf. Gast- und Vereinsmähler sind grundsätzlich nicht voneinander zu trennen; Sättigung, Weingenuss und Kultausübung gehören, wie wir gesehen haben, zu beiden. Zudem zeichnet Philo die Therapeuten in einer solchen Weise als geschlossene Gruppe, dass gerade nichtjüdische Leserinnen und Leser an einen Verein denken müssen. Philo will die gebildeten und sozial integrierten Diasporajuden nicht nur von privaten Gastmählern fernhalten, sondern zielt darauf ab, dass sie sich in ihren Synagogen als Vereine eigener Art formieren. Damit liegt aber Kritik nicht nur an den paganen Gastmählern, sondern auch an paganen Vereinsmählern vor.

schaften der anderen im Gegensatz dazu dargestellt habe" (cont. 40). „Diese wohlbekann-
ten Gastmähler (sc. der paganen Umwelt) sind von solchem Unsinn erfüllt und widerle-
gen sich selbst, wenn man nicht auf Meinungen über das weit verbreitete Gerücht achten
will, dem zufolge sie sehr gut gelungen seien. Daher will ich im Gegensatz hierzu die
Gastmähler derer schildern, welche ihre eigene Lebensführung und sich selbst der Erkenntnis und der Betrachtung der Naturwirklichkeit gewidmet haben, entsprechend den
hochheiligen Lehren des Propheten Moses" (cont. 64).

Dazu kommt die explizite Bezugnahme auf die literarischen Gastmahlschilderungen Platons und Xenophons (cont. 57–63). Beides, sowohl die
soziale Wirklichkeit als auch die literarische Verarbeitung paganer Gemeinschaftsmähler, ist deshalb ausdrücklich als Kontext einzubeziehen,
wenn man das Profil des Therapeutenmahls erfassen will.

	Die Mähler der Umwelt (cont. 40–63)	*Die Mähler der Therapeuten (cont. 64–89)*
Raumästhetik und Tafelluxus	Sie finden in aufwändig gestalteten Speiseräumen statt. Das Mobiliar und Tafelgeschirr ist prunkvoll und verschwenderisch ausgestaltet (49).	Sie finden im einfach und pragmatisch ausgestalteten Heiligtum statt.[235] Als Liegen dienen Holzbänke mit Papyrusauflage und einer einfachen Erhöhung zum Aufstützen der Ellenbogen (69).
Teilnehmer	Die Teilnehmerfrage wird nicht eigens erörtert. Frauen bleiben unerwähnt und sind in der Schilderung der Ausschweifungen sicher auch nicht mitgemeint.	An den Mählern nehmen Männer und Frauen teil.[236] Es kann sogar von einer gewissen Gleichberechtigung geredet werden, weil Frauen wie Männer dem Vortrag des Ältesten nur passiv lauschen, die Frauen also nicht allein auf die empfangende Rolle festgelegt werden. Um sexuelle Konnotationen auszuschließen, betont Philo, dass die Frauen zum einen alte Jungfrauen sind und zum anderen durch eine halbhohe Brustwehr von den Männern getrennt speisen (32 f.69).[237]

---

[235] Eine Rekonstruktion der Räume bieten RICHARDSON/HEUCHAN, Associations, 244;
TAYLOR, Women Philosophers, 282–287.
[236] Nach TAYLOR versucht Philo, der eine restriktive Frauenmoral vertritt (spec. III
169–171), mit der Beschreibung der Mahlteilnahme von Frauen am Therapeutenmahl
alexandrinische Philosophinnen mit diesem Ideal auszusöhnen (DIES., Women Philosophers, 227–264; vgl. STANDHARTINGER, Frauen, 9).
[237] KLINGHARDT, Gemeinschaftsmahl, 194, denkt an zwei gegenüber- oder nebenein-
anderliegende Triklinien.

	Die Mähler der Umwelt (cont. 40–63)	*Die Mähler der Therapeuten (cont. 64–89)*
Platzordnung	Auch die Platzverteilung wird nicht erwähnt. Vorausgesetzt ist die übliche Ordnung mit den festen Plätzen für Gastgeber und Ehrengäste.	Die Teilnehmer legen sich in der Reihenfolge ihres Alters nieder, d.h. nicht nach Lebens- sondern nach Dienstalter. Gerechnet wird vom Datum der Aufnahme in die Gemeinschaft an (67).
Tischdienst	Der Tischdienst wird von aufreizend gekleideten und frisierten Sklaven übernommen. Sie stehen den Teilnehmern auch zu sexuellen Diensten zur Verfügung, d.h. das Dienstverhältnis wird als Herr-Sklave-Verhältnis verstanden (50–52).	Der Tischdienst wird von ungeschürzten und mit herunterhängenden Röcken bekleideten Freien übernommen. Konkret handelt es sich um junge Männer, die als Neulinge in der Gemeinschaft die Älteren gleichsam als ihre Eltern bedienen, d.h. das Dienstverhältnis wird als Eltern-Kind-Verhältnis verstanden (71 f.).
Speisen	Gereicht wird „eine Fülle von mannigfaltigem Backwerk, verschiedenen Gerichten und Gewürzen, womit sich Bäcker und Köche abmühen, nicht nur darauf bedacht, den Geschmack zu ergötzen, was notwendig wäre, sondern auch das Auge durch die elegante Zubereitung zu erfreuen" (53). Mindestens sieben Gänge werden gereicht, die vor allem verschiedene Sorten Fleisch und Fisch beinhalten, dazu als Nachtisch Früchte (53 f.). Nichts „von dem, was in der Natur sich vorfindet", wird ausgelassen (54). Der Fülle an Speisen entspricht ein gieriges Fressverhalten (55). So steht die volle Tafel für „das unerschöpflichste Geschöpf, die Begierde" (74).	Angesichts der Speisefolgen paganer Gastmähler wünscht sich Philo eher „Hunger und Durst als den unermesslichen Überfluss von Speise und Trank bei derartigen Festmählern" (56). Die Therapeuten verzichten ausdrücklich auf Fleisch und verzehren Brot als Grundnahrungsmittel, als Zukost dazu nur Salz, „dem bisweilen Ysop als Gewürz beigegeben wird, um den Feinschmeckern unter ihnen zu genügen" (73).
Getränke	Nach der üppigen Mahlzeit wird Wein getrunken (56; nach 40: ungemischter Wein). Sein Genuss erfolgt nach derselben Gier wie der Verzehr der Speisen und führt	Entsprechend dem Fleischverzicht beim Mahl ist der Weinverzicht beim Gelage zu beachten. Vielmehr wird kaltes Wasser ausgeschenkt. Nur die älteren

	Die Mähler der Umwelt (cont. 40–63)	Die Mähler der Therapeuten (cont. 64–89)
	darum meist zu Trunkenheit und Streit: „Sie fallen einander an, beißen und fressen sich Nase, Ohren, Finger und noch andere Teile des Leibes ab" (40). Folglich ist der Wein „ein Gift, das Tollheit erzeugt" (74).	Teilnehmer bekommen warmes Wasser (73).
Programm	Das Programm beim Trinkgelage erschließt Philo aus den Gastmahlschilderungen Xenophons und Platons (57–63). Demnach wartet ein Ensemble an Flötenspielerinnen, Tänzern, Gauklern und Spaßmachern auf, um das Publikum mit Witzen und Scherzen bei Laune zu halten (58). Dazu kommen erotische Übergriffe wie Homosexualität und Päderastie (59–62; vgl. 52).	Das Programm beim Gelage ist geistiger Natur. Es geht, wie im ganzen Leben der Therapeuten um Gotteserkenntnis und Wahrheitsfindung. Entsprechend findet vor dem Mahl ein an den heiligen Schriften orientierter Vortrag (75–79) und nach der Mahlzeit alle sieben Wochen ein Chortanz zur Exodusthematik statt (83–89).
Inhärente Wertvorstellungen	Die Mähler sind durch die Begierde bestimmt. Daraus ergeben sich Rücksichtslosigkeit, Ungerechtigkeit und Lüge. Die von den paganen Autoren selbst formulierten Wertvorstellungen der Freundschaft, Eintracht und Mäßigung werden also durch die faktischen Abläufe pervertiert.	Die Mähler zeichnen sich durch Askese aus. Daraus ergeben sich „Enthaltsamkeit, Besonnenheit, Hochherzigkeit und Gerechtigkeit".[238] Die im paganen Raum angestrebten Wertvorstellungen der Freundschaft, Eintracht und Mäßigung werden nur hier – bei den Therapeuten – wahrhaft gelebt.

Das Kontrastprogramm macht deutlich, dass die Therapeuten ihre Mähler nicht nur aus sich selbst heraus, sondern zugleich in scharfer Abgrenzung zur paganen Gast- und Vereinsmahlkultur verstehen.[239] Auf diese Weise werden alle Elemente des Therapeutenmahls zu Bedeutungsträgern: Der schmucklose Raum und die schlichten Holzbänke stehen nicht nur für ein Einfachheitsideal, sondern zugleich für den Verzicht auf Statusgebaren und Repräsentationszwang. Brot und Wasser stehen nicht nur für eine asketische Lebensweise, sondern zugleich für den Verzicht auf Fleisch und Wein, die zu Fresserei und Sauferei verführen und damit Gemeinschaft

---

[238] EBNER, Mahl, 72.
[239] So mit EBNER, Mahl, 69–72.

eher verhindern als herstellen und fördern. Lehrvortrag und Hymnengesang stehen nicht nur für jüdische Gelehrsamkeit und Gottesfurcht, sondern zugleich für den Verzicht auf vergnügungs- und erotikorientierte Unterhaltungsprogramme. Das ganze Mahl mit seinem Verlauf, seinen Elementen und seinen inhärenten Wertvorstellungen dient dem Anliegen, sich von den anderen abzugrenzen.

Damit ist aber das eigentliche Proprium der Therapeuten noch nicht in seiner Gänze erfasst. Die Abgrenzung zielt zugleich auf Überbietung. Das, was die paganen Mähler zum Ausdruck zu bringen trachten – Gemeinschaft, Frieden und Einheit –, konterkarieren sie mit ihrer eigenen Mahlpraxis, während diese Werte nach Philos Auffassung gerade im Therapeutenmahl zur Entfaltung kommen. Was das im Einzelnen heißt, zeigt ein Blick auf den *Mahlverlauf* und ein Vergleich mit dem uns bekannten Gastmahlschema.

Die Rekonstruktion des Verlaufs hat der Forschung lange Probleme bereitet. Isaak Heinemann hat aus der doppelten Erwähnung der Tafel in cont. 73 und 81 geschlossen, dass die Therapeuten innerhalb der einen Mahlfeier sowohl eine sättigende Hauptmahlzeit als auch eine ritualisierte Kultmahlzeit eingenommen hätten.[240] Die Sättigungsmahlzeit habe nach der Mahleröffnung mit Eingangsgebet und Platzverteilung (67 f.) während des Lehrvortrags (75–79) stattgefunden (73). Das Kultmahl dagegen sei im Anschluss an Vortrag und Hymnus begangen worden und von dem ersten Mahl durch seinen besonderen kultisch reinen Charakter unterschieden (81 f.). Für diese Unterscheidung spricht die Beobachtung, dass Philo die Speisetafel zwar doppelt erwähnt, aber nur im Zuge der zweiten Erwähnung davon spricht, dass das Mahl analog zum Jerusalemer Tempelmahl als reines Mahl zu verstehen sei (81 f.). Es ergäbe sich damit das Nacheinander eines Vortrags- und eines Kultmahls. Allerdings reichen die Indizien nicht aus. Gewichtigere Gründe sprechen dafür, dass die Therapeuten im Zuge ihrer Zusammenkünfte nur ein einziges Mahl gefeiert haben. Denn erstens schreibt Philo nichts von einem Essen während des Vortrags – dieser ist vielmehr von nichts anderem als tiefem Schweigen seitens der Hörerinnen und Hörer geprägt –, und zweitens setzt er in 81 ein Textsignal, das den dort erwähnten Tisch mit dem zuvor in 73 beschriebenen identifiziert, indem er von dem „vor kurzem erwähnten Tisch" spricht.[241]

Gastmahlschema	Therapeutenmahl
Eröffnung	Die Mahlfeier beginnt nach jüdischer Sitte mit einem Eröffnungsgebet. Gegenstand des Gebets sind aber nicht die aufgetragenen Speisen und Getränke, sondern die Bitte darum, dass die ganze Veranstaltung Gottes Wohlgefallen finden möge. Im Anschluss an das Gebet legen sich die Therapeuten in der Reihenfolge ihres Mitgliedsalters und nach Geschlechtern getrennt nieder (66 f.). Sodann bereiten die jungen Neulinge der Gemeinschaft die Tische mit dem Mahl aus Brot, Salz und Ysop vor (70–74). Diese werden aber noch

---

[240] Vgl. HEINEMANN, PRE V A/2, 2332.
[241] So auch KLINGHARDT, Gemeinschaftsmahl, 192; EBNER, Mahl, 74, Anm. 36.

nicht in die Runde gestellt und das Mahl folglich noch nicht eingenommen.

Trinkgelage	Es folgt nicht wie im üblichen Ablauf das Mahl, sondern ein Lehr-vortrag, den die Männer und Frauen gleichermaßen schweigend verfolgen (75–79). Er endet mit einem vom Redner gesungenen traditionellen oder selbstgedichteten Hymnus auf Gott, an den sich die Hymnen weiterer Teilnehmerinnen und Teilnehmer anschließen (80).
Mahlzeit	Erst jetzt werden die vorbereiteten Tische hereingetragen und das Mahl findet statt (81). Wurde in 73 f. betont, dass Brot und Wasser als asketisches Kontrastmahl zu Fleisch und Wein verstanden wer-den müssen, wird in 81 f. herausgestellt, dass das Mahl als kultisch rein zu verstehen ist.
Libation / Nacht-feier	Ohne weitere Markierung geht das Therapeutenmahl alle sieben Wochen in die Nachtfeier über (83–89), während es an allen ande-ren Sabbaten nach dem Mahl endet (ggf. mit Gebet). Dazu erheben sich die Therapeuten von ihren Plätzen und bilden stehend einen Männer- und einen Frauenchor, singen in gemeinsamer Harmonie oder im Wechselgesang Hymnen und tanzen dazu (83 f.). Im nüch-ternen Rausch der Gottesfurcht vermischen sie sich schließlich tanzend zu einem einzigen Chor, der sich – um jede erotische Kon-notation auszuschließen – am biblischen Vorbild des Exoduschores unter Leitung von Mose und Mirjam nach Ex 15 orientiert und durch Gesang und Tanz den Durchzug der Israeliten durchs Schilf-meer dramatisch vergegenwärtigt (85–88). Bis in den frühen Mor-gen hinein dauert die Feier an. Dann wird die Mahlzusammenkunft mit einem Gebet beendet (89).

Der Ablauf enthält zahlreiche Elemente, die wir aus der allgemein antiken
Gastmahlkultur bereits kennen. Vortrag und Einzelgesang begegnen häufiger in Trinkgelagen, Chorgesang und Chortanz in Mahlabschlusszeremonien, sind darüber hinaus aber auch als typische Elemente dionysischer
Nachtfeiern (παννυχίδες) bezeugt, die meist im Rahmen mehrtägiger Kultfeste stattfanden und auf die sich auch Philo in seiner Darstellung ausdrücklich bezieht (cont. 85).[242] Die vom paganen Ritus unterschiedenen
Mahlgebete und Speisetabus sind uns dagegen aus dem jüdischen Kontext
vertraut.

Auffällig ist hier lediglich dreierlei: Erstens sind die Gebete inhaltlich
nicht allein auf die Speisen, sondern auf die gesamte Mahlfeier bezogen,
was sich aber von daher erklärt, dass sie zeitlich vom Mahl weit entfernt

---

[242] Dazu KLINGHARDT, Gemeinschaftsmahl, 198 f. So berichtet beispielsweise Plutarch, mor. 160e–f von einer dreitägigen Opferfeier, die mit einer Nachtfeier beschlossen
wurde, die von Tanz und freudiger Stimmung geprägt war.

sind.[243] Zweitens umfassen die Speisetabus der Therapeuten nicht nur Schweinefleisch und geweihtes Opferfleisch, sondern Fleisch überhaupt, dazu auch Wein, der im Judentum nur dann verpönt war, wenn er im Übermaß genossen wurde oder Verdacht bestand, dass es sich um Libationswein, also um paganen Kulthandlungen entstammenden Wein handelte.[244] Drittens schließlich fällt im Vergleich mit paganen Gast- und Vereinsmählern auf, dass das Symposion dem Mahl nicht etwa folgt, sondern vorangeht, sofern man bei den Therapeuten überhaupt noch von einem Symposion im strengen Sinne reden kann, weil dazu ja nicht getrunken wird. Diese Reihenfolge fiel uns schon oben im Zusammenhang mit dem Ablauf des Passamahls auf, scheint also ein jüdisches Spezifikum darzustellen.[245]

Martin Ebner hat jüngst versucht, die Besonderheit des Ablaufs zu umgehen und das Therapeutenmahl in den üblichen Rahmen aus Mahl, Libation und Symposion einzuzeichnen.[246] Dazu muss er den Lehrvortrag mit der Mahlzeit identifizieren. Anders als Heinemann geht er jedoch nicht davon aus, dass der Vortrag von einer Mahlzeit begleitet wurde, sondern dass das Hören auf den Vortrag die eigentliche Mahlzeit ist: „Keine Frage: Das Mahl der Therapeuten besteht aus geistiger Nahrung.“[247] Philo stelle damit heraus, dass nicht das Essen, sondern die Lehre im Vordergrund stehe.[248] Entsprechend beurteilt er die im Anschluss an den Vortrag gesungenen Hymnen im Sinne des paganen Päans und die Nachtfeier mit Tanz und Gesang als Symposion. Die in cont. 81 nach dem Gesang aufgetischten Speisen Brot, Salz und Ysop muss er dann als Nachtischgebäck interpretieren.[249]

In der Tat liegt die Deutung der Hymnen nach der Belehrung als Libationshymnen auf der Hand: Philo selbst nennt in cont. 80 eine ganze Reihe von Gattungen, die diesen Hymnen Pate gestanden haben – neben Jamben, Prozessionshymnen und Altarliedern auch Libationslieder (παρασπονδεῖα).[250] Und auch der Exodustanz zur Nachtfeier lässt sich gut sympotisch als ekstatisch-pneumatische Utopie verstehen.[251]

---

[243] Ob unmittelbar vor und nach dem Essen noch ein Tischsegen und Nachtischgebet gesprochen wurde, lässt sich dem Text nicht entnehmen.

[244] Zum Verbot des Genusses von Libationswein vgl. neben JosAs 8,5 das explizite Verbot im Talmud: „Heidnischer Opfergusswein ist verboten und macht (bei Vermischung mit erlaubtem Wein) in jeder Menge verboten“ (jAS 5,11[8] in der Übersetzung nach WEWERS).

[245] Vgl. KLINGHARDT, Gemeinschaftsmahl, 197. Diesen Ablauf von Schriftlesung, Vortrag und Mahl bezeugt später auch Justin für die frühchristliche Mahlfeier (1apol 67; vgl. unten Kap. VII.1.2).

[246] Vgl. EBNER, Mahl, 72–77.

[247] EBNER, Mahl, 74.

[248] Vgl. EBNER, Mahl, 77.

[249] Vgl. EBNER, Mahl, 74, Anm. 36.

[250] Nach KLINGHARDT geht es Philo aber nicht um eine formkritische Differenzierung der Gesänge, sondern um die „Darstellung der Fülle“ (DERS., Gemeinschaftsmahl, 214 f., Zitat 215).

[251] Dazu ausführlich KLINGHARDT, Gemeinschaftsmahl, 200–212.

Problematisch ist allerdings seine Identifikation von Vortrag und Mahl. Brot und Salz stehen nach cont. 73 nicht für den Nachtisch, sondern für die Sättigungsmahlzeit der Therapeuten, die in Abgrenzung von paganen Fressorgien bewusst asketisch ausfällt. Dafür spricht auch die dort gemachte Unterscheidung von Grundnahrungsmittel (Brot) und Zukost (Salz), die eindeutig auf die Hauptmahlzeit zielt. Schließlich werden auch in cont. 34–37 Brot, Salz, Ysop und Wasser als Nahrungsmittel vorgestellt. Damit fällt jedoch die ganze Rekonstruktion Ebners dahin. Wenn Brot und Salz das Mahl repräsentieren, dann kann nicht mehr der Vortrag für ein solches stehen und können auch die Hymnen nach dem Mahl nicht mehr als Trankopferlieder im engeren Sinne begriffen werden. Einleuchtender ist es deshalb, den Vortrag als sympotische Darbietung und die im Anschluss daran gesungenen Lieder als Skolien zu verstehen, beides zusammen damit als Programm des therapeutischen „Trinkgelages", das freilich kein echtes Trinkgelage mehr ist.[252] Die chorischen Stücke nach dem Mahl – sowohl der Tanz als auch der Gesang – lassen sich dann in Analogie zum paganen Päan verstehen.[253] Sie werden ja auch bezeichnenderweise – anders als man es für ein Trinkgelage erwarten würde – nicht im Liegen durchgeführt.

Wichtig ist aber nicht so sehr die eigene Form des Mahls, sondern die inhaltliche Deutung der Nachtfeier im Sinne einer dramatischen Vergegenwärtigung des Schilfmeerwunders aus der *Exodustradition*. Es handelt sich neben der Parallelisierung des mit Brot, Salz und Ysopgewürz gedeckten Tischs mit dem Schaubrottisch im Jerusalemer Tempel um die einzige dezidiert religiöse Deutung der Mahlfeier. Hier erhält die Identität der Therapeuten ihren tiefsten Ausdruck. Der Kontrast zu den Gastmahlgemeinschaften und Vereinen wird hier seinem Höhepunkt entgegengeführt, indem die Geschichte der anwesenden Jüdinnen und Juden unter Rückgriff auf Passamotive als Auszugsgeschichte gedeutet wird. Die Therapeuten, so erzählt es der chorische Ritus, grenzen sich nicht nur symbolisch von ihrer Umwelt ab, sie ziehen vielmehr aus ihrer die Menschen versklavenden Umwelt aus und gehen den Weg in die Freiheit. Für die Gemeinschaft der Therapeuten ist dieser Auszug wörtlich zu verstehen, denn sie leben nach cont. 22 nicht in der Metropole Alexandrien mit ihren zahlreichen Vereinen und Gastmahlgelegenheiten, sondern in der dörflichen Abgeschiedenheit am mareotischen See. Für die jüdische Leserschaft, der das mönchische Ideal wahrscheinlich zu weit geht, ist nicht der Auszug aus der Stadt, aber doch zumindest der Auszug aus der versklavenden Mahlkultur – man denke nur an die bereits erwähnten Tisch- und Sexsklaven – angesagt. Jüdische Identität wurzelt in der rettenden Erfahrung des Exodus und hat von daher auch in einer jüdischen Lebensweise zum Ausdruck zu kommen, die von Freiheit und Gotteslob geprägt ist. Jedes städtische Integrationsbemühen, auch und nicht zuletzt die Integration in die pagane Mahlkultur, muss sich daran messen lassen, ob Freiheit und Gotteslob zum Zuge kommen. Und überall da, wo Menschen zu Sklaven ihrer Begierden werden – so

---

[252] Vgl. KLINGHARDT, Gemeinschaftsmahl, 195 f.
[253] Vgl. KLINGHARDT, Gemeinschaftsmahl, 198 f.

beim übermäßigen Essen und Trinken – oder sich zu Sklaven der Begierden anderer machen lassen – so bei Päderastie und Prostitution –, und überall da, wo nicht der eine Gott, sondern die vielen selbstgemachten Götter verehrt werden, ist jüdische Identität zutiefst gefährdet und der Auszug eingefordert. So wohnt dem in pneumatisch-ekstatischer Weise vergegenwärtigten Exodusmotiv nicht nur das Moment eschatologischer Utopie,[254] sondern auch das Moment der Vergewisserung der eigenen Identität inne, die nicht versklavt, sondern frei gelebt werden will.

Insgesamt fällt auf, dass sowohl die kontrastreiche Abgrenzung von den paganen Mählern als auch die Besinnung auf die eigene jüdische Identität in belehrender Unterweisung und choreographischer Inszenierung auf eine radikale Überbietung zielt.[255] Wer, so Philo, aus der Versklavung paganer Mahlkultur auszieht und die Freiheit jüdischen Lebens aufsucht, der findet dort letztlich all das, wonach die nichtjüdischen Gastmahlgruppen und Vereine zwar auch streben, was sie aber aufgrund ihrer verfehlten Praxis, die wiederum in einem verfehlten Gottesverhältnis gründet, nicht erreichen können. Auf den Begriff gebracht: Die Therapeuten verwirklichen in ihrer Mahlfeier die ideale *Wohlordnung (Eukosmie)*: (1) Die festgelegte Platzordnung in der Reihenfolge der Mitgliedschaft erstickt jeglichen Streit um die besten Plätze im Keim. (2) Die räumliche Trennung von Männern und Frauen bei gleichzeitiger Gemeinschaft miteinander verhindert jede erotische Verirrung. (3) Der rhetorisch wohlgefeilte Vortrag mündet nicht in eine wilde Diskussion, sondern wird nur von nonverbalen Gesten der Zustimmung und des Wohlwollens begleitet. (4) Die Einzelgesänge nach dem Vortrag spiegeln die ganze Fülle und Vielfalt der Gesangs- und Dichtkunst wider, werden zudem alle in geordneter Folge und unter wertschätzendem Schweigen der Zuhörerschaft dargeboten. (5) Das einfache Mahl ist nicht nur Ausdruck asketischer Lebensweise, sondern auch geprägt von Gleichheit und Einheit, weil alle dasselbe essen und trinken. (6) Besonders eindrücklich tritt die Wohlordnung beim Chortanz nach dem Mahl hervor. Tanz und Gesang vollziehen sich in vollkommenen Bewegungen und Tönen, die durch nüchterne Trunkenheit evozierte Ekstase bewirkt das Gegenteil von Exzess und wildem Durcheinander:

„Dann singen sie (sc. die beiden Chöre) Hymnen auf Gott, in vielen Versmaßen und Melodien abgefasst, wobei sie teils ihre Stimmen zusammen erschallen lassen, teils im

---

[254] So KLINGHARDT, Gemeinschaftsmahl, 213 f.

[255] In diese Richtung weist KLINGHARDT, wenn er das Proprium der Therapeuten in der „Intensität und der Konsequenz", mit der sie ihre Mähler durchgestalten, sieht (DERS., Gemeinschaftsmahl, 188). Zwar hat EBNER, Mahl, 69, Anm. 20, mit seiner Kritik recht, dass KLINGHARDT damit das Moment der Abgrenzung unterbewertet, doch greift auch er zu kurz, wenn er nur die Kontrastierung, nicht aber die Überbietungsstrategie Philos in den Blick nimmt. Vgl. auch NIEHOFF, Jewish Identity, 148–150.

Wechselgesang die Harmonie aufnehmen, die Hände zum Takt bewegen und tanzen; bald singen sie voller Begeisterung Lieder, die für feierliche Aufzüge bestimmt sind, bald Lieder, welche vom Chor vorgetragen werden, wenn er stillsteht, sowie die bei Wendung und Gegenwendung im Chortanz üblichen Liedteile. Wenn dann jeder der beiden Chöre allein für sich seinen Anteil am Fest erhalten hat und sie wie bei den Bakchusfesten den ungemischten Wein der Gottesliebe in vollen Zügen genossen haben, vermischen sie sich untereinander und werden ein Chor aus zweien. Damit ahmen sie den Chor nach, der vor langer Zeit am Roten Meer zusammentrat auf Grund der dort gewirkten Wunder. [...] Hauptsächlich nach diesem Vorbild greift der Gesang der männlichen und weiblichen Therapeuten in beiderseitigem Wechselgesang die Melodie auf, wobei der Diskant der Frauen sich mit dem Bass der Männer mischt, und bewirkt so einen harmonischen und wahrhaft musischen Einklang: vortrefflich sind die Gedanken, vortrefflich die Worte, ehrwürdig die Mitglieder des Chores. Das Ziel aber der Gedanken, Worte und Chormitglieder ist Frömmigkeit. Bis zum frühen Morgen verharren sie in dieser schönen Trunkenheit [...]" (cont. 84 f.88 f.).

Während pagane Mähler nach dem Urteil Philos die von ihnen angestrebte Eukosmie wegen ihrer Fokussierung auf Fressen, Saufen und sexuelle Handlungen nicht erreichen können, die Nachtfeiern der Dionysosmysterien gar zu skandalträchtigen Feiern verkommen,[256] stellt das Therapeutenmahl als ideales jüdisches Vereinsmahl zugleich das *ideale Vereinsmahl* überhaupt dar, das durch enthaltsame Mäßigung, Bewahrung der guten Sitten und dem Streben nach wahrer Glückseligkeit gekennzeichnet ist.

5. Ertrag und Schlussfolgerungen

Das private Gastmahl mit seiner Zweiteilung aus Mahlzeit und geselligem Trinkgelage wirkte auf die Zusammenkünfte von Vereinen und Gruppen im griechisch-römischen wie im jüdischen Kontext ein. Dabei rücken jüdische Gemeinschaften, insbesondere Sondergemeinschaften wie die Therapeuten, in die Nähe von Vereinen, während Synagogengemeinschaften entweder keine Mähler gefeiert oder ihnen keine allzu große Bedeutung im Vergleich zu Schriftstudium und Geldsammlung zugemessen haben. Unterschiede zwischen Vereinen und jüdischen Mahlgemeinschaften sind in den Mahlgebeten, insbesondere dem Eröffnungsgebet zum Mahl, und in der Beachtung der Speisegebote, die allerdings naturgemäß weniger im Rahmen jüdischer Mähler als vielmehr im Rahmen der Teilnahme von Juden an nichtjüdischen Mählern virulent wurden, zu suchen.

So wenig es ein durchschnittliches Vereinsmahl gab, so wenig gab es auch ein durchschnittliches jüdisches Gemeinschaftsmahl. Die Therapeuten stehen mit ihrer radikalen Sexual- und Nahrungsaskese deutlich am

---

[256] Im Hinblick darauf forderte Cicero, den Frauen die Teilnahme an nächtlichen Opferfeiern zu verbieten (leg. II 9,21).

Rand allgemein jüdischer Mahlpraxis. Man muss beiderseits mit einer erheblichen Bandbreite an organisatorischer Infrastruktur, Speisen und Getränken und Deutungen rechnen. Doch auch wenn es keine Durchschnittstypen gegeben hat, so lassen sich die Mähler griechisch-römischer Vereine und jüdischer Gemeinschaften dennoch in Bezug auf die *Fragestellungen* typisieren, die im Mahlkontext Beachtung finden und in den Texten und Inschriften explizit oder implizit verhandelt werden.

	Griechisch-römische Vereine	*Jüdische Gemeinschaften*
Mahlorganisation	Wer gehört zur Gruppe und wer darf zu ihr hinzutreten? Wie steht es insbesondere mit der Mitgliedschaft von Frauen und Sklaven? Wie ist die Platzverteilung zu regeln? In welchen Räumlichkeiten trifft sich die Gruppe? Wie oft und zu welchen Anlässen trifft sich die Gruppe? Wer ist für das Ambiente verantwortlich? Wem obliegt die Bereitstellung der Speisen und Getränke? Was hat jeder Teilnehmer selbst mitzubringen und was stellt der Verein gemeinschaftlich aus seiner Kasse?	Wie ist die Platzverteilung zu regeln?
Mahlverlauf	Welche Speisen und Getränke werden zur Verfügung gestellt? Wer erhält welchen Anteil an den bereitgestellten Speisen und Getränken? Sind Ehrenportionen vorgesehen? Wie wird die Disziplin während des Trinkgelages gewahrt? Gibt es einen Symposiarchen und eine vereinsinterne Gerichtsbarkeit? Welche Beiträge sollen das Beisammensein prägen? Sollen Beratungen beim Trinkgelage statt-	Wer spricht welche Gebete? Wer hat Rederecht im lehrorientierten Vortrags- und Gesprächsteil? Wie gehören Mahl und Gelage zusammen?

	Griechisch-römische Vereine	Jüdische Gemeinschaften
	finden oder in eigene Geschäfts-sitzungen ausgelagert werden? Wie gehören Mahl und Gelage zusammen?	
Mahldeutung	Nur in einigen Mysterienverei-nen: Wie ist die Anwesenheit der Gottheiten beim Mahl vorzustel-len?	Wie ist die Anteilhabe an den Heilsgütern Gottes vorzustellen? Wie ist die Verwurzelung der Gruppenidentität im rettenden und segnenden Handeln Gottes zum Ausdruck zu bringen? Wie lässt sich die Mahlver-sammlung von paganen Schwel-gereien abgrenzen?

Der Überblick über die impliziten und expliziten Fragestellungen, welche die Organisation, die Durchführung und die Deutung der gemeinsamen Mahlzusammenkünfte prägen, zeigt, dass die Schwerpunkte im griechisch-römischen und im jüdischen Kontext sehr unterschiedlich gesetzt wurden. Der *Schwerpunkt griechisch-römischer Vereinsmähler* liegt eindeutig auf der Mahlpragmatik. Besonders auffällig ist neben der Festlegung der Speisepläne und Zuweisung der Verantwortlichkeiten die Regelung der Gruppendisziplin, konkret die Vermeidung von und der Umgang mit Störungen und Querelen.[257] Mahldeutungen oder Gruppendeutungen im Spiegel des Mahls treten dahinter völlig zurück. Entweder waren die Kultvollzüge anders als der Umgang miteinander so selbstverständlich, dass sie keiner satzungsmäßigen Regelung bedurften,[258] oder sie hatten tatsächlich nur eine untergeordnete Bedeutung; Gottheiten sorgten vielleicht eher für die Mahlanlässe als für die Mahlinhalte. Die aus dem Sarapiskult bezeugten dezidiert religiösen Mahldeutungen scheinen zwar verbreitet gewesen zu sein, aber nicht zum Allgemeingut der Mahlideologie von Vereinen gehört zu haben. Dieses Bild bestätigt sich, wenn man über die Vereinssatzungen noch Bauzeugnisse als Indikatoren für das, was der Gruppe in ihrer Zusammenkunft wichtig war, hinzunimmt. Auch dann ist es nicht der gemeinsame Kult, der die Einheit der Gruppe verbürgt, sondern der im Raum greifbare Anspruch auf Exklusivität und Prestige. So wird man vorsichtig sagen dürfen, dass es in den Vereinen zwar eine Mahldeutung gab, die jedoch nicht festgelegt war und vielleicht nicht einmal bewusst reflektiert

---

[257] Vgl. ÖHLER, Didache, 51.
[258] So ÖHLER, Didache, 52.

wurde. Sie hat wie auch beim privaten Gastmahl wenig mit dem gemeinsamen Essen und Trinken zu tun, sondern eher mit der Geselligkeit und
Geschäftigkeit nach dem Mahl.

Anders verhält es sich dagegen mit den *Schwerpunktsetzungen jüdischer
Mähler*: Mahlpragmatische Überlegungen spielten im jüdischen Kontext
kaum eine Rolle. Die Platzverteilung und die mit ihr zum Ausdruck gebrachte Hierarchie kommt bei den Therapeuten zur Sprache, ist aber sonst
nur selten Thema. Die Bereitstellung der Speisen und Getränke wurde
ebenfalls kaum geregelt. Das hängt vielleicht damit zusammen, dass die
Mähler in Privathäusern stattfanden und dazu die dort vorhandene Infrastruktur mitgenutzt wurde. Regelungen aber waren bezüglich der Mahlgebete nötig. Bis ins Detail gingen die Überlegungen der Rabbinen darüber,
wann welches Gebet zu sprechen war, welcher Mahlsegen welche Nahrungsmittel einschloss, wann jeder für sich und wann einer für alle das
Gebet zu sprechen hatte und bis zu welchem Zeitpunkt des Mahls noch ein
verspäteter Gast dazustoßen durfte. Geregelt werden musste sodann der
sympotische Teil, der wohl nicht nur bei den Therapeuten stark lehrhafte
Züge trug: Wer darf den Vortrag halten? Wer darf wann reden und darauf
mit Fragen oder Diskussionsbeiträgen reagieren? Die Mahlpragmatik, wie
sie in den Regelungen zum Gebet und zum Lehrvortrag durchscheint, steht
jedoch im Schatten der Mahldeutung. Zwar war es auch im frühen Judentum – vom Passamahl einmal abgesehen – nicht üblich, das eigentliche
Essen und Trinken zum Anlass einer Deutung zu machen, doch spielten
hier Gruppendeutungen stärker hinein als bei den Vereinsmählern. Diese
Gruppendeutungen vollzogen sich allerdings primär in Abgrenzung: Den
Mahlgemeinschaften der nichtjüdischen Umwelt wird eine rein leiborien-
tierte Mahlpraxis unterstellt, indem ihr Sinn auf Essen, Trinken und erotische Vergnügungen reduziert wird. Auf dieser Folie konnte das jüdische
Gemeinschaftsmahl als geistige und wahrhafte Gemeinschaft stiftende Institution entfaltet werden, konnten Organisations- und Speisefragen also
hinter die theologisch-inhaltlichen Fragen zurücktreten.

Die mit der Mahldeutung verbundene *Abgrenzungsthematik* mag damit
zusammenhängen, dass insbesondere für die Juden in der Diaspora die
Mahlfrage viel virulenter war, wenn sie auswärts eingeladen waren, als
wenn sie im Binnenkreis der jüdischen Synagoge zusammenkamen. Während die Vereine regelmäßige Zusammenkünfte brauchten, um ihre
Gemeinschaft zu pflegen und sich als Gruppe neu zu definieren, waren die
Jüdinnen und Juden qua ethnischer Zugehörigkeit und religiöser Bundesgemeinschaft schon miteinander verbunden, nicht zuletzt auch aufgrund
der gemeinsam erlebten lokalen und temporären Repressionen. Sie mussten sich ihrer Zusammengehörigkeit nicht ständig neu versichern, mussten
sich allenfalls treffen, um ihre kulturellen Traditionen zu pflegen und ihre

Heimatliebe durch Geldsammlungen zum Ausdruck zu bringen. So kann man pointiert sagen: Während die paganen Mahlgemeinschaften durch Disziplinschwierigkeiten und Streitereien, also von innen, bedroht waren, fühlten sich die jüdischen Mahlgemeinschaften von außen, von ihrer Mitwelt, die sie als Umwelt erlebten, und deren Tischsitten, bedroht.

In den so geprägten kulturgeschichtlichen Hintergrund hinein trat das *frühe Christentum*. Es entstand aus den vielfältigen Strömungen des Judentums heraus und partizipierte an seinen Traditionen und rituellen Vollzügen. Die Gemeinden waren zugleich meist transethnische Größen und bedurften von daher anderer identitätsstiftender Institutionen als die jüdischen Synagogen. Die freiwillige und nicht ethnisch vorgegebene Zugehörigkeit legte nahe, christliche Gemeinden als religiöse Vereine zu organisieren. Zwischen den Polen jüdischer Gast- und Vereinsmahlkritik und den Vorteilen vereinsrechtlicher Organisation formierten sich die frühchristlichen Mahlgemeinschaften. Gegenüber dem Judentum mussten organisatorische Fragen ein größeres Gewicht bekommen, gegenüber den Vereinen die Frage nach der religiösen Dimension des Mahls und seiner inhaltlichen Unverwechselbarkeit neu gestellt werden. Wir können deshalb unsere eingangs gestellten Leitfragen präzisieren:

Organisationsebene:

– *Räume*: In welchen Räumen trifft sich die Mahlgruppe? Sind schon eigene Lokale vorhanden oder trifft man sich in Privathäusern? Lässt sich etwas über die Gestaltung der Speisezimmer und den Prestigeanspruch sagen? Welche Angaben lassen sich zum Kultcharakter der Räume machen?
– *Mahlrhythmus*: Folgt die Gemeinde einem fixierten Festkalender? Gibt es größere und kleinere Festanlässe? Werden biographische Einschnitte der Mitglieder durch Mahlfeiern wahrgenommen und gewürdigt?
– *Teilnahme*: Wer wird zum Mahl eingeladen und wer nimmt teil? Gibt es besondere Zulassungskriterien wie Verwandtschaft, Hausgenossenschaft, Eignungsprüfung oder einfach nur das pragmatische Kriterium des Raums, der nur eine bestimmte Anzahl an Gästen aufzunehmen in der Lage war? Wie steht es mit der Teilnahme von Frauen und Sklaven? Gelten unterschiedliche Teilnahmebedingungen für Mahl- und Wortteil?
– *Bereitstellung*: Wer ist für die Bereitstellung der Speisen und Getränke verantwortlich? Ein Patron? Oder ein Kreis vermögender Gemeindeglieder? Gibt es eine Gemeinschaftskasse, aus der heraus die Mähler bezahlt werden? Oder müssen die Teilnehmerinnen und Teilnehmer selber Speisen und Getränke mitbringen?

Verlaufsebene:

– *Ablaufschema*: Wie passen sich die frühchristlichen Mähler in die Ablaufstruktur von Mahlzeit, Kultritual und Trinkgelage ein? Folgen die Gemeinden dem paganen Ablauf von Mahl und Wortteil oder dem jüdisch
bezeugten Ablauf von Wortteil und Mahl?
– *Leitung*: Wer leitet das Mahl und wacht über seinen Ablauf? Gibt es einen
Vorsteher, der die Gebete spricht und die religiösen Riten durchführt?
Gibt es einen Symposiarchen, der über die Disziplin der Teilnehmer
wacht? Welche disziplinarischen Regelungen sind bezeugt?
– *Mahlbeginn*: Gibt es einen einheitlichen Mahlbeginn? Wird ein Gebet
gesprochen? Ist die Gruppe schon vor dem Mahl beisammen und muss eine Zäsur im Übergang zum Essen gesetzt werden?
– *Mahlzeit*: Welche Speisen und Getränke werden verzehrt? Werden die
Portionen für die Teilnehmer festgelegt? Gibt es Sonderportionen für Ehrengäste oder Amtsträger? Sind Probleme mit Schwelgereien bezeugt?
Lassen sich asketische Tendenzen nachweisen? Welche Rolle spielen die
jüdischen Speisetabus?
– *Mahlabschluss*: Wie geht die Mahlgemeinschaft mit dem Problem der
kultischen Libation um? Wird sie durch ein Gebet ersetzt? Wird sie rituell
neu besetzt? Welche religiösen Worte und Handlungen prägen die Mahlgemeinschaft?
– *Trinkgelage*: Wie wird der sympotische Teil nach oder vor dem Mahl gestaltet? Wird dazu Wein getrunken? Welches Programm wird aufgefah-
ren? Sind unterhaltsame, geschäftsorientierte oder lehrhafte Beiträge bezeugt? Wie geht man mit dem Problem der Erotik um?

Deutungsebene:

– *Mahlbezeichnung*: Gibt es eine Gruppen- oder eine Mahlbezeichnung, die
das inhaltliche Proprium der Mahlgemeinschaft zum Ausdruck bringt?
– *Konflikte*: Welche Stellen des Mahlverlaufs sind für Konflikte anfällig?
Mit welchen Strategien soziologischer oder theologischer Art werden diese Konflikte zu lösen versucht?
– *Abgrenzungen*: Von welchen Wertvorstellungen grenzt man sich ab? Wo
kommt Polemik gegen pagane Kult- und Gemeinschaftsmähler zum Ausdruck? Gibt es eine analoge Polemik gegen jüdische Mahlsitten? Finden
sich neben Abgrenzungs- auch Überbietungsstrategien?
– *Gruppenverständnis*: Welches Gruppenverständnis kommt in der Mahlpraxis bewusst oder unbewusst zum Ausdruck? Welche Rolle spielen soziale und religiöse Aspekte?
– *Mahlverständnis*: Welche Bedeutung wird den Mahlrealien, also den
Speisen und Getränken, und dem Mahlvollzug, also dem gemeinsamen

Essen und Trinken, beigemessen? Dient die Mahlzeit allein der Sättigung? Hat sie einen darüber hinausgehenden sozialen oder religiösen Sinngehalt? Wird mit der Gegenwart der Gottheit gerechnet? Wie wird diese Gegenwart vorgestellt?

– *Prioritätensetzung*: Welchen Stellenwert hat im Gesamtgeschehen die Mahlzeit und welchen der Wortteil? Gibt es Verschiebungen in der Schwerpunktsetzung von der Mahlgemeinschaft zur sympotischen Gemeinschaft? Welche Verschiebung in den Wertvorstellungen geht damit einher?

Diesen Fragen gehen wir im Folgenden anhand ausgewählter Zeugnisse aus der neutestamentlichen Briefliteratur nach. Dabei soll dem Duktus der zu untersuchenden Bibeltexte entsprechend vorgegangen werden, um vorschnelle Missdeutungen zu vermeiden. Der Vergleichbarkeit halber wird aber am Ende jedes Kapitels der Ertrag in jeweils gleicher Weise festgehalten, indem nach der Bedeutung der drei Ebenen der Organisation, des Verlaufs und der Deutung gefragt wird.

Kapitel III

Die Mahlfeier im Kontext der Paulusbriefe

1. Einleitung

Paulus ist nicht nur der älteste Zeuge für die Feier eines christlichen Gemeinschaftsmahls, er kann auch als Hauptförderer einer spezifisch christlichen Mahlpraxis betrachtet werden. Für ihn ist die gemeindliche Mahlfeier die zentrale Ausdrucksgestalt christlicher Identität. Er sucht geradezu im Mahl die Gemeinde als eine dritte Entität neben Judentum und griechisch-römischer Welt zur Anschauung zu bringen. Strukturell bleibt er dabei seinem pharisäischen Erbe verpflichtet, ein Gutteil der pharisäischen Fragestellungen drehte sich um Speisen, Getränke und mögliche Mahlpartner. Nur inhaltlich findet er seit seiner biographischen Wende und Berufung zum Völkermissionar neue Antworten auf die ihm vorgegebenen Fragen.[1]

Die Mahlforschung hat sich bis in die jüngste Zeit hinein vor allem dem korinthischen Herrenmahl gewidmet, weil Paulus nur hier die Mahlworte Jesu zitiert und die Mahlhandlung theologisch ausdeutet.[2] Doch auch die Auseinandersetzungen in Antiochien (Gal 2,11–14) und Rom (Röm 14,1–15,16) lassen sich auf dem Hintergrund gemeindlicher Mahlpraxis verstehen und müssen in ein vollständiges Bild paulinischer Mahlpraxis und Mahldeutung einbezogen werden.[3]

Im Folgenden sollen in chronologischer Reihenfolge erst die Mahlfeier in Antiochien (Abschnitt 2), dann die in Korinth (3) und schließlich die in Rom (4) untersucht werden. Weil die Zeugnisse aus dem ersten Korintherbrief in besonderer Weise für Organisations-, Ablauf- und Deutungsfragen durchsichtig werden, gilt ihnen der inhaltliche Schwerpunkt.

2. Die Mahlfeier in Antiochien

Über die Mahlpraxis in der christlichen Gemeinde im syrischen Antiochien sind wir durch einen Konflikt zwischen Paulus und Petrus informiert, über den Paulus Jahre später im Galaterbrief berichtet:

---

[1] Zum pharisäischen Hintergrund des Paulus vgl. HAACKER, Paulus, 48–50.60–71.
[2] Bis hin zu COUTSOUMPOS, Paul, und SCHRÖTER, Abendmahl.
[3] So auch SMITH, Symposium, 173–217.

„[11]Als aber Kephas nach Antiochien kam, widerstand ich ihm von Angesicht zu Angesicht, weil er sich (durch sein Verhalten) selbst verurteilt hatte. [12]Bevor nämlich Leute von Jakobus kamen, hat er mit Nichtjuden zusammen gegessen (συνεσθίειν). Als sie aber kamen, zog er sich zurück und sonderte sich ab, weil er sich vor den Leuten aus der Beschneidung fürchtete. [13]Und mit ihm heuchelten auch die übrigen Juden, so dass sich selbst Barnabas durch ihre Heuchelei mitreißen ließ. [14]Als ich aber sah, dass sie im Hinblick auf die Wahrheit des Evangeliums nicht richtig handelten, stellte ich Kephas öffentlich zur Rede: ‚Wenn du, obwohl du Jude bist, auf nichtjüdische Weise und nicht auf jüdische Weise lebst, wie kannst du dann von den Nichtjuden verlangen, auf jüdische Weise zu leben (ἰουδαΐζειν)?‘“(Gal 2,11–14).

Die *Situation* ist schnell umrissen. Nach V. 11 war Petrus zu Gast in Antiochien und hat nach den dort üblichen Mahlsitten mit nichtjüdischen Christen gemeinsam gegessen und getrunken. Der von Paulus gebrauchte Terminus συνεσθίειν (V. 12) ist dabei offen sowohl für private Mahlzeiten bei Hausgemeinschaften, die Petrus – wie in der Antike üblich – gastfreundlich aufnahmen, als auch für halböffentliche Mahlzeiten innerhalb der Gemeinde, die nicht nur den festen Gemeindegliedern, sondern zumindest auch durchreisenden Missionaren offen standen.[4] Man wird beides gleichermaßen in Betracht ziehen müssen, denn in beiden Fällen konnte es zur Tischgemeinschaft mit Nichtjuden gekommen sein.[5] Von diesen gemischten Mahlgemeinschaften ließ Petrus Paulus zufolge sofort ab, als Leute des Jakobus eintrafen und die antiochenische Mahlpraxis kritisierten. Mit seinem Bruch löste er eine regelrechte Kettenreaktion aus. Ihm taten es die anderen Judenchristen, unter denen sich auch der Paulusbegleiter Barnabas befand, gleich. Man kann angesichts des von Paulus geäußerten Vorwurfs der Absonderung (V. 12) davon ausgehen, dass dieser Rückzug auf gemeindlicher Ebene die Bildung getrennter Tischgemeinschaften von jüdischen und nichtjüdischen Gemeindegliedern implizierte.[6]

Der Versuch, den *Mahlkonflikt* noch weiter zu konkretisieren, ist angesichts der knappen paulinischen Skizze schwierig.[7] Ging es um Realien

---

[4] Insbesondere an Gemeindemähler denken SCHLIER, Gal, 48; HEIL, Ablehnung, 135 f.; BECKER, Gal, 39; DUNN, Theology, 619; KRAUS, Jerusalem, 157; SMITH, Symposium, 181 f.; LÖHR, Speisenfrage, 25; GÄCKLE, Die Starken, 384; BÖTTRICH, Petrus, 226; SLEE, Church, 44.46; SCHÄFER, Paulus, 226; HENGEL, Petrus, 95.164; vorsichtig auch STRECKER, Liminale Theologie, 309, Anm. 38.

[5] So mit MARTIN, Gal, 232. Offen für beide Optionen zeigen sich auch MUSSNER, Gal, 138, und LONGENDECKER, Gal, 73.

[6] BORGEN, "Yes", 28, denkt konkret an unterschiedliche Tischgruppen im selben Raum, wie sie vielleicht auch Philo, Jos. 201–203 voraussetzt. Denn dort lädt Josef seine Brüder in Ägypten zum Gastmahl ein, bewirtet sie dabei (anders als die ebenfalls anwesenden Ägypter?) aber nach jüdischen Sitten.

[7] Die verschiedenen Lösungsmodelle werden bei DUNN, Incident, 151–158, übersichtlich dargestellt und diskutiert. Die von SMITH, Symposium, 182, vorgeschlagene Lösung, dass Speisegebote nicht übertreten worden, die Jerusalemer lediglich von der gemischten

oder um Personen? Ging es um die Mahlgemeinschaft von Juden mit Nichtjuden oder ging es um konkrete Speisen und Getränke, die dabei gereicht wurden? Hat Petrus mit für jüdische Augen unreinen Menschen zusammen zu Tisch gelegen oder hat er unreine Nahrungsmittel verzehrt? Beides ist denkbar und schließt sich nicht aus. Die Rede von der jüdischen Lebenweise in V. 14 legt eher einen Realienkonflikt nahe, denn sie manifestiert sich ja gerade in der Beachtung bzw. Nichtbeachtung konkreter Speisetabus, die in der Völkerwelt so nicht galten.[8] Dagegen legt die Rede vom συνεσθίειν in V. 12 eher einen Personenkonflikt nahe, weil der Begriff auf die Tischgemeinschaft und nicht auf die konkreten Speisen anspielt. Als problematisch hätten die Jakobusleute dann nicht das, was auf dem Tisch lag, sondern vielmehr die, die gemeinschaftlich um den Tisch herum lagen, empfunden.[9] Wahrscheinlich spielten Realien- und Personenfragen ineinander und bestand das Problem in einem umfassenden und nicht näher spezifizierten Sinne in der „Tischgemeinschaft mit Heiden" und der damit verbundenen „Gefahr des Genusses von Götzenopferfleisch, Libationswein und anderen ‚unreinen Speisen'".[10]

Möglicherweise spielte auch die *Beschneidungsfrage* eine Rolle im Konflikt. Wenn die Jakobusleute einen ähnlich radikalen Kurs wie die Trägerkreise von JosAs fuhren,[11] dann wäre für sie die Tischgemeinschaft nur bei voller Konversion zum Judentum zu haben gewesen. Dazu würde der Gesamtkontext des Gal passen. Die jüdisch geprägte Gegnerschaft, die in den galatischen Gemeinden auftrat und auf die Paulus mit seinem Brief reagiert, hat die Beschneidung der nichtjüdischen Christen als Voraussetzung ihrer vollen Teilhabe an den Segensgaben Israels eingefordert (vgl. Gal 5,3; 6,12). Paulus könnte, um ihre Position zu entkräften, die Vereinbarungen auf dem Jerusalemer Aposteltreffen (Gal 2,1–10) und seine Position im antiochenischen Zwischenfall (2,11–14) in Erinnerung gerufen haben, um von da aus weiterführend zu argumentieren. Allerdings stellt sich die Frage, ob damit die Wortbedeutung von ιουδαΐζειν (2,14) nicht überfrachtet wird. Zwar begegnet das Verbum durchaus auch im Zusammenhang mit der Beschneidungsthematik, beispielsweise in Est 8,17 und Josephus, Bell. II 454, doch werden dort das Judaisieren und die Beschneidung nicht miteinander identifiziert, sondern nebeneinander gestellt, so dass gefolgert werden darf, dass es sich dabei offensichtlich nicht um denselben Sachverhalt, sondern um zwei unterschiedliche, wenn auch zusammenhängende Themen handelt.[12] Auch wäre dann das Verhalten des Petrus ganz und gar unverständlich: Er wäre, wenn er sich mit den Jakobusleuten solidarisiert hätte, nicht nur hinter den Vereinbarungen von Jerusalem zurückgeblieben (vgl. Gal 2,9 f.), sondern hätte

---

Tischgemeinschaft überrascht gewesen seien, weil sie für Jerusalemer Verhältnisse atypisch gewesen sei, bagatellisiert das Problem.

[8] In diesem Sinne LÖHR, Speisenfrage, 25 (konkret denkt er an Fleisch vom städtischen Fleischmarkt [26, Anm. 42]); STEGEMANN/STEGEMANN, Sozialgeschichte, 234; KRAUS, Jerusalem, 157 f.

[9] In diesem Sinne MUSSNER, Gal, 134 f.; BECKER, Gal, 39 f.; SCHÄFER, Paulus, 226.229.

[10] HENGEL, Petrus, 92.

[11] Vgl. dazu oben Kap. II.4.3.

[12] So mit DUNN, Incident, 149 f.

sich auch von den Einsichten, die er im Zuge seiner eigenen Völkermission gewonnen hatte, entfernt (vgl. Apg 10,34 f.; 11,3). Man wird also am ehesten an einen Konflikt um ein Mehr oder Weniger an jüdischer Speisepraxis zu denken haben.

Wie auch immer die konkrete Konfliktsituation ausgesehen haben mag, in jedem Falle gilt, dass Paulus auf Details keinen Wert legt, sondern den antiochenischen Zwischenfall von der besonderen auf die grundsätzliche Ebene erhebt. Ihm geht es nicht um ein Mehr oder Weniger an Toraobservanz, sondern um die Ekklesiologie.

Folgerichtig diskutiert er auch im Weiteren des Briefes nicht das Für und Wider der Beschneidung, sondern geht auf die grundsätzliche Ebene und stellt die Frage nach der soteriologischen Funktion der Tora und ihrem Verhältnis zur Abrahamsverheißung (Gal 3 f.): Der Glaube an Christus bringt den Völkern die volle Teilhabe an der Segensverheißung, die an Abraham ergangen ist, während das zeitlich später hinzugekommene Gesetz nicht Segen, sondern Fluch mitteilt, insofern der Fluchtod Jesu alle als Nichttäter seiner Forderungen offenbart.

Die paulinische *Lösungsstrategie* besteht also darin, das Problem nicht auf der pragmatischen Ebene der Speisefrage, sondern auf der theologischen Ebene der Ekklesiologie zu verhandeln. Die Aufkündigung der Tischgemeinschaft in Antiochien ist deshalb für den Apostel keine Frage der Mahlpraxis, sondern des Gemeindeverständnisses.[13] Es ging ihm letztlich nicht einmal um den Gegensatz von nichtjüdischen und jüdischen Tischsitten, sondern im Kern um die Aufrechterhaltung der gemeinsamen Mahlfeier als Ausdrucksform dafür, dass in Christus Juden und Nichtjuden zu einer neuen Gemeinschaft miteinander zusammengeschlossen sind. Dieser Ebenenwechsel erklärt die kompromisslose Linie des Apostels. Bezüglich der Speisefrage wäre es für ihn ein Leichtes gewesen, sich mit Petrus und den Jakobusleuten auf die Einhaltung von Mindeststandards zu einigen, die eine Reinheit sowohl der Teilnehmerinnen und Teilnehmer als auch der zu verzehrenden Nahrungsmittel gewährleistet hätte. Doch hätte sich nach paulinischer Auffassung ein solcher Kompromiss in eklatanter Weise ekklesiologisch ausgewirkt, insofern als das Mahl dabei seine sichtbare Ausdrucksgestalt eingebüßt hätte. Eine Trennung der Tischgemeinschaften hätte den Verlust der Einheit, eine Orientierung an jüdischen Speisestandards den Verlust der Eigenheit christlicher Mahlgemeinschaft im Gegenüber zu jüdischen Mahlgruppen bedeutet. Ein pragmatisches Nachgeben zugunsten der Einheit in der Mahlgemeinschaft hätte also die Bemühungen des Paulus konterkariert, eine spezifisch christliche Gruppenidentität zu schaffen, in der die Unterscheidung von Juden und Nichtjuden irrelevant geworden ist. Paulus hält deshalb an der uneingeschränkten Tischgemein-

---

[13] Insofern greift SCHÄFER, Paulus, 227 f., zu kurz, wenn sie meint, dass es im Konflikt vorwiegend um Praxis- und nicht um Lehrfragen ging. Beides lässt sich zumindest nach Paulus nicht voneinander trennen.

schaft und der sich darin symbolisch äußernden Aufhebung jüdischer Identitäts- und Abgrenzungsmarkierungen innerhalb der Gemeinde fest[14] und argumentiert nicht wie später in Rom pragmatisch mit der Rücksichtnahme auf „Schwache" oder wie ebenfalls später in Korinth spezifisch mahltheologisch mit der Paradosis von Jesu Abschiedsmahl, sondern rechtfertigungstheologisch unter soteriologischer Nivellierung der Unterschiede zwischen Juden und Nichtjuden in der Gemeinde:[15]

„[15]Wir sind von Natur aus Juden und nicht Sünder aus der Völkerwelt. [16]Weil wir aber wissen, dass ein Mensch nicht aus Werken des Gesetzes gerechtfertigt wird, sondern durch Glauben an Jesus Christus, haben auch wir (als Juden) angefangen an Christus zu glauben, damit wir aus Glauben an Christus und nicht aus Werken des Gesetzes gerechtfertigt würden. Denn aus Werken des Gesetzes wird kein Mensch gerechtfertigt" (Gal 2,15 f.).

Was also im antiochenischen Konflikt deutlich zutage tritt, ist ein zentrales Anliegen paulinischer Mahldeutung, das sich – wie wir im Folgenden sehen werden – auch unter veränderten Konfliktkonstellationen und sozialen Bedingungen durchziehen wird, nämlich dass die Tischgemeinschaft der Ort gemeindlichen Lebens ist, an dem das Wesen der Gemeinschaft am klarsten und dichtesten zutage tritt. Deshalb geht es beim gemeinsamen Essen und Trinken nicht nur und nicht einmal in erster Linie um Sättigung, sondern vor allem um die Übersetzung des Glaubens in eine sichtbare Sozialgestalt und Handlungsgröße.[16] Mahlkonflikte sind demnach für Paulus kein Adiaphoron, sondern stellen eine Bedrohung der Gemeinschaft in ihrem tiefsten Wesen dar. Paulus liegt also daran, inmitten des städtischen Konglomerats an jüdischen Mahlgemeinschaften und nichtjüdischen Vereinen die christliche Gemeinde als eigene Art von Tischgemeinschaft sichtbar werden zu lassen. Was dagegen aus den wenigen Versen im Galaterbrief gar nicht deutlich wird, sind Organisations- und Ablauffragen. Für sie wird der erste Korintherbrief durchsichtiger, dem wir uns nun zuwenden.

---

[14] Vgl. DUNN, Theology, 360.

[15] Die paulinische Rechtfertigungslehre hat einen primär ekklesiologischen Fokus, der gegen ihre traditionell individuelle und soteriologische Engführung herauszustellen ist (dazu DUNN, Theology, 334–389; THEOBALD, Römerbrief, 189–202; KRAUS, Gerechtigkeit, 329–347, bes. 338–342).

[16] In diesem Sinne gilt das Diktum MUSSNERs über die Theologie des Galaterbriefs: „Das Wesen des Christentums ist συνεσθίειν" (Gal, 423; dort gesperrt), das LEINHÄUPL-WILKE, Gast, 91, aufgreift und für die Frage nach der Gruppenidentität der Mahlgemeinschaft fruchtbar macht.

3. Die Mahlfeier in Korinth

Im ersten Korintherbrief geht Paulus an zwei Stellen auf die gemeindliche Mahlversammlung ein. In 1Kor 8–10 verhandelt Paulus die Frage der Teilnahme von Gemeindegliedern an außergemeindlichen Gast- und Kultmählern und setzt in diesem Zusammenhang die gemeindliche Mahlgemeinschaft ins Verhältnis zu außergemeindlichen Mahlgemeinschaften (10,1–6; 10,14–22). In 1Kor 11,17–34 geht es dann um die Praxis dieses Gemeindemahls selbst. Steht im ersten Fall ein externer Konflikt im Hintergrund der Argumentation, ist es im zweiten Fall ein interner. Wir wenden uns im Folgenden erst den Mahlzeugnissen in 1Kor 10 (3.1) und im Anschluss daran denen in 1Kor 11 (3.2) zu.

3.1 Herrenmahl und Götzenmahl

3.1.1 Grundzüge der paulinischen Argumentation in 1Kor 8–10

Um die Argumentation des Paulus im Blick auf das gemeindliche Mahl in 10,1–6 und 10,14–22 besser begreifen zu können, sei zunächst in einer knappen Skizze die übergreifende Argumentation des Paulus im Hinblick auf die Götzenopferfleischfrage dargelegt. Fleisch gehörte, wie wir bereits gesehen haben,[17] aufgrund seines vergleichsweise hohen Preises nicht zur regelmäßigen Kost des Durchschnittsbürgers und war zunächst nur anlässlich von Opferfeiern erhältlich. Die Fettteile wurden auf dem Altar verbrannt und das Fleisch anschließend in einem Kultmahl verspeist.[18] Hier hat der Begriff des geweihten Opferfleischs (ἱερόθυτον) seinen Sitz im Leben. Meist begegnet er in seiner jüdisch-polemischen Variante „Götzenopferfleisch (εἰδωλόθυτον)".[19] Er umfasst nicht nur das Opferfleisch im strengen Sinne, also das im Opferkontext gewonnene und auch verzehrte, sondern auch das im Opferkontext gewonnene, aber außerhalb der Opferfeier verspeiste Fleisch. Zu denken ist insbesondere an das außerhalb des Tempelareals auf dem Fleischmarkt feilgebotene Fleisch, das dann zu privaten Gast- und zu Vereinsmählern gereicht werden konnte.[20]

Paulus setzt die Vielfalt der Kontexte, in denen Christinnen und Christen über dezidierte Kultmähler hinaus mit Götzenopferfleisch in Berührung kommen konnten, voraus und nimmt sie dahingehend auf, dass er zwischen vier grundsätzlichen Situationen und Orten, mit geweihtem Opferfleisch in

---

[17] Vgl. oben Kap. II.2.4.1.
[18] Vgl. Hesiod, Theog 536–541.553–557.
[19] So erstmals in 4Makk 5,2. Die neutrale Bezeichnung begegnet neutestamentlich in 1Kor 10,28, allerdings als fiktive Äußerung eines paganen Gastgebers.
[20] So auch GÄCKLE, Die Starken, 117 f.

Berührung zu kommen, unterscheidet:[21] (1) In 8,10 konstruiert er den Fall, dass ein Gemeindeglied im εἰδωλεῖον zu Tisch sitzt, also an einem Tempelmahl teilnimmt. Dieses lässt sich nicht genauer charakterisieren, und Paulus selbst scheint auch nicht an konkreten Situationsbeschreibungen gelegen zu haben. Worauf es ihm ankommt, ist einzig, dass der Mahlteilnehmer als solcher von anderen Gemeindegliedern wahrgenommen, identifiziert und zum Anstoß werden kann (8,9.12 f.). (2) In 10,14–22 spricht Paulus dezidiert von Kulthandlungen, die er als Götzendienst brandmarkt. Anlass und Ort bleiben auch hier dunkel. Auffällig ist nur die gegenüber 8,9–13 veränderte rigoros exklusivistische Argumentation. (3) In 10,25 ist vom Fleischkauf auf dem Markt (μάκελλον) die Rede. Dort war nicht nur aus paganen Kulten stammendes, sondern grundsätzlich auch davon unberührtes Fleisch erhältlich.[22] Allerdings war dem Käufer eine Unterscheidung nicht immer möglich, so dass es nicht ausgeschlossen war, dass man gegen den eigenen Willen Götzenopferfleisch erhielt. (4) In 10,27–29a ist schließlich von Privateinladungen in paganen Haushaltungen die Rede. Das Problem ist analog zu dem des Fleischmarkts gelagert, weil es auch hier die fehlende Unterscheidungsfähigkeit ist, die problematisch ist und Unsicherheit hervorruft.

Betrachtet man die vier Situationen, so fällt vor allem die *Spannung zwischen 8,10 und 10,14–22* auf, insofern Paulus das Tempelmahl in 8,10 lediglich um der Anstößigkeit in der Gemeinde willen problematisiert, grundsätzlich aber für unbedenklich zu halten scheint, das Kultmahl nach 10,14 ff. dagegen rigoros ablehnt. Diese Spannung hat vielfach die Bildung von Teilungshypothesen befördert, deren Vertreter beiden Abschnitte unterschiedlichen Briefen des Paulus zuweisen, aber mit der Schwierigkeit leben müssen, das Sachproblem nicht lösen zu können, weil sie den Widerspruch aus dem Brief heraus nur in die Person des Paulus verlagern, der dann in unterschiedlichen Briefen gegensätzliche Weisungen gegeben hätte.[23] So ist ein anderer Lösungsweg zu beschreiten.

Problematisch sind neben den Teilungshypothesen auch religions- und kulturgeschichtliche Ansätze, die auf eine Unterscheidung zwischen Kult und Geselligkeit rekurrieren. Paulus unterscheidet in 8,10 und 10,14–22 weder gesellige Mähler im Tempelrestaurant oder Tempelhain von dezidiert opferkultischen Mählern,[24] noch das eigentliche Opferri-

---

[21] Vgl. LÖHR, Speisenfrage, 24; FOTOPOULOS, Food, 251; GÄCKLE, Die Starken, 118 f.

[22] Dazu GÄCKLE, Die Starken, 178 f.

[23] Vgl. dazu MERKLEIN, 1Kor II, 164–166; GÄCKLE, Die Starken, 112–115 (zur Spannung zwischen 8,10 und 10,14 ff. auch 120–122), die beide zum Ergebnis einer literarischen Einheitlichkeit kommen.

[24] So aber CONZELMANN, 1Kor, 176.205; SCHRAGE, 1Kor II, 263 f.; abwägend LINDEMANN, 1Kor, 196 f. Dagegen zu Recht MERKLEIN, 1Kor II, 199.

tual als kultischem Kernvollzug vom anschließenden Opfermahl.[25] Solche Unterscheidungen reißen auseinander, was nach antikem Denken unbedingt zusammengehörte.
Zwar verdichten sich im Opferakt in der Tat religiöse Elemente in besonderer Weise,
doch fanden kultische Libationen und Gebete nicht nur im Opfer-, sondern auch im
Mahlvollzug statt.

Näher liegt eine *rhetorische Lösung*. Demnach sind die in 8,10 und
10,14 ff. genannten Mähler miteinander zu identifizieren und die unterschiedlichen Lösungsansätze als nur scheinbar einander ausschließende
Teilargumente einer differenzierten Gesamtlösungsstrategie zu begreifen.
Paulus geht es in der ganzen Einheit 1Kor 8–10 um das Verbot der Teilnahme von Gemeindegliedern an Kultmählern in paganen Kultstätten. Dagegen sind die in 10,23 ff. genannten „Fälle des Fleischkaufs auf dem
Markt und privater Einladungen eher als thematische Ergänzungen"[26] zu
verstehen. Was für Kultmähler Paulus konkret vor Augen hat, bleibt zwar
unklar, aber man wird wohl an familiär geprägte Geburtstags- oder Hochzeitsfeiern und gesellschaftlich geprägte Vereins- oder Kultfeiern zu denken haben, da es sich bei den Befürwortern des Götzenopferfleischverzehrs
bestimmt um wohlhabende Statusträger gehandelt hat, die als Angehörige
der städtischen Elite zahlreichen privaten und öffentlichen Verpflichtungen
mit kultischer Relevanz nachkommen mussten.[27] So hat Paulus in seiner
Absage an den Götzendienst zwar primär kultisch-religiöse Kontexte im
Blick, die aber nicht nur im Opferakt präsent waren, sondern auch das anschließende Mahl und darüber hinaus ganze gesellschaftliche Lebensberei-
che durchdringen konnten.

In seiner Argumentation gegen die Kultmahlteilhabe folgt Paulus damit
zwar dem jüdischen Ethos der kultischen Reinheit und Exklusivität, argumentiert jedoch nicht toratheologisch, sondern ekklesiologisch.[28] Ihm geht

---

[25] So aber GÄCKLE, Die Starken, 142–163, im Anschluss an NEWTON, Deity, 242–257.

[26] KONRADT, Gericht, 347 f.; ähnlich schon MERKLEIN, 1Kor II, 165 f.

[27] So mit KONRADT, Gericht, 349. Die Geburtstagsfeier eines Kindes im Sarapis-
heiligtum bezeugt POxy XXXVI 2791 (2. Jh.), die Feier der Volljährigkeit zweier Brüder
im Thoerion POxy XII 1484 (2./frühes 3. Jh.; Text und Übersetzung bei FOTOPOULOS,
Food, Tafel 4.1, 106), eine Hochzeitsfeier im Tempel des Sabazios POxy XXXIII 2678
(3. Jh.; Text und Übersetzung bei ARZT-GRABNER u.a., 1Kor, 323 f.). Zu vereinseigenen
Kulträumen vgl. EGELHAAF-GAISER, Religionsästhetik, 123–172 (Ostia); SCHÄFER,
Raumnutzung, 173–220 (Athen) und SCHWARZER, Vereinslokale, 221–260 (Pergamon),
zu Vereinstempeln auch BOLLMANN, Vereinshäuser, 54.81–103. Freilich hat Paulus hier
nicht sämtliche Vereine im Blick, sondern nur solche, die z.B. durch ihren Versammlungsort als primär kultisch orientierte Vereine in Erscheinung traten. Andere Vereine
können leicht unter die Privateinladung 10,27 f. subsumiert werden (so auch GÄCKLE,
Die Starken, 167.181, der aber ebenso die Szenerie in 8,10 in diesem Licht interpretiert).

[28] So mit KRAUS, Jerusalem, 164. Vgl. auch LÖHR, Speisenfrage, 25, der allerdings
den Aspekt der innergemeindlichen Anstößigkeit gegenüber dem einer grundsätzlichen
Exklusivität zu stark macht.

es in seiner Kritik am Verzehr von Götzenopferfleisch also weder um das
Fleisch und seine Herkunft (so die „Schwachen") noch die persönliche
Einstellung der Mahlteilnehmer zu diesem Fleisch (so die „Starken"[29]),
sondern um die innergemeindliche Identität, die durch das Außenhandeln
einzelner Gemeindeglieder nicht gefährdet werden darf. Die Spannung
zwischen 8,10 und 10,14 ff. löst sich, wenn man die doppelte Linie der
paulinischen Argumentation beachtet:[30]

In 8,1–13 steht die *Einheit der Gemeinde nach innen* auf dem Spiel. Sie
ist durch die Anstoßnahme der „schwachen" am Verhalten der „starken"
Gemeindeglieder bedroht. In diesem Zusammenhang lehnt Paulus den
Verzehr von Götzenopferfleisch aus ekklesiologischen und soteriologischen Gründen ab, weil er zum einen die gemeindliche Einheit und gegenseitige Liebe zerstört, zum anderen das Heil dessen, der das Fleisch verzehrt, massiv gefährdet. Man sollte also den Fall in 8,10 nicht mit einer
grundsätzlichen Erlaubnis zum Tempelmahl verwechseln. Paulus selbst
empfindet die fehlende Rücksichtnahme nicht als ein Kavaliersdelikt, sondern als ein massives theologisches Problem, wie der Vorwurf, dass man
durch ein solches Verhalten an den Mitgeschwistern und an Christus sün-
digt (8,11), zeigt. Schon durch diese Verurteilung verliert die in der Forschung behauptete Spannung zu 10,14 ff. an Gewicht. Das Tempelmahl in
8,10 ist also nicht als tatsächliche Fallbeschreibung zu verstehen, sondern
gibt nur die Befürchtung des Paulus wieder, dass die an paganen Banketten
teilnehmenden Korinther von Gemeindegliedern gesehen werden und Anstoß erregen könnten.[31]

Demgegenüber steht in 10,14–22 die fehlende *Abgrenzung der Gemeinde nach außen* auf dem Spiel. Sie äußert sich in der Verletzung der Exklusivität der Christusgemeinschaft gegenüber konkurrierenden kultischen
Bindungen. In diesem Zusammenhang lehnt Paulus den Verzehr von Götzenopferfleisch aus Gründen eines fehlenden Abgrenzungsverhaltens ab.
Die exklusive Christusgemeinschaft, die sich in der Teilnahme an den
Mählern der Gemeinde dokumentiert, erfordert eine radikale Abkehr von
den kultischen Sitten und Gebräuchen der eigenen paganen Herkunftssozialisation.

Damit wird die doppelte Argumentationslinie, die Paulus in 1Kor 8,1–
13 und in 10,1–11,1 verfolgt, deutlich. Sie ist als unteilbare und integrale
Position des Apostels zu verstehen, die das Selbstverständnis der Gemeinde im Blick hat und dieses zugleich nach innen hin sichern als auch nach
außen hin abgrenzen will. In dieser Konfliktlage greift Paulus argumenta-

---

[29] GÄCKLE, Die Starken, 185–194.216 f., nimmt einen populärstoischen Denkhorizont
der „Starken" an.

[30] Vgl. auch KONRADT, Gericht, 396 f.

[31] So mit SANDELIN, Idol Food, 117 f.

tiv auf die theologische Bedeutung des Gemeindemahls zurück. Bezeich-
nend ist die Tatsache, dass die beiden Anspielungen darauf im Kontext der
Abgrenzung verhandelt werden, nicht aber im binnengemeindlich orientierten Argumentationsteil 8,1–13; binnengemeindlich wird Paulus das
Mahl erst in 11,17–34 in seinen theologischen Implikationen entfalten.

3.1.2 Mahlfeier und Warnung vor Identitätsverlust in 1Kor 10,1–6

Mit den Verweisen auf die theologische Bedeutung der gemeindlichen
Mahlfeier in 10,1–6 und 10,16 f. begründet Paulus die Exklusivität der
Christuszugehörigkeit und damit zugleich der christlichen Mahlgemeinschaft; die Teilnahme am Mahl Christi schließt demnach die Teilnahme an
den Mählern anderer Gottheiten rigoros aus. Diese Exklusivität entfaltet
Paulus in 10,1–6 zunächst negativ. Das im Gemeindemahl den Teilnehmerinnen und Teilnehmern vermittelte Heilsgut ist nicht unverlierbar, sondern
wird durch die Teilnahme am Götzendienst gefährdet:

„[1]Ich will euch, Geschwister, nämlich über Folgendes nicht in Unkenntnis lassen: Unsere
Väter haben sich alle unter der Wolke befunden und sind alle durch das Meer hindurch-
gezogen, [2]und sie sind alle in der Wolke und im Meer auf Mose getauft worden, [3]und sie
haben alle dieselbe geistliche Speise (πνευματικὸν βρῶμα) gegessen, [4]und haben alle
dasselbe geistliche Getränk (πνευματικὸν πόμα) getrunken; sie tranken nämlich aus demselben geistlichen Felsen, der ihnen nachfolgte – der Felsen aber war Christus. [5]Aber an
den meisten von ihnen hatte Gott keinen Gefallen, denn sie wurden in der Wüste nieder-
gestreckt. [6]Damit sind sie uns zu Beispielen geworden, damit wir nicht wie sie solche
seien, die nach Schlechtem streben" (1Kor 10,1–6).

So wie den Israeliten die Führung Gottes in Gestalt der Wolke (Ex
13,21 f.; 14,19 f.; Ps 105,39) und durch das Schilfmeer hindurch (Ex 14)
sowie der Genuss vom himmlischen Manna (Ex 16) und vom Wasser aus
dem Felsen (Ex 17,1–7; Num 20,1–11) nicht zugute kamen, weil sie sich
auf die Fremdgötterkulte der umliegenden Völker einließen (1Kor 10,7–9),
so kommen auch den Korinthern die Gaben der Taufe und des Gemeindemahls nicht zugute, wenn sie das in der Taufe begründete und im Mahl je
neu zum Ausdruck gebrachte Exklusivitätsverhältnis missachten und sich –
aus welcher Motivation auch immer – an den Kultfeiern paganer Gottheiten beteiligen. Weder die Taufe noch das gemeinsame Mahl immunisieren
also gegen den Zugriff anderer Gottheiten. Vielmehr begründen beide Akte
ein Treueverhältnis, das es auch in Exklusivität und Abgrenzung nach außen zu leben gilt. Die Gemeinde kann also ihres Heils verlustig gehen,
wenn sie die ihr geschenkte Identität verleugnet und nicht ihr entsprechend
lebt.

Wichtig ist in diesem Zusammenhang die Qualifizierung von dem in der
Wüste empfangenen Manna und Wasser und damit indirekt auch der Nah-

rungsmittel beim Gemeindemahl als *geistliche Nahrungsmittel*, deren Sinn nicht in der Sättigung, sondern im Empfang göttlicher Gaben besteht.

Paulus greift hier auf traditionelle Mahlsprache zurück.[32] Die Rede von pneumatischen Speisen und Getränken begegnet auch in den Mahlgebeten der Didache (Did 10,3), die sich ihrerseits aus den Vorgaben im hellenistischen Judentum speist (JosAs 16,14). Wenn man von JosAs 16,14 her die Geistterminologie mit der des Lebens verbindet, lassen sich die Spuren dieser Tradition sogar bis in das Johannesevangelium hinein ausziehen.[33]

Worin die geistliche Qualität der Speisen und Getränke genau besteht, erläutert Paulus nicht. „Das argumentative Ziel des Paulus ist [...] nicht eine Belehrung über die ‚Sakramente' der Taufe und des Herrenmahls"[34], sondern die Warnung vor Identitätsverlust und die Mahnung, die einmal gewonnene und je neu vergewisserte Identität zu wahren. Damit gehen Spekulationen darüber, ob die Geistprägung der Lebensmittel eher als Ursprungsbezeichnung oder als Wesensbezeichnung zu verstehen ist, ins Leere.[35] Im ersten Falle wird den Speisen und Getränken eine himmlischgöttliche Herkunft in Analogie zum Manna der Wüstentradition Israels zugesprochen, im zweiten Falle werden sie als Träger des göttlichen Geistes und des von ihm gewährten Lebens verstanden. Paulus geht es um Beides, sowohl um die geistliche Herkunft als auch Beschaffenheit der Speisen und Getränke, und damit letztlich um ihre Zugehörigkeit zu Gott.

In diesem Sinne gebraucht Paulus das Adjektiv πνευματικὸς auch sonst: In Röm 7,14 charakterisiert er das Gesetz als geistlich, um es von der fleischlichen Beschaffenheit des Menschen abzugrenzen und ganz und gar Gott zuzuordnen; es kommt zwar von Gott und verkörpert seinen Willen, ist aber angesichts der Sünde ohnmächtig. In Röm 15,27 spricht er von den geistlichen Gütern, an denen die Völker Anteil gewonnen haben, und meint damit die Heilszugehörigkeit zu Gott, die dann von der materiellen Zuwendung, wie sie die Kollekte für Jerusalem markiert, unterschieden werden muss. In 1Kor 2,13 wird die geistliche Dimension von der menschlichen abgegrenzt. Überall geht es um Zugehörigkeit: Ist etwas dem Bereich Gottes oder dem Bereich der Welt zuzuordnen?

---

[32] So mit KOLLMANN, Ursprung, 53; SCHRAGE, 1Kor II, 392; MERKLEIN, 1Kor II, 245.

[33] Joh 6,27.35.51b.63; vgl. auch Did 9,3; JosAs 8,5.9 (dazu THEOBALD, Eucharistie, 223–231). KOLLMANN, Ursprung, 129, will in der Geistspeisekonzeption von 1Kor 10,3 f. eine traditionsgeschichtliche Vorstufe zur Lebensbrotkonzeption in Joh 6 entdecken.

[34] MERKLEIN, 1Kor II, 247.

[35] Die jüngere Forschung denkt mehrheitlich in Richtung einer Wesensbezeichnung (so z.B. KOLLMANN, Ursprung, 55; SCHRAGE, 1Kor II, 392 f.; THEOBALD, Herrenmahl, 275; DERS., Eucharistie, 227 f.; MESSNER, Grundlinien, 14). Beide Aspekte verbindet HOFIUS, Herrenmahl, 227–229: Es handele sich um „Gaben von überirdischer, himmlischer Herkunft und Art" (227) sowie um „Träger und Vermittler dessen, was – den Gabeworten der Herrenmahlsparadosis zufolge – mit ihnen und durch sie vom Kyrios gegeben und aus seiner Hand empfangen wird" (228 f.). THEOBALD, Herrenmahl, 275, Anm. 73, wirft HOFIUS also zu Unrecht eine Deutung „eher im Sinne einer Ursprungsbezeichnung" vor, vielmehr schließt nach HOFIUS das eine das andere nicht aus, sondern ein.

In dieser Zugehörigkeit zu Gott haben die an sich leiblichen Speisen und Getränke die Funktion, der Gemeinschaft göttliche Gaben zu vermitteln. Und indem sie göttliche Güter vermitteln, begründen sie zugleich die Identität derer, die diese Güter zu sich nehmen. Denn wer Speisen und Getränke zu sich nimmt, die zu Gott gehören, gehört damit auch selbst zu Gott. Geistträger sind danach nicht nur die Lebensmittel, sondern Geistträger ist auch – sogar vor allem – die Gemeinde als Gemeinschaft derer, die durch den Geist getauft worden sind und den Geist erneut im Mahl zugeteilt bekommen (vgl. 1Kor 12,13).[36] Das wiederum verpflichtet die Gemeinde, nach innen hin zusammenzuhalten und sich nach außen hin der Vielfalt an Konkurrenzmählern zu enthalten, also nach innen hin integrativ, nach außen hin exklusiv zu sein. Der Geist schützt nicht in magischer Weise vor dem Fremdeinfluss paganer Kultgottheiten.

3.1.3 Mahlfeier und Mahnung zur Identitätssicherung in 1Kor 10,14–22

Während es in 1Kor 10,3 f. darum ging, was das christliche Mahl nicht leistet und was die Gemeinde zu verlieren hat, wenn sie ihrer Verpflichtung zur Abgrenzung nicht gerecht wird, besteht der Schwerpunkt in 1Kor 10,16 f. in der positiven Entfaltung dessen, wofür das gemeindliche Mahl eigentlich inhaltlich einsteht. Hier erfolgt nun die Begründung für das Verbot der Kultteilnahme und zugleich dafür, warum eine solche für die Gemeinde identitätsgefährdend sein soll. In 10,16 f. legt Paulus dar, dass die Teilnahme am Gemeindemahl die Gemeindeglieder mit Christus und untereinander zu einem „Leib" verbindet. Dem widerspricht die Zugehörigkeit zu Gruppen, die in ähnlicher Weise wie die Gemeinde sowohl religiös als auch gemeinschaftsbildend ausgerichtet waren:

„[14]Darum, meine Geliebten, flieht vor dem Götzendienst. [15]Ich rede zu (euch) als zu verständigen Menschen; beurteilt selbst, was ich sage! [16]Der Segensbecher,[37] den wir segnen – ist er etwa nicht Gemeinschaft mit dem Blut Christi? Das Brot, das wir brechen – ist es etwa nicht Gemeinschaft mit dem Leib Christi? [17]Weil es sich um ein einziges Brot handelt, sind wir, die vielen, ein einziger Leib, denn wir haben alle teil an dem einen einzigen Brot. [18]Seht auf Israel nach dem Fleisch: Sind die, die die Opfer essen, etwa nicht Teilhaber am Altar? [19]Was heißt das? Dass das Götzenopferfleisch etwas ist? Oder dass der Götze etwas ist? [20]Nein, sondern dass sie das, was sie opfern, den Dämonen und nicht Gott [opfern]. Ich will aber nicht, dass ihr Gemeinschaft mit den Dämonen habt. [21]Ihr könnt nicht den Becher des Herrn trinken *und* den Becher der Dämonen; ihr könnt nicht am Tisch des Herrn teilhaben *und* am Tisch der Dämonen. [22]Oder wollen wir den Herrn herausfordern? Sind wir etwa stärker als er?" (1Kor 10,14–22).

---

[36] Zur Bezugnahme von 1Kor 12,13 auf das Mahl vgl. unten Abschnitt 3.2.4.

[37] Einem Einfluss von 1Kor 11,24 dürfte es sich wohl verdanken, dass einige Handschriften (F, G u.a.) statt des Segensbechers den Danksagungsbecher lesen und damit eine sprachliche Angleichung der Traditionen versuchen.

Wie in 10,3 f. bedient sich Paulus auch in 10,16 f. traditioneller Terminologie.[38] Der Tradition verdankt sich auch die im Vergleich mit 11,24 f. auffällige Reihenfolge von Becher und Brot. Es handelt sich also nicht um bloße Rhetorik des Paulus,[39] sondern um einen eigenen liturgiegeschichtlich eigenständigen Überlieferungsstrang, der auch in Did 9,2 f. (vielleicht auch in Lk 22,17–19) greifbar ist,[40] den der Apostel aber nicht als agendarisches Formular, sondern als theologisches Argument zitiert.[41] Und argumentativ geht es um den *Gemeinschafts- bzw. Partizipationsgedanken*,[42] d.h. durch die Mahlteilnahme entsteht eine Gemeinschaft, die nach zwei Richtungen hin zu bestimmen ist, die wiederum in der Rezeption des Paulus jeweils durch Becher und Brot repräsentiert werden. Der *eine* kreisende Becher steht nach 10,16a für die Gemeinschaft mit dem in den Tod gegangenen Christus. Das gemeinschaftliche Trinken aus diesem Becher schafft also eine vertikale Gemeinschaft, die Gemeinschaft der Mahlteilnehmer mit Christus. Das *eine* Brot[43] steht nach 10,17 für die Gemeinschaft der

---

[38] So auch KÄSEMANN, Anliegen, 12 f.; CONZELMANN, 1Kor, 201; KLAUCK, Herrenmahl, 262; KOLLMANN, Ursprung, 59 f.; SCHRAGE, 1Kor II, 431–434; WOLFF, 1Kor, 226–228; GÄCKLE, Die Starken, 266 mit Anm. 266; SCHRÖTER, Abendmahl, 28–31. Unschlüssig bleibt MERKLEIN, 1Kor II, 257.259: „Wir haben es also entweder mit einer hellenisierten vorpaulinischen Herrenmahltradition zu tun oder mit einer entsprechenden paulinischen Ad-hoc-Bildung unter Rückgriff auf traditionelle eucharistische Begrifflichkeit" (259).

[39] So aber CONZELMANN, 1Kor, 203; KOLLMANN, Ursprung, 59; SCHRAGE, 1Kor II, 433; LINDEMANN, 1Kor, 224.

[40] So auch MAZZA, Origins, 30–34.76–90; MCGOWAN, cup, 552 f.; ROUWHORST, célébration, 99–101; SCHRÖTER, Abendmahl, 30. MCGOWAN, cup, 553–555, will Spuren dieser Tradition auch bei Papias (nach Irenäus, haer. V 33,3), finden.

[41] Dagegen erblickt SCHRÖTER, Abendmahl, 33, hier einen Hinweis auf die liturgischen Vollzüge in Korinth, die er den mit der Mahlparadosis in 11,23b–25 implizierten Vollzügen vorzieht.

[42] Zwischen einem Verständnis von κοινωνία als Teilhabe oder Gemeinschaft ist nicht alternativ zu entscheiden, weil ja die substanzielle Teilhabe personale Gemeinschaft begründet (so grundlegend HAINZ, EWNT 2, 753; DERS., Christus, 180; anders jetzt LAMPE, Wirklichkeit, 136 f., der den Teilhabegedanken zugunsten des Gemeinschaftsgedankens ablehnt). Zu den ökumenischen Implikationen vgl. auch RAHNER, Dimensionen, 43–51; GIELEN, Herrenmahlsgemeinschaft, 110–112.

[43] Dass nur ein einziges Brot gebrochen und verteilt wurde, vertreten auch LINDEMANN, 1Kor, 224; KONRADT, Gericht, 422, Anm. 1196, gegen SCHRAGE, 1Kor II, 441 f., Anm. 358; STRECKER, Liminale Theologie, 318, Anm. 80; MERKLEIN, 1Kor II, 263; THEOBALD, Leib, 145.156. Gerade die Kritik von SCHRAGE, dass das eine Brot qualitativ und nicht numerisch verstanden werde dürfe, weil ja „von einer Mahlzeit und nicht nur von kleinen Brotstücken die Rede ist", läuft ins Leere, denn das Brechen und Austeilen des einen Brotes als Eröffnungsritus besagt ja nicht, dass nur dieses als Grundnahrungsmittel der Sättigungsmahlzeit zur Verfügung stand. Im Kontext von 1Kor 10 ist diese Sättigungsmahlzeit ohne Belang. Es geht allein um die sie umschließenden Eröffnungs- und Abschlussriten.

Gemeinde. Der Akt des Brechens und Verteilens des Brotes schafft demnach über die vertikale Christusbindung hinaus eine horizontale Gemeinschaft, also die Einheit der Mahlteilnehmer untereinander. Die vielverhandelte Frage, ob der Leib Christi in V. 16b den dahingegebenen Kreuzesleib Jesu[44] oder den Leib der Gemeinde bezeichnet,[45] läuft damit ins Leere, denn die Gemeinschaft der Mahlteilnehmer mit Christus im Mahl ist in beiden Fällen gegeben. Doch scheint das Schwergewicht der Brotdeutung eher auf der horizontalen als auf der vertikalen Ebene zu liegen; nur so kann Paulus den Doppelcharakter der Mahlgemeinschaft herausstellen.

Nun macht dieser Doppelcharakter nach Paulus nicht nur die christliche, sondern auch die pagane Kultpraxis aus. Und genau darin liegt das *Problem*: Weil Kultmähler ihre Teilnehmer mit einer Gottheit verbinden und zu einer Einheit zusammenschweißen, ist die Teilnahme daran nicht in das Belieben des einzelnen Menschen gestellt. Unabhängig von seinem subjektiven Empfinden und seiner persönlichen Identität wird er in eine neue religiöse und soziale Identität eingegliedert, die nicht nur metaphorisch oder „assoziativ" aufgefasst werden darf,[46] sondern in den Augen des Paulus einen durchaus realen Charakter hat.[47] Folglich ist die Teilnahme an den Mählern der Gemeinde inkompatibel mit der Teilnahme an Kult- und Vereinsmählern.

Insgesamt kann damit festgehalten werden, dass Paulus seine bereits in Antiochien eingeschlagene Linie im korinthischen Konflikt festigt. Das Mahl tritt hier noch deutlicher als dort als wesentliches *Ausdrucksmittel ekklesialer Identität* hervor. War Paulus in Antiochien daran gelegen, die christliche Mahlgemeinschaft als von jüdischen Speisetabus unabhängig zu erweisen, grenzt er sie in Korinth von paganen Kultmahlgemeinschaften ab. Anders als in Gal 2,11 ff. treten in 1Kor 10,1–6; 10,14–22 jedoch – wenn auch nur in indirekter Weise – Indizien für den Mahlablauf des Gemeindemahls zutage. Die Verwechselbarkeit von christlichen und nicht-

---

[44] So die Mehrzahl der Ausleger, z.B. SCHRAGE, 1Kor II, 439 f.; WOLFF, 1Kor, 229 f.; HOFIUS, Vergebung, 288 mit Anm. 41; LINDEMANN, 1Kor, 224; MERKLEIN, 1Kor II, 262; KOCH, History, 245 f.; WALTER, Gemeinde, 113; WICK, Gottesdienste, 200; KONRADT, Gericht, 419; GÄCKLE, Die Starken, 267 f. mit Anm. 743; COUTSOUMPOS, Paul, 97.

[45] So CONZELMANN, 1Kor, 203; KLINGHARDT, Gemeinschaftsmahl, 308–310; JONGE, History, 209. Die These KLINGHARDTs gegen die Forschungsmehrheit, dass es auch in den paganen Trankopferspenden nicht um eine Gemeinschaft mit der Gottheit, sondern allein um die Gemeinschaft untereinander gegangen sein soll, leuchtet allerdings nicht ein. Damit wird der Kultakt in anachronistischer Weise säkularisiert und der Tatsache nicht Rechnung getragen, dass jüdische Häuser nicht ohne Grund auf Hausaltäre verzichteten und paganen Kulten reserviert gegenüberstanden. Zudem ist mindestens in 1Kor 10,16a an eine Gemeinschaft mit Christus und nicht nur untereinander gedacht.

[46] So aber KONRADT, Gericht, 425 (Zitat dort).

[47] So mit WALTER, Gemeinde, 113.

christlichen Mählern, auf die Paulus argumentativ rekurriert, spricht dafür, dass sie in ihrem Ablauf vergleichbar waren. Zu denken ist also an die kulturgeschichtlich prägende Ablauffolge von Mahlzeit, Libation(sersatz) mit Becherhandlung oder mit Becher- und Brothandlung und Gelage nach dem Mahl. Die Untersuchung von 1Kor 11,17 ff. muss erweisen, ob sich dieses am Text verifizieren lässt.

3.2 Herrenmahl und Privatmahl

In 1Kor 11,17–34 geht Paulus auf einen gemeindeinternen Mahlkonflikt ein. Während das Mahl in 1Kor 10,1–6 und 10,14–22 nur auf der Ebene der Deutung zur Sprache kam, wird die Kritik des Paulus an der gemeindeinternen Mahlpraxis darüber hinaus auch für organisatorische und ablauforientierte Fragen durchsichtig. Allerdings sind die Hinweise oft fragmentarisch oder nur indirekt aus dem Kontext zu erschließen, weil auch hier, wie in den bereits besprochenen Stellen, nicht die Mahlfeier selbst das eigentliche Thema darstellt.[48] Im Folgenden geht es demnach zunächst um die Mahlbezeichnung und den Feierrhythmus (3.2.1), dann um den Ablauf (3.2.2), die Mahlorganisation, insbesondere die Bereitstellung von Raum, Speisen und Getränken und die Ausübung von Leitungsfunktionen (3.2.3) und die Teilnehmerfrage (3.2.4), bevor abschließend der Mahlkonflikt und die paulinische Lösungsstrategie, für die der Einsetzungsbericht eine zentrale Rolle spielt, in den Blick genommen werden (3.2.5).

3.2.1 Die Mahlbezeichnung und der Mahlrhythmus

Paulus nennt das Gemeindemahl in 1Kor 11,20 *Herrenmahl* (κυριακὸν δεῖπνον). Insofern das Adjektiv κυριακός eine besitzanzeigende Konnotation hat,[49] ist der Herr Jesus als Eigentümer des Mahls im Blick, müsste man die Bezeichnung also korrekt mit „das dem Herrn gehörige Mahl" wiedergeben,[50] was den (sakral-)rechtlichen Verpflichtungsanspruch für die Feiergemeinde zum Ausdruck bringen würde, das Mahl auch in einer solchen Weise zu begehen, dass es auch als vom Herrn und seinen Vorgaben geprägt in Erscheinung tritt. Gegen die Forschungstendenzen, die Mahlbezeichnung aus sich selbst heraus zu erklären,[51] werden wir den unmittelbaren Kontext befragen:

---

[48] SCHRAGE, 1Kor III, 9: „Nicht das Herrenmahl als solches ist hier Thema, sondern dessen ekklesiologische und gemeindeethische Konsequenzen."

[49] So (QUELL)/FOERSTER, ThWNT 3, 1095, Z. 24 f.

[50] So HOFIUS, Tisch des Herrn, 170.

[51] ARZT-GRABNER u.a., 1Kor, 325, sprechen von einer „Zusammenkunft zu Ehren des Herrn Jesus Christus", HORBURY, Cena, 123, redet von einer „cultic acclamation of Christ as Kyrios", KREMER, Herrenspeise, 232, schließlich von dem im Essen geschenk-

„[17]Dieses aber kann ich bei dem, was ich anordne, nicht loben, dass ihr nicht zu eurem Nutzen, sondern zu eurem Schaden zusammenkommt. [18]Zunächst höre ich, dass, wenn ihr in der Gemeinde zusammenkommt, unter euch Spaltungen bestehen, und zum Teil glaube ich es auch. [19]Es muss nämlich auch Parteiungen unter euch geben, damit die Bewährten unter euch offenbar werden. [20]Wenn ihr euch nun an ein und demselben Ort versammelt, ist es kein Herrenmahl (κυριακὸν δεῖπνον), was ihr esst. [21]Jeder nimmt nämlich beim Essen sein Privatmahl (ἴδιον δεῖπνον) vorweg, und der eine hungert, der andere ist betrunken. [22]Habt ihr etwa keine Häuser um zu essen und zu trinken? Oder verachtet ihr die Gemeinde Gottes, indem ihr die Habenichtse beschämt? Was soll ich euch (dazu) sagen? Soll ich euch loben? Hierin lobe ich euch nicht!" (1Kor 11,17–22).

Im Zusammenhang der Argumentation 11,17 ff. fungiert das Adjektiv κυριακός als Gegenbegriff zu ἴδιος, so dass sich κυριακὸν δεῖπνον und ἴδιον δεῖπνον gegenüberstehen (11,21).[52] Der Name kann sich also der internen Rhetorik in 1Kor 11 verdanken und muss keineswegs schon als eine feste Mahlbezeichnung in Gebrauch gewesen sein.[53] Das bestätigt ein Blick zurück auf 1Kor 10,14–22. Paulus bezeichnet das Gemeindemahl dort nicht als Herrenmahl, sondern redet vom „Tisch bzw. Becher des Herrn (τράπεζα bzw. ποτήριον κυρίου)", der vom „Tisch bzw. Becher der Dämonen" abgegrenzt werden muss (10,21). In beiden Fällen, beim Herrenmahl auf der einen und beim Tisch bzw. Becher des Herrn auf der anderen Seite, geht es also um rhetorische Abgrenzungsbegriffe. Verdankt sich Letzterer der Abgrenzung von externen Kultmählern, so Ersterer der Abgrenzung von internen Privatmählern. Jedenfalls ist der Mahlbezeichnung „Herrenmahl" keine weitreichende Wirkungsgeschichte in der Alten Kirche beschieden,[54] was aber auch damit zusammenhängen kann, dass κυριακός auch die Bedeutung „kaiserlich" hatte.[55]

Jüngst wurde der Vorschlag gemacht, κυριακὸν δεῖπνον nicht mit Herren*mahl*, sondern mit Herren*speise* zu übersetzen.[56] Nicht um das Mahlgefüge gehe es, sondern konkret um die verzehrten Speisen und Getränke. Paulus unterscheide in 11,20 f. folglich nicht zwischen Herrenmahl und Privatmahl, sondern zwischen Herrenspeise (κυριακὸν δεῖπνον) und mitgebrachter Speise (ἴδιον δεῖπνον).[57] Dafür spricht in der Tat sowohl die Essens-

---

ten Einssein der Gemeinde mit ihrem Herrn. All das ist bei Paulus nicht im Blick, wenn er vom „Herrenmahl" redet!

[52] Vgl. BORNKAMM, Herrenmahl, 175; SCHRAGE, 1Kor III, 23; LINDEMANN, 1Kor, 251; MERKLEIN/GIELEN, 1Kor III, 78.

[53] So aber LAVERDIERE, Eucharist, 2, der an einen antiochenischen Ursprung des Namens denkt, und LINDEMANN, 1Kor, 250 f., obwohl er zu Recht feststellt, dass der fehlende Artikel dagegen sprechen könnte.

[54] Nachwirkungen lassen sich nur in der Traditio Apostolica (in Kap. 27 ist von der *cena dominica* bzw. *domini* die Rede) und bei Tertullian, Ad Uxorem II 4,2 (*convivium dominicum*) aufspüren (in De Fuga 14,1 spricht er von den christlichen Versammlungen als *dominica sollemnia*).

[55] So HORBURY, Cena Pura, 124.129.

[56] So KREMER, Herrenspeise, 230 f.

[57] Vgl. KREMER, Herrenspeise, 234–238.

terminologie in V. 20.33 als auch die Fokussierung auf das Essen des Brotes und das Trinken aus dem Kelch in V. 26–29. Allerdings führt die Realienorientierung die paulinische Argumentation unnötig eng, denn so sehr Paulus innerhalb seiner Argumentation eine Konzentration des Mahls auf Brot und Becher vornimmt, so wenig ist ihm an den damit verbundenen konkreten Speisen und Getränken gelegen,[58] sondern vielmehr an der ekklesialen Identität, die in den mit den Speisen und Getränken verbundenen Handlungen zur Darstellung gelangen soll. Mit dem Begriff des Herrenmahls sind also zwar tatsächlich Speisen und Getränke angesprochen, aber noch viel mehr, nämlich ein Gesamtgefüge aus Regelungen und Konventionen, unter denen die Realienfrage nur einer von mehreren Aspekten ist. So ist die paulinische Fokussierung auf Brot und Becher nicht für sich, sondern im Rahmen des Verhaltenskonflikts in Korinth zu betrachten. Es ist also angemessener, an der allgemeineren Bedeutung „Mahl" festzuhalten, dabei aber die besondere Nuance „Speise" nicht aus dem Auge zu verlieren. Dem entspricht auch der antike Sprachgebrauch. Die meisten Belege für δεῖπνον als Speise entstammen der Tierwelt und nur wenige beziehen sich auf menschliche Speise.[59] Und schließlich ist auch innerhalb des Neuen Testaments nur die Mahl-, nicht aber die Speisenbedeutung belegt.[60] Richtig an dem Vorschlag ist aber nicht nur die Beobachtung, dass Paulus seine Argumentation auf Brot und Becher fokussiert, sondern auch, dass er zwischen Brot und Bechergetränk auf der einen Seite und den mitgebrachten Speisen und Getränken auf der anderen Seite unterscheidet. Möglicherweise steckt dahinter eine Unterscheidung zwischen gemeinschaftlich zur Verfügung gestellten und privat mitgebrachten Lebensmitteln (vgl. dazu gleich Abschnitt 3.2.3).

Über die rhetorischen Überlegungen hinaus liegt die Vermutung nahe, die Rede vom Herrenmahl im traditionsgeschichtlichen Zusammenhang mit dem *Herrentag* (κυριακὴ ἡμέρα), den die im paulinischen Missionsgebiet beheimatete Johannesoffenbarung etliche Jahrzehnte nach der Abfassung der Paulusbriefe bezeugt (Offb 1,10), zu betrachten. Dass sowohl ein Tag als auch eine Mahlfeier als κυριακός qualifiziert werden, ist wohl kaum zufällig, vor allem dann nicht, wenn man die geographischen und traditionsgeschichtlichen Verbindungslinien zwischen Paulus und dem Seher Johannes berücksichtigt. Dieser Herrentag lässt sich am ehesten als ein wöchentlicher Versammlungstag verstehen.

In der Forschung wurden immer wieder auch monatliche oder jährliche Rhythmen erwogen. Für den jährlichen Rhythmus spräche die Prägung der Offb durch Exodus- und damit zugleich Passamotive sowie der Bezug des Herrentags auf den Ostertag in EvPetr 9,35; 12,50. Doch kann eine jährliche Feier zumindest für die paulinischen Gemeinden ausgeschlossen werden; die Spaltungen und Parteiungen im Mahlvollzug werden von Paulus als so gravierend empfunden, dass sie weitaus öfter aufgetreten sein mussten. Für einen festen monatlichen Termin spräche eine mögliche Beziehung zum Festkalender des

---

[58] Dagegen redet KREMER, Herrenspeise, 241, selbstverständlich vom Wein statt vom Becher.

[59] Vgl. etwa LXX Dan 1,15 f. nach der Old-Greek-Version, während die Lesart nach Theodotian in V. 15 τράπεζα liest. Doch schon in Dan 5,1 ist wieder das Gastmahl und nicht mehr die Speise im Blick.

[60] Mk 6,21; 12,39 par.; Lk 14,12; 14,17.24; Joh 12,2; 13,2.4; 21,20; Offb 19,9.17; vgl. Lk 17,8; Offb 3,20.

Kaiserkults,[61] doch ist dort nicht die κυριακὴ ἡμέρα, sondern allein die sprachlich zwar verwandte aber doch davon unterschiedene Formulierung Σεβαστὴ ἡμέρα bezeugt.

Dieser wöchentliche Versammlungstag ist wahrscheinlich nicht mit dem Sabbat,[62] sondern mit dem später so genannten Sonntag, also dem auf den Sabbat folgenden Tag, zu identifizieren.[63] Zwar ist eine eindeutige Zuweisung aus Einzelbelegen heraus nicht möglich, aber es lassen sich die frühchristlichen Belege in ihrer Zusammenschau eher in Richtung Sonntag als in Richtung Sabbat interpretieren:

	Bezeichnung	*Rhythmus*	*Gemeindeversammlung*
Did 14,1	Herrentag	keine konkrete Angabe, aber Regelmäßigkeit vorausgesetzt	Versammlung mit Brotbrechen, Danksagung und Sündenbekenntnis
IgnMagn 9,1	Herrentag	wöchentlich	keine Angabe
Barn 15,9	achter Tag	wöchentlich	Versammlung mit Frohsinn
Justin, 1apol 67	Sonntag	wöchentlich	Versammlung mit Schriftlesung, Gebet und Mahl

Did 14,1 redet zwar vom Herrentag (κυριακὴ κυρίου) mit Gemeindeversammlung (Brotbrechen, Danksagung und Sündenbekenntnis), nicht aber von einem dezidiert wöchentlichen Rhythmus. Der ähnlich wie die Didache ins 2. Jh. zu datierende Brief des Ignatius an die Magnesier grenzt den

---

[61] So DEISSMANN, Licht, 304–309.

[62] So aber YOUNG, Sunday, 116 f., aufgrund der Gebräuche der Judenchristen: „It is inconceivable that Jewish Christians in the apostolic era were meeting on any other day than the Sabbath; and if they were to meet unitedly with the Gentile Christians, the latter had to join the former on the Sabbath and not on Sunday" (117). Wie willkürlich eine solche Annahme ist, zeigt die Tatsache, dass JONGE, History, 228, aus genau denselben Gründen für den Sonntag plädiert: „In fact, on Saturday evening many Jewish households assembled for Supper. Therefore, Christian Jews had to choose another evening for the supper of their community. They chose the earliest possible opportunity: Sunday evening, after working hours, for until the time of Constantine the Sunday was a working day."

[63] So die Forschungsmehrheit, z.B. BOUSSET, Offb, 192; THOMPSON, Cult, 343 f.; ROLOFF, Offb, 40; MÜLLER, Offb, 81; GIESEN, Offb, 85 f.; PRIGENT, Rev, 129 f.; LLEWELYN, Sunday, 220 f. Auch für den Sonntag, aber aus pragmatischen und nicht aus theologischen Gründen, plädiert JONGE, History, 228–230 (vgl. die Replik von KOCH, History, 250–252).

Tag des Herrn (κυριακή) dagegen vom Sabbat ab und legt damit die Deutung auf einen wöchentlich wiederkehrenden Tag nahe (IgnMagn 9,1). Die theologische Prägung des Tages durch die Auferstehung Jesu spricht zudem dafür, nicht an einen christlichen Sabbat, sondern an den Folgetag zum Sabbat als Tag der Auferstehung Jesu zu denken. Allerdings spricht Ignatius dabei nicht von einer Gemeindeversammlung. Eine solche setzt dagegen der Barnabasbrief voraus, wenn er davon redet, dass die Gemeinde „den achten Tag (ἡ ἡμέρα ἡ ὀγδόη) zum Frohsinn (εὐφροσύνη)" begeht (Barn 15,9). Nur erwähnt er seinerseits die Bezeichnung Herrentag nicht. Dasselbe gilt für Justin, der von einer Versammlung mit Schriftlesung, Gebet und Mahl am „so genannten Tag der Sonne" (1apol 67,3) berichtet. Aus dem weiteren Fortgang ergibt sich, dass es sich um den ersten Tag der Woche, der theologisch als erster Schöpfungstag und Auferstehungstag Jesu gefüllt wird, handelt (67,8). So gibt es zwar keinen direkten Beleg für eine wöchentliche Mahlfeier am Herrentag, sondern nur für unbestimmt regelmäßige Mahlfeiern am Herrentag und dezidiert wöchentliche Mahlfeiern am Sonntag, doch kann man aufgrund des durch Offb 1,10; Did 14,1; IgnMagn 9,1 und Barn 15,9 gewährten Gesamtbefunds kaum von einem Nebeneinander von Herrentag und Sonntag sprechen; schon die inhaltlichen Parallelen von Herrentag und Sonntag, die durch die Osterthematik gesetzt sind, sprechen für eine Identität beider Tage. Es ist also ein und derselbe Tag, der im frühen Christentum als Herrentag, achter Tag und Sonntag bezeichnet werden konnte.

Wenn es eine Verbindung von Herrenmahl und wöchentlichem Herrentag geben sollte, dann hat der Herrentag eher vom Herrenmahl seinen Namen bezogen als umgekehrt das Herrenmahl vom Herrentag, weil Paulus selbst noch vom Sonntag als erstem Tag der Woche spricht (1Kor 16,2).[64] Alles in allem lässt sich somit ein wöchentlicher Mahlrhythmus paulinischer wie auch anderer frühchristlicher Mähler wahrscheinlich machen.[65] Paulus verankert an diesem Tag sogar nicht nur die Gemeindezusammenkunft, sondern auch die private Geldrücklage für Jerusalem.[66] Offenbar gab es noch keine gemeinsam verwaltete Kasse, in die das Geld eingezahlt werden konnte, so dass es jeweils zu Hause anzusparen war, aufgrund des Symbolgehalts aber analog zu den Sammlungen der Synagogengemeinden am wöchentlichen Versammlungstag.

---

[64] So mit KLINGHARDT, Gemeinschaftsmahl, 327. Anders HORBURY, Cena Pura, 124 f., der davon auszugehen scheint, dass schon im Begriff des Herrenmahls der Herrentag mitschwang.

[65] So auch KLINGHARDT, Gemeinschaftsmahl, 326–328; PILHOFER, Attraktivität, 206 f.; EBEL, Attraktivität, 161 f.; HORBURY, Cena Pura, 122 f.139. An einen mindestens monatlichen Rhythmus denkt KONRADT, Gericht, 404. BECKWITH, Worship, 197 f., hält auch eine tägliche Feierpraxis für möglich.

[66] So mit EBEL, Attraktivität, 159–161.

3.2.2 Der Mahlverlauf

Aus den Problemen bei der Gemeindefeier, die Paulus unter argumentativem Rückgriff auf den Bericht von Jesu Abschiedsmahl zu lösen versucht, und aus dem inhaltlichen Zusammenhang der Kapitel 12–14 mit Kapitel 11 lassen sich Folgerungen für den Ablauf der Mahlfeier ziehen. Was Paulus in 1Kor 10,14–22 noch auf der Ebene der Mahldeutung darstellte, nämlich die Übereinstimmung von paganen Kultmählern und gemeindlichen Mählern in ihrer gemeinschaftsstiftenden Funktion, wird sich nun auch auf der Ebene des Mahlablaufs bestätigen: Das korinthische Mahl folgt dem üblichen Schema aus Mahl und Gelage. Dies wird im Folgenden begründet. Dabei wird zunächst nach dem Ablauf der eigentlichen Mahlzeit (3.2.2.1) und dann nach dem Zusammenhang von Mahl- und Wortversammlung gefragt (3.2.2.2) werden.

3.2.2.1 Der Zusammenhang von Brot- und Becherhandlung

Wie ist die Mahlzeit selbst abgelaufen und wie passen sich die in der Mahlparadosis genannten Brot- und Becherhandlungen in diese Mahlzeit ein? Die Beantwortung dieser Fragen hängt an zwei Problemen:

Das erste Problem betrifft die Paradosis vom Abschiedsmahl Jesu: Sie geht in ihrer Ablaufbeschreibung von der Reihenfolge Brotritus, Sättigungsmahlzeit und Kelchritus aus, denn die Wendung μετὰ τὸ δειπνῆσαι in V. 25 kann nicht attributiv zu τὸ ποτήριον gezogen werden,[67] sondern bezieht sich adverbial auf ὡσαύτως und das darin implizierte Nehmen und Danken aus V. 24 zurück. Auch wenn Paulus die Überlieferung nicht zitiert, um Abläufe, sondern um Verhaltensweisen zu normieren, stellt sich die Frage, ob es vorstellbar ist, dass Paulus auf die Überlieferung vom Abschiedsmahl Jesu rekurriert und sie als Korrektiv zur korinthischen Praxis argumentativ einsetzt, wenn sie eine andere Mahlgestalt voraussetzt als diejenige, die in Korinth praktiziert wird und werden soll.

Das zweite Problem betrifft die Übersetzung der beiden Schlüsselverben προλαμβάνειν in V. 21 und ἐκδέχεσθαι in V. 33: Sind sie temporal oder nichttemporal zu verstehen? Das erste Verb hat die temporale Bedeutung „vorwegnehmen" und die nichttemporale Bedeutung „einnehmen", das zweite die temporale Bedeutung „warten" und die nichttemporale Bedeutung „annehmen" oder „aufwarten".

---

[67] So zu Recht HOFIUS, Herrenmahl, 209 f. mit Anm. 35.

Eine Kombination der durch die Grundentscheidungen gesetzten Alternativen führt zu *drei grundsätzlichen Ablaufmodellen* des korinthischen Herrenmahls:[68]

Modell 1	Modell 2	Modell 3
		Privatmahlzeit
	Brotritus	Brotritus
Sättigungsmahlzeit	Sättigungsmahlzeit	Sättigungsmahlzeit
Brot- und Becherritus	Becherritus	Becherritus

zu Modell 1:

Ein breiter Forschungsstrom geht davon aus, dass das Mahl in Korinth nicht in Übereinstimmung mit der Paradosis verlief und die beiden Schlüsselverben temporal aufzufassen sind.[69] Brot- und Becherritus sind demnach zu einer Doppelhandlung verschmolzen, die Wendung μετὰ τὸ δειπνῆσαι in V. 25 ist für Paulus „nur noch eine altertümliche liturgische Formel"[70].

Die Situation in Korinth stellt sich dann folgendermaßen dar: Die Mahlfeier wurde mit einer Sättigungsmahlzeit eingeleitet, zu der die wohlhabenden Gemeindeglieder, die i.d.R. auch die Speisen und Getränke zur Verfügung stellten, früher eintrafen als die Angehörigen unterer Schichten,

---

[68] Diese lassen ihrerseits eine Reihe von Untertypen zu. Zu Einzelheiten vgl. die ausführlichen Übersichten bei KLINGHARDT, Gemeinschaftsmahl, 276–291; KONRADT, Gericht, 403–416; MERKLEIN/GIELEN, 1Kor III, 77–83.

[69] So BORNKAMM, Herrenmahl, 155; JEREMIAS, Abendmahlsworte,114 f.; CONZELMANN, 1Kor, 234; KLAUCK; Herrenmahl, 295; SALZMANN, Lehren, 56; BARTH, Herrenmahl, 91 f. (allerdings mit einer groben Verzeichnung der Position von HOFIUS, dem er eine Unterscheidung von Privatmahl und Herrenmahl unterstellt, die dem Herrenmahl den Sättigungscharakter nehme und es zu einem rein kultisch-sakramentalen Mahl auszehre [92, Anm. 40]; doch das Gegenteil ist der Fall, denn HOFIUS ist gerade an der integralen Zusammengehörigkeit von Sättigung und Sakrament interessiert: „Niemand, der das eucharistische Brot gegessen hat und aus dem eucharistischen Kelch trinken wird, kann so tun, als sei das von diesen Akten umschlossene Sättigungsmahl eine Privatangelegenheit des Einzelnen und also eine Sache, mit der ein jeder so verfahren kann, wie es ihm beliebt" [HOFIUS, Herrenmahl, 239]); WOLFF, 1Kor, 257f; HAHN, Herrenmahl, 326; SCHRÖTER, Abendmahl, 33 (34 aber auch die Alternative abwägend).

[70] BORNKAMM, Herrenmahl, 155. Nach SCHRÖTER, Abendmahl, 33, folgte der „sakramentale Teil des Mahles" nicht einmal der in der Paradosis vorausgesetzten Reihenfolge von Brot- und Becherhandlung, sondern der in 1Kor 10,16 überlieferten Reihenfolge von Becher- und Brothandlung (die Darstellung SCHRÖTERs bei THEOBALD, Leib, 160 f. mit Anm. 147, unterliegt allerdings einem Missverständnis; SCHRÖTER geht nicht davon aus, dass Becher- und Brotritus die Mahlzeit eröffneten, sondern dass sie sie abschlossen).

die erst nach verrichteter Arbeit dazustoßen konnten. In der Zwischenzeit hatten sich die Ersten aber schon an dem Mitgebrachten gütlich getan, so dass es für die Letzten nicht mehr reichte. Lediglich an der Doppelhandlung um Brot und Becher nahmen alle gemeinsam teil.

Der Vorteil dieser Lösung ist, dass sie mit der Grundbedeutung der beiden Schlüsselverben arbeiten kann. Ihr Nachteil besteht darin, dass kaum verständlich zu machen ist, warum Paulus eine Überlieferung zitieren sollte, die nicht die gängige Praxis widerspiegelt. Außerdem kann dann ἕκαστος in V. 21 nicht präzise gebraucht werden, insofern ja nur die Wohlhabenden das Essen vorwegnehmen, während es Paulus allen Mahlteilnehmern zu unterstellen scheint. Es muss dann im Sinne von „jeder, der dazu imstande ist" verstanden werden.[71]

zu Modell 2:
Beide Nachteile des ersten Modells können gelöst werden, wenn man einen Mahlverlauf annimmt, der sowohl der Paradosis entspricht als auch von einer nichttemporalen Bedeutung der Schlüsselverben ausgeht.[72] Dann begann die Mahlzeit mit dem Brotritus, fuhr fort mit der Sättigungsmahlzeit und wurde schließlich mit dem Kelchritus beendet.

Die Situation in Korinth stellt sich dann folgendermaßen dar: Jedes Gemeindeglied brachte einen Teil der zu verzehrenden Speisen und Getränke mit, doch wurden diese nicht gemeinschaftlich zur Verfügung gestellt, sondern jeder hat seine je eigene Portion verspeist. Es hat also im strengen Sinne gar kein Gemeinschaftsmahl, sondern nur eine Ansammlung von individuellen Privatmahlzeiten stattgefunden.

Die Vorteile dieses Modells liegen auf der Hand: Zum einen wird dabei der in der Paradosis implizierte Ablauf in Deckung mit dem Ablauf des Mahls in Korinth gebracht. Zwar sind die Einsetzungsworte „nicht daran orientiert, den Korinthern einen Mahl*ablauf* zu verordnen", d.h. sie zielen primär auf die Bedeutung des Mahls, nicht auf seinen Verlauf,[73] aber ein Argument für die Deutung der Mahlfeier kann nur dann greifen, wenn eine Wiedererkennung auch in formaler Hinsicht möglich ist. Zum anderen kann ἕκαστος wörtlich genommen werden, weil ja tatsächlich jeder das verzehrte, was er selbst mitgebracht hat und was ihm persönlich gehörte. Zudem muss man keine sozialen Schichtungen in den Text eintragen, denn um größere und kleinere Mahlportionen für den Einzelnen geht es dann allenfalls vordergründig, insofern Wohlhabende mehr mitbringen und verzehren konnten als Arme, doch liegt das eigentliche Problem einer solchen Mahlpraxis in der fehlenden Bereitschaft der Teilnehmer zur Gemein-

---

[71] KLAUCK, Herrenmahl, 293.
[72] So grundlegend HOFIUS, Herrenmahl, 216–223, und KLINGHARDT, Gemeinschaftsmahl, 286–295. Ähnlich auch JONGE, History, 209–217; WINTER, Paul, 143–152.
[73] So SCHRÖTER, Abendmahl, 37 (Kursivdruck dort).

schaftsbildung. Der Nachteil dieser Lösung besteht allerdings darin, dass die nichttemporale Bedeutung von προλαμβάνειν gerade für den Speisekontext im Sinne von „Speisen zu sich nehmen" nur schwach bezeugt ist,[74] und auch ἐκδέχεσθαι nur wenige Kapitel später im gleichen Brief eine eindeutig temporale Bedeutung hat (1Kor 16,11), während Paulus an anderer Stelle, wenn er die gegenseitige Annahme betonen will, προσδέχεσθαι (Röm 16,2; Phil 2,29) oder προσλαμβάνεσθαι (Röm 14,1.3; 15,7) verwendet.

zu Modell 3:
Vertreter einer mittleren Lösung versuchen schließlich die breiter belegte temporale Bedeutung von προλαμβάνειν mit der Annahme eines der Paradosis entsprechenden Ablaufs zu verbinden.[75]

Mit dieser Lösung ist scheinbar die Annahme zweier Sättigungsmähler verbunden, nämlich das Voressen einiger Gemeindeglieder und das gemeinsame von Brot- und Becherritus gerahmte Mahl aller. Peter Lampe hat dafür die aus der Gastmahlkultur bekannte Unterscheidung von Hauptgericht (*primae mensae*) und Nachtisch (*secundae mensae*) als Analogie in Anschlag gebracht. Die reicheren Korinther hätten demnach das Hauptgericht unter sich eingenommen, während zum Nachtisch, der mit dem Brotsegen eingeleitet worden sei, dann alle Gemeindeglieder anwesend gewesen seien.[76] Doch hat diese Lösung mit etlichen Problemen zu kämpfen:[77] (1) Der Brotsegen ist dann nicht in der Mahleröffnung, sondern in der Mahlabschlusslibation zu verorten. (2) Der Nachtisch muss dann wie das Hauptgericht Sättigungscharakter haben, war aber antik nur als dekadente Pervertierung üblicher Gastmahlsitten belegt ist.[78] (3) Das späte Eintreffen von Gästen erst zum Symposion war zwar antik durchaus üblich, doch erwarteten solche späten Gäste nicht, noch Essensanteile zu erhalten, während die zu spät kommenden Korinther darauf nach Paulus noch einen Anspruch hatten. Deshalb ist allen Ansätzen,

---

[74] In dieser Bedeutung ist das Verb nur in einer Inschrift aus Epidaurus, die wohl ins 2. Jh. zu datieren ist, bezeugt (SIG III 1170), dort allerdings gleich dreimal (Z. 7.9.15). Verwandt damit ist die Bedeutung „vorziehen" im Sinne von „bevorzugen", wie sie bei Sophokles, OedCol 1141 bezeugt ist. Im Neuen Testament kommt das Verb abgesehen von unserer Stelle in 1Kor 11 nur noch zweimal vor, davon nur in Mk 14,8 mit eindeutig temporaler Konnotation, wohingegen in Gal 6,1 der zeitliche Aspekt nicht zentral ist. Sowohl dem Beleg bei Sophokles als auch den beiden neutestamentlichen Stellt fehlt allerdings der Speisebezug.

[75] So KOLLMANN, Ursprung, 42; LAMPE, Herrenmahl, 191–203; SCHMELLER, Hierarchie, 71; DUNN, Theology, 610 f.; STRECKER, Liminale Theologie, 322, Anm. 102; KONRADT, Gericht, 411–413. In ähnlicher Weise kommt THEISSEN, Integration, 297–307, bei gleichzeitiger Annahme eines nichttemporalen Gebrauchs von προλαμβάνειν zur Annahme eines vorweggenommenen Mahls wohlhabender Korinther, das sich während des Herrenmahls durch verweigertes Teilen fortgesetzt habe.

[76] So LAMPE, Herrenmahl, 200 f. Ihm folgt COUTSOUMPOS, Paul, 109.

[77] So mit KLINGHARDT, Gemeinschaftsmahl, 282–286.

[78] So tadelt Sueton, Vitellius 13 die Sitte, den Nachtisch zu einer eigenen Mahlzeit auszudehnen.

die mit zwei unterschiedlichen Mählern rechnen, seien es zwei Sättigungsmähler, seien es ein Sättigungs- und ein Kultmahl, mit Vorsicht zu begegnen.

Die Probleme in Korinth resultierten nicht aus einem Nebeneinander zweier Mähler, sondern aus einem uneinheitlichen Mahlbeginn, weil einige Gemeindeglieder das Mahleröffnungsgebet nicht abwarteten.[79] Die Situation in Korinth stellt sich dann folgendermaßen dar: Die Gemeindeglieder treffen zu unterschiedlichen Zeitpunkten im Speiseraum ein. Die sozial höhergestellten und mit Eingangsgebeten unvertrauten Christen aus der Völkerwelt fangen nach ihrer Gewohnheit einfach schon mit dem Essen an, so dass die später kommenden und wahrscheinlich ärmeren Gemeindeglieder nur noch mit ihren eigenen kärglichen Mitbringseln Vorlieb nehmen konnten.

Bei allen Vorteilen, welche die mittlere Lösung bietet – das Ernstnehmen der temporalen Grundbedeutung der Schlüsselverben und der in der Paradosis bezeugten Abfolge von Brotritus, Mahlzeit und Becherritus –, bleiben allerdings Probleme bestehen: Wie beim ersten Modell darf auch beim dritten die paulinische Kritik an sämtlichen Mahlteilnehmern (ἕκαστος) nicht gepresst, sondern nur auf die Gruppe der Vor- oder Alleinesser bezogen werden;[80] und die Wendung ἐν τῷ φαγεῖν muss weiter als das eigentliche Sättigungsmahl gefasst werden, nämlich im Sinne von „[b]eim Mahl, d.h. im Rahmen bzw. Kontext der Zusammenkunft in der Gemeinde zur Mahlfeier"[81].

Insgesamt kommt den beiden letzten Modellen eine Priorität gegenüber dem ersten zu, weil die Paradosis nur dann wirkliches argumentatives Gewicht haben kann, wenn die Korinther darin ihren eigenen Mahlablauf wiedererkennen können.[82] Zwischen den Modellen 2 und 3 zu entscheiden, ist dagegen schwieriger, weil die Bedeutung der beiden Schlüsselverben nicht eindeutig festliegt. Für die Rekonstruktion des Ablaufs des korinthischen Herrenmahls ist eine letzte Entscheidung aber unerheblich, denn so oder so treten die Analogien zu Gast- und Vereinsmählern mit Mahlbeginn, Mahlzeit und kultischem Mahlabschluss deutlich zutage. Nur für die konkrete Bestimmung des Mahlkonflikts ist eine Wahl zwischen beiden Modellen unerlässlich; die temporale Grundbedeutung der beiden Schlüsselverben legt eher eine Favorisierung von Modell 3 nahe.

---

[79] So KONRADT, Gericht, 411. Als möglich erwogen auch von KLINGHARDT, Gemeinschaftsmahl, 290 f.

[80] Was KLINGHARDT, Gemeinschaftsmahl, 291, dazu bewegt, dieses Modell bei aller Denkbarkeit als „exegetischen ‚Holzweg[s]'" zu kritisieren.

[81] KONRADT, Gericht, 411 (dort teilweise kursiv).

[82] Die Übereinstimmung mit der Paradosis wird von MERKLEIN/GIELEN, 1Kor III, 82, sogar zum Hauptargument erklärt.

3.2.2.2 Der Zusammenhang von Mahl- und Wortversammlung

Die formale Analogie des korinthischen Gemeindemahls zu antiken Gast- und Vereinsmählern würde über die bereits festgestellten Berührungspunkte im Mahlverlauf noch deutlicher zutage treten, wenn sich darüber hinaus auch eine Entsprechung zum sympotischen Gelage aufzeigen ließe. Anhaltspunkte dafür bietet die sich direkt an die Behandlung des Gemeindemahls anschließende Darstellung einer *Wortversammlung*, die in Kap. 12 f. grundgelegt und in Kap. 14 in ihrem Ablauf beschrieben wird.

Dass die Ausführungen in 1Kor 12 f. nicht als allgemein ekklesiologische Wahrheiten zu verstehen sind, sondern direkt auf das Miteinander in der Wortversammlung 1Kor 14 zu beziehen sind, ergibt sich aus dem Wechsel der Thematik von der Einheit (Kap. 10 f.) zur Vielfalt (Kap. 13 f.). Beim gemeindlichen Mahl ging es Paulus um die Einheit nach außen (10,14–22) und nach innen (11,17–34). Im Wortteil (14) soll sich diese Einheit in eine Vielfalt an Gaben ausdifferenzieren (12), wobei die Liebe den einzelnen Gaben ihre Grundausrichtung gibt (13). Kap. 12 kommt dabei eine Scharnierfunktion zu, denn das Bild vom einen Leib mit den vielen Gliedern kann beide Anliegen des Paulus, die Einheit und die Vielfalt, gleichermaßen fassen.

In der in 1Kor 14 beschriebenen Versammlung werden Lehrvorträge (14,6.26), Offenbarungsreden (14,6.26), Prophetien (14,1.3), Psalmgesänge (14,15.26), Gebete (14,14 f.), ekstatische Reden (14,3 f.26 f.) und deren Auslegung (14,26–30), Lobpreis und Danksagung (14,16 f.) zu Gehör gebracht.[83] Paulus selbst gibt eine gute Zusammenfassung der Inhalte und ihrer Bedeutung für die Gemeinschaftsbildung:

„Wenn ihr jeweils zusammenkommt, dann hat jeder[84] einen Psalm, hat er eine Lehre, hat er eine Offenbarung, hat er eine Zunge(nrede), hat er eine Auslegung. Alles soll aber zur Auferbauung geschehen!" (1Kor 14,26).

Weil Paulus den Zusammenhang zwischen der Mahlversammlung in Kap. 11 und der Wortversammlung in Kap. 14 nicht ausdrücklich herstellt, hat man in der Forschung immer wieder behauptet, dass es sich um zwei unterschiedliche Versammlungstypen handele, um eine mahlorientierte und um eine wortorientierte Zusammenkunft.[85] Doch die Indizien sprechen

---

[83] Vgl. dazu SALZMANN, Lehren, 67–72; KLINGHARDT, Gemeinschaftsmahl, 347–363 (der zu Recht kritisiert, dass in der Forschungsgeschichte die charismatisch-pneumatischen Redebeiträge zugunsten einer einseitigen Konzentration auf Lehre und Predigt vernachlässigt wurden [a.a.O., 345]).

[84] Die Kodizes א², D, F, G und Ψ sowie der Mehrheitstext 𝔐 lesen das verstärkende „jeder von euch".

[85] So SALZMANN, Lehren, 60 f.; DUNN, Theology, 618 f.; GEHRING, Hausgemeinde, 299–302; LÖHR, Gebet, 415–420; HOFIUS, Tisch des Herrn, 181 (der vor allem das Interesse verfolgt, zwischen einem öffentlichen Gottesdienst für alle und einer exklusiv den Getauften vorbehaltenen Mahlfeier zu unterscheiden). Unschlüssig bleibt SCHRAGE, 1Kor III, 443 f.

eher dafür, beide Zusammenkünfte nicht als getrennte Einheiten sondern als zwei Teile ein und derselben Veranstaltung zu begreifen.[86] Schon die schlichte Abfolge der Kapitel 11 und 12–14 weist in diese Richtung; dazu kommen die kulturgeschichtlichen Parallelen zu jüdischen und paganen Mählern. Wenn sich schon für das eigentliche Mahl eine Nähe zu antiken Mählern ausmachen lässt, würde es verwundern, wenn sich diese Nähe nicht auch beim wortorientierten Nachtischgelage zeigen ließe. So ist die sowohl in 1Kor 11,20 als auch in 14,23 bezeugte Wendung συνέρχεσθαι ἐπὶ τὸ αὐτό mit großer Wahrscheinlichkeit auf ein und dieselbe Versammlung zu beziehen, die sich in zwei Bestandteile, einen mahlorientierten und einen eher gesprächs- und vortragsorientierten Teil, unterteilen lässt.[87] Wenn wir im Folgenden also von einer „Wortversammlung" oder einem „Wortteil" sprechen, dann meinen wir damit keinen „Wortgottesdienst", wie er sich später etablieren wird, sondern den auf das Mahl folgenden Vortrags- und Gesangsteil. Man kann auch von einem „Symposion" reden, wenn man den Begriff im uneigentlichen Sinne gebraucht. Formal folgt der Wortteil jedenfalls auf das Mahl wie das Symposion auf das Deipnon beim Gast- und Vereinsmahl, inhaltlich aber scheint der korinthischen Wortversammlung zu fehlen, was zum Symposion unabdingbar dazugehörte: der Weingenuss. Zumindest schweigen die Texte dazu.

Gegen die hier postulierte Reihenfolge von Mahl und Wortversammlung hat man in der Forschung lange die umgekehrte Reihenfolge, erst die Wortverkündigung und dann das Mahl, postuliert. Berufen hat man sich dabei auf den *Briefschluss 1Kor 16,20–23*, den man als liturgische Ausschluss- und Einladungsformel zum Mahl verstanden hat:[88]

„[20]Es grüßen euch alle Geschwister. Grüßt einander mit dem heiligen Kuss. [21]Hier der Gruß mit meiner eigenen, des Paulus Hand. [22]Wenn jemand den Herrn nicht liebt, sei er verflucht. Maranatha. [23]Die Gnade des Herrn Jesus sei mit euch."

Nun ist unübersehbar, dass der Briefschluss Stücke enthält, die in der Mahlliturgie der Alten Kirche bezeugt sind und wahrscheinlich auch schon in neutestamentlicher Zeit zum Grundbestand mahlbegleitender Gesten und Worte gehört haben,[89] vor allem der Kuss und das Maranatha. Das Maranatha wird der Gemeinde unübersetzt in aramäischer Sprache dargeboten und ist kein geläufiges Element brieflicher Kommunikation. Nach

---

[86] So mit KLAUCK, Herrenmahl, 346–351; KLINGHARDT, Gemeinschaftsmahl, 334–347; JONGE, History, 215–217; WICK, Gottesdienste, 202 f.; SMITH, Symposium, 200–202; KONRADT, Feier, 221 u.a.

[87] Mit dem von συνέρχεσθαι abgeleiteten Substantiv συνέλευσις (und auch mit ἐπὶ τὸ αὐτό) bezeichnet Justin, 1apol 67,3 die wöchentliche Eucharistiefeier.

[88] So grundlegend LIETZMANN, Messe, 229, dann auch z.B. BORNKAMM, Herrenmahl, 167 f.; SALZMANN, Lehren, 58 f.; WOLFF, 1Kor, 437 f.; GEHRING, Hausgemeinde, 303.

[89] So KLAUCK, Herrenmahl, 351–364.

Did 10,6 gehört es als Ruf um das Kommen Gottes in die Eröffnung der Mahlfeier.[90] Es steht inhaltlich für das eschatologische Kommen (vgl. 1Kor 11,26) und gegenwärtige Kommen Gottes zu Gericht und Heil.[91] Neben dem Maranatha ist auch der Kuss als Element frühchristlicher Mahlfeiern nachweisbar. So kennt Justin den Kuss im Anschluss an das Dankgebet, bevor die Mahlelemente hereingetragen werden (1apol 65,2). Er wurde wohl auf den Mund gegeben (Cyprian, ep. 6,1) und führte anscheinend nicht selten zu erotischen Fehlleitungen. Zumindest ist die Weisung des Clemens von Alexandrien, sich frei von Leidenschaft und Lärm mit geschlossenem Mund zu küssen (Paed III 11,81,2–4), auf diesem Hintergrund am besten zu verstehen. Dass die Praxis des Kusses auch schon zu neutestamentlicher Zeit geübt wurde, legt sich nahe. Denn die von Paulus gebrauchte Gegenseitigkeitsformulierung ἀλλήλων lässt sich nicht allein im Sinne eines bloßen Grußes verstehen; dann würde V. 20b nur wiederholen, was schon V. 20a aussagt. Und insofern als der Kuss auch schon vor der Zeitenwende im jüdischen Mahlkontext bezeugt ist (JosAs 20,5.8; 21,7 f.; 22,9 f.), liegt die Schlussfolgerung nahe, dass der Kuss als rituelle Ausdrucksform des Gruppenzusammenhalts und der geschwisterlichen Liebe schon ein früher Bestandteil christlicher Mähler war.[92]

Allerdings stellt sich die Frage, ob die offensichtlichen Mahlbezüge der Einzelelemente ausreichen, um einen Mahlbezug auch der Gesamtkomposition des Briefschlusses anzunehmen, ob also so etwas wie ein liturgischer Dialog vorliegt. Hier ist eher Skepsis angebracht.[93] Um aus den Schlussversen des Briefes eine Liturgie herausschälen zu können, sind starke Eingriffe in den Textbestand erforderlich. So erscheint es angemessener anzunehmen, dass der Briefschluss keine Mahleingangsliturgie darstellt, son-

---

[90] So auch neben vielen anderen HENGEL, Abba, 501.513 f. Anders KLINGHARDT, Gemeinschaftsmahl, 338–343, der das Maranatha allgemein als Drohwort oder Mahnung versteht (zur Kritik vgl. etwa SCHWEMER, Mahlgemeinschaft, 212, Anm. 117) und MESSNER, Grundlinien, 10 f., der es sowohl in 1Kor 16,22 als auch in Did 10,6 als Bekräftigung eines Satzes heiligen Rechts versteht (den Ruf um das Kommen Christi erblickt er dennoch in Did 10,6, nur nicht im Maranatha, sondern im Ruf um das Kommen der Gnade).

[91] Die Forschung tendierte lange einseitig zum Gericht. Dagegen ist mit KONRADT, Gericht, 453 f., zu betonen, dass das Maranatha hier als positives Gegengewicht zur Ausschlussbestimmung in V. 22a fungiert und darum vor allem als Herbeirufung Christi zum endgültigen Heil zu verstehen ist (ihm schließen sich auch MERKLEIN/GIELEN, 1Kor III, 468 f. an).

[92] So auch STRECKER, Liminale Theologie, 308. Auch THEOBALD, Gastfreundschaft, 203, Anm. 68, spricht von einer „liturgische[n] Sitte", denkt aber zu eng, wenn er den Kuss nur als Vergebungszeichen interpretiert.

[93] So auch; KLINGHARDT, Gemeinschaftsmahl, 334–347; SCHRAGE, 1Kor IV, 462–465; KONRADT, Gericht, 452–454; KOCH, Regelung, 166 f.; MERKLEIN/GIELEN, 1Kor III, 464–469.

dern lediglich lose Elemente einer solchen bezeugt.[94] Paulus hätte dann aus
rhetorischen Gründen auf die Sprache der Mahlfeier zurückgegriffen. Offensichtlich war er der Meinung, dass die im Brief behandelten Probleme
und Konflikte letztlich in der gemeindlichen Mahlzusammenkunft kulminieren und seine Ratschläge dazu sich gerade dort zu bewähren haben.
Denkbar ist aber darüber hinaus, dass Paulus auch darum wusste, dass seine Briefe im Laufe dieser Mahlfeier zur Verlesung kamen, und zwar anders als die pneumatisch orientierten Wortbeiträge der Gemeindeglieder
nicht nach, sondern vor der Mahlzeit. Dann stellt der Briefschluss zwar
immer noch keine Eingangsliturgie dar, aber bereitet die Gemeinde zumindest terminologisch-assoziativ auf die bald beginnende Feier vor. In diesem Fall muss man zwar von gelegentlich zwei stattfindenden Wortteilen,
die das Mahl rahmten, ausgehen – Briefe des Apostels lagen der Gemeinde
ja längst nicht wöchentlich vor –, kann dafür aber Analogien im Judentum
und im frühen Christentum anführen. Ein analoger Aufbau wird sowohl
beim oben besprochenen Therapeutenmahl[95] als auch bei der Feier des
Brotbrechens in Troas (Apg 20,7–11) vorausgesetzt. In Troas wurde das
Mahl durch eine Lehrrede des Paulus ($\delta\iota\alpha\lambda\acute{\epsilon}\gamma\epsilon\sigma\theta\alpha\iota$) und einen Gesprächsteil ($\acute{o}\mu\iota\lambda\epsilon\hat{\iota}\nu$) gerahmt.[96]

Nimmt man die Ergebnisse über den Zusammenhang von Brot- und Becherhandlung und den Zusammenhang von Mahl und Wortversammlung
mit den Erwägungen zu 1Kor 16,20 ff. und dem Ort gemeindlich brieflicher Unterweisung zusammen, dann ergibt sich abschließend folgendes
Bild:

Gast- und Vereinsmahlschema	*Korinthisches Herrenmahl*
–	gelegentliche Brieflesungen
Eröffnung	Kuss; Einladung/Ausschluss; Maranatha-Ruf; Eröffnungsgebet und Brotbrechen
Mahlzeit	Mahlzeit
Trankspende	Schlussgebet und Becherhandlung
Trinkgelage	pneumatisch geprägte Wortversammlung mit Beiträgen möglichst aller Gemeinde-glieder

---

[94] So mit KLAUCK, Herrenmahl, 362 f.
[95] Vgl. oben Kap. II.4.4.
[96] Vgl. dazu WICK, Gottesdienste, 287 f.

3.2.3 Die Mahlorganisation

Wer war für die Organisation des korinthischen Herrenmahls verantwortlich? Wer stellte den Raum zur Verfügung? Wer besorgte die Speisen und Getränke? All das sind Fragen, die zwar das Vereinsrecht beschäftigen und sich in Vereinsstatuten niederschlagen, Paulus jedoch im Kontext der Gemeinde mit keinem Wort explizit anspricht, weil er sich dafür auf interne Verabredungen, die wir nicht kennen, verlassen konnte und er die Verhältnisse theologisch und nicht organisatorisch zu klären bemüht war. Wieder sind wir auf indirekte Indizien angewiesen, um uns ein Bild zu machen.

Zunächst einmal lässt sich der Beschreibung des Paulus selbst entnehmen, dass sich die korinthischen Christinnen und Christen an ein und demselben Ort zum Mahl versammelten, also nicht parallel an unterschiedlichen Orten, sondern zentral im selben Versammlungsraum, auch wenn dieser turnusgemäß wechseln konnte.[97] In diesem Sinne ist die Wendung ἐπὶ τὸ αὐτό in 1Kor 11,20 zu deuten; sie muss zwar nicht zwangsläufig eine lokale Bedeutung haben, sondern kann auch final gebraucht werden („auf ein und dieselbe Sache hin", d.h. zu ein und demselben Zweck), doch schwingt die lokale Bedeutung zumindest da mit, wo von den christlichen Versammlungen die Rede ist. Denn Gemeindeglieder, die aus demselben Grund und mit derselben Zweckbestimmung zusammenkommen, versammeln sich auch an ein und demselben Ort.[98] Für Korinth lässt sich dieser zentrale Versammlungsort noch weiter spezifizieren, denn Paulus erwähnt in Röm 16,23 Gaius als Gastgeber der ganzen korinthischen Gemeinde. Dass Paulus tatsächlich davon ausgeht, dass das korinthische Gemeindemahl eine Veranstaltung aller korinthischen Christinnen und Christen war, ergibt sich schließlich auch aus der Fallbeschreibung in 1Kor 11,18 f.; die dort kritisierten Spaltungen und Parteiungen treten kaum in verschiedenen von Haus zu Haus gefeierten Mählern auf, sondern in dem einen zentralen korinthischen Gemeindemahl, wie auch die allgemeine Anrede der Gemeinde nahelegt.

Die in der Forschung geführte Diskussion um die Existenz von autonomen, d.h. religiös eigenständigen Hausgemeinden neben den übergreifenden Ortsgemeinden ist also zumindest für Korinth zugunsten der Ortsgemeinde zu entscheiden.[99] Ob das für die paulini-

---

[97] Das legt auch eine nichtpaulinische Notiz nahe: Die Aufforderung in 1Petr 4,7, ohne Murren füreinander gastfrei zu sein, bezieht sich wohl auf die Gastgeberschaft für die gemeindliche Mahlversammlung, die mitunter zur Last werden konnte und deshalb immer neu von allen eingefordert werden musste, damit die Last verteilt war.

[98] So in Apg 1,15; 2,1.44; 1Kor 14,23. Die lokale Bedeutung schwingt auch mit in Mt 23,34; Lk 17,35; 1Kor 7,5. Die Kritik von GEHRING, Hausgemeinde, 167–169, greift darum nicht.

[99] So auch GEHRING, Hausgemeinde, 251 f.

schen Gemeinden generell gilt[100] oder eher eine Ausnahme darstellt,[101] ist umstritten. Dass Paulus der Ortsgemeinde zumindest die Priorität gegenüber einzelnen Hausgemeinden einräumt, ergibt sich daraus, dass er zum einen nach den Missionsberichten der Apg nicht verschiedene Haus-, sondern Ortsgemeinden gründete und seine Briefe zum anderen nicht an einzelne Häuser, sondern jeweils an die als Gesamtgemeinde verstandene ἐκκλησία adressierte.[102] Offenbar erwartete er „das Verlesen seiner Briefe selbstverständlich in der Versammlung der *Orts*gemeinde"[103]. Probleme bereitet allerdings die in Röm 16,5; 1Kor 16,19; Kol 4,15; Phlm 2 bezeugte Wendung κατ' οἶκον ἐκκλησία. Die Befürworter der Ortsgemeindethese verstehen sie als Indiz für eine Haus*gemeinschaft*, die von der mit der Ortsgemeinde identischen Haus*gemeinde* zu unterscheiden ist. Sie sei keine im strengen Sinne ekklesial aufzufassende Größe mit gottesdienstlichem Eigenleben gewesen, sondern bezeichne die durch den Namen des jeweiligen Hausherren bzw. der Hausherrin identifizierbare Gesamtheit der christlichen Mitglieder eines Hauswesens samt seines nachbarschaftlichen Beziehungsumfeldes.[104] Doch einen solch gewichtigen Begriff wie ἐκκλησία gebraucht Paulus wohl kaum im uneigentlichen Sinn. So wird man wohl faktisch mit lokal unterschiedlichen Lösungen rechnen müssen. Allerdings wird man selbst da, wo es mehrere parallele Hausgemeinden gab, davon ausgehen können, dass Paulus an deren Zusammenhalt und an deren Orientierung an der Ortsgemeinde interessiert war. Von autonomen Größen sollte man deshalb nicht sprechen.

Wie hat man sich dieses Haus des Gaius, das Raum genug bot, um die Gesamtgemeinde unterzubringen, vorzustellen? Die Forschung hat in der Vergangenheit sehr einseitig die herrschaftliche *domus* mit Innenhof (*atrium*) und angelagertem Speiseraum (*triclinium*) favorisiert.

In der Forschung einflussreich wurden die Erwägungen von Jerome Murphy-O'Connor, der die korinthischen Verhältnisse allein aus der Archäologie römischer Villen heraus zu eruieren suchte und dabei zu einer höchst anschaulichen These gelangte: Gaius habe die Gesamtgemeinde in seine herrschaftliche Villa eingeladen. Dabei sei es zu Ungleichheiten gekommen, denn Gaius habe diejenigen Gemeindeglieder, die einen ähnlich sozialen Status wie er selbst aufzuweisen hatten und vielleicht sogar zu seinem Freundeskreis gehörten, im Triklinium untergebracht. Dort hätten sie nicht nur ein Dach über dem Kopf gehabt, sondern hätten zugleich liegen und unter Ihresgleichen bleiben können. Sozial niedrigerstehende Gemeindeglieder, die ohnehin später zum Mahl eintrafen, weil sie bis in den frühen Abend hinein arbeiten mussten, hätten dagegen im Triklinium keinen Platz mehr gefunden und seien im Atrium abgespeist worden, wo sie wahrscheinlich weder Liegen noch ein Dach über dem Kopf vorfanden. Darin spiegele sich nach Paulus ein

---

[100] So MERKLEIN/GIELEN, 1Kor III, 460–464.

[101] So KLAUCK, Hausgemeinde, 21–47; GEHRING, Hausgemeinde, 275–291.

[102] 1Kor 1,2; 2Kor 1,1; Gal 1,2 (der Plural dort erklärt sich aus der Tatsache, dass der Brief die Ortsgemeinden einer ganzen Region, sei es die Landschaft oder die Provinz Galatien, im Blick hat); 1Thess 1,1; vgl. die analog zu verstehende Rede von „allen Heiligen" in Röm 1,7; Phil 1,7. Darin trifft sich Paulus mit der Offb, die von den Sendschreiben her auch primär die Ortsgemeinden im Blick hat.

[103] MERKLEIN/GIELEN, 1Kor III, 461; dort kursiv.

[104] So MERKLEIN/GIELEN, 1Kor III, 460–464. GIELEN korrigiert damit ihre frühere Sicht, dass die Wendung κατ' οἶκον ἐκκλησία die sich im jeweiligen Haus versammelte Ortsgemeinde meine (so noch GIELEN, Interpretation, 118 f.).

Rückfall in vorbaptismales hierarchisierendes Verhalten, vergleichbar dem nach römischer Sitte üblichen Empfang von Klienten im Atrium, das es zu korrigieren gelte.[105]

Doch muss zur Vorsicht gemahnt werden. Denn die neutestamentlich gebrauchten Begriffe οἶκος und οἰκία lassen keinerlei archäologische Schlüsse auf einen bestimmten Bautyp zu, sondern sind für eine Vielzahl an Wohngebäuden offen. Die Spannbreite reicht „von den herrschaftlichen Häusern (*Domus*), was auch nur eine Erdgeschosswohnung mit entsprechender Zimmerflucht sein konnte, zu den großzügig geschnittenen Mehrzimmerappartements (*cenacula*) in den hochgeschossigen Häusern (*Insula*) der Stadt, die im Gegensatz zu den einfachen Wohnungen (*cellae*) in denselben Wohnblocks ein gewisses Maß an Repräsentation ermöglichten"[106]. Theoretisch kommen all diese Wohnformen als Versammlungsorte in Frage.[107]

Man kann auch an ein von Gaius angemietetes *Versammlungslokal* denken.[108] Analoges ist nach Apg 19,9 f. für Ephesus bezeugt, wonach Paulus seine Missions- und Lehrtätigkeit dort zunächst in der städtischen Synagoge und dann infolge des Bruchs zwei Jahre lang in der σχολή des Tyrannus ausübte. Damit könnte ein Vereinslokal gemeint sein, weil solche ebenfalls *scholae* genannt werden konnten.[109] Eine ephesinische Bauinschrift für ein Fischereizollhaus aus dem 1. Jh. (IEphesus Ia 20; 54–59 n.Chr.) bezeugt zudem unter den Spendernamen mindestens einen Tyrannos.[110] Dort wurden nicht nur Fischereiabgaben erhoben, sondern „dieser umfangreiche Komplex diente auch geselligen, vereinsmäßigen, lehrmäßigen, fa-

---

[105] So MURPHY-O'CONNOR, Corinth, 153–161, bes. 158 f. (vgl. auch die Darstellung bei HORRELL, Domestic Space, 349–353). Ihm folgen z.B. LAMPE, Herrenmahl, 201 (dort Rückverweis auf 197 mit Anm. 43); LAVERDIERE, Eucharist, 40 f.; OSIEK/BALCH, Families, 16 f. (BALCH korrigiert seine Sicht jedoch in DERS., Spaces, 28 f.); GEHRING, Hausgemeinde, 478–481 (er nimmt die Villa als Abb. 5 f. in den Anhang [512 f.] auf).

[106] Vgl. KUNST, Leben, 60–68 (Zitat 61). WALLACE-HADRILL, Domus, 3–10, hinterfragt die Unterscheidung von *domus* und *insulae* grundsätzlich, weil auch die *domus* keine Einheit darstelle, die nur einer einzelnen Familie zur Verfügung stand.

[107] Für eine größere Offenheit plädieren HORRELL, Domestic Space, 353–369, unter Berufung auf eine große Häuserstraße in Korinth, und BALCH, Houses, 3–43, unter Berufung auf eine reiche *domus* in Pompeji und eine *insula* in Herculaneum. Vgl. auch schon die grundsätzliche Offenheit für unterschiedliche Häuserformen bei KLAUCK, Hausgemeinde, 17 f. Zu einer Übersicht über verschiedene Gebäudetypen mit der hilfreichen Unterscheidung von städtischer und ländlicher Bauweise vgl. RICHARDSON, Typology, 47–68. Die weitere Entwicklung zeichnet WHITE, Origins I, 102–139 (vgl. unter Mahlgesichtspunkten auch DERS., Fellowship, 177–205) nach.

[108] So KLINGHARDT, Gemeinschaftsmahl, 326.

[109] Vgl. CIL VI 10231; VIII 2554; XI 2702; XIV 285. Doch sind auch andere Hausbezeichnungen, wie *templum, aedes, statio, curia* oder *tetrastylum* inschriftlich bezeugt (vgl. EGELHAAF-GAISER, DNP 11, 206).

[110] Vgl. FIEGER, Schatten, 82–90 (bes. 84 f.). Deutlich erkennbar ist der Name Klaudios Tyrannos; möglicherweise hat sich auch ein Tyrannos Tryphonos am Bau beteiligt, doch lässt sich sein Name nur schwer rekonstruieren.

miliären und kultischen Zwecken".[111] So liegt es nahe, den Tyrannos aus Apg 19,9 mit einem einflussreichen Mitglied der ephesinischen Fischergilde zu identifizieren und die Schola mit ihrem Vereinshaus. Doch zugleich melden sich Anfragen an: Warum redet Lukas von der Schola des Tyrannus und nicht vom Fischerei-Zollhaus? Wollte er das Gebäude lieber mit einer der christlichen Gemeinde nahestehenden Privatperson in Verbindung bringen als mit einer Berufsgenossenschaft, die ihr Lokal ja auch kultisch nutzte und von der er sich deshalb distanzieren wollte? Außerdem ist in der Apg nicht von einer Mahlversammlung, sondern nur von Lehrgesprächen in der Schola die Rede, so dass nur mit Vorbehalten von einer christlichen Mahlfeier im Vereinslokal ausgegangen werden kann. Immerhin erinnert aber das tägliche (καθ᾽ ἡμέραν) Auftreten des Paulus in der Schola stark an die täglichen Mahlzeiten bzw. Speisungen in den Jerusalemer Häusern (Apg 2,46; 6,1) und das Lehrgespräch (διαλέγεσθαι) an das Brotbrechen in Troas (20,7). Gegen eine abendliche Mahlversammlung sperrt sich aber zumindest der längere D-Text, denn er lässt Paulus in der Schola von der 5. bis zur 10. Stunde, also in der heißen Mittagszeit (11–16 Uhr), auftreten.

Der Vielfalt an möglichen Haustypen entspricht eine Vielfalt an möglichen *Speiseräumen*. Die große Speisungsgeschichte nach Markus spielt auf ein Triklinium an (Mk 6,39 f.). In diesem Sinne sind auch die Worte Jesu zur Liegeordnung und Hierarchie beim Mahl zu verstehen (Lk 14,7–11; 22,24–27). Indessen sind es nur zwei andere Räume, von denen das Neue Testament ausdrücklich als Mahlräumen spricht: das ἀνάγαιον[112] (Mk 14,15; Lk 22,12) und das ὑπερῷον (Apg 20,8).

Es handelt sich in beiden Fällen um Räume, die sich nicht im Erd-, sondern im Obergeschoss befanden, der Raum in Troas nach Apg 20,9 gar im dritten Stockwerk. Im Obergeschoss waren zum einen die Privatgemächer zu finden,[113] doch mitunter auch Speiseräume, wenn im Erdgeschoss Tavernen und Portiken gelegen waren.[114] Das ἀνάγαιον in Mk 14,15 par. wird als ein großer, mit Teppichen oder Speisepolstern ausgelegter Raum beschrieben.[115] Mit ὑπερῷον wird dagegen in der antiken Literatur sowohl ein einzelner Raum im Obergeschoss als auch das ganze Obergeschoss überhaupt bezeichnet.[116] Man mag hier an „einen mit Fenstern versehenen zusätzlichen Raum auf einem flachen Dach von größeren Häusern, den

---

[111] FIEGER, Schatten, 88 f. (Zitat 88). Der kultische Gebrauch ergibt sich aus dem im Gebäude eingerichteten Heiligtum der Mysteriengötter von Samothrake.

[112] Es handelt sich hier um ein Wort, das ursprünglich ἀνώγειον bzw. ἀνώγεον gelautet hat (von ἀν-άγειν „in die Höhe führen"). Vgl. BDR 35₂.

[113] Vgl. Homer, Od. 4,787; JosAs 5,2; 8,1; 9,1; 10,2. Hier wird auch nach Apg 9,37.39 eine Tote aufgebahrt.

[114] Vgl. CIL IV 138; XI 3583. Dazu EGELHAAF-GAISER, Kulträume, 302 mit Anm. 215.

[115] Das Verb στρωννύειν bezeichnet nach IG II/1 622 einen mit Speisepolstern ausgelegten Raum.

[116] So bei Plutarch, mor. 684a; Josephus, Ant. VIII 70; Bell. V 221 (hier für das obere Stockwerk des Tempels); JosAs 5,2; 8,1; 9,1; 10,2; 1Clem 12,3. Lediglich in der LXX wird der Terminus auch für ein Zimmer im Obergeschoss verwendet (1Kön 17,19; 2Kön 4,10 f.; Tob 3,10).

man durch ‚Hinaufsteigen‘ nur über eine Außentreppe erreichte“, denken.[117]

Wer war nun für die *Bereitstellung der Speisen und Getränke* in der wöchentlichen gemeindlichen Vollversammlung zuständig? Die oben beschriebenen Probleme beim Mahlverlauf, dass einige Gemeindeglieder vorzeitig mit dem Essen und Trinken begannen und folglich die einen schlemmten, während die anderen hungern mussten, lässt zwei Möglichkeiten zu: Entweder musste jedes Gemeindeglied einen Beitrag leisten, wobei die einen mehr und die anderen weniger beizusteuern in der Lage waren,[118] oder der Hausherr stellte nicht nur den Raum und seine häusliche Infrastruktur, sondern auch die Lebensmittel zur Verfügung.[119] Wahrscheinlicher ist die erste Lösung, weil sie zum einen die für Probleme anfälligere Lösung ist und weil sie zum anderen die Gastgeber nicht über Gebühr belastet, sondern die Lasten verteilt, wenn auch aufgrund der sozialen Mischung der Gruppe sicher nicht gleichmäßig.

Von der privaten Bereitstellung ausgenommen waren vielleicht *Brot und Getränk*. Wir haben oben eine Reihe von Vereinen kennen gelernt, die Brot und Wein aus der Vereinskasse zahlten, während alles andere offenbar mitgebracht werden musste.[120] Die paulinische Konzentration auf Brot und Becher, die uns gleich noch ausführlicher beschäftigen wird, könnte neben theologischen und sozialen auch pragmatische Gründe haben: Brot und Getränk wurden vielleicht gemeinschaftlich bereitgestellt, wenn nicht aus der Gemeindekasse, sofern es eine solche gab (die Privatsammlung nach 1Kor 16,2 spricht eher dagegen), dann aus der Kasse des gastgebenden Hausherrn oder der Hausherrin. In beiden Fällen hätten Brot und Wein aber nicht als Eigentum Einzelner, sondern der Gemeinde als Ganzer gegolten. Vielleicht sind sie deshalb auch nicht wie die anderen Nahrungsmittel von den Voressern vertilgt worden. Und Paulus hätte mit seiner argumentativen Konzentration auf Brot und Becher dann insbesondere die Gemeinschaftsgüter hervorgehoben und ihren gemeinschaftlichen Verzehr angeordnet, während man die eigenen Privatgüter in Gestalt von Fleisch, Fisch und Gemüse auch zu Hause genießen könne.

---

[117] GEHRING, Hausgemeinde, 131 f. Zur Bedeutung von ὑπερῷον für das lukanische Gottesdienstverständnis (nach Apg 1,13 ist der Versammlungsraum der Jünger nach Himmelfahrt ebenfalls ein ὑπερῷον) vgl. a.a.O., 132–134.

[118] So LAMPE, Herrenmahl, 194–197, der das korinthische Herrenmahl mit einem Eranos identifiziert, einer Mahlzeit unter sozial mehr oder weniger gleichgestellten Freunden, die auf gemeinsame Kosten veranstaltet wurde und zu der jeder Teilnehmer etwas beiträgt (COUTSOUMPOS, Paul, 109, spricht entsprechend von einem „Potluck Dinner“). Vgl. auch KLINGHARDT, Gemeinschaftsmahl, 294.323.

[119] So SCHMELLER, Hierarchie, 73; GEHRING, Hausgemeinde, 381.

[120] Vgl. oben Kap. II.3.3.5.

Man hat die Kritik des Paulus in V. 21, dass der eine hungere, der andere dagegen betrunken sei, in der exegetischen Forschung meist zu wörtlich genommen und bei aller Unklarheit über die Speisen (außer dem Brot) angenommen, dass als *Getränk* auf jeden Fall Wein zur Verfügung stand.[121] Das ist gut möglich und passt zur hier vertretenen temporalen Lösung der korinthischen Mahlprobleme: Während die einen noch nicht mit dem Essen fertig waren, sind die anderen schon zum Weingenuss übergegangen. Möglich ist jedoch auch ein rhetorisches Verständnis des Verses: Dann zielt er nicht auf den Gegensatz von Hunger und Trunkenheit, sondern auf den Gegensatz von Hunger und Schlemmerei. Paulus arbeitet mit dem Gegensatzpaar Überfluss und Mangel und kombiniert es mit dem komplementären Tätigkeitspaar Essen und Trinken. Wenn er also auf der Oberflächenebene sagt, dass die einen zu wenig zum Essen haben, während die anderen zu viel trinken, meint er in Wirklichkeit, dass einige zu viel essen und trinken, während andere nichts mehr von den Speisen und Getränken abbekommen, so dass das Mahl in seiner Ganzheit, mit Essen und Trinken, pervertiert wird. Wiewohl es also möglich ist, dass die Korinther in ihrem Gemeinschaftsbecher Wein hatten, so liegt Paulus dennoch nicht daran, den Wein zu thematisieren.

3.2.4 Die Teilnehmerinnen und Teilnehmer

Welcher Kreis von Menschen fand sich zur wöchentlichen Mahl- und Wortfeier zusammen? Die von Paulus angeprangerten Probleme beim Mahl lassen an eine sozial höchst *heterogene Gruppe* denken. Zu Tisch lagen demnach Menschen, die außerhalb der Mahlgemeinschaft keine oder nur wenige gesellschaftliche Berührungspunkte miteinander hatten und – nimmt man die Nachrichten über die Missstände beim Mahl ernst – auch innergemeindlich wenig Ambitionen zur Gemeinschaftsbildung zeigten. Die Gemeinde war sich also ihrer Disparität durchaus bewusst und empfand den Kontakt zwischen den Schichten zumindest als ungewöhnlich, wenn nicht sogar als Zumutung.[122] Die heterogene Sozialstruktur legt sich aber nicht nur von den Mahlproblemen her nahe, sie wird auch in 1Kor 12, dem Scharnierkapitel zwischen Mahlteil und Wortversammlung, d.h. zwischen Betonung der Einheit und Betonung der Vielfalt, reflektiert. Dabei fällt der Blick insbesondere auf die an Gal 3,28 erinnernde Formel in V. 13:

---

[121] Bis hin zu MERKLEIN/GIELEN, 1Kor III, 87; SIGISMUND, NTAK 2, 33.

[122] Dass die sozialen Unterschiede in der Gemeinde nicht nur im Mahlgeschehen für Probleme sorgten, zeigen auch die grundsätzlichen Erwägungen zur Gemeindestruktur im Spiegel des Kreuzes Jesu (1Kor 1,18–31, bes. 26–29).

„Denn wir sind alle durch ein und denselben Geist in einen Leib hinein getauft worden, seien wir Juden oder Griechen, Sklaven oder Freie, und haben alle ein und denselben Geist zu trinken bekommen" (1Kor 12,13).

Die Formel wirft nicht nur ein Licht auf die prinzipiell denkbaren Teilnehmer am Gemeindemahl, sondern auch auf die theologische Verbindung des einmaligen Aktes der Christwerdung und den wiederholten Akt der Darstellung des Christseins in der Mahlfeier. Durch die gemeinsame Geisttaufe wird nach Paulus eine Gemeinschaft aus Juden und Nichtjuden, Sklaven und Freien konstituiert, die als differenzierte Einheit, in der ethnische und soziale Unterschiede nicht verwischt aber ekklesiologisch für irrelevant erklärt werden, zu begreifen ist. Diese Einheit wird in der gemeinsamen Mahlfeier zur Darstellung gebracht.

Diese Deutung ist in der Forschung nicht unumstritten. Während die anfängliche Wendung πάντες ἐν ἑνὶ πνεύματι βαπτίζεσθαι eindeutig auf die Taufe als Eintrittsakt in die Gemeinde als der konkreten Sozialgestalt des christlichen Glaubens bezogen ist, scheiden sich die Geister bezüglich der zweiten Wendung πάντες ἕν πνεῦμα ποτίζεσθαι. Während die einen das Bild vom Trinken des Geistes wie das erste Bild auf die Taufe beziehen,[123] denken andere hier eher an die Mahlfeier.[124] Der Mahldeutung ist allerdings der Vorzug zu geben. Denn zum einen würde eine Bezugnahme auf die Taufe die Aussage aus V. 13a nur verdoppeln, zum anderen spricht die Rede vom Trinken gegen einen Taufbezug. Schließlich erinnert die Wendung an die Rede vom πνευματικὸν πόμα in 10,4 (dort auch neben dem Taufverweis in 10,2!). Es ist also der eine Geist, der durch die Taufe eine Gemeinschaft begründet und diese in der Mahlfeier je neu aktualisiert. In diesem Sinne haben den Vers auch eine Reihe von frühen Abschreibern (die Minuskeln 630, 1505, 1881 u.a.) gedeutet, indem sie in V. 13b πνεῦμα durch πόμα ersetzt und damit das Getränk stärker herausgestellt haben, als Paulus es tat. Verweisen lässt sich auch auf Mk 10,38 f., wo in gleicher Weise von Taufe und Mahlbecher die Rede ist.[125]

Im Vergleich mit Gal 3,28 auffällig ist das fehlende Wortpaar „Mann und Frau",[126] aber die Lücke kann keine prinzipielle Bedeutung für sich bean-

---

[123] So WOLFF, 1Kor, 127; SCHRAGE, 1Kor III, 217 f.; LINDEMANN, 1Kor, 272; MERKLEIN/GIELEN, 1Kor III, 13.

[124] So KÄSEMANN, Anliegen, 15 f.; KLAUCK, Herrenmahl, 335; KOLLMANN, Ursprung, 57, Anm. 57; STRECKER, Liminale Theologie, 320 mit Anm. 93; SMITH, Symposium, 187. Beide Möglichkeiten verbindet WILCKENS, Theologie I/2, 194, Anm. 66, wenn er an den einmaligen Akt (Aorist!) einer Taufeucharistie denkt.

[125] So mit JONGE, History, 217.

[126] Über die Gründe wird viel spekuliert. SCHRAGE, 1Kor III, 208, sieht darin einen antienthusiastischen Impetus; das Miteinander der Geschlechter sei in Korinth ohnehin schwierig gewesen und solle nicht noch durch die Aufhebung der Geschlechterdifferenzen verstärkt werden. MERKLEIN/GIELEN, 1Kor, 138 f., denken dagegen an kontextuelle Gründe; Paulus gehe es um sprachliche Barrieren im Gottesdienst, die einerseits zwischen Gebildeten und Ungebildeten, andererseits zwischen Juden und Griechen verlaufen seien, nicht aber zwischen Männern und Frauen, so dass sich der Verweis hier erübrigt habe. LINDEMANN, 1Kor, 272, erwägt eine mögliche Tilgung durch denselben Redaktor, der auch die Glosse 14,33b–35 zu verantworten habe.

spruchen und schon gar nicht als Grund dafür angeführt werden, dass an der Mahlversammlung nur Männer und nicht etwa auch *Frauen* teilgenommen haben. Im Mahlabschnitt 1Kor 11,17–34 fällt beispielsweise die geschlechterneutrale Formulierung ἄνθρωπος im theologisch zentralen V. 28 ins Auge, die für Männer wie Frauen gleichermaßen offen ist. Außerdem legen auch die Vorschriften des Paulus bezüglich der äußeren Erscheinung (1Kor 11,2–16) und aktiven Beteiligung der Frauen in der Versammlung (1Kor 14,33b–36) die grundsätzliche Offenheit von Mahl und Wortversammlung für Frauen nahe. Dass überhaupt ein Gestaltungsbedarf bestand, auf den der Apostel mit seinen Anweisungen reagiert, zeigt in eindeutiger Weise, dass es Paulus nicht um das grundsätzliche Dass, sondern nur um das konkrete Wie ihrer Beteiligung ging.

In 1Kor 11,2–16 geht es um das äußere Erscheinungsbild der Frauen in der Mahlversammlung und das damit verbundene Problem der *Erotisierung der Mahlfeier.*[127] Der Konflikt kreist wohl nicht um die Kopfbedeckung, sondern um die „so zu sagen liturgisch zu tragende Frisur" der Frauen in der Gemeindeversammlung.[128] Das Problem bestand dann darin, dass die korinthischen Frauen ihr langes Haar nicht hochsteckten, sondern herabhängen ließen, was nach antiker Anschauung eine sexuelle Verlockung darstellte.[129] Sie konnten von den mit Gast- und Vereinsmählern vertrauten Männer mit Hetären und Gespielinnen verwechselt werden. Dagegen versucht Paulus, die Frauen ihren Ehemännern zu- und unterzuordnen, vielleicht durch einen entsprechenden Sitzplatz zu deren Füßen.

In 1Kor 14,33b–36 geht es dagegen um Fragen der *Gemeindeordnung und Gemeindedisziplin.* Um der Ordnung in der Gemeinde willen gebietet Paulus den Frauen, dass sie „in der Gemeindeversammlung schweigen sollen (ἐν ταῖς ἐκκλησίαις σιγᾶν)" (14,34a). Während in 11,2–16 das Beten und Prophezeien der Frauen in der Gemeindeversammlung prinzipiell gar nicht zur Debatte stand, überrascht die Pauschalität und Undifferenziertheit, mit der hier nun den Frauen der Mund verboten wird. Man wird dem Sachverhalt nicht gerecht, wenn man das Schweigegebot nur auf einzelne Teile der Versammlung, etwa auf Beratungen[130] oder Lehrgespräche[131], bezieht, sondern muss den

---

[127] So mit WICK, Gottesdienste, 203–206.

[128] In diese Richtung gehen auch z.B. SCHRAGE, 1Kor II, 492–494; STRECKER, Liminale Theologie, 426–428; BÖHM, Beobachtungen, 211–213 (Zitat 213). Die Kopftuchhypothese wird vertreten von CONZELMANN, 1Kor, 214–217; KÜCHLER, Schweigen, 92–98; WOLFF, 1Kor, 245 f. Eine modifizierte Haartrachthypothese, der zufolge die Frauen in Korinth nicht mit gelöstem Haar an den Versammlungen teilnahmen, sondern sich Kurzhaarfrisuren zulegten, um sich den Männern anzugleichen und damit die Geschlechterrollen zu nivellieren, hat GIELEN, Beten, 231–237, vorgelegt. Sie kann mit ihrer These zwar die sperrigen V. 4–6 mit 13–15 zusammenbringen, übersieht aber, dass Paulus nicht auf die Haartracht der Frauen an sich, sondern allein im gemeindlichen Kontext des Betens und Prophezeiens abzielt (zur Kritik vgl. KONRADT, Feier, 225 f., Anm. 80; BÖHM, Beobachtungen, 213, Anm. 33).

[129] STRECKER, Liminale Theologie, 441–444, verweist auf das Tragen offener Haare von Frauen in der Antike als Zeichen sexueller Attraktivität und Begehrlichkeit (Apuleius, Met. II 8 f.; Ovid, am. 3,235 f.).

[130] So KLINGHARDT, Gemeinschaftsmahl, 360–363.

Gesamtzusammenhang der Gemeindeversammlung im Blick behalten. Dann kann es aber wegen der prinzipiellen Erlaubnis, zu beten und prophetisch zu reden (11,5) nicht grundsätzlich gemeint sein. Vielmehr ist an das Verbot eines Dazwischen- oder Drauflosredens zu denken,[132] wofür es eine sprachliche Parallele in einer Vereinssatzung gibt.

Die bereits angesprochene Satzung der Gemeinschaft des Zeus Hypsistos aus dem ägyptischen Philadelphia (PLond VII 2193 [69–58 v.Chr.])[133] verbietet es allen Mitgliedern, bei den Versammlungen zu reden (Z. 16). Die Formulierung μὴ λαλεῖν entspricht dabei genau dem σιγᾶν und οὐ λαλεῖν in 1Kor 14,34. Auch hier wird das Verbot grundsätzlich formuliert, obwohl es nicht als grundsätzliches Schweigen verstanden werden kann, sondern als Abwehr von Geschwätz und ungeordnetem Diskutieren, das Redeordnungen missachtet und deshalb immer wieder zu Zank und Streit führt, begriffen werden muss. Dafür spricht der Kontext, der neben dem Drauflosreden auch Beleidigungen und Anklagen untersagt (Z. 15–17).

Liest man 1Kor 14,33b–36 von PLond VII 2193, Z. 16 her, wird das paulinische Schweigegebot anschaulich: Die Frauen sollen nicht durch ihr Zwischenreden den allgemeinen Redefluss und damit verbunden die sympotische Wohlordnung stören; sie sollen nur dann vor allen anderen beten oder prophetisch reden, wenn sie an der Reihe sind. Was sie nicht verstehen – hier hat Paulus das antike Bildungsgefälle von Männern zu Frauen im Blick –, sollen sie nicht ungeordnet in die Runde werfen, sondern sich zu Hause von ihren Männern erklären lassen. Von einer restriktiven oder konservativen Argumentationslinie kann also keine Rede sein. Im Gegenteil, der Regelung wohnt ein durchaus innovatives Potenzial inne, denn die Teilnahme von Frauen an Symposien war in der antiken Umwelt ja keineswegs selbstverständlich, wie wir sahen.[134] Paulus befürwortet aus ekklesiologischen Gründen anders als die meisten seiner paganen Zeitgenossen die Teilnahme der (Ehe-) Frauen an Mahl *und* Nachtischversammlung in seinen Gemeinden und muss sich gerade deshalb mit den daran hängenden Gestaltungsfragen auseinandersetzen. Eine restriktive Linie fährt erst der Autor von 1Tim 2,11f., der mit seinem Lehrverbot die Frauen bewusst aus ihrer im paulinischen Umfeld gewachsenen Rolle verdrängt.[135]

Freilich müssen wir bei unserer Deutung mit dem Problem leben, dass dann das absolut formulierte Schweigen faktisch nicht absolut gemeint sein kann. Allerdings haben wir im Gegenzug mit dem Vereinspapyrus eine echte bis in die sprachliche Formulierung reichende Analogie zu bieten; denn dort wird auch absolut formuliert, ohne dass an ein absolutes Schweigen gedacht wäre. So ist ein paulinischer Ursprung der umstrittenen Verse durchaus plausibel, wenn auch natürlich keineswegs zwingend. Doch auch wenn Paulus nicht der Autor der Verse 33b–36 sein sollte,[136] erledigt sich das Problem keineswegs. Denn auch ein deuteropaulinischer Redaktor kann das Schweigegebot nicht absolut gemeint haben, weil er sonst auch 11,5 hätte korrigieren müssen.

Weitaus unklarer als die Teilnahme von Frauen ist die von *Außenstehenden*. Einerseits setzt Paulus sie in 1Kor 14,23–25 selbstverständlich vor-

---

[131] So WICK, Gottesdienste, 218 f.

[132] So auch WOLFF, 1Kor, 344 f.; GEHRING, Hausgemeinde, 378.

[133] Vgl. oben Kap. II.3.3.2.

[134] Vgl. oben Kap. II.2.3 und II.2.4.3.

[135] Vgl. dazu unten Kap. IV.4.6.

[136] So die (zumindest deutschsprachige) Forschungsmehrheit (z.B. CONZELMANN, 1Kor, 289 f.; LINDEMANN, 1Kor, 317–321; SCHRAGE, 1Kor III, 481–487; MERKLEIN/GIELEN, 1Kor III, 199 f.217 f.; KÜCHLER, Schweigen, 55, hält die Antwort offen).

aus. Dort spricht er von solchen, die der Gemeinde nicht zugehören (ἰδι-
ῶται) und ungläubig sind (ἄπιστοι), wobei er nicht an zwei verschiedene
Gruppen denkt, sondern an eine Gruppe in zweierlei Hinsicht, zum einen
im Hinblick auf ihren Mitgliedschaftsstatus, zum anderen im Hinblick auf
ihren Glaubensstatus. Ob dabei an Sympathisanten, an mit dem christlichen Glauben gänzlich Unvertraute oder an die nichtchristlichen Ehepart-
ner einiger Gemeindeglieder (vgl. 7,12–16) gedacht ist, wird nicht deutlich. Andererseits darf man den Befund ohnehin nicht überbetonen. Paulus
beschreibt keine übliche Praxis, sondern entwirft einen fiktiven Fall, der
eine ethische Ausrichtung nach innen hat: Die Gemeindeglieder sollen sich
ordentlich verhalten, damit zufällig anwesende Außenstehende angezogen
und nicht abgestoßen werden.[137] Außenstehende werden damit nicht etwa
eingeladen, sondern nur rhetorisch funktionalisiert, um der Gemeinde eine
bestimmte Ordnung einzuschärfen. Dass wie auch bei Symposien späte
Gäste in die wortorientierte Versammlung eindringen konnten, bleibt dabei
denkbar. Nur erhebt Paulus ihre Teilnahme nicht zum Prinzip. Im Gegenteil: Aufgrund der bereits mehrfach angesprochenen Exklusivität des gemeindlichen Mahls nach außen hin wird man eine Trennlinie annehmen
müssen, die Paulus um der Stabilität der ekklesialen Identität willen grundsätzlich zieht.[138] Ausnahmen davon mag es gegeben haben, nur einen
grundsätzlich missionarisch-offenen Charakter des Mahls wird man ausschließen müssen.

Wer hat den *Vorsitz* beim Mahl inne? Einen Leiter erwähnt Paulus nicht
und setzt ihn auch nicht ein, um die Probleme einer Lösung zuzuführen.
Schon die Tatsache, dass Paulus die Mahlprobleme aus der Ferne regeln
muss, weist auf ein Fehlen örtlich fest installierter Leitungsinstanzen hin.
Rudimentäre Leitungsaufgaben wird wahrscheinlich der jeweilige Hausherr oder die jeweilige Hausherrin, in deren Haus sich die Gemeinde zur
Mahlversammlung trifft, ausgeübt haben,[139] doch scheinen sie disziplinarische Gewalt nicht mit einbezogen zu haben. Die Lücke in der Leitung
scheint kein Zufall, sondern vielmehr theologisches Programm gewesen zu
sein. Indem Paulus aus der Ferne eingreift, dabei aber keine Repräsentanten benennt, sondern die Gesamtgemeinde anredet, übergibt er auch die
Verantwortung für die Durchführung der Zusammenkünfte keinem Ord-
nungsgremium, sondern der Gesamtgemeinde. Sie ist die „Leiterin der got-

---

[137] So mit MERKLEIN/GIELEN, 1Kor III, 191 f.
[138] So auch DUNN, Theology, 612. KIRCHSCHLÄGER, Zulassung, 114 f., denkt von
1Kor 12,13 und 10,16b–17 her an die Taufe als Zulassungs- und Ermöglichungsgrund der
Teilnahme am Mahl, wiewohl Paulus dies noch nicht zum Thema erhebe (so jetzt auch
HOFIUS, Tisch des Herrn, 177).
[139] So auch ROLOFF, Herrenmahl, 73; BECKER, Herrenmahl, 5. GEHRING, Hausgemeinde, 367.371, denkt dagegen bei den genannten Leitungs- und Lehraufgaben nur an
Männer und sieht Frauen nur im missionarischen, d.h. prä-ekklesialen Raum wirken.

tesdienstlichen Versammlungen"[140]. Sie feiert nicht nur gemeinsam das Mahl, sondern ist auch für dessen stiftungsgemäße Durchführung verantwortlich. Wenn also ein einzelnes Gemeindeglied faktisch die Aufgaben des oder der Vorsitzenden übernommen haben sollte, indem es Räume, Speisen und Getränke zur Verfügung gestellt hat, so hat das weniger theologische als pragmatische Gründe und entbindet folglich die Gemeinde nicht von ihrer eigentlichen Verantwortung. Dies zeigt sich auch daran, dass Paulus das, was im Mahl geschieht, der Gemeinde als Ganzer zuschreibt: Sie ist es, die den Gemeinschaftsbecher segnet und das eine Brot bricht (1Kor 10,16);[141] und sie ist es, die in der Feier den Tod des Herrn verkündigt (11,26). An beiden Stellen formuliert Paulus ausdrücklich pluralisch. Die Gemeinde vollzieht also als Einheit das Gedächtnis Jesu und die Verkündigung seines Todes. Nur so kann das Mahl zum Abbild gemeindlicher Identität werden.

3.2.5 Der Mahlkonflikt und die Ästhetisierung der Mahlfeier

3.2.5.1 Der Mahlkonflikt

Der Mahlkonflikt in der korinthischen Gemeinde, so zeigen es bereits die Untersuchungen zum Mahlablauf, besteht darin, dass eine Reihe von Gemeindegliedern den durch Gebet und Brotbrechen markierten Mahlbeginn nicht einhielten und stattdessen ihr Mahl bereits einnahmen, bevor alle Gemeindeglieder eingetroffen waren, so dass für diese nichts oder nur wenig übrig war.[142] Die im Ritus des Brotbrechens symbolisierte Einheit der Gemeinde wurde also durch die faktisch vollzogene Mahlpraxis konterkariert. Dazu kam, dass die einzelnen Gemeindeglieder aufgrund ihrer unterschiedlichen sozialen Stellung und finanziellen Situation auch unterschiedlich viel zum Mahl beitragen konnten.[143]

Was ist das für eine *Haltung*, die das Verhalten der „Voresser" prägt und sich in ihrem unsozialen Verhalten Ausdruck verschafft? Die Forschung hat in ihr weitläufig einen Sakramentalismus der Korinther erken-

---

[140] WICK, Gottesdienste, 219 (Überschrift zu Kap. 9.3.10). In diese Richtung weist auch ROLOFF, Herrenmahl, 72 f., wenn er das Herrenmahl als „gesamtgemeindliches Handeln" (a.a.O., 72; dort kursiv) kennzeichnet.

[141] So mit SCHRAGE, 1Kor II, 437, Anm. 324. Ob der Segen gemeinsam oder von einem beliebigen Gemeindeglied gesprochen werden konnte (Letzteres vertritt SCHRAGE, a.a.O., 437), sei dahingestellt. Jedenfalls ist kein bestimmter Amtsträger vonnöten. Auffällig ist in jedem Fall, dass Paulus Becher und Brot durch einen Relativsatz mit gemeindlich zu vollziehenden Tätigkeiten verbindet, so dass es nicht um die beiden Substanzen an sich, sondern um die mit ihnen verbundenen Tätigkeiten geht.

[142] Vgl. EBEL, Attraktivität, 176–178.

[143] EBEL, Attraktivität, 172–175, geht davon aus, dass die Ärmeren wohl nur Zukost mitbrachten, die Reichen auch Fisch und Fleisch.

nen wollen, der die Sättigung zugunsten einer Hochschätzung der sakramentalen Doppelhandlung vernachlässige.[144] Dadurch wird das Problem in der Tat anschaulich: Die sakramentalistisch denkenden „Voresser" schlagen sich ohne schlechtes Gewissen den Bauch voll, weil an dem eigentlichen sakramentalen Ritus um Brot und Becher, auf den es allein ankomme, ja alle Gemeindeglieder gleichermaßen teilhaben. Jedoch lässt sich eine solche Haltung nicht am Text verifizieren. Es geht Paulus ja nicht darum, falsche Anschauungen, sondern verfehlte Verhaltensweisen zu korrigieren. Auf die dahinter stehende Anschauung geht Paulus argumentativ nicht ein, was aber zu erwarten gewesen wäre, wenn es sich um eine dezidiert theologische Position gehandelt hätte.

Näher liegt eine *soziologische Deutung* des Mahlkonflikts. Das im Voressen zutage tretende Fehlverhalten wurzelt dann nicht in einer bewusst reflektierten theologischen Meinung über die Bedeutung des Mahls, sondern in einem wohl eher unbewusst vollzogenen Rückfall der Korinther in Verhaltensweisen aus ihrer paganen Herkunftssozialisation, die sich tief eingeprägt haben und darum nicht einfach mit dem Eintritt in die christliche Gemeinde abgelegt werden konnten.[145] Verhaltensweisen, die den Korinthern aus ihrer Teilnahme an Gast- und Vereinsmählern bekannt waren, sind dann in den christlichen Mahlfeiern einfach beibehalten worden, ohne dass beachtet worden wäre, dass die soziale und ethnische Heterogenität hier viel größer war, also schon allein deshalb ganz andere Rücksichtnahmen und Verhaltensweisen notwendig gewesen wären.

Eva Ebel beschreibt diese Verhaltensprobleme treffend auf dem Hintergrund der Mahlpraxis von Vereinen: „Ohne irgendein Problembewußtsein essen sie [= die Reichen] ihrem Appetit entsprechend, weil sie aus Vereinen, denen Menschen ihres Standes angehören, eine reich gedeckte Tafel gewohnt sind. In solchen Vereinen wie den Athener Iobakchen ist es nicht notwendig, den Mahlanteil des einzelnen Mitglieds klar zu definieren oder sich mit Rücksicht auf später Eintreffende beim Essen zurückzuhalten. Die ärmeren Gemeindeglieder hingegen können sich ebenfalls auf die Praxis in Vereinen berufen – und zwar um ihre Situation zu beklagen. Anders als bei Vereinsmählern erhalten sie nach einigen Rekonstruktionen des korinthischen Mahls nur die Speisen, die sie selbst mitbringen. Des weiteren gibt es in der christlichen Gemeinde keine Garantie für eine vom Eintreffen unabhängige und exakt festgelegte Portion, so daß die später Kommenden hungrig bleiben müssen, wenn sie nicht selbst für ihr Essen sorgen. In dieser Hinsicht stellt für finanziell schlechter gestellte Menschen das Mahl der korinthischen Christinnen

---

[144] So grundlegend SODEN, Sakrament, 361–363; dann auch KÄSEMANN, Anliegen, 18 f.; BORNKAMM, Herrenmahl, 143–145; CONZELMANN, 1Kor, 228 f.; KLAUCK, Herrenmahl, 297.331; KOLLMANN, Ursprung, 40; WOLFF, 1Kor, 258; SCHRAGE, 1Kor III, 57; KONRADT, Gericht, 408; MERKLEIN/GIELEN, 1Kor III, 88. Kritisch dagegen LINDEMANN, 1Kor, 252 f.; GÄCKLE, Die Starken, 194–197.

[145] So mit Unterschieden in der Einzelargumentation LAMPE, Herrenmahl, 201; SCHMELLER, Hierarchie, 73; KONRADT, Gericht, 413.

und Christen in materieller Hinsicht einen Rückschritt gegenüber den Abläufen dar, die aus Vereinen überliefert sind."[146]

3.2.5.2 Der Einsetzungsbericht in 1Kor 11,23b–25 als Argument

Paulus löst den sozialen Konflikt theologisch, weil ihm das verfehlte Sozialverhalten nicht primär als soziales, sondern als theologisches Problem erscheint. Es stellt seines Erachtens die „unreflektierte Prolongation vorbaptismalen Verhaltens"[147] dar, also einen Rückfall der für die Spaltungen beim Mahl verantwortlichen Gemeindeglieder in Verhaltensweisen aus ihrer paganen Vergangenheit. Bei der Konfliktlösung kommt ihm als Argument die Überlieferung vom Abschiedsmahl Jesu zugute. Auf sie kann er argumentativ zurückgreifen und die Mahlgemeinschaft sozial wie theologisch neu ausrichten:[148]

„[23]Denn ich habe vom Herrn empfangen, was ich euch auch überliefert habe: Der Herr Jesus nahm in der Nacht, in der er dahingegeben / verraten[149] wurde, Brot, [24]sprach das Dankgebet, brach es und sprach: ‚Dies ist mein Leib für euch.[150] Dies tut zu meinem Gedächtnis.' [25]Ebenso (verfuhr er) auch (mit) dem Becher nach dem Mahl und sprach: ‚Dieser Becher ist der durch mein Blut (geschlossene) neue Bund. Dies tut, sooft ihr trinkt, zu meinem Gedächtnis'" (1Kor 11,23–25).

Der Apostel nutzt als Argument einen Text, der den Gemeindegliedern und damit der Leser- bzw. Hörerschaft des Briefes bereits bekannt und vertraut ist. Bei seinem Gründungsaufenthalt in der Gemeinde hat er ihr ihn als Grundtext christlicher Identität bereits übermittelt. Jetzt bringt er den Einsetzungsbericht neu zur Geltung, um disziplinierend in den Konflikt einzugreifen. Anders als Vereine schaltet er keine Amtsträger ein, die Bußzahlungen einklagen oder Ausschlüsse aussprechen, sondern legt der

---

[146] EBEL, Attraktivität, 178.

[147] LAMPE, Herrenmahl, 201.

[148] Die Paradosis ist keineswegs nur „ein *Hilfs*argument für die zentrale Begründung der Todesverkündigung", wie KLINGHARDT, Gemeinschaftsmahl, 304 (Hervorhebung dort; vgl. auch 320), postuliert.

[149] Im παραδιδόναι schwingt sowohl die Dahingabe Jesu durch Gott als auch der Verrat durch Judas mit. Eine Alternative muss hier nicht aufgemacht werden (so mit HENGEL, Mahl, 468 f.). Für einen stärkeren Bezug auf die Dahingabe durch Gott plädiert KARRER, Kelch, 206 f. Das Prioritätsgefälle sähe dann folgendermaßen aus: „Allem menschlichen Ausliefern geht Gottes Ausliefern voraus" (KARRER, Kelch, 206).

[150] Die textkritischen Varianten zum Brotwort lassen nicht nur Versuche einer Angleichung an die synoptischen Einsetzungsworte erkennen (𝔐, die Kodizes C³ und Ψ, ein Teil der lateinischen und die gesamte syrische Überlieferung lesen einleitend „Nehmt, esst" wie in Mt 26,26), sondern auch Versuche einer realistischen Deutung (𝔐 sowie die Kodizes ℵ, C³, D², F, G und Ψ u.a. lesen attributiv zum Leib „der für euch gebrochen wird", weitergehend noch Kodex D*, der die Variante „der für euch zerbröckelt wird" liest). Sie sind Zeugen nicht nur der nachpaulinischen Textgeschichte, sondern auch der liturgiegeschichtlichen Entwicklung.

Mahlfeier eine besondere Deutung auf. Er stellt sie in das Licht des Todes Jesu und erklärt sie zum *Verkündigungs- und Gedächtnismahl des Todes Jesu* (V. 26). Der Verkündigungs- und Gedächtnischarakter ist das Kriterium schlechthin, an dem sich Paulus zufolge die gemeindliche Mahlpraxis orientieren und im Konfliktfall messen lassen muss.

Der Gedächtnischarakter darf nicht von hellenistischen Totengedächtnismählern her verstanden werden, die meist jährlich in der Grabanlage der zu erinnernden Toten abgehalten und im Zuge derer die Toten als Ehrengäste inmitten der Mahlrunde vorgestellt wurden.[151] Dagegen wurde das Mahl in Korinth weder jährlich noch in einer Nekropole gefeiert. Auch wurde Jesus nicht als zu ehrender Toter, sondern als lebendiger Herr vorgestellt und geglaubt. Er hatte auch nicht die Rolle des Ehrengastes, sondern die des Gastgebers, der sich im Mahl selbst austeilt, inne.[152] Zwar spricht Paulus auffälligerweise nicht von der Auferstehung, sondern nur vom Tod Jesu, doch hängt diese Todeskonzentration mit der schlichten Tatsache zusammen, das Jesus in der Brot- und Becherhandlung seinen noch bevorstehenden Tod und nicht seine Auferstehung soteriologisch deutet. Für Paulus hängt aber die Heilsbedeutung des Todes Jesu an der Auferstehung,[153] und bringt dies hier dadurch zum Ausdruck, dass er die Überlieferung der Mahlworte Jesu in V. 23 an den erhöhten Herrn bindet und in V. 26 auf dessen Parusie vorausblickt. Ob man für den Gedächtnischarakter nun religionsgeschichtliche Anleihen bei den Mysterien[154] oder im Passamahl[155] sucht, in jedem Fall geht es um eine „vergegenwärtigende Erinnerung"[156] und nicht um eine „pietätvolle[n] Nachahmung der Vergangenheit"[157].

Verkündigungshandlung ist die Mahlfeier in ihrer Ganzheit,[158] nicht nur in ihren Einzelelementen wie den Mahlgebeten[159] oder der mahlbegleitenden

---

[151] So aber LIETZMANN, Messe, 223. In diese Richtung denken auch KLAUCK, Herrenmahl, 317, und KOLLMANN, Ursprung, 185–187. Skeptisch dagegen ZELLER, Gedächtnis, 195.

[152] So auch LAMPE, Wirklichkeit, 135, der aber zu Unrecht eine Gegenwart Christi im Ritus der Mahlfeier gegen eine Gegenwart in den Elementen ausspielt (a.a.O., 135–138). Die Präsenz Christi durchdringt die ganze Mahlfeier, also auch das, was gegessen und getrunken wurde, darf aber natürlich umgekehrt nicht nur darauf reduziert werden.

[153] Für die Bedeutung der Osterereignisse als Impulsgeber christlicher Mahlfeiern macht sich zu Recht SÖDING, Mahl, 157–163, stark.

[154] So ZELLER, Gedächtnis, 195–197.

[155] So grundlegend JEREMIAS, Abendmahlsworte, 235–240; systematisch-theologisch fortgeführt und vertieft bei HAARMANN, Gedenken, 104–132.

[156] So im Anschluss an SCHRÖTER, Abendmahl, 35f, Anm. 50.

[157] So zu Recht SÖDING, Gedächtnis, 41–49 (Zitat 46).

[158] So auch LAMPE, Herrenmahl, 208 f.211 f.; DERS., Wirklichkeit, 137; SCHRAGE, 1Kor III, 45 f.; BETZ, Gemeinschaft, 413; WICK, Gottesdienste, 208; MERKLEIN/GIELEN, 1Kor III, 97.

[159] So aber HOFIUS, Herrenmahl, 234 f.; KLINGHARDT, Gemeinschaftsmahl, 318 f.; MESSNER, Grundlinien, 20. Fraglich ist aber schon in formgeschichtlicher Hinsicht, ob ein dezidiert an Gott gerichtetes Beten als Verkündigung bezeichnet werden darf, die doch den Menschen zum Adressaten hat.

Wortverkündigung.[160] Die Verkündigung ist demnach nicht primär verbal, sondern rituell zu verstehen, was freilich begleitende Worte nicht aus-, sondern ausdrücklich einschließt, sie nur nicht allein in den Mittelpunkt des Interesses stellt, sondern szenisch einbindet. Dazu kommt ein weiterer wichtiger Aspekt. Während bei einer expliziten Wortverkündigung deutlich zwischen einer redenden Person und einem hörenden Adressatenkreis unterschieden werden kann, fallen in der Mahlverkündigung beide in eins. Die zum Mahl versammelte Gemeinde ist in ihrer Gesamtheit sowohl Verkündigerin als auch Adressatin der Verkündigung. Insofern lässt sich die Verkündigungshandlung auch als religiöse *Darstellungshandlung* fassen. Als Akteurin bringt die Mahlgemeinschaft in einem prägnanten Ritual sichtbar zum Ausdruck, wer sie ist und von welchen Grundlagen sie lebt; als Rezipientin vergewissert sie sich durch den Handlungsvollzug ihrer Identität als Teilhaberin an Christus und als durch ihn auch miteinander verbundene Gemeinschaft des einen „Leibes Christi". So sehr in diese Darstellungshandlung auch das Sättigungsmahl inbegriffen ist, so sehr liegt das eindeutige Schwergewicht auf der Brot- und Becherhandlung und ihren begleitenden Worten. Nur sie werden von Paulus argumentativ stark gemacht, während die Sättigungsmahlzeit dahinter zurücktritt und nahezu verschwindet. Die Definition des korinthischen Gemeinschaftsmahls als Verkündigungs- und Gedächtnismahl hat also nicht nur inhaltliche Konsequenzen auf der Ebene der Mahldeutung, sondern wirkt sich bis in die Feiergestalt hinein aus: auf die rahmenden Handlungen und Worte um Brot und Becher allein kommt es an.

Negativ gewendet bedeutet diese Bestimmung der Mahlfeier als Darstellungshandlung, dass dort, wo die Gemeinde das Mahl in Zerrissenheit und nicht als sichtbare Einheit begeht, sie ihrem Verkündigungs- und Gedächtnisauftrag und damit zugleich dem Darstellungscharakter des Mahls nicht gerecht wird. Sie vergeht sich damit nicht nur an sich selbst (V. 22), sondern auch am dahingegebenen und erhöhten Herrn (V. 27). Damit verleugnet sie sowohl das heilvolle „für euch", wie es das Brotwort formuliert, als auch die heilvolle neue Gottesgemeinschaft, die durch die Becherhandlung symbolisiert ist.[161] Sie verrät damit nichts weniger als ihre

---

[160] So aber CONZELMANN, 1Kor, 238; SALZMANN, Lehren, 56 f.; LINDEMANN, 1Kor, 256. Speziell an die Mahlworte Jesu denkt WOLFF, 1Kor, 275. Sie haben zwar den neutestamentlichen Textbefund auf ihrer Seite, demzufolge καταγγέλλειν immer als Wortverkündigung zu verstehen ist (Apg 3,24; 4,2; 13,5.38; 15,36; 16,17.21; 17,3.13.23; 26,23; Röm 1,8; 1Kor 2,1; 9,14; Phil 1,17 f.; Kol 1,28), aber Paulus spricht in 1Kor 11,26 explizit von Essen und Trinken!

[161] Die Forschungsmehrheit identifiziert diese neue Gottesgemeinschaft mit dem neuen Bund nach Jer 31,31–34 (so z.B. HOFIUS, Herrenmahl, 226; SÖDING, Mahl, 139; LINDEMANN, 1Kor, 255; NIEMAND, Abendmahl, 104, Anm. 42; KONRADT, Gericht, 427; MERKLEIN/GIELEN, 1Kor III, 95). Allerdings erheben sich Bedenken, weil weder Sün-

eigene Identität als „Leib Christi" und verkehrt – so die paulinische Spitze – das ihr zugesprochene Heil ins Gericht.[162] Aus der Darstellung der durch den Tod (und die Auferstehung) Jesu konstituierten Heilsgemeinschaft wird also nach paulinischer Argumentation durch die penetrante Missachtung der theologischen Mahlgrundlagen und ihrer ethischen Konsequenzen die Darstellung einer unter dem Gericht Gottes stehenden Gemeinschaft. Und während die Heilsgemeinschaft ihren sichtbaren Ausdruck in Einheit und Gemeinschaft findet, findet die Gerichtsgemeinschaft ihn in Krankheit und Tod (V. 30).

Paulus denkt dieses sich in Krankheit und Tod vollziehende Gericht als *Züchtigungsgericht*, also als Erziehungsmaßnahme Gottes, die auf die Umkehr im Verhalten und damit zugleich auf die Abwendung des endgültigen Vernichtungsgerichts Gottes zielt:[163] „Wenn wir aber vom Herrn gerichtet werden, dann werden wir erzogen, damit wir nicht mit der Welt zusammen verurteilt werden" (1Kor 11,32). Dem widerspricht nicht, dass nur noch die Kranken, nicht aber die bereits Gestorbenen aus der Gemeinde umkehren können, denn Paulus denkt nicht individuell, sondern ekklesiologisch.[164] Fehlverhalten und Schicksal dürfen einander nicht eins zu eins zugeordnet werden. Von Krankheit und Tod gezeichnet sind also nicht zwangsläufig genau diejenigen Gemeindeglieder, die in der Vergangenheit das Herrenmahl auf unangemessene Weise begangen haben, sondern irgendwelche Gemeindeglieder, deren Schicksal Paulus aber korporativ denkt, d.h. das Gericht Gottes vollzieht sich nicht an Einzelpersonen, sondern an der Gemeinde, auch wenn es im konkreten Falle Einzelpersonen trifft. Die Gemeinde hat es demnach selbst in der Hand, das, was sie in Christus ist, in der Mahlfeier zum sichtbaren Ausdruck zu führen, oder aber ihre Identität durch eine verfehlte Mahlpraxis zu verleugnen. Sie würde sich damit aber zugleich der Heilswirkung des Todes Jesu entziehen und vom eschatologischen Heil ausschließen (vgl. 1Kor 6,3; 7,31).

Mit der Qualifizierung als Verkündigungshandlung werden die mahleinleitende Brot- und die mahlabschließende Becherhandlung ekklesiologisch und gerichtstheologisch ausgedeutet. Das eine Brot steht nach 10,17 für den einen Leib der Gemeinde, also für die Einheit der Mahlgemeinschaft. Wer dagegen den „Leib nicht angemessen einschätzt" (11,29) – gemeint sind sowohl der dahingegebene Todesleib Jesu als auch der Leib der Ge-

---

denvergebung noch Toragehorsam stark gemacht werden (so KARRER, Kelch, 219; WOLFF, 1Kor, 268; SCHRAGE, 1Kor III, 39 f.). Und selbst SÖDING, Mahl, 136, Anm. 7, muss angesichts dessen zugeben, dass es sich „eher um eine Anspielung als um eine gezielte Rezeption handelt".

[162] Vgl. KONRADT, Gericht, 459 f. Seines Erachtens dienen die paulinischen Gerichtsaussagen generell „vor allem der Grenzmarkierung, d.h. sie sagen Strafe an für Verhaltensweisen, die für Paulus elementare Wesensmerkmale christlicher Identität verletzen" (a.a.O., 523).

[163] So mit KONRADT, Gericht, 448.

[164] So mit CONZELMANN, 1Kor, 239, Anm. 115; KLAUCK, Herrenmahl, 328; WOLFF, 1Kor, 279; SCHRAGE, 1Kor III, 54; STRECKER, Liminale Theologie, 331; LINDEMANN, 1Kor, 259; KONRADT, Gericht, 442; MERKLEIN/GIELEN, 1Kor III, 102.

meinde[165] – verfällt dem Gericht Gottes, wendet also das „für euch" in ein „gegen euch". Und der Becher steht nach 10,16 für die Teilhabe an der heilsamen Wirkung des Todes Jesu, die sich nach 11,25 in einer neuen Gemeinschaftssetzung Gottes konkretisiert, die nach Gal 3,28 in der Nivellierung von Statusunterschieden Gestalt annehmen soll. Von seinem Ort im Mahlverlauf her entspricht er dem Nachtischbecher, mit dem in paganen Symposien die Trankspende vollzogen wurde. Er steht also innerhalb der Ablaufstruktur an genau der Stelle, an der in Kult- und Vereinsmählern der Päan gesungen und die Spende an Götter und Herrscher vollzogen wurde,[166] und wurde deshalb im jüdischen Kontext früher Gemeinden besonders sensibel gehandhabt, in einigen Gemeinden wahrscheinlich sogar weggelassen.

So jedenfalls lässt sich der Zusatz „jedes Mal, wenn ihr trinkt" im zweiten Gedächtnisbefehl am sinnvollsten deuten. Es geht also weder um die ökonomische Kraft der Gemeinden, den wöchentlichen Weingenuss zu finanzieren, noch um eine Scheu vor Blutgenuss.[167] Denn für den Gemeinschaftsbecher wurde nur wenig Wein benötigt und um Blutgenuss geht es in der Becherhandlung nicht einmal im entferntesten. Grundsätzlich ist zwar eine Feierform ohne Becher sehr gut vorstellbar,[168] doch drückt eine solche keine Scheu vor Blutgenuss, sondern vielmehr eine Scheu vor Verwechslung mit paganen Libationsriten aus.

Paulus (bzw. bereits die vorpaulinische Tradition, auf die er zurückgreift) gibt dem Becherritus im Vergleich mit Trankspenden allerdings einen neuen Sinn. Dafür kommt ihm entgegen, dass sich die Becherhandlung von

---

[165] So mit ROLOFF, Kirche, 105 f.; SCHRAGE, 1Kor III, 51 f.; HAHN, Herrenmahl, 327; WALTER, Gemeinde, 124; KONRADT, Gericht, 436 f. Einseitig christologisch verstehen die Rede vom Leib dagegen HOFIUS, Herrenmahl, 240, Anm. 224; LAMPE, Herrenmahl, 210; WOLFF, 1Kor, 279; MERKLEIN/GIELEN, 1Kor, 101. In diesem Sinne haben auch schon frühe Abschreiber den Leib verstanden, wenn sie das Genitivattribut „des Herrn" ergänzten (so die Kodizes $\aleph^2$, C^3, D, F, der Mehrheitstext 𝔐 sowie eine Reihe alter Übersetzungen). Ihnen folgen auch Luther- und Einheitsübersetzung! Eine ekklesiologische Deutung verfechten KOLLMANN, Ursprung, 49 f.; KLINGHARDT, Gemeinschaftsmahl, 315 f.; STRECKER, Liminale Theologie, 332 f. mit Anm. 144; WICK, Gottesdienste, 209.

[166] So KLINGHARDT, Gemeinschaftsmahl, 309.

[167] So erwogen von BARTH, Herrenmahl, 118–124; SCHRAGE, 1Kor III, 43 f. mit Anm. 536. PETERSON versteht das ὁσάκις dahingehend, dass Paulus die als Kreuzesgedächtnis verstandene Brot- und Weinhandlung aus dem jährlichen Passa nun auf die bis dahin vom Todesgedenken unberührte wöchentliche Mahlfeier überträgt: „*Sooft* [= *jedesmal*, wenn] ihr dieses Brot esst und den Kelch trinkt [= und nicht nur bei der jährlichen Feier „der Nacht, in der er ausgeliefert wurde"], verkündigt ihr den *Tod* des Herrn, bis er kommt" (1Kor, LXXV; Hervorhebungen dort).

[168] So JEREMIAS, Abendmahlsworte, 108. HAINZ, Christus, 175 f. erblickt in dem Zusatz einen wichtigen „Hinweis, dass sich bei der Feier des Herrenmahlsvermächtnisses – zu einem bestimmten Zeitpunkt, *nicht notwendig von Anfang* an – alles auf das Brot und seine Deutung konzentrierte" (176, Hervorhebung STEIN). Vgl. auch SCHRÖTER, Abendmahl, 36, Anm. 51.

der Libation an einem Punkt rituell deutlich unterscheidet: aus dem Becher im Gemeindemahl wurde nur reihum getrunken, nicht aber eine Spende vergossen. Die Mahlteilnehmer, so die theologische Aussage dahinter, bringen also keine Gabe dar, sondern empfangen im Gegenteil eine Gabe, namentlich die Gemeinschaft mit Christus und die Teilhabe an der durch seinen Tod herbeigeführten Heilsgemeinschaft, d.h. sie opfern nicht! Paulus orientiert sich folglich zwar am kulturell üblichen Mahlablauf, füllt dabei aber das religiös konnotierte Herzstück christlich neu und schafft damit einen wahrnehmbaren Kontrapunkt zu Vereins- und Gastmählern.

Nimmt man die formale Analogie zur Libation ernst, dann ist auch die vielverhandelte Frage, ob es um den Becher oder um seinen Inhalt geht, einfach zu entscheiden: „Der gemeinschaftlich getrunkene (und gesegnete) *Kelch* (und nicht der darin enthaltene Wein!) ist die Promulgation des neuen Bundes, der durch das Blut Jesu, d.h. durch seinen Tod, begründet ist."[169] Schon das Becherwort Jesu ist nicht an dem Blut Jesu, sondern allein an der Konstitution der durch Jesu Tod ins Leben gerufenen theologisch qualifizierten Gemeinschaft interessiert. Außerdem erwähnt Paulus den Becherinhalt selbst dort nicht, wo es sprachlich angemessen wäre, vom Getränk statt vom Becher zu reden, wie in V. 26 f. mit seiner sperrigen Formulierung vom „Trinken des Bechers (τὸ ποτήριον πίνειν)".[170] Wenn Paulus vom Wein als Bedeutungsträger der Becherhandlung hätte reden wollen, hätte er es auch getan! So verfahren beispielsweise die Mahlzeugnisse aus Qumran, die nicht von Brot und Becher, sondern von Brot und Most bzw. neuem Wein (תירוש) reden (1QS VI 4–6; 1QSa [= 1Q28a] II 17–21) und insofern nur begrenzt mit den paulinischen Mahlzeugnissen vergleichbar sind.[171]

Dadurch, dass der Abendmahlsbecher dem paganen Nachtischbecher entspricht, ist zugleich die religiöse Identität der mahlfeiernden Gruppe angesprochen. Und dadurch dass die Gemeinde in Korinth in unangemessener Weise aus diesem Becher trinkt, verleugnet sie ihre eigene Identität. Der „Segensbecher", den die Gemeinde segnet und der zugleich den Segen Gottes vermittelt (10,16a),[172] verkehrt sich damit zum Gerichtsbecher.

---

[169] So mit KARRER, Kelch, 202; KLINGHARDT, Gemeinschaftsmahl, 317 (Zitat dort; Hervorhebung im Original); SCHRAGE, 1Kor III, 37 f.; LUZ, Herrenmahl, 4; SCHRÖTER, Abendmahl, 129. Anders dagegen HOFIUS, Herrenmahl, 224; LINDEMANN, 1Kor, 255; MERKLEIN/GIELEN, 1Kor III, 96; HEININGER, Mahl, 19, Anm. 24.

[170] Vgl. dagegen V. 28!

[171] Gegen KUHN, Qumran Meal, 234.

[172] Der Becher heißt nicht Segensbecher, weil die Gemeinde darüber den Segen spricht, sondern weil er der Gemeinde den Segen Gottes mitteilt (gegen WOLFF, 1Kor, 228; SCHRAGE, 1Kor II, 436; HECKEL, Segen, 35 f.; MERKLEIN, 1Kor II, 261). Sonst wäre der attributive Zusatz „den wir segnen" ein reiner Pleonasmus.

Möglicherweise wirkt hier das alttestamentliche Bildfeld vom *Gerichtsbecher Gottes* nach und ist deshalb der Becher für Paulus neben dem Brot so wichtig.[173] Die Deutung des Bechers als Gerichtsbecher kann spätestens mit der Einordnung des Mahlberichts in die Passionserzählung als gegeben vorausgesetzt werden. Gemäß dem Gebetsruf in Getsemani (Mk 14,36 par.), der auf die Feier des Abschiedsmahls (Mk 14,17–26 par.) zurückweist, hat Jesus den Becher des göttlichen Zorngerichts stellvertretend für die Seinen getrunken, so dass sie von der gerichtlichen Unheilssphäre verschont blieben. Das Gericht für den Herrn bedeutet also im Gegenzug Rettung und Segen für die Jünger als Mahlteilnehmer. Dies impliziert zugleich, dass der Becher der nachösterlichen Gemeinde, der zum Gedächtnis des hingegebenen Herrn getrunken wurde, nicht mehr der von Jesus getrunkene Zornesbecher, sondern der Segensbecher ist, der für den rettenden Segen des stellvertretenden Handelns Jesu steht, allerdings den Zornesbecher noch „als seinen Abgrund in sich trägt".[174] Bezogen auf die Gerichtsthematik in 1Kor 11,29-32 bedeutet das: In ihrer Missachtung der Bestimmung des Herrenmahls wird den Korinthern der Segensbecher unter der Hand zum Gerichtsbecher, d.h. das dem hingegebenen Herrn zugedachte Schicksal, den Zorn Gottes tragen zu müssen, wendet sich nun auf sie zurück.[175] Allerdings redet Paulus nicht direkt vom Zornes- oder Gerichtsbecher Gottes. Vorsichtig muss man also sagen, dass Paulus auf das Bildfeld nur anspielt, sich aber nicht der entsprechenden Terminologie bedient. Das wird erst die Johannesoffenbarung in deutlich nachpaulinischer Zeit tun.[176] Doch sie wird mit dem Rekurs auf den Zornesbecher Gottes nicht innergemeindliche Missstände beheben wollen, sondern gemeindliche von außergemeindlichen Mahlfeiern abzugrenzen suchen.

Insgesamt lässt sich der argumentative Charakter der Paradosis folgendermaßen zusammenfassen:

	Theologische Deutung	*Folgen für die Mahlpraxis*	*Gerichtstheologische Implikationen*
Gebet und Brechen des Brotes	Mit dem rituellen Vollzug der Brothandlung vergewissert sich die Gemeinde des Todes Jesu als „für euch" geschehen.	Dem hat sie als korporative Einheit Ausdruck zu verleihen.	Eine falsche Mahlpraxis wendet das „für euch" in ein „gegen euch".
Gebet und Kreisen des Bechers	Mit dem rituellen Vollzug der Becherhandlung vergewissert sich die Gemeinde des Todes Jesu als Segensstat, die den neuen Bund heraufführt.	Dem hat sie als statusüberwindende Gemeinschaft Ausdruck zu verleihen.	Eine falsche Mahlpraxis wendet den Segensbecher in einen Gerichtsbecher.

---

[173] So vertreten von KARRER, Kelch, 208–212.

[174] Vgl. KARRER, Kelch 213 f. (Zitat 215).

[175] Vgl. KARRER, Kelch, 217.

[176] Vgl. Offb 14,10; 16,19; 18,6 f.; 19,15. Vgl. dazu ausführlich Kap. VI.2.2.1.7.

Exkurs: Zum Problem einer liturgischen Funktion des Einsetzungsberichts

Der Einsetzungsbericht 1Kor 11,23b–25 normiert zwar als Argument keinen neuen Mahlablauf, spiegelt aber einen tatsächlichen Mahlablauf wieder und deutet ihn theologisch. Die Frage ist nun, ob er über die argumentative Funktion im Brief hinaus eine Funktion im Mahlablauf hatte, ob er also nicht nur auf der Metaebene der Mahldeutung, sondern auch auf der Primärebene der Mahlhandlung anzusiedeln ist.

Der „weitreichende Konsens", nach dem die Mahlworte Jesu „nicht allein eine kultbegründende Funktion ausübten, sondern im Rahmen der jeweiligen Mahlfeiern als kultbegleitende Formulare zitiert wurden",[177] wird seit geraumer Zeit vor allem durch die Liturgiewissenschaft in Frage gestellt. Demnach sei der Mahlbericht in der Mahlfeier nicht rezitiert worden, sondern lediglich als Interpretament der Mahlfeier zu begreifen. Er gehöre folglich nicht zum eucharistischen Tun, sondern stehe neben diesem Tun und reflektiere es theologisch: „Was tun wir hier und warum tun wir es? Was unterscheidet diese Mahlfeier von anderen Mahlfeiern?"[178] Als Sitz im Leben einer solchen auf der Metaebene anzusiedelnden Überlieferung sind folgende Möglichkeiten in Erwägung gezogen worden, die einander nicht ausschließen, sondern sich durchaus ergänzen können: (1) Die Paradosis kann als Teil der Lehrüberlieferung ihren Ort in der Katechese oder Instruktion der Gemeinde gehabt haben;[179] (2) Die Paradosis kann analog zur jüdischen Festhaggada „in die bei der Mahlfeier geschehene oder ihr vorausgehende Verkündigung" hinein gehört haben;[180] (3) sie kann im Zusammenhang des beim gemeinsamen Essen und Trinken stattfindenden allgemeinen Erzählens von Jesu Leben, Leiden, Sterben und Auferstehen zur Sprache gekommen sein;[181] (4) sie kann die konstitutionelle Funktion einer Vereinssatzung und damit den Rang einer verfassungsmäßigen Grundlage, mit der die Existenz der Gemeinde steht und fällt, innegehabt haben.[182]

Paulus selbst setzt zwar die Paradosis in Korinth als bekannt voraus (11,23a), nicht aber ihren regelmäßigen gottesdienstlichen Gebrauch. Er zitiert den Text kommentarlos, erklärt also die Handlungen und Worte Jesu nicht, was man aber geradezu erwarten müsste, wenn die Korinther ihn wöchentlich rezitierten und sich deshalb mit einem bloßen Zitat kaum in ihrem Handeln korrigiert fühlen müssten. Wäre der Text im Mahlverlauf selbst beheimatet gewesen, „hätte Paulus den Korinthern die Formel nicht wörtlich anführen müssen und hätte sie wohl daran erinnert, daß sie ja bei ihnen selbst in gottes-

---

[177] So JEREMIAS, Abendmahlsworte, 100–102; BORNKAMM, Herrenmahl, 151; KLAUCK, Herrenmahl, 298; KOLLMANN, Ursprung, 170 (Zitat); BETZ, Gemeinschaft, 415 f.; WICK, Gottesdienste, 207 f.; WILCKENS, Theologie I/2, 192 f.

[178] So pointiert FELMY, Funktion, 10. Vgl. SCHMIDT-LAUBER, Eucharistiegebet, 207.

[179] So McGOWAN, Institution Narratives, 85 f.; ROLOFF, Gottesdienst, 51; DERS., Herrenmahl, 80, Anm. 40; THEOBALD, Herrenmahl, 272.

[180] So FELMY, Funktion, 9–12; SCHMIDT-LAUBER, Eucharistiegebet, 205; DERS., Eucharistie, 23 (dort Zitat).

[181] KOESTER, Leiden, 199–204, im Anschluss an ihn auch MESSNER, Grundlinien, 21. Diese Funktionszuweisung des Mahlberichts berührt sich eng mit der vorangegangenen Auffassung von der Festhaggada. Jedoch geht es KOESTER im Unterschied dazu nicht um den mahlbegründenden Charakter der Paradosis, sondern um ihre Funktion als Teil einer umfassenden Rahmenerzählung.

[182] So KLINGHARDT, Gemeinschaftsmahl, 329 f., unter Berufung auf das gehäufte Auftreten des Herrenprädikats im Kontext (11,23.26.27.32). Der Verein des Zeus Hypsistos (vgl. oben Kap. II.3.3.2) nennt sein Vereinsgesetz κύριος (PLond VII 2193, Z. 4).

dienstlichem Gebrauch stand".[183] Zu erwarten gewesen wäre dann eine Einleitung wie „was ihr auch jedes Mal sprecht". Jedenfalls zielt der Anamnesisbefehl Jesu nicht auf ein Sprechen der beiden Gabeworte, sondern nur auf die Wiederholung der rituellen Handlungen und Gebete sowie ihre Ausrichtung auf das Todesgedächtnis Jesu.[184] Eine dezidiert liturgische Verwendung ist dagegen erstmals im Eucharistiegebet der Traditio Apostolica aus dem 3. Jh. nachweisbar (Kap. 4).[185] Die ohnehin spärlichen Belege über den Mahlverlauf aus den ersten beiden Jahrhunderten lassen dagegen von einer solchen Funktion nichts erkennen.[186]

Das gilt insbesondere für die ins 2. Jh. zu datierende *Didache*. Sie hat zwar ein ausgeprägtes Interesse an den Handlungsvollzügen im Mahlverlauf, erwähnt die Mahlworte Jesu aber mit keiner Silbe, sondern widmet sich allein den Gebeten vor und nach dem Mahl (Did 9 f.). Diese kommen allerdings ohne jede ausdrückliche Bezugnahme auf den Tod Jesu aus und bedienen sich der aus 1Kor 10,3 f. bekannten Konzeption von der pneumatischen Funktion der Speisen und Getränke, um das Mahl theologisch zu qualifizieren.[187] Es ist deshalb kaum zu erwarten, dass über die Gebete hinaus noch die Einsetzungsworte zitiert worden wären.[188] Die Didache hätte die Einsetzungsworte, wenn sie Bestandteil des Mahlverlaufs gewesen wären, mit Sicherheit benannt, ist sie doch an einer Fixierung der mahlbegleitenden Worte interessiert und kennt sie die Worte zumindest aus dem Matthäusevangelium, auf das sie auch sonst zurückgreift.

Anders als die Didache zitiert der wenig später auftretende *Justin* die Mahlworte Jesu ausdrücklich, wenn auch in einer Form, die keinem der neutestamentlichen Zeugnisse exakt entspricht (1apol 66,3). Allerdings tut er das in einem Kontext, in dem es nicht um den Mahlverlauf, sondern um die Mahlbegründung geht. Dort dagegen, wo er sich explizit dem Mahlverlauf widmet, nämlich in 1apol 67,3–5, wird als Bestandteil der Feier nur das Dankgebet des Vorstehers, das sich die Gemeinde durch ihr Amen aneignet, erwähnt. Von den Gabeworten ist dagegen keine Rede. Und auch die schwierige Formulierung

---

[183] MESSNER, Grundlinien, 20. In die gleiche Richtung weisen auch LINDEMANN, 1Kor, 258; HEININGER, Mahl, 24; DÜNZL, Herrenmahl, 70 f.; SCHRÖTER, Abendmahl, 33, Anm. 42; 37 f.

[184] Anders WICK, Gottesdienste, 207 f.

[185] Im Osten dauerte es noch länger, bis sich auch hier der Mahlbericht liturgisch durchsetzen konnte, so dass er erst ab dem 4. Jh. „quer durch alle Regionen der Christenheit" zum festen Formular des Mahls gehörte. Mit Ambrosius und Chrysostomus begann dann auch die Deutung der Mahlworte als Konsekrationsworte (WENDEBOURG, Weg Roms, 418 f.).

[186] JEREMIAS, Abendmahlsworte, 126–130, führt dies auf arkandisziplinarische Maßnahmen zurück, die den Einsetzungsbericht nach außen vor Profanierung und Missdeutung schützen sollte. Ihm folgt neuerdings aus sozialgeschichtlicher Perspektive BILLINGS, Words, 515–526, in Bezug auf den D-Text der lukanischen Mahlworte Jesu, den er im Kontext staatlicher und gesellschaftlicher Repressalien des 2. Jh. verortet.

[187] Dass es sich bei der Eucharistie der Didache nicht nur um eine bloße Sättigungsmahlzeit noch um eine theologisch angehauchte Agape handelt, setzt sich als Forschungskonsens durch (z.B. KOLLMANN, Ursprung, 91–98; KLINGHARDT, Gemeinschaftsmahl, 429–441; DÜNZL, Herrenmahl, 51–63; HAINZ, Christus, 173; SCHRÖTER, Abendmahl, 67–72; THEOBALD, Leib, 149–152). Anders neuerdings wieder LAVERDIERE, Eucharist, 128–147, bes. 128.131.144 f., der wegen des fehlenden Bezugs auf den Tod Jesu ein theologisch defizitäres Mahl konstatiert.

[188] So aber WEHR, Arznei, 347 f.; DERS., Eucharistieverständnis, 26 f.

„die durch ein von ihm (= Christus) ausgehendes Gebetswort bedankte Speise (ἡ δι' εὐχῆς λόγου τοῦ παρ' αὐτοῦ εὐχαρισθεῖσα τροφή)" in 1apol 66,2 ist wahrscheinlich auf ein inspiriertes Gebet und nicht auf die Mahlworte Jesu zu beziehen. Zwar steht die Formulierung im unmittelbaren Kontext der Mahlworte Jesu, aber diese sind rein gattungstechnisch keine an Gott gerichtete Gebetsworte! Die Rede vom Gebet macht eine solche Bezugnahme unwahrscheinlich.[189]

Schließlich erwähnen auch die liturgischen Anspielungen in den *apokryphen Apostelakten* aus dem 3. Jh. den Einsetzungsbericht nicht und lassen nur am Rande seinen Einfluss erkennen. Nur die Mahlgebete in den Thomasakten sprechen ausdrücklich von Leib und Blut Christi (ActThom 49.158; nicht aber 133), obwohl auf der Gestaltebene nur vom Brot, nicht aber vom Becher die Rede ist. Die Mahlgebete in den Johannesakten (ActJoh 85.109) sind dagegen allgemein christologisch orientiert.

Die Reichweite des Einsetzungsberichts scheint also trotz seiner Bekanntheit zumindest in liturgischer Hinsicht begrenzt gewesen zu sein. Seine *Entwicklung* vom eigenständigen Traditionsstück hin zum Bestandteil des Eucharistiegebets könnte dann folgendermaßen ausgesehen haben:[190]

1. In einem ersten Schritt ist die ursprüngliche eigenständige Überlieferung vom einmaligen Abschiedsmahl Jesu (vielleicht im hellenistischen Judenchristentum um den Stephanuskreis) durch die Zufügung der Gedächtnisbefehle und die sühnekultische Zuspitzung mit der Blutformel („durch mein Blut") zu einem *gemeindlich wiederholbaren Ritus* ausgebaut worden. Sitz im Leben der so entstandenen Kultätiologie könnte ein christliches Passafest gewesen sein.[191] Von der jährlichen Feier aus sind die Mahlworte entweder noch vorpaulinisch[192] oder erst paulinisch, bedingt durch die Missstände in Korinth und die Notwendigkeit einer theologischen Klärung,[193] auch in die wöchentliche Mahlfeier eingedrungen, allerdings noch nicht notwendigerweise als Teil der Mahlliturgie und damit der Primärebene, sondern als Bestandteil des wortorientierten Teils der Mahlversammlung und damit der deutenden Metaebene.

2. In einem zweiten Schritt ist die Mahlüberlieferung in die *(vor-)markinische Passionserzählung* hineingewandert (Mk 14,22–25). Möglich wurde dieser Entwicklungsschritt dadurch, dass auch die Passionserinnerung in den Kontext des Passamahls gehörte, beides hier also nahezu organisch ineinander fließen konnte.[194]

---

[189] So mit KLINGHARDT, Gemeinschaftsmahl, 504 f.; SCHRÖTER, Abendmahl, 83, Anm. 108. Anders LÖHR, Gebet, 433; THEISSEN, Sakralmahl, 176 f., Anm. 18.

[190] Vgl. THEOBALD, Herrenmahl, 272 f.; DERS., Leib, 129–134.

[191] So ROUWHORST, célébration, 109 f.; THEOBALD, Leib, 127.130 f. In diese Richtung wies schon FULLER, Double Origin, 60–72, auf den THEOBALD ausdrücklich zurückgreift. Zur frühchristlichen Passafeier vgl. den Überblick bei MAUR, Osterfeier, 35–41.

[192] So SCHWEMER, Mahlgemeinschaft, 214 f.; HENGEL, Mahl, 455 f., Anm. 16. Beide denken konkret an den Übergang zur Völkermission.

[193] So zuletzt THEOBALD, Leib, 161 f.; THEISSEN, Sakralmahl, 183 f. Ähnlich auch LAVERDIERE, Eucharist, 12–28, der allerdings sehr idealtypisch von einer Entwicklung ausgeht, dergemäß auf eine erste euphorische Phase eine allmähliche Ernüchterung eingekehrt sei, die durch Missstände in den Mahlfeiern geprägt gewesen sei (seiner Entwicklungsthese schließt sich auch DÜNZL, Herrenmahl, 69 f., Anm. 54, an, geht aber von einem größeren Zeitraum aus und bewertet auch die Rolle der Didache anders).

[194] Vgl. MAUR, Osterfeier, 39; THEOBALD, Leib, 130 f.

3. In einem letzten Schritt schließlich sind die Mahlworte Jesu in das *eucharistische Hochgebet* eingedrungen. Erstmals bezeugt wird dieser Schritt von der wahrscheinlich ins 3. Jh. zu datierenden Traditio Apostolica. Dort begegnet der Einsetzungsbericht als Teil eines vom Bischof zu sprechenden trinitarischen Dankgebets (Kap. 4). Möglicherweise hängt diese Integration mit der sich anbahnenden Trennung von gemeindlichen Eucharistiefeiern und Sättigungsmählern zusammen.[195] Denn wenn mit der Sättigung zugleich die Lehrvorträge und Gespräche aus dem Zusammenhang der Eucharistie hinauswanderten, dann „war es nur allzu verständlich, daß die Abendmahlsparadosis jetzt in die eucharistische Liturgie selbst hineingelangte".[196] Mit dieser Integration der Abendmahlsworte wurde dann die Grundlage dafür gelegt, dass die Mahlworte Jesu insbesondere in der westlichen Tradition zunehmend zum Fokus der Feier avancierten und den Charakter von Konsekrationsworten annahmen.[197]

Allerdings dürfen die Herrenworte über Brot und Becher, auch wenn sie erst altkirchlich im Mahlverlauf zitiert wurden, nicht in ihrer *Prägekraft* unterschätzt werden, mit der sie von Anfang an nicht nur auf die Deutung, sondern auch auf den Vollzug der Feier einwirkten. Deutungen haben nur dann einen Sinn, wenn sie eine verbale oder rituelle Ausdrucksgestalt herausbilden, wenn sie also an den Handlungen, die sie deuten, in irgendeiner Weise ablesbar sind. Dies kann auf zweierlei Weise vorgestellt werden, und zwar über die Mahlgebete und über die Spendeworte. Möglicherweise wirkten die Einsetzungsworte mit ihrer Bezugnahme auf den Tod Jesu im paulinischen Wirkungskreis – anders als in dem der Didache – auf die Formulierung der Eingangs- und Abschlussgebete ein, und waren dabei vielleicht sogar die beiden in wörtlicher Rede formulierten Worte Jesu zum gebrochenen Brot und zum kreisenden Becher Teil dieser Gebete, dann aber noch ohne den knappen erzählenden Rahmen der Paradosis. Und vielleicht wirkten sie auch auf die Gabeworte zur Distribution ein, jenem „Teil der Feier, über dessen Gestaltung in der frühen Zeit wir am wenigsten wissen".[198] Zwar bleiben solche Erwägungen hochspekulativ, doch sollten sie nicht gleich ausgeschlossen werden, solange die Quellenlage nicht klar dagegen spricht. Fest steht jedenfalls, dass die Mahlworte Jesu nur deshalb altkirchlich in das Eucharistiegebet einfließen konnten, weil ihnen schon vorher eine deutende Funktion zugekommen ist. Und eine solche ist wiederum nur dann plausibel, wenn sie mit der Primärebene der Feiergestalt korrespondiert.

3.2.5.3 Die Konfliktlösung in der Relativierung der Sättigung

Paulus, so macht es der Rückgriff auf den Einsetzungsbericht deutlich, versteht die Mahlfeier als Darstellungshandlung, in der die Gemeinde das Gedächtnis des Todes Jesu als ihr Gründungsdatum zum Ausdruck bringt. Dies hat nahezu zwangsläufig eine Relativierung des Sättigungsmahls zur Folge. Schon der Wortlaut der Paradosis legt das „Schwergewicht der Her-

---

[195] Kaum zufällig bezeugt die Traditio Apostolica erstmals in der Liturgiegeschichte das Nebeneinander zweier Gemeindemahltypen, nämlich die auf Brot- und Becherhandlung konzentrierte Eucharistie (Kap. 22) und die als theologisch qualifiziertes Sättigungsmahl begangene Eulogie (Kap. 25–28)

[196] So grundlegend SCHMIDT-LAUBER, Eucharistiegebet, 207. Ihm schließt sich THEOBALD, Herrenmahl, 272, an.

[197] So kritisch SCHMIDT-LAUBER, Eucharistiegebet, 204 f.; DERS., Eucharistie, 233–235. Zur damit ausgelösten liturgiewissenschaftlichen und reformationsgeschichtlichen Diskussion vgl. oben Kap. I.1.

[198] WENDEBOURG, Weg Roms, 422–425 (Zitat 424, Anm. 106). Vgl. auch KLAUCK, Herrenmahl, 298.

renmahlsfeier" auf die beiden Handlungen mit dem Brot und dem Becher, so dass „sie von Paulus zumindest literarisch zusammen- und aus dem Kontext der ganzen Mahlzeit herausgenommen werden können".[199] Und auch die Schlussfolgerungen des Paulus aus der Paradosis machen insbesondere die Brot- und die Becherhandlung stark:

> „[26]Jedesmal wenn ihr dieses Brot esst und den Becher trinkt, verkündigt ihr den Tod des Herrn, bis er kommt. [27]Folglich wird derjenige, der das Brot auf unangemessene Weise isst oder den Becher des Herrn trinkt, am Leib und Blut des Herrn schuldig sein. [28]Der Mensch prüfe sich aber selbst und so esse er von dem Brot und trinke er aus dem Becher" (1Kor 11,26–28).

Paulus sorgt sich demnach nicht um „das Auseinanderfallen von Sakrament und dem es begleitenden Essen"[200], sondern um die Gefährdung des Verkündigungs- und Gedächtnischarakters der Mahlfeier, der zugleich für die Darstellung der Gemeinde in ihrer innersten Identität steht. Und die hängt seines Erachtens in besonderer Weise an den Rahmenhandlungen, nicht aber an der Sättigung. Fast zwangsläufig ordnet er im Zuge seiner Argumentation die Mahlästhetik, also die Anschaulichkeit des Mahls für die Identität der Gemeinde, der Mahlökonomie, also dem Sättigungscharakter des Mahls, vor. Er schafft die von den beiden theologisch gewichtigen Handlungen gerahmte Mahlzeit freilich nicht einfach ab,[201] er fordert vielmehr nachdrücklich ein, dass die korinthischen Gemeindeglieder mit dem Essen aufeinander warten sollen (V. 33), aber er relativiert sie bis hin zur Bedeutungslosigkeit. Der gemeinsame Mahlbeginn soll nicht etwa der Sättigung aller, insbesondere der ärmeren Gemeindeglieder, sondern der Darstellung von Einheit und Gemeinschaft dienen.

Paulus deutet diese Sichtweise schon im Vorfeld des Traditionszitats mit der Frage an:

> „Habt ihr etwa keine Häuser, um dort zu essen und zu trinken? Oder verachtet ihr etwa die Gemeinde Gottes und beschämt (καταισχύνειν) die, die nichts haben?" (V. 22).

---

[199] So richtig beobachtet von MESSNER, Grundlinien, 19 (vgl. auch ebd., Anm. 65: „Auch der [doppelte!] Gedächtnisauftrag bezieht sich nicht auf das ganze Mahl, sondern speziell auf die Brot- und Kelchhandlung."). Ihm folgt THEOBALD, Leib, 159 f. Auch nach KREMER, Herrenspeise, 236, kommt es allein auf Brot und Becher an, sie machen den „Hauptinhalt" und „einigen Sinn" des Mahls aus. Dass Paulus damit der später bezeugten Auslagerung des Sättigungsmahls aus dem religiösen Mahl der Gemeinde zumindest Vorschub leistet, selbst wenn er selber es so dezidiert noch nicht einfordert, betonen auch KLAUCK, Herrenmahl, 295 f.; KOLLMANN, Ursprung, 51.

[200] So aber MERKLEIN/GIELEN, 1Kor III, 83.

[201] So mit HOFIUS, Herrenmahl, 221 f. mit Anm. 112; KLINGHARDT, Gemeinschaftsmahl, 301; SCHRAGE, 1Kor III, 43; KONRADT, Gericht, 415 f.; MERKLEIN/GIELEN, 1Kor III, 88 f.

Es handelt sich bei diesen Fragen keineswegs um eine Persiflage,[202] sondern um einen ernstgemeinten Vorwurf.[203] Das Verb καταισχύνειν tauchte bereits im Kontext der äußeren Erscheinung der Frauen (und Männer) beim gemeindlichen Beten und Prophezeien auf; nach 11,4 f. verunzieren Männer und Frauen, die ihre Geschlechterrollen durch eine entsprechende Haartracht nicht sichtbar werden lassen, sich selbst und die Wohlordnung des Miteinanders von Männern und Frauen in der Gemeindeversammlung. Auf den Kontext des Herrenmahls übertragen, erweist sich folglich das vordergründige Sättigungsproblem beim genauen Hinschauen als ein Darstellungsproblem. In Korinth wird nach Ansicht des Paulus noch zu wenig sichtbar, dass in der Gemeinde geschlechtliche, ethnische und soziale Differenzen zwar ihr Recht haben, aber keinen trennenden Charakter mehr haben dürfen. Die Universalität des Heilswillens Gottes, die sich gerade in der Einheit der Gemeinde Ausdruck verschafft, hebt also die Partikularität einzelner Glieder und Gruppierungen nicht auf, sondern nimmt ihnen nur den gemeinschaftsverhindernden Charakter. Wenn das erotisierend wirkende Auftreten der Frauen die Wohlordnung bei Mahl und Wortteil stört, muss die Haartracht entsprechend verändert werden; und wenn die sozialen Spannungen die Wohlordnung des Mahls stören, muss die Sättigung entsprechend relativiert und in die Privathäuser ausgelagert werden.

So wundert es nicht, dass die Frage aus V. 22a am Ende der Argumentation als pragmatisch formulierte Anweisung wiederkehrt:

„Wenn jemand hungert, dann soll er zu Hause essen, damit ihr nicht zum Gericht zusammenkommt" (V. 34a).

Damit relativiert Paulus den Sättigungsakt so fundamental, dass er ihn letztlich einer eigenständigen Bedeutung beraubt. Es geht ihm einzig und allein um die doppelte Gemeinschaft mit Christus und untereinander,[204] die durch Brot- und Becherhandlung symbolisiert wird und der Sättigung nicht notwendig bedarf. Seine Haltung ist keineswegs zynisch,[205] zumal es alles andere als gesichert gelten kann, dass das korinthische Herrenmahl jemals den Charakter einer Armenspeisung hatte. Paulus gibt die Habenichtse nicht dem Hungertod preis, sondern verweist bezüglich der Sättigung alle

---

[202] So aber MERKLEIN/GIELEN, 1Kor III, 88.

[203] So mit CONZELMANN, 1Kor, 230.

[204] Das betonen auch die Vertreter des mahlökonomischen Ansatzes: „Paulus sieht – mit ungezählten Zeitgenossen – den *primären* Sinn von Syssitien in der Gemeinschaft und unterscheidet davon ein Mahl, das ausschließlich der Sättigung dient" (KLINGHARDT, Gemeinschaftsmahl, 299; dort kursiv). Doch stellt sich die Frage, was denn rein inhaltlich von einem Sättigungsmahl bleibt, das offensichtlich nicht primär der Sättigung, sondern der Gemeinschaftsbildung dienen soll.

[205] So aber der Vorwurf von KLINGHARDT, Gemeinschaftsmahl, 298, im Hinblick auf die Exegeten, die von einer Trennung von Sättigung und Sakrament ausgehen.

Gemeindeglieder auf die Häuser, denen sie zugehören.[206] Er leugnet also nicht die Notwendigkeit sättigender Mahlzeiten, begreift die Sättigung jedoch nicht als gesamtgemeindliche Aufgabe, sondern weist sie nach dem Subsidiaritätsprinzip den jeweiligen Hausgemeinschaften zu.

Neben dem Verweis auf die Sozialverantwortung der Hausgemeinschaften lassen sich mit Peter Wick weitere Gründe für den paulinischen Lösungsansatz, die Sättigung abzutrennen, geltend machen:[207] (1) Die Sozialschichtung der korinthischen Gemeinde sei im Einzelnen unklar, so dass nicht sicher sei, ob die Reichen reich genug waren, um wöchentlich ein Sättigungsmahl für alle Gemeindeglieder auszurichten.[208] (2) Paulus wolle die Agape nicht von den Reichen einfordern, weil sie sich nicht befehlen lässt (1Kor 13,5). (3) Paulus wolle lediglich eine Interimslösung schaffen, um die Probleme bei seinem angekündigten Besuch dann endgültig zu lösen (1Kor 11,34d). Insbesondere der erste und dritte Grund verdienen Beachtung; von Agape spricht Paulus im Speisekontext dagegen nicht, sondern erst im Hinblick auf das wortorientierte Beisammensein nach dem Mahl (1Kor 13).

Mit seinem Lösungsvorschlag, die Bedeutungsgehalte des Mahls von der Sättigung auf die Rahmenhandlungen zu verlagern und das Mahl nicht als ökonomisch-diakonische, sondern als ästhetische Institution zu verstehen, steht Paulus nur scheinbar außerhalb antiker Mahlethik. Denn indem es ihm um die *Wohlordnung (Eukosmie)* der Mahlversammlung geht,[209] erweist er sich als Kenner des antiken Diskurses um die ideale Gemeinschaft bei Mahl und Symposion. Und die von ihm verfolgte Lösung der Relativierung des Sättigungscharakters des Mahls lässt sich gut in diesen Diskurs einzeichnen. Schon der oben zitierte Xenophanes[210] erwähnt in seinem Gastmahlfragment das Essen mit keinem Wort und signalisiert damit, dass es darauf überhaupt nicht ankam. Zudem sieht der oben zitierte Plinius d.J.[211] wie Paulus die Mahlzusammenkunft als Ausdruck der Einheit und Gleichheit der Teilnehmer, deren Primärsinn nicht mehr in der bloßen Sättigung und im bloßen Genuss einer größtmöglichen Vielfalt und Menge an Speisen und Getränken, sondern in der durch die qualitative und quantitative Gleichheit an Speisen und Getränken repräsentierten Gleichheit der Feiergruppe besteht. Dabei geht Paulus allerdings über Plinius hinaus, indem er nicht nur die Anwesenheit von Freigelassenen, sondern auch von Sklaven und Frauen beim Mahl voraussetzt. Und wie der ebenfalls oben

---

[206] Es geht in V. 22 nicht allein um den Besitz von Häusern (gegen THEISSEN, Integration, 296).

[207] Vgl. WICK, Gottesdienste, 211 f.

[208] SCHMELLER, Hierarchie, 56–75, rechnet dagegen mit einer ausgebildeten Patronatsstruktur in Korinth und verweist auf die Hausgemeinschaften von Krispus (1Kor 1,14), Gaius (1,14) und Stephanas (1,16; 16,15–18).

[209] In diesem Sinn auch WICK, Gottesdienste, 210–212.

[210] Vgl. oben Kap. II.2.4.2. und 2.4.3.

[211] Vgl. ep. II 6,1–5. Dazu oben Kap. II.2.4.1.

zitierte Cicero[212] räumt er der in der Versammlung erlebten Gemeinschaft – die er allerdings nicht nur sozial, sondern vor allem theologisch versteht – den Vorrang vor der Mahlzeit ein.

Um die Gemeinde mit auf diesen Lösungsweg zu nehmen, empfiehlt Paulus die *Selbstprüfung*:

> „[28]Der Mensch prüfe sich aber selbst (δοκιμάζειν ἑαυτόν) und so esse er von dem Brot und trinke er aus dem Becher. [29]Wer nämlich isst und trinkt, der isst und trinkt für sich das Gericht, wenn er den Leib nicht (richtig) beurteilt (διακρίνειν τὸ σῶμα)" (1Kor 11,28 f.).

Sie darf nicht als subjektiver und ergebnisoffener Entscheidungsakt begriffen werden, sondern ist von Paulus als intersubjektive und gesamtgemeindliche Bewusstwerdung darüber, worauf es in der Mahlfeier allein ankommt – auf die Teilhabe an Leib und Blut des Herrn und ihrer ekklesiologischen Darstellung in Einheit und Gemeinschaft –, gemeint.[213] Die Selbstprüfung kann also nach Paulus nur *ein* Ergebnis haben, nämlich eine sichtbare Verhaltensänderung. Diese kann konkret so aussehen, dass mit dem „Voressen" der wenigen auch die Sättigung für alle aufgegeben wird, indem alle, vor allem die Reichen, weniger Speisen und Getränke in das Mahl einbringen. Das hilft der Gemeinde nach paulinischer Meinung, das Mahl gemeinsam in einer solchen Weise zu feiern, wie es dem einen Leib Christi und dem neuen Bund entspricht. Dass das Mahl im Zuge dessen ritualisiert wird, nimmt Paulus wohlwollend in Kauf.

4. Die Mahlfeier in Rom

Auch der in Röm 14 beschriebene Mahlkonflikt lässt sich auf dem Hintergrund einer gemeinsamen Mahlzusammenkunft im Rahmen der Gemeinde erklären.[214]

Die Mahlthematik klingt schon im Vorfeld des Kapitels an, und zwar in der Anweisung an die Gemeinde, nicht mehr nach den Sitten und Gebräuchen der Vergangenheit, sondern im Licht des nahenden Tages zu leben (Röm 13,11–14).[215] Dort heißt es: „[13]Lasst

---

[212] Vgl. Cato mai. XIII 45. Dazu oben Kap. II.2.4.3.

[213] Insofern hat die Landessynode der Evangelischen Kirche im Rheinland angemessen zugespitzt: „Folglich heißt die Leitfrage bei ihm [sc. Paulus] nicht: ‚Bin *ich* würdig?', sondern: ‚Feiern *wir* das Mahl des Herrn würdig, nämlich dem entsprechend, dass wir miteinander Leib des Herrn sind?'" (DIES., Kirche, 52; Hervorhebungen dort). Dazu unten Kap. VII.2.

[214] So mit SMITH, Symposium, 183 f.; LÖHR, Speisenfrage, 27; KONRADT, Gericht, 516 f.; GÄCKLE, Die Starken, 383 f.; JEWETT, Rom, 835 f.

[215] JEWETT, Rom, 813–815, bezieht auch den unmittelbar vorausgehenden Abschnitt über die Agape als Erfüllung des Gesetzes in Röm 13,8–10 auf die gemeindliche Mahl-

uns anständig leben, wie es dem Tag entspricht, ohne Fresserei und Sauferei, ohne sexuelle Verfehlungen und Ausschweifungen, ohne Streit und Eifersucht, [14]sondern zieht den Herrn Jesus Christus wie ein Kleid an und sorgt nicht so für euren Leib, dass es in Begierden ausartet" (Röm 13,13 f.). Alle genannten Werte lassen sich sowohl allgemein als Gestaltungsnormen für den Alltag als auch konkret als Verhaltensnormen für Mahlzusammenkünfte verstehen. Beides kann mitschwingen. Paulus ermahnt dann die Gemeindeglieder, sowohl ihren individuellen Alltag als auch ihre kollektiven Zusammenkünfte in spezifisch christlicher Weise zu gestalten. Es geht allgemein um die Abgrenzung von paganen Lebensweisen, konkret um die Abgrenzung von den Völlereien und Sexgelagen der Gast- und Vereinsmähler.

Der Konflikt hat sich an *Realienfragen* entzündet. Eine Gruppe so genannter „Schwacher" (V. 1 f.) verzichtete bewusst auf Fleisch (und vielleicht von V. 21 her gesehen auch auf Wein) und löste damit eine heftige Debatte aus. Die Thematik erinnert zwar an die Diskussion um den Fleischverzehr in 1Kor 8–10, jedoch „wird hier die Frage des Fleischgenusses als solche diskutiert, unabhängig von einem Zusammenhang mit heidnischen Opferhandlungen".[216] Ging es dort um die Teilnahme an außergemeindlichen Gast- oder Vereinsmählern, geht es hier um das innergemeindliche Miteinander. Dafür spricht auch die in 14,6 von Paulus vorausgesetzte Danksagung sowohl derer, die Fleisch zu sich nehmen, als auch derer, die darauf verzichten. Sie ergibt nur im Zusammenhang mit einer gemeinsamen Mahlzusammenkunft einen Sinn, in dem sowohl die „Starken" als auch die „Schwachen" gleichermaßen für die von ihnen verzehrten Speisen danken; denn die Danksagung meint das gemeinsame Tischgebet.[217] Unklar ist die Motivation der asketisch orientierten Konfliktpartei, auf Fleisch zu verzichten, so dass Vorsicht geboten ist, sie pauschal mit Judenchristen zu identifizieren.[218] Zwar weist der Ausdruck κοινός in V. 14 auf einen hellenistisch-jüdischen Hintergrund der Schwachen hin, doch ist auch mit der Möglichkeit zu rechnen, dass vom Judentum faszinierte Nichtjuden eine nahrungsasketische Lebensweise übernommen und in der Gemeinde praktiziert haben.

Wie greift Paulus in den Konflikt ein? Im Vergleich mit der korinthischen Problematik des Götzenopferfleischverzehrs überrascht es wenig,

---

feier. Allerdings reicht die von ihm gegebene formal-sprachliche Begründung, dass Agape hier mit Artikel verwendet werde und deshalb nicht nur auf eine innere Haltung, sondern eine soziale Institution ziele, nicht aus, um die These zu tragen. Es geht nicht um Mahlfeiern, sondern um die Übereinstimmung christlicher Ethik mit der Tora, ohne ihr konkret folgen zu müssen.

[216] HAACKER, Röm, 277.

[217] So auch GÄCKLE, Die Starken, 383.

[218] So zu Recht HAACKER, Röm, 278; LOHSE, Röm, 372; JEWETT, Rom, 835. Dagegen identifiziert GÄCKLE, Die Starken, 369–381, die Schwachen mit Diasporajudenchristen, und denkt THEOBALD, Gastfreundschaft, 201, an einen Konflikt zwischen jüdischen und nichtjüdischen Hausgemeinden.

dass auch hier Paulus den „Starken" grundsätzlich Recht gibt und alle Speisen für rein erklärt (V. 14.20),[219] aber ekklesiologisch zu gegenseitiger Rücksichtnahme mahnt (V. 13–15.20 f.), weil es in Konflikten nie nur um objektive Gegebenheiten, sondern um das menschliche Miteinander, hier konkret das ekklesiale Miteinander, geht. An den Konflikt in 1Kor 11,17–34 erinnert darüber hinaus die hier nicht pädagogisch, sondern seelsorglich eingesetzte Gerichtsthematik (V. 3–12): Weil allein Gott das Verhalten angemessen zu würdigen und zu richten weiß, kommt es nicht darauf an, was gegessen wird, sondern wie es gegessen wird: im Kontext der von Gott gestifteten Heilsgemeinschaft, die durch Einheit und Rücksichtnahme gekennzeichnet ist. Es ist also wie in Korinth der Gerichtsausblick, der die Gemeinde zur Selbstprüfung anleiten soll:

„Glücklich ist derjenige, der sich selbst in seiner Selbstprüfung nicht kritisieren muss" (Röm 14,22).

Aus dem Rahmen fällt dagegen eine Äußerung, der eine Schlüsselbedeutung in der paulinischen Mahltheologie zukommt. In V. 17 relativiert Paulus das gemeinsame Essen und Trinken überhaupt zugunsten einer durch Gerechtigkeit, Frieden und Freude geprägten Gemeinschaft:

„Das Königreich Gottes manifestiert sich nicht in Essen und Trinken (βρῶσις καὶ πόσις), sondern in Gerechtigkeit und Frieden und Freude im heiligen Geist" (Röm 14,17).

Erstens überrascht die Rede vom Reich Gottes, die auch in seinen anderen Briefen eine nur untergeordnete Rolle spielt,[220] hier im Römerbrief zudem völlig unvermittelt eingeführt wird.[221] Zweitens relativiert Paulus nicht, wie es der Konflikt nahelegen würde, die Bedeutung von Speisen und Getränken (βρώματα καὶ πόματα), sondern geht über den Streit der beiden Gruppen hinaus, indem er viel allgemeiner von Essen und Trinken (βρῶσις καὶ πόσις) spricht.[222] Zwar kann βρῶσις neutestamentlich auch die konkrete Speise meinen, so vor allem bei Johannes (Joh 4,32; 6,27.55), doch muss es als bewusste Entscheidung des Paulus bewertet werden, dass er anders als noch kurz zuvor in V. 15 nicht von βρῶμα redet, was ja durchaus nahegelegen hätte. Um den Akt des Essens geht es schließlich auch in der einzigen anderen paulinischen Stelle, in der βρῶσις vorkommt, 1Kor 8,4.[223] Man kann deshalb fragen, ob Paulus hier auf eine feste Formel re-

---

[219] Die sachliche Nähe zu Mk 7,15.19 lässt bei allen kontextuellen Unterschieden fragen, ob Paulus hier auf Jesustradition zurückgreift, auch wenn er kein Herrenwort zitiert.

[220] 1Kor 4,20; 6,9 f.; Gal 5,21; 1Thess 2,12. Vgl. Kol 4,11; Eph 5,5; 2Thess 1,5.

[221] So auch HAACKER, Röm, 287.

[222] Dass mit βρῶσις καὶ πόσις nicht die Realien, sondern ihr Verzehr, also die Akte des Essens und Trinkens angesprochen sind, betont auch MINDE, EWNT 1, 550. Anders KLINGHARDT, Gemeinschaftsmahl, 367, der von „Speise und Trank" redet.

[223] Zur Wiederkehr der Formel in Kol 2,16 vgl. unten Kap. IV.3.2.

kurriert, noch dazu, weil er hier zum ersten Mal auf das Trinken zu sprechen kommt und die Thematik des Weingenusses in V. 21 gegenüber der des Fleischverzehrs deutlich nachklappt, also möglicherweise rein hypothetischer Natur ist.[224] Aber selbst wenn es sich um ein Traditionsstück handeln sollte, wird man erklären müssen, warum Paulus hier darauf rekurriert und sich seinen Inhalt zu eigen macht.

Überraschend ist zum dritten die Trias von Gerechtigkeit, Frieden und Freude, denn es ist „nicht auf den ersten Blick durchsichtig“, warum Paulus gerade die drei Begriffe im Zusammenhang eines Speisekonflikts einführt.[225] Die Werte der Gerechtigkeit und des Friedens lassen sich noch konkret auf die Aussöhnung der beiden Konfliktparteien beziehen, also auf die gegenseitige Annahme, die in der Annahme aller durch Gott gründet (vgl. V. 3). Dagegen sperrt sich allerdings die Freude, weil sie sich anders als die Gerechtigkeit und der Friede jeder ethischen Funktionalisierung entzieht.[226]

Die Unklarheiten lichten sich, wenn man die Aussage auf ihren Sitz im Leben hin befragt. Wenn die römischen Speisekonflikte in der gemeindlichen Mahlversammlung zu verorten sind, dann ist diese auch der Sitz im Leben der Wertvorstellungen Gerechtigkeit, Frieden und Freude. Zur Sprache kommt hier demnach der *sozialutopische Charakter* der Versammlung, der durch die eschatologische Thematik des Reiches Gottes und die pneumatologische Thematik des Geistwirkens gegeben ist. Er hängt mit der Rede vom Leben im Licht des kommenden Tages aus Kap. 13,13 f. zusammen, das nun nicht mehr wie dort in Abgrenzung, sondern nun in seiner positiven Ausrichtung zur Sprache kommen soll:[227] Im Licht des kommenden Tages zu leben, heißt also nicht nur die Absage an Völlerei, sondern die Orientierung an Gerechtigkeit, Frieden und Freude. Bezogen auf den Mahlkontext heißt das, dass der sozialutopische Charakter der Zusammenkünfte nicht in Essen und Trinken, sondern in einer Gemeinschaft, die sich an den Wertvorstellungen Gerechtigkeit, Frieden und Freude orientiert, zum Zuge kommt. Die Trias erinnert damit an die Ideologie paganer Symposien,[228] doch will Paulus kein paganes Symposion kopieren, sondern ein

---

[224] So GÄCKLE, Die Starken, 403 f. mit Anm. 501.

[225] HAACKER, Röm, 288.

[226] Man kann allenfalls mit HAACKER, Röm, 289, darin „eine stille Kritik an der Verbissenheit heraushören, mit der Richtungskämpfe wie die zwischen den ‚Schwachen‘ und den ‚Starken‘ bisweilen ausgetragen werden“.

[227] So mit KLINGHARDT, Gemeinschaftsmahl, 367; JEWETT, Rom, 863 (er weist zu Recht darauf hin, dass es beim Reich Gottes nicht allein um eine zukünftige Größe geht, sondern um eine sich in der Gemeinde gegenwärtig abbildende Utopie, um „the church realm where God presently reigns“). Entsprechend ist die Geistprägung auf die gesamte Trias und nicht nur auf die Freude zu beziehen (so mit LOHSE, Röm, 379).

[228] So auch SMIT, Symposium, 46–52.

spezifisch christliches Symposion etablieren, ein Beisammensein, bei dem nicht Speise- und Getränkefragen zu Zank und Streit führen sollen. Es geht ihm gewissermaßen um das ideale Symposion, das auch die Vereine aus der Umwelt anstreben, aber seines Erachtens nicht erreichen können. Zum einen orientieren sie sich im Urteil des Paulus zu einseitig am Essen und Trinken (von 13,13 her auch an der Sexualität), zum anderen verfolgen sie die zu verwirklichenden Gemeinschaftswerte als ethische Tugenden und nicht als eschatologische Gaben des einen Gottes, als welche Paulus sie vom alttestamentlichen Hintergrund her versteht:

Gerechtigkeit (δικαιοσύνη):
Im Kontext paganer Symposien hat Gerechtigkeit einen gemeinschaftsstiftenden Akzent. Gerechtes Verhalten schweißt eine Gemeinschaft zusammen, ungerechtes Verhalten, wie es sich konkret in der Zuteilung der Trinkportionen und Plätze zeigt, demonstriert Ungleichheit und spaltet eine Gemeinschaft.[229] Das gerechte Trinkgelage kann folglich zu einem utopischen Ideal avancieren.

Alttestamentlich wird Gerechtigkeit darüber hinaus als ein nicht von Menschen herstellbares, sondern allein von Gott bereitgestelltes Heilsgut verstanden.[230] Das zeigt sich nicht zuletzt darin, dass der Rede von der δικαιοσύνη die von der σωτηρία zur Seite tritt, dass also die Gerechtigkeit als rettendes Handeln Gottes begriffen wird.[231]

An beide Linien knüpft Paulus an und macht sie ekklesial fruchtbar. Die von Gott kommende und ihm eignende Gerechtigkeit ist zentrales Thema des ersten Teils des Römerbriefs. Sie manifestiert sich als eschatologisches Heilsgut gegenwärtig in der Aufhebung der Trennlinie zwischen Juden und Nichtjuden im Raum der Gemeinde, besonders sichtbar im gemeinsamen Gotteslob von Christinnen und Christen beiderlei Herkunft. Der Mahlkonflikt in Röm 14 darf zwar nicht auf das Miteinander von Juden und Nichtjuden reduziert werden, ihm wohnt aber die gleiche gemeinschaftszersetzende Dynamik inne, die Paulus schon zuvor im Brief durch den Rekurs auf die Gerechtigkeit als Inbegriff von gemeinschaftsfördernder Wohlordnung zu überwinden trachtete. Die Konfliktparteien sollen ihre Streitigkeiten hinter sich lassen, indem sie den Blick von Essen und Trinken abwenden und auf das Ideal einer gerechten Gemeinschaft richten.

---

[229] Vgl. Athenaios VI 274a; Plutarch, mor. 159c.613b (dort im Verbund mit σωφροσύνη, also der Mäßigung).

[230] So zeichnet sich der nach prophetischer Erwartung auftretende endzeitliche Hoffnungsträger dadurch aus, dass er Gerechtigkeit heraufführen wird (Jes 9,6 [hier zusammen mit Frieden]; 11,5; Jer 23,5).

[231] So in LXX Jes 45,8; 46,12 f.; 51,5; 59,17; 61,10. Dazu HAACKER, Röm, 41.

Frieden (εἰρήνη):

Im Kontext paganer Symposien wird der Friede als politische Rahmenbedingung für die Veranstaltung von Symposien reflektiert; wo Krieg herrscht, wird nicht zusammen gelegen und getrunken.[232] Als gemeinschaftsinterner sozialer Friede ist er darüber hinaus wie schon die Gerechtigkeit notwendige Bedingung für den geordneten und gelingenden Verlauf der Symposien.[233] Unfriede ist wie Ungerechtigkeit gemeinschaftszerstörend. So kann wie schon das gerechte auch das friedliche Trinkgelage Züge eines utopischen Gemeinschaftsideals annehmen.

Alttestamentlich knüpft sich an den Friedensbegriff die Erwartung einer Restitution paradiesischer Zustände,[234] wie sie sich im Auftreten eines endzeitlichen Friedenskönigs konkretisiert.[235] Als umfassendes Wohl des Menschen inmitten der Schöpfung ist der Friede wie die Gerechtigkeit nicht herstellbar, sondern allein von Gott her zu erwarten.[236] Wie die Gerechtigkeit nimmt damit auch der Friede den Charakter eines umfassenden Heilsgutes an.[237]

An beide Linien knüpft Paulus an und führt sie ekklesial weiter. In Röm 5,1 und 8,6 hat er schon den Frieden als Kennzeichen christlicher Existenz angesprochen, in Fortführung seiner Konfliktlösungsstrategie in Röm 14 wird er ihn wenige Verse später mit der Auferbauung der Gemeinschaft parallelisieren (V. 19). Die von Gott geschenkte Friedensgabe führt also zur Bildung einer von Frieden geprägten Gemeinschaft. Nicht zufällig spricht Paulus auch in 1Kor 14,33, also im Kontext der „sympotischen" Wortversammlung der korinthischen Gemeinde vom Frieden als Inbegriff einer in ihrer Vielfalt geordneten Gemeinschaft. Dem Frieden wohnt demnach die Bejahung der Vielfalt inne, allerdings auch der Wille zur Integration in ein geordnetes Ganzes.[238] Für das Argument in Röm 14 bedeutet dies: Die Konfliktparteien sollen ihre Streitigkeiten hinter sich lassen, den Blick von Essen und Trinken abwenden und auf das Ideal einer friedvollen Gemeinschaft richten.

---

[232] So Theognis 885 f.773–782.757–764. Dazu KLINGHARDT, Gemeinschaftsmahl, 167–169.

[233] Platon, Symp. 195c verbindet den Frieden mit der Freunschaft (φιλία). Vgl. auch Athenaios IV 138a–b; Plutarch, mor. 715c. Xenophanes rät den Symposiasten sogar, nicht einmal über Kämpfe und Aufstände zu reden (Fragment 4 bei GEMELLI MARCIANO = DIELS/KRANZ, FVS 1, 21 B 1).

[234] Hos 2,20.

[235] Jes 9,5 f.; Sach 9,9 f.

[236] Lev 26,3–6; Num 6,26; Jes 45,7.

[237] So in der Rede vom Friedensbund Gottes als Heilsbund in Num 25,12; Ez 34,25; 37,26; Mal 2,5.

[238] Auch bei den Friedensbelegen Kol 3,15 und Eph 4,3 geht es um die auf das Mahl folgende Wortversammlung. Vgl. unten Kap. IV.3.3.

Freude (χαρά):
Klarer noch als bei der Gerechtigkeit und dem Frieden ist bei der Freude die Verbindung zum Symposion gegeben. Der Begriff der χαρά meint in der frühchristlichen Umwelt die beim Symposion erlebte Festfreude,[239] allerdings gilt dies mehr noch für die εὐφροσύνη,[240] die auch das frühe Juden- und Christentum als Inbegriff der sich im Essen und Trinken manifestierenden Lebensfreude kennen.[241]

Auch alttestamentlich gehört die Freude anders als die Gerechtigkeit und der Friede unmittelbar in den Kontext von Gast- und Festmählern.[242] Weil die Freude aber darüber hinaus die angemessene menschliche Reaktion auf Gottes endzeitliche Rettertaten ist,[243] wird man von daher auch die jüdisch-christliche Fest- und Gelagefreude verstehen müssen: Im Festgelage manifestiert sich die Freude über Gottes Machttaten, die zugleich Vorschein seiner endzeitlichen Machttaten sind und die Freude deshalb zur Vorfreude auf den endgültigen Machterweis Gottes werden lassen.

Die Freude, die auch in Röm 15,13 gemeinschaftsprägende Bedeutung hat, wird von Paulus gerade durch die Charakterisierung als geisterfüllter Freude in einen eschatologischen Horizont gestellt; das Geistwirken lässt in der Gemeinde schon gegenwärtig die zukünftige Wohlordnung des Gottesreiches sichtbar werden und ermuntert zur Vorfreude darauf. Die Konfliktparteien sollen ihre Streitigkeiten hinter sich lassen, indem sie den Blick von Essen und Trinken abwenden und auf das Ideal einer freudigen Festgemeinschaft richten.

Indem Paulus die durch Gerechtigkeit, Frieden und geistgewirkte Freude geprägte „sympotische" Gemeinschaft dem Essen und Trinken nicht zur Seite, sondern als das Eigentliche dem Uneigentlichen gegenüberstellt, führt er die Abgrenzungsthematik aus Röm 13,13 f. fort. Der Völlerei und Sauferei paganer Mahlgemeinschaften entgeht man innergemeindlich am besten dadurch, dass man leibliche Werte wie die Sättigung relativiert und die Gemeinschaft nicht auf ein solch wackeliges und konfliktanfälliges Fundament stellt. Das, worauf es aus ekklesiologischer Sicht ankommt, ist nach Paulus nicht das gemeinsame, entweder zu Völlerei oder Spaltung

---

[239] Athenaios IV 139d–f; X 421e–f; Plutarch, mor. 745e.

[240] So Homer, Od. 9,5 ff.; Theognis 773–782; Athenaios I 15d; II 40d; IV 144c–e; V 192c–d; XII 513b; Plutarch, mor. 155f.713d.747a.

[241] So 3Makk 6,30–36; Barn 15,9; vgl. Lk 12,19; 16,19. Von χαρά im Mahlkontext ist in Mt 25,21.23 die Rede.

[242] Est 8,17; 9,17 f.22; Sach 8,19; 1Makk 4,59. Der Genuss von Wein geht mit Freude einher (Ps 104,15), die Entbehrung von Wein und Speise dagegen mit Trauer (Joel 1,5.16).

[243] Ps 14,7 = 53,7; 126,2; Jes 9,2; 25,9; 51,3; 55,12; 61,10; 65,17–19. Neutestamentlich wirkt dies in Offb 11,10; 19,7 nach (vgl. 18,20).

führende Sättigungsmahl, sondern die auf das Mahl folgende weinlose Wortgemeinschaft, in der sich schon jetzt, anders als in paganen Mählern, nicht sexuelle Ausschweifung, Streit und Neid, sondern die Gerechtigkeit, der Frieden und die Freude des Reiches Gottes realisieren.[244] Diese Gemeinschaft ist „das Gute", das bewahrt werden muss und dann zu kurz kommt und der Lästerung sowohl von Außenstehenden als auch von den internen Streitparteien preisgegeben wird, wenn die Sättigung und die mit ihr einhergehenden Missstände die Oberhand gewinnen (vgl. V. 16).

Diese Deutung verbindet Röm 14,17 nicht nur mit Röm 13,13 f., sondern auch mit den nachfolgenden Erörterungen in Röm 15,5–13: „[5]Der Gott aber der Geduld und der Ermutigung schenke euch, dass ihr untereinander einmütig seid, wie es Christus Jesus entspricht, [6]damit ihr gemeinsam und einstimmig Gott, den Vater unseres Herrn Jesus Christus lobt. [7]Darum nehmt einander an (προσλαμβάνεσθαι), wie auch Christus euch angenommen hat zur Ehre Gottes" (15,5–7). Auch hier ist an die Gemeindeversammlung als Ort der Realisierung der gegenseitigen Annahme gedacht,[245] und wieder nicht an den Mahlteil, sondern an den Wortteil. Denn der sich im einmütig vorgetragenen Gotteslob Äußerung verschaffende Akt des Einander-Annehmens ist der gesellige Wortteil im Anschluss an das Mahl.

So tritt im ganzen Abschnitt Röm 14,1–15,13 (als Kontext mitzulesen ist die Polemik in 13,13 f.) ein Verständnis der gemeindlichen Mahlfeier zu Tage, das dem in 1Kor 11,17–14,40 entfalteten Verständnis entspricht, weil Paulus in beiden Fällen die Ökonomie hinter die Ästhetik zurückstellt und eine Gemeinschaftsordnung herzustellen bemüht ist, die zugunsten einer gegenseitigen Annahme, die sich in Gerechtigkeit, Frieden und Freude Ausdruck verschafft und ins Gotteslob mündet, Sättigungsfragen hintanstellt. Damit markiert Paulus die Rahmenbedingungen eines spezifisch christlichen Mahlverständnisses, mit denen er mitten im gemeinantiken Mahldiskurs steht und sich darin theologisch verantwortbar zu orientieren sucht.

5. Ertrag

Paulus ist der eigentliche *Promotor* der frühchristlichen Mahlfeier. Die Bedeutung gemeinsamen Essens und Trinkens für die Gruppenbildung und den Gruppenzusammenhalt dürfte ihm schon von seiner pharisäischen Prägung her bewusst gewesen sein, insofern die Bedingungen der Möglichkeit

---

[244] Vgl. SMIT, Symposium, 52. Man beachte, dass nach 1Kor 11,26 selbst der theologisch bedeutende Akt der Brot- und Becherhandlung nur einen Interimscharakter hat: Mit der Parusie des Herrn endet das gemeinsame Essen des gebrochenen Brotes und das Trinken aus dem kreisenden Becher.

[245] So mit SMITH, Symposium, 216; GÄCKLE, Die Starken, 396; LOHSE, Röm, 386; JEWETT, Rom, 888–890.

von Mahlgemeinschaft einen typisch pharisäischen Diskurs darstellten. Dies mag ihn darin bestärkt haben, das ekklesiale Ausdruckspotenzial gerade des Mahls auszuschöpfen und die gemeinsame Mahlfeier von Juden und Nichtjuden zur Ausdrucksgestalt ekklesialer Identität zu erheben. Seine kompromisslose Haltung im Streit mit Petrus (Gal 2,11–14) lässt sich von daher erklären. Im 1Kor baut er seine Mahltheologie aus: Die christliche Mahlfeier ist nach außen hin exklusiv und muss von paganen Kultmahlveranstaltungen abgegrenzt werden (1Kor 8,1–13; 10,14–22). Nach innen hin ist sie dagegen inklusiv und annähernd egalitär, so dass innergemeindliche Spaltungen und Entzweiungen zugunsten sichtbarer Einheit aufgehoben werden müssen (1Kor 11,17–34). Den Einheitsgedanken verfolgt Paulus auch in Röm 14 f. weiter.

Der *Mahlkonflikt in Antiochien* (Gal 2,11–14) lässt sich sowohl auf häusliche Alltagsmahlzeiten als auch auf gemeindliche Mahlfeiern beziehen. Eine Alternative ist hier nicht aufzumachen; als Gast der Gemeinde speiste Petrus sowohl in den Privathäusern jüdischer wie nichtjüdischer Gemeindeglieder als auch nahm er an den regelmäßigen Gemeindefeiern teil. Der Konflikt wird von außen heraufbeschworen. Ob sich die Kritik der Jakobusleute an den paganen Mahlteilnehmern oder an den konkret eingenommenen Speisen und Getränken entzündet hat, lässt sich nicht eindeutig klären; wahrscheinlich spielte beides ineinander. Für Paulus jedenfalls steht die ekklesiale Identität der Gemeinde als eigene kulturelle und religiöse Größe auf dem Spiel, so dass er einen kompromisslosen Kurs einschlägt. Inwiefern die rechtfertigungstheologische Argumentation (2,15–21) noch historische Reminiszenzen bewahrt oder eine nachträgliche Reflexion darstellt, muss offen bleiben. Sie vertieft in jedem Fall den Konflikt und lässt ihn als einen Konflikt erscheinen, der an die Wurzeln der Gemeinde rührt.

Die *Mahlfeier in Korinth* (1Kor 11,17–14,40) ist in besonderer Weise durchsichtig für Abläufe und Wertvorstellungen:

1. In der Forschung wird meist vom *Herrenmahl* bzw. vom Mahl des Herrn gesprochen. Der Begriff wird zwar von Paulus selbst eingeführt (1Kor 11,20), ist aber nicht zwangsläufig als Fachterminus, sondern möglicherweise als *ad hoc* gebildeter (artikelloser!) Gegenbegriff zum Privatmahl (11,21) zu verstehen. In diesem Gegensatz hat er seinen Sinn. Ein direkter Zusammenhang mit dem Herrentag (Offb 1,10; Did 14,1) besteht wohl nicht, Paulus selbst spricht vom Sonntag nicht als dem Herrentag sondern als dem ersten Tag der Woche (1Kor 16,2). Allerdings wurde die Mahlfeier wahrscheinlich schon in paulinischer Zeit wöchentlich am Sonntag gefeiert.

2. Der im Zuge der Mahlargumentation zitierte *Einsetzungsbericht* (11,23b–25) hat immer wieder die Vorstellung evoziert, als handele es sich

beim korinthischen Mahl um ein am letzten Mahl Jesu orientiertes christliches Kultmahl und als seien alle – zumindest die paulinischen – Mähler in dieser Weise zu verstehen. Dabei wird übersehen, dass Paulus den Einsetzungsbericht nur hier und nicht auch in anderen Mahlkonflikten zitiert, wiewohl er auch in anderen Konfliktsituationen gepasst hätte. Offenbar wurde er nicht im Rahmen des Mahls rezitiert, weil er von Paulus sonst nicht kommentarlos hätte zitiert werden können. Zudem hätte Paulus das Zitat dann sicher anders eingeleitet („Ihr zitiert doch ..."; „Wir bekennen doch bei jedem Mahl ..."; vgl. Röm 10,10). Dem Mahlbericht kommt also keine mahlintern-liturgische, sondern eine argumentativ-rhetorische Funktion zu. Sein eigentlicher Sitz im Leben ist (noch) nicht die Mahlfeier, sondern der gemeindliche Traditions- und Bildungsbestand. Damit wird seine theologische Bedeutung in keiner Weise geschmälert, denn als Bildungsgut steht er für die christologisch begründete und bleibend wirksame Identität der Gemeinde, die natürlich im Gemeindemahl ihren Ausdruck finden soll. Möglicherweise wirkte er auch auf die Mahlgebete über Brot und Becher ein. Ein Bezug zum Mahl ist damit zumindest indirekt gegeben.

3. Der im Mahlbericht implizierte Ablauf und der sachliche Zusammenhang von 1Kor 11 mit 12–14 legen nahe, dass sich die korinthische Zusammenkunft am allgemein üblichen Rahmen von *Mahl und Gespräch* orientiert hat. Getroffen hat man sich an einem Ort, der die Gesamtgemeinde (Ortsgemeinde) zu fassen vermochte. Teilgenommen haben Männer und Frauen, wie die Auseinandersetzungen um das Aussehen (11,2–16) und das Reden von Frauen in der Gemeindeversammlung (14,33b–36) zeigen; hier bestand offenbar gerade aufgrund der Teilnahme von Frauen an Mahl und Wortzusammenkunft – um es pagan zu formulieren: auch am Symposion – Handlungsbedarf. Und in 11,28 redet Paulus vom Menschen und nicht allein vom Mann. Das Mahl beginnt, indem ein Dankgebet gesprochen, ein Brot gebrochen und an alle Teilnehmerinnen und Teilnehmer verteilt wurde. Daraufhin folgt eine Sättigungsmahlzeit, deren Speisen und Getränke unerwähnt bleiben. In formaler Analogie zur Trankspende schließt die Mahlzeit mit dem Trinken aus dem Gemeinschaftsbecher, dessen Inhalt keine Rolle zu spielen scheint. Daran schließt sich eine dem paganen Symposion entsprechende Wortversammlung an, in der die je individuellen Gaben gemeinschaftsfördernd eingesetzt werden.

4. Dieser Ablauf wird aber nicht nur aus der Umwelt heraus übernommen, sondern ihm wird eine *theologische Deutung* zugesprochen: Im Mahl, das durch die beiden gemeinschaftsstiftenden und sinntragenden Handlungen des Brotbrechens und Bechertrinkens gerahmt wird, aktualisiert sich die in der Taufe begründete Einheit der Gemeinde jeweils neu (10,17; 12,13), in der anschließenden Wortversammlung wird sie zur Vielfalt aus-

differenziert. Diese Einheit ist in Korinth durch die Voresser zerstört und tritt nicht mehr sichtbar zutage. Im Zuge dieses Konflikts entscheidet sich Paulus um der Mahlästhetik und der Eukosmie willen gegen die Mahlökonomie. Der sättigende Charakter des Mahls wird zwar nicht ausdrücklich aufgehoben, aber doch stark relativiert und auf die häuslichen Mahlzeiten verlegt (11,22.34), damit die durch Brot- und Becherhandlung sichtbar gemachte Einheit wieder zum Ausdruck kommen kann. Wahrscheinlich handelt es sich bei Brot und Getränk zugleich um die Mahlrealien, die gesamtgemeindlich zur Verfügung gestellt werden (solches ist auch von Vereinen bezeugt), während die anderen Speisen privat mitgebracht werden müssen.

Der *Mahlkonflikt in Rom* ist zwar mit dem in 1Kor 8–10 verwandt, es handelt sich um innergemeindlich geführte Auseinandersetzungen um Mahlrealien, allerdings ist der Konfliktherd unterschiedlich zu bestimmen. In 1Kor 8–10 werden die Streitigkeiten durch die Teilnahme von Gemeindegliedern an außergemeindlichen Mahlfeiern hervorgerufen, in Röm 14,1–15,7 durch die beim Gemeindemahl verzehrten Speisen und Getränke. Dabei plädiert Paulus hier anders als noch in Antiochien nicht pauschal für den Verzehr der umstrittenen Speisen und Getränke, sondern für gegenseitige Rücksichtnahme und Akzeptanz (14,13–16; 15,7). Zugleich führt er seinen beim korinthischen Gemeindemahl eingeschlagenen Weg weiter und relativiert er das gemeinsame Essen, diesmal zugunsten von gerechter, friedvoller und freudiger Gemeinschaft (14,17), also einer typisch sympotisch geprägten Gemeinschaft. Das Eigentliche der Mahlfeier, so die Aussage, liegt nicht im gemeinsamen Essen und Trinken, sondern in der darin gelebten Gemeinschaft. Dabei wird – wie auch schon in paganen Gastmahldiskursen – der Schwerpunkt der zweigeteilten Feier von der Mahlzeit auf den dem Symposion entsprechenden Wortteil verlagert.

Schematisch ausgedrückt lassen sich die Ergebnisse folgendermaßen zusammenfassen:

Mahlorganisation	*Räume*	Die Raumfrage ist offen zu lassen. Private Speiseräume sind ebenso denkbar wie angemietete Versammlungslokale.
	Rhythmus	Wahrscheinlich fanden die Zusammenkünfte wöchentlich statt.
	Teilnahme	Die Mahlfeiern standen Juden und Nichtjuden, Männern und Frauen, Sklaven und Freien offen. Mit der regelmäßigen Teilnahme von Nichtgemeindegliedern ist nicht zu rechnen.

	Bereitstellung	Die Bereitstellung der Speisen und Getränke wird nicht offiziell geklärt. Womöglich stellte der Gastgeber ein Grundpensum zur Verfügung, das die Gäste je nach eigenen Möglichkeiten durch Zukost ergänzten. Möglicherweise wurden Brot und Getränk gemeinschaftlich finanziert.
Mahlverlauf	*Ablaufschema*	Wahrscheinlich folgte die Mahlfeier in ihrem Ablauf dem Schema von Deipnon und Symposion. Das Deipnon selbst begann mit der Brothandlung, woraufhin die Sättigungsmahlzeit folgte, und schloss mit der Becherhandlung ab. Möglicherweise ging dem Deipnon gelegentlich eine Brieflesung voraus.
	Leitung	Die Leitung der Mahlfeier oblag der Gesamtgemeinde. Einzelne Amtsträger, die über den Ablauf wachen und die Gebete sprechen, werden nicht genannt.
	Mahlbeginn	Die Mahlzeit wurde mit dem Brechen und Herumreichen des einen Brotes und mit einem Gebet eingeleitet. Wahrscheinlich hatten sich auch schon früh eine rituelle Kusshandlung und der Maranatha-Ruf der Gemeinde etabliert.
	Sättigungsmahlzeit	Als Sättigungsgrundlage wurde Brot gereicht. Mitunter konnten auch Fleisch und Wein aufgetischt werden.
	Mahlabschluss	Die Mahlzeit wurde mit dem Herumreichen des Gemeinschaftsbechers und einem Gebet abgeschlossen.
	Trinkgelage	Die Wortversammlung nach dem Mahl war durch eine Vielfalt an geistgewirkten Lied- und Redebeiträgen geprägt. Dass dazu Wein getrunken wurde, wird nicht erwähnt.
Mahldeutung	*Mahlbezeichnung*	Das Mahl heißt „Herrenmahl", wobei unklar ist, ob es sich schon um einen festen *terminus technicus* oder um eine rhetorische *Ad-hoc*-Bildung handelt.
	Konflikte	Mahlkonflikte ranken sich um die Tischgemeinschaft von Juden und Nichtjuden sowie um die verzehrten Speisen und Getränke.

		Während Paulus an Ersterem liegt, kann er Letzteres relativieren und den Sättigungscharakter des Mahls vernachlässigen.
	Abgrenzungen	Die christliche Mahlfeier wird in Antiochien von einer rein innerjüdischen Mahlfeier, in Korinth und Rom von paganen Kult- und Vereinsmählern abgegrenzt. Diese stehen für Götzendienst, Fresserei, Sauferei und sexuellen Verirrungen, von denen es sich gemeindlich abzugrenzen gilt.
	Gruppenverständnis	Die Mahlgruppe wird als eine Gemeinschaft verstanden, die vertikal mit dem in den Tod gegangenen und wieder erwarteten Herrn und horizontal untereinander verbunden ist. Zur Gruppe gehörig ist darum immer auch der als anwesend vorgestellte Herr Jesus.
	Mahlverständnis	Die Mahlzeit versteht Paulus als Verkündigungs- und Gedächtnishandlung, in der die Identität der Mahlgemeinschaft zum Ausdruck gebracht wird. Besonders bedeutsam sind Brot- und Becherhandlung, weil sich in ihnen die vertikale und horizontale Ausrichtung der Gemeinschaft eine besonders dichte Ausdrucksgestalt verschafft.
	Prioritätensetzung	Die Sättigungsmahlzeit wird von Paulus klar relativiert. Priorität hat die Wortversammlung als gemeinschaftliche und geistgewirkte Vorausdarstellung des Reiches Gottes. Innerhalb der Mahlzeit sind nur Brot- und Becherhandlung bedeutsam.

Kapitel IV

Die Mahlfeier im Kontext der Deuteropaulinen

1. Einleitung

Wie sind die Vorgaben des Paulus von seinen Tradenten weiterentwickelt worden? Welche Linien sind in welchen Kontexten weiterverfolgt worden? Wie ist man mit der Ambivalenz zwischen asketischer und nichtasketischer Mahlgestaltung umgegangen? Diesen Fragen ist in der Forschung bislang nur wenig Aufmerksamkeit gewidmet worden. Zwar sind die Anhaltspunkte spärlich, aber es lässt sich durchaus ein von Paulus ausgehendes Bild deuteropaulinischer Entwicklungen zeichnen. Im Zuge dessen sind die Auseinandersetzungen um Speise- (und Getränke-) Fragen im Kolosser- und ersten Timotheusbrief sowie die Essensthematik im zweiten Thessalonicherbrief auf mögliche gemeindliche Mahlbezüge zu untersuchen.

Der *pseudepigraphische Charakter* der drei Briefe ist keineswegs unumstritten. Der 2Thess passt sich mit seinen apokalyptischen Verschiebungen gegenüber dem 1Thess in den Kontext der eschatologischen Intensivierungen in den 50er und 60er Jahren des 1. Jh. ein und wird von daher zuweilen dem Apostel Paulus selbst zugeschrieben[1] oder als ein „schon zu des Apostels Lebzeiten (oder sehr bald nach seinem Tod)" verfasstes pseudepigraphisches Schreiben behandelt.[2] Es überwiegen aber die Stimmen, die den Brief ans Ende des 1. Jh. und damit deutlich in die nachpaulinische Zeit datieren.[3] Auch der Kol wird meist als nachpaulinisches

---

[1] So z.B. BRUCE, 2Thess, XXXIII–XXXIV; MALHERBE, 2Thess, 373–375; NIEBUHR, Paulusbriefsammlung, 275. Auch THEISSEN, Das Neue Testament, 86, schließt sich dem an; Paulus habe demnach seinen ersten Brief bei einem späteren Besuch in Thessalonich (den THEISSEN aus den Reisenotizen in 2Kor 2,13; Apg 20,1–3 folgert) selbst korrigiert. Eine Kompromisslösung verficht STILL, Conflict, 60; er schreibt den Brief zwar Paulus zu, setzt die paulinische Verfasserschaft in seinen Untersuchungen jedoch nicht ausdrücklich voraus, sondern behandelt den 2Thess als eine „secondary source".

[2] So MERK/(WÜRTHWEIN), Verantwortung, 153. Ihm folgt KARRER, Widersacher, 171–174.

[3] So z.B. TRILLING, 2Thess, 27; REINMUTH, 2Thess, 159–161; MÜLLER, 2Thess, 231 f.; SCHMELLER, Schulen, 259 f.; HORN, Vielfalt, 376 f.; SCHNELLE, Einleitung, 363–365; METZGER, Paulusschule, 145 f.

Schreiben bewertet,[4] erwogen wird aber auch mit guten Gründen die Sekretärs- oder Mitarbeiterhypothese.[5] Diese wird zwar gelegentlich auch für den 1Tim in Anschlag gebracht,[6] doch haben die Argumente für eine nachpaulinische Herkunft hier mehr noch als beim 2Thess und Kol Gewicht.[7] Ohne die bekannten Argumente im Einzelnen wiederholen zu müssen, gehen wir an dieser Stelle davon aus, dass alle drei mahltheologisch zu besprechenden Briefe (und mit ihnen auch Eph, 2Tim und Tit, auf die im Rahmen der anderen Briefe nur punktuell eingegangen wird) nicht von Paulus selbst abgefasst worden sind.

Einigkeit besteht hingegen in der Zuordnung der drei Briefe zum paulinischen Traditionsstrom. Es ist ihr Anliegen, in den Fragen der theologischen Lehre wie auch der gemeindlichen Organisation paulinische Grundanliegen zu bewahren und bewahrend weiterzuentwickeln.

Das ist jüngst für den 2Thess bestritten worden, indem er nur noch in seiner formalen brieflichen Anlage dem Paulinismus, aufgrund seiner unverkennbar apokalyptischen Züge inhaltlich jedoch stärker der Johannesoffenbarung und ihren Traditionsströmen zugeordnet wird.[8] Dabei werden allerdings falsche Alternativen aufgemacht, denn schon Paulus konnte aufgrund konkreter Konfliktlagen durchaus apokalyptisch argumentieren,[9] so dass sich das apokalyptische Gepräge des Briefs auch gemeindlichen Vorgaben verdanken kann. Insgesamt ist der 2Thess also eher ein Zeugnis dafür, dass zwischen dem Paulinismus und der Offb bei allen unbestreitbaren Differenzen auch starke Verbindungslinien bestehen.

Dabei kommt auch der Mahlfrage eine entscheidende Bedeutung zu. Zum unaufgebbaren Erbe paulinischer Theologie gehört das Insistieren darauf, dass das Gemeindemahl in seinem Verkündigungs- und Darstellungscharakter, also als Ausdrucksgestalt ekklesialer Identität ernst zu nehmen ist.

---

[4] So z.B. LOHSE, Kol, 133–140.249–257; GNILKA, Kol, 19–26; WOLTER, Kol, 27–33; HÜBNER, Kol, 9 f.; STANDHARTINGER, Studien, 192 f.; WALTER, Gemeinde, 165–170; MAISCH, Kol, 16–20; KOOTEN, Christology, 9; DÜBBERS, Christologie, 1, Anm. 1; SCHMELLER, Schulen, 192–194; SCHNELLE, Einleitung, 332–336.

[5] So SCHWEIZER, Kol, 20–27; DUNN, Col, 35–39; LUZ, Kol, 185–190; NIEBUHR, Paulusbriefsammlung, 265 f. Zu denken wäre dann beispielsweise an den in Kol 1,1 als Absender mitgenannten Timotheus.

[6] So von MOUNCE, Past, CXXVII–CXXIX, und NEUDORFER, 1Tim, 15–19. Zu Recht skeptisch zeigt sich SCHNELLE, Einleitung, 379, weil anders als beim Kol kein Mitverfasser genannt ist.

[7] So z.B. ROLOFF, 1Tim, 23–39; BROX, Past, 55–60; OBERLINNER, 1Tim, XXXIII–XLV; SCHMELLER, Schulen, 222; SCHNELLE, Einleitung, 376–379. Für eine paulinische Verfasserschaft plädieren jetzt wieder JOHNSON, 1Tim, 55–99; TOWNER, Past, 88.

[8] So METZGER, Paulusschule, 151–166.

[9] Man betrachte nur 1Kor 15, bes. den Ablauf der Endereignisse in V. 20–28. Wie im 2Thess verdankt sich die apokalyptische Argumentation offensichtlich einer Gemeindesituation, die von einer drängenden Naherwartung oder einer einseitig präsentischen Eschatologie geprägt ist (vgl. 1Kor 15,12 mit 2Thess 2,2).

Daneben hat der Apostel selbst eine Reihe von Fragen nicht abschließend beantwortet und es damit der Nachwelt überlassen, Klärungen herbeizuführen. Dies betrifft insbesondere die Speisen und Getränke, die Leitung und den Vorsitz sowie die Rolle von Frauen im Rahmen der Organisation und des Ablaufs der Mahlveranstaltungen. Im Folgenden wird dargelegt, wie die nachpaulinische Generation mit den Vorgaben und den vom Apostel offengelassenen Fragen umgeht. Den Anfang macht der zweite Thessalonicherbrief, dessen Mahlzeugnis am unklarsten ist (2). Danach werden der Kolosserbrief (3) und schließlich der erste Timotheusbrief (4) in den Blick genommen. In einem abschließenden Ergebnisteil (5) werden dann gemeinsame und divergierende Tendenzen innerhalb des nachpaulinischen Traditionsstroms festgehalten und die großen Linien in der Rezeption und Weiterentwicklung paulinischer Mahltradition herausgestellt.

2. Das Mahlzeugnis des zweiten Thessalonicherbriefs

2.1 Einleitung

Der 2Thess ist in der Forschung vor allem durch verschiedene Arbeiten von Robert Jewett mit frühchristlichen Mahlfeiern in Verbindung gebracht worden. Er interpretiert 2Thess 3,10 als Verweis auf eine Mahlpraxis, die nicht im Privathaus („house churches"), sondern in mehrgeschossigen Mietskasernen („tenement churches") zu verorten sei, und stellt damit zugleich die Frage nach möglichen Versammlungsräumen für die frühchristlichen Mahlfeiern.

Jewett geht von der *archäologischen Offenheit* des neutestamentlichen Begriffs οἶκος für eine Vielzahl an Wohnhäusern aus, unter die auch mehrgeschossige Mietskasernen zu rechnen seien, die im Erdgeschoss oft Ladengeschäfte und Restaurants, in den Obergeschossen dann Wohnungen und Appartements in unterschiedlicher Größe und Qualität aufwiesen.[10] Dies verknüpft er mit dem soziologischen Befund, dem gemäß die Mehrheit der Bevölkerung der Stadt Rom in solchen *insulae* gewohnt haben müsse.[11] Dass der Befund auch die Christinnen und Christen einschließe, folgert er unter Rückgriff auf die einschlägige Studie Peter Lampes vor allem aus der Grußliste in Röm 16,14 f.; die dort genannten Namen ließen wiederholt auf eine unfreie Herkunft schließen, seien es Sklaven oder Freigelassene, jedenfalls Menschen, die nicht als Patrone einer Hausgemeinde

---

[10] So JEWETT, Communal Meals, 24; DERS., Feasts, 77; DERS., Rom, 53–55.

[11] So JEWETT, Communal Meals, 26. Konkret bezieht er sich auf die ärmeren Regionen Travestere und Via Appia/Porta Capena. Nach Verzeichnissen aus dem 4. Jh. gab es in Rom 46.602 *insulae* und nur 1.790 *domus*, wobei unklar ist, ob mit *insulae* Wohnblocks oder Wohnungen gemeint sind (KUNST, Leben, 96). Doch kann ungeachtet dessen festgehalten werden, dass ein Großteil der etwa 1.000.000 Einwohner Roms zur Kaiserzeit in den *insulae* gewohnt haben muss (a.a.O., 99).

in Frage kämen, sondern eher als Mieter in einer *insula* im Elendsviertel zu beurteilen seien.[12]

Da die Personen in Röm 16,14 f. gleichberechtigt als Zugehörige einer mit ἀδελφοί (16,14) bzw. ἅγιοι (16,15) bezeichneten Gruppe genannt werden, schließt Jewett, dass es sich bei diesen beiden Gruppen nicht um zwei Privathausgemeinden handele, die ansonsten nach ihrem Patron oder Gastgeber benannt worden wären, sondern um *Mietshausgemeinden*. Wie haben die Versammlungen solcher Gemeinschaften ausgesehen, die nicht nur mit anderen Räumen vorlieb nehmen, sondern auch auf einen gastgebenden Patron oder eine Patronin verzichten mussten? Solche „church groups consisting entirely of members living in tenement buildings and lacking the sponsorship of a patron may have conducted their services within the insula itself, either using one of the workshop areas on the ground floor or using space rented by Christian neighbors in upper floors, clearing away the temporary partitions between cubicles to create room for the meeting. In either case the church would not be meeting in space provided by a patron, but rather in rented or shared space provided by the members themselves."[13]

Das unterschiedliche Raum- und Versorgungskonzept von Haus- und Mietskasernengemeinden impliziere zugleich ein unterschiedliches *Gruppenverständnis*. „In contrast to house churches that have an upper- or middle-class patron along with his or her slaves, family, friends, and others, the tenement churches consisted entirely of the urban underclass, primarily slaves and former slaves. Lacking a patron who would function as a leader, the pattern of leadership appears to have been charismatic and egalitarian."[14] Trete in der Hausgemeinde der Herr oder die Herrin als Gastgeber und Spender der Lebensmittel auf, so dass sich eine Hierarchie aufbaue, die zwar durch Liebesverhalten abgemildert werde, aber dennoch bestehen bleibe, so seien in der Mietshausgemeinde alle Mahlteilnehmerinnen und -teilnehmer gleichermaßen gefordert, die zu verzehrenden Lebensmittel zusammenzutragen, was ein Mehr an Egalität, aber umgekehrt auch an persönlicher Verantwortung impliziere. Jewett bringt dies auf den Begriff eines charismatischen „Liebeskommunismus", den er dem konservativen „Liebespatriarchalismus" der Hausgemeinden gegenüberstellt.[15]

Dass solche Mietshausgemeinden nicht nur in Rom, sondern auch in Thessalonich vorauszusetzen seien, folgert Jewett aus dem in 2Thess 3,10b formulierten Grundsatz, den er formgeschichtlich als *kasuistischen Rechtssatz* einer solchen Mietshausgemeinde bestimmt.[16] Er sei auf dem Hintergrund gemeinschaftlicher Mahlfeiern von Gruppen zu verstehen, die sich in *insulae* trafen. Insofern diese Mähler auf die Beiträge arbeitender Teilnehmer angewiesen waren, ergebe sich das bedingte Essverbot als zur Aufrechterhal-

---

[12] So Jewett, Communal Meals, 28–31; DERS., Rom, 64–70. Zum Hintergrund vgl. Lampe, Christen, 36–52 (archäologischer Befund); 135–153 (prosopographische Untersuchung der Namen aus Röm 16,1–15).

[13] Jewett, Love Feasts, 79 f.

[14] Jewett, Love Feasts, 80.

[15] Jewett, Communal Meals, 33; DERS., Love Feasts, 81. Den Begriff des „Liebespatriarchalismus" übernimmt er von Gerd Theissen. Gemeint ist ein moderates Gruppenethos, das mit der Sesshaftwerdung des frühen Christentums und dem Bedeutungszuwachs des Hauses und seines Vorstehers entstanden sei und den ursprünglicheren ethischen Radikalismus der Wanderprediger und -propheten temperiere und domestiziere, indem es ihn den konservativen Werten der Umwelt angleiche, zugleich aber sozial abfedere (vgl. z.B. Theissen, Religion, 144 f.).

[16] Vgl. Jewett, Communal Meals, 33–39; DERS., Love Feasts, 80–84.

tung des Gemeinschaftslebens notwendige Regel. Sitz im Leben dieses Satzes seien damit „communities that were regularly eating meals together, for which the willingness or unwillingness to work was a factor of sufficient importance to require regulation, and in which the power to deprive members of food was in fact present".[17] Unterstützende Evidenz findet Jewett in der paulinischen Rede von der geschwisterlichen Liebe in 1Thess 4,9 und in der Aufforderung zu Wohltaten in 2Thess 3,13.[18]

Im Folgenden soll diese These anhand einer Exegese von 2Thess 3,6–16 überprüft werden. Dabei muss sich zeigen, ob der Text die Beweislast tragen kann.

2.2 Arbeitswille und Lebensunterhalt

Der für die Mahldeutung in Frage kommende Textabschnitt 2Thess 3,6–16 greift mit den Vorwürfen eines ungeordneten Lebenswandels (3.6.7.11) und dem Aufruf zur eigenständigen Erwerbstätigkeit (3.8.12) bis in den Wortlaut hinein auf Themen und Formulierungen aus dem 1Thess (2,9; 4,11; 5,14.23) zurück, doch verknüpft erst der 2Thess die beiden im 1Thess noch lose nebeneinanderstehenden Motive miteinander und lässt die so genannten „Unordentlichen" konkret als Arbeitsunwillige in Erscheinung treten, die der Gemeinde zur Last fallen:

„[6]Wir gebieten euch, Geschwister, aber im Namen unseres Herrn Jesus Christus, dass ihr euch von allen Geschwistern[19] zurückzieht, die ungeordnet und nicht gemäß der Überlieferung, die sie[20] von uns empfangen haben, leben. [7]Ihr wisst nämlich, wie man uns nachahmen muss, weil wir nicht ungeordnet bei euch lebten [8]und nicht bei irgendjemandem umsonst (unser) Brot aßen, sondern mit Mühe und Anstrengung bei Tag und Nacht[21] arbeiteten, um niemandem von euch zur Last zu fallen. [9]Nicht dass wir kein Recht dazu hätten! Vielmehr wollten wir uns selbst für euch zum Vorbild geben, damit ihr uns nachahmen könnt. [10]Denn als wir bei euch waren, geboten wir euch dieses: Wenn jemand nicht arbeiten will, soll er auch nicht essen! [11]Wir haben nämlich gehört, dass einige unter euch ungeordnet leben und nicht arbeiten, sondern sich mit nebensächlichen Din-

---

[17] JEWETT, Love Feasts, 83.

[18] Vgl. JEWETT, Love Feasts, 84–86 (vgl. auch DERS., Communal Meals, 39–42, zu 1Thess 2,9 und 4,9–12, insbesondere zu θεοδίδακτος in 4,9: „Paul creates the word to convey the remarkable transformation that had led Christians in Thessalonica to understand their conversion as requiring them to share with each other" [41]).

[19] Im Griechischen steht der Singular, der hier um der inklusiven Sprachbildung willen in den Plural gesetzt wurde.

[20] Einige Handschriften (B, F, G u.a.) – ihnen folgen die Luther- und Einheitsübersetzung – lesen die zweite Person Plural, also „die ihr von uns empfangen habt", doch ist das die leichtere Lesart. Der Autor wollte wohl die Weitergabe der Überlieferung nicht an die Gemeinde als Ganze, sondern dezidiert an die ihr zugehörigen ungeordnet Lebenden hervorheben; ihr Verhalten ist gerade deshalb verwerflich, weil sie eigentlich andere Verhaltensregeln empfangen haben.

[21] Die Mehrzahl der Handschriften (A, D, I, Ψ u.v.a.) lesen den Akkusativ „Tag und Nacht hindurch" und betonen damit die Dauer der Mühen stärker (zum Akkusativ der zeitlichen Ausdehnung vgl. BDR §161₄) als der textkritisch zu bevorzugende Genitiv.

gen beschäftigen.[22] [12]Solchen Leuten aber gebieten wir und ermahnen sie im Herrn Jesus Christus, dass sie in Ruhe arbeitend ihr eigenes Brot verdienen sollen. [13]Ihr aber, Geschwister, werdet nicht müde, Gutes zu tun! [14]Wenn aber jemand unserem durch diesen Brief übermittelten Wort nicht gehorcht, dann merkt ihn euch und verkehrt nicht mit ihm, damit er beschämt wird. [15]Doch haltet ihn nicht für einen Feind, sondern weist ihn als euer Geschwister zurecht" (2Thess 3,6–16).

Der Abschnitt markiert den Schlussteil des Briefes. Formal sind zwar die Anweisungen zum Umgang mit den unordentlich lebenden Gemeindegliedern (3,6–13) von den Schlussanweisungen (3,14 f.) und dem Friedenswunsch (3,16) zu unterscheiden, doch gehören sie inhaltlich zusammen. Das Umgangsverbot mit denen, die sich den Anweisungen widersetzen (3,14 f.), weist auf das Briefganze zurück, umfasst also sowohl die Gruppe derer, die den unmittelbar bevorstehenden oder bereits eingetretenen Tag des Herrn proklamieren (2,2) als auch die Unordentlichen, wie bereits die Mahnung aus 3,6 nahelegt.[23] Um die Konfliktlösungsstrategie des Verfassers zu begreifen, müssen folglich die Verse der Schlussmahnungen hinzugezogen werden.

In 3,6–13 kritisiert der Verfasser einzelne in der Gemeinde lebende Personen, die in ungeordneter Weise leben, statt den von Paulus eingeschärften und von ihm selbst vorgelebten Grundsätzen zu folgen. Was für Menschen muss man sich unter diesen vermeintlich *Unordentlichen* vorstellen? Während der Begriff in 1Thess 5,14 innerhalb einer allgemeinen Reihe von Mahnungen auftaucht und dort inhaltlich blass bleibt,[24] wird er in 2Thess 3,6 ff. inhaltlich gefüllt. Es handelt sich dort um Christinnen und Christen, die sich ihren Lebensunterhalt nicht durch eigene Arbeit verdienen und deshalb ihren gemeindlichen Mitgeschwistern zur Last fallen. Ihnen hält der Verfasser vor, sich nicht an das von Paulus selbst zur Nachahmung gegebene Beispiel zu halten, aus eigener Anstrengung heraus den eigenen Lebensunterhalt zu bestreiten.

Die Begriffe ἄτακτος und ἀτακτεῖν kommen neutestamentlich außerhalb der beiden Thess nicht vor. In der Umwelt des frühen Christentums bezeichnen die Begriffe ein Leben, dass nicht der geltenden Ordnung entspricht und durch Pflichtverletzungen und Disziplinlosigkeit geprägt ist (Xenophon, Oec. 5,15; 7,31). Verbindet man diesen Gedanken mit dem der Arbeitsunwilligkeit, so ergibt sich das Bild einer Gruppe von Personen,

---

[22] Wörtlich: „[...] nicht arbeiten, sondern Tätigkeiten um das Arbeitsleben herum ausüben".

[23] Das gilt erst recht, wenn beide Gruppen identisch sein bzw. Überschneidungen aufweisen sollten.

[24] Die Offenheit öffnet der Spekulation Tor und Tür. So denkt ASCOUGH, Macedonian Associations, 181 f., an Störungen in der Mahlversammlung, wie sie auch von den Athener Iobakchen bezeugt und geahndet werden (IG II[2] 1368, Z. 73 verwendet das mit ἀτακτεῖν vergleichbare Verb ἀκοσμεῖν; Text und Übersetzung bei EBEL, Attraktivität, 89.98).

die sich wegen ihres fehlenden Arbeitswillens außerhalb jeder üblichen und anerkannten Ordnung platzieren.

Diese Unwilligkeit zur Arbeit darf nun aber nicht mit Faulheit identifiziert werden.[25] Nicht Müßiggang lautet der Vorwurf, sondern eine verfehlte Prioritätensetzung. Das Verbum περιεργάζεσθαι bezeichnet nicht den Verzicht auf Arbeit, sondern das überflüssige Tun im Unterschied zum sinnvollen.[26] Dem eigentlichen der Existenzsicherung dienenden Arbeiten (ἐργάζεσθαι) wird damit ein Tun entgegengestellt, das sich um die eigentlich zu erledigende Arbeit herum (περί) bewegt und dabei gar in Betriebsamkeit ausarten kann. Offenbar gingen die angesprochenen Personen also durchaus einer ihren Alltag ausfüllenden Beschäftigung nach, die sie allerdings daran hinderte, sich um ihre Existenzsicherung zu kümmern. Welche Aktivitäten der Autor im Blick hat, wird nicht deutlich.[27] Jedenfalls konnten sich die vermeintlich Unordentlichen darauf verlassen, dass sie von anderen Gemeindegliedern sozial aufgefangen werden. Wenn man nach innerbrieflichen Indizien Ausschau hält, bietet es sich an, einen Zusammenhang mit der Parusieerregung aus 2,2, der sich der Hauptteil des Briefs widmet, herzustellen.[28]

Man kann dann an längerfristig anwesende oder niedergelassene *Wanderprediger*, die sich in der Gemeinde einen dauerhaften Gaststatus verschafft haben, denken. Aufgrund ihrer Konzentration auf einen mystischen Offenbarungsempfang und eine emsige Verkündigungstätigkeit, die vielleicht in besonderer Weise das nahe herbeigekommene oder bereits gegenwärtige Ende zum Inhalt hatte, vernachlässigten sie die Sorge für ihren Lebensunterhalt. Dann ergibt auch das paulinische Beispiel, das er zur Nachahmung anordnet, einen Sinn: Wie Paulus und seine Mitarbeiter als Prediger und Gäste der Gemeinde auf eine Unterstützung durch die Ge-

---

[25] So mit DELLING, ThWNT 8, 49,18 f. Anders TRILLING, 2Thess, 151 f.; BRUCE, 2Thess, 208 f. Und auch die Übersetzung von Marlene CRÜSEMANN in der „Bibel in gerechter Sprache" legt den Schwerpunkt eher auf die Faulheit, wenn sie von Leuten spricht, die „nur so tun, als ob sie arbeiten". Sie versucht allerdings, das Wortspiel im Deutschen noch sichtbar werden zu lassen.

[26] Vgl. Herodot III 46; Polybius XVIII 51,2; Arist 315; Philo, Flacc. 5; Herm sim IX 2,7.

[27] Und hat in der Forschung Anlass zu etlichen Spekulationen gegeben. WINTER erklärt ihr Verhalten vom Patron-Klienten-Verhältnis her; demnach verhalten sie sich wie Klienten, die sich um die Angelegenheiten ihrer Patrone kümmern und deren öffentliches Prestige steigern, statt selbst Wohltäter zu sein (DERS., Welfare, 42–60). Zwar kann er auf diese Weise das περιεργάζεσθαι aus V. 11 mit der Aufforderung in V. 13, Gutes zu tun, verbinden, doch bleiben die Andeutungen im Brief zu vage (kritisch auch STILL, Conflict, 245, Anm. 54).

[28] So auch BRUCE, 2Thess, 209; REINMUTH, 2Thess, 164.187; MÜLLER, 2Thess, 294. Skeptisch TRILLING, 2Thess, 26 f.140.152; MALHERBE, 2Thess, 455.

meinde bewusst verzichtet und ihren Lebensunterhalt selbst verdient hätten, so sollten es auch andere Verkündiger des Evangeliums tun.

Probleme solcher Art scheinen im frühen Christentum öfter aufgetreten zu sein. Eine Parallele sowohl im Hinblick auf den Konflikt als auch auf die Lösung liefert die *Didache*:

> „[1]Jeder, der im Namen des Herrn kommt, soll aufgenommen werden. Dann aber prüft und erkennt ihn. Ihr habt (ja das Vermögen), rechts und links (zu unterscheiden). [2]Wenn sich der Ankommende auf der Durchreise befindet, helft ihm, soviel ihr könnt. Er soll aber nicht länger als zwei oder drei Tage lang bei euch bleiben, wenn keine Notwendigkeit besteht. [3]Wenn er sich bei euch niederlassen will, dann soll er, wenn er ein Handwerker ist, arbeiten und essen (ἐργάζεσθαι καὶ φαγεῖν). [4]Wenn er kein Handwerk hat, dann überlegt euch vorher gemäß eurer Einsicht, wie er nicht als Arbeitsloser bei euch bleibe. [5]Wenn er aber nicht so verfahren will, dann ist es einer, der mit Christus übles Geschäftemachen treibt. Vor solchen Leuten nehmt euch in acht!" (Did 12,1–5).

Auch hier wird ein Zusammenhang von Arbeit und Essen hergestellt und die Forderung erhoben, sich im Verkündigungsdienst durch die Ausübung einer handwerklichen Arbeit eine feste Lebensgrundlage zu verschaffen.[29] Die Wanderprediger sind dann als gelernte Handwerker vorzustellen, die sich für unbestimmte Zeit in der Gemeinde niedergelassen, aber keine Arbeit angenommen haben, sondern von den Einkünften ihrer Gastgeber leben. Solche Gastgeber waren am ehesten wiederum Handwerker, die über Werkstattwohnungen verfügten und von daher in der Lage waren, reisende Kollegen zu beherbergen und dabei in ihr Geschäft einzubinden.[30] In derselben Weise ist Paulus schon in Korinth in der Werkstattwohnung seines Berufskollegen und Zeltmachers Aquila untergekommen (Apg 18,2 f.). Doch während er Aquila als Gast nicht zur Last fiel, sondern mit ihm zusammen als Zeltmacher tätig war und in analoger Weise wohl auch in Thessalonich beruflich tätig war (1Thess 2,9; 2Thess 3,8), galt dies nicht für die „Unordentlichen". Sie vernachlässigten über ihrer Verkündigungstätigkeit den Broterwerb und strapazierten auf diese Weise die Gastfreundschaft der Gemeinde über Gebühr.

Von daher ist dann auch die Regel in 3,10 zu verstehen. Es handelt sich nicht um eine „Allerweltsmoral",[31] sondern um einen *pragmatischen*

---

[29] Die Sprache des Handwerks, die beide Thess prägt, ist auch ASCOUGH aufgefallen (DERS., Macadonian Associations, 169–176). Er vermutet von daher, dass es sich bei den Thessalonichern um eine Handwerkerzunft handelt, die geschlossen zum christlichen Glauben übergetreten sei (a.a.O., 184–190). Das Zeugnis aus Apg 17,4, demgemäß die Gemeinde sich aus Männern und Frauen, Juden und Gottesfürchtigen gebildet hat, muss er dann freilich in seiner Zuverlässigkeit bestreiten.

[30] Zur Rolle des Handwerks in Thessalonich vgl. BROCKE, Thessaloniki, 81–83.

[31] So aber REINMUTH, 2Thess, 188.

Grundsatz, der die notwendigen Grenzen der Gastfreundschaft definiert.[32] Er gehört zu den verfassungsmäßigen Grundlagen der Gemeinde, quasi zu ihren Vereinsstatuten.[33] Er hebelt die Gastfreundschaft keineswegs aus, denn er stellt nicht Arbeit und Essen, sondern Arbeiten*wollen* und Essen in ein Abhängigkeitsverhältnis.[34] Die Solidarität mit den Schwachen, die schon in 1Thess 5,14 angemahnt wurde, wird nicht angetastet, sondern es wird nur die – vom Briefautor als solche empfundene – willentliche Arbeitsverweigerung sanktioniert, weil sie das Gemeinschaftsgefüge der Gemeinde existenziell bedroht. Der Satz gleicht sachlich dem Grundsatz aus Did 12,3, wiewohl dieser positiv formuliert ist, was sich aber von daher erklärt, dass er anders als 2Thess keine konkreten Missstände vor Augen hat, sondern ein grundsätzliches Szenarium entwirft. Erwähnenswert ist aber immerhin, dass die äthiopische Übersetzung des Didache-Verses eine negative und damit dem 2Thess sehr verwandte Lesart bezeugt, die sie an die auch von den anderen Textzeugen belegte positive Wendung anschließt:

„Wenn es aber notwendig ist und er (= der in die Gemeinde gekommene Prediger) bei euch bleiben will, dann soll er, wenn er ein Handwerker ist, arbeiten. Wenn er aber nicht arbeitet, soll er nicht essen (bzw. ernährt werden)" (Did 12,3 äth.).

Bei einer solchen Rekonstruktion der in 2Thess gerügten Konfliktsituation ist es fraglich, ob die *Verweigerung des Lebensunterhalts* als Ausschluss vom gemeindlichen Mahl zu verstehen ist. Es geht nicht um die Teilnahme an oder den Ausschluss aus der wöchentlichen Mahlversammlung, sondern um die tägliche Sättigung, deren Hauptlast nicht bei der Gesamtgemeinde, sondern bei den jeweiligen Gastgebern, also den Werkstattbesitzern mit Ladenwohnung, gelegen haben wird.[35] Man wird bei den Mahlzeiten, die den Unordentlichen zu verweigern sind, also eher an die von Paulus in 1Kor 11,22.34 genannten häuslichen Sättigungsmähler als an das gemeindliche Mahl, das ja nach Paulus nicht der Sättigung dienen soll und deshalb

---

[32] BERGER, Formen, 335, ordnet es den „persönlich-pragmatische[n] Elemente[n]" zu, die alle „realen Umstände, die sich aus der Tatsache des räumlichen Getrenntseins der Partner ergeben" (im Original kursiv), betreffen, den so genannten Epistolaria.

[33] Insofern weist JEWETT, Communal Meals, 35 f., zu Recht auf formkritisch analoge Rechtssatzungen aus Qumran (1QS VI 24 – VII 25: Ausschluss von der Versammlung bei Vergehen gegen die Gemeinschaft, z.B. Lüge und Beleidigung der Priester) und dem antiken Vereinswesen (IG II^2 1368, Z. 48–53: Ausschluss von der Versammlung bei ausbleibenden Mitgliedsbeiträgen; Text und Übersetzung bei EBEL, Attraktivität, 89.97) hin. Dort ist allerdings eindeutiger als im 2Thess vom Ausschluss vom Gemeinschaftsmahl die Rede!

[34] So zu Recht MÜLLER, 2Thess, 302, gegen REINMUTH, 2Thess, 188.

[35] Auch die in Did 13,1–6 genannten Speisen und Getränke, die den sich niederlassenden Propheten zugestanden werden, sind nicht auf das in Did 14,1–3 beschriebene wöchentliche Opfermahl bezogen.

nicht dahingehend funktionalisiert werden darf, zu denken haben. Zwar muss das eine das andere nicht ausschließen, doch weist die Schlussmahnung, den Ungehorsamen bei aller Kritik und Handlungsnotwendigkeit nicht auch die Geschwisterschaft aufzukündigen (2Thess 3,15), darauf hin, dass dieser letzte Schritt, jemanden vom Gemeinschaftsmahl und damit aus der Gemeinschaft selbst auszuschließen, gescheut wurde.

Dass ein solches Mahl in *Mietskasernen* stattgefunden haben kann, bleibt von diesen Ergebnissen unberührt und ist damit grundsätzlich denkbar. Schon eingangs ist die Vielfalt an möglichen Versammlungsräumen, auch solchen in *insulae* befindlichen, aufgezeigt worden,[36] und sie ist auch für Thessalonich in Anschlag zu bringen. Die Werkstattwohnungen der Handwerker, die als Gastgeber fungieren, können in den Erdgeschossen von Mietskasernen verortet werden. Bei solchen Wohnungen sind Arbeits- und Wohnbereich lediglich durch ein oft nachträglich eingezogenes Zwischengeschoss (*pergula*) voneinander getrennt, das über eine Treppe oder Leiter von der Ladenebene im Erdgeschoss aus zu erreichen war. Eine solche Bauweise wird dadurch ermöglicht, dass die Läden mit nahezu sechs Metern oftmals sehr hoch waren.[37] Die Möglichkeit solcher Werkstattwohnungen auch für Thessalonich gilt unbeschadet der Tatsache, dass die für *domus* und *insulae* gleichermaßen offenen Begriffe οἶκος / οἰκία in beiden Thessalonicherbriefen gar nicht vorkommen.[38] Die archäologische Evidenz mahnt zumindest zur Offenheit, wenn sich auch naturgemäß keine Beweise erbringen lassen. Immerhin legen das gitterförmige Straßennetz sowie die Ausdehnung von Thessalonich im 1. Jh. nahe, von größeren Wohnblocks im Stadtbild auszugehen,[39] die grundsätzlich auch als Wohnraum von Christinnen und Christen und damit als Versammlungsraum christlicher Gemeinden in Frage kommen. Dazu muss man nicht einmal, wie Jewett es tut, reine Unterschichtengemeinden bemühen, die sich in Tavernen oder Wohnzellen getroffen haben sollen, zumal die gemeindliche Mahlfeier, wenn man das paulinische Ortsgemeindeprinzip geltend macht, zentral und nicht hausweise stattgefunden hat.

3. Das Mahlzeugnis des Kolosserbriefs

3.1 Einleitung

Der Kol wird nur selten mit der gemeindlichen Mahlfeier in Verbindung gebracht. Verbreitet begegnet in der Forschung das Urteil, dass „im ganzen Brief nichts von einer Kenntnis der (ur-)christlichen Mahlfeiern" zu spüren sei.[40] Eher noch werden für Kol 3,16 f. Spuren einer wortgottesdienstli-

---

[36] Vgl. oben Kap. II.2.2 und 3.2.

[37] Vgl. KUNST, Leben, 103 f.

[38] Dasselbe gilt für die Grüße in Röm 16,14 f., worauf GEHRING, Hausgemeinde, 269, zu Recht gegen JEWETT hinweist.

[39] Möglicherweise bezieht sich auch IG X/2,1 291 (2. Jh.) auf *insulae* (vgl. BROCKE, Thessaloniki, 65 f., Anm. 206).

[40] So zuletzt MAISCH, Kol, 235.

chen Versammlung in Anschlag gebracht.[41] Allerdings hat in jüngster Zeit
Troy W. Martin den Vorschlag unterbreitet, die übersetzungstechnisch
schwierige Passage 2,16 f. auf das Gemeindemahl hin zu deuten.[42]

Er sieht die Gemeinde einem Konflikt ausgesetzt, der durch kynische Philosophen verursacht worden sei. Sie seien in die Gemeinde, konkret in ihre Mahlversammlung, eingedrungen und hätten sie dafür kritisiert, dass dort erstens keine reinen Naturfrüchte, sondern kulturell bearbeitete Speisen und Getränke wie Brot und Wein verzehrt würden,
diese zweitens nicht allein der Sättigung, sondern der Gruppenbildung und gruppeninter-
nen Identitätsbildung dienten, und schließlich die Feier einen eschatologischen Impetus
inne hätte, der kynischer Apathie zuwider liefe.[43] Diesem Angriff stelle der Verfasser die
Weisung entgegen: „Let no one critique (κρινέτω) you by your eating and drinking ... but
let everyone discern (κρινέτω) the body of Christ by your eating and drinking."[44] Die
Kritik der Gegner solle damit in eine Unterscheidung überführt werden, zwischen Essen
und Trinken auf der einen und dem Leib Christi auf der anderen Seite. Während Ersteres
nur ein Vorschatten der zukünftigen Dinge sei, sei Letzteres das Eigentliche, auf das es
ankomme.[45] In analoger Weise zur Speisefrage versteht Martin dann auch die Feiertagsfrage. Die Gemeinde sei dem jüdischen Festkalender gefolgt und darin von den Kynikern
kritisiert worden.[46] So entsteht das Bild einer jüdisch geprägten Gemeinde, die von außenstehenden Menschen aus der Völkerwelt für ihre Speise- und Feiertagspraxis kritisiert
wird, und von einem Autor, der den Blick auf den Leib Christi, der im feiertäglichen
Mahl zur Darstellung kommt, lenkt.

Im Folgenden wird die These am Text überprüft. Der erste und maßgebli-
che Abschnitt widmet sich darum der Exegese von Kol 2,16 f. (3.2). Wegen der Frage nach möglichen über das Mahl hinausgehenden Elementen
der Zusammenkunft wird darüber hinaus 3,16 f. in den Blick genommen
(3.3). Die Haustafel (3,18–4,1) wirft schließlich ein Licht auf die Teilnehmerfrage (3.4).

---

[41] Vgl. etwa SALZMANN, Lehren, 89.

[42] Vgl. MARTIN, Philosophy, 116–123 (ihm folgt WALTER, Gemeinde, 184 f.). In ähnlicher Weise sieht auch STANDHARTINGER, Studien, 185–190 (zur Nähe zu MARTIN bes.
187), das gemeindliche Mahl angesprochen, jedoch geht sie nicht von konkreten Gegnern
aus, auf die der Verfasser sich beziehe, sondern auf Verunsicherungen, die mit dem Ab-
leben des Paulus und den Wertmaßstäben der Umwelt zusammenhängen.

[43] Vgl. MARTIN, Philosophy, 120–123 (zum kynischen Profil der Gegner vgl. auch
a.a.O., 58–105).

[44] MARTIN, Philosophy, 118.

[45] MARTIN fragt zudem, ob über Kol 2,16 f. hinaus auch 2,6 f. einen Hinweis auf die
Mahlfeier bietet und der dort gebrauchte Terminus εὐχαριστία bereits im Sinne eines
terminus technicus aufgefasst werden kann. Er selbst sieht auffällige Parallelen zu 1Kor
11,17–34: „In both passages, Paul speaks of receiving a tradition, appropriate conduct,
building up the community, and thanksgiving" (Philosophy, 118, Anm. 1). Unabhängig
von der Schwierigkeit, den Begriff der Eucharistie mahltheologisch aufzuladen, wenn es
der Kontext nicht eindeutig zulässt, sind die Formulierungen in Kol 2,6 f. zu allgemein,
als dass man sie mit 1Kor 11,17 ff. vergleichen dürfte.

[46] Vgl. MARTIN, Philosophy, 124–131.

3.2 Die Mahlfeier als schattenhafte Darstellung des Leibes Christi

Von der gemeindlichen Mahlfeier ist zunächst in Kol 2,16 f. die Rede, wo von einem gemeindlichen Konflikt um Speise- und Sättigungsfragen die Rede ist:

> „[16]Niemand soll euch bezüglich (eures) Ess- und Trinkverhaltens (ἐν βρώσει καὶ ἐν πόσει) oder unter dem Blickwinkel eines Festtages oder Neumondes oder Sabbats (ἐν μέρει ἑορτῆς ἢ νεομηνίας ἢ σαββάτων) kritisieren. [17]All das ist ein Schatten der Dinge, die kommen werden, das aber, worauf es dabei ankommt, ist der Leib Christi (τὸ δὲ σῶμα τοῦ Χριστοῦ)."

Die *Konfliktsituation* ist schnell umrissen: Mit der Wendung ἐν βρώσει καὶ ἐν πόσει ist sowohl der Ort als auch der Anlass des Konflikts bezeichnet.[47] Im Rahmen der gemeindlichen Festmähler erhoben Kritiker ihre Stimme und unterzogen das Ess- und Trinkverhalten, das sie dort vorfanden, einer Fundamentalkritik. Entzündet haben kann sich die Kritik sowohl an bestimmten Speisen und Getränken, die dort verzehrt und genossen wurden, als auch an den mit dem Essen und Trinken verbundenen Tischsitten, denn mit βρῶσις καὶ πόσις sind wie in Röm 14,17[48] nicht Substanzen, sondern Handlungen angesprochen![49] Mit der Essensfrage verbinden lässt sich die Feiertagsfrage. Die Trias „Festtag, Neumond, Sabbat" steht für den jüdischen Festkalender[50] und damit für aus dem Alltag herausstechende Zeiträume, die sich durch besondere Festfreude und reich gedeckte Speisetafeln auszeichneten und von Fastenzeiten ausgenommen waren.[51] Vor Augen tritt dann eine Mahlpraxis, in der nicht mehr zwischen Alltags- und Festzeiten, Askese und Schmauserei unterschieden, sondern in der die wahrscheinlich wöchentlichen Mähler allesamt festlich ausgestaltet wurden. Daran entzündete sich der Konflikt. Die Gegner störten sich an dieser Nivellierung von Alltags- und Festzeiten, sei es weil sie ihre asketischen Traditionen verraten wähnten, sei es weil sie sich an vermeintliche Fress- und Saufgelage, wie man sie im Judentum der Völkerwelt pauschal unterstellte, erinnert fühlten. Sie argumentierten wahrscheinlich jüdisch, mussten deshalb aber keineswegs Juden gewesen sein, sondern konnten auch der Völkerwelt entstammen und dabei ihre eigenen asketischen Traditionen mit denen des Judentums verbunden haben.[52]

---

[47] Die räumliche Deutung auf die Gemeindeversammlung hin ist vor allem von STANDHARTINGER, Studien, 185 f., stark gemacht worden.

[48] Vgl. oben Kap. III.4.

[49] So von STANDHARTINGER, Studien, 189, richtig gesehen.

[50] Vgl. z.B. 1Chr 23,31; 2Chr 2,3; 8,13; 31,3; Neh 10,34; Jes 1,13; Hes 45,17; Hos 2,13; Jdt 8,6; 1Makk 10,34; 1QM (= 1Q33) II 4; Justin, dial. 8,4.

[51] Vgl. Num 10,10; Hos 2,13; Jdt 8,6.

[52] Die Forschungsmehrheit geht von synkretistisch orientierten Gegnern jüdischer Provenienz aus (vgl. SCHNELLE, Einleitung, 343), die über ihre jüdischen Prägungen hin-

Der Briefautor greift in den Konflikt ein, indem er die Gemeinde theologisch stärkt. Dabei verfolgt er eine Doppelstrategie, die in der *Doppeldeutigkeit* von σῶμα im Torso V. 17b begründet liegt. Zum einen steht σῶμα als Gegenbegriff zu σκία und hat die Funktion, das Eigentliche im Gegensatz zum Vorläufigen zum Ausdruck zu bringen, d.h. den Leib im Gegensatz zu dem von ihm geworfenen Schatten. Zum anderen ist σῶμα mit dem Genitivattribut τοῦ Χριστοῦ zu verbinden und hat dabei die Funktion, den Ort zu benennen, an dem dieses Eigentliche in seiner gegenwärtigen Vorläufigkeit erfahrbare Wirklichkeit werden soll, namentlich in den Zusammenkünften der Gemeinde als dem Leib Christi. Der Forschungsstreit, ob Paulus hier auf die platonisch geprägte Urbild-Abbild-Terminologie[53] oder auf die Leib-Christi-Ekklesiologie (Kol 1,24; vgl. 2,19)[54] zurückgreift, ist folglich in beide Richtungen zu beantworten und zudem mahltheologisch zuzuspitzen. Es geht also um ein Wortspiel mit zwei Referenzen, die beide beachtet werden müssen. Eine rein ekklesiologische Herleitung scheitert daran, dass der „Leib Christi" determiniert ist und darum Subjekt des Satzteils sein muss und nicht Prädikatsnomen sein kann;[55] die rein platonistische Herleitung scheitert dagegen daran, dass das Gegensatzpaar von Schatten und Körper bei Philo, auf den sich die Forschung immer wieder beruft, hinter dem Sprachspiel von Urbild und Abbild zurücktritt und meist nur einen illustrativen Charakter hat, also uneigentlich zu verstehen ist.

Die Leib-Schatten-Terminologie begegnet bei Philo zum einen in der Darlegung der Tugenden, allerdings nicht im Sinne einer Urbild-Abbild-Theorie, sondern als Illustration des Tun-Ergehen-Zusammenhangs. Der Tat haftet die Folge an wie der Schatten dem Körper (virt. 118.181). In decal. 82 rekurriert Philo auf den Gegensatz zwischen dem Namen einer Sache und der zugrunde liegenden Sache selbst (ὑποκείμενον πρᾶγμα). Die Rede vom Körper und Schatten hat hier also ebenfalls nur eine illustrative Bedeutung: Der Name begleitet eine Sache wie der Schatten den Körper. In LA III 96; plant 27; migr. 12 und somn. I 206 dagegen ist zwar vom Schatten, nicht aber vom Leib die Rede. Es geht vielmehr um das Urbild (ἀρχέτυπος) bzw. Vorbild (παράδειγμα) im Gegensatz zum Abbild (εἰκών) oder zur Nachahmung (μίμημα). In post. 112 wird der Leib sogar dem Schatten gleichgesetzt, indem der Schatten als Sinnbild der körperlichen und äußerlichen Güter (τὰ περὶ σῶμα καὶ ἐκτὸς ἀγαθά) bezeichnet wird. Von einem breit bezeugten Leib-

---

aus Einflüsse aus der hellenistischen Mysterienfrömmigkeit (LOHSE, Kol, 189; HÜBNER, Kol, 95) oder dem Neupytagoreismus (SCHWEIZER, Kol, 104; WOLTER, Kol, 162) integriert hätten.

[53] So z.B. LOHSE, Kol, 171 f.; WOLTER, Kol, 144; HÜBNER, Kol, 87 f.; KOOTEN, Christology, 29 f.

[54] So z.B. GNILKA, Kol, 148; DUNN, Col, 177; LUZ, Kol, 224; MAISCH, Kol, 188.

[55] Insofern legt sich die Übersetzung von V. 17: „Eure Feste sind Schatten des Kommenden, nämlich der Leib des Christus", wie sie STANDHARTINGER in der „Bibel in gerechter Sprache" bietet, grammatisch nicht nahe, obwohl sie inhaltlich unserer Linie durchaus nahe steht.

Schatten-Gegensatz im Sinne platonischer Erkenntnistheorie kann folglich bei Philo keine Rede sein. Wie im Höhlengleichnis Platons hat die Rede davon nur den Sinn, das Eigentliche zu verbildlichen und zu illustrieren.

Wäre es dem Verfasser allein auf die Unterscheidung von Eigentlichem und Uneigentlichem angekommen, dann hätte er leicht auf Philos Urbild-Abbild-Terminologie zurückgreifen und die Rede von Schatten und Leib allenfalls illustrativ hinzufügen können. Dass der Leib hier aber sowohl als Körperschaft als auch als Gegensatz zum Schatten zu verstehen ist, hängt damit zusammen, dass der Autor platonisch geprägte Erkenntnistheorie und christliche Leib-Christi-Ekklesiologie in einem Wortspiel verbindet.[56]

Die hinter dem Wortspiel stehende argumentative *Doppelstrategie* des Autors besteht darin, die Kritiker als oberflächlich hinzustellen, weil sie in ihrer Kritik an Speisen, Getränken und Tischgepflogenheiten nur den Schatten sehen, statt tiefer zu schauen, was in diesem Schatten als das Eigentliche zutage tritt: die Gemeinschaft des Leibes Christi. Um diese allein geht es, nicht um Essen, Trinken und Festkalender. Damit relativiert er einerseits das Sättigungsmahl, indem er es zu einem bloßen „Schatten" erklärt, der hinter das Eigentliche zurücktritt, wertet es andererseits aber zugleich als unverzichtbaren Bestandteil christlicher Mahlzusammenkünfte auf, indem er es in all seiner Vorläufigkeit und Schattenhaftigkeit zur Manifestation des schon gegenwärtig vorfindlichen (Kol 1,24), aber erst himmlisch vollkommenen Leibes Christi (vgl. 3,1–4) erklärt.[57] Auf der einen Seite profaniert er also das Sättigungsmahl, indem er ihm einzig den Sinn zugesteht, die leiblichen Bedürfnisse zu befriedigen. Auf der anderen Seite hält er unbedingt daran fest und theologisiert es, indem er ihm die Bedeutung beilegt, transparent zu werden für die tieferliegende Wirklichkeit des Leibes Christi, der sich gerade in der Mahlversammlung abbildet. In dieser Abbildhaftigkeit liegt der positive Charakter und Erkenntniswert des Schattens begründet.[58] Das festliche Sättigungsmahl der Gemeinde bekommt als Schatten einen antizipativen Charakter; es lässt in der Mahlfeier den Leib Christi sichtbar werden und macht das gemeinsame Essen und Trinken in gebrochener Weise für die verheißene Identität der Ge-

---

[56] Dies sieht auch WOLTER, Kol, 145, wenn er erklärt, dass der Autor „seine Leib-Christi-Ekklesiologie [...] in die Schatten-Leib-Metaphorik einträgt". Er macht die Erkenntnis argumentativ aber nicht in ihrer Bedeutung für die Mahlfeier der Gemeinde fruchtbar.

[57] Die Rede von der Zukunft der Offenbarung des Leibes Christi macht es unwahrscheinlich, dass die τὰ μέλλοντα wie in Hebr 10,1 christologisch, d.h. als ursprünglich noch ausstehende, in Christus aber gegenwärtig gewordene Dinge zu verstehen sind. Im Kol liegt die eschatologische Deutung näher.

[58] WOLTER, Kol, 144, spricht nur von einem „Rest positiver Wertung"; ähnlich MARTIN, Philosophy, 119 f., Anm. 2. STANDHARTINGER, Studien, 187, spricht angemessener von einem „Angeld".

meinde durchsichtig. Das erkennt aber wiederum nur, wer sich vom Schatten zum Körper leiten lässt. Wer dagegen wie die Gegner beim Schatten stehen bleibt und ihn zum Maßstab des Urteilens macht, also nur auf das bloße Essen und Trinken der Gemeindeglieder und nicht auf das damit Gemeinte schaut, der verkennt völlig, dass es um die freudige Feier der Heilsgemeinschaft Christi geht. Auf die Sättigungsmahlzeit an und für sich betrachtet kommt es nicht an; die im Zuge dessen verspeisten Lebensmittel „sind alle zur Vernichtung durch Konsum bestimmt" (2,22), d.h. „zur Sättigung des Fleisches" (2,23).

Damit bestätigt sich zumindest in ihrer Grundausrichtung die oben skizzierte Interpretation von Martin.[59] Allerdings verfolgt er eine andere sprachliche Argumentationslinie als wir. Er knüpft V. 17b nicht an V. 17a, sondern an V. 16 an und erklärt damit den Zwischenteil zu einem gedanklichen Einschub. Das in V. 17b fehlende Verb ist für ihn dann auch nicht εἶναι sondern κρίνειν. Dieses habe in V. 16 die negative Bedeutung „kritisieren", in V. 17b dagegen die neutrale Bedeutung „einschätzen" oder „beurteilen". Ein solches Spiel mit den Bedeutungsnuancen von κρίνειν ist auch in 1Kor 11,29 gegeben, wo Paulus im Kontext des Herrenmahls argumentiert, dass derjenige, der den Leib nicht richtig einschätzt oder beurteilt (διακρίνειν), die Verurteilung Gottes (κρίμα) auf sich zieht, sowie in Röm 14,13, wo Paulus im Konflikt um die Speisen und Getränke beim Gemeindemahl die Konfliktparteien der „Starken" und „Schwachen" dazu auffordert, einander nicht mehr zu verurteilen (κρίνειν), sondern vielmehr ihre Urteilskraft darauf zu richten (κρίνειν),[60] den Mitgeschwistern keinen Anstoß zu bereiten.[61] Seine Übersetzung könnte man dann folgendermaßen paraphrasieren: „Niemand soll euch in eurer gemeinsamen Mahlfeier kritisieren [...] – um bloßes Essen und Trinken geht es euch ja dabei gar nicht, das ist nur ein Schatten des Kommenden – sondern jedermann soll den Leib Christi (der darin zum Vorschein kommt) beurteilen." Inhaltlich ist Martins Vorschlag der hier vertretenen Lösung ähnlich, aber die grammatische Grundentscheidung wird von uns in anderer Weise getroffen, weil es problematisch ist, in V. 16 f. ein Wortspiel zu postulieren, im Zuge dessen man das für dieses Wortspiel sinntragende Verb aus V. 16 in V. 17b ergänzen muss.

Der Verfasser erreicht mit seiner differenzierten Argumentation ein *doppeltes Ziel*. Indem er das Sättigungsmoment profaniert, öffnet er zum Ersten die gemeindliche Mahlfeier für alle beliebigen Speisen und Getränke. Nichts kann aus theologischen Gründen ausgeschlossen werden, alles kann transparent für die Darstellung des Leibes Christi sein. Jede theologische Auseinandersetzung um die Zulassung und den Ausschluss von bestimmten Mahlrealien wird damit im Ansatz erstickt. Indem er der Sättigung ih-

---

[59] Vgl. MARTIN, Philosophy, 117–119. Ihm folgt WALTER, Gemeinde, 184 f. Kritisch dagegen DÜBBERS, Christologie, 268, Anm. 311.

[60] So die Übersetzung von HAACKER, Röm, 276 f. Sie hat gegenüber den üblichen Übersetzungen „den Sinn auf etw. richten", „sich entscheiden", „sich vornehmen" oder „beschließen" (vgl. BAUER, Wörterbuch, 916) den Vorteil, dass das Wortspiel mit κρίνειν auch noch im Deutschen erkennbar ist.

[61] Auf beide Stellen verweist auch MARTIN, Philosophy, 118 f., Anm. 6; 119, Anm. 1.

ren Eigenwert abspricht, verlagert er zum Zweiten in Fortführung paulinischer Anliegen das Interesse von der Mahlökonomie zur Mahlästhetik,
insofern sie es ist, auf die es wirklich ankommt. Die angemessene Frage ist
also nicht die, was gegessen und getrunken werden darf, sondern die, ob
im Essen und Trinken die Gemeinde als Leib ihres himmlischen Hauptes
Christus hervortritt und die Zukunft des himmlischen Festmahls in wahr-
nehmbarer Weise antizipiert werden kann.

Damit fügt sich der Kol bestens in die von Paulus ausgehende *Entwick-
lungslinie* ein. Wenn es dem Kol darum geht, das Essen und Trinken in der
Mahlfeier nicht in seinem Eigenwert, sondern in seiner Transparenz für die
Identität des Leibes Christi zur Geltung zu bringen, dann ist die Nähe zu
Paulus unverkennbar, dem es auch nicht um Essen, Trinken und Sattwer-
den, sondern um die Darstellung der Identität der Gemeinde ging. Wie
Paulus verankert er die Identität der Gemeinde in der Mahlfeier und erhebt
die Mahlfeier zur Ausdrucksgestalt dieser Identität. Allerdings fehlt im
Kol das relationale Moment paulinischer Argumentation, das die Rück-
sichtnahme gegenüber den gemeindlichen Mitgeschwistern über die eigene
Erkenntnis stellt. Möglicherweise liegt das daran, dass in Kolossä wie auch
bei Paulus in Antiochien die Konfliktgegner von außen auf die Gemeinde
zutraten und der Autor deshalb nicht an Rücksichtnahme, sondern an einer
Stärkung der Gemeinde nach innen hin interessiert ist.[62] So relativiert der
Autor wie schon Paulus in Korinth und Rom das gemeinsame Essen und
Trinken, hält aber wie der Apostel in Antiochien an der Sättigung grund-
sätzlich fest, um Angriffe von außen abzuwehren und den antizipativen
Charakter des Mahlganzen zu erhalten. Die doppelte Strategie des Kol, das
Essen und Trinken zu relativieren und zugleich gegen jede asketische For-
derung unverbrüchlich daran festzuhalten, rührt genau daher, die ekklesiale
Identität über die Sättigung als bloßer Leibbefriedigung zu stellen, die Sät-
tigungsgemeinschaft aber in ihrer Funktion als schattenhafte Vorabbildung
der himmlischen Mahlgemeinschaft unbedingt sichtbar werden zu lassen.

Der *Unterschied* zwischen Paulus und dem Kol liegt allein darin, dass
der Kol noch konsequenter eschatologisch denkt als Paulus. Während Paulus von der Vergangenheit her denkt und dann auf die Zukunft vorausblickt, wobei die Vergangenheit durch die Stiftung des Herrenmahls in der
Nacht der Hingabe bzw. des Verrats des Herrn (1Kor 11,23b–25) und die
Zukunft in der seiner Parusie (11,26) besteht, denkt der Verfasser des Kol
von der Zukunft her und schaut von ihr aus zurück auf die Vergangenheit,

---

[62] Dass die Gegner von außen kamen, vertritt auch WOLTER, Kol, 163. Dafür spricht
vor allem, dass der Verfasser sie geradezu vernichtend als „Niemande" verurteilt, von
denen sich die Gemeinde nicht täuschen (2,4), berauben (2,8), kritisieren (2,16) oder um
ihren Siegespreis bringen lassen soll (2,18). An interne Gegner zumindest in V. 16 denkt
dagegen STANDHARTINGER, Studien, 189.

um in ihr bereits Verweise und Schatten des Kommenden auszumachen. Bei Paulus ist das Gemeindemahl deshalb eine Interimsfeier zwischen dem geschehenen Tod Jesu und seinem erwarteten Wiederkommen, im Kol eine Interimsfeier zwischen der zukünftigen Offenbarung Christi und der Gegenwart der Gemeinde, also in utopischer Steigerung paulinischer Anliegen die zeichen- oder schattenhafte Vorwegnahme des Eigentlichen. Darum muss sein Verfasser anders als Paulus, der sich eine Preisgabe der Sättigung zumindest vorstellen kann, ohne das Wesen des Mahls zu verraten, das reichhaltige Sättigungsmahl unbedingt festhalten.

3.3 Die Wortversammlung und ihre Elemente

Neben dem Mahl lassen sich auch Spuren einer Wortversammlung finden, die den in 1Kor 12–14 genannten Elementen entsprechen. Weil sie jedoch in keinem erkennbaren Zusammenhang mit der Mahlfrage stehen, lässt sich daraus kein Ablaufschema postulieren. Wir können also nicht entscheiden, ob das Mahl auf den Wortteil folgte oder dem Wortteil voranging. Jedenfalls lassen sich nach Kol 3,16 f. poetische und lehrhafte Gestaltungselemente einer wortorientierten Versammlung ausmachen:[63]

„[16]Das Wort Christi soll in reichem Maß unter euch einwohnen, indem ihr euch gegenseitig in aller Weisheit belehrt und ermahnt, Gott mit geisterfüllten Psalmen, Hymnen und Liedern in [der] Gnade / Anmut in euren Herzen singt. [17]Und alles, was ihr in Wort und Werk tut, (das tut) alles im Namen des Herrn Jesus und dankt Gott, dem Vater, durch ihn" (Kol 3,16 f.).

Die mit dem Adjektiv πνευματικός charakterisierten *Psalmen, Hymnen und Lieder*[64] entsprechen sachlich den in 1Kor 12,8–11; 14,1.37 genannten πνευματικά, also den pneumatisch inspirierten Rede- und Gesangsformen.[65] Sie mussten nicht zwangsläufig festgefügten Formen folgen, sondern konnten auch „spontane Dichtungen" gewesen sein, die sich als

---

[63] Dazu SALZMANN, Lehren, 82–89 (der allerdings von einem reinen Wortgottesdienst ausgeht); KLINGHARDT, Gemeinschaftsmahl, 349–351; WICK, Gottesdienste, 215–219. Eine spirituelle Deutung auf innerlich gesungene Lieder erwägt MAISCH, Kol, 236, die damit einen gottesdienstlichen Bezug zu Unrecht in Frage stellt. Denn Lieder sind als Bestandteil frühchristlicher Mahlversammlungen bezeugt (z.B. Justin, 1apol 13,2; Clemens von Alexandrien, Paed II 4,43,3; 4,44,4; Tertullian, apol. 39,18; dazu HENGEL, Christuslied, 221–234).

[64] Dass sich πνευματικός nicht nur auf die Lieder, sondern auch auf Psalmen und Hymnen bezieht, vertreten auch LOHSE, Kol, 217, Anm. 3; GNILKA, Kol, 200, Anm. 41; WOLTER, Kol, 190; STANDHARTINGER, Studien, 243 mit Anm. 263. Unsicher DUNN, Col, 239.

[65] Der geistliche Charakter der Lieder und Gesänge ist darum auf ihre Geistgewirktheit zurückzuführen (so z.B. GNILKA, Kol, 200; HENGEL, Christuslied, 244; WOLTER, Kol, 190; HÜBNER, Kol, 108; LUZ, Kol, 232). Dagegen denkt SCHWEIZER, Kol, 157, an geistliche Choräle „im Unterschied zu weltlichen Liedern".

„Wirkungen des Geistes und Gabe der göttlichen Weisheit" begreifen lassen.[66] Eine formgeschichtliche Unterscheidung von Psalmen, Hymnen und
Liedern gelingt nicht[67] und ist vom Verfasser auch nicht intendiert, weil er
mit der Reihung „vielmehr etwas vom Reichtum der Fülle Christi und vom
Überschwang des Lobpreises in der Gemeinde" andeuten will.[68] Dass dieses Singen „in der Gnade" geschieht, hat zum einen damit zu tun, dass alles geisterfüllte Singen und Reden Gottes Gnadengeschenk ist,[69] zum anderen mit der Haltung der Anmut und Dankbarkeit, in der dieses Singen
und Reden geschehen soll, wie die Weiterführung in V. 17 mit der Aufforderung zur Dankbarkeit zeigt.[70] Es sind also nicht allein die Beiträge, die
den einen Leib Christi zum Ausdruck bringen, sondern es muss auch die
richtige Herzenshaltung vorhanden sein und eine wahrnehmbare Ausdrucksgestalt annehmen.

Den Gesängen zugeordnet sind gegenseitige *Lehre und Ermahnung*.
Auch sie erinnern an paulinische Wortbeiträge (1Kor 12,28; 14,26.31). Die
Voranstellung bedeutet weder, dass der Verfasser der Lehre Priorität vor
anderen Beiträgen einräumt,[71] noch dass die Psalmen, Hymnen und Lieder
zur Aufgabe hatten, zu belehren und zu ermahnen.[72] Vielmehr liegt das
Hauptaugenmerk auf der „vielfältigen Einwohnung des Wortes Christi" in
der Gemeinde, die sich zum einen in der auf die Gemeindeglieder gerichteten Belehrung und Ermahnung, zum anderen in den an Gott gerichteten
Gesängen konkretisiert.[73] Die christozentrische Ausrichtung des Kol und

---

[66] HENGEL, Christuslied, 246. Er denkt zudem konkret an einen „Sprechgesang", der
sich von einem „Singen mit durchkomponierter Melodie" unterscheide (a.a.O., 241).

[67] So auch HENGEL, Christuslied, 244; KLINGHARDT, Gemeinschaftsmahl, 349 f.; LUZ,
Kol, 231 f.; MAISCH, Kol, 235.

[68] LUZ, Kol, 232.

[69] So mit WOLTER, Kol, 190 f. Die Geistesgabe wird auch in Sach 12,10; 4Esr 14,22;
TestSim 4,4 f.; JosAs 4,7; Hebr 10,29; 1Clem 46,6; Barn 1,2 als Gnadengabe Gottes
beschrieben. Zu denken ist auch an die austauschbaren Begriffe πνευματικά und
χαρίσματα in 1Kor 12,1.4.28.30 f.; 14,1. LOHSE, Kol, 217 f.; GNILKA, Kol, 201; HEN-
GEL, Christuslied, 244; HÜBNER, Kol, 109, denken an die Gnade Gottes, in der und aus
der heraus die Christinnen und Christen stehen und leben.

[70] So KLINGHARDT, Gemeinschaftsmahl, 350 f.; MAISCH, Kol, 235.

[71] So aber WICK, Gottesdienste, 218 f.

[72] So mit SALZMANN, Lehren, 82 mit Anm. 163, gegen GNILKA, Kol, 200; HENGEL,
Christuslied, 243; STANDHARTINGER, Studien, 243. Zwar kann man die Interpunktion von
Nestle-Aland[27] durchaus verändern und dann übersetzen: „Das Wort Christi soll in reichem Maß unter euch einwohnen, indem ihr euch gegenseitig in aller Weisheit mit Psalmen, Hymnen und geisterfüllten Liedern belehrt und ermahnt, Gott mit der Gnade / Anmut in euren Herzen singt", doch scheint es inhaltlich sinnvoller, die Psalmen, Hymnen
und Lieder dem Partizip ᾄδοντες zuzuordnen, weil V. 16c sonst nachklappt.

[73] Während die Lehre also primär auf der Horizontalen anzusiedeln ist, betreffen die
Gesänge vorrangig die Vertikale, auch wenn sie mitunter lehrhafte Züge haben und auf
die Gemeinde aufbauend weiterwirken können.

seine gegenüber Paulus auffällige Zurückstellung der heiligen Schriften Israels gibt Anlass zu der Vermutung, dass der Autor unter der Lehre nicht so sehr Schriftauslegung, sondern die Entfaltung der Christusbotschaft, und unter Liedern nicht nur die übernommenen Psalmen, sondern auch neu gedichtete Christuslieder verstand.[74] Auf diese Weise gibt die Gemeinde ihrem Haupt Raum und ihrer neuen Wirklichkeit als Leib Christi eine wahrnehmbare Gestalt.[75]

Dass mit den angesprochenen Wortelementen tatsächlich ein *christliches Symposion* im Blick ist, legt die Parallelüberlieferung zu Kol 3,12 ff. in Eph 5,18–20 nahe.[76] Sie bringt die sympotische Weinthematik ein, indem sie die Geistgeprägtheit der Beiträge zur Wortversammlung vom Weinrausch abgrenzt:

„Und betrinkt euch nicht am Wein, in welchem Liederlichkeit steckt, sondern werdet vom Geist erfüllt" (Eph 5,18).

Auffällig ist hier, dass er keine Weinabstinenz, sondern lediglich einen maßvollen Umgang mit dem Wein fordert, die Analogie zum Symposion also in der Tat wörtlich nimmt.[77] Auch die Gesänge aus Kol 3,16 kehren wieder; die eingeforderte Geistgeprägtheit der Gemeinde äußert sich darin, dass „ihr zueinander in Psalmen und Hymnen und geisterfüllten Liedern redet, ihr dem Herrn in eurem Herzen singt und spielt" (Eph 5,19). Das Singen und Spielen ist sicher als Näherbestimmung des gegenseitigen Zuredens zu verstehen, so dass nicht an ein lehrhaft gesprochenes Vortragen der Psalmen, Hymnen und Oden zu denken ist. Damit tritt gegenüber dem Kol das Singen in den Vordergrund.[78] Von der Lehre ist dagegen keine Rede. Sollte also die Aufwertung lehrhafter Elemente in der christlichen Versammlung zur Zurückdrängung sympotischer Trinkgemeinschaft ge-

---

[74] So SALZMANN, Lehren, 86 f. Als ein solches Christuslied ist vielleicht auch Kol 1,15–20 zu verstehen, wie es z.B. STETTLER, Kolosserhymnus, 100–103, vertritt. Zurückhaltender gegenüber einem gottesdienstlichen Sitz im Leben zeigt sich jetzt GORDLEY, Colossian Hymn, der den Text allerdings in die Tradition jüdischer und griechisch-römischer Prosahymnen einzeichnet und damit die Möglichkeit eines sympotischen Verständnisses eröffnet.

[75] Zwar ist KLINGHARDT, Gemeinschaftsmahl, 351, Recht zu geben, dass die genannten Formen nicht mit liturgischen Einheiten identifiziert werden dürfen, jedoch geht es bei ihnen um mehr als nur um Auferbauung, Ermahnung und Zuspruch der Gemeinschaft, sondern auch um die Durchdringung dieser Gemeinschaft mit dem „Wort Christi", also nicht nur um die horizontale Gemeinschaft untereinander, sondern auch um die vertikale Gemeinschaft des Leibes mit seinem himmlischen Haupt. Letzteres ist nicht nur eine Funktion von Ersterem.

[76] Überraschenderweise nimmt SALZMANN, Lehren, 91, hier – anders als noch in Kol 3,16 f. – einen Mahlgottesdienst an.

[77] So mit WICK, Gottesdienste, 216.

[78] So auch SALZMANN, Lehren, 90 f.

führt haben und sollten umgekehrt eher gesangsorientierte Versammlungen offener auch für Weingenuss gewesen sein?

3.4 Die Teilnehmerinnen und Teilnehmer

Aussagen über die Teilnehmer an der gemeindlichen Zusammenkunft lassen sich deshalb machen, weil die Erwägungen zur Wortversammlung sowohl im Kol als auch im Eph recht nahtlos in die Haustafelethik übergehen (Kol 3,18–4,1; Eph 5,21–6,9).[79]

Dies gilt insbesondere für den Übergang von Eph 5,20 zu 5,21. Indem der Verfasser die gegenseitige Unterordnung in der Furcht Christi den einzelnen Teilen der Haustafel voranstellt, schafft er einen sanften Übergang, den er überdies partizipial formuliert und damit direkt an das Vorangegangene anschließt, so dass sich die Geisterfülltheit der Gemeinde nicht nur im vortragenden Singen, Spielen und Danken, sondern auch in der Zuordnung der Menschen zueinander äußert.[80] Dagegen ist der Übergang von Kol 3,17 zu 3,18 sicher härter,[81] doch kehrt im Anschluss an die Haustafel in 4,2 das Dankmotiv wieder, das bereits im Kontext der Wortversammlung verhandelt wurde (3,15.17). Hier ist es mit der ebenfalls auf die gemeindliche Versammlung bezogenen Aufforderung zum Gebet verbunden, so dass der Verfasser die Haustafel eindeutig in den Rahmen der Gemeindezusammenkunft stellt.

Damit gewinnen die Bestimmungen der Tafel, die das Leben innerhalb einer Hausgemeinschaft zu regeln versuchen, auch Bedeutung für den im Haus zusammentretenden Teilnehmerkreis der gemeindlichen Mahl- und Wortversammlung. In den Bestimmungen geht es nicht allein um das Sozialgefüge des Hauses, sondern darüber hinaus um das *Sozialgefüge der Hausgemeinde.* Die Tatsache, dass nicht allein der Hausvater, sondern alle sozialen Gruppen direkt und reziprok angesprochen werden, „setzt eine Gemeindeversammlung voraus, wo alle anwesend sind",[82] also neben den Männern auch Frauen (Kol 3,18; Eph 5,22–24), Sklaven (Kol 3,22–25; Eph 6,5–8) und Kinder (Kol 3,20; 6,1–3).

Dies wird umso plausibler, je mehr man über die antike Oikonomik hinaus das *Vereinswesen* einbezieht. In der Inschrift eines Haus- oder Myste-

---

[79] Zu Herkunft und Bedeutung der Haustafelethik vgl. WOLTER, Kol, 194–198; LUZ, Kol, 233–236; STANDHARTINGER, Studien, 247–276; MAISCH, Kol, 242–248.

[80] Auch SALZMANN, Lehren, 89, sieht hier die enge Verknüpfung der Gottesdienst- mit der Haustafelthematik, folgert aber nichts daraus.

[81] Und hat etliche Ausleger dazu geleitet, die Haustafel als sekundäre Glosse zu bestimmen. Doch wenn ursprünglich nicht 3,18, sondern 4,2 auf 3,17 hin folgte, dann lässt sich nicht erklären, „warum direkt nach der ausführlichen Thematisierung des Dankes in 3,15–17 sich erneut eine Aufforderung zum Dankgebet anschließen soll" (STANDHARTINGER, Studien, 260 f., Zitat 261).

[82] So LUZ, Kol, 235, der aber keine mahltheologischen Konsequenzen daraus zieht. Vgl. auch JUNGBAUER, Vater, 349; GEHRING, Hausgemeinde, 408.

rienvereins aus Philadelphia/Lydien (LSAM 20, 2./1. Jh. v.Chr.)[83] werden Verhaltensmaßregeln tradiert, die einem Mann mit Namen Dionysios im Schlaf eingegeben worden sind und formal an die Haustafelethik erinnern:[84]

„[15]Wenn sie in dieses Haus kommen, sollen Männer und Frauen, Freie und Sklaven bei allen Göttern schwören, dass sie weder eine List gegen einen Mann oder eine Frau kennen noch ein für Menschen schädliches Gift, dass sie böse Zaubersprüche weder kennen noch anwenden, dass sie keinen [20]Liebestrank, kein Abtreibungsmittel, kein Verhütungsmittel und nicht irgendetwas anderes, was für Kinder tödlich ist, selbst anwenden oder einem anderen anraten oder bei einem anderen davon wissen, dass sie vorbehaltlos diesem Haus wohlgesonnen sind und dass sie, wenn irgendjemand eines von diesen Dingen tut oder vorhat, es weder zulassen noch verschweigen, [25]sondern es ans Licht bringen und verhindern. Neben seiner eigenen Frau darf ein Mann weder eine andere haben, sei es eine Freie, sei es eine Sklavin, die einen Mann hat, auch nicht einen Jungen oder eine Jungfrau, sondern er soll, wenn er bei irgendeinem davon weiß, eben dieses ans Licht bringen, [30]sowohl den Mann als auch die Frau, und nicht verbergen und verschweigen. Frau und Mann, wenn sie irgendetwas von dem zuvor Aufgeschriebenem tun, sollen keinen Zugang in dieses Haus haben; große Götter nämlich sind in diesem aufgestellt und beaufsichtigen dieses und werden die, welche die Anweisungen übertreten, nicht dulden. [35]Eine freie Frau soll rein sein und nicht das Bett oder den Umgang eines anderen Mannes als ihres eigenen kennen. Wenn sie aber davon weiß, ist eben diese nicht rein, sondern befleckt und voll von Unreinheit gegenüber ihrer Familie und unwürdig, diesen Gott zu verehren, dessen Heiligtümer hier aufgestellt sind, und sie darf nicht an den Opfern [40]teilnehmen und die Heiligungen und die Reinigungen verletzen und den Vollzug der Mysterien sehen" (Z. 15–41).

Die Analogie zur Haustafelethik des Kol liegt – wie auch eine prinzipielle Vergleichbarkeit mit neutestamentlichen Lasterkatalogen – auf der Hand. Das gilt zum einen für die Räumlichkeiten, denn der Verein trifft sich wie die Gemeinde nicht im Tempel oder Vereinslokal, sondern im Privathaus, zum anderen für das ethisch-inhaltliche Regelwerk. Allen Mitgliedern des Vereins – also Männern, Frauen und Sklaven – wird zunächst einmal grundlegend untersagt, Intrigen, Magie, Abtreibung, Verhütung und Kindstötung vorzunehmen (Z. 15–25). Anschließend werden zuerst die Männer (Z. 25–35) und dann die freien Frauen (Z. 35–44) auf die eheliche Treue verpflichtet, wobei den Männern das Verhältnis zu einer unverheirateten

---

[83] Text und Übersetzung bei EBEL, Attraktivität, Anhang IV, 228–232; vgl. auch SCHMELLER, Egalität, Anhang 1, 96–99.

[84] Den Text bringt STANDHARTINGER, Studien, 266–268, im Anschluss an Klaus BERGER in die Haustafeldiskussion ein. Nach ÖHLER, Didache, 37, handelt es sich um die Inschrift eines Hausvereins, also eines Vereins, der sich im Privathaus des Gründers traf, aber nicht nur die Hausgemeinschaft umfasste. Dagegen bestreitet STOWERS, Cult, 292–295, dass es sich um einen Verein handelt; er versteht die Inschrift nicht als Vereinssatzung, sondern als ein Regelwerk für die Hausgemeinschaft des Dionysios. Doch legt die Formulierung des Zutritts (Z. 4) und des Hineinkommens (Z. 15) nahe, dass die Gruppe auch der Hausgemeinschaft Außenstehende einschloss.

Sklavin erlaubt zu sein scheint (Z. 27). Beide Abschnitte enden mit göttlich sanktionierten Drohungen. Wenn es sich bei den Angeredeten tatsächlich nicht nur um die interne Hausgemeinschaft, sondern um einen darüber hinausgehenden Verein handeln sollte, liegt eine Analogie zur Haustafelethik vor. Dann empfangen die Vereinsmitglieder Anweisungen, die zwar ihr privates häusliches Leben betreffen, aber zugleich darüber hinausgreifen, insofern die ordentliche private Lebensführung Voraussetzung für die Teilnahme am Vereinskult ist. Das Privatleben zeitigt so auf indirekte Weise Konsequenzen für das Vereinsleben. Dies wäre umso plausibler, wenn der private Kultverein Züge eines Mysterienvereins getragen haben sollte. Denn wenn man berücksichtigt, dass Mysterien gesellschaftlich immer wieder im Verdacht standen, sexuelle Orgien zu begehen, wirkt der Hinweis auf ein sittlich einwandfreies Leben apologetisch. Der Verhaltenskodex war dann nicht nur nach innen hin für jedes Mitglied verbindlich, sondern sollte nach außen hin Signalwirkung haben.[85] Wie sehr dieser Kodex in die regelmäßigen Versammlungen eingebunden war, zeigen die abschließenden Bemerkungen:

„Bei den monatlichen und jährlichen Opfern sollen Männer und Frauen, die sich selbst vertrauen, diese Inschrift, in der die Anweisungen des Gottes aufgeschrieben worden sind, anfassen, damit offenbar werden sowohl die, die den Anweisungen Folge leisten, als auch die, die nicht Folge leisten" (Z. 54–59).

Man gab der Inschrift damit einen fast magisch aufdeckenden Charakter; in den Versammlungen des Vereins sollten fehlgeleitete Verhaltensweisen offenbar gemacht werden. Von solcher Magie ist die Haustafelethik des Kol weit entfernt. Aber auch sie hat, wiewohl sie wie die Inschrift eher hausgemeinschaftsbezogene Anweisungen enthält, einen darüber hinausreichenden Sitz im Leben einer sich zwar als Familie verstehenden, aber die Familie und ihr häusliches Umfeld transzendierenden Gemeinschaft. Das ordentliche Außenverhalten der Gemeindeglieder im Privatbereich ist auch für die Teilnahme an den Versammlungen des Leibes Christi unabdingbar und signalisiert zugleich der Umwelt, dass die Gemeindeversammlungen kein gefährliches Potenzial freisetzen.[86]

Was die in der Tafel genannten Personenkreise angeht, ist gerade die Anwesenheit der *Kinder* (Kol 3,20; Eph 6,1–3) überraschend, während sich

---

[85] In diese Richtung auch KLINGHARDT, Gemeinschaftsmahl, 241: „Die in diesem Initiationsschwur zugrundegelegte Ethik bezieht sich nicht auf die interne Ethik der Gruppe, sondern eher auf ihre Außenbezüge, d.h. der Eid erweist die Übereinstimmung des Kultvereins mit antiker ‚Allerwelts-Ethik'."

[86] Man muss dabei nicht so weit wie STANDTHARTINGER, Studien, 273–276, gehen, die den Text als eine Art „Deckschrift" zur Beschwichtigung Außenstehender interpretiert, um den Verdacht zurückzuweisen, in subversiver Manier Haus- und Stadtstrukturen zu zerstören.

die Aufwertung von Frauen und Sklaven bereits protopaulinischen Vorgaben verdanken kann. Wer ist mit den Kindern gemeint? Ein Zugang allein über den Begriff τέκνον liefert keine eindeutige Hinweise in Bezug auf Geschlecht und Alter. Er bezeichnet zunächst einmal ganz allgemein das Kind unter der Perspektive seiner leiblichen Abkunft, also schlicht das „Kind im Verhältnis zu seinen Eltern",[87] so dass grundsätzlich auch an erwachsene Kinder zu denken ist. Dabei sind meistens nur Söhne im Blick und nicht auch Töchter.[88] Dem entspricht, dass auch die Aufforderung an die Kinder, ihren Eltern grenzenlos (κατὰ πάντα) zu gehorchen und sich ihnen unterzuordnen, in der jüdischen und paganen Antike vor allem auf die Söhne bezogen ist.[89] Lediglich dann, wenn man vom primären Sitz im Leben einer Haustafel im Sozialgefüge des antiken Hauses ausgeht, kann man auch die Töchter eingeschlossen sehen.[90]

Wir können die Entscheidung offen lassen, denn die eigentliche Pointe der Gehorsamsforderung im vorliegenden Briefkontext besteht darin, ein Verhalten nicht allein für den häuslichen Alltag, sondern auch für die *Gemeindeversammlung* zu begründen. Das ergibt sich vor allem aus der Formulierung, dass das gehorsame Verhalten nicht als dem häuslichen Kontext angemessen, sondern als „wohlgefällig im Herrn (εὐάρεστος ἐν κυρίῳ)" bewertet wird. Es handelt sich nämlich nicht um eine grammatisch unkorrekte theologische Aussage, die den eigentlich zu erwartenden Dativ vertritt,[91] sondern um eine grammatisch völlig korrekte ekklesiologische Aussage: Die Wendung zielt wie in 3,18 auf das Verhalten im Sozialgefüge der Gemeinde – ἐν κυρίῳ entspricht hier also der meist ekklesiologisch konnotierten paulinischen Wendung ἐν Χριστῷ.[92] In der Gemeinde, im Heilsbereich des erhöhten Herrn, der sich in der integrierten Mahl- und Wortversammlung Raum verschafft, soll dieses Verhalten gelten und ein Modell für das alltägliche Miteinander in der je eigenen Hausgemeinschaft liefern. Der Gehorsam des Kindes, verbunden mit dem Gebot an die Väter, ihre Kinder nicht zu provozieren, sondern ihren Mut und ihr Selbstbe-

---

[87] SCHNEIDER, EWNT² 3, 817.

[88] So in Mt 21,28; Lk 2,48; 15,31; 16,25; Phil 2,22; Offb 12,5.

[89] So in Dtn 21,18.20; TestJud 1,4; 17,3; Philo, sacr. 68; Philostratus, vit.ap. II 30; Epiktet, Diss. II 10,7.

[90] Vgl. BALCH/OSIEK, Families, 42 f.

[91] So aber LOHSE, Kol, 226, Anm. 7; SCHWEIZER, Kol, 166; GNILKA, Kol, 220; WOLTER, Kol, 201. Auch einige Abschreiber scheinen den Dativ erwartet zu haben und haben entsprechend die Wendung geändert (z.B. die Minuskeln 81, 326, 629 u.a. sowie die Textüberlieferung von Clemens von Alexandrien und Ambrosiaster). Der Dativ steht auch in Röm 12,1; 14,18; 2Kor 5,9; Eph 5,10; Phil 4,18; Hebr 12,28; vgl. 13,21.

[92] In diese Richtung weist auch MAISCH, Kol, 249. Zur paulinischen Identitätsformel „in Christus" vgl. HECKEL, Identität, 48–54.

wusstsein zu stärken (3,21),[93] passt sich folglich in die Werteskala ein, die nach 3,12 ff. in der Gemeindeversammlung Gestalt gewinnen soll und sich in der Forderung nach gegenseitiger Demut und Liebe auf den Begriff bringen lässt.[94] Bei aller kulturgeschichtlichen Verhaftung der Anweisungen und notwendigen Kritik aus moderner Perspektive lässt sich damit nicht leugnen, dass die Kinder sowohl durch die persönliche Anrede als auch die maßvolle Weisung an die Väter nicht nur als Objekte, sondern als vollwertige menschliche Personen angesehen werden und der Verfasser diesem Sachverhalt einen ekklesialen Ausdruck verschafft, indem er sie – freilich in untergeordneter Form – der gemeindlichen Zusammenkunft beiwohnen lässt. Der durch Liebe und Demut geprägte Umgang der Väter mit ihren Kindern verhindert zugleich deren sexuelle Instrumentalisierung, der gerade die Jünglinge bei paganen Gastmählern unterlagen.[95] Die Hausgemeinde wird auf diese Weise „zum Testfall der Zugehörigkeit von Kindern zur Gemeinde".[96] Ob damit die Taufe der Kinder gleich mitgesetzt ist, muss offen bleiben.[97]

Der Kol führt damit eine Tradition fort, die bereits in der *synoptischen Überlieferung* grundgelegt ist und vielleicht zurück bis zum irdischen Jesus führt.[98] Die Erzählung von der Kindersegnung Mk 10,13–16 par. hat ihren Sitz im Leben in der Auseinandersetzung um die Zulassungsbedingungen zur christlichen Gemeinde,[99] die Erzählung vom Gotteslob der Kinder im Tempel Mt 21,14–16 ist transparent für die Beteiligung von Kindern an der gemeindlichen Zusammenkunft.[100] Verständlich wird die gemeindeinterne Auseinandersetzung, wenn man sich den Modellcharakter der Zulassung von Kindern klar macht. Die Kinder als Beispiele für Unmündigkeit und unfertige Identität werden hier zum Modell des Glaubens. Ihre Teilnahme an der gemeindlichen Mahlversammlung wird damit zur ekklesialen Ausdrucksform für den Glauben im Sinne Jesu. Wie die Inklusion von Juden und Nichtjuden, Männern und Frauen, Sklaven und Freien in der Gemeinde, und damit auch in der Mahlfeier als zentralem Akt gemeindlicher Existenz, Modellcharakter hat, insofern dadurch die Beseitigung ethnischer, geschlechtlicher und sozialer Barrieren sichtbar gemacht wird, so hat auch die Beteiligung von Kindern zuallererst eine ästhetische Funktion, nämlich die Zurschaustellung eines Glaubens, der gerade als kindgemäßer Glaube echter Glaube ist. Auf diesem Hintergrund verwundert es nicht, dass Mt

---

[93] So mit WOLTER, Kol, 201.

[94] Damit sind die beiden zentralen ethischen Werte des frühen Christentums benannt, wie sie THEISSEN, Religion, 101–120, herausgearbeitet hat.

[95] Vgl. oben Kap. II.2.3.

[96] MÜLLER, Mitte, 372. Dem entspricht eine Leerstelle in griechisch-römischer Literatur, in der die Familie keine Rolle spielt, weil sie kein sympotisches Ideal darstellte. „Children begin to be mentioned in early Christian literature, and it was not before that time that the ideal of the parents and children unit became established and cherished" (NIELSEN, Children, 56–66, Zitat 63).

[97] MÜLLER, Mitte, 388, hält dies für wahrscheinlich.

[98] So MÜLLER, Mitte, 287–294; MOXNES, Family, 33 f.

[99] So MÜLLER, Mitte, 77.

[100] So mit MÜLLER, Mitte, 294.

14,21; 15,38 anders als die Vorlage aus Mk 6,44; 8,9 und auch anders als Lk 9,14 an den wunderbaren Speisungen Jesu nicht nur Männer, sondern auch Frauen und Kinder teilnehmen lässt. Die matthäische Gemeinde, die auch sonst die „Kleinen" in besonderer Weise im Blick hat (Mt 18,1–10), scheint hier neben dem paulinischen Gemeindekreis eine Vorreiterrolle übernommen zu haben.[101] Von solchen Vorbildgedanken ist der Kol mit seiner Gehorsamsforderung scheinbar weit entfernt, doch mag das daran liegen, dass er viele in der synoptischen Tradition behandelte Probleme als gelöst voraussetzt. Die Kinder sind bereits fester Teil der Gemeinde und ihrer Versammlungen; Probleme bereitet nicht mehr die Frage nach den Bedingungen ihrer Zulassung, sondern die nach den haus- und gemeindeinternen Konsequenzen ihrer Mitgliedschaft, und diese – so der sich anbahnende Konsens – zielt auf Unterordnung.

4. Das Mahlzeugnis des ersten Timotheusbriefs

4.1 Einleitung

Der 1Tim hat in der Forschung bereits durch die Arbeit von Gottfried Holtz eine mahltheologische Auswertung erfahren, der liturgiegeschichtlich vorging und nach abendmahlsgottesdienstlichen Stücken und Abläufen fragte.

Holtz versuchte in seinem Kommentar, in 1Tim 1–3 liturgische Fragmente einer Herrenmahlsfeier aufzuzeigen, die sich seines Erachtens insbesondere in Kap. 2 f. zu einem eucharistischen Gottesdienstablauf verdichten und bis in Kap. 4 hinein thematisch nachwirken.[102] Er orientierte sich dabei methodisch an späteren Überlieferungen, war sich der Gefahr eines solchen Verfahrens aber durchaus bewusst. Spuren frühchristlicher Präfationsgebete fand er in 1Tim 1,15–17; 2,4 f. und 3,16, wobei das Gebetsstück in 1,15–17 durch eine persönliche Anmerkung unterbrochen werde; ein Anathema als „Extremfall in der Prüfung der Abendmahlswürdigkeit"[103] eruierte er in 1,20, eine Anamnese in 2,7.

Es ergab sich damit folgendes Bild: Das Abendmahl sei durch Friedenskuss, Fürbitten und Dankgebet eingeleitet worden (2,1 f.),[104] die von den in der Mahlversammlung anwesenden Männern, also noch nicht von Berufspriestern gesprochen worden seien. Die Episkopen gelten Holtz zufolge als Abendmahlsleiter, die Diakone als Diener, die für die Austeilung der Speisen und Versorgung der Armen und Kranken zuständig waren; entsprechend versteht er das den Diakonen anvertraute Glaubensmysterium als Hinweis auf die Sakramentsverwaltung.

So eindrücklich der Versuch ist, den 1Tim mahltheologisch auszuwerten, so schwierig erweist sich die These von Holtz im Hinblick auf ihre Methodik und ihre konkreten Ergebnisse. Weder wird das methodische Rückschlussverfahren den kirchengeschichtlichen Umbrüchen gerecht noch ist

---

[101] Vgl. STANDHARTINGER, Frauen, 2.

[102] Vgl. HOLTZ, Past, 93–96. Zur Orientierung an der Abendmahlsliturgie bis 4,11 vgl. a.a.O., 19.

[103] HOLTZ, Past, 52.

[104] Den Friedenskuss entnimmt HOLTZ dem Begriff der ἔντευξις (Past, 54).

die von ihm vorgenommene Identifikation der doxologischen Stücke mit
liturgischen Stücken zwingend. Skeptisch sind nicht nur die Präfationsspu-
ren zu beurteilen, sondern insbesondere das Anathema in 1,20 und die
Anamnese in 2,7. Auszugehen ist vielmehr von einzelnen Spuren einer
Mahlversammlung, wie sie vor allem in der Speisefrage (4.2) und in der
Getränkefrage (4.3) aufgeworfen sind, dann aber auch mit dem Zusammenhang von Mahl- und Wortteil (4.4) sowie mit der sich ausbildenden
Funktionsträgerstruktur (4.5). All diese Spuren lassen sich zu einem Bild
zusammensetzen, das weniger liturgiewissenschaftlich als vielmehr sozial-
geschichtlich zu bestimmen ist, weil es mit gemeindlichen Umstrukturie-
rungen zusammenhängt (4.6).

4.2 Die Heiligung der Speisen durch das Dankgebet

In 1Tim 4,4 f. ist von einem Speisekonflikt die Rede, der sich anders als
im Kol nicht am Essen und Trinken überhaupt, sondern an der Art der
Speisen festmachte. Im Zuge dessen erklärt der Verfasser die Speisefrage
zum *status confessionis* und *identity marker* der Gemeinde:[105]

> „³Sie (= die Lügenredner) verbieten zu heiraten, (gebieten) sich der Speisen zu enthalten,
> die Gott für die Gläubigen und für die, welche die Wahrheit genau erkannt haben, zum
> Zweck der Entgegennahme mit Dank geschaffen hat. ⁴Denn alles von Gott Geschaffene
> ist gut und nichts ist verwerflich, was mit Dank empfangen wird; ⁵es wird nämlich gehei-
> ligt durch Wort Gottes und Gebet" (4,3–5).

Weil die Gegner als Nahrungs- und Sexualasketen hervortreten, sind auch
die Argumente in V. 4 f. auf beide Bereiche zu beziehen, die Rede von der
εὐχαριστία also nicht auf Mahlfragen einzuengen. Dankbar anzunehmende
Schöpfungsgabe Gottes ist nach Ansicht des Autors nicht nur die Nahrung,
sondern auch die Ehe.[106] Uns interessiert hier allerdings nur die Speisefrage. In diesem Sinne ist εὐχαριστία in V. 3 f. Bezeichnung des Dankgebets
zu den Mahlzeiten, das nicht nur in der Gemeinde, sondern auch zu privaten Alltagsmahlzeiten und vielleicht sogar bei der Teilnahme von Gemeindegliedern an außergemeindlichen Vereins- oder Gastmählern gesprochen
wurde, dann aber nicht laut und gemeinschaftlich, sondern je persönlich
(vgl. 1Kor 10,30). Der Konflikt kann sich also überall da entzündet haben,
wo Gemeindeglieder religiös problematische Speisen verzehrten und dabei
von ihren Mitgeschwistern wahrgenommen werden konnten. Dabei kommt

---

[105] ROLOFF, 1Tim, 223: „Essen oder Nicht-Essen ist jetzt kein Adiaphoron mehr, sondern hier fällt die Entscheidung zwischen rechtem Glauben und Irrlehre."

[106] Nur auf die Speisefrage beziehen die Verse OBERLINNER, 1Tim, 180; MOUNCE,
Past, 243; TOWNER, Past, 296. Sie vermuten, dass der Autor die Ehefrage hier ausklam-
mere, weil er sich dazu thematisch bereits in Kap. 2 geäußert habe und in Kap. 5 darauf
zurückkomme.

aber der gemeindlichen Mahlversammlung die Priorität zu.[107] Dafür spricht allein schon die Schärfe des Konflikts und die von ihm ausgehende Gefahr einer Gemeindespaltung. Auch die Rede von den „Gläubigen" in V. 3, die kaum individuell, sondern kollektiv verstanden werden will, evoziert einen primär gemeindlichen Kontext.

In der Konfliktlage um die Geltung von Speisetabus für Christinnen und Christen argumentiert der Autor schöpfungstheologisch und eucharistisch, doch hat die Argumentation ekklesiologische Relevanz. Wie sich Paulus im antiochenischen Zwischenfall der Rechtfertigungsterminologie und der Autor des Kol der Leib-Christi-Terminologie bedienen konnte, um die ekklesiologische Relevanz der Fragen um Tischgemeinschaft und Speisetabus herauszustellen, so geht der Autor des 1Tim die am Mahl hängende Identitätsfrage über das *Dankgebet* an. Er bedient sich damit eines Arguments, das unmittelbar dem Mahlkontext entstammt und diesem nicht sekundär auferlegt wird. Das Dankgebet, so der Autor, begründet die Offenheit christlicher Mähler für Speisen jedweder Art. Dass das Gebet dies zu leisten vermag, hängt an seiner inhaltlichen Ausrichtung, den Dank für die von Gott geschaffenen Gaben zur Sprache zu bringen. Allerdings ist nicht die Schöpfung selbst das eigentliche Argument,[108] sondern der angemessene Umgang mit den Schöpfungsgaben, wie er sich im dankenden Verzehr äußert. Der Dank bringt die Güte der Schöpfungsgaben zum Ausdruck und heiligt sie für den Konsum.[109] Diese Heiligung darf aber nicht im Sinne der späteren Konsekration verstanden werden, als würden die Speisen erst durch das Gebet rein und für den Verzehr freigegeben, sondern eher als ein Akt der Bewusstwerdung in der Mahlgemeinschaft. Eine Gemeinschaft, die ihre Mahlzeiten mit einem Dankgebet für Gottes gute Schöpfungsgaben eröffnet, vergewissert sich nicht nur der Genießbarkeit der Speisen und Getränke, sondern auch ihrer selbst als einer Gemeinschaft, die diesem Gott angehört und von seiner Güte lebt. Der 1Tim wird damit zum Zeugen einer sich anbahnenden Wortorientierung christlicher Gemeinden. Während Paulus und der Autor des Kol die Identität der Gemeinschaft im gesamten Ritual der Mahlfeier zum Ausdruck gebracht sehen möchten, also alle Worte und Handlungen auf Christus als den Grund der Gemeinschaft

---

[107] So auch HANSON, Studies, 98–105. Nach ROLOFF, 1Tim, 226, ist es zumindest wahrscheinlich, dass der Bezug auf das Gemeindemahl „mitschwingt", weil es „als der herausragende Beweis für die Heiligung der Gaben der Schöpfung" gegolten habe. Und OBERLINNER, 1Tim, 181, Anm. 34, erwägt, dass „der Autor durchaus den Kontext der eucharistischen Mahlgemeinschaft im Kopf hat und solches auch von seinen Lesern erwartet, um so das Gewicht seiner Argumentation zu unterstreichen".

[108] Gegen OBERLINNER, 1Tim, 181.

[109] Tit 1,15 bringt dann über die Realien- die personale Ebene ins Spiel: Die Gemeinde habe nicht auf die Reinheit der Speisen und Getränke, sondern auf die Reinheit der Teilnehmerinnen und Teilnehmer zu achten.

hin durchsichtig machen wollen, macht der Autor des 1Tim sie allein an den Worten, konkret an den Inhalten der Gebete fest. Wie noch zu zeigen sein wird, passt er die Mahlpraxis seiner Gemeinde(n) in hohem Maße an die Sitten und Gebräuche der kulturellen Mit- und Umwelt an,[110] und behält dann allein den mahlbegleitenden Worten – also den Gebeten und den Beiträgen in der Wortversammlung – vor, christliche Identität zu markieren.

In der Konsequenz, mit der die Speisen und Getränke gerechtfertigt werden und die Gruppe von jüdischen Mahlgemeinschaften abgegrenzt wird, geht der Verfasser über *Paulus* und seine von ekklesialer Rücksichtnahme geprägte Mahltheologie hinaus. So äußerte sich Paulus im römischen Speisekonflikt differenzierter:

> „[6]Wer seinen Sinn auf den Tag richtet, der tut es für den Herrn; wer isst, der isst für den Herrn, denn er dankt (εὐχαριστεῖν) Gott; und wer nicht isst, der unterlässt auch dies für den Herrn und dankt (εὐχαριστεῖν) Gott. [7]Denn keiner von uns lebt für sich selbst und keiner stirbt für sich selbst. [8]Wenn wir leben, so leben wir für den Herrn, wenn wir sterben, so sterben wir für den Herrn; egal ob wir leben oder sterben, wir gehören zum Herrn" (Röm 14,6–8).

Paulus nutzt wie der Autor des 1Tim das Argument des Dankgebets, bindet es aber nicht an die übergreifende Ordnung der Schöpfung, sondern an die je individuelle Urteilsbildung zurück. Das Gebet steht bei ihm also nicht für die grundsätzliche Essbarkeit der Speisen, sondern für die Motivation, aus der heraus ein Gemeindeglied Speisen isst oder darauf bewusst verzichtet.[111] Im 1Tim wird das Dankgebet dagegen entindividualisiert. Während das gemeinsame Gebet nach Paulus individuell je unterschiedliche Weisen des Essens und Trinkens erlaubt, so kann ihm nach dem 1Tim aufgrund der schöpfungstheologischen Fundierung nur eine einzige gesamtgemeindliche Verhaltensweise entsprechen: die Speisen und Getränke, für die gerade gedankt wurde, auch tatsächlich zu verzehren.

Insgesamt betrachtet rückt im 1Tim das Dankgebet deutlich ins Zentrum seiner Mahltheologie und seines christlichen Selbstverständnisses, und damit zugleich die Realienfrage wie auch der Sättigungscharakter des Mahls, der nicht zugunsten einer Integration „schwacher" Gemeindeglieder relativiert oder gar aufgegeben werden darf. Der Brief tritt damit unbeschadet theologischer Unterschiede der Didache zur Seite und wird zum Zeugen der sich allmählich anbahnenden Entwicklung, der gemeindlichen Mahlfeier den Namen *Eucharistie* zu geben. Zwar ist im kleinasiatisch geprägten 1Tim anders als in der syrischen Didache die εὐχαριστία noch nicht *terminus technicus* für das Gemeindemahl, sie tritt aber als dessen formale und inhaltliche Mitte hervor.

---

[110] Vgl. unten Abschnitt 4.6.
[111] So auch FITZMYER, Rom, 691.

Exkurs: Vom Mahleingangssegen zum Mahleingangsdank

Die Bedeutung von Mahlgebeten als Ausdrucksgestalt der gemeindlichen Identität lässt sich an der Verschiebung vom Mahleingangssegen (εὐλογία) hin zum Mahleingangsdank (εὐχαριστία) ablesen. Im Neuen Testament können beide Begriffe nebeneinander verwendet werden. Das lässt sich exemplarisch an den verschiedenen Versionen der Speisungswunder Jesu in den Evangelien ablesen: Nach Mk 6,41; Mt 14,19; Lk 9,16 segnet Jesus die Brote und Fische; nach Joh 6,11 dankt Jesus – allerdings nur für die Brote, nicht auch noch gesondert für die Fische. Vom Dankgebet spricht dann auch Mk 8,6, während die Fische nach 8,7 gesegnet werden; nach Mt 15,36 dankt Jesus für beides. Die Überlieferung vom letzten Mahl lässt noch erkennen, dass jüdisch das Segensgebet an den Anfang, das Dankgebet dagegen an den Schluss der Mahlzeit gehört. Denn nach Mk 14,22 f.; Mt 26,26 f. spricht Jesus über dem Brot den Segen, über dem Becher dagegen den Dank. Doch so austauschbar die Begriffe erscheinen, so zeigt ein Vergleich des Mahleingangsgebets der Didache mit dem jüdischen Mahlsegen, dass sie inhaltlich zu unterscheiden sind.[112]

	Did 9,2–4	mBer VI 1[113]
Becher	Wir danken (εὐχαριστεῖν) dir, unser Vater, für den heiligen Weinstock Davids, deines Knechts, den du uns kundgetan hast durch Jesus, deinen Knecht. Dir (gebührt) die Ehre in Ewigkeit.	Gepriesen (ברך) seist du, Herr, unser Gott, König der Welt, der du schaffst die Frucht des Weinstocks.
Brot	Wir danken (εὐχαριστεῖν) dir, unser Vater, für das Leben, das du uns kundgetan hast durch Jesus, deinen Knecht. Dir (gebührt) die Ehre in Ewigkeit. Wie dies hier (= das Brot, das der Beter in Händen hält) zerstreut war oben auf den Bergen und zusammengebracht zu *einem* Brot geworden ist, so soll deine Kirche zusammengebracht werden von den Enden der Erde in dein Königreich. Denn dir gehört die Ehre und die Kraft [durch Jesus Christus] bis in Ewigkeit.	Gepriesen (ברך) seist du, Herr, unser Gott, König der Welt, der du hervorbringst Brot von der Erde.

---

[112] So mit KLINGHARDT, Gemeinschaftsmahl, 411–416. Anders dagegen BEYER, ThWNT 2, 760,22–24; CONZELMANN, ThWNT 9, 401,9; HECKEL, Segen, 33 f.

[113] Die Vorschriften benennen nur jeweils das Gottesattribut, nicht aber die eigentliche Segensformel, die bei allen Benediktionen gleich ist (vgl. KLINGHARDT, Gemeinschaftsmahl, 408).

Die Unterschiede bestehen in der Länge der Gebete. Offensichtlich waren die Segensgebete von Haus aus nur kurze Gebete und damit anders als die Dankgebete ungeeignet, längere Ausführungen aufzunehmen; vielleicht wählt Markus deshalb auch in der Erzählung von der Speisung der 4.000 das Verb εὐχαριστεῖν. Die Mahlteilnehmer sind Nichtjuden, so dass der theologische Kontext und Inhalt des Mahls erklärungsbedürftig war und durch längere Gebetspassagen erläutert werden musste (Mk 8,1–10; Mt 15,32–39; vgl. Apg 27,33–38). Auf die Ausführlichkeit kam es aber gerade an, wenn christliche Gemeinschaften ihre Tischgebete formulierten. Ihnen lag daran, ihr spezifisches Mahl- und damit zugleich ihr Gruppenverständnis zum Ausdruck zu bringen. So kommen zu den Unterschieden in der Länge Unterschiede im Inhalt dazu. Die jüdischen Segensgebete preisen Gott als den Geber der Speisen und Getränke, während diese im Mahlgebet der Didache ganz zurücktreten und stattdessen der Dank für die Stiftung der Gemeinschaft und die Vermittlung göttlicher Heilsgüter in den Vordergrund tritt. Was nach jüdischer Tradition das Nachtischgebet leistete, rückte in christlichen Gemeinden offenbar in die Mahleröffnung hinein, um das Mahl von vornherein zu spezifizieren und abzugrenzen.[114]

4.3 Der Übergang vom Wasser zum Wein

Von Getränken ist in 1Tim 4,3 f. keine Rede, nur die Speisefrage steht dort zur Disposition. Doch auch die Getränkefrage wird im Brief behandelt, allerdings im Unterschied zur Speisefrage an sehr unscheinbarer Stelle. Sie begegnet nicht als Anweisung an die Gemeinde, sondern an den Briefadressaten Timotheus:

„Trinke hinfort nicht mehr Wasser, sondern gebrauche um des Magens und deiner häufigen Krankheiten willen ein wenig Wein" (1Tim 5,23).

Der Ratschlag des Briefautors erweckt den Anschein von Beiläufigkeit, denn er folgt unvermittelt auf die ebenfalls an Timotheus gerichtete Warnung in V. 22, sich heilig und rein zu halten und nicht an den Sünden anderer durch Gemeinschaft mit ihnen Anteil zu erhalten. Zwar mag das Stichwort „rein/heilig" die Vorlage dafür geliefert zu haben, noch eben in einer Art von Exkurs auch noch die Frage nach Wassergenuss und Weinverzicht anzusprechen, aber V. 23 unterbricht auf jeden Fall das eigentliche Thema,[115] und der Ratschlag kann so beiläufig, wie er durch seine exkursartige Stellung wirkt, nicht gemeint sein. Der Briefautor fordert einen Bruch des Timotheus mit seiner bisherigen Praxis der Abstinenz; dieser soll hinfort nicht mehr Wasser, sondern Wein trinken. Er soll also, nimmt man den Wortlaut ernst, nicht den Wasser- durch Weingenuss ergänzen,

---

[114] Zum jüdischen Gebet vor und nach dem Mahl vgl. auch oben Kap. II.4.3.

[115] Zu Recht spricht TOWNER, Past, 375, deshalb von einem „independent thought". BROX, Past, 203, und OBERLINNER, 1Tim, 261, zählen über V. 23 hinaus auch die V. 24 f. zum Exkurs dazu. Dabei übersehen sie, dass die in V. 24 f. behandelte Sündenthematik nicht an V. 23, sondern an V. 22 anknüpft. Der eigentliche Exkurs ist allein V. 23!

sondern vielmehr ersetzen.[116] Dafür spricht nicht zuletzt die Verwendung des Verbs ὑδροποτεῖν, das vorzugsweise in Kontexten begegnet, in denen es nicht allein um das Trinken von Wasser geht, sondern um das Trinken von Wasser in Abgrenzung vom Weingenuss. Paradigmatisch dafür kann der Ausspruch bei Athenaios gelten:

„Wer sich seit seinen ersten Tagen daran gewöhnt hat, Wasser zu trinken (ὑδροποτεῖν), findet keinen Gefallen an dem Getränk (= nämlich am Wein)" (Athenaios II 40f).[117]

Gerade der eingeforderte Bruch mit der Wasserpraxis macht die naheliegende biographische Bezugnahme auf den labilen Gesundheitszustand des Timotheus äußerst unwahrscheinlich,[118] denn der antik jüdisch und griechisch-römisch belegte Weingenuss um der Gesundheit willen zielt nicht auf den Verzicht, sondern auf eine Ergänzung des Wassergenusses durch Wein.[119] Vielmehr ist ein *modellhafter Ansatz* vorzuziehen, der davon ausgeht, dass der Autor von der ganzen Gemeinde geforderte Normen und Verhaltensweisen mittels eines konstruierten Modellfalls zur Anschauung bringt, sie nur aus rhetorischen Gründen als individuell geltende und medizinisch motivierte tarnt.[120] Die persönlich formulierte Anweisung an den Adressaten Timotheus wird so durchsichtig für eine überindividuelle Gemeindesituation.[121] Es geht also nicht um den Umgang mit der eigenen Gesundheit, sondern mit asketischen Tendenzen in der Gemeinde.[122] Die Getränkefrage in 5,23 hat deshalb wie die Speisefrage aus 4,3–5 im gemeindlichen Mahl ihren Sitz im Leben und ist wie die eucharistische Argumentation auf dem Hintergrund der dort angesprochenen (Sexual- und)

---

[116] So mit MCGOWAN, Ascetic Eucharists, 231 (ihm folgt jetzt auch TRUMMER, Perspektiven, 95). Der Bruch wird in den meisten Kommentar-Übersetzungen kaschiert, indem ein „nur" hinzugesetzt wird, Timotheus also nicht mehr „nur" Wasser, sondern „auch" Wein trinken solle (so z.B. ROLOFF, 1Tim, 304; BROX, Past, 203; OBERLINNER, 1Tim, 260; MOUNCE, Past, 318 f.; JOHNSON, 1Tim, 281; TOWNER, Past, 360).

[117] Übersetzung nach FRIEDRICH. In dieselbe Richtung weisen Herodot, I 71,3; Aelian, VarHist 2,38 (Verbot des Weingenusses von Frauen und Anweisung an sie, Wasser zu trinken); Plutarch, CatoMaior 1,10; Artemidoros I 66 (hier verbunden mit der Anweisung, Wein maßvoll zu genießen). Ohne den Begriff zu verwenden, weisen auch jüdische Quellen auf eine Wasserpraxis hin, die um der Abgrenzung vom Weingenuss willen geübt wurde. Neben Dan 1,12 ist vor allem auf Philos Therapeuten zu verweisen (cont. 73 f.).

[118] So aber MOUNCE, Past, 319; NEUDORFER, 1Tim, 206 f.

[119] Vgl. Spr 31,6; Plutarch, mor. 132a–f; Plinius d.Ä., NatHist XIII 22; Strabo VI 1,14.

[120] So mit ROLOFF, 1Tim, 316; OBERLINNER, 1Tim, 261 f.

[121] In ähnlicher Weise dürfte auch die persönliche Notiz in 1Tim 1,18 über sich hinaus auf die ganze Gemeinde weisen.

[122] Formal handelt es sich also bei dem Ratschlag um eine „corrective or explanatory note" (TOWNER, Past, 376).

Nahrungsaskese zu interpretieren.[123] Anscheinend hatte die Gemeinde bislang auf den Weingenuss beim Mahl verzichtet, vielleicht in Abgrenzung von paganen Symposien, die man in jüdischen Gruppen pauschal als Saufgelage abqualifizierte. Dagegen soll nun der Wein eingeführt werden, freilich in maßvoller Weise, um niemanden zu verunsichern und Skeptiker zu beschwichtigen. Demnach sind die Anweisungen an die Diakone in 3,8, nicht zuviel Wein zu trinken (μὴ οἴνῳ πολλῷ προσέχειν), und an Timotheus, nur wenig Wein zu trinken (οἴνῳ ὀλίγῳ χρῆσθαι), wohl bewusst parallel formuliert.

Allerdings stellt sich die Frage, warum die Getränkefrage nicht im gleichen Zug mit der Speisefrage behandelt und nicht mit der gleichen eucharistischen und schöpfungstheologischen Begründung geklärt worden ist. Es überrascht „die fast ängstliche, die Kasuistik streifende Enge der Aussage, die erheblich hinter der Bejahung der guten Schöpfungsgaben in 4,4 zurückbleibt".[124] Offenbar hat der Autor die Getränkefrage für problematischer als die Speisefrage gehalten und sie deshalb vorsichtiger, hinter einer persönlich anmutenden Formulierung versteckt, angesprochen. Dies mag damit zusammenhängen, dass der Wein in paganen Gast- und Vereinsmählern eine doppelte Funktion hatte: In der Libation nach dem Mahl hatte er die Funktion einer Opfergabe, im anschließenden Symposion die Funktion eines geselligkeitsfördernden Getränks. Beides war aus christlicher Sicht sensibel zu handhaben, denn mit der Trankspende war ein kultisches Moment und mit dem Symposion ein aufgrund der Gefahr von Trunkenheit und Rausch gemeinschaftszersetzendes Moment gegeben. Der Autor hat weniger Bedenken vor dem Weingenuss als die Gemeinde, versteht jedoch diese Bedenken und versucht sie sensibel umzulenken. Denn indem er den Wechsel vom Wasser- zum Weingenuss nebenbei anspricht und dazu in einen individuellen Fall einkleidet, kann er den Einschnitt abfedern.

Timotheus wird im Zuge dessen zur persönlichen Identifikationsfigur der Gemeinde. Er ist aufgrund seiner Glaubensgeschichte (2Tim 1,5) ideales Gemeindeglied und aufgrund seines Reinheitsstrebens (1Tim 5,22) idealer Amtsträger; der von ihm geforderte Weingenuss, der aus medizinischen Gründen erfolgt und gerade deshalb maßvoll zu sein hat, zeigt, dass die in den Ämterspiegeln abgelehnte Trunksucht und der hier geforderte Genuss von Wein einander nicht ausschließen müssen. Auf den rechten Gebrauch (χρῆσθαι) allein kommt es an, und diese nutzenorientierte, prag-

---

[123] Den Zusammenhang zwischen 4,3–5 und 5,23 sehen auch ROLOFF, 1Tim, 315; OBERLINNER, 1Tim, 261; vgl. 180, Anm. 28.

[124] ROLOFF, 1Tim, 315.

matische Argumentation ist es, die 1Tim 5,23 bei allen inhaltlichen Differenzen mit 4,4 f. verbindet.[125]

Der 1Tim ist damit erster Zeuge der nachpaulinischen *Schwerpunktverlagerung vom Becher zum Becherinhalt*. Paulus war an der Inhaltsfrage noch desinteressiert, bei Justin dagegen begegnet uns ganz selbstverständlich der mit Wasser gemischte Wein (1apol 65,3.5; 67,3), und zwischen beiden liegt der 1Tim. Theologisch begründet wird die Weinpraxis dann erstmals von Clemens von Alexandrien, der argumentativ auf 1Tim 5,23 rekurriert und somit zum Zeugen eines schon frühen mahlbezogenen Verständnisses der Anweisung zum Weintrinken avanciert. Er versteht den Vers allerdings im Sinne eines Kompromisses und versucht, sowohl dem Wasser- als auch dem Weingenuss gerecht zu werden, indem er das ὀλίγος stark macht und fordert, den Wein mit möglichst viel Wasser zu mischen (Paed II 2,19,1). Beide Getränke seien als Gottes gute Schöpfungsgaben anzusehen (II 2,23,3), doch sei der Wein für die Mahlfeier der Gemeinde unverzichtbar, weil er für das eucharistische Blut Jesu stehe und dieser bei seinem Abschiedsmahl auch selbst Wein getrunken habe (II 2,19,2–2,20,1). Er vermittelt zwischen der asketischen Hochschätzung des Wassers und der eucharistischen Hochschätzung des Weins.[126]

4.4 Die Wortversammlung und ihre Elemente

Wie schon im Kol lassen sich auch im 1Tim Spuren einer Wortversammlung ausmachen, wie dort lässt sich aber auch hier nicht mit letzter Sicherheit sagen, wie Mahl- und Wortteil einander zuzuordnen sind. Auf eine Verbindung beider deutet aber zumindest eine Notiz in 1Tim 4,5 hin, insofern als dort die Heiligung der Speisen nicht allein am Dankgebet, sondern auch am Wort Gottes (λόγος θεοῦ) festgemacht wird. Dieses Gotteswort kann zwar auch aus dem unmittelbaren Kontext heraus als Tischgebet oder Schöpfungswort Gottes begriffen werden,[127] wahrscheinlicher ist jedoch eine Bezugnahme auf das Schriftwort und dessen Verkündigung im Rahmen des wortorientierten Teils der Mahlversammlung.[128] Den inhaltlichen

---

[125] So kann nach 1Tim 1,8 auch das Gesetz nur dann gut sein, wenn es jemand seinem Wesen als Gesetz entsprechend gebraucht. Vom Gebrauch im Kontext der Eucharistie redet auch IgnPhld 4, dort geht es um den angemessenen Gebrauch des Fleisches und Blutes Christi im Sinne der gemeindlichen Einheit.

[126] Vgl. DEHANDSCHUTTER, Notes, 266 f.

[127] OBERLINNER, 1Tim, 183 f., denkt vom Mahlkontext her an Tischgebete, MOUNCE, Past, 241, vom Schöpfungskontext her an das Wort Gottes am Ende jedes einzelnen Schöpfungstages, mit dem die Schöpfung als gut qualifiziert wird. Beides erwägt auch BROX, Past, 169.

[128] In diesem Sinne ROLOFF, 1Tim, 227; JOHNSON, 1Tim, 242. Dafür spricht die schrift- und lehrorientierte Rede von „den Worten des Glaubens und der guten Lehre" in

Schwerpunkt dieser Wortversammlung machen Schriftlesung[129] und davon ausgehend *Ermahnung und Lehre* (1Tim 4,13) aus.[130] Gerade die Lehre wird als so wichtig erachtet, dass sie apostolisch rückgebunden wird: Der Apostel Paulus gilt als Urbild des Lehrers (1Tim 2,7; 2Tim 1,11), der in abgestufter Weise seinen „Sohn Timotheus" (1Tim 4,11; 2Tim 4,2 f.) und über diesen dann auch geeignete Gemeindeglieder als Lehrer beauftragt (2Tim 2,2). Es ist darum die schriftgebundene Lehre, die zum Nukleus gemeindlicher Identität wird. Während sich die Organisations- und Ablaufstruktur der Mahlfeier Impulsen aus der Umwelt verdankt, wie wir noch im Zusammenhang der Amtsträgerstruktur sehen werden,[131] kommen die christlichen Propria in den verbal geäußerten Inhalten zum Ausdruck. Damit bestätigt und festigt sich eine Beobachtung, die wir schon bei der Behandlung der Dankgebete über den Speisen und Getränken gemacht haben, nun auch bezüglich der unterweisenden Wortbeiträge vor oder nach dem Essen.

An die Seite von Schriftlesung und Lehre tritt das *Gebet*.[132] So weist der Autor seinen Adressaten und mit ihm die Gemeinde an:

„[1]Ich fordere nun zuallererst dazu auf, Bitten, Gebete, Fürbitten und Dankgebete für alle Menschen zu verrichten, [2]für Könige und alle diejenigen, die sich in einer herausragenden Stellung befinden, damit wir ein stilles und ruhiges Leben in aller Frömmigkeit und Ehrbarkeit führen" (1Tim 2,1 f.).

Die Aufforderung ist nicht nur auf die gemeindliche Versammlung bezogen, bezieht sie aber ein,[133] denn es ist in herausragender Weise die Versammlung, in der sich christliches Leben modellhaft artikuliert und sich christliche Lebensvollzüge rituell verdichten. Die Gemeindeversammlung soll nach Ansicht des Autors durch eine universale Gebetspraxis geprägt sein. Dabei dürfen die vier Gebetsbegriffe nicht als „liturgical menue"

1Tim 4,6 und von „Wort und Lehre" in 5,17. Auf die Verkündigung bezogen ist der Ausdruck λόγος θεοῦ auch in 2Tim 2,9 und Tit 2,5 (vgl. 2Tim 2,15; 4,2).

[129] WICK, Gottesdienste, 234, denkt von 2Tim 3,15 her an Lesungen aus den heiligen Schriften Israels. SALZMANN, Lehren, 95, Anm. 223, hält darüber hinaus von 1Tim 6,3 ausgehend auch die Lesung von Herrenworten für möglich.

[130] Vgl. WICK, Gottesdienste, 233 f. Noch stärker als der 1Tim hebt der 2Tim die Bedeutung der Schriften hervor und entfaltet in 3,15 f. den Begriff der Lehre als Schriftauslegung (vgl. SALZMANN, Lehren, 100 f.).

[131] Vgl. unten Abschnitt 4.5.

[132] SALZMANN, Lehre, 99, will aus 1Tim 2,1f f. gar die Reihenfolge von Gebet und Lehre im Gottesdienst ausmachen können. Daran ist der Text jedoch nicht interessiert.

[133] So ist neutestamentlich προσευχή zwar auch, aber nicht ausschließlich als gemeindliches Beten belegt (Mk 11,17 par.; Apg 1,14; 2,42; 3,1; 6,4; 12,5; 16,13; Röm 12,12; Offb 5,8; 8,3 f.).

missverstanden werden,[134] sondern geben das Beten in seiner ganzen Fülle wieder und laufen allesamt auf eine doppelte ὑπέρ-Bestimmung hinaus, auf die es ankommt:[135] Gebetet werden soll ganz allgemein für die universale Menschheit und insbesondere für die Herrscher.[136] Kann man die philanthropisch anmutende erste Bitte leicht mit der den ganzen Brief prägenden grundsätzlichen Weltzugewandtheit erklären,[137] stellt sich bei der zweiten Bitte die Frage, warum die Herrscher aus der Menschheit noch einmal explizit herausgehoben werden müssen.

Zwei Stränge, ein jüdischer und ein paganer, fließen hier zusammen. Das Gebet für die Herrscher ist zum einen als Folge der Exilserfahrungen in der jüdischen Tradition verankert und kann von da ausgehend leicht auch in die christlichen Versammlungen hineingefunden haben.[138] Es hat zum anderen seine sachliche Entsprechung in der Trankspende für die Kaiser, die im Rahmen der Libation bei paganen Gast- und Vereinsmählern dargebracht wurde. Letzteres ist höher zu veranschlagen, weil die Besinnung auf die jüdischen Wurzeln christlicher Identität im 1Tim keine wesentliche Rolle spielt und der Brief Zeugnis eines Strukturumbaus ist, der die Gemeinden in die Nähe von Vereinen, das gemeindliche Mahl folglich in die Nähe von Vereinsmählern rückt.[139] Weil aber bei aller Angleichung die kultische Verehrung der Herrscher, und als solche musste eine Trankspende verstanden werden, von Seiten der Christinnen und Christen als problematisch empfunden werden musste, konnte sie nur nach vorangegangener Transformation in die Form eines Gebets Bestandteil christlicher Mahlfeiern werden, zumal dann, wenn es in ein Gebet für die ganze Menschheit eingebettet wird; aus der Gabe an die Herrscher wird dabei die Bitte für die Herrscher. Insofern ist der Finalsatz V. 2b über das ruhige und

---

[134] JOHNSON, 1Tim, 189. Beliebt ist in der Forschung die Aufteilung der vier Begriffe auf zwei Paare: Nach ROLOFF, 1Tim, 113, bestehen beide Paare aus synonym gebrauchten Begriffen, wobei das erste Paar die Bitte, das zweite den Dank hervorhebt; nach OBERLINNER, 1Tim, 66, stehen sich im ersten Paar das Gebet des Einzelnen und das der Gemeinde, im zweiten Paar Fürbitte und Dank gegenüber (ähnlich MOUNCE, Past, 79 f.). Doch geben die Autoren zugleich zu, dass die vier Bezeichnungen letztlich „in ihrem Bedeutungsgehalt kaum klar voneinander unterscheidbar" sind (so stellvertretend ROLOFF, a.a.O., 113).

[135] So mit LÖHR, Gebet, 337.

[136] So auch TOWNER, Past, 167 f. Nach LÖHR, Gebet, 340, ist zwar nicht spezifisch vom römischen Kaiser die Rede, doch wird man diesen in der generischen Ausdrucksweise der Könige leicht einreihen können. Mit den ihnen beigesellten Führungskräften wird man am ehesten städtische oder staatliche Amtsträger verbinden, Männer in exponierter amtlicher Stellung (vgl. 2Makk 3,11; Josephus, Ant. IX 3; Arist 175).

[137] Vgl. OBERLINNER, 1Tim, 66; MOUNCE, Past, 75–77; JOHNSON, 1Tim, 196 f.

[138] Vgl. Jer 29,7; Esra 6,9 f.; Bar 1,10–13; 1Makk 7,33; Arist 44 f.; Philo, Flacc. 49; Philo, legat. 157.317; Josephus, Bell. II 197.409.

[139] Vgl. dazu unten Abschnitt 4.6.

stille Leben sicherlich als ein von lokalen staatlichen Maßnahmen verschontes Zusammenkommen der Gemeinde zu verstehen.[140] Ein damit einhergehendes missionarisches Anliegen, durch eine formal unauffällige Gemeindestruktur nach außen hin ein gutes Ansehen aufzubauen und gerade so aktiv missionarisch im Sinne der Menschenfreundlichkeit Gottes zu wirken (1Tim 2,4; Tit 3,4), ist damit nicht ausgeschlossen.[141] Bürgertreue und Mission können Hand in Hand gegangen sein.

In 1Clem 61,1 f. wird ein solches *Gebet für den Herrscher* im Wortlaut überliefert,[142] hier als Teil eines umfassenden Fürbittengebets (59–61). Die apologetische Tendenz wird gegenüber 1Tim dadurch nochmals verstärkt, dass dem Wohl der Herrscher der Gehorsam der Gemeinde korrespondiert (59,4–60,1).[143] Gleichzeitig wird die Herrschaft der Regierenden radikal an Gott zurückgebunden und damit theologisch gesehen deutlich begrenzt.[144] Wie das in 1Tim 2,1 f. angesprochene ist auch dieses in 1Clem 59–61 formulierte Gebet gut als Bestandteil einer christlich transformierten Trankopferzeremonie vorstellbar, wird hier doch Gott die Ehre gegeben und zugleich um Sündenvergebung und kultische Reinheit gebetet (60,1 f.), kommen also spezifisch religiöse und kultisch besetzte Themen zum Zuge. Die christliche Tradition baut das Gebet für den Herrscher in der Folgezeit aus. Als Element gottesdienstlicher Praxis begegnet es allerdings erst wieder bei Tertullian (apol. 39,2; vgl. 30,4).[145] Als liturgisches Formular wird es dann erstmalig in den Apostolischen Konstitutionen erwähnt, dort sogar mit sprachlicher Bezugnahme auf 1Tim 2,1 f. (ConstAp VIII 12,42; 13,5).[146]

4.5 Die Ausbildung und Pflege einer mahlfeierorientierten Ämterstruktur

Der Autor des 1Tim passt das gemeindliche Gemeinschaftsmahl an die Strukturen der Umwelt an. Das gilt nicht nur hinsichtlich der Öffnung der Tafel für Fleisch und Wein sowie der Verankerung der Herrscherverehrung in abgemilderter Form, sondern zeigt sich auch in den *Kriterienkatalogen für die Funktionsträger*, die neben Führungsqualitäten auch den guten Ruf und das Ansehen außerhalb der Gemeinde einfordern (1Tim 3,7.17) und damit über die Binnenstruktur hinaus die Außenwirkung der Gemeinde, wie sie besonders durch ihre Repräsentanten gegeben ist, in den Blick nehmen. Die Ämterspiegel sind keineswegs spezifisch christlich, sondern lassen sich aus der antiken Berufspflichtenethik verstehen und signalisieren damit, „dass die Besetzung und Ausübung der Leitungsfunktion in ei-

---

[140] So auch JOHNSON, 1Tim, 190.195.

[141] So ROLOFF, 1Tim, 116; OBERLINNER, 1Tim, 68; MOUNCE, Past, 81 f.; TOWNER, Past, 170.

[142] Vgl. LÖHR, Gebet, 282–301.

[143] Gegenüber 1Tim 2,1 f. fehlt zwar „der Akzent auf die positiven Auswirkungen für die Betenden selbst" (LÖHR, Gebet, 300), aber er ist in dem apologetischen Grundanliegen des Gebets eingeschlossen. Apologie zielt immer auf Erhaltung.

[144] So auch LÖHR, Gebet, 300 f.

[145] Vgl. LÖHR, Gebet, 349 f.

[146] Vgl. LÖHR, Gebet, 357 f.

ner christlichen Gemeinde nicht gänzlich verschieden ist von den Anforderungen, die für die Leitungsämter anderer gesellschaftlicher Gruppen bedeutsam sind".[147] Es zeigt sich wieder einmal, dass die Gemeinden und ihre Mahlfeiern nach Ansicht des Briefautors strukturell nicht als eigene Größe wahrgenommen werden sollten, ihr Spezifikum also nicht formal, sondern inhaltlich in den dort geäußerten Worten zu bestimmen ist.[148]

Die Zuordnung konkreter *Aufgaben* an die Amtsträger erweist sich zwar als schwierig, doch ergeben sich zumindest indirekte Bezüge zur Mahlfeier. Die Episkopen sollen nüchtern, besonnen und gastfrei sein (1Tim 3,2; Tit 1,8) und nicht den Ruf von Trunkenbolden, Schlägern oder Streithähnen haben (1Tim 3,4; Tit 1,7); die Diakone sollen sich nicht auf zu großen Weingenuss einlassen (1Tim 3,8) und auch die Diakoninnen sollen durch Nüchternheit hervortreten (1Tim 3,11).[149] In ähnlicher Weise gilt für die Witwen, dass sie bescheiden leben (1Tim 5,6) und gastfrei sein sollen (5,10). Hier tritt ihre Bedeutung für die Ausrichtung der gemeindlichen Mahlfeiern, insbesondere für die Bereitstellung von Versammlungsräumen, zutage. Insgesamt aber liegt dem Briefautor nur wenig an den Witwen als einem eigenen Funktionsträgerkreis; sie sollen vielmehr möglichst wieder heiraten und gerade nicht ihre gesamte Existenz in den Dienst der Gemeinde stellen (5,9 ff.). Damit stellen nicht sie, sondern die Episkopen und Diakone in exemplarischer Weise den idealen Gastgeber und Mahlteilnehmer – pagan formuliert: den idealen Symposiasten – dar, der sich im Weingenuss zurückhält und beim gemeinschaftlichen Miteinander nicht durch Störungen auffällt, sondern sich durch Gastfreundschaft und Wahrung der Wohlordnung auszeichnet.

Von einem den Vereinen entsprechenden *cursus honorum* ist der 1Tim allerdings noch weit entfernt. Es gibt keine nach Ehre gestaffelten Ämter. Doch es lassen sich zumindest einzelne Verbindungslinien ziehen, insofern als sich Presbyter, Episkopen und Diakone auch in *Vereinslisten* nachweisen lassen.[150] In der Inschrift einer Berufsgenossenschaft von Müllern aus ptolemäischer Zeit werden neben einem Priester mehrere Presbyter bezeugt (OGIS II 729).[151] Einen Episkopen bezeugt eine Inschrift aus dem 2. Jh. v.Chr. (IG

---

[147] Vgl. KOCH, Regelung, 179–187 (Zitat 187). Er verweist auf den Feldherrnspiegel Onasanders, eine Berufspflichtenlehre für Mimen bei Lukian und eine Pflichtenlehre für Hebammen bei Soranus von Ephesus.

[148] Vgl. KOCH, Regelung, 194.

[149] Die diakonische Funktion konnte auch von Frauen ausgeübt werden. 1Tim 3,11 ist nicht dahingehend zu verstehen, dass von den Ehefrauen der Diakone die Rede sei (so aber MOUNCE, Past., 202–204); ansonsten müsste man für die Frauen der Episkopen ähnliche Anweisungen erwarten (so mit ROLOFF, 1Tim, 164 f.; OBERLINNER, Tit, 94; DERS., 1Tim, 140 f.; JOHNSON, 1Tim, 228 f.; TOWNER, Past., 265 f. mit Anm. 28).

[150] Vgl. KLINGHARDT, Gemeinschaftsmahl, 255 f.530 f.; ASCOUGH, Macadonian Associations, 80–83; DERS., Voluntary Associations, 162–169; KOCH, Regelung, 191–194.

[151] Vgl. auch IG V/1 37 (πρεσβύτης); 480 (πρέσβυς); 493 (πρέσβυς); IGR I 920 (πρεσβύτερος).

XII/3 329). Ihm kam die Finanzverwaltung des Vereins zu. Unter den Beamten eines Tempels in Metropolis in Lydien sind abgesehen von den Priesterinnen und Priestern schließlich auch mehrere Diakoninnen und Diakone aufgeführt (CIG 3037). Eine andere Inschrift (CIG 1800) bezeugt einen κοινὸν τῶν διακόνων von neun Männern, dessen Vorsitz ein Priester innehatte. Über deren Aufgaben erfahren wir allerdings nichts. So bleibt unklar, ob mit der formalen Analogie in der Ämterterminologie auch inhaltliche Übereinstimmungen zwischen Vereinen und Gemeinden, selbst für Vereine untereinander, einhergehen. Das Fehlen einer einheitlichen Terminologie und Kriteriologie der Vereinsämter weist die Exegese in ihre Schranken.[152]

Auch die konkreten Aufgabenbereiche der Amtsträger können nur aufgrund von Andeutungen erschlossen werden. Bezüglich der *Episkopen und Presbyter* ist zumindest die Aufforderung zur Gastfreundschaft auch auf die Mahlfeier bezogen, insofern sie ihre Häuser und ihre häusliche Infrastruktur der Gemeinde öffnen sollen. Ansonsten lassen sich eher wort- als mahlorientierte Aufgaben ausmachen.[153] Die Presbyter hatten neben der gesamtgemeindlichen Leitungsfunktion ihren Platz in der Lehrunterweisung (1Tim 5,17). Ähnliches gilt für die Episkopen, die als Haushalter der Gemeinde Leitungsfunktionen ausübten (1Tim 3,4 f.; vgl. Tit 1,7) und als solche sowohl für die Ausbreitung der Lehre als auch für die Behebung innergemeindlicher Konflikte zuständig waren (Tit 1,7–9; vgl. 1Tim 3,2).[154] Ob ihnen im Zuge dessen auch die Aufgabe zukam, das einleitende Dankgebet zu sprechen, ist unklar; 1Tim 2,8 legt nahe, dass diese Aufgabe auch von Gemeindegliedern ohne Amt wahrgenommen werden konnte.[155]

Inhaltlich noch blasser als die Aufgaben der Episkopen bleiben die der *Diakoninnen und Diakone*. Die Anweisung, dass sie „das Geheimnis des Glaubens mit reinem Gewissen festhalten" sollen (1Tim 3,9), könnte auf eine Verkündigungstätigkeit schließen lassen,[156] die nicht umsonst allein im Kontext der Beschreibung des Diakonen auftaucht, im Eignungskatalog für die Diakoninnen dagegen aufgrund des Lehrverbots für Frauen (2,12)

---

[152] Zurückhaltend ist deshalb auch KOCH, Regelung, 191, Anm. 76.

[153] Auf das Verhältnis der Presbyter zu dem oder den Episkopen ist hier nicht einzugehen. Die ähnliche Funktionsbeschreibung legt zumindest eine enge Bezugnahme nahe. Vielleicht muss man sich den Episkopen als aus dem Kreis der Presbyter heraus gewählte Einzelperson vorstellen; von ihm ist anders als von den Diakonen nur im Singular die Rede (vgl. 1Tim 3,1–7 mit 3,8–13; skeptisch aber HOFIUS, Gemeindeleitung, 199).

[154] KLINGHARDT, Gemeinschaftsmahl, 530, parallelisiert den Episkopen mit dem εὐκοσμος der Athener Iobakchen, der als Aufseher für Ruhe und Ordnung bei den Zusammenkünften zu sorgen hatte (IG II² 1368, Z. 136–139; Text und Übersetzung bei EBEL, Attraktivität, 91.101). Allerdings hatte dieser im Verein nur eine untergeordnete Stellung innerhalb der Ämterhierarchie. Vielleicht sollte man eher an die in IG XII/3 329 genannte Finanzverwaltung denken.

[155] So mit HOLTZ, 1Tim, 64 f.

[156] So OBERLINNER, 1Tim, 138; DERS., Tit, 95; HENTSCHEL, Diakonia, 398. Die Formel könnte analog zur paulinischen Rede vom Geheimnis Gottes (1Kor 2,1) gebraucht sein, die auch die Verkündigung im Sinn hat.

notwendigerweise fehlen muss. Neben einer solchen wortorientierten Verantwortlichkeit lassen sich aber auch Bezüge zum Mahl, konkret zur Mahlorganisation und Mahldurchführung herstellen. Denn weil der „ursprüngliche Bezugsrahmen für die Verwendung der ganzen Wortgruppe des διακ-Stammes in der Profangräzität [...] der Tischdienst" ist,[157] der auch frühchristlich nachwirkt,[158] ist es nicht abwegig, den Diakoninnen und Diakonen als eine von mehreren Aufgaben den Tischdienst im Rahmen der gemeindlichen Mahlfeier zuzuweisen.[159]

Wenn es sich so verhält, dann wäre es im frühen Christentum zu einer deutlichen Aufwertung des Diakonats gekommen. Standen sie in Vereinen eher am unteren Ende der Ämterlisten, hätten sie in den Gemeinden einen Aufstieg erlebt, der mit ihrem modellhaften Verhalten zusammenhängen dürfte. Denn gerade im Tischdienst verwirklicht sich in paradigmatischer Weise die Orientierung an der Lebenshingabe Jesu (Mk 10,43–45),[160] die synoptisch-paulinisch in den Gabeworten zum Abschiedsmahl und johanneisch in der Fußwaschung, also beide Male im Mahlkontext, kulminiert. Weil Jesus selbst als Gastgeber und Tischdiener zugleich auftrat, zeichnet sich der Tischdienst in der nachösterlichen Gemeinde durch eine besondere Würde aus.

Die bei aller inhaltlichen Unklarheit immense *Aufwertung der Funktionsträger* im Gemeindegefüge fällt im Vergleich mit Paulus ins Auge. Sie ist Konsequenz einer zunehmenden Institutionalisierung und eines steigenden Organisationsbedarfs und darf von daher nicht einfach gegen die paulinische Charismenorientierung ausgespielt werden, deren Organisationsgrad als noch recht locker angesehen werden muss. Zwar ist auch dort mit Personen zu rechnen, die Leitungsaufgaben in der Gemeinde wahrnahmen, doch gibt es keinen Hinweis darauf, dass eine solche Leitungsfunktion auch den Vorsitz bei der Mahlfeier oder eine Lehrtätigkeit einschloss. Leitung war vielmehr ein Charisma neben anderen (Röm 12,6.8). So ist in der Tat „zwischen der charismatischen Leitungsbefähigung (sc. des Paulus) und dem lehr- und lebenswandelorientierten Vorsteher- und Ältestenamt" des 1Tim eine wesentliche Verschiebung zu konstatieren.[161] Sie ist theologisch wie die Zurückdrängung der Frauen in den Kontext der Priorisierung von Wort und Lehre gegenüber Struktur und Anschauung zu stellen. Ein

---

[157] So WEISER, EWNT 1, 726. Darin stimmen paganer (Lukian, Sat. 17 f.) und jüdischer Sprachgebrauch (Philo, cont. 50.70.75; Josephus, Ant. XI 163) überein.

[158] Mk 1,31; Lk 10,40; 12,37; 17,8; 22,26 f.; Joh 2,5.9; 12,2; Apg 6,1 f.; Justin, 1apol 67,6; ActThom 49.

[159] So ROLOFF, Herrenmahl, 75. HENTSCHEL, Diakonia, 401 f., denkt dagegen an eine dem Episkopen entsprechende gemeindeleitende Funktion.

[160] Vgl. SMITH, Symposium, 243–247. Ob der Sitz im Leben dieses Jesuswortes in der „Eucharistiefeier der frühen palästinischen Gemeinden" zu suchen ist, wie ROLOFF, 1Tim, 174, meint, ist allerdings fraglich.

[161] So WICK, Gottesdienste, 237 f. (Zitat 237), der den Bruch mit der Distanzierung der Gemeinden von den jüdischen Synagogen erklärt.

wichtiges Merkmal paulinischer Mahltheologie geht im Zuge dieser Entwicklung verloren. Lag dem Völkerapostel daran, dass die Gemeinde in ihrer Ganzheit Subjekt ihrer Mahlfeier ist, dass sie sich im Mahl als Einheit darstellt, die sich im Wortteil zur Vielfalt ausdifferenziert, so kann davon im Zusammenhang des 1Tim keine Rede mehr sein. Sowohl organisatorische als auch inhaltlich bestimmte Aufgaben scheinen an mehr oder weniger feste Funktionsträger delegiert zu werden.

Mit der Förderung von festen Amts- und Funktionsträgern einher geht das Bewusstsein für ihre *Pflege und Wertschätzung.* Denn es reicht nicht, Ämter zu installieren; es müssen auch Menschen gefunden werden, die sie ausfüllen und sich im Gegenzug für ihren finanziellen und zeitlichen Aufwand besonderer Ehrerbietung gewiss sein dürfen. Eine Spur solcher Wertschätzung findet sich auch im 1Tim:

„Die Presbyter, die ihre Funktion als Vorsteher gut ausüben, erachte man doppelter Ehre (διπλῆ τιμή) würdig, am meisten diejenigen, die sich dem Wort und der Lehre widmen" (1Tim 5,17).

Die doppelte Ehrerbietung lässt sich sowohl als rein ideelle Wertschätzung als auch im Sinne einer materiellen Zuwendung verstehen. Die Quantifizierung der Ehre als doppelt spricht ganz klar für Letzteres, wobei dann die Frage bleibt, ob an eine Geldzahlung im Sinne eines Honorars oder einer Aufwandsentschädigung[162] oder an eine besondere Mahlportion[163] zu denken ist. Weil sich der Übergang vom Ehren- zum Hauptamt, wie er an der Leistung von Gehalts- und Unterhaltszahlungen an Kleriker festzumachen ist, erst Ende des 2. Jh., die Verwendung des Begriffs τιμή im Sinne einer finanziellen Unterstützung dagegen lexikalisch gar nicht nachweisen lässt, erscheint es wahrscheinlicher, die Wendung „vor dem Hintergrund der Praxis in antiken Vereinen und auch bei öffentlichen Speisungen als doppelte Portion ‚ehrenhalber' zu verstehen".[164] Als Parallele kann man auf die Praxis der *cultores Dianae et Antinoi* in Lanuvium verweisen, die eine Sonderbehandlung ihrer Amtsträger vorsahen, die darin bestand, dass diese während ihrer Amtszeit doppelte Portionen erhielten und auch nach Ablauf der Amtszeit beim Mahl begünstigt wurden, indem man ihnen ehrenhalber (*ob honorem*) anderthalb Mahlportionen zuteilte, Letzteres aber nur unter der Voraussetzung, dass sie das Amt rechtschaffen (*integre*) ausgeübt ha-

---

[162] In diesem Sinne BROX, Past, 199; ROLOFF, 1Tim, 308; MOUNCE, Past, 309 f.; JOHNSON, 1Tim, 277; NEUDORFER, 1Tim, 199 f.; CAPPER, Husbands, 311.

[163] So schon LIETZMANN, Verfassungsgeschichte, 108 f. mit Anm. 65; dann auch SCHÖLLGEN, διπλῆ τιμή, 232–239; EBEL, Attraktivität, 176–178. Zu unrecht kritisch zeigt sich TOWNER, Past, 363 f., Anm. 18.

[164] EBEL, Attraktivität, 177.

ben.[165] Wie im 1Tim kennt der Verein aus Lanuvium ein ehrenhalber verstandenes Mahlprivileg für Funktionsträger und bindet dieses an die korrekte Amtsführung. Damit rundet sich das Bild einer sich nachpaulinisch entwickelten Funktionsträgerschaft, der neben anderen Aufgaben wohl auch die Organisation des Gemeinschaftsmahls zukam, und die von dessen Fülle profitierte.[166] Allerdings ist zu beachten, dass die Amtsträger nicht für ihre mahlorganisatorischen, sondern für ihre wortorientierten Verdienste ausgezeichnet werden sollen. Die im Mahl zum Ausdruck kommende Wertschätzung verdankt sich somit nicht einer Hochschätzung des gemeinsamen Essens und Trinkens, sondern einer Hochschätzung des Wortes, die im 1Tim auch sonst ins Auge fällt und ins Zentrum gemeindlicher Identität tritt, wie wir schon sahen und gleich noch vertieft zu zeigen sein wird.

Offen bleibt, ob die doppelte Ehrenportion in den paulinisch geprägten Gemeinden wie auch in den Vereinen als Ausgleich für die *summae honoriae* zu verstehen sind, also für die Geld- oder Sachleistungen, die Vereinsbeamte anlässlich ihrer Ernennung zu entrichten hatten.[167] Darüber schweigt der 1Tim und lässt auch nicht erkennen, wer für die Finanzierung der Mähler und die Bereitstellung des Weins verantwortlich sein soll. Eine detaillierte Vereinsordnung liefert er nicht.

Interessant ist die *Wirkungsgeschichte* von 1Tim 5,17, die zugleich Zeugnis von einer Spiritualisierung der Ehrenportionen ablegt. Tertullian rezipiert den Vers ausdrücklich als Beleg immateriell gedachter Wertschätzung, wenn er seinen als Psychiker bezeichneten Gegnern vorwirft, den Vorsitzenden (*presidentes*) des Liebesmahls doppelte Portionen zuzuteilen, wohingegen der Apostel Paulus ihnen nur die doppelte Ehre zugebilligt habe (ieiun. 17,4). Die im 1Tim beobachtete gesellschaftliche Angleichung wird bei ihm wieder zurückgefahren. Dies spricht aber nicht gegen unsere Interpretation von 1Tim 5,17, sondern erklärt sich am besten aus der montanistischen Wende des Kirchenvaters heraus.

---

[165] CIL XIV 2112, Z. II,17–22 (Text und Übersetzung bei EBEL, Attraktivität, 24.31). Ähnlich auch das *collegium Aesculapi et Hygiae* nach ILS II/2 7213, Z. 11 f. (Text und Übersetzung bei SCHMELLER, Hierarchie, 107). Außerhalb des Vereinswesens ist die Sitte auch für Priester (Xenophon, Resp Lac 15,4) und Soldaten (Livius VII 37,1 f.; Vegetius II 7,8) bezeugt.

[166] In 1Tim 5,17 ist allein von den Ältesten als Empfängern von besonderen Mahlanteilen die Rede. Doch muss diese Praxis keineswegs für diese allein gegolten haben, zumal wenn der Episkop aus ihren Reihen kam. Man kann mit KLINGHARDT, Gemeinschaftsmahl, 531, Anm. 18, zudem auch die Witwenehrung (5,3) und den besonderen Rang (βάθμος) der Diakone in dieser Richtung verstehen.

[167] Nach IG II² 1368, Z. 127–136 hat ein Mitglied des Athener Iobakchenvereins bei Übernahme eines Ehrenamtes oder einer Ernennung ein Trankopfer zu entrichten, der Priester und Archibakchos nach Z. 111–127 ebenso an den großen Festen. Nach Z. 146–159 hat der Schatzmeister das für die Beleuchtung notwendige Lampenöl aus seinem eigenen Vermögen zu erbringen (dazu KLINGHARDT, Gemeinschaftsmahl, 136 f.).

4.6 Der Mahlkonflikt im Kontext sozialer Umbrüche

Der 1Tim wird in der Speise- (4,3–5) und Getränkefrage (5,23) sowie in der Verteilung der Mahlportionen (5,17) für eine Gemeindewirklichkeit durchsichtig, die von einem Umbruch in der bis dahin geltenden Mahlpraxis geprägt ist. Dieser mahlbezogene Umbruch ist Teil einer umfassenden organisatorischen Umorientierung. Sein Verfasser versucht paulinische Theologie gesellschaftsrelevant zu machen und macht den Brief damit zum Zeugen eines *Übergangs vom privaten in den öffentlichen Raum.*[168] Ob damit ein echter räumlicher Übergang vom Privathaus zum Versammlungslokal gegeben ist, liegt zwar angesichts der Hochschätzung privater Gastfreundschaft nicht unbedingt nahe,[169] doch fällt ungeachtet dessen auf, dass die Gemeinde in ihren Vollzügen darauf bedacht war, wie sie nach außen hin wirkt. Dabei orientierte sie sich an anderen (halb-)öffentlichen Gruppen, insbesondere an den Vereinen.[170] Und weil neue Vereine im römischen Reich nur geduldet wurden, solange sie nicht als staats- und gesellschaftsgefährdend auffielen,[171] suchten die Gemeinden eine Annäherung an die geltenden gesellschaftlichen Wertvorstellungen, um sich vor Verdächtigungen zu schützen. Infolgedessen wurden die Frauen zurückgedrängt (1Tim 2,8–15; 5,3–16), die Sklaven zum Gehorsam ermahnt (6,1 f.) und die Ämter ausgebaut (1Tim 3,1–13; 5,17). Die Amtsinhaber sollten nicht nur innergemeindlich, sondern auch nach außen hin in gutem Ruf stehen (3,7; vgl. 3,13; Tit 1,6) und allgemeingültige Wertvorstellungen wie Bescheidenheit, Gastfreundschaft und Wohltätigkeit verkörpern (1Tim 3,2; 6,17–19; Tit 1,8). Insgesamt will der 1Tim die Gemeinde nicht länger als exklusiv von der Welt unterschiedene Wirklichkeit verstehen, sondern unauffällig und friedlich in die Welt einbetten und auf diese Weise um die Welt werben.[172] Genau darum transformierte sein Autor die vorgegebenen

---

[168] Dazu CAPPER, Husbands, 116 f.301–314. Für den öffentlichen Charakter der Gemeinden des 1Tim spricht nicht zuletzt das Presbyteramt mit seiner über die Hausgemeinschaft hinausweisenden überörtlich-regionalen Bedeutung (dazu KARRER, Ältestenamt, 174 f.187).

[169] So aber CAPPER, Husbands, 315 f. Er nimmt an, dass die architektonischen Entwicklungen, wie sie sich in Dura Europos an der Umwandlung eines Privathauses in eine Hauskirche zeigen lassen, in den großen Stadtgemeinden der Antike schon früher als erst im 3. Jh. begonnen haben könnten.

[170] Die Orientierung am Verein mag mit der zunehmenden Distanzierung der Gemeinde von der Synagoge einhergehen, auf die WICK, Gottesdienste, 236.237 f., hinweist. Das würde in der Tat erklären, warum neben dem Gemeinschaftsmahl gerade die Lehre einen besonderen Stellenwert erhält: Die Gemeinde muss sich nicht nur neu formieren, sie muss in ihren Umbruchprozessen auch noch die zunehmende Entfremdung vom Judentum kompensieren.

[171] Vgl. ÖHLER, Vereinsrecht, 61.

[172] Vgl. ROLOFF, Kirche, 257–259.

gemeindlichen Strukturen und Riten, im Zuge dessen die gemeindliche Mahlfeier zum christlichen Vereinsmahl umgestaltet wurde.

Gerade die *Unterordnung der Frauen* (1Tim 2,8–15; vgl. 5,3–8), die sich vor allem im Lehrverbot und damit im Kontext der gemeindlichen Zusammenkunft Ausdruck verschaffte,[173] ist Folge der Umstrukturierungsmaßnahmen. Eine solche Entwicklung hat Paulus bereits mit seinen Annweisungen in 1Kor 11,2–16; 14,33b–36 angebahnt und lässt sich auch in der Haustafelethik des Kolosser- und Epheserbriefes aufzeigen, doch der 1Tim geht mit seinem prinzipiellen Lehr- und Autoritätsverbot (2,12) noch einmal deutlich darüber hinaus. Damit hat sein Autor den von Paulus initiierten spezifisch theologischen Impetus einer mehr oder weniger egalitären Gemeinschaftsordnung des „Leibes Christi" aufgegeben.[174] Dagegen folgte er hier wie auch in anderen gemeindlichen Organisationsfragen um des ruhigen und ungestörten Lebens willen den Impulsen der Umwelt, wenn auch die Argumentation in 2,13 f. spezifisch schöpfungstheologische Gründe für die Entscheidung vorgibt. Seine Anweisungen zielten auf eine veränderte Rolle von Frauen beim Gemeindemahl. Sie durften zwar weiterhin am Mahl- und am Wortteil teilnehmen – dieser paulinische Grundimpuls wäre kaum rückgängig zu machen gewesen –, wurden dabei aber auf grundlegende Einschränkungen verpflichtet: Sie sollen sich in einer solchen Weise kleiden, dass sie in der Versammlung keine erotischen Irritationen auslösen (2,9 f.),[175] und in einer Art und Weise verhalten, dass das Autoritätsgefälle vom Mann zur Frau nicht untergraben wird (2,11 f.). Deshalb konnte es ihnen nicht länger zukommen, in der Gemeinde eine Lehrtätigkeit auszuüben, sondern sollte diese als die zentrale gemeindliche Aufgabe allein den Männern vorbehalten bleiben. Umgekehrt konnte es den Männern – zumal den Amtsträgern unter ihnen – nicht zugemutet werden, von Frauen autoritativ belehrt zu werden.[176]

---

[173] Mit der Formulierung ἐν παντὶ τόπῳ in 2,8 ist die gemeindliche Versammlung angesprochen, die entsprechend dem Heilswillen Gottes universal gedacht wird (so mit ROLOFF, 1Tim, 130; MOUNCE, Past, 107; JOHNSON, 1Tim, 198; anders SALZMANN, Lehren, 99, der die Formel auf das ganze Leben bezieht, ohne aber eine gottesdienstlich-lokale Bedeutung auszuschließen).

[174] Schon die Formulierung οὐκ ἐπιτρέπειν weist darauf hin, dass in den angesprochenen Gemeinden bislang Frauen selbständig in der Versammlung auftraten und Leitungsaufgaben wahrnahmen, der Verfasser also einen Bruch mit der Vergangenheit herbeiführen will (so mit WAGENER, Ordnung, 110).

[175] MOUNCE, Past, 109, sieht in αἰδώς (Schamhaftigkeit) und σωφροσύνη (Keuschheit) sexuelle Implikationen mitschwingen. KÜCHLER fasst unter Bezugnahme auf die so genannte Sündenfallerzählung in Gen 3 treffend zusammen: „Die Einzig-(sexuell) Verführte soll nicht als sexuelle Verführerin auftreten" (Schweigen, 51). Zur erotisierenden Rezeption der Erzählung im frühen Judentum vgl. etwa Philo, opif. 151–166. Nach WAGENER, Ordnung, 112, ist das eigentliche Problem dagegen nicht die Erotik, sondern die ökonomische Macht vor allem der Witwen; die Thematik der Sexualität solle davon bewusst ablenken. Allerdings muss sich beides nicht ausschließen. Während in den gottesdienstlichen Anweisungen 2,9 f. erotische Aspekte im Vordergrund stehen dürften, wird in der Behandlung der Witwenfrage 5,3–16 die Sorge vor ihrer Machtstellung die entscheidende Rolle spielen.

[176] Vgl. MOUNCE, Past, 130: „Paul does not want women to be in positions of authority in the church; teaching is one way in which authority is exercised in the church." Damit ist kein grundsätzliches Lehrverbot ausgesprochen, denn nach Tit 2,3 f. sollen

Das Strukturprogramm des 1Tim zielt nicht auf ein „bürgerliches" Christentum,[177] sondern auf die Einbettung der Gemeinden in die Organisationspraxis vergleichbarer Gruppierungen aus der kulturellen Umwelt. Es sollte die Gemeinden der Außenwelt aber nicht nur als unanstößige Gruppierungen präsentieren, sondern gerade durch ihre unauffällige und unanstößige Versammlungspraxis werbend wirken und *Neukonvertiten* leichter in ihre Mahlgemeinschaft integrieren. Insbesondere Interessenten aus der Völkerwelt sollten sich nicht durch eine Speisepraxis abschrecken lassen, die durch jüdische Gebote reguliert wird, so dass auch um ihretwillen rigoros alle Speisen für genießbar erklärt wurden. Das geht aus einer Formulierung in 1Tim 4,3 hervor. Als Konsumenten der umstrittenen Speisen werden dort „die Gläubigen und diejenigen, die die Wahrheit erkannt haben (ἐπεγνωκότες τὴν ἀλήθειαν)" genannt. Unklar bleibt, ob das καί additiv oder explikativ zu verstehen ist. Wird es explikativ verstanden, handelt es sich um eine Doppelbezeichnung für ein und dieselbe Gruppe, namentlich die „Glieder der Kirche".[178] Wird es dagegen additiv verstanden, ist von zwei Gruppen die Rede, den Gemeindegliedern auf der einen und einer abstrakt mit „die Wahrheit erkannt Habende" bezeichneten zweiten Gruppe. Weil diese zweite Bezeichnung in ähnlicher Form bereits in der missionarisch orientierten Aussage 2,4 auftaucht, in der von Gott als demjenigen die Rede ist, der „will, dass alle Menschen gerettet werden und zur Erkenntnis der Wahrheit gelangen (ἐπίγνωσις ἀληθείας)", ist auch 4,3 in diesem missionarischen Sinne zu verstehen. Der Autor hat also ein und dieselbe Gruppe vor Augen, die gläubigen Gemeindeglieder nämlich, unterscheidet aber innerhalb dieser Gruppe zwischen dem alten Kern und den Neukonvertiten, die aufgrund der Missionstätigkeit des damit zusammenhängenden organisatorischen Umbaus der Gemeinde hinzugekommen sind und nun als Anfänger im Glauben nicht durch die Einhaltung von Speiseregeln verschreckt werden sollen,[179] und verfolgt ein rhetorisches Interes-

---

ältere Frauen die jüngeren Frauen unterweisen; und auch Timotheus scheint durch die Lehren seiner Großmutter und Mutter im Glauben erzogen worden zu sein (2Tim 1,5; vgl. 3,15). Dem Willen des Autors entsprechend geht es also nicht um die Lehre unter Frauen oder im privaten Rahmen der Familie, sondern um den (halb-)öffentlichen Kontext der Gemeindeversammlung, die vor allem von Männern geprägt war (dazu MOUNCE, a.a.O., 123–126). Wahrscheinlich ist das Lehrverbot für Frauen darüber hinaus als Reaktion auf eine frauenfördernde Praxis bei den Gegnern zu verstehen (so mit OBERLINNER, 1Tim, 94).

[177] So zu Recht REISER, Bürgerliches Christentum, 27–44, gegen die Urteile der älteren Forschung.

[178] So die durchgängige Meinung in den Kommentaren, z.B. ROLOFF, 1Tim, 223 (Zitat); OBERLINNER, 1Tim, 181; NEUDORFER, 1Tim, 173.

[179] Anders OBERLINNER, 1Tim, 181, der den Verweis auf Wahrheitserkenntnis in der antignostischen Front der Gemeinde begründet sieht.

se, wenn er hier Gläubige und Neukonvertiten als Angehörige einer Gruppe, aber in sich dennoch unterschiedene Kreise anführt. Die Teilnahme am Mahl ist damit zwar wie schon bei Paulus prinzipiell an die Gemeindezugehörigkeit gebunden, doch wünscht man sich wohl, dass das Gemeindemahl gerade durch seine relative Unauffälligkeit nach außen ausstrahlt. So weist die besondere Sensibilität für neu gewonnene Gemeindeglieder aus der paganen Welt auf einen missionarischen Charakter des Mahls hin, auch wenn dem kein beliebig offener Teilnehmerkreis zu entsprechen scheint. Denn es geht dem Verfasser nicht um die prinzipielle Öffnung des Mahls, sondern um dessen Außenwirkung in einer mehrheitlich paganen Umwelt und um die Festigung der Neukonvertiten innerhalb der Mahlgemeinde.

Dass solche gemeindliche Strukturreformen nicht ohne Widerstand durchzusetzen waren, versteht sich von selbst. In diesem Sinne können die *Gegner* verstanden werden. Sie kamen anders als im Kol nicht von außen auf die Gemeinde zu, sondern es handelt sich „um eine innerhalb der Gemeinde aufgebrochene, von größeren Teilen der Gemeinde getragene Bewegung",[180] die genau mit diesen Umbruchprozessen in Verbindung zu bringen ist.

Für ihre Identität als Gemeindeglieder, also als Gegnerschaft aus dem gemeindlichen Binnenraum, spricht die Bezeichnung τινες (1Tim 1,6.19; 4,1; 5,15; 6,10.21) sowie die Nennung konkreter Namen (Hymenäus und Alexander 1Tim 1,20; vgl. Hymenäus und Philetus 2Tim 2,17; Alexander 4,14). Das den Gegnern unterstellte Selbstverständnis als Gesetzeslehrer (1Tim 1,7), ihre Herkunft aus der Beschneidung (Tit 1,10), ihre Beschäftigung mit Gesetzesfragen und Genealogien (Tit 3,9) und die Disqualifizierung ihrer Lehre als „jüdische Fabeleien" (Tit 1,14) legt ihre jüdische Verwurzelung nahe.[181] Doch es ist unklar, ob die jüdischen Attribute allesamt auf die konkreten Gegner bezogen werden dürfen. Ausgangspunkt ihrer Näherbestimmung müssen vielmehr ihre nahrungs- und sexualasketische Lebenspraxis (1Tim 4,3; vgl. Tit 1,15) und ihre Lehre von der bereits stattgefundenen Auferstehung (2Tim 2,18) sein. Sie üben mit ihrem Denken Einfluss auf die Gemeinde aus und können insbesondere Frauen in ihren Bannkreis ziehen (2Tim 3,6; vgl. 1Tim 5,15). Der Begriff der γνῶσις (1Tim 6,20) und die mit der asketischen Lebensweise assoziierte „Materie- und Schöpfungsfeindlichkeit" hat die meisten Ausleger bewogen, sie der frühchristlichen Gnosis zuzuweisen.[182] Abgesehen davon, dass Nahrungsaskese nichts mit Schöpfungsfeindlichkeit zu tun haben muss und dass die Argumentation des Verfassers in 1Tim 4,4 f. zwar auf die Askese der Gegner zielt, nicht aber notwendigerweise deren eigene Argumentation aufgreifen muss, erscheint eine solche

---

[180] So ROLOFF, 1Tim, 233 (Zitat); OBERLINNER, Tit, 65; SALZMANN, Lehren, 98; SCHNELLE, Einleitung, 388; TOWNER, Past, 44–47.

[181] So BROX, Past, 33; MÜLLER, Theologiegeschichte, 58–67; WICK, Gottesdienste, 234–236. Nach NEUDORFER, 1Tim, 175, handelt es sich „(mindestens auch!) um Leute mit jüdischem Hintergrund".

[182] So ROLOFF, 1Tim, 233–238 (Zitat 231); OBERLINNER, 1Tim, 179 f.; DERS., Tit, 63–71. Ähnlich MOUNCE, Past, LXXV, der mit einer Mischung aus jüdischen und magisch-spekulativen Elementen rechnet. Kritisch gegenüber der gnostischen Interpretationslinie zeigt sich zu Recht MERZ, Selbstauslegung, 41 f.

Einordnung zu gewagt. Einfacher erscheint es, die Gegner aus dem Transformationsgedanken des 1Tim heraus plausibel zu machen, mit dem er paulinische Vorgaben verändernd weiterentwickelt.

Dabei handelt es sich nicht um eine einheitliche Gruppe, sondern um ein Mischgefüge, das darin seine einheitsstiftende Mitte findet, dass man das paulinische bzw. jüdische Erbe der Gemeinde vor seiner Preisgabe zu bewahren sucht. Die *Paulinisten* wehrten sich zum einen gegen die Zurückdrängung der Frauen (2Tim 3,6), zum anderen aber wohl auch gegen die Preisgabe des exklusiven christlichen Ethos, wie es sich paulinisch an der Leib- und Koinonia-Terminologie festmachte, mit dessen Hilfe der Apostel die Gemeinde als eine eigene symbolische und rituelle Welt zu inszenieren suchte. Ihr Auferstehungsverständnis mag dafür durchsichtig werden, wie sie christliche Gemeinschaft verstanden, als Heilsgemeinschaft der durch die Taufe bereits Auferweckten (vgl. Kol 2,12; Eph 2,6), dem nach innen hin egalitäre Strukturen, nach außen hin aber zugleich unbedingte Abgrenzung (vgl. 1Kor 10,14–22) entsprechen. Paulinischem Einfluss kann sich auch die Sexualaskese verdanken (vgl. 1Kor 7).

Insofern der strukturelle Umbau der Gemeinde nicht nur die Identität der Paulinisten, sondern auch der *judenchristlichen Gemeindeglieder*, die sich schon aufgrund ihrer jüdischen Tradition von paganen Mahlsitten abzugrenzen suchten, bedrohte, war auch ihr Widerstand vorprogrammiert.[183] Sie wehrten sich insbesondere gegen die Preisgabe von Speise- und Getränketabus. Fleisch und Wein paganer Herkunft standen nämlich unter dem Generalverdacht, Fremdgötterkulten zu entstammen.

Anders als Paulus verfolgt der 1Tim kein unmittelbar ekklesiologisch-ästhetisches Interesse am Mahl und seiner Gestaltung. Er verlegt sein eigentliches Interesse vom Ritus auf die *Worte*, wie sie durch Schriftlesung, Lehre und Gebet gegeben waren.[184] In den verbalen Ausdrucksformen sollte sich die gemeindliche Identität darstellen. Infolgedessen wurden die Organisation und Ästhetik der Mahlversammlung von der Identitätsfrage gelöst und pragmatisiert: Die Speisen sollten beliebig sein, statt Wasser sollte Wein getrunken werden, Frauen konnten zurückgedrängt und eine allmähliche Funktionsträgerstruktur etabliert werden. Dieser Ansatz, paulinische Vorgaben im Sinne von Vereinen und anderen mahlorientierten Gruppen

---

[183] Schon MÜLLER, Theologiegeschichte, 58–74, entdeckte in den Gegnern zwei Gruppierungen wieder, eine enthusiastisch-paulinische Gemeindegruppe und eine von außen auftretende Gruppe judenchristlicher Wandermissionare. Das paulinische und jüdische Profil hat er richtig herausgestellt, doch muss man weder den Paulinismus als enthusiastisch noch die jüdische Gruppierung als von außen kommend deklarieren. Seine Sicht verhindert es, die beiden Gruppen in ihrer einheitlichen Front gegen den strukturellen Umbau der Gemeinde und ihrer Versammlung in den Blick zu nehmen.

[184] Dazu kommt nach außen hin die sittsame Lebensführung, worauf zu Recht SCHOLZ, Identität, 90, hinweist.

zu transformieren und allein die verbalen Inhalte theologisch herauszustellen, führte letztlich zu einer Enttheologisierung der Mahlpraxis und einer Konzentration auf Schriftauslegung und Lehre, die im wortorientierten Beisammensein nach dem Mahl ihren angestammten Ort hatten. Vor allem aber gab man damit die paulinische Sozialutopie preis, die sich in der ekklesialen Aufhebung von Geschlechter- und Statusunterschieden im Kontext der Mahlfeier Ausdruck verschaffte. Allerdings bleibt die Mahlfeier des 1Tim aber bei allen Differenzen zu Paulus zentrale gemeindliche Zusammenkunft.

Noch stärker fiele die Relativierung des Mahls zugunsten des Wortes ins Gewicht, wenn die Weisungen in 1Tim 4,3–5 – anders als hier vertreten – gar nicht auf die gemeindliche Mahlzusammenkunft, sondern allein auf häusliche Mahlzeiten oder externe Gastmähler zu beziehen sind. Dann hätte der Autor des 1Tim anders als der des Kol den paulinischen Impuls aus 1Kor 11,22.34 aufgenommen und weitergeführt. Die Sättigung wäre dann Bestandteil des häuslichen, die christliche Wortverkündigung dagegen Bestandteil des gemeindlichen Lebens. Doch so denkbar diese Interpretation auch ist, sollte aufgrund der nur vagen Andeutungen der Abschnitt 4,3–5 für beides, für Privat- wie für Gemeindemahlzeiten offengehalten werden.

5. Ertrag

Der *zweite Thessalonicherbrief* kann mit seiner Regel: „Wer nicht arbeiten will, soll auch nicht essen" (2Thess 3,10) auf eine gemeindliche Mahlversammlung bezogen werden. Die Teilnahme am gemeindlichen Sättigungsmahl wird dann an den Arbeitswillen und die damit verbundene Bereitschaft, einen eigenen Beitrag zum Mahl zu leisten, gebunden. Näher liegt es jedoch, das Problem in Analogie zu den Weisungen in Did 12,1–5 (vgl. 1Kor 9,4.13; 1Thess 4,12; Röm 13,8) zu betrachten. Dann steht das Essen nicht für das Gemeindemahl, sondern für den eigenen Lebensunterhalt. Durchreisende Wanderprediger, die als gelernte Handwerker oftmals bei ihren christlichen Kollegen unterkommen konnten, sollen sich, so die Anweisung, ihren Unterhalt wie Paulus seinerzeit selbst verdienen, um nicht die Gastfreundschaft ihrer Gastgeber auszunutzen. Die pragmatische Anweisung des Autors markiert folglich nicht die Zulassungsbedingungen zum Mahl, sondern die Grenzen der Gastfreundschaft.

Dagegen kann der *Kolosserbrief* als Zeuge einer gemeindlichen Mahlfeier in Anschlag gebracht werden. In Kol 2,16 f. ist von einem Essenskonflikt die Rede, der auf das Gemeindemahl bezogen werden muss, Spuren einer Wortversammlung finden sich in 3,16 f., und mögliche Teilnehmer am Mahl sind in der Haustafel 3,18–4,1 genannt:

1. In Kol 2,16–23 reagiert der Verfasser auf eine Konfliktlage, die sich am ausgiebigen *Essen und Trinken* festmacht. Der reich gedeckte Tisch

wird von Außenstehenden kritisiert, vom Autor dagegen in einer Doppel-
strategie verteidigt. Das ergibt sich aus einer mahltheologischen Übersetzung der doppeldeutigen Formulierung in Kol 2,16 f., die sich folgendermaßen paraphrasieren lässt: „Lasst euch in eurer gemeinsamen Mahlfeier von niemandem wegen eures Essens und Trinkens kritisieren, und auch nicht dafür, dass ihr euch dabei nicht an die vorgegebenen Zeiten haltet. All das ist ein schattenhaftes Abbild des Zukünftigen, das nicht für sich selbst, sondern für das Eigentliche, die Gemeinschaft des Leibes Christi steht." Wie bei Paulus wird die Sättigung relativiert, indem sie als ein Schatten des Eigentlichen bezeichnet wird, anders als bei Paulus hält man jedoch bewusst und theologisch begründet an ihr fest, weil sie in ihrer Schattenhaftigkeit zugleich Angeld und Abbild der himmlisch verbürgten und irdisch nur gebrochen lebbaren Heilswirklichkeit des Leibes Christi ist. So kann der Autor seinen Konfliktgegnern vorhalten, die Mahlfeier falsch zu beurteilen, wenn sie nur auf den gedeckten Tisch und das gemeinsame Essen und Trinken schauen, nicht aber die darin zum Vorschein kommende Identität der Gruppe als Leib Christi erkennen.

2. Vermutlich folgt die Mahlfeier demselben Ablauf von Mahl und Wortversammlung, wie sie schon für Korinth wahrscheinlich gemacht werden konnte und der allgemeinen Mahlkultur entsprach. In Kol 3,16 f. werden mögliche Bestandteile einer solchen *Wortversammlung* genannt: Lehre, Ermahnung, Lieder. Nur ist die Verbindung zum Mahl nicht so eindeutig gegeben wie in 1Kor 11–14. Zumindest aber deutet der Epheserbrief als erster Interpret des Kolosserbriefs die ihm vorgegebenen Psalmen, Hymnen und Lieder als Bestandteile eines christlichen Symposions, in dem auch Wein getrunken wird, wenn auch freilich in Maßen (Eph 5,18 f.).

3. Für die *Teilnahme* an der Mahlfeier kommen nach paulinischer Vorgabe Frauen und Männer, Herren und Sklaven in Frage. Bestätigt wird das Bild durch die Haustafeln (Kol 3,18–4,1; Eph 5,21–6,9), die darauf zielen, die häusliche Ordnung auch gemeindlich umzusetzen. Die persönliche Anrede der verschiedenen Gruppen in der zweiten Person Plural setzt voraus, dass in der gemeindlichen Versammlung die dort genannten Gruppen zugegen waren, also nicht nur Männer, Frauen, Sklavinnen und Sklaven, sondern auch Kinder. Zu denken ist bei Letzteren vor allem an die Söhne, die auch in der paganen Umwelt schon früh an Gastmählern teilnahmen, um in die Welt der Erwachsenen eingeführt zu werden.

Auch der *erste Timotheusbrief* bezeugt das Gemeindemahl. Es wird im größeren Kontext eines umfassenden organisatorischen Umbruchs in der Gemeinde angesprochen, der mit dem Übergang der Gemeinde vom privaten in den öffentlichen Raum gegeben ist. Die Gemeinde strebt um ihres missionarischen Auftrags willen die Integration in die städtische Gesellschaft an und sucht darum bei gleichzeitiger Abkehr von der jüdischen

Synagoge die strukturelle Nähe zu anderen halböffentlichen Gruppen und Gemeinschaften, vor allem zu den Vereinen. Dieser Umbruch wird gegen interne jüdisch und paulinisch orientierte Gemeindegruppen verteidigt:

1. Im Konflikt mit den Umbruchsgegnern geht der Verfasser einen in der *Speise- und Getränkefrage* kompromisslosen Weg: Das gemeinschaftliche Dankgebet hält die gemeindliche Mahlfeier für alle beliebigen Nahrungsmittel offen (1Tim 4,3–5). Damit folgt er zwar Paulus (1Kor 10,30 f.; Röm 14,6–8), ist aber in seiner strikten Argumentation stärker realienorientiert, während Paulus gerade bei innergemeindlichen Konflikten primär gruppenorientiert denkt und handelt. Denn erlaubt das Gebet nach Paulus unterschiedliche Handlungsweisen, den Verzehr ebenso sehr wie den Verzicht, ist nach dem 1Tim nur die eine Umgangsweise mit den bedankten Gaben möglich: der dankbare Konsum. Die Getränkefrage wird dagegen sensibler als die Speisefrage angegangen und in einem scheinbar persönlichen Ratschlag, der in Wirklichkeit aber ein für die Gemeinde konstruierter Modellfall ist, verhandelt: Timotheus, d.h. die Gemeinde soll nach 5,23 kein Wasser mehr trinken, sondern in maßvoller Weise zu Wein übergehen. Dem entspricht das an die Episkopen und Diakone angelegte Kriterium des maßvollen Weingenusses (3,3.8). Offenbar soll damit eine bislang eher asketisch orientierte Mahlpraxis der Gemeinde korrigiert werden.

2. Wenn auch die Mahlfeier des 1Tim dem kulturell vorgegebenen Ablauf von Mahl- und Wortteil folgen sollte, dann sind die Hinweise auf Ermahnung und Lehre (4,13), Schriftlesung und Gebet (2,1 f.) als *Elemente des sympotischen Wortteils* zu interpretieren. Auffällig ist insbesondere das Gebet für die Herrscher, das nicht nur als Indiz für die gesellschaftliche Eingliederung der Gemeinden, sondern darüber hinaus als Umprägung der für Vereine üblichen Trankspende zugunsten des Kaisers gewertet werden kann. Stärker noch als bei Paulus wird der Wortorientierung die Priorität über das gemeinsame Essen und Trinken eingeräumt. In der Sättigungsmahlzeit partizipiert die Gemeinde ganz allgemein an Gottes Schöpfungsgaben, ihr christliches Proprium kommt jedoch nicht dort, sondern im lehrhaften Wortteil vor oder nach dem Mahl zum Ausdruck.

3. Der Umbau der Gemeindestrukturen geht einher mit der *Ausbildung einer Funktionsträgerstruktur.* Die Kriterienkataloge für Episkopen und Diakone entsprechen mit ihrer Forderung nach Gastfreundschaft und Nüchternheit (1Tim 3,2.11) und dem Verbot von Trunk- und Streitsucht (3,3.8) üblichen sympotischen Wertvorstellungen. Presbyter und Episkope sollen die Gemeinde durch die Umbrüche leiten und die dabei entstehenden Konflikte einer Lösung zuführen. Zudem kommt ihnen die inhaltlich wichtige Lehrtätigkeit zu. Im Zuge dessen werden die Frauen zurückgedrängt und zur gemeindlichen Unauffälligkeit verurteilt. Lediglich das diakonische Feld, das wahrscheinlich mit dem Tischdienst zusammenhängt,

wie es das Nüchternheitskriterium nahelegt, steht auch Frauen offen. Analog zu Vereinen wird mit der Festigung der Ämter auch ihre Wertschätzung institutionalisiert, indem den Amtsträgern größere Mahlportionen als den anderen zugebilligt werden (5,17).

Schematisch ausgedrückt lassen sich die Ergebnisse folgendermaßen zusammenfassen:

Mahlorganisation	Räume	Es ist mit privaten Speiseräumen zu rechnen. Möglicherweise hat der 1Tim auch schon größere Versammlungslokale im Blick.
	Rhythmus	Ein Rhythmus lässt sich nicht ermitteln. Wahrscheinlich hat man den paulinisch vorgegebenen wöchentlichen Rhythmus beibehalten.
	Teilnahme	Die Mahlfeiern waren wie bei Paulus Frauen, Männern, Sklaven, Freien, Juden und Nichtjuden offen. Bei aller Zurückdrängung der Frauen in ihren aktiven Beteiligungsmöglichkeiten, wie es im 1Tim greifbar ist, blieb ihre passive Mahlteilnahme erhalten. Zudem ist von den Haustafeln im Kol/Eph her auch mit Kindern, vor allem Jungen, zu rechnen.
	Bereitstellung	Die Bereitstellung wird nicht geklärt. Vielleicht lag sie in der Hand der Diakone.
Mahlverlauf	Ablaufschema	Kol und 1Tim lassen mahlbezogene und wortbezogene Elemente der Gemeindeversammlung erkennen. Eine Zuordnung nach dem Schema von Mahl und Symposion liegt nahe.
	Leitung	Der Kol ist an Leitungsfragen nicht interessiert. Dagegen bezeugt der 1Tim eine klare Leitungsstruktur. Der Episkop leitete wahrscheinlich Mahl- und Wortteil, die Diakone waren für Bereitstellung und Tischdienst verantwortlich.
	Mahlbeginn	Das Mahl begann nach 1Tim mit dem Dankgebet.
	Sättigungsmahlzeit	Trotz aller paulinischer Relativierungen fanden weiterhin volle Mahlzeiten statt.
	Mahlabschluss	Der Weingenuss nach 1Tim 5,23 könnte auf den Mahlabschlussbecher anspielen.

	Trinkgelage	Sowohl der Eph als auch der 1Tim legen nahe, dass zum wortorientierten Beisammensein nach dem Mahl auch (Misch-)Wein getrunken wurde. Dieses Beisammensein wäre damit im wahrsten Sinne des Wortes ein Symposion. Inhaltlich standen Lied- und Lehrbeiträge sowie Gebete im Mittelpunkt.
Mahldeutung	*Mahlbezeichnung*	Eine Mahlbezeichnung ist nicht erkennbar. Der Begriff der Eucharistie im 1Tim steht noch allein für das Dankgebet über den Gaben.
	Konflikte	Die Konflikte machen sich an der Sättigungsmahlzeit fest. Im Kol wird das sättigende Essen und Trinken, im 1Tim werden die konkreten Speisen und Getränke als Konfliktherd benannt. Gelöst werden sie theologisch, sei es dass ihr Verweischarakter stark gemacht wird, sei es dass das Dankgebet herausgestellt wird.
	Abgrenzungen	Abgrenzungen werden stärker als noch bei Paulus nicht nur gegen pagane Fress- und Saufgelage, sondern auch gegen jüdische Mähler und ihre Speisetabus vorgenommen.
	Gruppenverständnis	Die Gemeinde des Kol wird als schattenhafte Darstellung des himmlisch verbürgten Leibes Christi verstanden, die des 1Tim als christlicher Verein.
	Mahlverständnis	Das Mahl gilt dem Kol als schattenhafte Vorwegnahme des endzeitlichen Festmahls, dem 1Tim als Gottes Schöpfungsgabe.
	Prioritätensetzung	Der 1Tim treibt die Priorität des Wortteils vor dem Mahl weiter voran. Hier findet das Eigentliche statt, die Unterweisung und das Gebet. Dagegen hat die Mahlzeit im Kol einen höheren Stellenwert.

Kapitel V

Die Mahlfeier im Kontext des Judasbriefs

1. Einleitung

Mit dem Judasbrief bleiben wir im *paulinischen Wirkungsfeld*. Wiewohl sein Autor im Unterschied zu den Deuteropaulinen nicht als bewusster Tradent paulinischen Erbes auftritt, so kann er dennoch in die „Wirkungsgeschichte paulinischer Theologie"[1] eingezeichnet werden.

Bereits die formale Anlage des Briefs mit Präskript (Jud 1 f.) und Schlussdoxologie (Jud 24 f.) weist darauf hin, dass die paulinische Brieform als Gattung apostolischer Autorität anerkannt worden ist.[2] Daneben fallen inhaltliche Parallelen in der Auffassung von der Gnade Gottes als etwas zu Bewahrendem und nicht zu Verkehrendem (Jud 4), in der beispielhaften Anspielung auf die Wüstenzeit Israels (Jud 5), in der Benutzung des Gegensatzpaares von ψυχικοί und πνεῦμα (Jud 19) und in der Aufforderung zum Gebet im heiligen Geist (Jud 20) auf. In die Nähe des 1Tim rückt das Traditionsprinzip den Jud (Jud 3.17.20).

Allerdings wird man den Verfasser des Jud nicht als Paulinisten bezeichnen dürfen. Die formale und begriffliche Nähe zur paulinischen Briefrhetorik und Sprache darf nicht darüber hinwegtäuschen, dass er sich kritisch mit dem Erbe des Apostels auseinandersetzt, wie es dann auch die Johannesoffenbarung tut,[3] deren Mahltheologie uns im Anschluss beschäftigen wird.[4] Mit der Offb teilt der Jud nicht nur die Entstehung im kleinasiatischen Raum,[5] sondern über die Geographie hinaus einen Zug, der sich nicht rein paulinisch erklären lässt, nämlich die starke Beheimatung in jüdischen Traditionen, denen ein identitätsbildender Rang zugemessen wird. Dabei fallen neben Anspielungen auf das spätere Alte Testament und seine

---

[1] SCHNELLE, Einleitung, 463.

[2] So VOUGA, Briefe, 194–210.

[3] Sowie der vom Jud abhängige 2Petr (vgl. die Übersichten bei BAUCKHAM, Jud, 141–143; PAULSEN, Jud, 97–100; KRAUS, Sprache, 368–376; WASSERMANN, Jude, 73–98), der seine Kritik an Paulus anders als der Jud offen vorträgt (2Petr 3,15 f.).

[4] Diese Nähe betont auch MÜLLER, Theologiegeschichte, 23, Anm. 26.

[5] So erwogen von BAUCKHAM, Jud, 16, aufgrund der Berührungen zwischen Jud 2 und MartPol inscr. sowie zwischen Jud 25 und MartPol 20,2 und HEILIGENTHAL, Henoch, 165, aufgrund der Nähe des Jud zur antiochenischen Theologie.

innerjüdische Auslegungstradition vor allem Berührungen mit *jüdisch-apo-kalyptischen Kreisen* auf.

In Jud 14 f. wird eine Gerichtstheophanie aus dem äthiopischen Henochbuch (1Hen 1,9) wörtlich zitiert, auf das der Brief auch über das direkte Zitat hinaus anspielenden Bezug nimmt.[6] Jud 9 greift auf apokryphe Moseüberlieferungen zurück, die von einem Streit zwischen dem Erzengel Michael und dem Teufel um den Leichnam des Mose wissen. Den Hintergrund der Streitszene bildet die frühjüdische Auslegungstradition von Dtn 34,5 f. Die dort berichtete Bestattung des Mose durch Gott wurde in der Tradition als anstößig empfunden, so dass sich die Legende ausbildete, dass Engelmächte Mose bestatteten (vgl. Philo, Mos. II 291), die dann zu einem Streit zwischen dem Erzengel und dem Teufel um den Leichnam des Mose weiterentwickelt wurde, auf die Jud 9 anspielt.[7]

Anders als den Fragen nach der traditionsgeschichtlichen Verortung und den literarischen Querverbindungen ist der *Mahlfrage* in der Erforschung des Jud nur wenig Beachtung geschenkt worden. Das mag damit zusammenhängen, dass die wenigen Andeutungen über die Missstände bei den Agapen (Jud 12) nicht als ausreichend empfunden wurden, um ein umfassendes Bild der Mahlversammlung zu zeichnen.

In der Forschung wird deshalb die Frage nach der Mahlgestalt der Agapen entweder übergangen[8] oder lediglich ihr Sättigungscharakter konstatiert.[9] Immer wieder wird auch eine – durch den Text freilich nicht gedeckte – Identifikation mit dem korinthischen Herrenmahl vorgenommen.[10] Ebenso unterbelichtet wie die Gestaltfrage bleibt die Namensfrage: Wieso konnte es überhaupt zur Bezeichnung einer Mahlfeier als „Agape" kommen? Die Ansicht, dass die Bezeichnung „must derive from the dominant early Christian sense of the love of God reaching men through Jesus Christ and creating a fellowship of love among Christians",[11] ist jedenfalls zu allgemein und verlangt nach tiefergehender Klärung.

Jedoch ist das Milieu des Jud zwischen jüdischer Schriftfrömmigkeit und christlichem Traditionsbewusstsein inzwischen recht gut erforscht, so dass die Adressatengemeinde des uns unbekannten Verfassers greifbar geworden ist,[12] und deshalb von uns der Versuch gewagt werden kann, die Er-

---

[6] Vgl. BAUCKHAM, Relatives, 137–141. HEILIGENTHAL, Henoch, 62–94, spricht sogar vom Jud als einem „christianisierte[n] Teil der Henochüberlieferung" (a.a.O., 63). Vor einer allzu starren Zuordnung von Jud zur Henoch-Tradition oder gar -schule warnt allerdings FREY, Judasbrief, 189 mit Anm. 41.

[7] Zur Frage der Vorlagen des Jud vgl. BAUCKHAM, Jud, 65–76; DERS., Relatives, 235–280; dazu kritisch VÖGTLE, Jud, 60 f.

[8] So z.B. bei PAULSEN, Jud, 71.

[9] So z.B. VÖGTLE, Jud, 67, im Anschluss an KOLLMANN, Ursprung, 149.

[10] So von BAUCKHAM, Jud. 84 f.; NEYREY, Jud, 75; SCHELKLE, Jud, 161.

[11] BAUCKHAM, Jud, 85. Vgl. auch WILCKENS, Theologie I/2, 195.

[12] Die Verfasserschaft des Herrenbruders Judas wird immer noch vereinzelt für möglich gehalten (so von SCHELKLE, Jud, 140–143; BAUCKHAM, Jud, 14–16; vorsichtig WILCKENS, Theologie I/3, 380 f. mit Anm. 66), aber von der Forschungsmehrheit mit guten

gebnisse traditionsgeschichtlicher Studien zum Jud mit den Ergebnissen der Forschung zu frühchristlichen Mählern zu verknüpfen und ein mögliches Bild des Liebesmahls im Jud zu entwerfen. Im Zuge dessen wird die vielverhandelte Gegnerfrage vom Mahl her beantwortet werden. Ist die Agape der Ort, an dem sich die im Jud anklingenden Probleme manifestieren,[13] dann muss sich das Profil der Gegner und ihre Bekämpfung durch den Briefschreiber aus der Versammlungssituation heraus darstellen lassen. Jedenfalls ist solch ein Vorgehen angemessener als eine abstrakte und pauschale Darstellung der Gegner als ethische Verführer oder dogmatische Irrlehrer.

Damit ergibt sich folgende *Vorgehensweise*: In einem ersten Schritt wenden wir uns der Frage nach dem Wesen der Agapen zu und stellen ihren Charakter als Mahl- und Wortversammlungen heraus (Abschnitt 2). Danach erhellen wir die Mahlbezeichnung aus der paulinischen Mahltheologie heraus (3). Die Konfliktsituation, auf die hin der Verfasser seinen Brief schreibt, und seine Lösungsstrategie sollen sodann aus den Agapen heraus nachgezeichnet werden. Dabei muss sich unsere These, dass sich das Profil der Gegner am ehesten aus ihrem Verhalten bei den Agapen heraus entwickeln lässt, bewähren (4). Eine Zusammenfassung rundet das Bild ab (5).

2. Die Agape als Mahl- und Wortversammlung

Die vom Autor des Jud beklagten Missstände in der Gemeinde kulminieren in den wohl regelmäßig stattfindenden Agapen. Sie sind die einzige Konkretion innerhalb einer allgemein und stereotyp gehaltenen Verwerfungslitanei:

„Diese aber sind es, die bei euren Agapen als Klippen ohne Scheu mitschmausen, indem sie sich selbst weiden. Sie sind wasserlose Wolken, von Winden verweht, spätherbstliche Bäume ohne Früchte, zweimal entwurzelt und abgestorben" (Jud 12).

Die Lesart ἀγάπαις ist quantitativ und qualitativ gut bezeugt. Dagegen ist die alternativ bezeugte Lesart ἀπάταις von 2Petr 2,13 her beeinflusst und an einer Harmonisierung interessiert. Offensichtlich war nicht allen frühen Abschreibern die Mahlbezeichnung Agape selbstverständlich.[14] Die Rekonstruktion von Whallon „.... αἱ ἐν τοῖς ἀχάταις ὑμῶν σπιλάδες ... (= these are the spots in your agates when they share a banquet)" kann

---

Gründen negiert (so z.B. von HEILIGENTHAL, Henoch, 22–24; PAULSEN, Jud, 44 f.; VÖGTLE, Jud, 4–11).

[13] So VÖGTLE, Jud, 3; WICK, Gottesdienste, 357.

[14] Auch die Lesart εὐωχίαις (= Festmähler) statt ἀγάπαις drückt eine Verlegenheit mit der Agapebezeichnung aus, ist aber eindeutig als Anpassung an συνευωχούμενοι zu verstehen.

nicht nur keine Textzeugen für sich beanspruchen, sondern lebt zugleich von der vorab getroffenen Entscheidung, dass zwar sehr wohl von einer Mahlsituation die Rede, die Bezeichnung eines Mahls als Agape dagegen griechisch unsinnig sei.[15]

Weil das Substantiv Agape neutestamentlich nur hier als Bezeichnung einer Art von gemeindlicher Versammlung gebraucht wird, ist es schwierig, diese Versammlung deutlicher zu fassen. Die kritisierende Bezeichnung der Gegner als συνευωχούμενοι, die uns noch in der Bestimmung des Konflikts beschäftigen wird, legt nahe, dass es sich um eine gemeindliche Versammlung handelte, deren Bestandteil auch ein Sättigungsmahl war.[16]

In diesem Sinne wird συνευωχεῖσθαι bei Philo, spec. IV 119; Josephus, Ant. I 92; Clemens von Alexandrien, Paed II 2,25,1; 7,60,1 gebraucht. Auch die vorsilbenlose Verbform εὐωχεῖσθαι meint meist neutral das bloße sich sättigende Schmausen beim Gastmahl (Philo, prob. 102; Josephus, Ant. VI 363; IX 270; Aristophanes, Pl. 614; Athanaios I 6a; XIV 663c; XV 674a; Herodot, Hist V 8; Lukian, Sat. 7; Xenophon, Mem III 14,7; ActPaul 7; ActJoh 107), kann aber auch auf kultische Opfermähler (Philo, spec. I 242) oder auf das Passa (Philo, her. 255) bezogen werden. Daneben wird es vereinzelt auch für das Fressen der wilden Tiere (Philo, somn. II 66; spec. III 115) oder des Viehs gebraucht (Xenophon, An V 3,12). Xenophon versucht gar eine Interpretation auf etymologischer Basis und kommt dabei auf „Wohl-Leben", wobei sich das „wohl" darauf beziehe, dass das Essen weder die Seele noch den Körper zu sehr beschweren dürfe (Mem III 14,6). Folglich ist die Sättigung von der Völlerei abzugrenzen. Das dazugehörige Substantiv εὐωχία meint das Festmahl (TestHiob 44,2).

Die Agapen waren aber keine reinen Sättigungsmähler. Der Jud ist voll von Anspielungen auf alttestamentliche Schriften und ihre frühjüdische Rezeption, die auf einen wortorientierten Teil der Mahlversammlung schließen lassen.

Die Beheimatung des Jud in jüdischen Traditionen zeigen neben den eingangs erwähnten apokalyptischen Einflüssen (vgl. oben Abschnitt 1) in exemplarischer Weise die Beispielreihen in Jud 5–7 und 11. Die Reihe Jud 5–7 illustriert mit drei Beispielen aus der Geschichte Israels das Gericht Gottes über die von ihm abgefallenen Sünder und gewinnt dadurch eine paränetische Funktion für die Gegenwart.[17] Das erste Beispiel bezieht sich auf das Murren der Wüstengeneration,[18] das zweite auf den urzeitlichen Engelfall,[19] das

---

[15] Vgl. WHALLON, Jude 12, 156–159. Dazu WASSERMANN, Jude, 286 f.

[16] Das Problem verkennt die von 𝔓[72] bezeugte Lesart συνευχόμενοι (= gemeinsam Betende). Nicht ums Beten geht es, sondern ums Essen und Trinken (vgl. WASSERMANN, Jude, 287 f.).

[17] Vergleichbare Aufzählungen bieten bei inhaltlicher Variation Sir 16,7–10; CD II 17 – III 12; 3Makk 2,4–7; Jub 20,5; TestNaph 3,4 f.; mSan X 3 u.a.

[18] Es kann hier offen bleiben, ob der Verfasser an ein konkretes Ereignis der Wüstenzeit denkt, etwa den Vorfall in Num 14,1–38 wegen der Motivanalogie des Unglaubens, oder ob er sich allgemein auf das Murren des Volkes in der Wüste bezieht (Letzteres PAULSEN, Jud, 62). Das Motiv taucht über die Wüstengeschichten hinaus u.a. auch in Dtn 1,32; 9,23; Ps 106,24 und LibAnt 15,6 auf.

dritte auf den Fall von Sodom und Gomorra samt ihrer Nachbarstädte.[20] Dagegen bedient sich die Reihe in Jud 11 dreier konkreter alttestamentlicher Gestalten, die eine frühjüdische Wirkungsgeschichte entfalten konnten und von daher zu deuten sind. Das gilt vor allem für die Figur des Bileam. Wird im Alten Testament noch ein ausgewogenes Bild des Propheten gezeichnet, knüpfte die Auslegungstradition an die Randnotiz in Num 31,16 an und las die Verirrung der Israeliten zu Fremdgötterkult und Hurerei nach Num 25,1 f. von dieser Notiz her, im Zuge dessen Bileam zum Prototyp des Verführers zu Götzendienst und Unzucht wurde (Philo, Mos. I 295–300; Josephus, Ant. IV 126–130; LibAnt 28,13; vgl. 1Kor 10,8). Ähnliches gilt für Kain und Korach: Kain ist über Gen 4,1–6 hinaus zum Prototypen des Gottlosen (Philo, post. 38 f.42; det. 32.48.78; Josephus, Ant. I 52–66) und Häretikers, der die Gerechtigkeit Gottes anzweifelt und das Endgericht in Frage stellt,[21] geworden. Und Korach wurde in der Weiterentwicklung der Erzählung aus Num 16 zum Gegner des mosaischen Gesetzes (LibAnt 16,1) und zum Spalter der Gemeinde (TPsJon zu Num 26,9).

Diese Vertrautheit mit alttestamentlichen Traditionen und ihrer Rezeption im frühjüdischen Schrifttum bis hin zu apokryphen und apokalyptischen Überlieferungen weist auf einen hohen Stellenwert von *Schriftauslegung und Lehre* hin. Wäre die Gemeinde nicht in jüdischen Diskursen beheimatet und mit den heiligen Schriften vertraut, hätte sie die kommentarlosen Andeutungen im Brief überhaupt nicht verstehen können. Wie die in den mit dem 1Tim angeredeten Gemeinden scheint auch die Gemeinde des Jud – trotz inhaltlicher Differenzen bezüglich dessen, was inhaltlich genau zu tradieren ist – der Lehre und Traditionsvermittlung einen besonders hohen Stellenwert in der Gemeindeversammlung eingeräumt zu haben.

Die Visionen und Träume (V. 8) sowie das geistinspirierte Gebet (V. 20)[22] weisen daneben auf *prophetisch-inspirierte Wortbeiträge* hin, wie sie uns schon aus 1Kor 14 bekannt sind. In diesen Kontext gehört auch die dem Jud eigentümliche Engelverehrung, die aus der gegnerischen Polemik in V. 8 rückgeschlossen werden kann und offensichtlich zu Konflikten ge-

---

[19] Der Engelfall wird in Gen 6,1–4 berichtet. Seine Aufnahme in die Beispielreihe ist aber ohne die weitere Auslegungsgeschichte nicht verständlich, weil sich die Schlüsselelemente – Aufgabe des eigenen Herrschaftsbereichs, Bewahrung in Finsternis, Bindung zum Gericht – in der biblischen Überlieferung noch nicht finden, dagegen in 1Hen 10,4–8.11–13 und 12,4–13,1 bezeugt werden.

[20] Der paradigmatische Charakter der Städte und die Beispielhaftigkeit ihrer Verfehlung erklärt sich nicht allein aus Gen 19,1–25 heraus, sondern erst aus der Wirksamkeit des Textes in der frühjüdischen (Sir 16,8; 3Makk 2,5; Jub 16,6; 20,5; 22,22; 36,10; TestAss 7,1; TestNaph 3,4; 4,1; Josephus, Bell. V 566 u.a.), aber auch frühchristlichen Tradition (Mt 10,15; 11,24; Lk 10,12; 17,29 u.a.).

[21] Vgl. HEILIGENTHAL, Henoch, 43 f.

[22] Gegen SCHELKLE, Jud, 169, geht es beim Beten im Heiligen Geist nicht um die Innerlichkeit des Glaubens, sondern um das vom Geist inspirierte Beten, das sich von nicht inspirierten Redeformen wie dem Lehrvortrag oder dem Lehrgespräch gattungsmäßig unterscheidet.

führt hat.[23] Es handelte sich wohl nicht um eine lehrhafte,[24] sondern eine gottesdienstliche Engelverehrung,[25] die eine pneumatisch vermittelte Teilnahme der Gemeinde am himmlischen Kult und Lobpreis markiert, wie sie in jüdisch-apokalyptischen Kreisen nicht ungewöhnlich war. So beschreibt TestHiob 43 ff. die Inspiration der Töchter des Hiob, deren Geistbegabung dazu führte, dass sie nicht mehr an irdische Dinge dachten (48,2) und „begeistert in engelhafte Sprache [...] gleich dem Gesang der Engel" sprachen (48,3).[26]

Die Engelverehrung ist alttestamentlich vorbereitet[27] und im Frühjudentum ausgebaut worden. Als besonders relevant erweisen sich Belege aus Qumran.[28] Dort tauchen Engel in Segensformularen auf (11QSM [= 11Q14] 1 II 4–6) und wird in liturgischer Reziprozität einerseits die Gegenwart von Engeln im gemeindlichen Gottesdienst (1QSa [= 1Q28a] II 8–9; CD XV 15–17; 11QSM [= 11Q14] 1 II 14–15) und andererseits die Partizipation der feiernden Gemeinde am himmlischen Gottesdienst (1QS XI 7–8; 1QH XI 19–23; XIV 13) gedacht, so dass die Gemeinde ihrem Selbstverständnis gemäß gottesdienstlich in „Gemeinschaft mit der Gemeinde der Himmlischen" (1QH XI 21–22) tritt. In die gleiche Richtung verweisen auch die Sabbatopferlieder 4QShirShabb[a–h] (= 4Q400–407) und 11QShirShabb (= 11Q17).[29] Jünger sind die in ihrer Datierung umstrittenen mystischen Texte der Hekhalot-Literatur. Der Mystiker muss auf seiner Himmelsreise zum Thron Gottes verschiedene Wächterengel passieren und sich von ihnen auf die Probe stellen lassen (Hekhalot Rabbati § 219–223; Hekhalot Zuṭarti § 413–417), bevor er in den siebten Himmelspalast treten darf, um dort „den König in seiner Schönheit zu schauen" (Hekhalot Zuṭarti § 407) und in den himmlischen Lobpreis (Hekhalot Rabbati § 104; 161; 185 f.) einzustimmen.[30]

Wie die gesamte frühjüdische Engelverehrung kein „substitute for the worship of God" darstellte, sondern die „supremacy of God" betont,[31] also

---

[23] Vgl. dazu unten Abschnitt 4.1.

[24] In diese Richtung denken BAUCKHAM und VÖGTLE. BAUCKHAM, Jud, 58 f., denkt an Gesetzesengel (vgl. Jub 1,27–29; Josephus, Ant. XV 136; Apg 7,38.53; Gal 3,19; Hebr 2,2), VÖGTLE, Jud, 57–59, an Gerichtsengel. Er bezieht aber nur δόξαι auf die Gerichtsengel und sieht in κυριότης die Richtermacht des Parusie-Christus angesprochen.

[25] So auch SELLIN, Häretiker, 214–218. Er geht jedoch zu weit, wenn er auch den Gegnern ein ekstatisches Verhalten vorwirft, mit dem sie die Gemeinde zu übertreffen trachteten. Konkret denkt er an ekstatische Himmelsreisen, auf denen die Gegner auf zwei verschiedene Klassen von Engeln herabblickten und sie verspotteten.

[26] Übersetzung nach SCHALLER.

[27] So HOFIUS, Gemeinschaft, 308–311, unter Berufung auf die Psalmentradition (Ps 29,1 f.; 103,20 f.; 138; 148,1 f.).

[28] Vgl. HOFIUS, Gemeinschaft, 311–314; STUCKENBRUCK, Angel Veneration, 150–164.

[29] Insbesondere die Lieder 4Q400 2 (vgl. dazu SCHWEMER, König, 81–84) und 4Q403 1 I 31–33 (vgl. dazu a.a.O., 94–103) lassen eine Engelverehrung erkennen.

[30] Vgl. SCHÄFER, Engel, 250–257.

[31] STUCKENBRUCK, Angel Veneration, 201. Dass die Engelverehrung damit funktional gesehen werden muss und nicht auf eine ontologische Überlegenheit der Engel über den Menschen schließen lässt, zeigt das mystische Motiv der Rivalität zwischen Engeln und

nicht als Verdrängung, sondern als Ermöglichungsgrund für die kultische Gottesverehrung begriffen wurde, so bedrohte auch die gottesdienstliche Engelverehrung der Gemeinde des Jud in keiner Weise die monotheistische Gottesverehrung[32] und führte offenbar auch nicht zur Ausbildung einer an Engeln orientierten Christologie.

Dem jüdischen Traditionsmilieu des Jud steht eine in besonderer Weise hohe Christologie zur Seite. Die Bezeichnung Christi als ὁ μόνος δεσπότης καὶ κύριος ἡμῶν in V. 4 erinnert an die Gottesanrede bei Josephus, Ant. XX 90.[33] In V. 5 verortet der Verfasser dann den zuvor genannten Herrn Jesus Christus in der Geschichte Israels; zwar ist die Subjektfrage aufgrund von textkritischen Problemen unsicher, doch lassen sich die auf Gott bezogenen Lesarten eher als Erleichterung der auf Christus bezogenen Varianten – diese reichen vom einfachen Ἰησοῦς in den Kodizes A und B bis hin zur Spitzenaussage θεὸς Χριστός in $\mathfrak{P}^{72}$ – erklären als umgekehrt.[34] Nach V. 25 schließlich wirkt der alleinige Gott und Retter durch Jesus Christus, den Herrn; der Jud „erringt [...] die Möglichkeit, den Namen Gottes auf Jesus ausstrahlen zu lassen".[35]

Insbesondere an dieser Engelverehrung macht der Briefautor den gemeindlichen Konflikt fest. Dass dieser primär in den Mahlversammlungen zutage trat, kennzeichnet ihn als einen eher gottesdienstlichen denn dogmatischen Konflikt und legt die Vermutung nahe, dass wie in paulinischen Gemeinden Mahl und Wortteil eine Einheit bildeten.[36]

3. Die paulinische Herkunft der Bezeichnung „Agape"

Warum bezeichnete man solche Versammlungen als „Agapen"? Wo kommt die Nomenklatur her und welche besonderen deutenden Vorstellungen haben sich an sie geheftet? Diesen Fragen ist in der *Forschungsgeschichte* keine Aufmerksamkeit geschenkt worden. Dort hat man sich vielmehr auf die anachronistische Frage nach der Sakramentalität der Agapen und ihrem Verhältnis zur Eucharistie konzentriert.

Die Weichen dahin stellte Hans Lietzmann. Er unterschied bekanntlich zwischen der sakralen Agape, die an die tägliche Tischgemeinschaft Jesu mit seinen Jüngern und ge-

---

Menschen, das im Gegenteil den Menschen über die Engel stellt (vgl. SCHÄFER, Engel, 265–272).

[32] Vgl. Jud 1 f. und bes. Jud 25.

[33] Vgl. die Diskussion bei BAUCKHAM, Jud, 39 f.; DERS., Relatives, 302–307; VÖGTLE, Jud, 28–32.

[34] Vgl. die Diskussion bei BAUCKHAM, Relatives, 307–312; PAULSEN, Jud, 59–61; dagegen bezieht VÖGTLE, Jud, 37–40, den Kyrios-Titel auf Gott.

[35] KARRER, Jesus Christus, 348.

[36] Die Orientierung am hellenistischen Schema von Mahl und Wortversammlung wäre ein weiteres Indiz dafür, dass der Jud zwischen Judentum und Hellenismus steht, wie es FREY, Judasbrief, 190–203, vertritt.

sellschaftlichen Außenseitern anknüpfte und als Sättigungsmahl begangen wurde, und der sakramentalen Eucharistie, die in Erinnerung an Jesu Abschiedsmahl als kultisches Totengedächtnismahl begangen wurde.[37] Konnten Sättigungs- und Kultmahl in Did 9 f. nach Lietzmanns Darstellung noch nebeneinander bestehen und Teil einer integralen Mahlversammlung sein,[38] wurden beide Akte dann mit der Integration der Eucharistie in den Morgengottesdienst getrennt und ließen die Agape wieder zu dem werden, „was sie einst gewesen war, eine durch Gebet und Brotbrechen eingeleitete kultische Mahlfeier kleinerer Kreise."[39]

Bei allem Widerspruch gegen Lietzmann, der sich in der Folgezeit breit äußerte, hat sich durchgehalten, die Agapefeiern in erster Linie als theologisch qualifizierte Sättigungsmähler zu verstehen. Diese Sättigungsmähler werden entweder eucharistisch oder diakonisch verstanden. Im ersten Fall wäre Agape nur eine zufällige Mahlbezeichnung neben anderen und kein Indiz für einen eigenen Mahltypus,[40] im zweiten Fall wäre tatsächlich eine Eigenart gegeben, insofern es nicht primär um gottesdienstliche, sondern um diakonische Funktionen ginge. So denkt Bernd Kollmann konkret an die Armenfürsorge, wie sie erstmals in der Witwenspeisung nach Apg 6,1 f. bezeugt sei, und deutet die Entstehung der Agapen aus der Entwicklung von der täglichen (Apg 2,46) zur wöchentlichen Feier des Kultmahls (Apg 20,7; Did 14,1; Plinius d.J., ep. X 96,7). Sie hätten als tägliche und rein karitative Mähler die Versorgung bedürftiger Gemeindeglieder gesichert.[41]

Den Sättigungscharakter der Agapen hat die Forschung zu Recht herausgestellt. In diese Richtung weist ja auch Jud 12. Ob der Verfasser allerdings diesen Sättigungscharakter für wesentlich gehalten hat, in ihm also ein notwendiges Kennzeichen der Agape gesehen hat, ist dagegen fraglich. Er spricht ja nicht von diakonischen, sondern von Liebesmählern! Wir tun also gut daran, die Agapen des Jud nicht aus der späteren liturgiegeschichtlichen Entwicklung heraus zu bestimmen, sondern zunächst von der Mahlbezeichnung selbst auszugehen und zu fragen, wo sie traditionsgeschichtlich wurzelt.

Dabei kommt der *paulinischen Liebesethik* eine besondere Rolle zu. In 1Kor 13 begegnet der Begriff der „Agape" ausführlich im Kontext der Werteordnung der Gemeindeversammlung, die gemäß Kap. 11–14 als Mahl- und Wortversammlung gekennzeichnet ist.[42] Die Liebe verbindet dort den Gedanken der Einheit der Charismen, wie ihn Paulus mit der

---

[37] Vgl. LIETZMANN, Messe, 249–255. Zum Kontext des jüdischen Sabbatmahls für die Entstehung der Agapen vgl. auch a.a.O., 202–210. Zum grundsätzlichen Ansatz LIETZMANNs vgl. oben Kap. I.2.

[38] Vgl. LIETZMANN, Messe, 256 f. Demnach „haben wir eine Agape vor uns, welche durch Eucharistiefeier eingeleitet wird" (233).

[39] Vgl. LIETZMANN, Messe, 259–261 (Zitat 260).

[40] In diesem Sinne KLINGHARDT, Gemeinschaftsmahl, 8 und 510. Ihm folgt WICK, Gottesdienste, 357, Anm. 1070.

[41] Vgl. KOLLMANN, Ursprung, 149 f. Ähnlich ROLOFF, Gottesdienst, 56.

[42] Zum Zusammenhang von Mahl und wortorientiertem Beisammensein in Korinth vgl. oben Kap. III.3.2.2.2.

Leibmetaphorik in Kap. 12 entfaltet hat, mit dem der unterschiedlichen Bewertung einzelner Charismen aufgrund ihres Nutzens für das Gesamte des Leibes, wie Paulus am Beispiel der Glossolalie und Prophetie in Kap. 14 darlegen wird.[43] Sie ist also im Kontext der Kapitel, die sich der Gemeinschaftsgestaltung in der korinthischen Gemeinde widmen, kein Fremdkörper,[44] sondern integraler Bestandteil der paulinischen Argumentation, die darauf zielt, die Liebe als ethischen Maßstab und theologische Gabe zu entfalten.[45]

Die Liebe ist aufgrund der Rahmung durch 12,31 und 14,1 sowie der formgeschichtlichen Einordnung der Verse 1–3 als Wertepriamel[46] zunächst einmal als *ethische Größe* zu verstehen.[47] Sie ist dabei von den ebenfalls ethisch ausgerichteten Charismen unterschieden, insofern sie als Voraussetzung aller charismatischen Begabung gedacht werden muss, so dass ohne Liebe auch kein Charisma denkbar ist.[48] Sie wird damit zum Oberbegriff für die beiden im Vorfeld des Briefes entfalteten Grundkriterien innergemeindlicher Ethik, dem Nutzen (συμφέρον: 6,12; 10,23 f.33) und der Auferbauung (οἰκοδομή: 8,1; 10,23).[49] Beide Begriffe können von Paulus synonym gebraucht werden (vgl. 10,23), so dass es schwierig ist, sie voneinander abzugrenzen.[50] Sie weisen weg von Individual- und Partikularinteressen und hin auf das Ganze der Gemeinde und ihres Wohls. Weil sich ihre Wirkung nicht abstrakt, sondern in den konkreten Zusammenkünften zeigt, verwundert es nicht, dass sie auch im Kontext der Kap. 12–14 behandelt werden, und zwar zum einen innerhalb der Rede von der Gemeinde als Leib Christi (12,7) und zum anderen in der Auseinandersetzung um den Stellenwert von Glossolalie und Prophetie (14,3.5), die zugleich exemplarisch für eine geordnete und alle aufbauende Gestaltung des wortorientierten Versammlungsteils steht (14,26). Dass Paulus nun über Nutzen und Auferbauung hinaus noch von der Liebe redet und damit die beiden ethischen Kriterien in einem dritten Begriff aufhebt, hat wohl zunächst ekklesiologische Gründe, insofern gerade die Agape den jüdischen Hintergrund des Paulus mit einer universalen ethischen Ausrichtung zu verbinden vermag, die jüdische wie nichtjüdische Christen in derselben Gemeinde

---

[43] So KLINGHARDT, Gemeinschaftsmahl, 353 f.

[44] Nach CONZELMANN, 1Kor, 255, ist der Anschluss nach hinten (12,31) und vorn (14,1) sprachlich und sachlich „rissig". Anders LINDEMANN, 1Kor, 280 f.

[45] Zur Einordnung in den Kontext vgl. SÖDING, Liebesgebot, 124–130, der freilich zugibt, dass „der Horizont des 13. Kapitels weiter gespannt [ist], als es der Kontext unmittelbar erfordern würde" (124).

[46] D.h. als Antwort auf die Frage nach dem höchsten Wert. Vgl. BERGER, Formen, 270.

[47] Die parakletische Ausrichtung sieht auch SÖDING, Liebesgebot, 127 f., jedoch geht ihm zufolge die Agape nicht in ethischen Dimensionen auf.

[48] Vgl. KLINGHARDT, Gemeinschaftsmahl, 353. So auch WOLFF, 1Kor, 311, demzufolge die Liebe „nicht als das bedeutendste Charisma verstanden [wird], sondern als die Basis allen geistgewirkten Tuns".

[49] Dass die Liebe Voraussetzung der Auferbauung ist, zeigt 1Kor 8,1. Vgl. auch 16,14.

[50] SMITH, Symposium, 204, unterscheidet beide dadurch, dass er der Auferbauung eine „more activist" Nuance als dem Nutzen zuschreibt.

eint.[51] Traditionsgeschichtlich macht er sich dabei eine Entwicklung zunutze, die durch die griechischsprachige Literatur des Judentums vorbereitet war, die inhaltliche Ausrichtung der Agape auf die Nächsten- und Bruderliebe.[52]

Über die ethische Ausrichtung hinaus verleiht die Liebe dem sozialen Nutzen und der Erbauung „theologische Tiefenschärfe".[53] Sie ist nach Paulus nicht allein eine Tugend, sondern darüber hinaus eine zutiefst *theologische Größe*, die beide Kriterien überhaupt erst fundiert.[54] Als theologische Größe eignet der Liebe zum einen ein eschatologischer Grundzug, der insbesondere im zweiten Teil des Kapitels zur Sprache kommt, das vom gegenwärtigen und zukünftigen Bleiben der Liebe handelt.[55] Aber auch den vier πάντα-Aussagen in V. 7, dass die Liebe alles erträgt, alles glaubt, alles hofft und allem standhält, ist ein utopischer Charakter zuzeigen. Zum anderen steht die Liebe als theologische Größe in einer theozentrischen Dimension, insofern es sich bei ihrer Kennzeichnung als langmütig, gütig, gerecht und wahrhaftig (V. 4–7) um Übertragungen alttestamentlich-frühjüdischer Eigenschaften und Handlungsweisen Gottes handelt. Diese theozentrische Grundtendenz ist nicht gegen christologische Konnotationen auszuspielen, wiewohl sie auf der Textoberfläche nicht zutage treten,[56] denn Paulus kann an anderer Stelle die Lebenshingabe Jesu als Tat der Liebe deuten und diese damit christologisch normieren.[57] Damit wird sie zur angewandten Kreuzestheologie und so „im Kern zur Bejahung der Liebe, die Gott ihm (= dem Nächsten) durch den gekreuzigten und auferweckten Jesus zukommen lässt."[58]

Das so genannte „Hohelied der Liebe" hat aber nicht nur einen ethisch-parakletischen und theologisch-christologischen Zug, es trägt schließlich auch *sympotischen Charakter*.[59] Und genau dieser ist es, der die Verwendung der Agape als Mahlbezeichnung befördern konnte. Dies konnte in Analogie zu paganen Gastmählern geschehen, die oftmals *pars pro toto* Symposien genannt wurden, obwohl der Begriff συμπόσιον streng ge-

---

[51] Dass schon innerhalb des hellenistischen Judentums die Agape ein universales ethisches Prinzip ist, zeigt WOLTER, Ethische Identität, 82, unter Verweis auf Weish 6,18 und Arist 229.

[52] Der Ursprung des Substantivs ἀγάπη liegt dabei keineswegs in der jüdischen Gräzität, sondern ist pagan schon vorliterarisch bezeugt. Aber erst in der LXX (dort 18 Belege) und hellenistisch-jüdischen Literatur (Arist 229; Sib 2,65; PsSal 18,3; TestRub 6,9; TestGad 4,2.6.7; TestAss 2,4; TestJos 17,3; TestBen 3,5; 8,1.2; Philo, Deus 69; QE II 21) ist ihm eine ethische Bedeutung zugewachsen. Vgl. dazu WISCHMEYER, Vorkommen, 91–115.

[53] SÖDING, Liebesgebot, 129.

[54] So SCHRAGE, 1Kor III, 282 f.; SÖDING, Liebesgebot, 130–133 u.a.

[55] Bes. in 13,13. Zum hellenistisch-jüdischen Hintergrund der paulinischen Triaden (auch 1Thess 1,3; 5,8) und zur paulinischen Eigenleistung in der Verbindung der Liebe mit dem Glauben vgl. WISCHMEYER, Untersuchung, 117–123.

[56] So zu Recht SÖDING, Liebesgebot, 131 f. Er selbst erblickt christologische Untertöne in den beiden Aussagen in V. 5b und 7a, dass die Liebe nicht das Eigene sucht und alles trägt, und erkennt darin einen Verweis auf die Erniedrigung und Selbsthingabe Jesu.

[57] So in Röm 5,8; 8,34 f.; 2Kor 5,14; Gal 2,20; vgl. Eph 5,2.25.

[58] So SÖDING, Liebesgebot, 153–161, Zitat 157.

[59] Darauf weist auch SMITH, Symposium, 211–214, hin. Vgl. ebenfalls KLINGHARDT, Gemeinschaftsmahl, 352–355.

nommen nur das im Anschluss an das Mahl stattfindende Trinkgelage bezeichnet.[60] Allerdings gehört der Begriff der ἀγάπη nicht zum Begriffsfeld sympotischer Ideologie. Zwar ergeben sich Verbindungslinien zu sympotischen Gemeinschaften, sobald man berücksichtigt, dass es bei der Agape um freundschaftliche und familiale Beziehungen geht, also um ein Gruppenethos der Nahbeziehungen,[61] wie es gerade auch von sympotischen Gruppen gelebt wird. In dieser Hinsicht gehört die Agape in das semantische Feld von εὐφροσύνη,[62] κοινωνία[63] und φιλία bzw. φιλοφροσύνη[64]. Jedoch geht die Agape über die Freundschaft hinaus, insofern sie sich in keine der drei von Aristoteles geprägten Freundschaftskategorien einordnen lässt.[65] Sie entspricht weder der um nützliche Zwecke noch der um der (erotischen) Lust willen geschlossenen, sondern gleicht am ehesten noch der tugendhaften und zweckfreien Freundschaft. Diese ist aber nach Aristoteles auf gleichwertige und gleichberechtigte Partner bezogen, so dass nach diesem Modell Gleichheit die Voraussetzung für Freundschaft ist (e.N. 1158a; 1168b), während paulinisch die Liebe gerade auch dem Ungleichen gilt und damit im Unterschied zur Freundschaft asymmetrisch ausgerichtet ist.[66] Aristoteles kennt also anders als Paulus keine rein altruistische Freundschaft, die allein um ihrer selbst willen und unabhängig von Solidarität und Reziprozität gelebt werden soll.

Wir haben es also nicht nur mit einem eigenen Mahlbegriff, sondern auch mit einem eigenen Mahlideal zu tun, wenn wir die Liebe auf die christliche Mahlversammlung beziehen. Der Name „Agape" ist Programm,

---

[60] Vgl. oben Kap. II.2.4.3.

[61] So WOLTER, Ethische Identität, 81 f. Er verweist auf Plutarch, mor. 7d–e; Dio Chrysostomus, Or. 74,12 und bes. Belege aus TestXII (TestRub 6,9; TestSim 4,4.7; TestSeb 8,5; TestDan 5,3; TestGad 6,1; TestJos 17,2). Im Rahmen einer solchen Freundschaftsethik konnte die Hingabe des eigenen Lebens als Liebestat gelten (Platon, Symp. 179b; hier jedoch nicht mit ἀγαπᾶν, sondern mit ἐρᾶν). Die paulinisch gewichtige Anrede ἀγαπητός begegnet im paganen Umfeld des Neuen Testaments nur innerfamiliär, wie WISCHMEYER, Adjektiv, 132, darlegt.

[62] Homer, Od. 9,5 ff.; Theognis 773–782; vgl. Athenaios XI 462c (dazu SMITH, Symposium, 54 f.). Zur jüdisch-christlichen Rezeption vgl. 3Makk 6,30–36; Barn 15,9.

[63] Plutarch, mor. 615a; vgl. Apg 2,42; 1Kor 10,16.

[64] Plutarch, mor 660b; vgl. 612d. Das Neue Testament kennt den Begriff nicht und redet stattdessen von φιλαδελφία (Röm 12,10; 1Thess 4,9; Hebr 13,1; 1Petr 1,22; 2Petr 1,7). Es geht damit von freundschaftlicher in familiale Beziehungssprache über.

[65] Aristoteles, e.N. 1155a–1172a. Vgl. dazu MITCHELL, NTAK 2, 75–78. Dass das hellenistische Freundschaftsideal anders als die christliche Liebesethik auf sozial Gleichstehende bezogen ist, betonen auch STRECKER, Liminale Theologie, 304 f., und KONRADT, Feier, 209 f.

[66] Das zeigt schon die Rede von den besonders schwachen (ἀσθενέστερα) und unehrenhaften (ἀτιμότερα) Gliedern am Leib Christi (1Kor 12,22 f.).

wie Paulus selbst in den beiden Wertepriameln V. 1–3 und 8–13 sowie im Enkomion V. 4–7 darlegt:

1. In der *einleitenden Wertepriamel* knüpft Paulus durch die Rede von γλῶσσαι (V. 1a) und προφητεία (V. 2a) an die charismatisch-pneumatischen Redegattungen an, die das wortorientierte Zusammensein der Korinther nach dem Mahl maßgeblich prägen (vgl. 12,10.29 f.; 14,1 ff.). Auch der Vergleich dessen, der ohne Liebe ist, mit einem hallenden Erzbecken (χαλκὸς ἠχῶν) und einer gellenden Zimbel (κύμβαλον ἀλαλάζον) in V. 1 passt in den Kontext einer sympotischen Versammlung, insofern beide Begriffe einerseits metaphorisch auf wortreiches und inhaltsleeres Gerede[67] und andererseits auf die übliche musikalische Untermalung paganer Kultmähler bezogen werden.[68] Eine Entscheidung erübrigt sich, weil es in beiden Fällen um den kommunikativen Charakter der Liebe geht, der Voraussetzung gelingender Mahlgemeinschaft ist. Die Liebe kann sich weder mit leerem Geschwätz noch mit einseitigem Zuhören begnügen, sondern ist auf Resonanz angewiesen.[69]

2. Die Nähe und zugleich Besonderheit der Liebe kommt aber besonders im *Enkomion* V. 4–7, dem Herzstück des ganzen Kapitels zum Ausdruck.[70] Die Forschung hat zu Recht immer wieder auf formale und inhaltliche Ähnlichkeiten mit sympotischen Lobliedern auf den Eros hingewiesen,[71] nicht zuletzt aufgrund seines utopisch-eschatologischen Charakters. Allerdings unterscheidet es sich von diesen durch die paränetische Einbindung in den Kontext, wodurch die Liebe anders als der Eros in den vergleichba-

---

[67] So Platon, Prot. 329a: „Aber wenn einer auch nur ein weniges von dem Gesagten fragt, dann, wie Metall (τὰ χαλκία), worauf einer geschlagen, lange forttönt, [...]." Plinius d.Ä., NatHist praef. 25 bezeichnet den Grammatiker Apion als Schelle des Erdkreises (*cymbalum mundi*).

[68] So SCHRAGE, 1Kor III, 286 (unter Bezug auf 12,2); WOLFF, 1Kor, 314 f. Dann wäre zugleich eine Abwertung instrumentaler Gestaltungsformen des Gottesdienstes impliziert, was zur Sprach- und Wortorientierung der korinthischen Versammlung (vgl. 14,26) passt.

[69] LINDEMANN, 1Kor, 283, erblickt die Pointe des Vergleichs mit Musikinstrumenten darin, dass sie die schönen Klänge, die sie hervorrufen, selbst nicht hören können, so dass jemand, der nur redet – und sei es mit Engelszungen – und nicht danach handelt, diesen Instrumenten gleich ist (vgl. Diogenes Laertius VI 64; VII 173). Auch dabei ist der kommunikative Charakter der Liebe im Blick.

[70] Nach SÖDING, Liebesgebot, 128, „das theologische Zentrum".

[71] Platon, Symp. 197c–e; Maximus von Tyrus 20,2a–c; vgl. auch die weisheitliche Aretologie der Wahrheit 3Esr 4,34–40 (Texte mit Übersetzung bei CONZELMANN, 1Kor, 259 f.). Skeptisch gegenüber der Vergleichbarkeit ist SCHRAGE, 1Kor III, 279 f., weil 1Kor 13 formal und inhaltlich „eine Größe *sui generis*" sei (280; Hervorh. dort).

ren Texten an handlungsorientierter Konkretion gewinnt und von Paulus der korinthischen Praxis entgegengesetzt werden kann.[72]

Das gilt zunächst für die beiden herausgehobenen Positivaussagen über die Liebe,[73] dass die Liebe langmütig (μακροθυμεῖν) und gütig (χρησ-τεύεσθαι) ist. Sie stechen aus der paganen Mahlideologie dadurch heraus, dass sie antik generell nur selten belegt sind und alttestamentlich-früh-jüdisch vor allem Gott zugeschrieben werden,[74] daneben aber auch menschliches Verhalten markieren können.[75] Dabei zielt die Langmut auf „die Bereitschaft, das Fehlverhalten der Mitmenschen bzw. der Mitbürger nachzusehen"[76] und wird folglich Spaltungstendenzen in der Versammlung entgegengesetzt. Dazu passt inhaltlich die Abgrenzung in V. 5, dass die Liebe das Böse nicht zurechnet. Die Güte dagegen zielt auf helfendes Handeln „sowohl in materieller als auch in sozialer, moralischer und emotionaler Hinsicht."[77] Sie kann sich im Kontext einer Mahlversammlung dahingehend entfalten, dass alle einander zu Wohltätern werden und darauf achten, dass die anderen materiell (in Bezug auf Mahlportionen) und sozial (in Bezug auf ihre Wortbeiträge) zum Zuge kommen. Dazu passt die inhaltliche Abgrenzung in V. 5, dass die Liebe nicht das Eigene sucht,[78] sondern eine Gruppenidentität schafft.

Die folgenden acht Negativaussagen entfalten die langmütige und gütige Seite der Liebe: (1) Die Liebe eifert nicht (ζηλοῦν), ruft also keine Gruppenstreitigkeiten hervor. Paulus mag dabei auch an seine Vergangenheit als Eiferer (ζηλωτής) für die Reinheit Israels gedacht haben,[79] die sichtbar in der Absonderung von der Tischgemeinschaft mit den Völkern bestand, die er aus der Perspektive seiner Berufung zum Völkerapostel geradezu bekämpft.[80] (2) Die Liebe prahlt und schwätzt nicht (περπερεύεσ-θαι), spielt sich also in den Versammlungen nicht durch rhetorische oder

---

[72] Mit Recht stellt darum SÖDING, Liebesgebot, 133 ff., in seiner Einzelauslegung der Verse immer wieder den Bezug zu den korinthischen Missständen her. Allerdings beachtet er den sympotischen Kontext nicht und läuft deshalb Gefahr, einen zu allgemeinen theologischen und ethischen Liebesbegriff an Paulus anzulegen.

[73] So z.B. LINDEMANN, 1Kor, 287; SÖDING, Liebesgebot, 133.

[74] Verbunden sind die Langmut und Güte Gottes in Weish 15,1.

[75] In Gal 5,22 tauchen μακροθυμία und χρηστότης unter den Früchten des Geistes auf, in 2Kor 6,6 in einer Aufzählung zusammen mit der ἀγάπη.

[76] SÖDING, Liebesgebot, 133 f. (Zitat 133).

[77] SÖDING, Liebesgebot, 134 f. So beschreibt Plutarch, mor. 746c–d den χρηστός als einen wohlgesinnten (εὐμενής) und menschenfreundlichen (φιλάνθροπος) Wohltäter.

[78] Mit LINDEMANN, 1Kor, 287, so verstanden, dass streng genommen nicht die Liebe, sondern der in Liebe Handelnde gemeint ist, der dann nicht das Seine sucht, sondern was der Auferbauung und dem Nutzen aller zu Gute kommt.

[79] Gal 1,13 f.

[80] Gal 2,11 ff. Dazu oben Kap. III.2.

ekstatische Begabung in den Vordergrund.[81] (3) Die Liebe bläht sich zudem nicht selbstgefällig auf (φυσιοῦν), ist nicht an Spaltungen interessiert[82] und behält – anders als die bloße Erkenntnis – die anderen im Blick.[83] (4) Die Liebe handelt nicht schamlos (ἀσχημονεῖν), sie missbraucht die Versammlung also nicht für erotisierende Verhaltensweisen.[84] (5) Sie lässt sich nicht zum Aufbegehren gegeneinander reizen (παροξύνεσθαι) und (6) verweigert sich der Lüge, indem sie der Wahrheit und Gerechtigkeit zustimmt.

3. In den sympotischen Kontext passt schließlich auch die *abschließende Wertepriamel* in V. 8–13 über das Bleiben (μένειν) der Liebe. Die Agape wird damit zum Ausdruck der utopisch-eschatologischen Ausrichtung der Versammlung.[85] Damit wäre eine Entsprechung zur sympotisch-politischen Utopie von Vereinsmählern gegeben, die auf eine Idealgemeinschaft zielte, die den Wertvorstellungen Frieden, Freundschaft und Gemeinschaft folgt, die sich ihrerseits im Begriff der χάρις verdichten.[86]

Insgesamt betrachtet lässt sich die in 1Kor 13 beschriebene Agape bestens in das sympotische Streben nach *Wohlordnung* (Eukosmie) einordnen. Die implizite Aufforderung, gemäß der Liebe zu handeln und deshalb nicht eifersüchtig zu streiten, sich nicht reizen zu lassen, nicht schamlos oder unmanierlich zu handeln und durch Lüge und Ungerechtigkeit die Gemeinschaft zu schädigen, passt dabei in das paulinische Ansinnen, nicht Unordnung, sondern Friede in den Versammlungen herrschen zu lassen (vgl. 14,33). Dem entspricht das Bestreben bei Symposien, Streit und Unfrieden zu vermeiden und nicht durch Tränen die Euphrosyne zu stören.[87] Parallelen ergeben sich auch zu Vereinsstatuten, wie denen der Iobakchen aus Athen:

---

[81] Vgl. Polybius XXXII 2,5; XXXIX 1,2 f.

[82] 1Kor 4,6.

[83] 1Kor 8,1.

[84] So SÖDING, Liebesgebot, 136, unter Berufung auf Röm 1,27 und 1Kor 7,35 f. An allgemein unmanierliche Verhaltensweisen denkt SCHRAGE, 1Kor III, 297.

[85] KLINGHARDT, Gemeinschaftsmahl, 354 f., verweist auf Parallelen bei Theognis 1135–1150. Dort ist allerdings nicht von Pistis, Elpis und Agape die Rede, sondern von Pistis, Sophrosyne und den Chariten, also wechselseitigem Vertrauen, Maßhalten und Anmut. Diese drei bleiben auch nicht, sondern verlassen die Menschen und es bleibt allein die Elpis, gefasst als Hoffnung auf die Restitution des Urzustandes im Eschaton (zumal wenn Theognis auf die Pandoraerzählung bei Hesiod, Erga 89–102 Bezug nehmen sollte).

[86] Vgl. KLINGHARDT, Gemeinschaftsmahl, 163–174.

[87] Vgl. Homer, Od. 4,113 ff.183 ff.; 18,401 ff.; 19,11 ff. (dazu KLINGHARDT, Gemeinschaftsmahl, 172 f.). Schon das Gespräch über Krieg und Streit war verpönt (vgl. Athenaios XI 463a [dort als Zitat von Anakreon]; Xenophanes, bei GEMELLI MARCIANO Fragment Nr. 4 = DIELS/KRANZ, FVS 1, Nr. 21 B 1, 126–128).

„Niemandem aber wird es gestattet sein, bei der Versammlung zu singen oder Unruhe zu stiften oder zu klatschen, sondern in aller Ordnung und Ruhe (εὐκοσμία καὶ ἡσυχία) sollen sie ihre Rollen sprechen und spielen [...]" (IG II² 1368, Z. 63–67).[88]

Die Aufforderung des Paulus, gemäß der Liebe nicht das Eigene zu suchen, sich nicht selbstgefällig aufzublähen, zu prahlen oder schwätzen, zielt über die Ordnung hinaus auf Statusfragen, insofern Redebeiträge und Verhaltensweisen solcher Art gerade den eigenen Status in Abgrenzung zu dem der anderen zur Schau stellen. Insofern Paulus die auferbauende Liebe zum Maßstab macht, gemäß derer alle gleichermaßen zum Zuge kommen sollen (14,26: ἕκαστος) und niemand auf sich selbst, sondern auf den anderen und die andere achten soll, hebelt er das Statusdenken faktisch aus. Denn die Agape zielt nicht auf besondere Ehrenpositionen zu Tisch, sondern weist in den gegenseitigen Dienst ein.[89] So wird eine neue Gemeinschaft begründet, die theologisch durch die Proexistenz Christi qualifiziert ist und erst insofern auch einen soziologisch beschreibbaren Charakter hat.

Insgesamt hat Paulus einen Terminus geprägt, der den Sinngehalt der christlichen Mahlversammlung inmitten der antiken Vereinsmahlkultur zum Ausdruck bringen konnte. Die Agape partizipiert an allgemein antiken Wertvorstellungen und kann sie zugleich christlich umprägen. Der Schwerpunkt liegt dabei wie bei den sympotischen Wertvorstellungen der Freundschaft und Gemeinschaft auf der wortorientierten Versammlung nach dem Mahl. Die Agape, so scheint es demnach, ist eher Inbegriff des Beisammenseins nach dem Mahl als des Mahls selbst.

4. Die Agape als gemeindlicher Konfliktherd

4.1 Der gemeindliche Konflikt als Abgrenzungsproblem

Dass die gemeindlichen Probleme mit den Gegnern gerade in den Agapefeiern zutage traten, liegt von V. 12 her auf der Hand. Was das für die Deutung des Gemeindekonflikts bedeutet, ist in der Forschung bislang nur unzureichend wahrgenommen worden. Dort hat man sich vor allem um die Alternative von Irrlehrern und Verführern konzentriert.[90]

---

[88] Text und Übersetzung der Inschrift nach EBEL, Attraktivität, 89.98. Die Verehrer der Diana und des Antinous aus Lanuvium setzen vereinsinterne Strafen für Beleidigungen, Beschimpfung und Unruhestiftungen fest (CIL XIV 2112, Z. II, 26–28).

[89] So auch SMITH, Symposium, 213.

[90] So auch noch WICK, Gottesdienste, 357 f., der zugleich den gottesdienstlichen Sitz im Leben des Konflikts richtig erkennt: „Das Gegnerproblem ist vor allem ethisch und gottesdienstlich bedingt, bezieht sich aber nicht primär auf Lehrstreitigkeiten" (358). Es wird zu zeigen sein, dass das eine das andere nicht ausschließt und ethische wie dogmatische Streitigkeiten gottesdienstlich verortet werden können.

Die pauschal anmutende Kritik des Verfassers, die in einer recht kommentarlosen Identifikation mit alttestamentlichen Figuren gipfelt, hat es der Forschung schwer gemacht, die gegnerische Front zu greifen.[91] So bleiben viele bei allgemeinen Klassifizierungen wie Skeptiker,[92] Antinomisten[93] oder Nonkonformisten[94] stehen. Die offensichtliche Bekanntschaft des Verfassers mit paulinischen Traditionen hat schließlich einige veranlasst, die Gegner konkret als Paulinisten zu kennzeichnen und sie in die Wirkungsgeschichte paulinischer Lehre und Ethik einzuzeichnen.[95] Dabei berufen sie sich auf die Geringschätzung der Engel (Jud 8–10), die paulinisch-deuteropaulinisch angelegt, und den Antinomismus der Gegner (Jud 4), der auch in paulinischen Kreisen vertreten worden sei.

Das Grundproblem dieser Klassifizierungen besteht darin, dass sie den Bezug der Gegner zu den Agapen nicht deutlich genug herausstellen, die Positionen der Gegner also zu sehr im Abstrakten belassen. Aber weil jenseits aller Topoi gerade in Jud 12 Klartext geredet und den Gegnern ein als problematisch empfundenes Verhalten vorgeworfen wird, soll hier der Versuch unternommen werden, die Agapen als Konfliktherd herauszustellen, an dem die Differenzen offen zutage traten und die Gemeinde zu spalten drohten. Dann müssen auch nicht mehr dogmatische Irrlehrer und ethische Verführer gegeneinander ausgespielt werden, insofern in den Agapen als zusammenhängenden Mahl- und Wortversammlungen Lehre und Verhalten gleichermaßen ihren festen Ort haben und Konflikte hervorrufen können.

Unser Versuch, den Konflikt zu verstehen, geht deshalb von V. 12 aus. Es wurde bereits festgestellt, dass die gemeinsamen Mähler wegen der Brandmarkung der Gegner als *Schmausender* (συνευωχούμενοι) im Sinne von Sättigungsmählern zu verstehen sind. Schwierig ist die Erklärung der Vorsilbe συν-. Sie kann darauf hinweisen, dass sie das Mahl als Sondergruppe feierten, also zwar miteinander als Gruppe, dabei aber räumlich getrennt von den anderen Gemeindegliedern, wie es auch der Vorwurf der Gemeindespaltung (V. 19) nahelegen könnte. Sie wären dann gemeinsam Schmausende. Es ist jedoch wahrscheinlicher, dass die Gegner mit den anderen zusammen ein gemeinsames Mahl feierten, weil nur so ihr Fehlver-

---

[91] Die durch Topoi geprägte Sprache des Jud ist besonders von WISSE, Heresiology, 133–143, herausgestellt worden. Er geht dabei so weit, dass er die Existenz der Gegner überhaupt bestreitet und sie als rhetorisches Konstrukt des Verfassers bewertet. Doch spricht die Verortung der Gegner in den gemeindlichen Agapen für eine reale Konfliktsituation.

[92] So PAULSEN, Jud, 49.

[93] So BAUCKHAM, Jud, 11–13, DERS., Relatives, 162–168.

[94] So VÖGTLE, 95–98.

[95] So mit Unterschieden in der Einzelargumentation vor allem HEILIGENTHAL, Henoch, 144–150, SELLIN, Häretiker, 224 f., und FREY, Judasbrief, 206–209. Beide betonen zudem eine besondere Nähe der Gegner zur Theologie des Kolosserbriefs (HEILIGENTHAL, a.a.O., 103–124; SELLIN, a.a.O., 221 f.; FREY, a.a.O., 207 f.) und knüpfen dabei an WERDERMANN, Irrlehrer, 127 f., an.

halten offenkundig werden und ihre Teilnahme eine besondere Gefahr darstellen konnte.[96] Die Kritik des Verfassers zielt dann nicht darauf, die
Gegner dafür zu brandmarken, dass sie sich beim Mahl vom Rest der Gemeinde separierten, sondern dass sie „unterschiedslos mit den Gläubigen
vereint mitessen", obwohl sie sich durch ihre Anschauungen und Verhaltensweisen so sehr diskreditiert haben, dass seines Erachtens eine Teilnahme im Grunde nicht mehr gerechtfertigt ist.[97] Sie waren also Mit-
schmausende.

Doch sind die Gegner nicht nur dafür zu kritisieren, dass sie sich überhaupt noch erdreisteten, die gemeindlichen Agapen aufzusuchen, sondern
hat ihr Auftreten dort überhaupt erst die Probleme geschaffen. Die Agapen
sind damit nicht nur der Ort, an dem die Gegner in Erscheinung traten,
sondern zugleich der *Konfliktherd*, an dem sich die Probleme entzündet
haben. Dabei wird man insbesondere an die bereits angesprochene Engelverehrung zu denken haben. Denn der aus V. 8 zu erschließende mangelnde Respekt gegenüber den über die Welt eingesetzten Engelmächten ist der
„einzige hinreichend konkrete Vorwurf", der sich dem Brief entnehmen
lässt.[98] Der Briefautor wirft hier den Gegnern vor, dass sie Herrschaft (κυριότης) für ungültig erklären und Herrlichkeiten (δόξαι) lästern.[99]

Die Engelthematik wird aber nicht nur in V. 8 konkret. Sie spiegelt sich auch in anderen
Versen des Briefes wieder. Indem der Verfasser das Motiv vom urzeitlichen Engelfall (V.
6), die Tradition vom Streit zwischen dem Erzengel Michael und dem Teufel (V. 9) und
das christianisierte Henochzitat von der Parusie des Herrn mit seinen Myriaden (V. 14)
aufnimmt, streut er die Engelthematik über den ganzen Brief und gibt seiner Hochschätzung der Engel als „Garanten der Ordnung der Welt" Ausdruck.[100]

Der Verfasser empfindet die Engelkritik der Gegner nicht so sehr als dog-
matisches Defizit, sondern vor allem als Störung der pneumatischen Inspiration, die für die Gemeinde von ihren jüdisch-apokalyptischen Wurzeln
her bedeutsam war. Deshalb bezeichnet er sie in V. 19 in Aufnahme hellenistischer Weisheitsterminologie als ignorante Psychiker, die nicht über
den Geistbesitz verfügen.[101]

Weitere Konfliktpunkte lassen sich dem Jud nur schwerlich entnehmen
und bleiben hinter den polemischen Topoi verborgen. An Störungen sympotischer Eukosmie lassen die Vorwürfe der Überheblichkeit und Schmei-

---

[96] So auch BAUCKHAM, Jud, 86; SCHELKLE, Jud, 162; VÖGTLE, Jud, 67. PAULSEN,
Jud, 71, denkt gar an eine mögliche Usurpation des Mahls durch die Gegner.

[97] So mit FREY, Judasbrief, 193 f. (Zitat 193).

[98] FREY, Judasbrief, 206.

[99] In Kol 1,16 und Eph 1,21 wird κυριότης auf überirdische (Engel-)Mächte bezogen.
Zu δόξαι vgl. Philo, spec. I 45; TestLev 18,5; TestJud 25,2; 1QH XVIII 8.

[100] So mit FREY, Judasbrief, 206 f. (Zitat 207).

[101] Vgl. dazu FREY, Judasbrief, 200–203.

chelei in V. 16 denken. Ersteres könnte auf ein arrogantes Auftreten hinweisen, das andere Teilnehmerinnen und Teilnehmer nicht ernst nimmt und sich über sie hinwegsetzt, Letzteres auf ein statusorientiertes Verhalten, mit dem die Gegner einflussreichen Gemeindegliedern in besonderer Weise Bewunderung zollten und damit gesellschaftlich vorgegebene Statusunterschiede auch innergemeindlich festschrieben,[102] statt die Auferbauung der gesamten Gemeinde, wie sie in V. 20 eingefordert wird, zu betreiben.[103] Einen Speisekonflikt wird man dagegen nicht postulieren können; die Hinweise darauf sind zu dünn.[104]

Zwar erinnert die Nennung Bileams in V. 11 an die Götzenopferfleischthematik aus Offb 2,14 und die Titulierung der Gegner als Murrender in V. 16 an die paulinische Mahlpassage in 1Kor 10,1-13. Allerdings ist die Wirkungsgeschichte Bileams im frühen Judentum zu differenziert, als dass man sie auf die Götzenopferfleischfrage engführen dürfte und muss auch die Murrthematik nicht zwangsläufig mit der Mahlthematik einhergehen. Außerdem fällt auf, dass der Autor weder auf jüdische Speisegebote noch auf das Aposteldekret zurückgreift. Dass die Gegner verbotene Speisen in die Agapen eingebracht haben, lässt sich folglich nicht feststellen. Auch der Vorwurf der Befleckung des Fleisches in V. 8.23 und der Ausschweifung in V. 4 lässt sich nicht als Indiz dafür in Anschlag bringen. Es handelt sich hier um pauschale Vorwürfe, die aus Sicht des frühen Juden- und Christentums gegen die Völkerwelt geäußert wurden. Dabei mögen zwar sympotische Motive im Hintergrund stehen, aber die Vorwürfe sind dort nur motivgeschichtlich verwurzelt, hier im Jud wie auch in den übrigen neutestamentlichen Lasterkatalogen dagegen prinzipiell gemeint.[105]

Die polemischen Topoi, mit denen der Verfasser die Gegner überhäuft, lassen sich folglich zwar im Einzelnen nicht auswerten, finden aber zumindest darin ihre einheitsstiftende Mitte, dass es sich um typisch jüdische Vorwürfe an die Völkerwelt handelt. Bei den Gegnern ist demnach an Gemeindeglieder aus der *Völkerwelt* zu denken, die aufgrund ihrer Herkunft aus der paganen Mehrheitsgesellschaft mit der spezifisch jüdischen Frömmigkeitspraxis der Engelverehrung unvertraut waren. So ist es leicht vorstellbar, dass sie solche in der Gemeinde vorfindbaren Praktiken verspotte-

---

[102] Sie verhielten sich damit wie Klienten gegenüber ihren Patronen (vgl. NEYREY, Jud, 7–9). Mit ähnlichen Problemen muss sich auch der Jakobusbrief auseinandersetzen, wenn er nachdrücklich die προσωπολημψία gegenüber reichen und einflussreichen Gemeindegliedern verurteilt (Jak 2,1–13).

[103] Die Aufforderung zum ἐποικοδομεῖν darf nicht individualistisch verengt werden, sondern hat wie bei Paulus die Gemeinde als Ganze im Blick (so auch PAULSEN, Jud, 83, der dennoch von einem Bedeutungswandel gegenüber Paulus ausgeht).

[104] So mit FREY, Judasbrief, 190.193, gegen WICK, Gottesdienste, 357.

[105] Vgl. Eph 4,19; 1Petr 4,3. Den sympotischen Kontext macht besonders letzterer Beleg deutlich, weil die Ausschweifung hier im Kontext von Essen, Trinken und Götzendienst steht Ein sympotischer Kontext ist auch in Röm 13,13 und Gal 5,19–21 vorausgesetzt. Zu frühjüdischen Vorwürfen der Ausschweifung an ihr paganes Umfeld vgl. etwa Arist. 205 und PsSal 14,22–31.

ten und damit für Unruhe und Ärger auf Seiten der Judenchristen sorgten.[106] Der pagane Hintergrund erklärt auch den Vergleich mit doppelt
entwurzelten und abgestorbenen Bäumen: Schon qua ihrer Herkunft aus
der Völkerwelt entwurzelt und tot, haben sie sich nun, nachdem sie zunächst in der Gemeinde Wurzel und Leben gefunden hatten, selbst wieder
neu davon abgeschnitten.

Für den Briefautor ist mit dem Verhalten der Gegner bei den Agapen
ein *Abgrenzungsproblem* markiert.[107] Indem er die Teilnahme der
Engelkritiker in V. 12 als ἀφόβως kritisiert, unterstellt er ihnen, sich
schamlos gegenüber den anderen Teilnehmern zu verhalten. Sie, die sich
durch ihre Anschauungen und Handlungen diskreditiert haben, sind für die
dort zusammenkommende Liebesgemeinschaft eine Schande. Denn sie
verunreinigen nach Meinung des Verfassers den heilen Kern der Gemeinde
allein durch ihre Anwesenheit und gefährden darüber hinaus die
Schwachen. Deshalb identifiziert er sie mit Bileam. Es geht ihm nicht um
die Verletzung von Speisetabus innerhalb der Gemeinde, sondern um die
Gefährdung der gemeindlichen Reinheit durch die Vermischung mit der
Völkerwelt. Denn Bileam verführte nach Num 31,16 Israel zum Götzendienst und konnte von da aus in der jüdischen Tradition und dann auch in
Offb 2,14 zum Paradigma für die Verführung zu Götzendienst und Hurerei
werden.[108] Damit wird das konkrete Problem der Engelkritik auf eine
grundsätzliche Ebene gestellt; es ist nicht mehr das Kernproblem, sondern
nur Symptom eines tieferliegenden Konflikts, der mit der Bewahrung und
Gefährdung von gemeindlicher Identität zu tun hat. Und weil sich eine solche Identität gerade in den gemeindlichen Versammlungen manifestierte,
ist der Briefautor für die Missstände dort in besonderer Weise sensibel.

Insgesamt weist die Abgrenzungsproblematik auf eine *Gemeindesituation* hin, die sachlich der Situation verwandt sein dürfte, die uns gleich in
der zeitlich etwas später anzusiedelnden Johannesoffenbarung begegnen
wird. Wir haben es vermutlich in beiden apokalyptisch geprägten Gemeindekreisen mit einem judenchristlich zu bestimmenden Kern zu tun, der sich
aber wahrscheinlich aufgrund von Konflikten mit den örtlichen Synagogengemeinden oder aufgrund von Umsiedlungen im Zuge des Jüdischen
Krieges in mehrheitlich nichtjüdisch bevölkerte Regionen wie der Kleinasiens zur Völkerwelt hin geöffnet hat. Insofern die nichtjüdischen Gemeindeglieder ihre eigenen Denk- und Lebenswelten in die gemeindlichen
Mahlversammlungen einbrachten, haben sie die Frage nach den unaufgeb-

---

[106] Möglicherweise kommen zum paganen Hintergrund auch paulinische Einflüsse
hinzu (so zuletzt FREY, Judasbrief, 209).

[107] So auch HEILIGENTHAL, Henoch, 150.

[108] Vgl. Philo, Mos. I 295-300; Josephus, Ant. IV 126-130. Zur Aufnahme des Bi-
leammotivs in der Offb vgl. unten Kap. VI.2.1.

baren Eckpunkten gemeindlicher Identität in der Gemengelage von Judentum, Paulinismus und paganer Kulturprägung neu aufgeworfen.

Der Verfasser reagiert auf die Konfliktsituation mit einer *Polarisierung*. Er beschreibt sie in V. 4 als von außen gekommene Eindringlinge,[109] doch ist diese Beschreibung rhetorisch zu verstehen. Sie spielt zum einen darauf an, dass die Gegner als Christen aus der Völkerwelt in die judenchristliche Gemeinde hineinkamen, also nicht zu ihrem Urbestand zu zählen sind. Sie markiert zugleich von Anfang an, dass auch die von ihnen eingebrachten Lehren, Sitten und Verhaltensweisen sowohl bei Tisch als auch beim wortorientierten Beisammensein hinzugekommen seien und keinen Anspruch darauf hätten, in der Gemeinde gehört und gelebt zu werden.[110] Dadurch, dass die Gegner ihre pagane Lebensweise durch den Besuch von Mählern ortsansässiger Vereine oder privater Gastgeber fortführten und deren vermeintlich ausschweifenden Charakter auch in die Gemeindemähler eintrugen, stellten sie nach Ansicht des Verfassers eine Gefahr dar. Sie sind seiner Meinung nach nicht nur harmlose Schandflecken,[111] die das Mahl besudeln und damit lediglich dessen Eukosmie stören, sondern gefährliche Klippen, die andere Gemeindeglieder wie Schiffe zerschellen lassen können und damit an der Identität und dem Zusammenhalt in der Gemeinde rütteln (V. 12).[112] Der Vorwurf in V. 19, Spaltungen zu betreiben, ist von daher nicht nur in der Weise zu verstehen, dass die Gegner sich als Gruppe durch ihr Verhalten von den anderen lossagten, sondern in ihren Ansichten und Mahlsitten offenbar attraktiv genug waren, um auch jüdisch orientierte Gemeindeglieder mitzureißen.

4.2 Die liturgische Konfliktbearbeitung in Gerichtsansage und Fürbitte

Der Jud ist ein pseudepigraphisches Schreiben. Der pseudonyme Charakter des Briefs verwehrt es dem Autor, den Konflikt in ähnlicher Weise wie Paulus in Korinth mit konkreten Handlungsanweisungen und dem Verweis auf sein baldiges Kommen zu lösen. Allerdings erlaubt es die Pseudonymität, den Konflikt zugleich scharf polemisch und distanziert anzugehen. Sie

---

[109] BAUCKHAM, Jud, 35, und SELLIN, Häretiker, 222–224, denken deshalb tatsächlich an von außen kommende Gegner, konkret an christliche Wanderpropheten, die die Gastfreundschaft der Gemeinde missbraucht hätten.

[110] Ähnlich spricht auch Paulus im Kontext des Apostelkonvents in Gal 2,4 von eingeschlichenen (παρεισέρχεσθαι) Gegnern, die auch nicht von außen gekommen sein müssen, die aber dem paulinischen Evangelium entgegenzuwirken suchten. Auch die Mahnungen am Briefschluss (Jud 22 f.) sprechen dafür, dass es sich nicht um durchreisende Propheten, sondern um Gemeindeglieder handelte (so auch PAULSEN, Jud, 47).

[111] In diesem Sinne u.a. NEYREY, Jud, 74 f.; PAULSEN, Jud, 71, die sich auf eine selten und spät belegte Konfusion von σπιλάς und σπίλος berufen.

[112] So mit BAUCKHAM, Jud, 85 f., und VÖGTLE, Jud, 67. Zur metaphorischen Rede vom Schiffbruch vgl. auch 1Tim 1,19 und Barn 3,6.

fungiert also nicht nur als Autoritätsanspruch, sondern auch als Tarnung von Verfasser und Gemeinde. Hätte der Verfasser seine Anliegen offen dargelegt, hätte er die Probleme in der Gemeinde nicht in dieser polemischen Weise lösen können. Bei Verlesung des Briefs in der Gemeindeversammlung wäre es zur Eskalation gekommen. So aber beschreibt der Brief zwar die Situation einer Gemeinde um die Wende vom 1. zum 2. Jh., ist aber in einer solchen Weise abgefasst, als ob es um eine ganz andere und frühere Gemeinde im Bannkreis des Herrenbruders Judas ginge. Die scharfe Kritik an den Gegnern auf der Ebene des vermeintlichen Briefautors Judas wird damit in der Rezeption gebrochen und zur Warnung vor möglicherweise auftretenden Gegnern gleicher Art auf der Ebene der hörenden Gemeinde umgelenkt. Natürlich setzt der Autor voraus, dass solche Menschen nicht nur theoretisch auftreten *können*, sondern in der Gemeinde auch *tatsächlich* auftreten, nur weiß das allein der Autor und nicht auch die Gemeinde, die den Judasbrief als Brief des Judas hört. Damit wird der Konflikt nicht verschwiegen, aber eine offene Eskalation vermieden und zudem ein kreativer Rezeptionsprozess in der Gemeinde angestoßen, indem die Fäden vom Brief zur Gemeinde nun von der Gemeinde selbständig gezogen werden müssen.[113] Im Zuge dessen sucht der Autor an den äußeren Vollzug der Mahlfeier selbst anzuknüpfen und der Gemeinde von da aus einen Weg vorzulegen, wie sie mit den Problemen umgehen kann.

Dazu bedient er sich zum einen der schon von Paulus her bekannten *Gerichtsthematik*. Doch während Paulus vom Gericht als sich gegenwärtig in der Gemeinde vollziehendem Züchtigungsgericht sprach,[114] ist das Gericht im Jud als noch ausstehendes Endgericht gedacht. Das liegt nahe, denn auf eine konkrete Situation, wie sie Paulus unter Verweis auf Krankheits- und Todesfälle in der Gemeinde aufgreift, kann der Jud aufgrund seines Anspruchs, als vom Herrenbruder Judas verfasst anerkannt zu werden, ohnehin nicht verweisen. Damit hängt ein Zweites zusammen. Während Paulus den Gerichtsgedanken am Gedächtnis des Todes Jesu festmacht, vielleicht unter besonderer Berücksichtigung des Bechers als Segens- und Gerichtsbechers, macht der Jud ihn am Maranatha fest. Während Paulus also von der Deutungsebene her argumentiert, bedient sich der Jud eines Elementes aus dem rituellen Mahlvollzug. Das Maranatha steckt dabei im Henochzitat, das als argumentativer Höhepunkt des Briefs zu werten ist:[115]

„[14]Es weissagte aber über diese Leute der siebte Mensch von Adam an, Henoch, der sprach: ‚Siehe, es kommt (ἦλθεν) der Herr mit seinen heiligen Zehntausenden, [15]um Ge-

---

[113] Pseudepigraphie ist damit nicht nur ein Mittel zur Bewahrung und Aktualisierung apostolischer Traditionen, sondern ein auf kreative Rezeption ausgerichtetes Unternehmen. Vgl. dazu ZIMMERMANN, Pseudepigraphie, 33–35.

[114] Vgl. oben Kap. III.3.2.5.2.

[115] So mit VÖGTLE, Jud, 83.

richt zu halten über alle und um jedes menschliche Leben zu bestrafen wegen all ihrer Werke der Gottlosigkeit, die sie gottlos verübt, und wegen aller harten Reden, die sie als gottlose Sünder gegen ihn geredet haben'" (Jud 14 f.).[116]

In der christlichen Rezeption des Zitats durch den Jud wird die ursprünglich zu denkende Theophanieschilderung christologisch gewandelt und auf die Parusie Christi bezogen.[117] Die Formulierung im Vergangenheitstempus ist dabei prophetisch zu verstehen und auf die Unumstößlichkeit des mit dem Kommen des Herrn und seiner heiligen Zehntausenden, d.h. seiner Engel, verbundenen Urteils bezogen. Der Verfasser mag in diesem Zitat eine Ausdeutung des aramäischen Gebetsrufs μαραναθά, der seit früher Zeit Bestandteil der Feiergestalt christlicher Mähler war, erblickt und es der Gemeinde deshalb mitgeteilt haben.[118] Sprachlich verdichtet sich hier die Erwartung des Kommens Christi mit der Erwartung des Gerichts, das die zerstörte Identität der Gemeinde wiederherstellt, und mit der Vorstellung von der Gemeinschaft mit den Engeln, in der die Gemeinde in inspiriert-pneumatischer Weise zu stehen glaubt. Die Agape wird im Zuge dessen vom bloßen Sättigungsmahl unterschieden und als Mahl in der Gegenwart des kommenden Richter-Herrn charakterisiert, der die einen mit Freuden vor sein Angesicht stellt (V. 24) – darin mögen sich gemeindlich gesungene Jubellieder widerspiegeln – und die anderen dem Feuer übergibt. Wenn die Gemeinde das Maranatha im Mahlvollzug spricht, soll sie sich also darüber im Klaren sein, dass die Zugehörigkeit zur Gemeinde und damit zur Mahlgemeinschaft allein noch nicht rettet, sondern nur ein Verhalten, dass sich in Erwartung des Endgerichts an die Wurzeln zurückbindet. Es hat also anders als in 1Kor 16,22 einen drohenden Unterton und soll die anwesenden Gemeindeglieder zur Selbstprüfung anleiten.

---

[116] Das Zitat entspricht keinem der bekannten Texttypen des äthiopischen Henochbuches wörtlich, so dass die Folgerung auf der Hand liegt, dass dem Verfasser eine eigene Textform vorlag. Ob er sich dabei einer griechischen Übersetzung bedient hat, wie sie im Achmim-Codex Panopolitanus (= GrP) aus dem 6. Jh. vorliegt und die Forschung aufgrund der sprachlichen Nähe von GrP zu Jud 14 f. weithin annimmt, oder ob er zwar eine griechische Übersetzung kannte, das Zitat jedoch aus dem Aramäischen übersetzte (so unter Berufung auf 4QEn^c [= 4Q204] I 15–18 profiliert BAUCKHAM, Jud, 94–96, der umgekehrt auch erwägt, ob sich GrP einem christlichen Übersetzer verdankt, der Jud als Vorlage benutzte), kann hier offen bleiben (vgl. die Diskussion und tabellarische Übersicht der Texttypen bei VÖGTLE, Jud, 71–77).

[117] So PAULSEN, Jud, 76, unter Bezug auf 1Thess 1,10; 4,16 f. Zum christologisch gebrauchten κύριος vgl. auch Jud 4 f.17.21.25 (vgl. dazu BAUCKHAM, Relatives, 281–314).

[118] Den Zusammenhang des Henochzitats mit dem μαραναθά-Ruf (1Kor 16,22; Did 10,6; vgl. Offb 22,20) hat bereits BLACK, Maranatha, 189–197, erkannt, aber einen Bezug zum Mahl abgelehnt.

Der Konflikt wird aber nicht nur im Gebetsruf nach dem Kommen des Herrn aufgegriffen, sondern auch in der Anweisung zur *Fürbitte*:[119]

„[22]Und der einen, die zweifeln, erbarmt euch. [23]Die anderen rettet, indem ihr sie aus dem Feuer reißt, der (wiederum) anderen erbarmt euch in Furcht, wenn ihr auch das vom Fleisch beschmutzte Gewand verabscheut" (Jud 22 f.).[120]

Zuerst genannt werden die Hin- und Hergerissenen, die dem Beispiel der assimilierten Gegner noch nicht gefolgt sind, aber durch ihren Zweifel gefährdet sind (V. 22): Sie werden der erbarmenden Fürbitte anheim gegeben. Die zweite Gruppe (V. 23a) ist bereits von den Gegnern beeinflusst: Diese soll man retten (σῴζειν), doch ist die Näherbestimmung mit ἐκ πυρὸς ἁρπάζοντες als Rettung aus schwerster Gefahr zu verstehen.[121] Die dritte Gruppe (V. 23b) ist bereits so weit von den Gegnern beeinflusst, dass nur die radikale Absonderung hilft (μισοῦντες καὶ τὸν ἀπὸ τῆς σαρκὸς ἐσπιλωμένον χιτῶνα); doch bleiben auch sie der Fürbitte der Gemeinde weiterhin anbefohlen.[122] Die Näherbestimmung dieser Fürbitte als Erbarmung in Furcht (φόβος) weist nicht auf die Gefahr einer Infizierung durch die Denk- und Verhaltensweisen der Gegner hin,[123] sondern auch und vor allem auf die Ehrfurcht vor Gott und seinem Gericht.[124] Die Aufforderung zur Fürbitte macht deutlich, dass es dem Verfasser nicht darum geht, das im Henochzitat angekündigte Endgericht gemeindlich vorwegzunehmen. Dass es der kommende Herr ist, der das Gericht vollzieht, wird also ernst genommen und weist der Gemeinde die Aufgabe zu, sich von den Gegnern gleichermaßen abzugrenzen als auch vor Gott für sie betend einzutreten. In

---

[119] Zu ἐλεᾶν als Verweis auf Fürbitten vgl. PAULSEN, Jud, 85 f.; SCHELKLE, Jud, 171; VÖGTLE, Jud, 106, unter Verweis auf Did 2,7 und IgnSm 4,1. Einige wenige Handschriften lesen statt ἐλεᾶτε in V. 23 ἐλέγχετε und legen damit disziplinarrechtliche Maßnahmen nahe, an die im ursprünglichen Text sicher noch nicht gedacht ist.

[120] Die Textüberlieferung von V. 22 f. ist äußerst schwierig. Möglich ist eine zweigliedrige Aufteilung der benannten Gruppen in Gefährdete oder Zweifelnde auf der einen und Verlorene auf der anderen Seite (so BAUCKHAM, Jud, 115; SCHELKLE, Jud, 170 f.) oder eine dreigliedrige Aufteilung, wie sie hier vorgeschlagen wird (so PAULSEN, Jud, 86; VÖGTLE, Jud, 105). Vgl. die Übersichten der Lesarten bei BAUCKHAM, Jud, 108–110; VÖGTLE, Jud, 102–105; WASSERMAN, Jude, 320 f.

[121] Ob dabei an das eschatologische Höllenfeuer gedacht ist, dem die Betroffenen zwar noch nicht übergeben waren, an dessen Schwelle sie aber bereits stehen (so BAUCKHAM, Jud, 115), ist fraglich, da von einer Rettung aus dem Feuer und nicht vom Rand des Feuers die Rede ist. Der traditionsgeschichtliche Zusammenhang mit Am 4,11 und Sach 3,2 legt nahe, allgemein an aus dem Brand gerissene Holzscheite zu denken (so VÖGTLE, Jud, 105).

[122] BAUCKHAM, Jud, 117, sieht von Sach 3,3–5 her gar noch eine Hoffnung auf Vergebung und Heil (vgl. auch das Erbarmen des richtenden Herrn in Jud 21).

[123] So aber SCHELKLE, Jud, 171.

[124] So auch BAUCKHAM, Jud, 116. Das Verhalten der Gemeindeglieder wird damit dem furchtlosen (ἀφόβως) Verhalten der Gegner beim Mahl (V. 12) entgegengesetzt.

seiner Polemik und Härte geht der Jud demnach zwar weit, aber er fordert weder den Ausschluss der Gegner noch ihrer Gefolgsleute aus der Gemeinde.[125] Die Teilnahme am Mahl wird ihnen nicht versagt, sondern sie werden dem Gericht Gottes übereignet. Doch stellt sich die Frage, ob die Fokussierung der Mahlversammlung auf Parusie und Gericht nicht zum Selbstausschluss der Gegner führen soll. Darin läge dann ein Unterschied zu 1Kor 11,29–32: Paulus zielt mit der Unterscheidung von Läuterungs- und Vernichtungsgericht auf die gemeindliche Selbstprüfung und sieht das Vernichtungsgericht nur im Falle einer verweigerten Verhaltensänderung kommen.[126] Dagegen rechnet der Verfasser des Jud nicht mehr mit einer Selbstprüfung der Gegner, sondern übergibt sie dem Gericht, lässt nur das letztgültige Ergebnis dieses Gerichts offen.

5. Ertrag

Der im paulinischen Wirkungskreis entstandene und jüdisch-apokalyptisch geprägte Judasbrief liefert den ältesten Beleg für die Mahlbezeichnung „Agape". Er gebraucht sie allerdings so selbstverständlich und ohne weitere Erklärung, dass er kaum der Erfinder dieser Mahlbezeichnung gewesen sein dürfte. Sie kommt ihm gelegen, um die Praxis der Gegner als eine dem Sinn und Wesen der Versammlung entgegenstehende Verhaltensweise verurteilen zu können:

1. Die Agapen sind als *mahl- und wortorientierte Versammlungen* vorzustellen. Sie bestehen aus einer Sättigungsmahlzeit und aus einem Wortteil, in dem sowohl lehrhafte wie auch pneumatisch-inspirierte Redeformen eine Rolle spielten. Von besonderer Bedeutung war eine gottesdienstliche Engelverehrung, die für eine Einordnung der Gemeinde in jüdisch-apokalyptische Kreise spricht.

2. Die *Mahlbezeichnung „Agape"* lässt sich innerchristlich am ehesten als Nachwirkung paulinischer Theologie erklären. In 1Kor 13 entfaltet Paulus die Agape als den zentralen Wert der christlichen Wortversammlung, und zwar in gattungsgeschichtlicher und inhaltlicher Analogie zum Eros paganer Symposien. Wie der Eros für das Symposion steht, so die Agape für die christliche Versammlung. Als theologische und ethische Größe zugleich vermag die Agape sowohl den Christusbezug zum Ausdruck zu bringen als auch ein bestimmtes Verhaltensmuster zu etablieren. Sie repräsentiert zum einen den Weg Jesu Christi und zum anderen die

---

[125] Gegen die bei Nestle-Aland[27] bezeugten Konjekturvorschläge von WOHLENBERG und WINDISCH in V. 23, die Gegner zu vertreiben (ἐᾶτε / ἐλάσατε) oder hinauszuwerfen (ἐκβάλετε).

[126] Vgl. dazu oben Kap. III.3.2.5.2.

durch diesen Weg geprägte Ordnung der gemeindlichen Zusammenkunft, in der alle Teilnehmerinnen und Teilnehmer die jeweils anderen im Blick haben sollen und jegliches Statusdenken ausgehebelt werden soll.

3. Der *Gemeindekonflikt* ist aus den Agapen heraus zu beschreiben, denn dort traten die Gegner auf und fielen sie durch ihre Verhaltens- und Denkweisen aus dem Rahmen. Die jüdisch geprägte Gemeinde des Verfassers ist demnach mit Konvertiten aus der Völkerwelt konfrontiert, die sich nach Meinung des Verfassers noch nicht radikal genug von ihrer Vergangenheit gelöst haben und mit ihrem Verhalten in der gemeindlichen Mahl- und Wortversammlung – vor allem mit ihrer Kritik an der Engelverehrung – das auf Reinheit, Askese, Traditionswahrung und Geistbegabung ausgerichtete Wesen der Gemeinschaft in Frage stellen. Die im Brief eingeschlagene Lösungsstrategie besteht darin, den gottesdienstlichen Konflikt auch auf gottesdienstliche Art zu lösen: Der Autor stellt der in der Mahlbezeichnung anklingenden Liebe das Gericht in Form eines apokryphen Zitats zur Seite, in dem das mahltheologisch bedeutsame Maranatha steckt. D.h. wer der Liebe, die das Mahl namentlich ausmacht, nicht nachkommt, der verfällt dem Strafgericht Gottes. Dieses wird zwar drängend erwartet, gemeindlich aber nicht durch Ausschluss antizipiert. Vielmehr wird versucht, durch erbarmende Fürbitte – auch ein Ausdruck der Agape – zu retten, was zu retten ist. Nur das Schicksal der Rädelsführer erscheint bereits als besiegelt.

Schematisch ausgedrückt lassen sich die Ergebnisse folgendermaßen zusammenfassen:

Mahlorganisation	*Räume*	Über die Räume erfahren wir nichts. Es ist am ehesten an Privathäuser zu denken.
	Rhythmus	Ein wöchentlicher Rhythmus kann vorausgesetzt werden. Der Konflikt deutet auf jeden Fall auf eine Regelmäßigkeit hin.
	Teilnahme	An den Mählern nahmen Christen jüdischer und nichtjüdischer Herkunft teil.
	Bereitstellung	Über die Bereitstellung erfahren wir nichts.
Mahlverlauf	*Ablaufschema*	Es lassen sich mahl- und wortorientierte Elemente ausmachen, daraus aber kein eindeutiger Ablauf rekonstruieren.
	Leitung	Von einer Mahlleitung erfahren wir nichts. Die Kritik am autoritätskritischen Verhalten der Gegner lässt an etablierte Hierarchien denken.

	Mahlbeginn	Ein Mahlbeginn wird nicht erwähnt.
	Sättigungsmahlzeit	Die Rede vom Mitschmausen lässt auf eine volle Mahlzeit schließen.
	Mahlabschluss	Ein Mahlabschluss wird nicht erwähnt.
	Trinkgelage	Das wortorientierte Beisammensein umfasste Schriftkunde, Lehre, Gebete und geistgewirkte Elemente. Von einem begleitenden Trinken ist keine Rede.
Mahldeutung	Mahlbezeichnung	Das Mahl wird Agape genannt.
	Konflikte	Der Mahlkonflikt resultiert aus der mangelnden Abgrenzung der nichtjüdischen Gemeindeglieder von ihrer paganen Herkunftssozialisation. Er wird durch Brandmarkung, Gerichtsdrohung und Fürbitte gelöst.
	Abgrenzungen	Die Agape wird von paganen leiborientierten Mählern abgegrenzt.
	Gruppenverständnis	Die Mahlgemeinschaft wird als jüdisch verwurzelte und exklusive Gemeinschaft aufgefasst, die sich um ihrer Reinheit vor Gott willen von der beschmutzenden Umwelt abzugrenzen hat.
	Mahlverständnis	Die Mahlzeit selbst wird nicht gedeutet, weder die Handlungen des Essens und Trinkens noch die Speisen und Getränke.
	Prioritätensetzung	Auf das Essen kam es nicht an. Die inhaltliche Priorität liegt auf der Wortversammlung.

Kapitel VI

Die Mahlfeier im Kontext der Johannesoffenbarung

1. Einleitung

Die Johannesoffenbarung ist wie der Judasbrief an Adressaten in Kleinasien gerichtet. Vermutlich ist sie auch dort abgefasst worden. Zeitlich gesehen bleiben wir auf der Schwelle vom 1. zum 2. Jh., treten aber vielleicht auch schon ins 2. Jh. ein.

Die *Datierung* der Offb ist ein offenes Problem. Die Forschungsmehrheit tendiert nach wie vor mit Irenäus, haer. V 30,3 zur späten Regierungszeit Domitians (81–96 n.Chr.).[1] Das ist zwar möglich, zwingende Gründe gibt es dafür aber nicht, insbesondere seit der gründlichen Revision des düsteren Bildes vom Christenverfolger Domitian.[2] Will man die Krise, auf die der Seher Johannes reagiert, nicht nur für eine bloße Empfindung des Autors halten,[3] sondern davon ausgehen, dass objektive gesellschaftliche Gegebenheiten und subjektive gemeindliche Deutungen ineinander greifen, wird man auch eine Entstehung im frühen 2. Jh. in Betracht ziehen müssen.[4] Dafür spricht nicht nur die Verschärfung des Kaiserkults, auf die der Seher Johannes offensichtlich reagiert, sondern auch die ab Trajan mit dem so genannten „Christenbrief" des Statthalters Plinius quellengeschichtlich greifbare staatliche Wahrnehmung und misstrauische Beäugung christlicher Gemeinden.[5] So gesehen kann durchaus eine Datierung der Schrift in die Regierungszeit

---

[1] So YABRO COLLINS, Crisis, 76 f.; KARRER, Johannesoffenbarung, 289 f.; ROLOFF, Offb, 18 f.; THOMPSON, Book, 13–15; MÜLLER, Offb, 41 f. (neuerdings hält er auch eine Datierung in die frühe Regierungszeit Trajans für möglich [DERS., Johannes, 49]); GIESEN, Offb, 25; SLATER, Setting, 245; LIETAERT PEERBOLTE, Beast, 252; FRIESEN, Imperial Cults, 147–151; BACHMANN, Johannesoffenbarung, 361 f.; OMERZU, Himmelsfrau, 187; TÓTH, Kult, 50–52 u.a.

[2] Vgl. THOMPSON, Book, 96–115; RIEMER, Domitian, 75–80. THOMPSON bewertet die Notiz über die vermeintliche Selbstvergottung Domitians bei Sueton, Dom. 13,2 (vgl. auch Cassius Dio LXVII 4,7; 13,4) als antiflavische Polemik und stellt ihr ein aufgrund zeitgenössischer literarischer, epigraphischer, numismatischer und prosopographischer Zeugnisse gewonnenes ausgewogenes Bild gegenüber (a.a.O., 104–107; dazu kritisch SLATER, Setting, 236–238). Doch hält er zugleich an der Datierung unter Domitian fest.

[3] So aber YARBRO COLLINS, Crisis, 84–110; THOMPSON, Book, 171–185.

[4] Frühdatierungen (für Nero plädieren BELL, Date, 102; HENGEL, Frage, 312 mit Anm. 161; ROJAS-FLORES, Book, 375–392) bleiben dagegen unwahrscheinlich.

[5] Vgl. Plinius d. J., Ep. X 96.

Trajans (98–117 n.Chr.)[6] oder gar seines Nachfolgers Hadrian (117–138 n.Chr.)[7] erwogen werden.

Wie im Judasbrief ist auch in der Offb das *jüdische Traditionsmilieu* mit Händen zu greifen. Dabei schöpft der uns unbekannte Autor, den wir im Folgenden in Übereinstimmung mit seiner Selbstvorstellung in Offb 1,4 der Einfachheit halber Johannes oder den Seher Johannes nennen, mit vollen Händen aus dem Überlieferungsbestand des später so genannten Alten Testaments.[8] Darüber hinaus verwendet der Autor auch mystische und apokalyptische Traditionen; so ist die Offb sowohl Zeugin prophetisch geprägter Apokalyptik[9] als auch der sich allmählich vorbereitenden, aber erst später greifbaren Hekhalot-Literatur[10]. So sehr sich Offb und Jud aber auch in der Kenntnis alttestamentlicher und apokalyptischer Überlieferungen berühren, so sehr fällt zugleich auf, dass die Offb anders als der Jud apokryphen Traditionen nicht dieselbe Dignität zumisst wie den normativ gewordenen Schriften. So findet sich hier anders als im Jud kein direktes Zitat aus einer nichtbiblischen Schrift.

Mit dem jüdischen Gepräge verweben sich *Beziehungen zu frühchristlichen Strömungen*. Eine Bekanntschaft mit paulinischen Traditionen ist schon aus geographischen Gründen nicht von der Hand zu weisen; Paulus hat nach eigenem Bekunden und nach den Erinnerungen der Apostelgeschichte ausführlich in Kleinasien gewirkt. Zudem lässt sich die briefliche Anlage der Offb als charakteristische Umprägung des paulinischen Briefformulars verstehen.[11] Doch fällt zugleich auf, dass der Autor über den Völkerapostel schweigt. Weder knüpft er an seine theologischen Vorgaben an noch zählt er ihn unter die zwölf Apostel, die als Grundsteine der

---

[6] So TAEGER, Johannesapokalypse, 21 f.; JONGE, Apocalypse, 128; REICHERT, Konfusion, 248–250, in Bezug auf die Endredaktion auch FREY, Erwägungen, 427, und AUNE, Rev I, CXXXII. Offen für eine solche Datierung zeigen sich KARRER, Stärken, 394, und MÜLLER, Johannes, 49.

[7] So WITULSKI, Ansatz, 50–58; DERS., Kaiserkult, 174. Er begründet seine Spätdatierung mit der „in der Zeit unmittelbar nach 132 n.Chr.[,] zu beobachtende[n] signifikante[n] Ausweitung der kultisch-religiösen Verehrung des amtierenden römischen Kaisers in der römischen Provinz *Asia*, innerhalb der der Person des *princeps* eine zumindest quasi-soteriologische Relevanz zugemessen wird" (DERS., Ansatz, 55; dort kursiv). Konkret denkt er an eine Entstehungszeit um 132–135 n.Chr.

[8] BEALE, Rev, 77, Anm. 16, zählt 635 mehr oder weniger deutliche Belege. Vgl. auch MOYISE, Language, 97-113; DERS., Old Testament, 117–127. So finden sich „allusions in almost every verse, while never explicitly quoting scripture" (MOYISE, Old Testament, 126) – und in der Tat sind die wörtlichen Zitate in Offb 4,8; 15,3 f.; 19,15 und 20,9 nicht als solche gekennzeichnet.

[9] PRIGENT, Rev, 22–36, macht insbesondere auf Parallelen zu den Sabbatopferliedern aus Qumran aufmerksam.

[10] Dem SCHIMANOWSKI, Liturgie, anhand der Gottessaalvision in Offb 4–5 nachgeht.

[11] Dazu KARRER, Johannesoffenbarung, 73–83.

Stadtmauer des himmlischen Jerusalem (Offb 21,14) zugleich das Fundament der Kirchenmauer bilden. Man muss das Schweigen aber nicht zwingend als gewollte Distanznahme erklären;[12] so zählt auch Lukas in seiner Apostelgeschichte Paulus nicht unter die zwölf Apostel, schätzt ihn zugleich aber als Zeugen Jesu sehr hoch. Eher noch ist die Fehlanzeige der gegenüber der paulinischen Wirkungszeit veränderten Ausgangslage zuzurechnen. Im Kampf gegen den seit paulinischer Zeit gewachsenen Kaiserkult Roms und angesichts der seit Paulus fortgeschrittenen Trennungsprozesse zwischen Juden- und Christentum sah der Seher Johannes in dem differenziert argumentierenden Paulus einfach keinen Bundesgenossen, auf den er argumentativ hätte zurückgreifen können.[13] Neben der Bekanntschaft mit Paulus fallen insbesondere in der Lebenswasserthematik motivgeschichtliche Berührungspunkte mit der johaneischen Literatur, also dem Johannesevangelium und den Johannesbriefen, auf.[14] Sie mögen mit den syrischen Wurzeln beider Trägerkreise zusammenhängen, die dann aber im Zuge der Verschiebungen nach Kleinasien unterschiedlich weiterentwickelt wurden.[15]

Die Verbindungslinien zu jüdisch-apokalyptischen auf der einen und paulinischen wie johanneischen Traditionskreisen auf der anderen Seite sind zu berücksichtigen, wenn die Frage nach der Gestalt und Theologie der gemeindlichen Mahlfeier geklärt werden soll. Dazu kommen noch prophetische, astrologische, magische und mythische Traditionen der hellenistisch-kaiserzeitlichen Umwelt.[16] In der *Forschungsgeschichte* zur Mahltheologie der Offb ist diesem reichhaltigen Beziehungsnetzwerk relativ wenig Raum geschenkt worden. Die Forschung hat der Mahlfrage zwar durchaus große Beachtung geschenkt, sie aber nicht traditionsgeschichtlich, sondern liturgiegeschichtlich zu lösen versucht.

Im Zuge dessen hatte die ältere Forschung bei den Hymnen eingesetzt und den inhaltlichen Abriss des Buches als Spiegel einer Gottesdienststruktur verstanden.[17]

---

[12] So aber MÜLLER, Offb, 52; TAEGER, Schweigen, 121–138; WALTER, Nikolaos, 213–221.

[13] So mit TREBILCO, Ephesus, 621–625. Allerdings hält er es auch für möglich, dass die innergemeindlichen Gegner der Offb dem Paulinismus zuzuordnen sind und das Schweigen über Paulus auch von daher motiviert sein kann.

[14] So mit TAEGER, Johannesapokalypse, 204 f.; FREY, Erwägungen, 419 f.; PRIGENT, Rev, 49 f., gegen ROLOFF, Kirche, 169; MÜLLER, Offb, 48 f.; GIESEN, Offb, 40. AUNE, Rev I, LIV–LVI, lehnt eine Zugehörigkeit des Sehers Johannes und seiner Anhängerschaft zum johanneischen Gemeindeverband zwar ab, ist aber zumindest offen für eine marginale Berührung beider Kreise.

[15] So auch MÜLLER, Theologiegeschichte, 51 f.

[16] Vgl. PRIGENT, Rev, 50–68.

[17] Vgl. die ausführliche Forschungsübersicht bei NUSCA, Worship, 21–105.

Samuel Läuchli hat an eine in den lokalen Traditionen Kleinasiens beheimatete eucharistische Liturgie gedacht,[18] während Massey H. Shepherd und Pierre Prigent eine christianisierte Passaliturgie, die sowohl Tauf- als auch Mahlbezüge enthalte, im Sinn hatten.[19] Oscar Cullmann schließlich war zwar skeptisch gegenüber dem Postulat liturgischer Abläufe, meinte aber, in den hymnischen Passagen zumindest die „älteste[n] Christuslieder" entdecken zu können.[20]

Die wachsende Einsicht in den literarischen Charakter der Hymnen und ihrer „Situationsbezogenheit im Rahmen der apokalyptischen Ereignisse" hat solchen Versuchen ein Ende bereitet. Dabei wurde deutlich, dass sie nicht aus ihrem narrativen Kontext innerhalb der Offb herausgeschält werden können und auch nicht auf gottesdienstlich-rituelle Wiederholung angelegt sind.[21] Dieser Abschied von der Suche nach durchgängigen gottesdienstlichen Strukturen hat zugleich den Blick für eine neue Verortung der Mahlfeier geöffnet, und zwar im Anschluss an die in der gemeinschaftlichen Zusammenkunft vollzogenen Lesung der Offb. Wenn schon die Offb nicht mehr als Rahmen für die Begehung der gemeindlichen Mahlfeier begriffen werden konnte, dann umgekehrt die Mahlfeier als Rahmen für die Lesung der Offb. Als Indiz verwies man auf den Buchschluss Offb 22,6–21 bzw. 15–21, den man als Mahleingangsliturgie begriff, so dass demnach die Verlesung des Buches in der Versammlung[22] in die gemeinsame Mahlfeier hineinmündete.[23]

---

[18] So LÄUCHLI, Gottesdienststruktur, 359–378.

[19] So SHEPHERD, Liturgy, 96 f. (vgl. die Übersicht über den Aufbau der Offb in a.a.O., 83), der insbesondere auf die vom Passa bekannten Hallel-Psalmen (Ps 113–118) in Offb 19,1–8 hinweist, auf die hin dann die Einladung zum eschatologischen Hochzeitsmahl des Lammes erfolgt. Differenzierter PRIGENT, der keine liturgische Linie feststellt, aber liturgische Anspielungen in den Sendschreiben Offb 2–3 (DERS., Liturgie, 37–45), im Sanctus Offb 4,8 (a.a.O., 65 f.) und im als Passalamm verstandenen Lamm/Widder Offb 5,12 f. (a.a.O., 73–76) findet. Dabei seien die Anspielungen in den Sendschreiben Offb 2–3 eher vermahnend und in der Thronsaalvision 4–5 eher rituell zu verstehen (a.a.O., 78).

[20] CULLMANN, Urchristentum, 24, unter Verweis auf Offb 5,9.12.13; 12,10–12; 19,1 f.6.

[21] So JÖRNS, Evangelium, 178–184 (Zitat 179). Er führt mit seiner Kritik die Arbeiten von DELLING, Stil, 107–137, der den interpretierenden Charakter der Hymnen und damit ihre literarische Bedeutung für den unmittelbaren Kontext innerhalb der Offb herausstellte, und DEICHGRÄBER, Gotteshymnus, 58 f., der die Hymnen als Schöpfungen des Verfassers und nicht als der Gemeindeliturgie entnommene Traditionsstücke verstand, weiter.

[22] Sie ergibt sich aus der Leseanweisung Offb 1,3. Auch die briefliche Anlage, wie sie vor allem im Bucheinang und Buchschluss greifbar ist, weist auf die im paulinischen Wirkungsfeld übliche Praxis hin, den Text gemeindlich zu Gehör zu bringen (dazu grundlegend KARRER, Johannesoffenbarung, 41–83).

[23] Die Auffassung vom in eine Mahlfeier überleitenden Schluss der Offb hat breite Aufnahme gefunden, so bei LOHMEYER, Offb, 179; BORNKAMM, Anathema, 126 f.;

Argumentativ wird dabei zumeist auf die formale und inhaltliche Verwandtschaft mit dem ebenfalls liturgisch verstandenen Briefschluss 1Kor
16,22 f. und der Mahleinladung in Did 9,5; 10,6 verwiesen. Verstärkt wurde die Auffassung durch Studien zur Kommunikationsstruktur des Buchganzen, die sowohl den Gemeindebezug als auch den Mahlhorizont konkreter vor Augen führen.[24]

Forschungsgeschichtlich sind damit die Weichen für ein Verständnis der
Offb gestellt, demgemäß im Anschluss an eine dialogische Lesung des
prophetisch-apokalyptischen Werks in der Versammlung das gemeinsame
Mahl gefeiert wird. Dieses breit bezeugte, aber zugleich umstrittene Verständnis des Schlussteils gilt es im Folgenden zu überprüfen. Weil aber der
Buchschluss keinesfalls alleine die Beweislast einer Mahlfeier tragen kann,
sollen zuvor die über das Buch verteilten Mahlanspielungen untersucht
werden. Sie kommen im Begriffspaar „Götzenopferfleischverzehr und Hurerei", das in den Sendschreiben begegnet (Offb 2,14.20), und in den sowohl im Sendschreiben- als auch im Visionsteil bezeugten Mahlbildern
zum Ausdruck.[25] So gilt es zunächst den mit dem polemisch gefärbten
Begriffspaar angesprochenen Mahlkonflikt (2.1) und seine symbolische
Bewältigung in den vielfältigen Mahlbildern, die in einer konkreten Gemeindesituation zur Wirkung kommen (2.2), herauszuarbeiten. Von da aus
lässt sich das Mahl der Gemeinde profilieren. Ausgehend von der Evidenz
in Offb 22,6–21 (3.1) und unter Berücksichtigung der Mahlbilder lässt sich
ein Bild vom Verlauf (3.2) und von der Theologie (3.3) des gemeindlichen
Mahls zeichnen.

JÖRNS, Evangelium, 182; BARR, Transformation, 46; DERS., Enactment, 253 f.; KARRER,
Johannesoffenbarung, 252–254; HAHN, Sendschreiben, 561; DERS., Elemente, 50–54;
ROLOFF, Offb, 211; SALZMANN, Lehren, 115; POKORNÝ, Structure, 505; PRIGENT, Rev,
634 f.650–653; BACKHAUS, Bilder, 435; NUSCA, Worship, 453–467; TÓTH, Kult, 462 f.
u.a. Skeptisch vor allem TAEGER, Johannesapokalypse, 50–54.

[24] Zu denken ist insbesondere an Arbeiten zur Oralität (BARR, Enactment, 244–249;
NUSCA, Worship, 151–168), zum dialogischen Grundmuster (JÖRNS, Proklamation, 188–
192; HAHN, Elemente, 541–555; VANNI, Dialogue, 348–372) und zum gemeindeprophe-
tischen Hintergrund des Buches (AUNE, Circle, 250–260; DERS., Matrix, 176–182.186–
189; NUSCA, Worship, 137–146).

[25] Den Mahlbildern geht auch LICHTENBERGER, Mahlmetaphorik, 227–252, nach. Dabei konzentriert er sich auf den traditionsgeschichtlichen Hintergrund und die komposito-
rische Funktion einzelner Mahlbilder, lässt aber die Frage nach dem Verhältnis der Bilder
zum gemeindlichen Mahl unberücksichtigt (ebenso SMIT, Fellowship, 325–377).

2. Der Mahlkonflikt und seine symbolische Bewältigung

2.1 Der Konflikt um Götzenopferfleischverzehr und Hurerei

Der in den Sendschreiben nach Pergamon und Thyatira beschriebene Gemeindekonflikt wird polemisch mit den Vorwürfen des Götzenopferfleischverzehrs und der Hurerei (Offb 2,14.20) zusammengefasst. So heißt es im Sendschreiben nach Pergamon:

„[14]Doch wenige Vorwürfe habe ich gegen dich; denn du hast dort Leute, die an der Lehre Bileams festhalten, der den Balak lehrte, den Israeliten einen Anstoß vorzusetzen, namentlich Götzenopferfleisch zu essen (φαγεῖν εἰδωλόθυτα) und Hurerei zu treiben (πορνεύειν). [15]So hast auch du Leute, die in gleicher Weise an der Lehre der Nikolaïten festhalten" (2,14 f.).

Und wenig später im Schreiben nach Thyatira heißt es:

„Aber ich habe gegen dich, dass du diese Frau, nämlich Isebel, gewähren lässt, die sich selbst eine Prophetin nennt, aber meine Knechte lehrt und verführt, Hurerei zu treiben (πορνεύειν) und Götzenopferfleisch zu essen (φαγεῖν εἰδωλόθυτα)" (2,20).

Wie ist der Sinngehalt des Wortpaares zu bestimmen? Handelt es sich um eine Chiffre für ein und dasselbe Vergehen[26] oder sind zwei verschiedene Tatbestände angesprochen[27]? Wenden wir uns zunächst dem ersten Bestandteil zu, dem Vorwurf, dass eine Reihe von Gemeindegliedern den *Verzehr von geweihtem Opferfleisch* offensichtlich für unbedenklich hielten.[28] Es liegt nahe, ihn im gleichen Sinne zu verstehen wie Paulus es in 1Kor 8–10 tat.[29] Es geht Johannes dann – wie schon vor ihm Paulus – um die Abgrenzung der Gemeinde von ihrer kulturellen Umwelt, um die Exklusivität der Gemeinde, wie sie sich in der Mahlgemeinschaft objektiviert; die Mahlgemeinschaft mit Christus lässt keinen Raum für die Mahlgemeinschaft mit fremden Göttern und schließt deshalb die Teilnahme an paganen Kult- und Festmählern aus. Die auf urbaner und provinzialer Ebene ausgerichteten Kaiserfeste sind davon genauso betroffen wie die Mahlversammlungen der zahlreichen mehr oder weniger kultisch ausgerichteten Vereine. Dabei geht die Offb aber offenbar die Unterscheidungen des Paulus nicht mehr mit. Was der Völkerapostel in 1Kor 8,1–13; 10,1–22 differenziert darstellt und vor allem argumentativ begründet, wird in der Offb

---

[26] So LOHMEYER, Offb, 28; KRAFT, Offb, 65; THOMPSON, Book, 122; SCHÜSSLER FIORENZA, Buch, 33; GIESEN, Offb, 102 f.; WALTER, Nikolaos, 213 f.; TREBILCO, Ephesus, 311 f. u.a.

[27] So ROLOFF, Offb, 55; WEHNERT, Reinheit, 188 f.; darüber hinaus auf Mischehen bezogen bei LÖHR, Lehre, 43 f., und ZIMMERMANN, Virginitätsmetapher, 58–60; vorsichtig HEMER, Letters, 91.

[28] Zum Fleischverzehr in der Antike vgl. Kap. II.2.4.1.

[29] Vgl. Kap. III.3.1.1.

pauschal und geradezu stereotyp abgehandelt. Die Offb folgt dem Ansatz des Paulus also nicht, hält ihn vielleicht sogar schlichtweg für inkonsequent. Sie unterscheidet weder unterschiedliche Situationen und Anlässe, noch setzt sie sich theologisch mit dem Problem auseinander oder reflektiert es ekklesiologisch. Götzenopferfleischverzehr ist für sie nicht nur im unmittelbar kultischen Kontext problematisch, bei Privateinladungen und Einkäufen auf dem Fleischmarkt dagegen eher unbedenklich, sondern ist an und für sich zu verurteilen. Das für Paulus wichtige ekklesiologische Argument der Gefährdung der gemeindlichen Mitgeschwister ist für Johannes weniger bedeutsam als die grundsätzliche Vermischung der gemeindlichen mit der paganen Welt außerhalb der Gemeinde. Der Konflikt bekommt damit den Charakter einer Art von „Kulturkampf". Zwei sich einander ausschließende Kulturen, so Johannes, stehen sich mit dem gemeindlichen Mahl und den außergemeindlichen Gast-, Fest- und Vereinsmählern gegenüber.

Dafür spricht auch die Verbindung des Vorwurfs vom Götzenopferfleischverzehr mit dem der *Hurerei*.

Der Bedeutungsgehalt von πορνεία ist ähnlich schillernd wie der vom εἰδωλόθυτον und „war schon in neutestamentlicher Zeit überaus unklar, und zwar zwischen Juden und jüdischen Christen auf der einen sowie Heiden und heidnischen Christen auf der anderen Seite: Für diese bezeichnete er in erster Linie gewerbsmäßige Prostitution, während jenen jede Sexualbeziehung außerhalb der Ehe als πορνεία galt."[30] Die Bedeutungsweite macht es uns schwer, den Begriff im Deutschen adäquat wiederzugeben. Wir bleiben im Folgenden beim traditionell überkommenen Begriff der Hurerei, um zum einen wie beim Götzenopferfleisch an der Sprache der Offb zu bleiben und den von ihr intendierten pejorativen Sinngehalt zum Ausdruck zu bringen,[31] und um zum anderen die semantischen Bezüge zu ähnlichen Begriffen, insbesondere zur so genannten Hure Babylon zu verdeutlichen. Dass es sich um von der Offb gesetzte Wertungen und keinesfalls um neutrale Beschreibungen handelt, versteht sich von selbst.

Die stereotype Redeweise von Götzenopferfleischverzehr und Hurerei lässt zunächst einmal fragen, ob es nicht in die Irre führt, den Begriff der Hurerei ähnlich wie den des Götzenopferfleischverzehrs als eigenständigen Vorwurf zu verstehen, sondern ob beides für ein und denselben Tatbestand steht, „für den Abfall vom wahren Glauben."[32] Doch wird der dabei beschworene prophetische Sprachgebrauch überschätzt. Zwar kann man in der Tat alttestamentlich-prophetische Vorgaben, die Israels Hinwendung zu Fremdgöttern als Hurerei und damit als Bruch mit dem auf Exklusivität angelegten Gottesverhältnis qualifizieren, ins Feld führen,[33] die frühjü-

---

[30] WOLTER, Christliches Ethos, 199, Anm. 40. Vgl. auch TIEDEMANN, NTAK 2, 22 f.

[31] Vgl. SALS, Biographie, 88 f.

[32] So GIESEN, Offb, 102 f. (Zitat 103).

[33] So vor allem Ez 16,15–58; 23,1–49; Hos 1–3; 5,4; 6,10. Vgl. auch Ex 34,15; Lev 17,7; Dtn 31,16; Ri 2,17; 2Chr 21,11.13; Jer 3,2; 13,27 u.ö. Davon abgeleitet kann auch

disch bis zur Gleichsetzung von εἰδωλολατρία und πορνεία weiterentwickelt wurden.[34] Allerdings sind εἰδωλολατρία und φαγεῖν εἰδωλόθυτα nicht einfach identisch.[35] Das gilt schon für Paulus, für den nicht jedweder Verzehr von Götzenopferfleisch auch als Götzendienst abzulehnen ist, sondern der nach Situationen differenziert. Während er Götzendienst und Hurerei rigoros ablehnt,[36] kann er den Verzehr von Götzenopferfleisch unter bestimmten Bedingungen zulassen.

Und auch ein anderer frühchristlicher Beleg legt es nahe, Götzenopferfleischverzehr und Hurerei inhaltlich auseinander zu halten: das *Aposteldekret*. Eine Reihe von Indizien sprechen dafür, die Offb in seine Wirkungsgeschichte hineinzuzeichnen.

Das Aposteldekret (Apg 15,29) und die mit ihm verwandten Jakobusklauseln (Apg 15,20; 21,25) verboten den zum Gottesvolk hinzutretenden Christinnen und Christen aus der Völkerwelt die Teilnahme am Götzendienst bzw. den Genuss von Götzenopferfleisch, den Genuss von Blut, den Verzehr von ungeschächtetem Fleisch und Hurerei.[37] Woher die vier Bestimmungen stammten, ist weitgehend unklar. Ihr traditionsgeschichtlicher Hintergrund in den Enthaltungsbestimmungen aus Lev 17 f.[38] macht es allerdings wahrscheinlich, dass sie sich judenchristlichen Trägerkreisen verdanken, die aus Sorge um die Reinheit des Gottesvolkes rituelle Mindestanforderungen für nichtjüdische Gemeindeglieder definiert und dabei ihre ureigenen Traditionen aus der Tora aktiviert haben. Womöglich gehörte auch der Herrenbruder Jakobus, der in der Apg als eigentlicher Promotor der Bestimmungen auftritt, in ihre Reihen.

Die Trägerkreise der Offb können leicht anknüpfen, zumal wir mit der Did sogar einen syrischen Zeugen des Verbots von Götzenopferfleischverzehr haben (Did 6,3) und der Seher Johannes und seine Anhänger wahrscheinlich ebenfalls aus dem syropalästinischen Raum stammen. Dort können sie die Bestimmungen kennen gelernt haben und ihre Einhaltung nun im neuen Umfeld, dem paulinischen Wirkungskreis Kleinasiens, geltend zu machen su-

---

die Hinwendung Israels zu anderen Völkern als Hurerei gebrandmarkt werden (vgl. Ez 16,26.28; 23,5.12.14.17–19).

[34] Vgl. Weish 14,21; TestRub 4,6; TestSim 5,3; TestBen 10,10; 3Bar 8,5; Philo, decal. 8. Es handelt sich dabei um einen Doppelvorwurf, der aus jüdischer Sicht als typische Verfehlung der Völker erhoben wurde (so WOLTER, Ethische Identität, 75).

[35] So auch WALTER, Nikolaos, 214.

[36] Vgl. Röm 1,23–25; 1Kor 5,11; 6,9; 10,7.14; Gal 5,19–21; 1Thess 4,3 (im Zusammenhang mit 1,9). Hier partizipiert Paulus an traditionell jüdischer Ethik (vgl. WOLTER, Ethos und Identität, 436 f.).

[37] Der D-Text überliefert eine weitere Textfassung, die aber als ethische (so z.B. SCHNEIDER, Apg II, 192; WEHNERT, Reinheit, 27 f.31; KRAUS, Jerusalem, 144, Anm. 75) oder apologetische (KLINGHARDT, Gesetz, 174–176) Weiterentwicklung der ursprünglichen Bestimmungen verstanden werden muss. Er wird zum Zeugen einer Entwicklung, die den ursprünglich kircheninternen Bezugsrahmen verlässt und die mehrheitlich pagane Außenwelt mit in den Blick nimmt.

[38] So KLINGHARDT, Gesetz, 181–206; HEIL, Ablehnung, 151 f.; WEHNERT, Reinheit, 209–238; KRAUS, Jerusalem, 146–148.

chen.[39] Dafür spricht, dass mit Götzenopferfleischverzehr und Hurerei zwei der vier Bestimmungen explizit genannt sind. Die dritte Bestimmung, die Verabscheuungswürdigkeit von Blutgenuss, bleibt im Kontext der Sendschreiben zwar unerwähnt, wird dafür aber an anderer Stelle, nämlich in Offb 16,4–6 sachlich vorausgesetzt.[40] Dass die vierte Bestimmung, das Verbot des Verzehrs von nicht ausgeblutetem Fleisch, keinen Niederschlag im Buch findet, verwundert dagegen nicht. Das mag damit zusammenhängen, dass seine Befolgung im 2. Jh. generell keine Rolle mehr spielte; immerhin überliefert es auch der westliche Text der Apg nicht mehr. Bestätigt wird unsere Vermutung auch aus terminologischen Gründen, da sowohl in Apg 15,28 f. als auch in Offb 2,24 f. die Begriffe βάρος und πλήν benutzt werden, um die gesetzlichen Auflagen begrifflich zu fassen. Besonders pikant wäre es, wenn das Aposteldekret ursprünglich nur für Christen aus der Völkerwelt im jüdischen Mutterland gegolten haben sollte;[41] dann wäre die Offb sogar ein Zeugnis für eine Universalisierung des Dekrets.

Allerdings erheben sich auch Einwände: Warum sollen die Bestimmungen des Dekrets nur den λοιποί in Thyatira und nicht etwa allen gelten?[42] Hat der Seher die Gemeindemehrheit in Bezug auf sein Anliegen etwa schon aufgegeben? Und schließlich ist auch der Bezug von βάρος und πλήν auf das Dekret nicht zwingend; zum einen sind beide Begriffe hier nicht so eng verbunden wie in Apg 15,28 f., zum anderen ist alles andere als klar, dass sich βάρος hier wie dort auf Gesetzeslasten der Tora bezieht.[43]

Dennoch stellen die Einwände nicht grundsätzlich einen möglichen Bezug der Vorwürfe zum Aposteldekret in Frage. Denn wenn man in Betracht zieht, dass es das Grundanliegen der Bestimmungen war, die Tischgemeinschaft von jüdischen und nichtjüdischen Christen auf eine solche Weise zu regeln,

---

[39] So auch BOUSSET, Offb, 221; KLAUCK, Sendschreiben, 128; RÄISÄNEN, Nicolaitans, 1611; MÜLLER, Offb, 97 f.120; WEHNERT, Reinheit, 188 f.; SCHNELLE, Einleitung, 572. Nach WALTER, Nikolaos, 223 f., will der Autor sogar noch einen Schritt weiter gehen als das Aposteldekret, indem er nicht nur dessen Mindestauflagen, sondern darüber hinaus auch noch die Beschneidung und damit den Übertritt zum Judentum zu etablieren suche. Doch fehlt für eine solch weitreichende These jegliches Indiz.

[40] Darauf verweist WEHNERT, Reinheit, 189. Skeptisch zeigt sich LÖHR, Speisenfrage, 30 f., der eine Wirkungsgeschichte des Dekrets nur dann annehmen möchte, wenn alle vier Enthaltungsbestimmungen aufgeführt werden (ähnlich auch KOCH, Regelung, 100). Dieses Verständnis ist zu eng, denn es nimmt nicht ernst, was ja schon die Textgeschichte des Dekrets mit seinen Varianten bezeugt, dass in unterschiedlichen Kontexten auch unterschiedliche Bestimmungen besonders hervortreten konnten. Und warum sollte der Verfasser der Offb Gemeindegruppen Übertretungen von Dekretbestimmungen vorwerfen, die sie gar nicht betrafen?

[41] So KRAUS, Jerusalem, 152–156.

[42] So ULLAND, Vision, 112.

[43] ULLAND, Vision, 114, denkt vielmehr an den Widerstand gegen die Versuchungen des Staatskults.

dass die „Scheidelinie zwischen dem Gottesvolk und der paganen Welt" nicht verletzt wird,[44] dann ergibt sich ein für die Offb plausibles Bild: Sie will mit Hilfe der Bestimmungen des Dekrets die jüdische Identität ihrer Gemeinschaften in Abgrenzung zur paganen Mehrheitsgesellschaft wahren und die Zugehörigkeit der nichtjüdischen Gemeindeglieder zum Gottesvolk in sichtbarer Weise zum Ausdruck bringen.

Die Offb wird damit zum frühen Zeugen einer Linie, die sich gegen die differenzierte Linie des Paulus entscheidet und weichenstellend für die Alte Kirche wird. Ihre Impulse wirken weiter bis in die Alte Kirche und lassen den Verzicht auf Götzenopferfleisch in nachneutestamentlicher Zeit zum *identity marker* christlicher Gemeinden werden, ohne dass eine direkte Abhängigkeit von der Offb in Anschlag gebracht werden kann (Justin, dial. 34,7; Irenäus, haer. I 6,3). Die Gründe für diese Weichenstellungen waren vielschichtig. Die innerkirchlich aufkommende Gnosis wird in gleicher Weise wie der von außen kommende und wachsende Druck durch den Kaiserkult in Anschlag zu bringen sein. Schließlich mag auch das Bestreben, der christlichen Identität einen gesellschaftlich sichtbaren Ausdruck zu verschaffen, auf die Entwicklungen eingewirkt haben.

Gehen wir im Blick auf die Offb noch einen Schritt weiter. Die Begriffe von Götzenopferfleisch und Hurerei evozieren nicht allein Erinnerungen an das Aposteldekret und sein jüdisches Bezugsfeld, sie rufen darüber hinaus eine Vorstellungswelt hervor, die über traditionsgeschichtliche Vorgaben hinaus kulturgeschichtlich auf die pagane *Bankettgesellschaft* verweist. Diese wird vom Seher nicht einfach neutral beschrieben, sondern dient ihm lediglich als Negativfolie für die gemeindliche Mahlgemeinschaft. Während mit dem Vorwurf, Götzenopferfleisch zu verspeisen, das Mahl als erster Teil des Banketts angesprochen und aufgrund seines Speiseplans als religiös inakzeptabel bewertet wird, zielt der Vorwurf der Hurerei auf den zweiten Teil, das Symposion mit seiner Anfälligkeit für erotische Umtriebe. So steckt hinter dem Doppelvorwurf von Opferfleischverzehr und Hurerei die Vorstellung von außergemeindlichen Mahlgemeinschaften, die sich sowohl religiösen als auch sexuellen Verfehlungen hingeben. Aus dem kulturgeschichtlichen Zusammenhang der Bankettgesellschaft kann damit die eingangs gestellte Frage, ob Götzenopferfleischverzehr und Hurerei als Hendiadyoin zu verstehen sind, oder ob sie zwei eigenständige Vorwürfe markieren, in beiden Richtungen beantwortet werden. Einerseits sind sowohl der Fleischverzehr als auch die sexuelle Fehlorientierung kulturgeschichtlich demselben Lebensbereich, der städtischen Fest- und Alltagskultur nämlich, zuzuordnen, andererseits aber umschreiben sie nicht ein und denselben Sachverhalt, sondern haben eine unter-

---

[44] KONRADT, Gericht, 352.

schiedliche Ausrichtung, namentlich die Speisefrage beim Mahl und die Frage nach der Teilnahme und Rolle von Frauen beim Symposion.[45]

Bei aller Vorstellungskraft der Begriffe auf dem Hintergrund der Institution des Banketts darf aber nicht übersehen werden, dass auch dieses Bild über sich hinausweist. Wie das Bankett als Kristallisationspunkt der griechisch-römischen Stadtkultur zu begreifen ist, so steht der auf die Bankettsituation bezogene Doppelvorwurf für eine das Bankett transzendierende Kritik an der die Gemeinde umgebenden *Mehrheitsgesellschaft* in Gänze. Das wird noch klarer, wenn wir nach der Analyse der Mahlbildersprache noch einmal die soziokulturelle Situation der Gemeinde in den Blick nehmen.[46] Götzenopferfleischverzehr und Hurerei weisen über ihre Verwurzelung in Mahl und Symposion hinaus auf die gesellschaftliche Partizipation von Christinnen und Christen überhaupt.[47] Die den Mählern innewohnende religiöse und sexuelle Fehlgeleitetheit gilt demnach nach Meinung des Sehers Johannes als Symptom für die Erkrankung einer gesamten Gesellschaft. Götzenopfermahl und Hurerei stehen *pars pro toto* für die gesellschaftliche Partizipation der Christinnen und Christen, wie sie sich in besonderer Weise am Bankett festmacht, weil sich gesellschaftliches Leben zu einem gewichtigen Teil in privaten Gastmählern wohlhabender Bürger und in vielfältigen Vereinsmählern abspielte.

Das Bild gewinnt durch die Benennung zweier Gruppen gemeindliche Konkretion. Die erste Konkretion ist mit den *Nikolaïten* gegeben. Es handelt sich dabei um eine Gruppe, die in den christlichen Gemeinden von Ephesus (Offb 2,6) und Pergamon (2,15) eine beträchtliche Rolle spielte und sich durch die beschriebene Praxis von Götzenopferfleischverzehr und Hurerei auszeichnete.[48] Es muss sich dabei um eine reale und aufgrund ihrer Lehre und Lebensweise auch abgrenzbare Gruppierung in der Gemeinde gehandelt haben, weil ihre Bezeichnung als Nikolaïten im Schreiben nach Ephesus, das die Gruppe nicht weiter charakterisiert, ansonsten völlig unverständlich und auch im Schreiben nach Pergamon nicht eindeutig fixierbar wäre.[49] Offen muss bleiben, ob es sich um die Selbstbezeich-

---

[45] WOLTER, Christliches Ethos, 200 f., bezieht nur den Vorwurf des Götzenopferfleischverzehrs auf einen tatsächlichen Tatbestand, den der Hurerei dagegen als Bewertung dieses Tatbestands. Allerdings hinkt diese Aufteilung, weil ja auch dem Begriff des Götzenopfers bereits eine Wertung innewohnt (was WOLTER, a.a.O., 201, Anm. 46, selbst eingesteht).

[46] Vgl. unten Abschnitt 2.2.3.

[47] Vgl. KLAUCK, Sendschreiben, 128 f.; ULLAND, Vision, 97 f.

[48] Mit BOUSSET, Offb, 237; HEILIGENTHAL, Nikolaiten, 133; MÜLLER, Offb, 112; AUNE, Rev I, 188, ist von einem Zusammenhang zwischen den Nikolaïten in Ephesus und Pergamon auszugehen. Dies ist durch das καὶ σύ in 2,15 klar markiert.

[49] Gegen ULLAND, Vision, 62–64.96 f., der von fiktiven Gegnern ausgeht, zugleich aber betont, dass diese fiktiven und keinesfalls als geschlossene Gruppe auftretenden

nung der Gruppe oder um eine von außen an sie herangetragene Fremdbe-
zeichnung handelt.[50] Da dem Namen keine erkennbar polemische Nuance
innewohnt – anders verhält es sich bei der Brandmarkung der angeblichen
Pseudoprophetin in Thyatira als „Isebel" – und der Verfasser offensichtlich
davon ausgeht, dass die Nennung des Namens verstanden wird, legt sich
eher Ersteres nahe. So oder so kann aber der Name nicht aus der Luft ge-
griffen sein, sondern ist von einem Zusammenhang der Bezeichnung „Nikolaïten" mit der tatsächlichen Gruppierung auszugehen. Sie ist also aller
Wahrscheinlichkeit nach mit einer Person in Verbindung zu bringen, die
den Namen Nikolaus trug.

Um die Parteigänger des Nikolaus handelt es sich wohl nicht, weil das die Endung –ιανοί
erfordert hätte, sondern aufgrund der Endung –ἰται um eine Gruppe, die historisch auf
Nikolaus zurückgeht oder ihm zugehört. Damit erschöpft sich bereits unser Wissen. Ob
es sich dabei um denselben Nikolaus handelt, der in Apg 6,5 als Proselyt aus Antiochien
und Mitglied des Siebenerkreises um Stephanus vorgestellt wird, wie die Forschung immer wieder erwog,[51] kann nicht verifiziert werden. Aber selbst dann liegt seine Identität
im Dunkeln. Dass ihm nur ein niedriger Status im besagten Kreis zukam, weil sein Name
als letzter genannt wird, und er die angeblich tempel- und torakritische Haltung des Stephanus geteilt hat,[52] er an der Gründung der Gemeinde im syrischen Antiochien beteiligt
und in Ephesus gar als Erstmissionar tätig war,[53] ist reine Spekulation. Lediglich dass er
nichtjüdischer Herkunft war, kann man sicher festhalten. Für die Spurensuche nach dem
Nikolaos in der Offb ist damit aber noch nichts gewonnen.

Schwierig ist auch die theologiegeschichtliche Einordnung der Nikolaïten,
weil ihre mit Götzenopferfleischverzehr und Hurerei gebrandmarkte Lebensweise nicht begründet wird. Mit gnostischen Einflüssen, die vor allem
die ältere Forschung stark machte, wird heute nur noch selten gerechnet,
obwohl sie desto stärker zu berücksichtigen sind, je später ins 2. Jh. hinein
man die Offb datiert.[54] Meistens werden sie in den paulinischen Traditi-

---

Gegner für die Hörerinnen und Hörer der Offb identifizierbar gewesen sein mussten.
Allerdings ist eine solche Identifikation nur dann möglich, wenn schon ihr Name Erfahrungen im Adressatenkreis in Erinnerung ruft.

[50] Ersteres vertreten KARRER, Johannesoffenbarung, 197; KLAUCK, Sendschreiben,
131; MÜLLER, Offb, 99; RÄISÄNEN, Nicolaitans, 1608.1632; WALTER, Nikolaos, 203,
Letzteres BOUSSET, Offb, 206 f.; ULLAND, Vision, 63; PRIGENT, Rev, 160, Anm. 16.

[51] So zuletzt WALTER, Nikolaos, 226. Er schließt sich damit dem Zeugnis der Kirchenväter an (Clemens von Alexandrien, Strom II 20,118,3–5; III 25,5–26,2; Irenäus,
haer. I 26,3; Epiphanius, haer. 25; Hippolyt, haer. VII 36,3). Doch weil diesen keine über
das Neue Testament hinausgehenden Quellen zur Verfügung standen, wie HEILIGETHAL,
Nikolaiten, 133–136, überzeugend darlegt, kann ihrem Zeugnis kein historischer Eigenwert zukommen. Vielmehr tappten auch sie schon im Dunkeln.

[52] So AUNE, Rev I, 149.

[53] So WALTER, Nikolaos, 226 (zur Begründung 203–213).

[54] KLAUCK, Sendschreiben, 130, spricht von einem „nachpaulinische[n] Christentum
mit manchen Zügen, die zur späteren Gnosis tendieren". Weitergehend noch KARRER,
Johannesoffenbarung, 197–199; ROLOFF, Offb, 49.54 f.

onsstrom eingezeichnet, wobei unklar bleibt, ob ihre Lehre direkt mit der paulinischen Botschaft identifiziert werden darf[55] oder in Analogie zu den so genannten „Starken" in Korinth als Radikalisierung paulinischer Theologie zu verstehen ist,[56] die möglicherweise durch pagane, populärphilosophische Vorstellungen genährt wurde.[57] Allerdings ist zu beachten, dass der Name Paulus selbst nicht genannt wird, also zumindest der Autor der Offb nicht davon auszugehen scheint, dass die Lehre des Nikolaus mit der des Paulus identisch ist oder sich durch die Berufung auf die Autorität des Völkerapostels in den Gemeinden legitimiert. Wahrscheinlich ist die Wirklichkeit ohnehin weniger idealtypisch, als es die Positionen der Forschung nahe legen. Man sollte deshalb allgemein von mehr oder weniger stark organisierten gemeindlichen Gruppierungen sprechen, die ähnlich wie die Gegner im Judasbrief eine strikte Abgrenzung von ihrer paganen Herkunftssozialisation ablehnten und sich dafür möglicherweise auf paulinisch geprägtes Gedankengut beriefen, wie es sich in Kleinasien nach dem Tod des Völkerapostels entwickelt hat.[58]

Johannes unterzieht sie nicht nur einer Kritik, sondern auch einer Typisierung. Wie der Autor des Jud identifiziert auch er die Konfliktgegner mit *Bileam*.[59] Wenn es sich um eine selbstgewählte Bezugnahme der Nikolaïten gehandelt haben sollte, dann hätten sie entgegen den Hauptströmen der jüdischen Traditionsentwicklung Bileam positiv als Seher und Medium göttlicher Mitteilungen verstanden.[60] Wahrscheinlich aber ist er wie schon im Jud lediglich eine polemisch rhetorische Figur des Sehers Johannes, um die Konfliktgegner theologisch einzuordnen und zu disqualifizieren.[61]

---

[55] So WALTER, Nikolaos, 215: „Was der Seher den Nikolaiten vorwirft, würde er also auch dem Paulus selbst vorgeworfen haben."

[56] So eine breite Forschungsströmung, z.B. THOMPSON, Book, 123; KLAUCK, Sendschreiben, 131; MÜLLER, Theologiegeschichte, 21–23; DERS., Offb, 99; RÄISÄNEN, Nicolaitans, 1627 f.; PRIGENT, Rev, 153; TREBILCO, Ephesus, 333 f.; TÓTH, Kult, 55. Kritisch aber LÖHR, Lehre, 49, Anm. 44.

[57] Von Paulinisten mit pagan-skeptizistischer Weltanschauung geht HEILIGENTHAL, Nikolaiten, 137, aus.

[58] So auch TREBILCO, Ephesus, 319 f. Anders WALTER, Nikolaos, 217, der zu Unrecht Paulinismus und Assimilation gegeneinander ausspielt. Denn er übersieht, dass hinter dem durch die Begriffe Götzenopferfleischverzehr und Hurerei polemisch verzerrten Tatbestand nicht nur ein theologisches, sondern zugleich ein soziales Programm steht: Es geht um nichts weniger als um die gesellschaftliche Partizipation christlicher Gemeindeglieder.

[59] Es handelt sich bei den Nikolaïten und Bileamiten also nicht um zwei unterschiedliche Gruppierungen. Dabei ist es unerheblich, ob man die Identifikation beider über das οὕτως (so AUNE, Rev I, 188) oder über das ὁμοίως (so LÖHR, Lehre, 41) in Offb 2,15 herstellt.

[60] So KARRER, Johannesoffenbarung, 197. Zur Frage einer etymologischen Beziehung zwischen „Nikolaus" und „Bileam" vgl. WALTER, Nikolaos, 218 f.

[61] So auch KLAUCK, Sendschreiben, 127 f.

Den Nikolaïten zur Seite tritt als zweite Gruppe die Prophetin *Isebel* und ihre Anhängerschaft. Die Prophetin tritt in der Gemeinde von Thyatira auf,[62] doch wird Isebel – hier ist die Sachlage eindeutiger als bei der Gruppenbezeichnung Nikolaïten – kaum ihr richtiger Name gewesen sein, so dass er im Folgenden in Anführungszeichen gesetzt und damit als polemischer Deckname gekennzeichnet wird.[63] Patin steht die alttestamentlich bezeugte Königin und Frau Ahabs,[64] die ihren Mann zum Baalsdienst verführte[65] und der Überlieferung nach sowohl Abgötterei bzw. Hurerei als auch Zauberei betrieb[66]. Sie trat zudem als Erzfeindin des Propheten Elija, dem einsamen Repräsentanten der Rechtgläubigkeit, mit dem sich der Seher Johannes identifizieren könnte, in Erscheinung.[67]

Die Identität der „Isebel" aus Thyatria liegt wie die der Nikolaïten und ihres Namenspatrons im Dunkeln. Dass es sich um eine Schülerin jener Priska / Priszilla handelt, die nach dem Zeugnis der Apostelgeschichte mit ihrem Mann Aquila zu den wichtigen Unterstützern paulinischer Mission zählte (Apg 18,2.26), ist jedenfalls hochspekulativ.[68]

Ausgehend von ihrer Selbstbezeichnung als προφῆτις ist zu vermuten, dass sie entweder als charismatische Prophetin in den Versammlungen der Gemeinde von Thyatira auftrat[69] oder als eine ursprünglich in paganen Orakeltraditionen beheimatete Prophetin Einfluss auf die örtliche christliche Gemeinde genommen hat.[70] Beides muss sich nicht ausschließen, wenn man davon ausgeht, dass eine ehemalige Orakelprophetin Gemeindeglied geworden sein und ihre *prophetische Tätigkeit* nun im gemeindlichen Kontext fortgesetzt haben kann. Ihre Lehre wird über den Vorwurf des Götzenopferfleischverzehrs und der Hurerei hinaus dahingehend beschrieben, dass sie „die Tiefen (τὰ βαθέα) des Satans" zu erkennen trachtete (Offb 2,24). Man muss diese Qualifikation nicht zwangsweise ironisch auffas-

---

[62] An ihrer Echtheit zweifelt auch ULLAND, Vision, 106, nicht.

[63] Dass ihr Name verloren gegangen sei, vermutet SCHÜSSLER FIORENZA, Buch, 159. Doch ist eher WALTER, Nikolaos, 213, zuzustimmen, der von einer „denunziatorische[n] Umbenennung" spricht.

[64] So mit GUTTENBERGER, Johannes, 174 f.

[65] 1Kön 16,31.

[66] 2Kön 9,22. Die LXX spricht von Hurereien (πορνεῖαι) und Zaubereien (φάρμακα).

[67] Vgl. etwa 1Kön 19,2. GUTTENBERGER, Johannes, 185–188, folgert, dass Thyatira die Heimatstadt und damit auch Heimatgemeinde des Sehers Johannes gewesen, seine ausführliche Polemik gegen „Isebel" dementsprechend als innergemeindliche Konkurrenzsituation zu deuten sei. In der Tat ist es auffällig, wie ausführlich und konkret das Sendschreiben die Situation in Thyatira beschreibt, wo doch der Stadt selbst keine besondere Bedeutung im Chor der kleinasiatischen Metropolen zukommt.

[68] So aber WALTER, Nikolaos, 219 mit Anm. 48.

[69] Auffälligerweise weist uns die Geschichte frühchristlicher Gemeindeprophetie wieder in den paulinischen Wirkungskreis. Vgl. 1Kor 12,28 f.; 14,29.32.37; Eph 3,5; 4,11.

[70] Dass auch Frauen prophetische Aufgaben im Rahmen des antiken Orakelwesens haben konnten, zeigt KARRER, Johannesoffenbarung, 287 f.

sen,[71] sondern kann sie als wörtliche Wiedergabe ihres prophetischen Selbstverständnisses verstehen.[72] Dann wäre „Isebels" Anliegen dahingehend zu verstehen, dass sie zu einem angstfreien Umgang mit den vielfältigen Versuchungen der paganen Kultur aufgefordert hat, weil diese in ihren Augen ohnehin satanisch, also nichtig, sind und deshalb den Glauben nicht gefährden.[73]

Diese Selbstsicherheit, die in ihrer Lehre hervortritt, könnte sich auch in ihrem inner- wie außergemeindlichen *Mahlverhalten* widerspiegeln. Die Gerichtsankündigung in Offb 2,22, dass Christus sie auf ihr Bett / ihre Liege (κλίνη) zu werfen gedenkt, kann nicht nur ehemetaphorisch, sondern darüber hinaus auch sympotisch verstanden werden: Wie eine Hetäre, so die Vorstellung dahinter, nahm sie an den Gelagen der Männer teil und lag mit ihnen zu Tische, statt sich, wie es kultureller Usus war, zu setzen; entsprechend wird auch Christus sie auf eine Liege werfen, die ihr aber nicht zum Vergnügen, sondern zum Gericht gereicht, die Speiseliege folglich zur Gerichtsliege mutiert.[74] Ihre liegende Teilnahme an Mählern der Umwelt wird also als Ehebruch und damit als Verletzung der exklusiven Christusbindung interpretiert. Und denkbar ist darüber hinaus, dass sie ihr außergemeindliches Mahlverhalten innergemeindlich fortsetzte. Wenn sie in der Gemeinde nicht nur als Prophetin, sondern auch als Patronin oder Gastgeberin auftrat, dann konnte sie auch eine Anhängerschaft um sich scharen. In ihrer Rolle als Gastgeberin konnte sie dann den Mahlvorsitz übernehmen und sich dazu selbstverständlich wie die geladenen Männer zu Tisch legen. Wenn sich darüber hinaus ihre Auffassungen und Verhaltensweisen wie die der Nikolaïten paulinischen Wirkungen verdanken sollten, dann ergibt sich das Bild einer Frau, die nicht nur nach außen hin Kontakte zur paganen Mehrheitsgesellschaft pflegte, der sie wahrscheinlich selbst entstammte, sondern darüber hinaus nach innen hin dem paulinischen Impetus einer egalitären Gemeinschaft, in der geschlechtliche Unterschiede keine trennende Wirkung mehr haben dürfen, folgte.

Für Johannes dagegen war ihr Verhalten keineswegs Ausdruck eines theologischen Gleichheitsverständnisses der Geschlechter, sondern eine unerlaubte Anpassung an die Sitten der kulturellen Um- und Mitwelt. Ihr Mahlverhalten entspricht deshalb in seinen Augen nicht dem einer selbstbewusst reflektierenden Prophetin, sondern dem einer den Männern dienenden Hetäre oder Prostituierten. Deshalb zieht er nicht nur ihre Identität

---

[71] Wie es aber die Forschungsmehrheit tut, z.B. AUNE, Rev I, 214; PRIGENT, Rev, 186; MÜLLER, Offb, 119; GUTTENBERGER, Johannes, 175.

[72] So TAEGER, Schweigen, 130 (ihm folgt WITULSKI, Ansatz, 45 f.). TREBILCO, Ephesus, 322 f., lässt die Entscheidung offen.

[73] So mit TÓTH, Kult, 53 f.

[74] In diese Richtung denkt auch HEMER, Letters, 120 f.

als Prophetin in Zweifel, indem er ausdrücklich festhält, dass dies lediglich ihre Selbstbezeichnung sei, sondern diskreditiert sie auch als *Frau*.[75] Denn die ausdrückliche Betonung, dass es sich um eine Frau handelt (ἡ γυνή),[76] obwohl sich dies ja bereits aus dem Namen und der femininen Titulatur „Prophetin" ergibt, stellt sie in eine Linie mit der Hure Babylon, die auch als Frau gezeichnet wird (17,3 f.7.9). Der Eindruck drängt sich auf, als hegte der Seher Johannes die Absicht, nicht nur einen Keil zwischen Gemeinde und Mehrheitsgesellschaft, sondern zugleich zwischen Männer und Frauen zu treiben. Dann prangert er nicht nur wie bei den Nikolaïten die gesellschaftliche Partizipation, wie sie sich vor allem in außergemeindlichen Mahlgemeinschaften äußert, sondern zugleich eine Aufwertung der Frau im Kontext der innergemeindlichen Gemeinschaftsmähler an. Beides ist später zu berücksichtigen, wenn es darum geht, die Mahlbilder für den Entwurf eines eigenen gemeindlichen Mahls der Offb auszuwerten.

2.2 Die Mahlbildersprache als symbolische Konfliktbewältigung

Der Seher Johannes hat es mit einem kulturellen Konflikt zu tun, den er als Mahlkonflikt schildert, weil er sich im Mahl in besonderer Weise verdichtet. Seine Gegner sind Gruppierungen, die er als Nikolaïten und Isebeliten bezeichnet. Ihnen wirft er den Verzehr von Götzenopferfleisch und hurerisches Treiben, also eine fehlende Abgrenzung von der Mahlkultur der Städte Kleinasiens und damit einhergehend eine fehlende christliche Profilierung des eigenen Mahlverhaltens vor. Johannes geht den Konflikt nicht wie Paulus in Korinth konfrontativ und argumentativ an, sondern trägt ihn symbolisch aus. Er entwirft eine ganze Mahlbilderwelt, in die hinein er die Mähler der Gemeinde einzeichnet und denen der Umwelt entgegensetzt. Entfaltet wird diese Bilderwelt vor allem im Visionsteil des Buches, ansatzweise aber auch schon in den Sendschreiben und dann auch – wie auf einen Höhepunkt zulaufend – im rahmenden Buchschluss. Es ist zu erwarten, dass sich aus diesen Bildern und ihren Vernetzungen heraus Angaben zum idealtypischen Gemeindemahl, wie es dem Seher Johannes vorschwebt, erheben lassen.

---

[75] So mit KERNER, Ethik, 90 f.

[76] Eine ganze Reihe von Handschriften lesen das Possessivpronomen σου, so dass aus der Frau Isebel „deine Frau" wird. Dahinter steht aber am ehesten die Unsicherheit der Abschreiber, mit der bloßen Titulierung Isebels als Frau umzugehen. So wollte man sie dem ἄγγελος der Gemeinde (2,18) zuordnen. Die Forschung hat daraufhin erwogen, ob es sich um die Ehefrau des Gemeindeleiters handelt, was aber mit WALTER, Nikolaos, 219, zurückgewiesen werden muss, weil faktisch nicht der Gemeindeleiter, sondern die ganze Gemeinde angeredet wird. Der Lesart ohne Possessivum muss darum aus inneren wie äußeren Gründen der Vorzug gegeben werden.

Die Bildersprache der Offb beschäftigt die *Forschung* seit langem. Unter dem Einfluss von Rhetorik und Literaturwissenschaft hat sich hier jüngst eine Wende vollzogen, die auch in dieser Arbeit mitvollzogen wird. Die Bilder sind demnach nicht mehr allein traditionsgeschichtlich oder anthropologisch-archetypisch auszuwerten, auch nicht wie eine Geheimsprache zu entschlüsseln. Vielmehr ergibt sich bei allem Recht traditionsgeschichtlicher Fragestellungen die Deutung der Bilder letztlich aus dem Gesamtkunstwerk des Buches heraus, wobei Kunstwerk hier nicht als ein vorgegebenes und fertiges Objekt, sondern als eine erst in der Wechselwirkung zwischen Autor und Leser- bzw. Hörerschaft entstehende Größe begriffen wird. Die Bilder sind also sowohl aus der antiken Bilderwelt als auch rezeptionsästhetisch zu erschließen: Sie „rufen Vorstellungen hervor; sie treten in eine Wechselwirkung mit den Bildern, die den Rezipienten aus ihrer Welt vertraut sind, und im Lesen oder Hören des Textes, im Durchgang durch die Bilderfolge des Textes verändert sich deren Wahrnehmung."[77]

Deshalb werden im Folgenden zunächst die traditionsgeschichtliche Herkunft der Bilder und ihre kontextuelle Ausgestaltung untersucht (2.2.1), dann ihre thematische Verknüpfung im Makrotext erhellt (2.2.2) und schließlich ihre Wirkung im Kontext der Gemeinde dargestellt (2.2.3).

2.2.1 Mahlmotive

2.2.1.1 Lebensbaum (Offb 2,7; 22,2.14.19)

Innerhalb des Sendschreibenteils begegnen Mahlbilder in den Überwindersprüchen, die jeweils die einzelnen Gemeindeschreiben abschließen. Sie dürfen nicht einseitig futurisch verstanden werden, sondern greifen auf die Gegenwart der Gemeinde aus.[78] Augenfällig ist dabei zum Ersten das Bild von der Teilhabe am Lebensbaum. So heißt es zum Abschluss des Schreibens an die Gemeinde in Ephesus:

„Wer Ohren hat, der höre, was der Geist den Gemeinden sagt. Dem, der überwindet, werde ich zu essen geben vom Baum des Lebens (φαγεῖν ἐκ τοῦ ξύλου τῆς ζωῆς), der sich im Paradies Gottes befindet" (Offb 2,7).

Das Motiv wurzelt in der *Paradieserzählung* Gen 2 f., der zufolge der Lebensbaum in der Mitte des Gartens steht (2,9) und seine Früchte ewiges Leben zu geben vermögen (3,22). Weil nach der Erzählung dem ersten Menschenpaar und der ihr folgenden Menschheit der Zugang zu diesem Baum verwehrt wurde (3,24), konnte er frühjüdisch zur Heilsmetapher für die Restauration des ursprünglichen Schöpfungszustandes werden[79] und

---

[77] Zur Forschungsgeschichte vgl. FREY, Bildersprache, 165–170 (Zitat 169). Aus literaturwissenschaftlicher Perspektive betont auch BARR, Narrative Theory, 269, dass die Bildersprache missverstanden ist, wenn man sie auf dahinterliegende Informationen befragt, die der Autor mitzuteilen sucht, sondern „the function of narrative language is more expressive and performative than informative."

[78] Vgl. POKORNÝ, Structure, 504 f.; PRIGENT, Rev, 177.

[79] So in 1Hen 25,5; 2Hen 8,1–3; 3Hen 23,18; TestLev 18,11; ApkMos 28,4; ApkEl 5,6; vgl. 4Esr 7,123; 8,52.

frühchristlich präsentische Züge annehmen.[80] Dass der Autor der Offb daran anknüpft, zeigt bereits seine Wortwahl, denn im Anschluss an LXX Gen 2 f. wird der Baum mit dem Begriff ξύλον benannt.[81]

Unsicher bleibt, ob daneben auch eine *religionsgeschichtliche Anspielung* gegeben ist: Insofern nämlich der Baum auch Zeichen der in Ephesus verehrten Göttin Artemis ist und ihr Heiligtum auch als Asylstätte für zumeist kriminelle Bittsteller fungierte, kann der Lebensbaum der Offb möglicherweise als Gegenbild zum Baum der Artemis und das Paradies Gottes als Gegenbild zum Ort der von Artemis gewährten Rettung verstanden werden.[82]

Die Offb verbindet die Vorstellung vom paradiesischen Lebensbaum mit dem Bild der neuen *Gottesstadt*, indem sie nach Offb 22,2 den Lebensbaum inmitten der himmlischen Stadt am Lebenswasserstrom beheimatet:

„[1]Und er zeigte mir einen Strom des Wassers des Lebens, klar wie Kristall, der von dem Thron Gottes und des Lammes ausging. [2]In der Mitte ihrer (= der Stadt) Straße und auf beiden Seiten des Stroms, (stand der) Baum des Lebens, der zwölf(mal) Früchte trägt, der jeden Monat seine Frucht bringt, und die Blätter des Baumes (dienen) zur Heilung der Völker" (22,1 f.).

Hier liegt ein Einfluss der Tempelvision Ezechiels (Ez 47,12) vor. Johannes nimmt aber eigenständige Akzentsetzungen vor, indem er das soteriologische Lebensbaummotiv einbringt, während Ezechiel nur von Obstbäumen redet. Da der Prophet trotz der Vorstellung von einer Baumvielfalt im Singular formuliert, kann Johannes die unmögliche Verknüpfung vom paradiesischen Lebensbaum und den Baumreihen entlang des Gottesstroms, die im Grunde jegliche Vorstellungskraft sprengt, wagen.[83] „Johannes macht aus den Baumreihen des Ez einen Baum des Lebens und erinnert damit zugleich an den Paradiesbaum als auch an die Bäume des Ez."[84] Vom Essen ist allerdings in Offb 22,2 im Unterschied zu Ez (und auch zu Offb 2,7) nur indirekt durch den Verweis auf die Ernte der Früchte des Baumes

---

[80] Barn 11,9–11 bezieht das Essen vom Lebensbaum auf die Taufe und die Frucht vom Lebensbaum auf den Geist, der die Gegenwart ewigen Lebens verbürgt.

[81] Daneben kennt die Offb auch den Begriff des δένδρον. Ihn setzt sie ein, wenn es nicht um den soteriologisch bedeutsamen Lebensbaum, sondern um Bäume im neutralen Sinne geht (7,1.3; 8,7; 9,4).

[82] So HEMER, Letters, 41–52 (kritisch dazu AUNE im Geleitwort bei HEMER, a.a.O., XX–XXI).

[83] So ist GIESEN, Offb, 474, streng genommen zu widersprechen, dass der Singular in Offb 22,2 kollektiv aufzufassen ist. Denn Johannes ist offensichtlich im Unterschied zu Ezechiel, dessen singularische Rede wegen der Näherbestimmung כל־עֵץ (LXX: πᾶν ξύλον) in der Tat nur kollektiv verstanden werden kann, daran gelegen, dass es nur einen Lebensbaum gibt.

[84] KOWALSKI, Ezechiel, 420.

und die Heilkraft seiner Blätter die Rede.[85] Das Speisemotiv erscheint eindeutig erst wieder in der *Seligpreisung* 22,14, und zwar als Teilhabe. Die Singularität des Lebensbaumes ist nun wieder leichter vorstellbar als in 22,2, seine zuvor erwähnte Verortung in der Gottesstadt wird aber weiterhin vorausgesetzt:

„Selig sind diejenigen, die ihre Gewänder waschen, damit ihnen das Anrecht am Baum des Lebens zuteil wird und sie durch die Tore in die Stadt eintreten" (22,14).

Dieses Anrecht ist verlierbar, wie es die das Buch abschließende *Textsicherungsformel* zum Ausdruck bringt:

„[18]Ich bezeuge jedem, der die Worte der Prophetie dieses Buches hört: Wenn jemand ihnen etwas hinzufügt, dann wird Gott ihm die Plagen zufügen, die in diesem Buch beschrieben sind, [19]und wenn jemand etwas von den Worten des Buches dieser Prophetie wegnimmt, dann wird Gott ihm seinen Anteil am Baum des Lebens und an der heiligen Stadt wegnehmen, die in diesem Buch beschrieben sind" (22,18 f.).

Auch hier greift der Seher Johannes auf alttestamentliche Vorlagen zurück,[86] bringt jedoch das Motiv vom Lebensbaum eigenständig ein. Nimmt man die vier Belege zusammen, so ist es auffällig, wie der Autor das im Sendschreiben an die Gemeinde in Ephesus eingeführte Bildmotiv vom Lebensbaum über das ganze Buch hindurch weiterführt und über den Wortlaut seiner alttestamentlichen Textvorlagen hinaus zur Geltung bringt. Dadurch verstärkt er zugleich die *mahltheologische Deutung* der Bilder. Die Realität des neuen Jerusalems soll nicht nur sichtbar, sondern schmeckbar sein; der in der Stadt stehende Lebensbaum soll nicht nur geschaut, sondern seine Früchte sollen gegessen werden. Dem widerspricht nicht, dass der Lebensbaum metaphorisch für die Unsterblichkeit steht,[87] konnte doch der zeitlich der Offb nahe stehende kleinasiatische Bischof Ignatius von Antiochien das Gemeindemahl als „Arznei der Unsterblichkeit (φάρμακον τῆς ἀθανασίας)" deuten und damit die Linie der Offb fortsetzen (IgnEph 20,2).[88]

2.2.1.2 Manna (Offb 2,17)

Die Mahlmotivik liegt auch beim Manna auf der Hand. So heißt es am Ende des Sendschreibens nach Pergamon:

---

[85] Aufgrund des Erntemotivs erwägt BÖCHER, Bürger, 166, dass die Eucharistie in den Gemeindekreisen des Sehers Johannes möglicherweise monatlich stattfand.

[86] Dtn 4,1 f.; 13,1; 29,19 f. Vgl. dazu TILLY, Textsicherung, 234–243.

[87] So GIESEN, Lasterkataloge, 230.

[88] Der Autor der Offb selbst hätte bei aller konzeptionellen Nähe einen solchen Begriff wie Ignatius freilich nicht wählen können, weil bei ihm das Wortfeld φάρμακ- eindeutig negativ besetzt ist (vgl. 9,21; 18,23; 21,8; 22,15).

„Wer Ohren hat, der höre, was der Geist den Gemeinden sagt. Dem, der überwindet, werde ich vom verborgenen Manna geben und werde ihm ein weißes Steinchen geben. Und auf dem Steinchen steht ein neuer Name geschrieben, den niemand weiß außer dem, der es empfängt" (2,17).

Im Bild vom Manna fließen traditionsgeschichtlich zwei Linien zusammen:[89] Die erste Linie geht vom Manna als *Wüstenspeise* aus, die dem Volk Israel auf seiner Wanderung ins verheißene Land zuteil wurde[90] und auch als Himmelsbrot bezeichnet werden kann.[91] Einer Notiz in Ex 16,33 f. zufolge sollte ein Rest davon in einem Gefäß aufbewahrt werden, das anderen Traditionen zufolge in die Bundeslade gelegt wurde (Hebr 9,4), die von Jeremia nach der Zerstörung des Jerusalemer Tempels in einer unbekannten Höhle versteckt wurde (2Makk 2,4–7). Die Rede vom verborgenen Manna in der Offb könnte auf diese Tradition zurückgehen und dann dieses in der Lade vorläufig versteckte Manna meinen. Dafür spricht, dass in Offb 11,19 tatsächlich von der Lade die Rede ist, allerdings nicht von ihrem Inhalt.

Eine andere, damit zusammenhängende Linie geht vom Manna als *Engelspeise* aus,[92] die in messianischer Zeit als Speise der Heiligen vom Himmel herabkommen soll.[93] Die Rede vom verborgenen Manna in der Offb könnte auch an diese Linie anknüpfen und das im Himmel für die Geretteten reservierte oder zurückgehaltene Manna meinen. In beiden Fällen aber gilt, dass es sich um ein allein in der Sphäre Gottes vorhandenes und damit unverfügbares Heilsgut handelt.

Der Bezug des Mannaempfangs auf das *gemeindliche Mahl* liegt insofern auf der Hand, als sich frühchristlich sowohl im paulinischen als auch im johanneischen Wirkungskreis mahltheologische Deutungen am Manna festmachten.[94] Die Mannaspeisung setzt die Offb in Kontrast zu den Götzenopfermählern der Nikolaïten. So ist eine Zugangsweise zum verborgenen Manna über den traditionsgeschichtlichen Hintergrund hinaus aus dem unmittelbaren Kontext des Sendschreibens heraus möglich. Während das Götzenopferfleisch der paganen Vereins- und Kultmähler offen vor Augen liegt, ist das Manna der gemeindlichen Mähler unsichtbar. Theologisch gesprochen hat die Gemeinde damit Anteil an der von Gott gewährten Enthüllung (Offb 1,1), die ihr einen Blick erlaubt, der den Mahlgemeinschaften aus der Umwelt der Gemeinde nicht zugänglich ist, nämlich den Blick auf die vom wahren Gott gewährte Speise, der alles andere zugleich als

---

[89] Vgl. AUNE, Rev I, 189; HEMER, Letters, 94 f.
[90] So grundlegend in Ex 16,4–36. Vgl. Josephus, Ant. III 26–32; LibAnt 10,7.
[91] So in Neh 9,15; Ps 105,40.
[92] So LXX Ps 77,25; Weish 16,20; VitAd 4,2.
[93] So 2Bar 29,8; vgl. Sib 7,149; JosAs 16,14.
[94] 1Kor 10,3 f.; Joh 6,31–33.49 f.

Götzenspeise entlarvt. Zugleich ist der Gemeinde mit dem traditionellen Bild vom verborgenen Manna ein Instrument in die Hand gegeben, das im gemeindlichen Mahl verzehrte Brot als Vorverweis auf das himmlische Manna zu verstehen, dessen wahre Bedeutung dem Augenschein verborgen, aber der speisenden Gemeinde umso klarer ist.

Colin J. Hemer deutet auch das mit dem Manna verbundene Bild vom *weißen Stein* im Mahlkontext. Dann wäre der Stein im Sinne einer *tessera hospitalis*, einer Erkennungsmarke für Gastfreunde zu verstehen, die Ausdruck der Wertschätzung und Anerkennung des Empfängers durch den Gastgeber ist und zur Teilnahme am exklusiven Gastmahl berechtigt.[95] Doch so sehr diese Deutung unsere Interpretation des Mannas vertiefen würde, ist Vorsicht geboten. Zum einen ist der Begriff ψῆφος nicht explizit für Gast- und Erkennungsmarken belegt, zum anderen ist dies nur eine von mehreren möglichen Deutungen des Steins,[96] von denen am ehesten der Abstimmungsstein[97] Plausibilität für sich beanspruchen kann. Schließlich setzt die bankettorientierte Deutung auch voraus, dass der auf dem Stein geschriebene neue Name der Name des Empfängers ist, was aber unsicher ist, weil ebenso eine Deutung auf Christus in Frage kommt.[98]

2.2.1.3 Mahlgemeinschaft mit Christus (Offb 3,20 f.)

Ein noch deutlicherer Mahlbezug ist mit dem Motiv des Christusmahls am Ende des Sendschreibens nach Laodizea gegeben. Dort spricht der erhöhte Christus:

„[20]Siehe, ich stehe vor der Tür und klopfe an. Wenn jemand meine Stimme hört und die Tür öffnet, dann werde ich (auch) hineingehen und mit ihm Mahl halten (δειπνεῖν) und er mit mir. [21]Dem, der überwindet, will ich geben, dass er mit mir auf dem Thron sitzt, so wie auch ich überwunden und mich mit meinem Vater auf seinen Thron gesetzt habe" (3,20 f.).

Die Herkunft des Mahlworts liegt im Dunkeln: Eine *alttestamentliche Interpretationslinie* sieht darin eine Anspielung auf Hld 5,1 f.,[99] wo vom Anklopfen des Liebhabers an der Tür seiner Geliebten die Rede ist. Auch ist dort von einem Mahl die Rede, allerdings im rein bildlichen Sinne. Denn der Verzehr von Honig und Wein meint den Liebesakt und kein tatsächliches Mahl. Zudem ist es mit dem Motiv des Anklopfens nur lose

---

[95] Vgl. Plautus, Poen. 958; 1047–1049 (so HEMER, Letters, 98; für möglich hält diese Deutung jetzt auch SMIT, Fellowship, 336).

[96] Sie sind übersichtlich zusammengestellt bei HEMER, Letters 96–102; SMIT, Fellowship, 335 f.

[97] So in Apg 26,10, dem einzigen neutestamentlichen Beleg neben Offb 2,17. Vgl. auch Plutarch, mor. 186f; Ovid, met. 15,41f.

[98] HEMER, Letters, 103, bezieht den neuen Namen unter Berufung auf Jes 62,2; LXX Jes 65,15 und 2Kor 5,17 auf die Christinnen und Christen. Auf Christus beziehen ihn dagegen AUNE, Rev I, 190, und PRIGENT, Rev, 178, wegen Offb 3,12.

[99] So KRAFT, Offb, 86.

verbunden und anders als in Offb 3,20 nicht in einen Bedingungszusammenhang gestellt.

Dieser begegnet dagegen im *jesuanischen Gleichnis vom Hausherrn*, der unerwartet von einer Hochzeit heimkehrt, an die Tür klopft und darauf hofft, dass seine Knechte wachen und ihm die Tür öffnen (Lk 12,35–38).[100] Doch selbst wenn man Offb 3,20 als Weiterentwicklung des Gleichnisses verstehen will,[101] kommt man nicht umhin, dass dieses hier eigenwillig umgeprägt worden ist: Neben terminologischen Unterschieden[102] fehlen in der Version der Offb die für die Geschichte bei Lk zentralen Bildmotive vom dienenden Hausvater und der wachsamen Knechte; man kann kaum davon ausgehen, das die kurzen Verse Offb 3,20 f. diese Bilder bei den Hörerinnen und Hörern evoziert haben.[103] Die Hauptdifferenz liegt allerdings in der Gastgeberfrage: Während im lk Gleichnis der Gastgeberstatus des anklopfenden Hausvaters außer Frage steht, auch wenn von seinem Dienst an den Knechten die Rede ist, ist er in Offb 3,20 völlig offen,[104] die Reziprozität der Formulierung μετ' αὐτοῦ καὶ αὐτὸς μετ' ἐμοῦ hebelt die Frage nach Gast und Gastgeber geradezu aus.

Näher als traditionsgeschichtliche Vorlagen liegen *religionsgeschichtliche Parallelen*.[105] Im Zusammenhang der Darstellung der Deutung von Mysterienmählern begegnete uns das Zeugnis des Aristides über die Eigenart der Sarapismähler:[106]

„Mit diesem Gott allein kommunizieren (κοινωνεῖν) die Menschen in besonderer Weise die richtige Kommunion (κοινωνία) in den Opfermahlzeiten (θυσίαι), indem sie ihn zum Herd einladen und ihn sich als Speisegenossen und Gastgeber zum Vorgesetzten machen, so dass er [...] der gemeinsame Vollführer aller gemeinsamen Mahlzeiten (ἔρανοι) ist und für alle, die sich um ihn versammeln, die Rolle des Vorsitzenden beim Trinkgelage (συμποσίαρχος) hat [...] Er ist gleichzeitig derjenige, der die Opferspenden (σπονδαί) darbringt und empfängt; der als Gast zum rauschenden Fest (κῶμος) kommt und die Festgenossen zu sich einlädt."[107]

---

[100] Der Parallele Mk 13,33–37 fehlt das Mahlmotiv.

[101] So ROLOFF, Beobachtungen, 460–465.

[102] Lk 12,37 spricht von ἀνακλίνειν, Offb 3,20 dagegen von δειπνεῖν.

[103] Skeptisch auch KARRER, Johannesoffenbarung, 215, Anm. 331; AUNE, Rev I, 250; SMIT, Fellowship, 339.

[104] ROLOFF, Beobachtungen, 463, zieht vom Gleichnis her die Konsequenz, dass auch in Offb 3,20 Christus als Gastgeber gedacht werde (so auch GIESEN, Offb, 143, der dann aber im weiteren von einer „partnerschaftliche[n] Gemeinschaft" zwischen dem erhöhten Herrn und der ihn einlassenden Gemeinde spricht). Dagegen denkt KARRER, Johannesoffenbarung, 215, Anm. 331, an einen Gaststatus Jesu.

[105] So auch AUNE, Rev I, 252–254; TÓTH, Kult, 117.

[106] Vgl. oben Kap. II.3.4.

[107] Aristides, Or. 45,27 (Übersetzung nach MERKELBACH, Isis regina, § 313, 165 [Text a.a.O., Anm. 6]).

Die Beschreibung ähnelt auffallend der in Offb 3,20 f.[108] Wie dort der erhöhte Christus so ist hier die Mysteriengottheit Sarapis Gast und Gastgeber zugleich. Im Unterschied zu Sarapis erscheint Christus allerdings nicht zum Opfermahl oder rauschenden Fest, sondern zum ganz einfachen und alltäglichen Essen. Eine mögliche Abgrenzung gegenüber Mysterienmählern liegt damit auf der Hand. Während sich die Mysterienmähler und mit ihnen die gesamte antike Festmahlkultur – zumindest aus der Perspektive von Juden und Christen – aufwendig, verschwenderisch und öffentlichkeitswirksam gebärden, erscheint das in der Offb beschriebene Mahl als intime, mystisch anmutende und ganz und gar unaufdringliche Christusgemeinschaft. Ihr wohnt zugleich ein egalitäres Moment inne, insofern die Mahlgemeinschaft reziprok formuliert wird.

Dieses Moment wird vertieft durch die *Verheißung der Teilhabe am Thron Gottes und Christi* in 3,21, ein Motiv, das an die Abendmahlstradition des Lukas erinnert. Dort verheißt Jesus seinen Jüngern, „dass ihr essen und trinken sollt (ἐσθίειν καὶ πίνειν) an meinem Tisch in meinem Königreich und ihr sitzen sollt auf Thronen und richten sollt die zwölf Stämme Israels" (Lk 22,30). Wir haben es in Offb 3,20 f. wie in der lk Abendmahlstradition mit der eigentümlichen Verbindung des Mahl- mit dem Herrschaftsmotiv zu tun. Diese Verbindung ist wohl kaum zufällig[109] und legt die Vermutung nahe, dass sich im Bild von der Mahlgemeinschaft mit das Selbstverständnis der Mahlgemeinden widerspiegelt, das Bild also durchsichtig wird für die gemeindliche Mahlfeier.[110] Allerdings spricht Offb 3,20 anders als Lk 22,30 vom Mahlhalten, nicht vom Essen und Trinken. Zwar ist im Mahlmotiv das gemeinsame Trinken zum Essen durchaus inbegriffen, aber die bei Lukas möglicherweise intendierte Vorstellung vom Trinken als eschatologischem Trinkgelage offensichtlich nicht mitvollzogen. Die Offb hat zwar das Trinken im Blick, aber – wie wir unten sehen werden – nur das Trinken von Wasser zur Mahlzeit, nicht aber das Trinken von Rauschgetränken zum Symposion.[111]

---

[108] Die Parallelen sind ein Indiz für ägyptische Einflüsse auf die Offb, wie sie durch die Handelsbeziehungen kleinasiatischer Küstenstädte mit Ägypten wahrscheinlich machen lassen.

[109] Auch wenn Lk 22,28-30 dem Seher nicht als literarische Vorlage gedient haben dürfte (so mit SMIT, Fellowship, 339 f.).

[110] So auch KARRER, Johannesoffenbarung, 215 f.; ROLOFF, Offb, 64 f.; AUNE, Rev I, 254; PRIGENT, Rev, 219 f.; SMIT, Fellowship, 343, gegen LOHMEYER, Offb, 39; MÜLLER, Offb, 137 f., die hier einseitig an das zukünftige messianische Bankett denken.

[111] Vgl. unten Abschnitt 3.2.

2.2.1.4 Trinkwasser (Offb 8,10 f.; 16,4–6)

Im Visionsteil der Offb werden den Hörerinnen und Hörern neben der Fortführung bereits angeklungener Bilder eine ganze Anzahl von neuen Bildern vor Augen und Ohren geführt, die sich im Unterschied zu den Sendschreiben verstärkt der *Getränkefrage* widmen. Beginnen wir mit dem Trinkwasser.[112] Innerhalb der Gerichtsvision von den sieben Posaunen ist von der Verwandlung von Süß- in Bitterwasser die Rede:

„[10]Und der dritte Engel blies die Posaune. Da fiel ein großer Stern brennend wie eine Fackel vom Himmel und er fiel auf ein Drittel der Flüsse und auf die Wasserquellen. [11]Und der Name des Sterns wird ‚Wermut' (ὁ Ἄψινθος) genannt. Und ein Drittel der Wasser wurde zu Wermut (ἄψινθος) und viele Menschen starben von den Wassern, weil sie bitter geworden waren" (8,10 f.).

Die Posaunen- und Schalenvision knüpft traditionsgeschichtlich an die Überlieferung von den ägyptischen Plagen (Ex 7,8–13.16) an,[113] folgt ihr aber nur bedingt. Denn in der ersten ägyptischen Plage (Ex 7,14–25) ist zwar von einer Verseuchung des Nils, so dass die Menschen ihn vor Ekel nicht mehr als Trinkwasserreservoir nutzen konnten (7,18.21), die Rede, doch resultierte diese Verseuchung aus der Verwandlung des Wassers in Blut und nicht in *Wermut*.[114] Im Hintergrund der Offb stehen demnach über die Plagentradition hinaus die Gerichtsworte aus Jer 9,15; 23,15, gemäß derer Gott sein Volk mit Wermut speisen und mit giftigem Wasser tränken will. Der Verfasser der Offb hat das prophetische Motiv eigenständig mit den Plagebildern verknüpft und auf diese Weise die von Gott verhängte Verknappung des Trinkwassers im Sinne einer Gerichtsvorstellung zum Ausdruck gebracht.

In der Beschreibung der dritten Schale verschiebt sich der Sinngehalt dann vom Wermut zum *Blut* hin:

„[4]Und der dritte (Engel) goss (ἐκχεῖν) seine Schale in die Ströme und Wasserquellen hinein, und sie wurden zu Blut. [5]Und ich hörte den Engel der Wasser sagen: ‚Gerecht bist du, der ist und der war, der Heilige, weil du diese Strafen verhängt hast. [6]Denn das Blut der Heiligen und Propheten haben sie vergossen (ἐκχεῖν), und Blut hast du ihnen zu trinken gegeben; sie haben es verdient'" (16,4–6).

Hier orientiert sich der Seher zwar am Motiv der Verwandlung des Wassers in Blut, doch anders als in der ägyptischen Plage wird dieses Blut mit Leichenblut identifiziert. Damit ändert sich zugleich der Aussagegehalt gegenüber der Vision von der Verwandlung von Trinkwasser in Wermut. Nicht die Verseuchung der Trinkwasservorräte steht hier im Mittelpunkt

---

[112] Vgl. dazu LICHTENBERGER, Mahlmetaphorik, 230–233.
[113] Vgl. die Übersicht bei AUNE, Rev II, 500 f.
[114] Die Tradition weitet das Bild aus. Ps 78,44 bezieht über die Flüsse hinaus auch die Süßwasserbäche mit ein, Philo, Mos. I 98–101 denkt auch an Seen, Kanäle und Brunnen.

des Interesses, sondern die Strafe für die Tötung der Märtyrer. Während das Anliegen in Offb 8,10 f. darin bestand, mit dem Motiv des Wermuts die Ungenießbarkeit des Trinkwassers zum Ausdruck zu bringen, ist es in 16,4 f. das Bestreben des Autors, mit dem Motiv des Bluts an den gewaltsamen Tod von Christinnen und Christen zu erinnern und deutlich zu machen, dass ihr Leiden und Sterben nicht ungesühnt bleibt.

2.2.1.5 Lebenswasser (Offb 7,16 f.; 21,6; 22,1.17)

Verwandt mit dem Bild vom Trinkwasser ist das vom Lebenswasser. Während das Gericht Gottes die Menschheit ihres Trinkwassers und der dadurch repräsentierten Lebensgrundlagen beraubt, werden diese der christlichen Gemeinde neu verheißen. Dies kommt im Bild von der übergroßen Menge von Menschen aus allen Völkern und Sprachen, die aus der großen Trübsal kommen, ihre Gewänder gewaschen und im Blut des Lammes weiß gemacht haben, zum Ausdruck:

„[16]Sie werden nicht mehr hungern noch dürsten, noch wird sie die Sonne oder irgendeine Glut befallen; [17]denn das mitten auf dem Thron sitzende Lamm wird sie weiden und zu den Quellen der Lebenswasser (ζωῆς πηγαὶ ὑδάτων) führen, und Gott wird abwischen jede Träne aus ihren Augen" (Offb 7,16 f.).

Die *Verheißung* spielt auf Jes 49,10 an[115] und verknüpft das Quellmotiv mit dem Weidemotiv aus Ez 34,23;[116] auch traditionsgeschichtliche Einflüsse aus Ps 23,2 sind denkbar. Doch fehlt in allen diesen Texten die für die Offb zentrale Qualifizierung des Wassers als Lebenswasser. Diese lässt sich traditionsgeschichtlich nicht allein aus alttestamentlichen Quellen erklären.[117]

Im Alten Testament ist Lebenswasser vor allem eine Metapher für Gott.[118] Hinter dem Bild steht der Gegensatz von fließendem und damit von frischem zu stehendem und darum ungenießbarem Wasser.[119] Darüber hinaus kann der Durst nach Wasser Ausdruck für die Sehnsucht nach spiritueller Sättigung sein,[120] so dass das Bild von der Wassergabe zum Bild für die eschatologische Heilsgabe des Lebens werden konnte. Daran knüpft Deuterojesaja an und verbindet das Bildfeld des Wassers mit dem des Exodus, insbesondere der Wüstenzeit Israels, um das Heil sowohl als neuen Exodus als auch als gesättigte

---

[115] Vgl. FEKKES, Isaiah, 170–172.

[116] Vgl. KOWALSKI, Ezechiel, 137 f.

[117] So auch TAEGER, Johannesapokalypse, 69–77.

[118] So Jer 2,13. Aber schon die Wiederaufnahme des Motivs in LXX Jer 17,13 spricht im Unterschied zu MT gar nicht mehr vom Wasser, sondern nur von der Quelle des Lebens (πηγὴ ζωῆς).

[119] So auch in LXX Gen 26,19; Lev 14,5; Num 5,17; 19,17; Sach 14,8, dort allerdings im Unterschied zu Jer 2,13 in der Formulierung ὕδωρ ζῶν. Die Vorstellung vom fließenden Wasser steht auch hinter der Forderung in Did 7,1 f., mit lebendigem Wasser (ὕδωρ ζῶν) zu taufen (vgl. auch Justin, dial. 14,1).

[120] So Ps 42,2; 63,2; 107,9; 143,6; Am 8,11; OdSal 30,1 f.

Gottessehnsucht zeichnen zu können.[121] Doch darf der Einfluss solcher Traditionen auf die Offb nicht überschätzt werden, weil in ihnen nicht vom Lebenswasser die Rede ist. Den Ausdruck scheint der Autor folglich eigenständig eingebracht zu haben. Umgekehrt spielen die alttestamentlichen Stellen, die dezidiert vom Lebenswasser sprechen, in der Offb keine Rolle, was vor allem daran liegen mag, dass ihr nicht an einer direkten Identifikation des Lebenswassers mit Gott gelegen ist.

Die Frage, woher dem Autor der Offb der Ausdruck geläufig war und was ihn dazu bewog, ihn gezielt in den Duktus seines Buches einzubauen, weist zum *Johannesevangelium*. Nirgendwo sonst sind die Berührungspunkte zwischen beiden Schriftkreisen so greifbar und auffällig wie hier. Sie können also zu Recht als eines der wichtigsten Argumente für eine Verbindung der Trägerkreise der johanneischen und apokalyptischen Schriften gelten.[122]

So spricht Joh 4,10.13 f. im Kontext der Begegnung Jesu mit der Samaritanerin am Jakobsbrunnen vom „lebendigen Wasser (ὕδωρ ζῶν)" und von der „Quelle des Wassers, das in ewiges Leben hineinsprudelt (πηγὴ ὕδατος ἁλλομένου εἰς ζωὴν αἰώνιον)". Joh 7,37 f. verbindet die Rede vom „lebendigen Wasser (ὕδωρ ζῶν)" mit einer Einladung Jesu, wie sie ähnlich auch in Offb 21,6; 22,17 bezeugt ist. In einem erklärenden Zusatz (Joh 7,39) wird dieses lebendige Wasser pneumatologisch gedeutet und das Trinken dieses Wassers mit dem nachösterlichen Geistempfang identifiziert, eine Deutung, die so in der Offb nicht vorliegt und wohl vom Evangelisten Johannes entwickelt worden ist. Schließlich liegt die Lebenswasserthematik indirekt auch in Joh 6,35 vor, wo Jesus von sich zwar nur als „Lebensbrot (ἄρτος τῆς ζωῆς)" und nicht auch als „Lebenswasser" spricht, aber durch den Zusatz „und wer an mich glaubt wird niemals wieder dürsten" unverkennbar ein Getränk impliziert. Von Joh 4,14 und 7,37 f. her sollte dieses Getränk am ehesten mit Wasser identifiziert werden. Von Interesse für die Aufnahme des Motivs in der Offb ist insbesondere der Kontext einer Mahlfeier in Joh 6,35.[123]

Wahrscheinlich bedienten sich beide Trägerkreise der Lebenswasserthematik, um ihre Gemeindemähler theologisch zu deuten, wobei das Johannesevangelium durch die Geistthematik das Bildfeld des Mahls deutlich übersteigt. Der Seher Johannes bleibt dagegen stärker dem Hinweischarakter des Lebenswasserbildes auf eine mit Essen und Trinken begangene Mahlzeit verpflichtet. Deshalb hat er ja das Lebenswassermotiv in seine alttes-

---

[121]So in Jes 41,17 f.; 43,19 f.; 44,3 f.; 49,10; vgl. 12,3.

[122] Dabei ist mit HAHN, Worte, 571–575, gegen TAEGER, Johannesapokalypse, 85 f., davon auszugehen, dass die johanneischen Lebenswasserworte die der Offb voraussetzen und weiterentwickeln. Die Offb, obwohl sie zeitlich später abgefasst worden ist, bewahrt eine gemeinsame Grundtradition stärker als das JohEv, während dieses sie stärker verändert (so mit FREY, Erwägungen, 418 f.).

[123] So mit THEOBALD, Eucharistie, 219 f., unter Bezugnahme auf JosAs 8,5; 15,5; 16,16; 19,5; 21,21. Er plädiert mit guten sprachlichen Gründen für Mahlbezüge auch in Joh 4,14 (a.a.O., 204 f.) und in 7,37 f. (a.a.O., 221). Letzteres lässt sich aber nur dann plausibel machen, wenn man das Mahl pneumatologisch deutet, der von Jesus verheißene Geist also für den geistlichen Charakter von Speise und Trank steht.

tamentlichen Vorlagen eingebaut; er wollte auf diese Weise alttestamentliche Vorlagen mahltheologisch vertiefen und zugleich einen Vorstellungshorizont schaffen, der seine Hörerinnen und Hörer nicht in abstrakter Weise an das von Gott gewährte Heil, sondern konkret an das Mahl als Ort, an
dem das Heil gegenwärtig erfahrbar ist, denken lässt.

Die Verheißung aus Offb 7,16 f. wird in der Abschlussvision von der
neuen Welt und vom neuen Jerusalem wieder aufgenommen. Dort begegnet neben dem Motiv des Abwischens der Tränen auch das Lebenswassermotiv, nun aber als *Rede Jesu*:

„Und er sprach zu mir: ‚Es ist geschehen. Ich bin das Alpha und das Omega, der Anfang
und das Ende. Ich werde dem Durstigen umsonst aus der Quelle des Lebenswassers (τὸ
ὕδωρ τῆς ζωῆς) geben‘" (21,6).

Wieder speist sich das Wassermotiv aus Deuterojesaja, diesmal aus der
Einladungsformel in Jes 55,1, doch fehlt dort wie schon zuvor in 49,10 das
Lebensmotiv.[124] Die Verbindung von Einladung und Lebenswasser begeg-
net dagegen in Joh 7,37 f.

Wo dieses Lebenswasser innerhalb der zukünftigen Gottesstadt genau
zu finden sein wird, klärt dann Offb 22,1.[125]

Wie wir schon beim Lebensbaummotiv Offb 22,2 sahen, greift der Seher Johannes auf
die Tempelvision Ezechiels (Ez 47) zurück, prägt die Tradition aber wieder charakteris-
tisch um: Nach Ez 47,1 entspringt die Wasserquelle am Altar, der im geschauten neuen
Tempel steht, und fließt von da aus in östliche Richtung. Das Wasser entstammt also dem
Heiligtum (47,12) und hat wie auch die sich an den Ufern des Wassers rankenden Obst-
bäume eine heilende und lebensspendende Wirkung (47,8 f.). In der Offb wird das Wasser über Ez hinaus als Lebenswasser bezeichnet, seine Wirkung aber nicht näher beschrieben. Weil der Autor zugleich anders als Ez nicht vom Tempel her denkt, sondern
von der neuen Stadt Gottes, die keines Tempels mehr bedarf (Offb 22,22), kann der Lebenswasserstrom nicht dem Altar, sondern muss dem Thron Gottes und des Lammes, der
freilich aber die Funktionen des Tempels auf sich gezogen hat (22,1), entspringen.[126]

Vom Thron Gottes und des Lammes aus fließt das Lebenswasser wie ein
Fluss durch die Stadt. Auf diese Weise wird nicht nur die Vorstellbarkeit
der Lebenswassergabe erhöht und harmonisch in das Bild vom neuen Jerusalem eingepasst. Mahltheologisch bedeutsam ist vielmehr, dass auf diese
Weise dem Autor die Verbindung der beiden Bildmotive vom Lebensbaum
und Lebenswasser gelingt, insofern sich der Lebensbaum an den Ufern des
Lebenswasserstroms rankt (22,2).[127] Damit verzahnen sich zugleich die
Vorstellungen von der himmlischen Stadt und dem himmlischen Paradies-
garten.

---

[124] Vgl. FEKKES, Isaiah, 260–264.
[125] Zur Übersetzung vgl. oben Abschnitt 2.2.1.1.
[126] Vgl. KOWALSKI, Ezechiel, 419.
[127] So mit LICHTENBERGER, Mahlmetaphorik, 250.

Schließlich ist nun die Voraussetzung dafür geschaffen, die in Offb 7,17 begonnene Linie von der indirekt formulierten Verheißung des Lebenswassers über die als Jesusrede ausgestaltete Verheißung aus 21,6 in eine *Einladung* kulminieren zu lassen, die nicht mehr nur zukünftig orientiert ist, sondern das Lebenswasser in der Gegenwart der Gemeinde verankert. So heißt es in 22,17:[128]

„Und der Geist und die Braut sprechen: ‚Komm!' Und wer es hört, der spreche: ‚Komm!' Und der Durstige komme; wer will, der nehme Lebenswasser (ὕδωρ ζωῆς) umsonst."

Es ist nicht zuletzt dieser literarisch gestaltete Übergang von der Verheißung zur Einladung, der eine *mahltheologische Deutung* des Lebenswassers nahe legt. Verstärkt wird dieser Eindruck durch die literarische Gestaltung des gesamten Buchschlusses, der erstens die Lebenswasser- und Lebensbaummotivik final zusammenfließen lässt (Offb 22,2), zweitens den aus 1Kor 16,22 und Did 10,6 bekannten Gebetsruf Maranatha in griechischer Übersetzung bietet (Offb 22,20) und drittens das Einladungsmotiv mit Seligpreisungen auf der einen und Lasterkatalogen auf der anderen Seite verknüpft (Offb 21,7 f.; 22,14 f.), so dass die Seligpreisungen den Charakter von Zulassungs- und die Lasterkataloge den von Ausschlussformeln annehmen, auch wenn ihr genuiner gattungsgeschichtlicher Ort nicht die gemeindliche Mahlfeier gewesen sein dürfte.

Damit ist zugleich der Blick von der Außenwelt auf die *gemeindliche Binnenwelt* gewendet: Ist die Ablehnung von Götzenopferfleischverzehr – wie wir gleich noch sehen werden, gilt dies auch für den Weingenuss – durch die Abgrenzung von außergemeindlichen Bankettgemeinschaften motiviert und strahlt diese Abgrenzung auch auf die Bildmotive vom verborgenen Manna und von der Mahlgemeinschaft mit dem erhöhten Christus aus, sind wir mit dem Lebenswasser und der liturgischen Gestaltung des Buchschlusses bei der Frage nach Deutung und Gestaltung des Gemeindemahls nach innen angekommen.

2.2.1.6 Wein der Hurerei Babylons (Offb 14,8; 17,2.4.6; 18,3)

Dem Trink- und Lebenswasser gegenüber tritt das Bildmotiv des Weins, und zwar abgesehen vom neutralen Gebrauch als bloßes Handelsgut in Offb 6,6 und 18,13 ausschließlich als Negativ- bzw. Gerichtsbild, als Wein der Hure Babylon und des Zornes Gottes. Binden sich an das Wasser die Attribute des Lebens und der Verheißung, so an den Wein die des Todes und des Gerichts. Während das Wasser mit der Figur des Lammes verbunden wird, ist der Wein das Getränk der Hure Babylon.

---

[128] Zur dialogischen Struktur des Verses vgl. unten Abschnitt 3.1.

Der Begriff der „Hure Babylon" ist streng genommen kein biblischer Begriff.[129] Auch die Offb spricht entweder von der Hure oder von Babylon, identifiziert aber beide, so dass mit Recht von der Hure Babylon gesprochen werden kann. Zugleich ist wohl ein sprachlicher Rückbezug zu der den Nikolaïten und Isebeliten vorgeworfenen Hurerei vom Verfasser beabsichtigt. Traditionsgeschichtlich knüpft der Autor wieder an das Alte Testament an, in dem „Babylon" vor allem als eine dem Untergang geweihte Größe,[130] dann aber auch als Gerichtswerkzeug Gottes vorgestellt wird[131]. Doch nur in Jes 47 ist von Babylon als einer Frau die Rede. Die Brücke von der Stadt zur Frau dürfte dabei der Prophet Sacharja geschlagen haben.[132] Daran kann dann auch der Seher Johannes anknüpfen. Ihm kam die Entwicklung der zunehmenden Feminisierung Babylons gelegen, weil sie ihm erlaubte, auch das römische Reich als Frau darzustellen und die hurende Prophetin „Isebel" in ihren Bannkreis hineinzuzeichnen. So ergibt sich dadurch über das Kontrastbild zwischen den Städten Babylon und Jerusalem hinaus auch das zwischen Hure und Braut.[133]

Ihre eigene Bühne erhält die Hure im Abschnitt Offb 17,1–19,10, doch Einzelmotive klingen schon im Vorfeld an und qualifizieren ihren späteren Auftritt von vornherein als Untergangsszenarium. So wird das im besagten Abschnitt berichtete Gericht über sie in der Rettungsvision 14,1–20 antizipiert:

„Und ein anderer, zweiter Engel folgte und sprach: ‚Sie ist gefallen, sie ist gefallen, Babylon, die Große, die allen Völkern vom Wein ihrer leidenschaftlichen Hurerei[134] (οἶνος τοῦ θυμοῦ τῆς πορνείας) zu trinken gegeben hat'" (14,8).

Das Bild spielt zwar auf Jer 51,7 (LXX 28,7) an, bricht aber die Vorlage in bezeichnender Weise, insofern „Babylon" in der Offb entgegen dem alttestamentlichen Text nicht selber mit dem Becher identifiziert und damit auch nicht als Werkzeug Gottes begriffen wird, sondern den Becher in der Hand hält. Infolge dessen ist hier auch nicht Gott, sondern „Babylon" selbst Handlungsobjekt. In diesem Sinne zeichnet die Offb die Hure als *Trankspenderin*, die im Gegensatz zu Christus nicht Lebenswasser, sondern Wein ausschenkt. Dieser Wein wird durch die Attribute der Hurerei und Leidenschaft[135] näher qualifiziert. Vor den Augen der Hörerschaft entsteht das Bild einer verführerischen Frau, die mit ihrem leidenschaftlichen

---

[129] So zu Recht SALS, Biographie, 2.

[130] Vgl. Gen 11; Ps 137; Jes 13.21.47; Jer 50 f.

[131] Vgl. Jes 25; Ez 24; Mi 4,10.

[132] Sach 5,5–11 ist mit SALS, Biographie, 195 f., folglich als „Geburtstext der ‚Hure Babylon'" zu verstehen.

[133] Zum Kontrast vgl. unten Abschnitt 2.2.2.

[134] Wörtlich: „vom Wein der Leidenschaft ihrer Hurerei", doch klingt es sprachlich glatter, bei zwei Genitivattributen das erste und vom zweiten abhängige adjektivisch zu formulieren.

[135] Mit AUNE, Rev II, 831.834, wird θυμός hier nicht im Sinne von Zorn, sondern vielmehr als Leidenschaft verstanden (anders HOLLANDER, EWNT 2, 396). Diese ist übrigens auch dem Teufel zu eigen (Offb 12,12). Den Zorneswein Gottes kann die Offb

das Bild einer verführerischen Frau, die mit ihrem leidenschaftlichen Auftreten die Völkerwelt in ihren Bann zieht.

Das so gewonnene Bild wird in Offb 17 verstärkt. Vor Augen tritt „Babylon" jetzt als „laszives Luxusweib" und als „genießender Vamp"[136]:

„[1]Und es kam ein einzelner von den sieben Engeln, die die sieben Schalen hatten, redete mit mir und sagte: ‚Komm, ich werde dir das Gericht über die große Hure zeigen, die an vielen Wassern sitzt. [2]Mit ihr haben die Könige der Erde Hurerei getrieben, und die Bewohner der Erde haben sich am Wein ihrer Hurerei (ὁ οἶνος τῆς πορνείας αὐτῆς) betrunken.‘ [3]Und er brachte mich im Geist in eine Wüste. Und ich sah eine Frau auf einem scharlachroten Tier sitzen, das voller Namen der Lästerei war und sieben Köpfe sowie zehn Hörner hatte. [4]Und die Frau war mit Purpur und Scharlach bekleidet und mit Goldschmuck und Edelgestein und Perlen geschmückt, und sie hatte einen goldenen Becher (ποτήριον) in ihrer Hand, voll mit Abscheulichkeiten und den Unreinheiten ihrer Hurerei, [5]und auf ihrer Stirn war ein Name geschrieben, ein Geheimnis: ‚Babylon, die Große, die Mutter der Huren und Hurer[137] und der Gräuel der Erde‘. [6]Und ich sah eine Frau, betrunken von dem Blut der Heiligen und von dem Blut der Zeugen Jesu" (17,1–6a).

Nur mit wenigen Worten malt der Autor seinen Rezipientinnen und Rezipienten die *verführerische Macht* der Hure vor Augen. Anders als die alttestamentlichen Propheten verzichtet er auf jegliche Details sexueller Art.[138] Ihre sittliche Verderbtheit und Schwelgerei malt er nur andeutungsweise vor Augen. Sie tritt vor allem durch ihr Beziehungsnetzwerk zu den Königen, Kauf- und Schiffsleuten, zutage:[139]

„Denn vom Wein ihrer leidenschaftlichen Hurerei (οἶνος τοῦ θυμοῦ τῆς πορνείας) haben getrunken alle Völker, und die Könige der Erde haben mit ihr Hurerei getrieben und die Kaufleute der Erde sind durch ihre Wirtschaftskraft reich geworden" (18,3).

Die Könige sprechen sie auf ihre Tätigkeit als Prostituierte an und nehmen ihre Dienste in Anspruch, stehen also für ihre sittliche Disqualifikation.[140] Die Kaufleute und Schiffsmänner sprechen sie dagegen auf ihre Kaufkraft an, die ihr aufgrund ihrer zahlungskräftigen Kundschaft zu eigen ist, und erleben sie vor allem als Kundin ihrer Luxuswaren.[141] Sie tritt als Edelhure, die durch ihre aufwendige Kleidung und ihren üppigen Schmuck auffällt, in Erscheinung,[142] der dadurch dass sie ihre königlichen Freier aus-

---

in Abgrenzung dazu über den Begriff des θυμός hinaus mit dem der ὀργή zum Ausdruck bringen (vgl. unten Abschnitt 2.2.1.7).

[136] Sals, Biographie, 118.

[137] Durch den Genitiv ist das Geschlecht offen, wie Sals, Biographie, 88, zu Recht bemerkt. Männer sind auch in den Hurern aus den Lasterkatalogen bzw. Ausschlussformeln in Offb 21,8; 22,15 eingeschlossen, wenn nicht gar primär gemeint.

[138] Vgl. dagegen nur Hos 1–4; Ez 16; 23. Dazu Sals, Biographie, 117.

[139] Dazu Sals, Biographie, 126–132.

[140] Vgl. Offb 17,2.9–12.18; 18,3.9.

[141] Vgl. Offb 18,3.11.17–19.23.

[142] Vgl. Offb 17,4; 18,16.

nehmen und politisch entmachten und ihre kaufmännischen Zulieferer wirtschaftlich abhängig machen kann, eine globale Machtfülle zu eigen ist. Das übliche Bild einer antiken Prostituierten verschwimmt in der Beschreibung Babylons und wird vom Seher Johannes ins Surreale gesteigert; zugleich entlarvt er in Verwendung des Hurereimotivs die politische und ökonomische Führungsschicht als korrupt, schwach und im Tiefsten auch als lächerlich: Von einer Prostituierten und einem Vamp, so seine Botschaft, haben sie sich versklaven und in die Abhängigkeit treiben lassen!

Dieser Beschreibung der Hure Babylon und ihres politökonomischen Kraftfelds korrespondiert eine auffällige Betonung ihres Essens und Trinkens.[143] Dabei spielt das Essen eine untergeordnete Rolle. Nur beiläufig wird im Kontext ihrer verschwenderischen Lebensweise ihre lüsterne Begierde (ἐπιθυμία) nach Obst (ὀπώρα) erwähnt (18,14).[144] Auffälliger ist die Betonung des *Trinkens*, und zwar in doppelter Weise, denn einerseits gibt die Hure zu trinken, andererseits trinkt sie selbst. Als Trankspenderin trat sie schon im Präludium zur „Hurengeschichte" Offb 14,8 auf. Die Völker der Erde empfangen den Wein ihrer leidenschaftlich verführerischen Hurerei und verlieren folglich ihre Selbstkontrolle und damit „ihre eigene Handlungsmacht, sie werden zu Objekten von Handlungen und Einflüssen/Einflößungen"[145]. Damit schließt sich zugleich der Kreis der Freiergruppen: Die Könige „huren" mit „Babylon" und verlieren ihre Macht an sie; die Kauf- und Schiffsleute beliefern sie und machen sich von ihr abhängig; die Völker werden mit ihrem Wein abgefüllt und in die Irre geführt.

Das Bild von der *Trunkenheit der Völker* vom Hurenwein kann rezeptionsästhetisch auf zweierlei Weise aufgelöst werden: Erstens kann es für ein Großbankett der Erdenvölker stehen, dem in surrealer Steigerung antiker Gelagesitten die Hure Babylon vorsitzt.[146] Als Symposiarchin teilt sie den Wein zu und fordert zum Genuss auf, fällt dabei aber aus dem Rahmen allgemeiner Vorstellungen, insofern ein Symposiarch üblicherweise eine allgemeine Trunkenheit eher zu vermeiden als zu evozieren sucht.[147] Zweitens und wahrscheinlicher ist jedoch eine andere Möglichkeit. Direkten Kundenkontakt mit der Hure Babylon hat ja nur die politische und wirt-

---

[143] SALS, Biographie, 107, spricht im Hinblick darauf von einem „der seltsamsten Phänomene im Text".

[144] Es handelt sich um ein Gegenbild zu den Früchten vom Lebensbaum nach Offb 22,2.

[145] SALS, Biographie, 126. Vgl. dazu nur Offb 14,8; 17,2.8.15; 18,3.23. Ausgenommen von der Verführung der Hure sind nur diejenigen Angehörigen der Völkerwelt, die sich ihr verweigerten und deren Name im Lebensbuch geschrieben steht (13,8; 17,8).

[146] Man erinnere sich an die mögliche Gastgeberrolle „Isebels" (vgl. oben Abschnitt 2.1).

[147] Vgl. dazu oben Kap. II.2.4.3.

schaftliche Elite gepflegt, die Völker der Erde dagegen sind nur durch Weingenuss in ihren Bannkreis gelangt. So scheint der Verfasser einen qualitativen Unterschied zwischen der Elite und dem Volk zu machen; nur die Elite pflegt den persönlichen Kontakt zur Hure und wird nach ihrem Untergang über den Verlust klagen. Das Volk dagegen „ist die einzige Freiergruppe, die nicht klagt".[148] Damit weitet sich das Bild vom Bankett zum Bild von der Bankettgesellschaft. Die Hure sitzt nicht nur einem surrealen Großbankett vor, in dem die Völker zu Tisch liegen, sondern sie sitzt unsichtbar und nur für das vom Seher geschärfte Auge wahrnehmbar jedem luxuriösen Gast- oder Vereinsmahl vor, in dessen sympotischem Teil Wein gereicht wird. Wie also die Könige und Kaufleute nicht wirklich durchschauen, mit wem sie es in Wahrheit zu tun haben, so auch die Völkerwelt. Die Hörerinnen und Hörer der Offb dagegen verstehen sofort: In der Trunkenheit aller paganer Symposien spiegelt sich auf erschreckende Weise der Einfluss einer unsichtbaren, aber machtvollen Größe wider, die als Hure zu entlarven ist und deren Verführungskunst sich nur der zu entziehen vermag, der sich wie der Seher Johannes von Gott persönlich die Wirklichkeit der Welt enthüllen lässt.[149]

Die Hure Babylon tränkt aber nicht nur andere, sie trinkt auch selbst. Dazu hält sie einen *goldenen Becher* in der Hand, der – wieder über die unmittelbar alttestamentliche Vorlage hinaus – mit Abscheulichkeiten und Unreinheiten gefüllt ist.

Aus dem kultischen Sprachgebrauch kommend bezeichnet βδέλυγμα ein Tabu oder einen „Gegenstand des Abscheus".[150] Alttestamentlich bezeichnet der Begriff zum einen die Teilnahme Israels am Fremdgötterkult;[151] von da aus kann er auf die theologische Deutung Antiochus' IV. ausstrahlen, der 168/167 v.Chr. den Fremdgötter- und Herrscherkult im Jerusalemer Tempel zu etablieren suchte.[152] Damit zusammen hängt zum anderen die Forderung nach der Abgrenzung Israels von paganen Lebensweisen, unter die auch illegitimer Geschlechtsverkehr zu zählen ist.[153] Die Verbindung vom Begriff der Abscheulichkeit zu dem der Unreinheit zieht bereits das Alte Testament selbst, insofern nach Lev 18,24–30 Abscheulichkeiten unrein machen. Doch sollte auf die Feststellung eines Zusammenhangs von Ursache und Wirkung verzichtet werden; schon Dtn 14,3 kann beides identifizieren. So ist das Wortpaar in Offb 17,4 wohl am besten als Hendiadyoin zu deuten.[154]

---

[148] SALS, Biographie, 126.

[149] Dem entspricht das entsetzte Erstaunen des Sehers Johannes beim Anblick der Hure (Offb 17,6b).

[150] So ZMIJEWSKI, EWNT 1, 502 (im Original kursiv).

[151] 1Kön 21,26. In der LXX wird er zur Bezeichnung für Götzen überhaupt (z.B. LXX Jer 13,27; 39,35; 51,22; Ez 5,9.11; 6,9; 11,18; 20,7 f.30). In LXX Sach 9,7 ist damit wahrscheinlich Götzenopferfleisch gemeint.

[152] Dan 9,27; 11,31; 12,11; vgl. Mk 13,14 par.

[153] Lev 18,6–30 (bes. 26 f.); Dtn 12,31; 18,9–14.

[154] So mit AUNE, Rev III, 935. Unsicher SALS, Biographie, 110.

Beide Begriffe sind für eine Vielzahl an Vorstellungen offen. Aber aufgrund des ohnehin schon anklingenden Bildfelds vom Bankett liegt es nahe, dass die Hörerinnen und Hörer wieder dieses vor Augen und Ohren haben werden. Immerhin verdichtet sich im paganen Gastmahl zumindest nach jüdischer Vorstellung nichtjüdische Lebensweise in nuce – zu denken ist konkret sowohl an den Verzehr illegitimer Speisen und Getränke als auch an den Vollzug illegitimer Geschlechtsbeziehungen Ausdruck verschafft. So mag im Bechermotiv auch noch der Wein mitschwingen, der die Völkerwelt von Sinnen sein lässt.

Allerdings differenziert sich das Bild im Folgenden aus. Empfangen die Völker den mit unreinen Abscheulichkeiten gefüllten Becher der Hure als Weinbecher, so empfängt die Hure ihn als Becher voll mit dem *Blut*, das sie durch die gewaltsame Tötung von Gemeindegliedern und Zeugen Jesu vergossen hat.[155] Damit spielt die Offb auf die Verwandtschaft von Wein und Blut an,[156] die auch im Bild von der Trunkenheit durch Blutgenuss vorausgesetzt ist.[157] Wein, soviel wird bereits jetzt deutlich, ist für den Seher nicht als Getränk der Gemeinde vorstellbar, nicht einmal in der Repräsentanz des gewaltsamen Todes Jesu. Wein steht in seiner Bilderwelt für ausladende Luxusmähler mit Rausch und sexueller Verirrung; das Protestgetränk des Sehers Johannes haben wir schon kennen gelernt, das Trink- und Lebenswasser nämlich. Wir werden darauf später noch zurückkommen, müssen jedoch zuvor noch das Weinmotiv gerichtstheologisch verbreitern.

2.2.1.7 Zorneswein Gottes (Offb 14,10; 16,19; 18,6 f.; 19,15)

Der Wein wird nicht nur mit der Hure Babylon, sondern auch mit Gott in Verbindung gebracht. Doch ist Gott im Unterschied zur Hure allein Geber dieses Weins und nicht auch Empfänger und wird dieser Wein über die Leidenschaft hinaus als *Zorneswein oder Zornesbecher* qualifiziert.[158] Der Weinbecher Gottes muss also strikt von dem der Hure unterschieden werden und ist nicht einfach mit diesem identisch,[159] wiewohl es zwischen beiden durchaus Berührungspunkte gibt, insofern beide für die Empfänger negative Folgen haben: Diese gehen dadurch, dass sie aus den Bechern trinken, in den Untergang bzw. in Gottes Gericht. Innerhalb der Offb begegnet das Bild vom Zorneswein Gottes erstmals im Kontext der Anbetung

---

[155] Vgl. Offb 18,24; 19,2.
[156] Gen 49,11; Dtn 32,14; Jes 63,1–6; Sir 50,17; 1Makk 6,34.
[157] Jes 49,26; Ez 39,18 f.
[158] Gegen HOLLANDER, EWNT 2, 396, der einen Bedeutungsunterschied von θυμός und ὀργή im Neuen Testament nicht zu erkennen vermag.
[159] Gegen HOLLANDER, EWNT 2, 397.

des Tieres, auf dem – wie man retrospektiv von 17,3 her weiß – die Hure Babylon daher kommt:

„[9]Und ein dritter Engel folgte ihnen und sagte mit lauter Stimme: ‚Wenn jemand vor dem Tier und seinem Bild niederfällt und sich mit einem Zeichen auf seine Stirn oder auf seine Hand versehen lässt, [10]der wird auch selbst vom Wein der Leidenschaft Gottes (οἶνος τοῦ θυμοῦ τοῦ θεοῦ) trinken, der ungemischt in den Becher seines Zorns eingeschenkt ist (κεκεράσμενος ἄκρατος ἐν τῷ ποτηρίῳ τῆς ὀργῆς αὐτοῦ),[160] und wird gequält werden mit Feuer und Schwefel vor den heiligen Engeln und vor dem Lamm'" (14,9 f.).

Der leidenschaftlichen Hurerei Babylons wird hier der leidenschaftliche Zorn Gottes entgegengesetzt. Beiden, der Hure wie Gott, ist also ein stark emotionaler und gemütserregter Zug zu eigen, doch während er im Falle der Hure verführerisch wirkt, so im Falle Gottes richtend. Gottes Gericht erscheint dabei als leidenschaftliche Parteinahme für die Seinen und Vernichtung der Abtrünnigen unter den Seinen sowie der Anhängerschaft der Hure.

Das Bild ist wieder alttestamentlich vorbereitet. Vom Zornesbecher Gottes spricht Jes 51,17.22,[161] vom Zorneswein Jer 25,15 f.[162]. Dabei handelt es sich um ein Motiv, das seinen ursprünglichen Sitz im Leben im Festmahl hatte, das zum als Freudentag verstandenen „Tag Jahwes" begangen wurde.[163] Die Schriftpropheten deuteten dann den Festtag polemisch in einen Gerichtstag um (Am 5,18–20), so dass sich das Trinkmotiv vom Ausdruck der Festfreude in einen Untergangstaumel verkehrte (Obd 15 f.). Daran knüpft Hab 2,15 f. an und führt im Gerichtskontext zum ersten Mal das Bechermotiv ein.[164]

Der Zorneswein wird ungemischt dargereicht und wirkt darum besonders stark.[165] Davon war beim Wein der Hure noch keine Rede. Im Gegenzug erwähnt die Offb an keiner Stelle, dass der Zorneswein Gottes seine Empfänger betrunken macht, während darin die wesentliche Wirkung des Weins der Hurerei Babylons besteht. Die Trunkenheit ist zwar in den alttestamentlichen Vorlagen als Wirkung des Zornesweins Gottes durchaus

---

[160] Wörtlich: „... der ungemischt im Becher seines Zorns gemischt ist." Doch hat das Mischen hier schon die Bedeutung von Einschenken angenommen (vgl. BALZ, EWNT 2, 700). Der sympotische Sprachgebrauch bleibt dabei gewahrt.

[161] Vgl. auch die Rede allein vom Becher ohne Zornesattribut, das aber wegen der Gerichtsthematik sachlich mitgedacht ist in Ps 75,9; Jer 49,12; 51,7 (dort die bereits oben angesprochene Identifikation Babylons mit dem goldenen Gerichtsbecher Gottes); Klgl 4,21; Ez 23,31–33 (Becher des Grauens und Entsetzens); Sach 12,2 (Taumelbecher).

[162] Jer 25,17 führt dann das Bechermotiv ein. Vom Wein spricht auch Ps 75,9, von der Trunkenheitswirkung des Bechers, die auf Wein zurückschließen lässt, sprechen Klgl 4,21; Ez 23,31–33; Hab 2,15 f.

[163] Damit greift Israel auf Traditionen aus Ugarit zurück. Doch die alttestamentliche Umprägung des Festtagsbechers in den Zornesbecher kann nicht von daher erklärt werden, sondern ist genuin israelitisch (so FUCHS, Symbol, 65–84).

[164] Vgl. SCHUNCK, Becher, 323.330.

[165] So auch in LXX Jer 32,15 und Ps 74,9. Zum ungemischten Wein als starkem Wein vgl. Herodot I 207; Xenophon, An IV 5,27; 3Makk 5,2.

vorausgesetzt,[166] wird aber in der Offb vielleicht deshalb nicht erwähnt, weil Gottes Wein nach Auffassung des Sehers Johannes nicht nur in Taumel versetzt, sondern vernichtet. So überrascht es nicht, dass in Offb 14,9 f. das Bildfeld vom Leidenschaftswein und Zornesbecher nicht in das der Trunkenheit, sondern unvermittelt in das des Feuers übergeht, d.h. die Gerichteten geraten nicht in festlichen Taumel, sondern werden im Feuer gequält, was ihrer Gelagefreude ein jähes Ende bereitet. Ein weiterer Unterschied vom Wein Gottes zum Wein Babylons ist dadurch gegeben, dass die Völker jenen offensichtlich freiwillig getrunken haben, wahrscheinlich aber unwissend um seine Wirkung und seine Spenderin. Der Zorneswein Gottes dagegen wird nicht angeboten, sondern aufgezwungen. Die Empfänger können ihm nicht entrinnen, sie müssen davon trinken, wissen aber im Gegenzug auch, wer ihnen den Becher reicht. Anders als bei der Hure liegen also die Karten offen, nur dass die Offenheit voller Schrecken ist.

Dazu passt ein anderer Aspekt. Kulturgeschichtlich hat der ungemischte Wein, wie wir gesehen haben, seinen festen Ort in der *Trankspende* als Übergangsritual vom Mahl zum Trinkgelage.[167] Wahrscheinlich wollte der Seher mit dem Bild vom ungemischten Zorneswein Gottes an diesen sensiblen, kultisch determinierten Teil des antiken Banketts erinnern. Dann ist er nicht nur Bild für das göttliche Gericht, sondern weist zugleich auf den Ort hin, an dem sich dieses Gericht ereignet: Wie sich im Fleisch- und Weingenuss des Banketts aufgrund der göttlichen Enthüllung die Wahrheit einer verführerisch werbenden Erzhure äußert, die das Fleisch reicht und den Wein ausschenkt, so ereignet sich in der Libation nach Auskunft des Sehers Johannes gerade nicht die üblicherweise beabsichtigte Preisung der Götter und Herrscher, sondern in Wahrheit der Einbruch des leidenschaftlichen Zorngerichts des einen Gottes.[168] Das antike Bankett dient damit nicht nur als Kontrastbild zur gemeindlichen Mahlfeier, sondern zugleich als Ortsangabe, die den Einbruch des göttlichen Gerichtshandelns lokalisiert, auch wenn dann das Gericht selbst das Bankett übersteigen wird.[169] Dann ist auch klar, warum nicht die Trunkenheit, sondern die Vernichtung Wirkung des göttlichen Weinbechers ist: Vom Schluck Wein aus der Libationsschale wird man nicht betrunken, aber man vergeht sich kultisch am Alleinanspruch des Gottes Israels und seines Lammes.

Das Motiv vom Zorneswein Gottes kehrt wieder in Offb 16,19. Jetzt ist der Bezug des Zornesbechers auf die Hure Babylon noch deutlicher als in

---

[166] Vgl. Ps 60,5; 107,27; Jes 19,14; 29,9; Jer 25,27; Klgl 4,21; Ez 23,32 f.; Hab 2,15 f.

[167] Vgl. oben Kapitel II.2.4.2.

[168] Der Konnex von Libation und Gericht liegt auch in der Schalenvision Offb 16 vor, insofern die dort ausgegossenen Schalen an Opferschalen erinnern (so mit WICK, Gottesdienste, 341).

[169] Gipfelnd im Bild vom Feuersee in Offb 20,11–15, das bereits in 14,10 anklingt.

14,10. Allerdings ist es nun nicht mehr ihre Anhängerschaft, die den Zorn Gottes auf sich zieht, sondern die Hure selbst:

„Und die Stadt, die Große, wurde dreigeteilt und die Städte der Völker fielen zusammen. Und bezüglich Babylons, der Großen, erinnerte sich Gott,[170] dass er ihr den Becher des Weins seines leidenschaftlichen Zorns (τὸ ποτήριον τοῦ οἴνου τοῦ θυμοῦ τῆς ὀργῆς αὐτοῦ) gebe" (16,19).

Obwohl Babylon hier weniger als Frau denn als Stadt gezeichnet ist, muss man sie sich aufgrund des Trankmotivs als Person vorstellen. Wie sie selbst zum einen leidenschaftlich Wein ausgeschenkt und Trunkenheit verursacht und sich zum anderen am Blut der Zeugen Jesu betrunken hat, so muss sie jetzt auch vom Zorneswein Gottes trinken, dessen Wirkung aber wieder verschwiegen wird. Zudem wird der Wein Gottes durch die Zusammenstellung des Wortpaars θυμός und ὀργή gegenüber dem Wein der Hure gesteigert.[171] Diese Steigerung kommt auch in Offb 18,6 f. zum Ausdruck:

„[6]Gebt ihr zurück, wie auch sie selbst abgegeben hat, und gebt es ihr entsprechend ihrer Werke doppelt zurück.[172] In den Becher (ποτήριον), in dem sie gemischt hat (κεραννύναι),[173] mischt für sie doppelt. [7]In dem gleichen Maße, wie man sie rühmte[174] und sie ein luxuriöses Leben führte, gebt ihr Qual und Leid" (18,6–7a).

Die doppelte Zuteilung von Wein ist dann nicht nur ein Bild für die doppelte Vergeltung Gottes, sondern verweist auch auf die sympotische Sitte, dass Amtsträger insbesondere in Vereinen als Aufwandsentschädigung größere Portionen beim Mahl und anschließenden Gelage zugeteilt bekamen.[175] Durch den Konnex des Bildes mit dem vom Gericht Gottes wird

---

[170] Die Formulierung im Text ist Passiv: Entweder ist Gott derjenige, vor dem Babylons gedacht wird, dann wäre das Gedenken im Sinne einer Erwähnung zu verstehen („Babylon wurde vor Gott erwähnt"), aber unklar gelassen, wer denn die Erwähnung vorbringt, oder aber Gott ist Subjekt des Gedenkens, so dass das ἐνώπιον den Sinn der Täterangabe beim Passiv, also den Sinn von ὑπό gewinnt (so hier und auch bei AUNE, Rev II, 901). Wörtlich wäre dann zu übersetzen: „bezüglich Babylons ... wurde sich von Gott ins Gedächtnis zurückgerufen ..."

[171] So mit SALS, Biographie, 108.

[172] Wörtlich: „... und verdoppelt das Doppelte gemäß ihrer Werke."

[173] Denkbar ist auch, dass κεραννύναι hier wie in 14,10 den allgemeinen Sinn von „einschenken" hat (vgl. BALZ, EWNT 2, 700).

[174] Eine gewichtige Zahl an Handschriften (unter ihnen auch ℵ²) lesen ἑαυτήν, also: „In dem gleichen Maß, wie sie sich selbst gerühmt hat ..." Dieser Lesart gemäß liegt eine Subjektidentität beider Verben im Nebensatz vor, so dass die von Nestle-Aland²⁷ gewählte Lesart αὐτήν die *lectio difficilior* ist, weil hier beide Verben des Nebensatzes unterschiedliche Subjekte haben und das Subjekt des ersten Verbs offen bleibt (hier: ein unpersönliches „man").

[175] So berichtet von den *cultores Dianae et Antinoi* (dazu oben Kap. II.3.3.3; vgl. auch IV.4.5).

diese Zuteilungspraxis parodiert. Ist nämlich die doppelte Zuteilung ein Ehrerweis und Statussymbol, so wird sie durch den Zorneswein Gottes zum Symbol von umso größerer Schande und Verwerfung.

Der Gerichtsgedanke wird schließlich dadurch verstärkt, dass er mit dem Bildfeld der Ernte verknüpft wird. So entsteht das Bild von der Traubenernte (14,17–20), die dann in Offb 19,15 christologisch ausgebaut wird, wenn der *Kelterchristus* als Reiter auf einem weißen Pferd auftritt:

„Und aus seinem Mund ging ein scharfes Schwert hervor, damit er mit ihm die Völker niederschlage; und er wird sie weiden mit eisernem Stab; und er tritt die Kelter des Weines des leidenschaftlichen Zornes Gottes (οἶνος τοῦ θυμοῦ τῆς ὀργῆς τοῦ θεοῦ), des Allmächtigen" (19,15).

Dahinter steht das Motiv vom Keltertreter aus Jes 63,2 f. Das Bildfeld vom Bankett ist damit verlassen, aber die Hure Babylon, die für dieses Bildfeld einsteht, ist an dieser Stelle des Buches schon Vergangenheit, weil sie bereits zuvor dem Untergang preisgegeben wurde und nur noch das Ende ihrer Freier aussteht.

2.2.1.8 Fleischfraß (Offb 17,16; 19,17–21)

Der Untergang der Hure Babylon wird wieder in Mahlsprache beschrieben. Nicht sie muss nicht nur den zweifachen Zornesbecher Gottes trinken, auch das Bildmotiv des Fleisches, das in den Sendschreiben im Zusammenhang mit Götzenopferfleisch verhandelt wurde, kommt erneut zum Zuge, und zwar auf eine ungewöhnliche Weise:

„Und die zehn Hörner, die du gesehen hast, und das Tier, diese werden die Hure hassen und werden sie verwüsten und nackt machen und werden ihr Fleisch essen (σάρκας φαγεῖν) und werden sie im Feuer verbrennen" (17,16).

In einem *Dreischritt* wird der Untergang ausgemalt: Die Hure wird zunächst entblößt, dann verzehrt und die Reste schließlich verbrannt. Auffällig ist dabei, dass anders als beim Bild vom Zorneswein nicht Gott handelndes Subjekt ist, sondern die königlichen Freier der Hure, die durch die Hörner des Tieres repräsentiert werden.[176] Die Entblößung ist dabei als Umkehrung ihrer luxuriösen und wertvollen Einkleidung zu verstehen, die abschließende Verbrennung weist auf eine mögliche Opferhandlung hin.[177]

Traditionsgeschichtlich kann der Verfasser mit dem Motiv der *Nacktheit* zum einen an das Schicksal der als Hure dargestellten Stadt Jerusalem (Ez 16,27.39), zum anderen an das der als untreue Schwestern Ohola und Oholiba dargestellten Städte Samaria und Jeru-

---

[176] Vgl. Offb 17,12. Dagegen ist in Jer 13,26 f.; Nah 3,5 von Gott als Subjekt der Entblößung die Rede (vgl. Hebr 4,13).

[177] Mit dem Beiklang des Wohlgeruchs Gottes in Gen 8,20 f.; Lev 1,9.13.17; 1Sam 26,19; vgl. Eph 5,2. Allerdings ist der Feuertod auch als Strafe für Hurerei belegt (Gen 38,24; Lev 21,9). Beides mag hier mitschwingen.

salem (Ez 23,25–29) anknüpfen.[178] Auch hier wird die Entblößung nicht durch Gott selbst, sondern durch die Freier vollzogen, die dabei jedoch zugleich als Werkzeuge Gottes handeln. In Ez 16,41; 23,47 wird über die Entblößung hinaus auch die Verbrennung thematisiert. Allerdings wird hier das Bildfeld von der Hurerei bewusst durchbrochen und das Schicksal von Jerusalem und Samaria nicht als hurender Schwestern, sondern als Städten beschrieben. Die Offb hält die Bezugnahme dagegen bewusst in der Schwebe.[179] Bezeichnenderweise fehlt bei Ez aber das Motiv des Gegessenwerdens. Es verdankt sich also der eigenständigen Gestaltung des Sehers Johannes.

Das Opferbild weist zurück auf das Tatbestandsmotiv des *Götzenopfer-fleischverzehrs* der Nikolaïten und Isebeliten (2,14.20). In ihrem Verhalten spiegelt sich im gemeindlichen Mikrokosmos genau das wider, was im globalen Makrokosmos des römischen Weltimperiums durch die Hure Babylon repräsentiert wird: Wie der Frau „Babylon" so ist auch „Isebel" eine Verführungskunst zu eigen, die ihr eine nicht unbedeutende Anhängerschaft beschert (2,20); sie verführt nicht nur zur Hurerei, sondern wird auch selbst als Hure disqualifiziert (2,21); ihre alttestamentliche Namenspatronin, die Königin und Ehefrau Ahabs, hat darüber hinaus dasselbe Schicksal erlitten wie die Hure Babylon, insofern auch ihr Fleisch verzehrt wird, und zwar von streunenden Hunden.[180] Aber nicht nur das gemeinsame Schicksal verbindet „Isebel" mit „Babylon". Das Fleischmotiv greift noch tiefer, denn es lässt sich auch eine direkte Verbindungslinie vom Götzenopferfleisch zum Fleischfraß der Hure ziehen: Das Fleisch der gerichteten Hure ist im wahrsten Sinne des Wortes Götzenfleisch, Fleisch einer Frau, die sich göttlichen Status angemaßt hat.

Wie Gott (Offb 1,4; 4,2 ff.; 12,5) sitzt auch die Hure Babylon auf einem Thron und wähnt sich in königlicher Sicherheit: „Ich sitze als Königin, und eine Witwe bin ich nicht und Leid sehe ich gewiss nicht" (18,7b). Sie maßt sich Göttlichkeit an, schenkt wie Gott selbst Leidenschaftswein aus und imitiert mit ihrer äußeren Erscheinung das Stiftszelt, Ort der Gegenwart Gottes in der Wüstenzeit Israels. So entsprechen ihre in 18,16 genannten Kleidungs- und Schmuckstücke aus Leinen, Purpur und Scharlach zum einen der Kleidung des am Stiftszelt tätigen Hohenpriesters (Ex 28), zum anderen der Ausstattung der Stiftshütte selbst (Ex 26 f.).[181] Doch ist diese Anmaßung nur Schein, das von Gott durch den Seher geöffnete Auge erblickt statt einer Göttin nur einen Götzen.[182]

Verbindet man das Motiv vom *Götzenfleisch* mit dem durch die Verbrennung der Überreste „Babylons" möglicherweise gegebenem Motiv vom Brandopfer, so entsteht ein geradezu sarkastisches Bild von der wahren

---

[178] Vgl. dazu KOWALSKI, Ezechiel, 184–186.

[179] So ist es zwar möglich, aber keineswegs zwingend, mit BOUSSET, Offb, 410, das φαγεῖν auf das Schicksal der Frau Babylon und das κατακαίειν auf die Stadt Babylon zu beziehen.

[180] Vgl. 1Kön 21,23 f.; 2Kön 9,10.36 f.

[181] Dazu SALS, Biographie, 101–103.

[182] So ist bereits nach Jer 10,9 Purpur auch Kleidungsstück von selbstgefertigten Götzen.

Beschaffenheit des Götzenopferfleischs. Es handelt sich nicht nur um Fleisch, das nichtigen Götzen geweiht worden ist, es handelt sich auch um Fleisch, das den von Gott verhängten Untergang repräsentiert. Wer davon isst, der dient nicht nur falschen Götzen, er isst sich selbst zum Gericht, partizipiert paradoxerweise am Untergang der sich selbst vergötternden Hure und wird schließlich in diesen Untergang selbst mit hineingezogen.

So beschreibt es in drastischen Worten Offb 19,17–21:

> „[17]Und ich sah einen Engel in der Sonne stehen und er schrie mit lauter Stimme allen hoch am Himmel fliegenden Vögeln zu und sprach: ,Auf, versammelt euch zum großen Mahl (δεῖπνον) Gottes, [18]auf dass ihr esst Fleisch von Königen und Fleisch von Heerführern und Fleisch von Starken und Fleisch von Pferden und derer, die auf ihnen sitzen, und Fleisch sowohl aller Freien als auch aller Sklaven und Kleinen und Großen.' [...] [21b]Und alle Vögel fraßen sich satt an ihrem Fleisch" (19,17 f.21b).

Die vom Autor das ganze Buch hindurch gezeichnete *Mahlpolemik* erreicht hier ihren schrecklichen Höhepunkt. Alles Trinken aus dem Weinbecher der Hure Babylon und Essen ihres Götzenopferfleisches mündet in das „Mahl Gottes" hinein, zu dem Gott einlädt, aber selbst nicht teilnimmt. Er macht die „Fleischfresser" nun ihrerseits zu Opfern des Fleischfraßes. Zugleich überschlägt sich hier der Tatbestand der kultischen Verunreinigung: Durch den Verkehr mit der kultisch unreinen Hure verunreinigen sich die Menschen; ihre Verunreinigung gipfelt darin, dass sie als bereits Verunreinigte das durch Abscheulichkeiten und Unreinheiten getränkte und damit seinerseits verunreinigte Fleisch der Hure (17,4) verzehren und damit das Gericht Gottes über ihre Unreinheit vollziehen; sie selbst werden wiederum zum Fraß, und zwar der in Offb 18,2 eingeführten unreinen Vögel.[183] Darin gipfelt aber nicht nur das göttliche Gericht über die Hure und ihre Anhängerschaft, sondern zugleich die Vorstellungsebene vom Bankett, insofern dieses Mahl wie zuvor das Hochzeitsmahl des Lammes als δεῖπνον bezeichnet wird und damit eine vollwertige Mahlfeier impliziert.

Traditionsgeschichtlicher Hintergrund der Mahlszene ist das Gericht über Gog und Magog aus Ez 38 f., insbesondere 39,17–20.[184] Dabei fallen wichtige Parallelen und zugleich markante Unterschiede auf:

Mahltypus	Das Mahl Gottes in Ez 39,17 ist ein Opfermahl (θυσία), während das Mahl in Offb 19,17 eine Bankettmahlzeit (δεῖπνον) ist.
Gastgeber	Als Gastgeber fungiert in beiden Fällen Gott, wobei die Einladung durch einen Boten ausgesprochen wird (Ez 39,17; Offb 19,17).

---

[183] Gedacht ist wohl an die in Lev 11,13–19 als unrein qualifizierten Raubvögel und Aasfresser. Zur frühjüdischen Begründung vgl. die allegorische Begründung in Arist 144–147.

[184] Vgl. BØE, Gog, 276–300; KOWALSKI, Ezechiel, 394–396.

Einladung	Die Einladung selbst ist in Ez 39,17 stärker ausgestaltet als in der Offb, indem nicht nur die Vögel, sondern alle Tiere des Feldes eingeladen werden, am Mahl teilzunehmen.
Nahrungsaufnahme	Die Nahrungsaufnahme selbst wird in Ez 39,17 f.20 mit den Verben φαγεῖν und ἐμπιμπλάναι beschrieben, dazu vorab in 39,4 mit καταβιβρώσκειν, in Offb 19,18 aber nur mit φαγεῖν und χορτάζειν. Gemeinsam ist beiden also nur der Gebrauch von φαγεῖν, das aber in Ez 39,17–19 im Futur, in Offb 19,18 im Aorist steht.
Nahrungsmittel	Die verzehrte Nahrung ist in beiden Schriften Fleisch, wobei Ez 39,17 f. den Begriff κρέας und Offb 19,18 den Begriff der σάρξ wählt, der im paulinischen Gemeindebereich für die menschliche Materie als Einfallstor der Sünde steht.[185] In Ez 39,17–19 kommt zum Fleischverzehr auch noch der Blutgenuss dazu, was die Offb aus ihrer Vorlage nicht übernimmt, weil dieser nach Offb 17,6 der Hure Babylon und nach 16,6 Gott als Strafhandlung für das Blutvergießen der Heiligen und Propheten vorbehalten bleibt.
Durchführung	Schließlich geht Offb 19,21b über Ez hinaus, wenn festgehalten wird, dass das Mahl tatsächlich stattgefunden hat. Es bleibt also nicht bei der bloßen Ankündigung, sondern es wird das Mahl selbst beschrieben.

Schaut man sich die Unterschiede in ihrer Gesamtheit an, so erkennt man den Gestaltungswillen des Sehers Johannes, die ihm vorliegenden Traditionen in eine übergreifende Komposition einzubetten. Darüber hinaus bekommt die Schilderung der Offb gegenüber der metaphorisch wirkenden Vorlage bei Ez stark realistische Züge. Das kommt nicht zuletzt darin zum Ausdruck, dass die Opfermahlzeit in ein Bankett transformiert wird, also für alltägliche Gast- und Vereinsmähler durchsichtig wird.

2.2.1.9 Hochzeitsmahl des Lammes (Offb 19,6–9)

Das Gegenbild zum großen Fleischfraß der Vögel ist das Hochzeitsmahl des Lammes:[186]

„[6]Und ich hörte etwas wie die Stimme einer großen Volksmenge und wie die Stimme einer großen Wassermenge und wie die Stimme starker Donner, die sprachen: ‚Halleluja! Denn der Herr, [unser] Gott, der Allherrscher hat seine Königsherrschaft angetreten. [7]Lasst uns freuen und jubeln und ihm die Ehre geben. Denn die Hochzeit des Lammes ist herbeigekommen und seine Frau hat sich bereit gemacht.‘ [8]Und es wurde ihr zuteil, sich glänzendes, reines Leinen anzuziehen; das Leinen aber sind die Rechtstaten der Heiligen. [9]Und sie (= die Stimme) sprach zu mir: ‚Selig sind, die zum Hochzeitsmahl (δεῖπνον τοῦ

---

[185] Paulus selbst spricht wie Ezechiel von κρέας, wenn es um das bloße Nahrungsmittel Fleisch geht (Röm 14,21; 1Kor 8,13).

[186] Die Parallelität beider Mähler ist schon dadurch gegeben, dass nur in 19,9 und in 19,17 der Begriff des δεῖπνον auftaucht. Vgl. das Verb δειπνεῖν in Offb 3,20.

γάμου) des Lammes eingeladen sind.' Und er sprach zu mir: ‚Diese Worte sind wahrhaftige (Worte) Gottes'" (19,6–9).

Es ergeben sich folgende *Charakteristika*: Der Gastgeber ist hier nicht direkt benannt, doch legt der bekräftigende Nachsatz zur Einladung nahe, dass es sich um Gott handelt. Die Genitivanbindung des Lammes an „Hochzeitsmahl" bezieht sich jedenfalls am ehesten auf seine Rolle als Bräutigam und nicht als Gastgeber.[187]

Das Bildmotiv des Hochzeitsmahls ist sowohl in jüdischen als auch in paganen Traditionen verbreitet.[188] Seine Beliebtheit speist sich insbesondere aus den dort gelebten Wertvorstellungen von Fest- und Lebensfreude und der offenen Teilnahmeregelung, die auch die Frauen einschloss.[189] In diesem Bildfeld bewegt sich auch Jesus, wenn er das Reich Gottes als hochzeitliches Mahl zeichnet.[190] Die frühen Christinnen und Christen führen die jesuanische Linie fort und verbinden sie mit der alttestamentlich-frühjüdischen Vorstellung der eschatologischen Hochzeit Gottes mit seinem Volk (Jes 61,10; Ps 45).[191] Daraus entsteht dann die Vorstellung von Jesus als Bräutigam, der seine Gemeinde in einem festlichen Mahl zur Frau nimmt.[192] Verwandt ist das Bildmotiv dann auch mit anderen alttestamentlichen und frühjüdischen Traditionen, die sich die messianische Heilszeit als allgemein festliches Bankett vorstellen, doch wird dieses zumeist als ewig fortlaufendes Festgelage gedacht (so augenfällig in 1Hen 62,14, wo wie in der Offb nur von einer Mahlzeit, nicht aber von einem Trinkgelage die Rede ist), während das Hochzeitsmahl in der Offb den Charakter eines „single event" trägt.[193]

Die Einladung zu diesem Hochzeitsmahl wird durch einen Boten mitgeteilt. Doch erweist sich die Identifizierung der Stimme als schwierig.[194] Die Parallelität mit 22,6–9 lässt zunächst an einen (Deute-)Engel denken,[195] doch scheint sich aufgrund von 19,6 eine Mehrzahl an Sprechern hinter dieser einen Stimme zu verbergen. Die von ihm ausgesprochene Einladung erfolgt jedoch nicht direkt, sondern wird als Makarismus formu-

---

[187] Auch in Mt 22,2 sind gastgebender König und Bräutigam voneinander unterschieden.

[188] Vgl. 4Esr 9,47; JosAs 21,8; Diogenes Laertius III 2.

[189] Vgl. Plutarch, mor. 666d–667d. Dazu SMITH, Symposium, 39 f.

[190] So in Mt 22,1–10 (allgemeines Festmahl in den Parallelen Lk 14,16–24; EvThom 64); Mt 25,1–13; Mk 2,18 f.; vgl. Lk 12,35–40; 14,7–11.

[191] Dazu SMIT, Fellowship, 351 f.

[192] Vgl. Mk 2,20 par.; Joh 3,29; 2Kor 11,2; Eph 5,24–32; 2Clem 14,2. In einigen abweichenden Lesarten zu Mt 25,1 kommt zu einer Doppelung, denn dadurch dass die Kodizes D und Θ sowie einige andere Handschriften die zehn Jungfrauen nicht nur auf den Bräutigam, sondern auf Bräutigam und Braut warten lassen, kommt die christliche Gemeinde gleich zweimal vor, und zwar als Braut und als Gästeschar (nur die Gäste werden in Mt 22,1–10 ekklesiologisch gedeutet; die Braut spielt keine Rolle).

[193] AUNE, Rev III, 1034.

[194] BOUSSET, Offb, 428, und PRIGENT, Rev, 528, identifizieren die Stimme mit dem Schalenengel aus Offb 17,1.

[195] Und hat viele Kommentatoren darin bestärkt, in 19,9 f. eine Interpolation zu sehen (so BOUSSET, Offb, 429; AUNE, Rev III, 1031 f.; anders PRIGENT, Rev, 529).

liert.[196] Die auffällige Parallele zu Offb 14,13[197] lässt daran denken, dass zu denen, die sich glücklich schätzen dürfen, zum Hochzeitsmahl geladen zu sein, die treuen Zeugen Christi gehören. Während die Vögel des Himmels ununterschieden zum Fleischfraß geladen werden, ist die Teilnahme am Hochzeitsmahl – damit durchaus in Übereinstimmung mit den synoptischen Hochzeitstraditionen – nicht offen, sondern an Voraussetzungen gebunden, die anhand der Kleiderfrage zum Ausdruck gebracht werden (vgl. Mt 22,11–14 mit Offb 19,8). Schließlich ist auffällig, dass das Hochzeitsmahl des Lammes nur angekündigt, nicht aber in seiner Durchführung beschrieben wird. So bleibt auch der Speiseplan im Dunkeln. Insgesamt zeichnet sich ein scharfer Kontrast zum Mahl der Vögel ab, der für den Kontrast zwischen den Mählern der Gemeinde und der ihrer Umwelt steht, wie wir gleich sehen werden.[198]

2.2.1.10 Sonstige Belege (Offb 10,8–10; 12,6.14.16)

Zum Schluss soll noch auf zwei weitere Stellen hingewiesen werden. Die erste beschreibt den *Verzehr eines Buchs.* Der Autor greift hier auf Ez 2,8 f.; 3,1–3, der einzigen alttestamentlichen Stelle, die von einem Buchverzehr spricht, zurück. Doch während der Prophet Ezechiel das Buch gereicht bekommt und damit gespeist wird, nimmt der Seher Johannes das Buch und isst es selbst:[199]

„[8]Und die Stimme, die ich vom Himmel her gehört hatte, redete wiederum mit mir und sagte: ‚Geh hin, nimm das in der Hand des Engels, der auf dem Meer und auf der Erde steht, liegende geöffnete Buch!' [9]Und ich ging zu dem Engel und sagte ihm: ‚Gib mir das Büchlein!' Und er sagte mir: ‚Nimm und verschling (λάβε καὶ κατάφαγε) es! Und es wird deinen Magen bitter machen, aber in deinem Mund wird es süß sein wie Honig.' [10]Und ich nahm das Büchlein aus der Hand des Engels und aß es, und es war in meinem Mund süß wie Honig, und als ich es gegessen hatte, wurde mein Magen bitter gemacht" (Offb 10,8–10).

Der Essbefehl erinnert stark an die Aufforderung Jesu beim Abschiedsmahl an seine Jünger: λάβετε φάγετε (Mt 26,26), hat aber durch die Vorsilbe den negativeren Klang des Verschlingens. Die Bitterkeit des Büchleins im Magen knüpft an das bittere Trinkwasser aus der Posaunenvision (8,11) an, seine Honigsüße im Mund entspricht Ez 3,3 und hat Analogien in frühjüdischen Mahlbeschreibungen (JosAs 16,1–17,6). Eine Mahlbeschreibung im engen Sinne liegt freilich nicht vor, sondern ein rein metaphorischer Gebrauch der Mahlsprache, aber dabei zugleich ein Hinweis auf

---

[196] Vgl. dagegen die eindeutigen Einladungen auf den Billets für die Sarapismähler (vgl. Kap. II.3.4).

[197] Vgl. die Synopse bei AUNE, Rev III, 1031.

[198] Vgl. unten Abschnitt 2.2.2.

[199] Vgl. KOWALSKI, Ezechiel, 150–153.

die Bedeutung religiöser Mahlzeiten für die Gemeinschaften des Sehers Johannes. Nur weil ihnen die Mahlgemeinschaft so wichtig war, konnten sie solche Bilder wie den Buchverzehr in ihrer Tiefe verstehen.

Mahlsprache findet sich schließlich auch an einer zweiten, dramatisch zentralen Stelle in Offb 12,[200] weil der Autor hier den entscheidenden Kampf Gottes gegen seine Gegner in Szene setzt. Die Darstellung des Kampfes trägt auffällig mythische Züge und erinnert an die Erzählungen von der Verfolgung der Himmelskönigin Isis und ihres Sohnes Horus durch den Drachen Seth-Typhon sowie der Titanin Leto und ihres Sohnes Apoll durch den Drachen Python,[201] die zu neutestamentlicher Zeit bereits zusammengeschmolzen waren.[202] Doch kann eine traditionsgeschichtliche Herleitung der Erzählung in Offb 12 aus den paganen Mythen allein nicht gelingen, zumal das hier interessierende Mahlmotiv in 12,6.14 ohne Analogien ist.[203] Mythische Motive mögen dem Autor folglich zwar geläufig gewesen sein, doch spielt er mit ihnen frei und lässt er sich in der Darstellung seiner Grundanliegen nicht von ihnen einengen.[204]

Gleich zu Beginn lässt Johannes in einer Himmelsschau eine hochschwangere Frau auftreten, die mit der Sonne bekleidet ist, den Mond unter ihren Füßen und einen Sternenkranz auf ihrem Haupt trägt.

Damit nimmt sie Züge der Himmelskönigin Isis, aber auch der ähnlich porträtierten ephesinischen Artemis und der syrischen Atargatis an. Doch schiebt die Offb zu weit gehenden Parallelisierungen einen Riegel vor und verfremdet die ihr überkommenen Motive. Denn Isis trägt den Mond auf der Stirn und nicht wie die Sonnenfrau der Offb unter ihren Füßen; und die Artemis aus Ephesus trägt zwar die zwölf Tierkreiszeichen, nicht aber wie die Frauengestalt der Offb in Gestalt eines Kranzes aus zwölf Sternen.[205] So entsteht vor den Augen und Ohren der anwesenden Gemeinschaft eine durchaus selbständige Frauengestalt, die sich einer einfachen Identifikation wehrt. Auch mit Maria, der Mutter Jesu, oder mit der Kirche kann die Frau nicht einfach gleichgesetzt werden. Gleichwohl ist durch die Einreihung der Christinnen und Christen in ihre Nachkommenschaft (12,17) der Bezug zur Kirche durchaus gegeben und vom Autor sicher auch ge-

---

[200] MÜLLER, Offb, 33, spricht von den Kap. 12 f. als „dramatische[r] Mitte innerhalb der Visionsberichte".

[201] Zu Isis vgl. Plutarch, mor. 351c–384c; zu Leto vgl. Hyginus, Fab. 140.

[202] Vgl. Herodot, II 156.

[203] Weiteres bei AUNE, Rev II, 670–674; KALMS, Sturz, 114–122.

[204] Die Schwierigkeit, der Vision in Offb 12 eindeutig eine mythische Quelle zuzuweisen, nimmt PRIGENT, Rev, 371–373 (vgl. auch 67 f.), zum Anlass, um Skepsis gegenüber jedweder paganen Vorlage vorzubringen und stattdessen das Alte Testament und seine frühe Auslegungsgeschichte als Interpretationshintergrund stark zu machen. Allerdings erklärt der alttestamentlich-jüdische Hintergrund lediglich Einzelmotive, nicht aber den „spezifische[n] Erzählhergang der Verfolgung der Himmelsfrau durch einen Drachen" (so OMERZU, Himmelsfrau, 173–179, Zitat 179).

[205] Vgl. KARRRER, Himmel, 236.

wollt, jedoch nicht in allegorischer Weise,[206] sondern über ein komplexeres Netz von Verweisen, das rezeptionsästhetisch zu erschließen ist.[207]

Als Gegenspieler der Frau erscheint als zweite Himmelsfigur ein feuerroter, großer Drache, der es darauf anlegt, das Kind der Frau gleich nach seiner Geburt zu verzehren (12,4; καταφαγεῖν). Doch wird der kurz darauf geborene Sohn aus dessen Verfügungsgewalt gerissen und in den geschützten Raum des Thrones Gottes entrückt. Die Frau dagegen wird nicht entrückt, sondern schützt sich zunächst durch Flucht vor weiteren Zugriffsmöglichkeiten des Feindes:

„Und die Frau floh in die Wüste, wo sie einen von Gott her bereiteten Aufenthaltsort hatte, damit man sie dort 1260 Tage lang ernähre (τρέφειν)" (12,6).

Der aktiven Flucht in die Wüste entspricht ein passives Angewiesensein auf göttliche Ernährung. Dabei werden Anklänge an die Auszugstradition aus Ägypten wach, denn „at the time of the decisive intervention of the Messiah, the people of God will experience a new sojourn in the wilderness, like the Hebrews of old when God snatched them away from the power of Pharaoh, the dragon of the Nile."[208] Zu denken ist darum zuvorderst an die Speisung Israels durch das göttlich bereitgestellte Manna.[209] Auffällig ist dabei, dass der Schutzraum des neugeborenen Sohnes der himmlische Gottesthron, der Zufluchtsort der Frau dagegen eine irdische Wüste ist. Die göttliche Fürsorge und Ernährung der Frau wird folglich nicht himmlisch, sondern irdisch gedacht! Mit ihr wird auch dem Drachen als Folge seiner Niederlage im Kampf gegen Michael und seinem Engelheer ein Ortswechsel vom Himmel auf die Erde beschert, der die Voraussetzung dafür bildet, dass sich die himmlische Verfolgungssituation irdisch wiederholt. Diesmal aber wird die Frau direkt und nicht mehr ihr Sohn – der weiterhin in himmlisch-göttlicher Sicherheit gedacht werden muss – zum erwählten Opfer des Drachen. Wiederum entkommt sie seiner Verfolgung:

---

[206] In die Gefahr einer einseitig allegorischen Deutung der Frau läuft PRIGENT, Rev, 384 f. Die Frau stellt seines Erachtens nach die Kirche dar, der Sohn den messianischen Jesus. Die Kirche wird im Zuge dessen zur Christusgebärerin, wobei PRIGENT die Geburt des Kindes dann freilich nicht auf die Inkarnation beziehen kann, sondern auf die Auferstehung hin deuten muss. Dabei kann er zwar Belege für die Darstellung der Auferstehung als Geburtsvorgang liefern, aber ist es in Apg 13,33 unter Rekurs auf Ps 2,7 keine menschliche Gemeinschaft, sondern allein Gott, der zeugt bzw. gebiert und den gekreuzigten Jesus auferweckt. In Joh 16,19–22 ist es dann zwar die Gemeinde, die in Wehen liegt, dabei aber nicht den Gottessohn gebiert, sondern selbst eine Transformation in ein neues Leben durchmacht.

[207] So mit KOCH, Drachenkampf, 86–92.303–346.

[208] PRIGENT, Rev, 387.

[209] Daneben klingen auch Motive aus dem Elija-Zyklus an, so die Speisung des Propheten durch von Gott gesandte Raben (1Kön 17,2–6) und Engel (1Kön 19,5–8).

„Und der Frau wurden die zwei Flügel des großen Adlers gegeben, damit sie in die Wüste zu ihrem Ort flöge, wo sie fern der persönlichen Gegenwart der Schlange eine Zeit und (zwei) Zeiten und eine halbe Zeit lang ernährt wird (τρέφεσθαι)" (12,14).

Deutlicher noch als in 12,6 sind hier die Anklänge an das Wüstenmanna, denn schon alttestamentlich wird der Exodus mit dem Bildmotiv der Adlerflügel ausgemalt.[210] Dramatisch wird die Verfolgung der Frau hin zu ihrem Zufluchtsort gezeichnet: Der Drache sucht sie mit einem Wasserschwall zu ertränken, doch „eilte die Erde der Frau zur Hilfe und öffnete ihren Mund und trank (καταπίνειν) den Schwall, den der Drache aus seinem Mund ausgespieen hatte" (12,16). Daraufhin gerät der Drache in Zorn und sagt ihren „übrigen Nachkommen, die Gottes Gebote halten und Zeugnis Jesu haben" (12,17), also den Christinnen und Christen, den Kampf an. Mahltheologisch ergeben sich eine Reihe von Verknüpfungen nach vorn und hinten: Zunächst einmal wird die Sonnenfrau wie auch die Braut Jerusalem (19,7; 21,9) explizit als Frau bezeichnet und damit der selbsternannten Prophetin „Isebel" (2,20) und der Hure Babylon (17,3 f.7.9) entgegengesetzt. Das Bild der Versorgung mit Speise in der Wüste verbindet die Sonnenfrau mit dem Mannamotiv aus 2,17. Dagegen weist die rote Farbe des Drachen und seine Lust am Menschenfraß voraus auf die in rotem Purpur gekleidete Hure Babylon (17,4).

2.2.2 Thematische Auswertung der Mahlmotive

Die traditions- und kulturgeschichtliche Analyse der Mahlbilder der Offb hat ergeben, dass diese sich bei aller gelegentlichen Berührung mit paulinischen und johanneischen Traditionskreisen sowie pagan mythischen Überlieferungen vor allem dem Alten Testament, zuweilen unter Berücksichtigung seiner frühen Auslegungstradition, verdanken.[211] Das Alte Testament ist damit der wichtigste Bildspender. Doch geht ein lediglich traditionsgeschichtlich orientiertes Vorgehen in die Irre, weil die Bilder vom Autor der Offb eigenständig umgeprägt werden.[212]

Diese Umprägung umfasst *zum Ersten* die mahltheologische Durchdringung ursprünglich nicht eindeutig auf Mähler bezogener Bilder.

Besonders deutlich trat dies bei der Analyse des Motivs vom Götzenopferfleisch zutage. Hier greift der Autor auf das alttestamentlich vorgegebene und keineswegs mahltheologisch besetzte Wortpaar Götzendienst und Hurerei zurück, um eine Speisefrage zur Be-

---

[210] Ex 19,4; vgl. Dtn 32,11.

[211] Besonders häufig benutzt die Offb die Mahlbilder wie auch darüber hinausgehende Motive und Bildkreise aus den Büchern der Propheten Jesaja (vgl. FEKKES, Isaiah, 106–278) und Ezechiel (vgl. KOWALSKI, Ezechiel, 83–250 [tabellarische Übersicht 252–262]).

[212] In Einzelfällen wird dem Seher Johannes auch eine andere Textgestalt vorgelegen haben, als uns durch die gängigen hebräischen und griechischen Textausgaben überliefert ist. Die Offb wird dann zum Zeugen der komplexen biblischen Textgeschichte.

kenntnisfrage zu erheben. Die Ersetzung des Begriffs Götzendienst durch Götzenopfer-fleisch belässt den ursprünglich disqualifizierenden Impetus des Verstoßes gegen das erste Gebot, macht ihn aber konkret an Speisefragen fest. Unter der Hand wird dabei auch der Vorwurf der Hurerei mit Mahlvorstellungen aufgeladen. Vor Augen tritt ein Fleischmahl mit erotisch ausuferndem Trinkgelage, das nun zum Sinnbild eines verkehrten Gottesverhältnisses und einer verfehlten Kultur geworden ist.

Die Umprägung vertieft *zum Zweiten* bereits vorgegebene mahltheologische Anspielungen und stellt die Mahlbezüge auf diese Weise deutlicher noch als die Vorlage heraus.

Dies trat besonders auffällig bei der Einarbeitung des Motivs vom Lebenswasser in die alttestamentlichen Vorlagen zutage. In Offb 7,16 f. rezipiert der Seher Johannes ein Verheißungsmotiv aus Jes 49,10 und Ez 34,23, in Offb 21,6 dann die Einladung aus Jes 55,1, die dann Offb 22,17 noch verstärkt, in Offb 22,1 schließlich die Tempelvision aus Ez 47,1–12. Das Wassermotiv ist in allen benutzten alttestamentlichen Vorlagen vorgegeben, nicht aber der vom Seher Johannes verwendete Begriff des *Lebens*wassers. Dieser ist alttestamentlich zwar als Umschreibung für fließendes Wasser und als Metapher für Gott bekannt, doch wird er durch den Einbau in die Verheißungs- und Einladungstraditionen Deuterojesajas und Ezechiels stärker mahltheologisch determiniert, insofern es nun um die Wasser*gabe* geht. Umgekehrt werden die alttestamentlich-prophetischen Traditionen durch die Präzisierung des Wassers als Lebenswasser und die damit einhergehende Hervorhebung des Wassermotivs stärker für konkrete Mahlbezüge geöffnet. Besonders deutlich wird dies am Buchschluss, der mit seinem Einladungsruf „Komm" (Offb 22,17) und dem urchristlichen Gebetsruf „Maranatha" (22,20) liturgische und damit auf Geschehensabläufe zielende Sprache verwendet.

Zum Dritten gewinnen die Mahlbilder auch durch die Kontexte, in die sie innerhalb der Offb hineingestellt und durch die sie mitbestimmt werden, eine über ihre Vorlagen hinausgehende Relevanz.

Beispielhaft soll dies anhand der Motive vom Trinkwasser und vom Lebensbaum in Erinnerung gerufen werden. Das Trinkwasser wird in den Gerichtsvisionen zum einen in bitteren und damit ungenießbaren Wermut (Offb 8,10 f.) und zum anderen in Blut (16,4) verwandelt. Dabei knüpft der Autor an die erste ägyptische Plage (Ex 7,14–25) an, prägt die Tradition aber um, indem er im ersten Fall das aus Jer 9,14; 23,15 bekannte Motiv des Wermuts einbringt und im zweiten Fall das Blut als Leichenblut deutet (Offb 16,5 f.). Durch das mahltheologisch bedeutsame Bild vom Lebenswasser wird nun auch das Trinkwassermotiv in den Mahlkontext hineingestellt. Beide Bildfelder verhalten sich zueinander wie Gericht und Heil. Das Trinkwasser wird verseucht und damit knapp, so dass die dürstende Menschheit auf die Gottesgabe des Lebenswassers angewiesen ist. Dem Motiv des Trinkens von Wasser korrespondiert das Motiv vom Essen der Früchte des Lebensbaumes. Eigentlich eine alttestamentlich-frühjüdisch eigene Tradition, wird der Lebensbaum über die Rezeption von Ez 47 in Offb 22,1 f. mit dem Lebenswasser zusammen im neuen Jerusalem verortet und in der Einladungs- bzw. Ausschlussformulierung 22,14–19 den Siegern im „Kampf der Kulturen" gemeinsam angeboten. Zugleich bildet der Lebensbaum eine Klammer, die von den Sendschreiben (2,7) bis zum Buchschluss (22,19) reicht.

Zum Vierten ist es die Leistung des Verfassers, die alttestamentlich vorgegebenen Bilder und Bildkreise christologisch zu durchdringen. Sie werden neu ausgerichtet, „insofern zur Bezugsgröße Gott (‚Das Mahl Gottes') stets das Lamm bzw. Christus hinzutritt."[213]

So wird das Gerichtsmahl der Vögel (Offb 19,17 f.21) als Mahl Gottes vorgestellt, das Hochzeitsmahl der Heiligen als Mahl des Lammes (19,9). Dem entspricht, dass schon in 3,20 Mahlgemeinschaft als Mahlgemeinschaft mit dem erhöhten Christus verheißen wird. Es ist das Lamm, das die Geretteten wie ein Hirte weiden und mit Lebenswasser tränken wird, während Gott selbst seine Aufgabe außerhalb des Mahlkontexts im Abwischen der Tränen der geschundenen Gemeinde findet (7,16 f.). Das Gericht mit Zorneswein und Fleischverzehr vollzieht also Gott, nach 14,9 f. allerdings im Angesicht des Lammes, das Heil mit Lebenswasser und Lebensfrüchten wird dem Lamm zugeschrieben, wiewohl das Lebenswasser vom gemeinsamen Thron Gottes und des Lammes ausgeht (22,1).

Über die prägende Gestaltungskraft des Autors tritt ein ganzes *Netz thematischer Bezüge* hervor, die den Duktus des Werks durchziehen. Zusammengehalten wird das Netz durch die Figuren der Hure Babylon und der Braut Jerusalem.

Beide Frauen werden als Städte und als Frauen dargestellt, wobei die Bildfelder ineinander übergehen können. Dabei tritt ein scharfer Kontrast zutage:[214] Beide formulieren ihr Selbstverständnis in einem Satz, den die Hure aber im Verborgenen ihres Herzens, die Braut dagegen offen heraus spricht. Dabei spricht die Hure von sich als Königin, die alles andere als eine Witwe ist und fernab jedes Kummers herrscht (Offb 18,7). Die Braut dagegen spricht den kürzestmöglichen Satz, indem sie gemeinsam mit dem Geist die Einladung ausspricht. Sie spricht diesen Satz überdies nicht allein, sondern gemeinsam mit dem Geist: „Komm" (22,17).[215] Der Kontrast verstärkt sich, wenn das äußere Erscheinungsbild in den Blick genommen wird. Tritt die Hure ihrem Selbstverständnis entsprechend als verführerischer Vamp mit aufwendiger Kleidung und wertvollem Schmuck auf (17,4; vgl. 18,16),[216] trägt die Braut in einfacher Reinheit ein glänzendes Leinengewand (19,8). Dennoch übertrifft sie die Hure bei weitem an Ausstattung mit Gold und Edelsteinen, was der Autor aber nur dadurch zur Darstellung bringen kann, dass er in der Beschreibung der Üppigkeit Jerusalems (21,11–21) entgegen der einführenden Rede von der Braut des Lammes in 21,9 diese aller Weiblichkeit entkleidet und stattdessen ihre Identität als Stadt und damit als Raumgefüge herausstellt.

Beiden Frauen wird ein Mahl (δεῖπνον) zugeordnet, der Braut und ihren Gästen das Hochzeitsmahl des Lammes (Offb 19,7–9), der Hure und ihrer

---

[213] LICHTENBERGER, Mahlmetaphorik, 250.

[214] Zu den Details vgl. SALS, Biographie, 81–121.

[215] Sie wiederholt damit den Satz, den die vier Gestalten in Offb 6,1.3.5.7 nacheinander wie mit einer Donnerstimme sagen. Zur Einladungsformel vgl. auch unten Abschnitt 3.1.

[216] Und lässt sich damit in die kritische Linie von 1Tim 2,9; 1Petr 3,3 f. einzeichnen, die für Frauen das Tragen von Haarflechten, Gold, Perlen und kostbaren Gewändern verpönt.

Anhängerschaft dagegen der Fleischfraß der Vögel (19,17 f.21; vgl. 17,16). Beide Mähler bilden einen scharfen *Kontrast*:

	Hochzeitsmahl des Lammes	*Fleischfraß der Vögel*
Gastgeber	Der Gastgeber ist unklar. Genannt wird nur das Lamm (19,7.9), denkbar ist aber auch Gott. Dann wäre die Genitivanbindung des Lammes als Hinweis auf seine Rolle als Bräutigam zu verstehen. Doch welche Möglichkeit auch gilt, deutlich ist, dass nicht der Gastgeber im Mittelpunkt steht, sondern das Brautpaar.	Der Gastgeber ist eindeutig Gott, wie durch die Kennzeichnung des Mahls als Mahl Gottes deutlich ist (19,17).
Einladung	Sie erfolgt mündlich durch eine laute Stimme (19,6), die auf eine Mehrzahl an Sprechern schließen lässt.	Sie erfolgt mündlich durch einen Engel mit lauter Stimme.
Anlass	Es handelt sich um ein Hochzeitsmahl, das in Freude und Jubel (χαίρειν καὶ ἀγαλλιᾶσθαι) zur Ehre Gottes begangen werden soll (19,7).[217]	Es handelt sich um ein Gerichtsmahl, das im Anschluss an eine blutige Schlacht und der Vernichtung des Tieres und seines Pseudopropheten begangen wird (19,19 f.).
Nahrungsmittel	Speisen und Getränke bleiben unerwähnt.	Verzehrt werden die besiegten Könige und Soldaten aus der endzeitlichen Schlacht, gegessen wird also Leichenfleisch.
Teilnehmerkreis	Die Teilnahme ist, wie der Makarismus in 19,9a nahelegt, nicht grundsätzlich offen. Von 14,13 her ist an die treuen und verlässlichen Gemeindeglieder zu denken.	Zum Mahl werden unterschiedslos alle Vögel des Himmels geladen, wobei konkret Aasfresser und Raubvögel gemeint sind, deren Verzehr jüdisch als unrein galt.
Durchführung	Die Durchführung des Mahls wird nicht beschrieben.	Die Durchführung des Mahls wird beschrieben als Sättigung der Vögel (19,21b).

---

[217] Vgl. Apg 2,46; Jud 24.

Auffällig ist im Vergleich beider Mähler dreierlei: *Erstens* springt die starke Rückbindung des Hochzeitsmahls an das Lamm und das Schweigen über die Rolle Gottes dabei ins Auge. Gott selbst, so scheint es, ist in so starker Weise in das Gericht über die Hure und ihre Gefolgschaft involviert, dass das Heilsmahl dadurch strikt abgehoben werden muss, dass es ganz und gar auf das Lamm konzentriert wird. So wird unter der Hand das Lamm zum Garant eines heilvollen Gottesmahls, d.h. allein ein christologisch determiniertes Mahl kann Heil und Segen verbürgen. *Zweitens* ermöglicht die Einführung des Lammes die Einbindung der Braut. Während der Fleischfraß der Vögel das Mahlmotiv mit dem vergangenen Schicksal der Hure Babylon verbindet, verbindet das Hochzeitsmahl des Lammes das Mahlmotiv mit der Zukunft der Braut Jerusalem, die als Stadt aus dem Machtbereich Gottes herabkommt und zur Wohn- und Lebensstätte der treuen Zeugen Christi wird (21,2). Beide Mähler werden also an die beiden Stadt-Frauen zurückgebunden, das eine an eine Hure und das andere an eine Braut. *Drittens* ist auffällig, dass das Vogelmahl nicht nur angekündigt, sondern auch durchgeführt, das Hochzeitsmahl des Lammes dagegen nur angekündigt wird. Es wird im Erzählverlauf nicht beschrieben, so dass auch der Speiseplan verschwiegen wird. Damit entsteht eine Lücke, die rezeptionsästhetisch durch ein Gemeinschaftsmahl geschlossen werden kann, worauf im dritten Teil dieses Kapitels zurückzukommen ist.

Doch zuerst sollen diese beiden Kontrastmähler weiter thematisch entfaltet werden. Dabei legt die Spur der Mahlpraxis der Hure Babylon eine thematische Linie frei, die mit dem Begriffspaar *Götzendienst und Gericht* bezeichnet werden kann. Das Gerichtsmotiv[218] ist bereits im Fleischmahl der Aasfresser präsent; es weist zurück auf das Schicksal der Hure Babylon, die von ihren Freiern wie Opferfleisch verzehrt und verbrannt wird (17,16). Zuvor musste sie aus dem Weinbecher des leidenschaftlichen Zorns Gottes trinken (16,19), der ihr wie Libationswein ungemischt (14,10) und wie eine besondere Auszeichnung für Amtsträger in doppelter Portion dargereicht wurde (18,6 f.). Das Bild der Amtsträgerin festigt sich, insofern die Hure nicht nur selbst mit Wein abgefüllt wird, sondern auch ihrerseits Wein ausschenkt. Damit tritt der Götzendienst als Begründung des Gerichts zutage.[219] Die Hure erscheint als Symposiarchin, die mit ihrem Leidenschaftswein die Völker trunken macht (14,8; 17,2; 18,3) und wie eine Luxushetäre die Könige umgarnt (17,2; 18,3.9). Aus dem Rahmen fällt dabei, dass sie nicht nur anderen zu trinken gibt, sondern sich auch selbst aus ihrem goldenen Becher betrinkt, der mit Abscheulichkeiten und Unreinheiten gefüllt ist (17,4). Die Trunkenheit legt nahe, auch hier an ein alkoholisches Getränk zu denken, doch spezifiziert der Autor im Fortgang

---

[218] Vgl. LICHTENBERGER, Mahlmetaphorik, 241–244.
[219] Vgl. LICHTENBERGER, Mahlmetaphorik, 233–241.

der Beschreibung den Becherinhalt als Blut, und zwar als das Leichenblut getöteter Christinnen und Christen (17,6; 18,24). Fleisch- und Blutmotiv können schließlich noch weiter zurück bis zu den Sendschreiben nach Pergamon und Thyatira verfolgt werden. Denn im Vorwurf an die Nikolaïten und die Anhänger der Prophetin „Isebel", Götzenopferfleisch zu essen, kulminiert retrospektiv die Ablehnung von verunreinigendem Blut und darüber hinaus aufgrund der Weihe an Fremdgötter auch von verunreinigendem Fleisch (2,14 f.20). Mit dem dazu kommenden Vorwurf der Hurerei ist außerdem zum einen der Hurenwein vorweggenommen, zum anderen sympotische Schwelgereien. Überdies spiegelt sich im Auftreten und Schicksal der „Hure Isebel" in der kleinen Welt der Gemeinde das, was in der großen Welt durch die Hure Babylon repräsentiert wird.

Das Hochzeitsmahl des Lammes und seiner Braut legt dagegen eine thematische Linie frei, die an das Mahl *Heilsvorstellungen* bindet.[220] Dabei hat die Braut keine dezidiert weiblichen und damit erotisierend wirkenden Züge, sondern wird insgesamt stärker als Babylon als Stadt und Lebensraum gezeichnet. Von Fleischverzehr und Weingenuss ist bei ihr keine Rede, dagegen hält sie Lebenswasser bereit, das aus dem Thron Gottes und des Lammes entspringt. Wie ein Strom durchzieht es die Stadt und tränkt auch den Boden, auf dem der paradiesische Lebensbaum wachsen kann (22,1 f.). Beide Motive, das des Wassers und das des Baumes und seiner Früchte, weisen sowohl voraus auf Einladung und Ausschluss (22,14–20) als auch zurück auf die Verheißung der Lebenswassergabe (7,16 f.) und der Lebensbaumteilhabe (2,7). Unterstrichen wird der rettende Charakter der Lebenswassergabe durch das Motiv der Trinkwasserverknappung, wie sie in der Posaunen- (8,10 f.) und Schalenvision (16,4 f.) gezeichnet wird. Weil große Trinkwassermengen auf Erden durch Wandlung in bitteren Wermut bzw. Blut ungenießbar werden, entsteht überhaupt erst der Durst, den nicht der Wein der Hure, sondern allein das Lebenswasser Gottes und des Lammes stillen kann.

Dazu kommen zwei Einzelbilder, die motivisch eigenständig sind, aber sich dennoch in die thematischen Linien von Gericht und Heil einpassen. Dies ist zum einen das Bild vom verborgenen Manna, das als Gottesspeise im Sendschreiben nach Pergamon der Götzenspeise der Nikolaïten entgegengesetzt wird (2,17). Es liegt auf der gleichen Linie wie das Lebensbaummotiv. Das andere Bild ist das von der Mahlgemeinschaft mit dem erhöhten Christus im Sendschreiben nach Laodizea (3,20 f.), das anders als das Hirtenbild aus 7,16 f. und das Thronbild aus 22,1 nicht so sehr den Gabencharakter von Lebensspeise und Lebenstrank betont, sondern die egalitäre Gemeinschaft der Mahlteilnehmerinnen und -teilnehmer mit ihrem Herrn, in der die Unterscheidung von Gastgeber und Gast aufgehoben

---

[220] Vgl. LICHTENBERGER, Mahlmetaphorik, 244–250.

wird. Es ist thematisch auf den Schlussruf „Komm" zu beziehen, den Geist und Braut gemeinsam aussprechen (22,17) und der als Übersetzung des aramäischen Maranatha (22,20) wiederholt wird.

So kann der in den beiden Mählern von Lamm / Braut und Hure festgestellte *Kontrast* nun noch weiter ausgezogen und vertieft werden. Dem aufbauenden und durststillenden Lebenswasser des Lammes steht der benebelnde und zerstörerische Leidenschaftswein der Hure gegenüber, den Früchten des Lebensbaumes und dem Manna das Fleisch, das vordergründig ein Luxusgut, in Wahrheit aber Leichenfleisch ist. Das bereits gewonnene Bild von der einfach auftretenden Braut und der üppig schwelgenden Hure verdichtet sich damit. Der Kontrast wird selbst da durchgehalten, wo beiden Seiten dasselbe Bildmotiv zugeordnet wird, namentlich Blut und Wein. Hier wird der Verfasser äußerst subtil, um zum Ausdruck zu bringen, dass die Teilhabe der Gemeinde am Blut des Lammes und der Blutgenuss der Hure bzw. die Gabe des Weins Gottes und der Hure trotz derselben „Substanz" deutlich unterschieden sind.

Das gilt zunächst für das Bild vom Blut:

Hure Babylon	*Gemeinde*
Sie trinkt das Blut der Märtyrer,	Sie wäscht sich im Blut des Lammes,
das gewaltsam und unrechtmäßig vergossen worden ist.	das geschlachtet ist, d.h. zwar gewaltsam getötet wurde, aber darin nicht unrechtmäßig, sondern seiner Bestimmung als Opfertier gemäß.
Sie trinkt es immer wieder, d.h. tötet auch immer wieder.	Sie wäscht sich darin einmalig, weil ja auch das Lamm nur ein einziges Mal geschlachtet werden kann.
Der Blutgenuss macht unrein und betrunken, d.h. auf der Bildebene vorausgesetzt ist die Analogie von Blut und Wein.	Die Blutwaschung macht weiß und rein, d.h. auf der Bildebene vorausgesetzt ist die Analogie von Blut und Wasser.

Und das gilt sodann für das Bild vom Wein:

Wein der Hure Babylon	*Wein Gottes*
Ihr Wein macht betrunken.	Die Wirkung des Weins Gottes wird nicht beschrieben, die Trunkenheit ist allenfalls über die alttestamentliche Traditionsgeschichte des Motivs impliziert.

Er wird gemischt gereicht, d.h. kulturge-schichtlich wird auf das Symposion nach dem Mahl angespielt.

Er wird ungemischt gereicht, d.h. kulturge-schichtlich wird auf das Trankopfer zwischen Mahl und Symposion angespielt.

Er wird als „Wein ihrer leidenschaftlichen Hurerei" qualifiziert, d.h. es geht um sexu-elle Verführung.

Er wird als „Wein seines leidenschaftlichen Zorns" qualifiziert, d.h. es geht um Gericht.

Dem Wein- korrespondiert schließlich das Wassermotiv:

Todeswasser des Drachen / Trinkwasser

Lebenswasser des Lammes

Das Todeswasser des Drachen löscht nicht den Durst, sondern ersäuft.

Das Wasser des Lammes löscht den Durst und schenkt Leben.

Das Trinkwasser für die Erdenvölker ist durch Gottes Gericht und das Leichenblut der Hure verknappt. Die Menschen sind da-mit angewiesen auf die Wassergabe Gottes.

Zwei Mähler präsentiert der Seher Johannes, um den thematischen Feldern von Gericht und Heil Gestalt und Farbe zu geben. Auf der Vorstellungs-ebene gewinnt dabei insbesondere die Mahlfeier der Hure Babylon Gestalt. Vor den Augen und Ohren der anwesenden Gemeinschaft entsteht das Bild von einem üppigen *Bankett*, zu dem die Völker der Erde geladen sind. Zum Mahl wird Fleisch gereicht, das Götzen geweiht und im Rahmen eines Op-ferfestes bereitet worden ist. Es wird durch eine Trankspende abgeschlos-sen, die dann das eigentliche Trinkgelage eröffnet. Den Vorsitz dieses Ge-lages hat eine Frau, mehr und schlimmer noch eine Prostituierte. Sie ver-führt die Gäste mit ihrer Leidenschaft und füllt sie mit Wein ab, bis sie selbstvergessen ihrer Handlungsfähigkeit beraubt sind. Zugleich tritt sie als Hetäre in Erscheinung, die ihre Kundschaft aber nicht unter den betrunke-nen Angehörigen der Völkerwelt hat, sondern mit der politischen und öko-nomischen Elite verkehrt. Dieses üppige Bankett steht unter dem Gericht Gottes; Einfallstor des Gerichts ist die Libation und damit der einzige kul-tisch qualifizierte Akt des antiken Mahls. Im Genuss aus dem Becher mit ungemischtem Wein realisiert sich für die Augen der Symposiasten un-sichtbar, aber für die Augen der Gemeinde deutlich sichtbar, das Aus-schenken des Zorneswines Gottes. Von da aus wandelt sich das bunte Bankett in ein nicht minder buntes Gemetzel. Die Wein ausschenkende Hure muss nun selbst ihrerseits Wein trinken, einen Wein, der ihr zum Un-tergang gereicht; und die Fleisch verzehrende Gästeschar wird ihrerseits den Fleischfressern vorgeworfen und findet das Ende, das ihrem gesell-schaftlichen Treiben entspricht. Das Gegenmodell zu diesem Bankett äu-ßert sich in den Motiven von Lebenswasser, Lebensbaum und Manna.

2.2.3 Wirkung der Mahlbildersprache im Kontext der Gemeinde

Es ist deutlich geworden, dass die Mahlbilder der Offb nicht je für sich allein zu verstehen sind. Aber auch in ihren literarischen Kontexten und übergreifenden thematischen Linien gehen sie nicht auf. Der evozierte bankettgesellschaftliche Vorstellungshorizont entwickelt eine rezeptionsästhetische Eigendynamik, die aufgrund der textintern gesetzten Bezüge weit über traditionsgeschichtlich angelegte Deutemuster hinausgeht. Sie „konstituieren eine symbolische Welt, in die die Leserinnen und Leser eintreten können, so daß in der Lektüre, im Nachvollzug der Visionsbilder des Werks, ihre eigene Sicht der Welt eine Klärung und fundamentale Neuorientierung erfährt."[221] Um diese Neuorientierung in ihrem Realitätsgehalt konkreter fassen zu können, bedarf es eines Einblicks in das sozial- und kulturgeschichtliche Umfeld der Trägerkreise.

Wir haben es – es klang schon in der Einleitung an – im kleinasiatischen Umfeld des Sehers Johannes mit einem paulinisch geprägten Christentum zu tun. Diese Begegnung mit dem *Paulinismus* dürfte für die Anhängerschaft des Sehers einschneidend gewesen sein. Wahrscheinlich war sie ursprünglich im theologisch völlig anders geprägten syropalästinischen Raum beheimatet, wo sie auch Kontakte zu den johanneischen Gemeindekreisen pflegte, und siedelte im Zuge der Wirren des Jüdischen Krieges nach Kleinasien über.[222] Dort traf sie auf paulinisch geprägte Ortsgemeinden, denen sie sich wahrscheinlich sogar anschlossen, in die hinein sie sich aber nicht ganz und gar integrieren konnten, weil sie sich dort mit ihrer ganz eigenen apokalyptisch-judenchristlichen Identität nicht gut aufgehoben fühlten. Sie konnte sich weder mit der tragenden Rolle von Frauen noch mit den gesellschaftlichen Anpassungsprozessen arrangieren, wie sie sowohl in der Gestaltung der gemeinsamen wöchentlichen Mahlfeier als auch in der fortgesetzten Teilnahme an außergemeindlichen Feiern zu Tage traten. Das mochten die johanneisch-apokalyptischen Gemeinschaften nicht mittragen, weil sie in ihnen eine Anbiederung an die Umwelt und einen Verrat am jüdischen Erbe erblickten. So pflegten sie wohl parallel zur Zugehörigkeit zu den Ortsgemeinden eigene Hausgemeinden oder Hausgruppen,[223] vielleicht auch noch im Gespräch mit den ortsansässigen jüdischen Synagogengemeinschaften.

---

[221] FREY, Bildersprache, 182 f.

[222] So mit ROLOFF, Offb, 17; DERS., Kirche, 169 f.; MÜLLER, Theologiegeschichte, 47 f.; DERS., Offb, 51 f.; GIESEN, Offb, 40; AUNE, Rev I, LVI.

[223] Man sollte eher von vernetzten Hausgemeinschaften ausgehen als von Zirkeln wandernder Propheten oder Prediger, wie es vielfach vertreten wird (so von MÜLLER, Theologiegeschichte, 35; DERS., Offb, 50; SCHNELLE, Einleitung, 559; LAMPE, Wirklichkeit, 121).

Nach den Sendschreiben bestanden zwar erhebliche Konflikte mit Juden, allerdings wird von Problemen nur in Smyrna und Philadelphia berichtet (Offb 2,9; 3,9). Diese Konflikte dürften die gleiche Ursache gehabt haben wie die mit den liberalen Kräften in den paulinisch geprägten Ortsgemeinden, nämlich die gesellschaftliche Anpassung, die vom Seher Johannes als Verrat am eigenen jüdischen Erbe verstanden wurde. Von daher wird auch verständlich, warum er den jüdischen Gruppierungen in Smyrna und Philadelphia vorwirft, sich zwar Juden zu nennen, in Wirklichkeit aber keine zu sein. Denn wer sich anpasst, verwirkt seine Identität und damit auch seinen Namen! Dass es tatsächlich zu solchen Anpassungen kam, legen unsere Informationen über die kulturelle Situation der kleinasiatischen Juden nahe. Diese waren in hohem Maße gesellschaftlich integriert[224] und partizipierten trotz lokaler Unterschiede und Repressalien am gesellschaftlichen Leben, indem sie beispielsweise Vereinen beitraten und öffentliche Ämter bekleideten.[225] Das machte sie rigoros denkenden jüdischen Gruppierungen nicht minder suspekt als den apokalyptisch-judenchristlichen Kreisen des Sehers Johannes. Dass über Smyrna und Philadelphia hinaus keine Konflikte erwähnt werden, kann dagegen als Hinweis auf gut nachbarschaftliche Beziehungen gedeutet werden.

Doch wollte sich der Seher Johannes bei aller Affinität zu den Synagogengemeinschaften nicht von den christlichen Ortsgemeinden abschneiden und versuchte weiter, Einfluss auf die Organisation und theologische Orientierung der Ortsgemeinden zu nehmen und umgekehrt den seines Erachtens nach schädlichen Einfluss von Gruppen wie den Nikolaïten und Anhängern „Isebels" zu mindern. Die Offb ist auf dem Hintergrund dieser Integrations- und Einflussbemühungen zu lesen und ist darum auch das Zeugnis eines konfliktbedingten Nebeneinanders von Ortsgemeinden und Hausgruppen. Das erklärt dann auch die Nachahmung der paulinischen Briefform: So wie in den Ortsgemeinden Briefe paulinischer Tradition als autoritatives Zeugnis christusgemäßer Existenz vorgelesen wurden, so sollte in den judenchristlich-apokalyptisch geprägten Hausgemeinden der Brief des Sehers Johannes zur Verlesung kommen. Wenn der Hinweis auf den Visionsempfang des Johannes am Herrentag (Offb 1,10) als Hinweis darauf gelten kann, dass die Mahlfeiern der apokalyptischen Zirkel wöchentlich am Sonntag stattfanden, dann wäre das zugleich ein Hinweis auf einen Bruch in der Mahlgemeinschaft mit den Ortsgemeinden, die sich ja am gleichen Tag trafen.[226]

Die Integrationsversuche in die paulinisch geprägten Gemeinden hinein wurden zudem durch äußere Einflüsse erschwert. Hier ist vor allem auf den *Kaiserkult* zu verweisen. Er durchsetzte die kleinasiatische Stadtkultur und wirkte darin auf viele Christinnen und Christen reizvoll, wurde dagegen von Johannes – vielleicht auch auf dem Hintergrund traumatischer Erfahrungen im Jüdischen Krieg – mit größter Sorge betrachtet.

---

[224] KARRER, Johannesoffenbarung, 296 f.; TÓTH, Kult, 56.

[225] So THOMPSON, Book, 133–145; AUNE, Rev I, 168–172; HARLAND, Emperor, 107–110.

[226] Zum Herrentag vgl. oben Kap. III.3.2.1.

Der Kaiserkult hatte in Kleinasien eine besondere Geschichte und Gestalt.[227] Er ließ sich leicht in die dortige Kultur integrieren, weil in ihm „die orientalische und hellenistische Herrscherverehrung"[228] und die in den Städten schon lange gepflegte Verehrung verdienter Wohltäter fortlebte.[229] Im Zuge seiner Ausbreitung kam es zur Errichtung regelrechter Kultbauten für den Kaiser, die im Mittelpunkt der regelmäßig im Jahreskreis abgehaltenen Kultfeste standen. Städte mit Provinztempel trugen den Titel νεωκόρος. Am Ende des 1. Jh. n.Chr. waren Pergamon, Smyrna und Ephesus solche Neokorien, bis zum Ende des 3. Jh. folgten die übrigen in den Sendschreiben der Offb genannten Städte mit Ausnahme von Thyatira; die meisten von ihnen erhielten den Titel gar mehrmals.

Der Kaiserkult prägte mit seinen Bauten und Statuen das Stadtbild und mit seinen Festen die Stadtkultur.[230] Seine *Festaktivitäten* lassen sich idealtypisch auf den rituellen Dreischritt von Prozession, Opfer mit anschließendem Bankett und Wettkampf fokussieren:[231] Die Prozession wurde seit hellenistischer Zeit zunehmend ästhetisiert und an den Kriterien der Hierarchisierung und Eukosmie orientiert.[232] Sie führte zum zentral gelegenen Altar, an dem das Opfer durchgeführt wurde.[233] An das Opferritual im engeren Sinne schloss sich organisch das Opfer- oder Festbankett an, das über die Stadt verteilt in verschiedenen Tischgemeinschaften begangen wurde. Neben dem Opferfleisch wurden der Menge auch Brot und Wein

---

[227] Vgl. PRICE, Rituals; GIESEN, Reich; AUNE, Rev II, 775–779; FRIESEN, Imperial Cults, 23–131; CLAUSS, Kaiser; SCHNEIDER, NTAK 2, 210–217; WITULSKI, Kaiserkult.

[228] GIESEN, Reich, 101; vgl. PRICE, Rituals, 23–52; SCHNEIDER, NTAK 2, 210–214.

[229] Vgl. PRICE, Rituals, 56–77; GIESEN, Reich, 101.

[230] Vgl. HERZ, Festkalender, 47–67; HITZL, Kultstätten, 97–127; SÜSS, Kaiserkult, 249–281.

[231] So grundlegend CHANIOTIS, Kaiserkult, 3–28. Vgl. auch CLAUSS, Kaiser, 328–334; TÓTH, Kult, 117 f.119. Eine differenziertere Abfolge in acht Schritten, die inhaltlich dem Dreischritt aber entspricht, legt HERZ, Herrscherverehrung, 239, vor: (1) Bekränzung der Teilnehmer; (2) Prozession; (3) Opfer für die Götter und die Kaiser; (4) Gebet; (5) Festlied; (6) Festmahl; (7) Spiele; (8) Reden. Ein exemplarischer Ablauf solch eines Kaiserfestes ist aus der peloponnesischen Gemeinde Gytheion bezeugt (SEG XI 922–923; 1. Jh.; Übersetzung bei FREIS, Inschriften, Nr. 20, 28–30).

[232] So bemerkt CHANIOTIS, Kaiserkult, 7 f.: „Die einschlägigen Kultregelungen befassen sich immer weniger mit rein rituellen Aspekten, wie mit der Farbe und dem Geschlecht des Opfertiers, und immer mehr mit der Kleidung der Teilnehmer, ihrer Anordnung nach organisatorischen Prinzipien und hierarchischen Strukturen, mit Ordnung, mit dem Glanz der Prozession durch die Teilnahme von Reitern, Musikern und beliebten Athleten, durch das Tragen von Kränzen und prächtigen Kleidern, mit der Schönheit und Größe der Opfertiere, mit dem Tragen von Kultgegenständen." Zur Ästhetisierung des Rituals bei gegenläufiger Verinnerlichung des Götterkults vgl. auch a.a.O., 14–16.18–20.

[233] Neben der bereits erwähnten Inschrift aus Gytheion ist bezüglich des Opfers auch eine Inschrift aus Oinoanda aufschlussreich (1. Hälfte des 2. Jh.; Text und Übersetzung bei WÖRRLE, Stadt, 4–17). Demnach war genau festgelegt, wer bei Androhung von Strafen aufgrund seiner gesellschaftlichen Position verpflichtet war, ein Opferrind bereitzustellen (vgl. vor allem Z. 68–80.83–84).

zum Verzehr gereicht.[234] Einen freilich polemisch gefärbten Eindruck von der Stadt im Bankettrausch liefert Tertullian: Er spricht von Feuerstellen und Bankettpolstern auf der Straße, von Schmausereien in allen Gassen, von der Verwandlung der Stadt in eine einzige Garküche und dem Duft des Straßendrecks nach herabrinnendem Wein (apol. 35,1 f.). Den dritten Teil des Festrituals markieren schließlich die Wettkämpfe und Schaustellungen in Theater und Stadium.

Dem Anspruch nach waren die Feste Veranstaltungen für die gesamte Stadtbevölkerung. Faktisch aber war die Teilnahme streng geregelt und wurden die geltenden sozialen Schranken nicht aufgehoben, so dass lediglich die Vollbürger uneingeschränkten Zugang zu den Opfermählern und Schaustellungen hatten, daneben vielleicht auch noch die freien Einwohner ohne Besitz des lokalen Bürgerrechts. Frauen, Sklaven und Kinder waren dagegen nur in Ausnahmefällen zugelassen. So haben vermutlich wesentliche Teile der Bevölkerung gar nicht direkt an den Spektakeln partizipiert, sondern standen am Rande.[235] Für einen Teil von ihnen gab es allerdings noch eine andere und – was für die Konfliktsituationen mit den Gemeinden noch wichtiger war – wesentlich näherliegende und häufigere Möglichkeit zur Teilhabe am Kaiserkult als die Einbeziehung in die großen Feste, und zwar das *Vereinswesen*. Die Vereine waren mehr noch als die Einzelpersonen aus der städtischen Elite die eigentlichen Träger des Kaiserkults.[236] Durch Inschriften, Statuen und Altäre an zentralen Orten der Stadt brachten sie ihre Loyalität dem Herrscher gegenüber zum Ausdruck, in den im Zuge der Vereinsmähler dargebrachten Trankspenden bedachten sie auch die Kaiser. Ihre Bedeutung für den Kaiserkult lässt sich aus einer Reihe an Inschriften ersehen, die aus dem 2. Jh. stammen und damit in zeitlicher Nähe zur Offb stehen.

Neben der schon erwähnten Inschrift der Hymnoden aus Pergamon, die sich dem Kaiserkult verschrieben haben und eine relativ dichte Folge von Festen feierte, zu dem die Amtsträger Brot, Wein und meist auch ein einfaches Gedeck bereitzustellen hatten (IPergamon 374),[237] ist insbesondere eine Inschrift aus Smyrna zu nennen. Sie stammt wie die der Hymnoden aus hadrianischer Zeit (um 129 n.Chr.) und ist den Dionysosmysten zuzuordnen, die im städtischen Wetteifer um die kaiserliche Auszeichnung Smyrnas als Neokorie folgende Ehrung notierten: „Die Mysten des großen breseischen Dionysos vor der Stadt (ehren) den Herrscher Traianos Hadrianos Augustus, Olympios, Retter und Grün-

---

[234] So HERZ, Fest, 73 f.; CHANIOTIS, Kaiserkult, 11. Letzterer verweist auf das inschriftliche Zeugnis eines Wettkampfes zu Ehren Apollons, zu dem der Kampfwart Epameinodas Brot und Wein an Bürger und ortsansässige Fremde verteilte (IG VII 2712, Z. 55–90, bes. 65 f.). Brot und Wein gab es auch bei der oben besprochenen Sängergilde aus Pergamon (IPergamon 374; vgl. Kap. II.3.3.5).

[235] So HERZ, Fest, 74; DERS., Herrscherverehrung, 255 f.

[236] So HARLAND, Emperor, 110–116.

[237] Vgl. oben Kap. II.3.3.5.

der. Unter der Aufsicht ihres Schatzmeisters Dikaios Heliodoros, Sohn des Alexandros"
(ISmyrna II/1 622).[238] Die Tatsache, dass die Statue, auf der sich die Inschrift befindet,
nicht im Vereinshaus, sondern an exponierter Stelle inmitten der Stadt stand, macht zumindest ihren Anspruch, die Stadt im Wetteifer um die Gunst des Kaisers zu vertreten,
deutlich. Aus der Zeit des Antoninus Pius, dem in der Mitte des 2. Jh. regierenden Nach-
folger Hadrians, stammt eine andere Inschrift aus Smyrna, die eine schriftliche Korres-
pondenz zwischen Verein und Kaiser festhält. Demnach hat der Dionysosverein dem
Kaiser zur Geburt seines – allerdings bald darauf verstorbenen – Sohnes beglückwünscht;
die Inschrift selbst enthält den Text des Dankschreibens des Kaisers.[239] Sie „ist exemplarisch für die Vorgehensweise des Vereins nach außen. Der Kontakt zum Herrscher wird
situationsbezogen bekräftigt. Aktuelle Ereignisse dienen dazu, die eigene Aufmerksamkeit für die kaiserlichen Belange darzulegen und so das Interesse an guten Beziehungen
deutlich zu machen. Die Aufstellung der Inschrift zeigt, daß dieses Interesse vom Kaiser
durch ein Antwortschreiben entsprechend honoriert wurde"[240], den Loyalitätsbekundun-
gen des Vereins also umgekehrt auch eine Wertschätzung des Kaisers entsprach.

Mit der visuellen und rituellen Präsenz des Kaiserkults in den Städten
Kleinasiens, wie sie im großen Stil auf den Festen und im kleinen Stil in
den Vereinsversammlungen gegeben waren, ist nach Auffassung des Sehers Johannes die *Krise* markiert, auf die es zu reagieren gilt. Sie spiegelt
weder allein eine objektiv gegebene äußere Verfolgungssituation[241] noch
lediglich eine subjektiv empfundene innere Gemeindekrise[242] wider, sondern vereint äußere und innere Faktoren. Beides gehört zusammen und
steckt den Rahmen ab, innerhalb dessen der Seher Johannes gemeindlichen
Handlungsbedarf anmeldet. Dabei wird die äußere Krise durch die unaus-
weichliche Präsenz des Herrscherkults in Zeit, Raum und Ritus der Stadt-
gesellschaft markiert, die dadurch noch verschärft wird, dass Abweichler,
wie sie in der rituellen Verweigerung zu Tage treten, mit sozialer Margina-
lisierung und Strafverfolgung zu rechnen hatten (vgl. Offb 2,10.13; 6,11;

---

[238] Text und Übersetzung bei HIRSCHMANN, Macht, 46.

[239] ISmyrna II/1 600 (Text und Übersetzung bei HIRSCHMANN, Macht, 47 f.).

[240] HIRSCHMANN, Macht, 52.

[241] So die klassische Forschungsposition bis hin zu BOUSSET, Offb, 137 f., und LOH-
MEYER, Offb, 202. In der neueren Forschung will SCHÜSSLER FIORENZA, Buch, 149–154,
die das Buch durchziehenden Bilder von Unterdrückung und Ausgrenzung ernst nehmen.
Dabei negiert sie zwar eine offizielle und systematische Verfolgungsaktion seitens der
römischen Machthaber, stellt aber aus soziorhetorischer Perspektive heraus, dass das,
was aus der Sicht der wohlhabenden und mächtigen Mehrheit noch nichts mit Verfolgung
zu tun hat, aus der Perspektive einer armen und machtlosen Minderheit durchaus anders
aussehen kann.

[242] So YARBRO COLLINS, Crisis, 84–110, die von einer „perceived crisis" spricht, die
allein in der Wahrnehmung des Sehers Johannes existierte und sich aus der konkreten
Erfahrung eines „clash between the expectations of John and like-minded Christians and
the social reality they had to live" (a.a.O., 165) speiste. Weiter noch geht THOMPSON,
Book, 171–185, der das Reden von einer Krise überhaupt vermeiden möchte. Dazu kritisch mit unterschiedlichen Folgerungen für die Datierung der Offb SLATER, Setting,
232–245, und WITULSKI, Ansatz, 43 f.

13,7.10).[243] Dem entspricht eine innere Krise, die mit mangelnder Abgrenzung der Christinnen und Christen zu tun hat und den so genannten „weichen" Kaiserkult berührt, „wenn jemand z.B. in einer Festmenge lediglich mitlief oder an einem geselligen Vereinsmahl mit religiösen Obertönen teilnahm, weil er sich dem aus beruflichen Rücksichten nicht gut verschließen zu können glaubte und die Bekenntnisfrage davon überhaupt nicht tangiert sah. Auch bei Gerichtsverhandlungen, bei Eiden und bei Vertragsabschlüssen konnten solche Probleme unversehens aufbrechen"[244] (vgl. Offb 2,6.14 f.20 u.a.). Insbesondere die Mitgliedschaft in Vereinen, um ein zentrales Moment des „weichen" Kaiserkults herauszugreifen, war für den Seher Johannes ein Problem.[245] Die mehrfach angesprochene Weinpolemik lässt konkret an dionysische Kultvereine mit ihren rauschenden Festen denken. Aber auch Handelsgilden und Berufsvereine waren betroffen, wie die Rede von den Kaufleuten und Schiffsherren in Offb 18 nahe legt. In der kultischen Orientierung waren Berufsvereine und Kultgenossenschaften ohnehin nicht voneinander unterschieden.[246]

Im Kontext von Gemeinden, die mit dem vor allem durch die Vereine und Kultgemeinschaften beförderten „weichen" Kaiserkult zu tun haben, kommen die Mahlbilder der Offb zur Wirkung. Im Gegenüber zum Herrscherkult bringen die Bilder ein eigenes Gruppenselbstverständnis, eine eigene Mahlgestalt und eine eigene Mahltheologie zum Ausdruck. Die Polemik gegen den Verzehr von Götzenopferfleisch wird auf dem Hintergrund der kaiserlichen Opferfeste und ihrer Ableger in den Vereinsmählern ebenso verständlich wie der Verzicht auf die Rede von Brot und Wein, wenn beides zum Standardgedeck sowohl der städtischen Festbankette als auch der Vereinsmähler gehörte. Manna, Lebensbaumfrüchte und Lebenswasser bekommen dann den Charakter von „Gegenspeisen und -getränken" zu der vom Herrscherkult infizierten Mahlkultur der Stadt. Hörend, essend und trinkend tritt die Gemeinschaft in eine andere Welt ein. Sie kann nicht nur symbolisch, sondern muss real verstanden werden; die symbolische

---

[243] Das bezeugt Plinius d.J., ep. X 96,5: Er ließ als Statthalter anonym angeklagte Christen (1) die Götter nach einer festen Formel anrufen (*deos appelare*), (2) dem Bild (*imago*) des Kaisers mit Weihrauch und Wein opfern (*ture ac vino supplicare*) und (3) Christus lästern (*maledicere Christo*). Vgl. PRICE, Rituals, 123–126.197 f.; LIETAERT PEERBOLTE, Beast, 248–256; SLATER, Setting, 252–254; THRAEDE, Plinius, 120–122.

[244] Zur Unterscheidung von „hartem" und „weichem" Kaiserkult vgl. KLAUCK, Sendschreiben, 141–143 (Zitat 142).

[245] So auch ULLAND, Vision, 103 f.; HARLAND, Associations, 177–264 („it is quite possible to suggest that some of the opponents [...] were continuing in their occupational affiliations and sustaining membership in other local guilds" [a.a.O., 261]); TÓTH, Kult, 54, Anm. 38.

[246] Wie KLOPPENBORG, Collegia, 26 f., und DITTMANN-SCHÖNE, Götterverehrung, 81–96, zeigen.

Konfliktbewältigung des Sehers Johannes hat ein sehr reales Ziel, nämlich die Bildung einer exklusiven Gruppe, die sich aus den öffentlichen Netzwerken heraushält und nicht mehreren Tischgemeinschaften zugleich angehört. Und das kann seinen sichtbaren Ausdruck eigentlich nur in einer eigenen sichtbaren Mahlpraxis haben. Das christliche Mahl soll nach Johannes ja das einzige Gemeinschaftsmahl sein, zu dem sich die Christinnen und Christen treffen, denn man kann seiner Meinung nach nicht zwei verschiedenen Welten zugleich angehören. Die durch Gott und das Lamm repräsentierte neue Welt schließt die Bürgerschaft in der durch den Kaiserkult repräsentierten Welt aus; der Tisch Gottes und des Lammes schließt ein Mahl am Tisch der durch die Hure repräsentierten Vereine und städtischen Privatgastgeber aus. Denn der Fleischgenuss stiftet Gemeinschaft mit den Göttern und der Weingenuss berauscht und vernebelt den Blick auf die Wirklichkeit, die von Gott her enthüllt wird. Zudem wird man als Teilnehmer der Bankettgemeinschaften in ihre Gier nach politischer, ökonomischer und religiöser Macht, die auch vor der Ausgrenzung und Unterdrückung von Abweichlern nicht zurückschreckt, hineingezogen. So treten Mahlgemeinschaften vor Augen, die sich exklusiv verstehen und dieser exklusiven Bindung eine rituelle Ausdrucksform verleihen, die sich von den sympotischen Riten der Vereine und verwandten Bankettgemeinschaften – zumindest von dem Bild, das man von diesen außergemeindlichen Gruppierungen hatte – deutlich unterscheidet. Dem haben wir uns im Folgenden zu widmen.

3. Gestalt und Deutung des Gemeinschaftsmahls

Mit der gerade gemachten Gegenüberstellung haben wir bereits die Bildebene verlassen und sind zur gemeindlichen Wirklichkeit, die wir bereits in der Darstellung des Mahlkonflikts gestreift haben, zurückgekehrt. Diesen Weg gilt es nun fortzuführen und der Frage nach der Gestalt und Deutung des in diesen Bildern dargestellten Mahls der Gemeinde vertieft nachzugehen. So ist zu fragen: Wie feierten die Gemeindekreise des Sehers Johannes ihre gemeinsamen Mähler (3.1)? Was wurde dort gegessen und getrunken, wenn man doch augenscheinlich nicht mit schmausenden Festgemeinschaften verwechselt werden wollte (3.2)? Und welche theologische Bedeutung hat der Seher Johannes seiner spezifischen Mahlgestalt gegeben (3.3)?

3.1 Der Buchschluss Offb 22,6–21 und seine Bedeutung für die Mahlfeier

Die Offb ist als in den Hausgemeinschaften des Sehers Johannes zu lesender Brief konzipiert. Dafür sprechen nicht nur die briefliche Rahmung, sondern auch die rezeptionsorientierte Anlage des Buches mit seinen vielen Bildern und Sprechdialogen.[247] Dabei kommt dem Buchschluss eine besondere Funktion zu, insofern er nicht nur den Brief beendet, sondern die zuvor entfalteten, positiv besetzten Mahlbilder von Manna, Lebensbaum und Lebenswasser einem Höhepunkt entgegen führt: Aus der anfänglichen Verheißung wird nun eine Einladung – und indirekt mitgesetzt auch ein Ausschluss.[248] Nicht ohne Grund hat man deshalb in der Forschung in dem Schluss einen *liturgischen Dialog* entdecken wollen, der zugleich nach Meinung vieler eine Mahleingangsliturgie markiert.[249] Dabei wird der liturgische Befund durch die Frage nach der literarischen Einheitlichkeit des Abschnitts erschwert.

Vor allem diejenigen Forscher, die von einer liturgischen Funktion des Abschnitts ausgehen, betrachten die Verse 6–21 unter begründender Hinzuziehung von Offb 19,9 f. und 21,5–8 als literarische Einheit.[250] Sie meinen aufgrund der „formulas of introduction and the use of καί to connect major grammatical units" die literarische Form eines Triptychons, bestehend aus den Abschnitten V. 6–11, 12–16 und 17–21, eruieren zu können.[251] Wie willkürlich eine solche Aufteilung ist und dass sich mit ebenso nachvollziehbaren sprachlichen Gründen auch andere Thesen vertreten lassen, zeigt die Tatsache, dass andere Exegeten die Verse 6–9 aus der Einheit herausnehmen und lediglich V. 10–21 als Texteinheit fassen. Sie berufen sich auf die Parallelität der Sinneinheiten 17,1–19,10 und 21,9–22,9, gemäß derer 22,6–9 als Abschluss von 21,9–22,5 betrachtet werden müsse, weil analog dazu 19,9 f. als Abschluss zu 17,1–19,8 gelte.[252] Erschwert wird die Orientierung schließlich durch die unklare Textgeschichte des Abschnitts.[253]

Die Kontroversen um die Komposition des Abschnitts weisen auf die willkürliche Setzung literarischer Sinnabschnitte hin und sind am besten dadurch zu lösen, dass die strittigen V. 6–9 am besten nicht starr zugeordnet werden. Sie sind besser als „kompositionelles Scharnier" zu begreifen, das zugleich den Abschnitt 21,9–22,5 abschließt und den Abschnitt 22,10–21 einleitet.[254] Mit dieser Bestimmung können zugleich auch textgeschichtliche Hypothesen zurückgestellt werden.

---

[247] Vgl. grundlegend KARRER, Johannesoffenbarung, 41–83.

[248] SMIT, Fellowship, 370, spricht richtig von einem „exhortative and inviting epilogue".

[249] Vgl. dazu den Forschungsüberblick in Abschnitt 1.

[250] So grundlegend KAVANAGH, Dialogue, 51–71. Ihm folgt VANNI, Dialogue, 356.

[251] So KAVANAGH, Dialogue, 73–94 (Zitat 94).

[252] So GIBLIN, Correlations, 487–504.

[253] PRIGENT, Rev, 102 f.632–634, geht davon aus, dass die Offb ursprünglich mit V. 11–15 geendet hat und V. 16–21 nachträglich zugefügt worden sind. Wiewohl seines Erachtens erst durch den zweiten Schluss die Überleitung zur Eucharistie gegeben sei, seien eucharistische Bezüge auch schon in den Segenszusagen und Warnungen des ersten Schlusses gegeben.

[254] So SCHÜSSLER FIORENZA, Buch, 138 (Zitat); AUNE, Rev III, 1203 f.

Bevor die mögliche liturgische Funktion des Abschnitts als Mahleingangsdialog überprüft werden kann, ist zuerst einmal allgemein nach der *dialogischen Form* des Abschnitts zu fragen. Sie springt schon allein durch die gehäuft auftretenden *verba dicendi* (22,6.9.10.17a.17b.20) ins Auge:[255]

Sprecher	*Offb 22,6–21*
Johannes:	[6]Und er sprach zu mir:
Engel:	„Diese Worte sind zuverlässig und wahr, und der Herr, der Gott der Geister der Propheten, hat seinen Engel gesandt, um seinen Knechten zu zeigen, was in Kürze geschehen muss."
Jesus:	[7]„Und siehe, ich komme rasch."
Engel:[256]	„Selig ist, wer die in diesem Buch aufgezeichneten Worte der Prophetie bewahrt."
Johannes:	[8]„Und ich, Johannes, habe diese Ereignisse gehört und gesehen. Und als ich sie hörte und sah, fiel ich nieder, um vor den Füßen des Engels, der mir diese Ereignisse gezeigt hatte, anzubeten. [9]Aber er spricht zu mir:
Engel:	„Hüte dich! Denn ich bin dein Mitknecht und der Mitknecht deiner Geschwister, der Propheten und derer, die die Worte dieses Buchs bewahren. Bete Gott an!"
Johannes:	[10]Und er spricht zu mir:
Engel:	„Versiegle die Worte dieses Buches der Prophetie nicht. Denn der festgesetzte Zeitpunkt ist nahe. [11]Der Unrechtstäter tue weiter Unrecht; und der Beschmutzte beschmutze sich weiter; aber der Gerechte übe weiterhin Gerechtigkeit und der Heilige halte sich weiter heilig."
Jesus:	[12]„Siehe, ich komme rasch, und mein Lohn (kommt) mit mir, damit ich jedem entsprechend seines Werks zurückgeben kann. [13]Ich bin das Alpha und das Omega, der Erste und der Letzte, der Anfang und das Ende."
Engel:[257]	[14]„Selig sind diejenigen, die ihre Gewänder waschen, damit ihnen das Anrecht am Baum des Lebens zuteil wird und sie durch die Tore in die Stadt eintreten. [15]Draußen (bleiben/sind) die Hunde und die Zauberer und die Hurerei Treibenden und die Mörder und die Götzendiener und jeder, der Lüge liebt und tut."

---

[255] Vgl. zum Folgenden VANNI, Dialogue, 361–363. Als bloßen Dialog eines Lektors mit der Gemeinde versteht KAVANAGH, Dialogue, 131–138 (Schaubild 186 f.), den Abschnitt.

[256] So mit VANNI, Dialogue, 362. Zwar ist ein Einschnitt zwischen V. 7a und b nicht ausdrücklich markiert, doch wechselt das Thema so auffällig zurück zur Frage nach der Zuverlässigkeit und Prophetie, die schon in V. 6 anklang, dass ein Sprecherwechsel von Jesus zurück zum Engel auf der Hand liegt.

[257] So mit VANNI, Dialogue, 362. Zwar ist ein Sprecherwechsel zwischen V. 13 und 14 nicht markiert, könnte also V. 12–16 insgesamt Jesus zugewiesen werden, doch passen V. 14 f. inhaltlich besser zu V. 10 f. als zu V. 12 f.

Jesus:	[16]„Ich, Jesus, habe meinen Engel geschickt, um euch diese die Gemeinden betreffenden Angelegenheiten zu bezeugen. Ich bin die Wurzel und der Abkömmling Davids, der leuchtende Morgenstern."
Johannes:	[17]Und der Geist und die Braut sprechen:
Geist / Braut:	„Komm!"
Johannes:	Und wer es hört, spreche:
Gemeinde:	„Komm!"
Jesus:	„Ja, der Durstige komme; wer will, der nehme Lebenswasser umsonst."
Johannes:	[18]Ich bezeuge jedem, der die Worte der Prophetie dieses Buches hört: Wenn jemand ihnen etwas hinzufügt, dann wird Gott ihm die Plagen zufügen, die in diesem Buch geschrieben stehen. [19]Und wenn jemand (etwas) von den Worten des Buches dieser Prophetie wegnimmt, dann wird Gott ihm seinen Anteil am Baum des Lebens und an der heiligen Stadt wegnehmen, die in diesem Buch geschrieben stehen. [20]Es spricht, der diese Dinge bezeugt:
Jesus:	„Ja, ich komme rasch."
Gemeinde:	„Amen. Komm, Herr Jesus!"
Johannes:	[21]Die Gnade des Herrn Jesus sei mit allen.

Die dialogische Grundstruktur überrascht nicht, weil sich in ihr nur verdichtet, was auch für die vorangegangenen Teile des Buches gilt. Sie verbindet also den Schlussabschnitt mit dem Visionsteil, vielleicht auch mit dem Eingangsteil Offb 1,4–8, für den ebenfalls dialogische Prägung erwogen wird, wobei der Sprecherwechsel hier nicht mit Verben, sondern mit einem Subjektwechsel von der 2. in die 1. Person Plural (1,5) und mit dem auf das alttestamentliche Zitat antwortende „Ja, Amen" (1,7b) markiert ist.[258] Die Frage ist, ob sich die offensichtlich dialogisch und antiphonisch ausgestaltete Grundstruktur der Offb auch gottesdienstlich verankern lässt, also nicht allein literarischen, sondern auch liturgischen Charakter hat. Einen hilfreichen Hinweis in dieser Frage liefert ein externer Zeuge, der uns bereits begegnete, der bythinische Statthalter Plinius:

Die Christen „pflegten an einem bestimmten Tag vor Sonnenaufgang zusammenzukommen und Christus als einem Gott wechselseitig ein Lied zu singen (*carmenque Christo quasi deo dicere secum invicem*)". Danach haben sie sich getrennt und sind später wieder zusammengekommen, „um Nahrung zu fassen, jedoch gewöhnliche und harmlose Nahrung, was sie aber nach meinem Edikt, durch das ich gemäß deinen Anweisungen Vereine (*hetaires*) verboten hatte, unterlassen hätten" (Ep. X 96,7).

---

[258] So Kavanagh, Dialogue, 114–121; Vanni, Dialogue, 349–355.

Die Rede ist hier zunächst einmal von den morgendlichen gottesdienstlichen Versammlungen der Christinnen und Christen.[259] Dort wurden anscheinend Wechselgesänge, wie sie auch mit den dialogischen Einheiten der Offb markiert sind, gesungen.[260] Allerdings unterscheidet Plinius diese morgendlichen Versammlungen von denen am Abend, indem er erstere als religiöse Zusammenkünfte und letztere als Mahlversammlungen zeichnet. Einen dezidiert religiösen Charakter scheint er den Mählern geradezu absprechen zu wollen, indem er sowohl auf die Gewöhnlichkeit der Speisen als auch auf die Analogie zu Vereinsmählern hinweist. Doch wird man solche Unterscheidungen aus der Außenperspektive ohnehin vorsichtig behandeln müssen. Jedenfalls gewährt Plinius uns zwar Einblicke in christliche liturgische Versammlungen, nicht aber in die Gestaltung von Mahlfeiern. Ob auch diese wie jene Versammlungen von Hymnen begleitet wurden, muss darum offen bleiben. Der bythinische Statthalter kann zwar als Zeuge für die hymnische Gestaltung christlicher Wortzusammenkünfte in Anschlag gebracht werden, nicht aber der Mahlversammlungen.

Folglich bleibt selbst dann, wenn wir dem Schlussteil der Offb aufgrund seines dialogischen Charakters einen gottesdienstlichen Sitz im Leben zuweisen dürfen, unklar, ob er auch konkret als *Mahleingangsliturgie* bestimmt werden darf. Hier ist auf andere Evidenzbelege zurückzugreifen. Als Argument wurde in der Forschung immer wieder auf die Verwandtschaft der in Offb 22,14–21 vorliegenden Motive von Einladung, Ausschluss und Maranatha mit 1Kor 16,20–23 und Did 10,6 hingewiesen:[261]

	1Kor 16,20–23	*Did 10,6*	*Offb 22,14–21*
Friedenskuss	V. 20b: Grüßt einander mit heiligem Kuss.	–	–

---

[259] Dazu Thraede, Plinius, 124 f.

[260] So auch Nusca, Worship, 462–466. Kritisch dagegen Aune, Rev III, 1235, der zwar durchaus liturgische Anspielungen in Offb 22,14–21 entdeckt, die aber seines Erachtens keine kohärente Sequenz bilden. Man fragt sich, welchen Maßstab Aune anlegt, um Anspielungen von Sequenzen zu unterscheiden. Immerhin kann ein durchgängiger Dialog wahrscheinlich gemacht werden, auch wenn er nur rudimentär an spätere eucharistische Dialoge aus altkirchlicher Zeit erinnert und im Unterschied zu diesen sowohl brieflich-kommunikativ als auch liturgisch fungiert haben dürfte.

[261] So grundlegend Bornkamm, Anathema, 123–132, und Ders., Herrenmahl, 167 f., neuerdings vor allem Nusca, Worship, 455–462, und Prigent, Rev, 650–653.

	1 Kor 16,20–23	*Did 10,6*	*Offb 22,14–21*
Einladung	–	V. 6c: Wenn jemand heilig ist, komme er!	V. 17: Und der Geist und die Braut sprechen: „Komm!" Und wer es hört, der spreche: „Komm!" Und der Durstige komme; wer will, der nehme Lebenswasser umsonst.
Ausschluss	–	Vgl. 9,5: Niemand aber soll von eurer Eucharistie essen noch trinken, außer denjenigen, die auf den Namen des Herrn getauft worden sind. Denn auch bezüglich dieser Angelegenheit hat der Herr gesagt: „Gebt das Heilige nicht den Hunden!"	V. 15: Draußen (bleiben/sind) die Hunde und die Zauberer und die Hurerei Treibenden und die Mörder und die Götzendiener und jeder, der Lüge liebt und tut.[262]
Warnung	V. 22a: Wenn jemand den Herrn nicht liebt, soll er verflucht sein!	V. 6d: Wenn es jemand nicht ist, kehre er um!	V. 18–19: Ich bezeuge jedem, der die Worte der Prophetie dieses Buches hört: Wenn ihnen jemand etwas hinzufügt, dann wird Gott ihm die Plagen zufügen, die in diesem Buch geschrieben stehen. Und wenn jemand etwas von den Worten des Buches dieser Prophetie wegnimmt, dann wird Gott ihm seinen Anteil am Baum des Lebens und an der heiligen Stadt wegnehmen, die in diesem Buch geschrieben stehen.

---

[262] Vgl. Offb 21,8: „Die Feiglinge aber und Untreuen und mit Abscheulichkeiten Befleckten und Mörder und Hurerei Treibenden Huren und Zauberer und Götzendiener und alle Lügner – ihr Platz ist im See, der mit Feuer und Schwefel brennt; das ist der zweite Tod."

	1Kor 16,20–23	*Did 10,6*	*Offb 22,14–21*
Maranatha	V. 22b: Marana-tha!	V. 6e: Maranatha!	V. 20: Es spricht, der diese Dinge bezeugt: „Ja, ich komme rasch." – „Amen. Komm, Herr Jesus!"
Gnadenspruch	V. 23: Die Gnade des Herrn Jesus sei mit euch.	V. 6ab: Es komme Gnade und es vergehe diese Welt! Hosianna dem Gott Davids!	V. 21: Die Gnade des Herrn Jesus sei mit allen.
Amen	(V. 24b: Amen.)	V. 6f: Amen.	(V. 20b: Amen.)[263]

In der Tat fallen Ähnlichkeiten zwischen dem 1 Kor, der Did und der Offb auf: (1) das *Maranatha*, das in Offb 22,20 entsprechend der wahrscheinlich mehrheitlich nichtjüdischen Leserschaft aus dem Aramäischen ins Griechische übersetzt ist; (2) die *Warnung*, die in Offb 22,18 f. anders als in Did 10,6d primär literarisch auf den Buchschluss zu beziehen ist, in der Did zudem offener als in der Offb gehalten ist, indem sie als Umkehraufruf gestaltet ist; (3) der *Ausschluss*, der nur in Did 9,5 ausdrücklich formuliert wird, während die Offb die Grenzlinien nicht durch Abweisung vom Tisch einfordert, sondern schlicht in einem Verhaltenskatalog feststellt und damit zeigt, dass es ihr nicht um die Scheidung von Getauften und Ungetauften, d.h. um Zugehörige und Außenstehende geht, sondern um das sichtbar gelebte Bekenntnis der Zugehörigen; (4) die *Einladung* in Did 10,6c und Offb 22,17, die allerdings in 1Kor 16 fehlt, in der Offb zudem nur auf das Getränk bezogen ist.

So bleiben bei allen Ähnlichkeiten zugleich signifikante Unterschiede. Dazu kommen zwei weitere *Probleme*: Zum einen ist der Dialog in der Offb im Vergleich zu denen im 1Kor und in der Did wesentlich umfangreicher, so dass man davon ausgehen muss, dass der Autor entweder einen überkommenen liturgischen Dialog ausgebaut hat[264] oder eine von Paulus und dem Verfasser der Did abweichende eigene Rhetorik verfolgt. Letzte-

---

[263] Das „Amen" ist sowohl in 1Kor 16,24b als auch in Offb 22,20b textkritisch als sekundär anzusehen.

[264] So betrachtet zwar ROLOFF, Offb, 209, den Abschnitt Offb 22,6–21 als Einheit, erblickt aber nur in V. 17.20 liturgische Stücke, die der Autor ausgebaut habe. Von einem liturgischen Schema, das der Verfasser durch eine Bekräftigung des Kommens Christi (Offb 22,12), einer Seligpreisung (22,14) und einem die Warnung 22,18 f. ausdrücklich überbietenden Ausschluss (22,15) ausbaue, geht PRIGENT, Rev, 652, aus.

res ist wahrscheinlicher, zumal die Reihenfolge der liturgischen Stücke in allen drei Zeugnissen variiert und sich daraus kaum ein einheitliches urchristliches Schema eruieren lässt. Zum anderen ist der Vergleich der drei Stellen mit der Schwierigkeit belastet, dass keine der Vergleichsstellen die Beweislast für eine Mahleingangsliturgie im Schluss der Offb tragen kann, weil nicht nur für die Offb, sondern auch für 1Kor 16,22 ff. und Did 10,6 eine solche Funktion in der Forschung heftig umstritten ist.

Insbesondere bezüglich 1Kor 16,20–23 ist die Skepsis inzwischen sehr groß.[265] Doch auch in Did 10,6 sieht die Sachlage nur scheinbar eindeutiger aus. Zwar ist hier im Unterschied zu 1Kor 16 der Mahlbezug unverkennbar und auch die liturgische Funktion der Gebete in Kap. 9 f. für den Mahlverlauf unbestritten, doch ist die Stellung des Verses 10,6 innerhalb der Mahlliturgie und damit zugleich seine Funktion als Einladungsformel alles andere als klar. Dies hängt mit der Stellung des Verses im Anschluss an die Gebete zusammen. Als Einladungsformel hätte 10,6 nämlich viel besser vor die Segensgebete über Becher und Brot (9,2–4) und die im Anschluss an die Sättigung zu sprechenden Dankgebete (10,2–5) gepasst.

Um dem unverkennbaren Einladungscharakter von 10,6 Rechnung zu tragen, ist man in der Forschung lange von einem aus Sättigungsmahlzeit und Eucharistie bestehenden Doppelmahl ausgegangen.[266] Demnach eröffnen die Segensgebete 9,2–4 ein profanes Sättigungsmahl und die Einladungsformel 10,6 ein sakramentales eucharistisches Mahl, so dass die Dankgebete 10,2–5 dann einerseits die Sättigung beschließen und andererseits auf die Eucharistie hinlenken. Doch ist dieser Lösungsvorschlag mit zwei Problemen behaftet. Zum einen muss man dann von einer getrennten Sättigungs- und Sakramentsfeier ausgehen, zum anderen kann dann der in 9,1 genannte Begriff der Eucharistie – entgegen der Begriffsgeschichte bis in die Alte Kirche hinein – nicht das sakramentale Mahl meinen, weil dies ja der Hypothese gemäß erst im Anschluss an 10,6 folgt und die unmittelbar im Anschluss an 9,1 aufgeführten Gebete nur die reine Sättigung einleiten. Deshalb hat jüngst Matthias Klinghardt einen anderen Vorschlag zur Lösung vorgelegt.[267] Er geht von einer integralen Mahlfeier aus, die nicht in ein Sättigungsmahl und ein sakramentales Mahl aufgeteilt werden könne. Die Segensgebete 9,2–5 eröffnen seines Erachtens das Mahl, die Dankgebete in 10,2–5 schließen es in Analogie zum jüdischen Nachtischgebet und zum paganen Päan ab. Damit verliert aber 10,6 zugleich seinen Charakter als Mahleingangsformel. Klinghardt selbst sieht in ihm einen Mahlabschlusshymnus, der das dem Mahl folgende Symposion eröffnet.[268]

Allerdings ist diese Zuweisung nicht zwingend. So hat Michael Theobald gegen Klinghardt gezeigt, dass man sehr wohl von einer in sich einheitlichen Mahlfeier im Wirkungskreis der Did ausgehen kann, ohne den Charakter von Did 10,6 als Eingangsdialog preisgeben zu müssen. Demnach wäre die Stellung der Einladung 10,6 im Anschluss an die Gebete nicht liturgisch, sondern rhetorisch zu interpretieren: „Sollte 10,6 tatsächlich

---

[265] Vgl. oben Kap. III.3.2.2.2.

[266] So vor allem NIEDERWIMMER, Did, 179 f. Ähnlich schon FELMY, Funktion, 6 f., der unscharf zwischen einer Eucharistie im eigentlichen und im uneigentlichen Sinn unterscheidet.

[267] So KLINGHARDT, Gemeinschaftsmahl, 387–405.477–479.

[268] Auch MESSNER, Grundlinien, 9–12, versteht im Anschluss an KOLLMANN, Ursprung, 97, Did 10,6 nicht als Eingangsdialog, sondern als eschatologisches Finale der vorangegangenen Mahlgebete (dazu die Kritik bei THEOBALD, Leib, 148 f., Anm. 100).

ursprünglich die Invitatio zum Mahl gewesen sein, dann wäre sie an ihren jetzigen Ort hinter 10,5 wegen ihrer eschatologischen Thematik gelangt, aber vielleicht auch deswegen, weil der Didachist die Heiligkeit des Mahls (wie in 9,5 nach den eröffnenden Mahlgebeten) so auch in 10,6 nach der abschließenden Danksagung betonen wollte."[269] Wiewohl die Lösung Theobalds vieles für sich hat, bleiben die Probleme bestehen und lässt sich der Charakter von Did 10,6 als Mahleingangsdialog nicht mit letzter Sicherheit nachweisen. Man kann folglich den Charakter von Offb 22,6–21 als einen ebensolchen nicht allein mit Did 10,6 begründen, weil man sonst einem Zirkelschluss verfiele.

Die Probleme mahnen zur Vorsicht und weisen uns an, die Mahlbezogenheit des Buchschlusses textintern aus der Offb heraus zu begründen, statt pauschal auf frühchristliche Parallelen zu verweisen. Hier ist zunächst die das ganze Buch durchziehende Mahlmetaphorik zu nennen, die besonders in Offb 3,20 und 19,9 offene Signale setzt, die auf eine gemeindliche Rezeption hinweisen. Die in 3,20 verheißene Christusgemeinschaft realisiert sich bereits in der gemeindlichen und nicht erst in der eschatologischen Mahlfeier; ebenso ist auch das Hochzeitsmahl des Lammes aufgrund der in direkter Rede formulierten Seligpreisung der Eingeladenen in 19,9 offen für ein gemeindliches Mahl. Denn anders als andere Vorstellungen vom eschatologischen Mahl ist das Bildmotiv vom Hochzeitsmahl des Lammes davon geprägt, dass es sich um ein abgrenzbares Ereignis und nicht um eine ewig andauernde Heilswirklichkeit handelt. Zudem wird sein Verlauf selbst anders als beim Fleischfraß der Aasfresser nicht beschrieben, wird also bewusst eine Leerstelle gelassen, die offenbar nicht narrativ oder symbolisch, sondern rituell gefüllt werden soll. Der Seher Johannes verortet damit das Mahl nicht allein auf der narrativen, sondern vor allem auf der rituellen Ebene der Gemeindewirklichkeit; die Symbolsprache hat damit einen Hinweischarakter auf dieses Mahl. Schließlich wird die Ausrichtung des Hochzeitsmahls auch nicht lediglich im Zukunftsmodus verheißen, sondern ist seine Vorbereitung bereits abgeschlossen und kann die Feier quasi sofort beginnen. Denn es wird im Aorist formuliert, dass das Mahl bereits gekommen *ist* und die Braut sich bereit gemacht *hat* (19,7).

Die Rezeptionsoffenheit beider Mahlbilder öffnet damit den Weg, auch die anderen Mahlbilder so zu verstehen, dass sie in eine gemeindliche Mahlversammlung hineinsprechen. Das gilt, wie wir gesehen haben, insbesondere für die Bilder vom verborgenen Manna, vom Lebensbaum und vom Lebenswasser. Zudem legt die nicht allein bildlich zu verstehende Abgrenzung der Gemeinden vom Götzenopferfleischverzehr und die damit zusammenhängende Polemik gegen jüdisch illegitime Sexualität und Weingenuss nahe, dass diesen solchermaßen kritisierten Mählern der Umwelt ein gemeindliches Mahl entgegengesetzt werden muss, das nicht nur

---

[269] THEOBALD, Leib, 149. Vgl. auch ebd., Anm. 102.

Verheißungscharakter haben kann, sondern auch rituell umgesetzt werden muss, um die Unterschiede gruppenintern klar zu markieren.

Man kann also sagen, dass sich die rezeptionsoffene Mahlbildersprache der Offb im Schlussteil des Buches verdichtet und durch den Einladungs- und Ausschlusscharakter der Aussagen zugleich den Bogen von den Visionen zur Gemeindewirklichkeit schlägt. Mit Offb 22,6 wird die Welt der Visionen verlassen und die Welt der Gemeindewirklichkeit betreten, d.h. nachdem die anwesende Gemeinschaft als Hörerin des Buches in dessen Bildersprache eingedrungen und von ihrer Verwandlungskraft ergriffen worden ist, wird sie mit neuen Augen für die Wahrheit der Welt in ihre Alltagswirklichkeit zurückversetzt. Dabei kommen noch einmal wichtige Stichworte zur Sprache, die ihre Prägekraft im Alltag der Christinnen und Christen auf Erden entfalten sollen, nämlich die himmlische Gottesstadt als symbolischer Lebensraum der Gemeinde, der paradiesische Lebensbaum und das durstlöschende Lebenswasser als ihre symbolischen Lebensmittel und schließlich der kommende Jesus als ihr Lebensspender, der den Zugang zum Lebensraum und die Gabe der Lebensmittel gewährt. So verdichten sich im Buchschluss gerade die Mahlmotive, die im Buchganzen der Offb für die Identitätsmarkierungen der christlichen Mahlgemeinschaft stehen, während die Abgrenzungsmarkierungen gegenüber paganen Mahlversammlungen, wie sie in Fleischverzehr und Weingenuss zur Darstellung kamen, hier im Buchschluss keine Rolle mehr spielen und nur noch indirekt über den Lasterkatalog in 22,15 anklingen. Im Buchschluss geht es also nicht mehr um die Außenwelt und die gemeindliche Partizipation an ihr, sondern nur noch um die binnengemeindliche Welt und ihre Veranschaulichung im Mahl. All dies bringen die Abschlussverse der Offb durch fünf *Einzelmotive* zur Sprache, die ihnen eine rituelle Funktion geben und am besten auf ein gemeindliches Mahl hin zu deuten sind:

Motiv der Vergewisserung (V. 6.12 f.16):
Es leitet den Buchschluss ein und holt die Rezipienten aus der Bilderwelt heraus, um sie im Alltag neu zu verorten. Weil die Alltagswirklichkeit aber augenscheinlich nicht der im Buch enthüllten Wahrheit entspricht, muss die Zuverlässigkeit der von Gott gewährten Sichtweise abschließend durch eine direkte Rede des erhöhten Christus bekräftigt werden. Seine Selbstvorstellung als Anfang und Ziel sowie als Davidide und Morgenstern unterstreichen die Verlässlichkeit seiner Worte.

Motiv des Festhaltens (V. 7–11):
Es ist Antwort der Hörerschaft auf die verlässlichen Worte Gottes. Dieses Festhalten an den Worten des Buches geschieht dadurch, dass die aufnehmende Gemeinschaft in der durch die Worte der Offb inaugurierten Bilderwelt lebt und sich aus ihr heraus selbst versteht. Ihren sichtbaren Aus-

druck gewinnt sie in der Mahlfeier, die auf dem Hintergrund der Bilderwelt des Buches verstanden werden will und die Gemeinde exklusiv an Gott und sein Lamm bindet. Das wird dadurch unterstrichen, dass die in V. 8 f. beschriebene und zurückgewiesene Proskynese des Sehers vor dem Engel ein Geschehen aufnimmt, das bereits im Zusammenhang der Ankündigung des Hochzeitmahls des Lammes zur Sprache kam (19,10).

Motiv der Einladung (V. 17):
Es spitzt das Mahlmotiv des Lebenswassers aus Offb 7,16 f.; 21,6; 22,1 so zu, dass aus dem Verheißungsgut eine Gegenwartsgabe wird.[270] Allerdings lassen die knappen Ausführungen des Sehers eine Reihe von Fragen offen: Wer sind die Rufenden und wer wird gerufen?

Zuerst: Wer ist mit der Braut gemeint, die uns schon im Bild vom Hochzeitsmahl (19,7 f.) und vom himmlischen Jerusalem (21,2.9) begegnete und als Gegenfigur zur Hure Babylon auftritt? Die neutestamentlich belegte Rede von Christus als Bräutigam[271] lässt an die Gemeinde denken, die hier gemeinsam mit dem Geist Christus sehnsüchtig wie eine Braut ihren Geliebten herbeiruft.[272] Allerdings wird die Braut auf der Bildebene von der Gemeinde unterschieden, indem sie himmlisch zu verstehen ist (19,7 f.) und sich analog zur Hure Babylon nicht allein als Frau, sondern darüber hinaus auch als Gottesstadt zeigt (21,2.9), in der das angebotene Lebenswasser fließt (22,1 f.) und zu deren Toren die Gemeinde erst noch einziehen muss (22,14). Identität und Differenz von Braut und Gemeinde müssen folglich wie schon bei der Sonnenfrau in Offb 12 zusammen gedacht werden; eine allegorische Überhöhung des Motivs verstellt dagegen den Zugang zum Gemeinten. Die Braut ist demnach in der Tat offen für eine Identifikation mit der Gemeinde, im Hinblick sowohl auf ihre exklusiv-treue Christusbindung als auch auf ihren Lebensraum als allein von Gott geprägten Raum. Sie geht aber nicht in ihr auf, sondern übersteigt zugleich die irdisch vorfindliche Gemeinde und ist darum am ehesten als himmlisch bereitete Identität der irdischen Gemeinde zu verstehen, also als himmlische Gabe, die irdisch realisiert werden muss. So verstanden ruft die himmlische Gemeinde gemeinsam mit dem Geist.

Wer aber soll nun auf den Ruf hin kommen? Eine einfache Antwort, sei es Christus, sei es die irdische Gemeinde, wird man nicht geben können. Dafür, dass Christus gerufen wird, spricht zwar, dass auch an den anderen Stellen im Buchschluss, in denen ein Kommen erbeten wird, Christus gemeint ist (Offb 22,7.12.20), aber es lässt sich zumindest der letzte der drei Komm-Rufe in V. 17c definitiv nicht auf ihn beziehen. Er ist in jedem Fall

---

[270] So auch TAEGER, Johannesapokalypse, 51, gegen SATAKE, Gemeindeordnung, 79.
[271] Mk 2,19 par.; Mt 25,1–13; Joh 3,29; vgl. Eph 5,22–33.
[272] So AUNE, Rev III, 1228; PRIGENT, Rev, 646 f.

ekklesiologisch zu verstehen; in dem Durstigen, dem die Teilhabe am Lebenswasser angeboten wird, muss man die irdische Gemeinde erblicken, die nach Offb 7,17 von Jesus zu den Quellen dieses Lebenswassers geführt wird. Die Gemeinde kann jedoch unmöglich mit dem zweiten Komm-Ruf angesprochen sein, weil sie sich als Rufende sonst selbst riefe. So legt sich eine dynamische Lösung nahe, die sich von der himmlischen Gemeinde zur irdischen und von da aus zurück zum himmlischen Christus bewegt. Die Bewegung der Rufe entspricht dann der Bewegung der Sprecher:

Wer ruft?	Wer wird gerufen?	Was wird gerufen?
Himmlische Gemeinde und Geist	Irdische Gemeinde	„Komm!" (V. 17a)
Irdische Gemeinde	Christus	„Komm!" (V. 17b)
Christus	Irdische Gemeinde	„Ja, der Durstige komme; wer will, der nehme Lebenswasser umsonst." (V. 17c)

Der Duktus des Verses wäre dann folgender: In V. 17a ruft die himmlische Gemeinde mit dem Geist die irdische Gemeinde auf,[273] an den mit himmlischen Gaben gedeckten Tisch zu kommen; himmlische und irdische Gemeinde werden im Zuge dessen eins, die irdische Gemeinde erhält ihre himmlisch bereitete Identität. In V. 17b stimmt die irdische Gemeinde in diesen Ruf ein und ruft ihrerseits Christus, um das Mahl mit ihm gemeinsam einzunehmen. In V. 17c antwortet Christus auf sein Gerufensein, indem er wiederum die irdische Gemeinde lockt und zu Tisch bittet.

So verstanden entpuppt sich Offb 22,17 als dialogische Entfaltung von Offb 3,20. Wie dort verweben sich auch in dem Dialog die Rollen des Gastgebers und Gastes ineinander; in V. 17b wird Christus als Gast herbeigerufen, in V. 17c bekräftigt er selbst die Einladung und tritt dabei als Gastgeber auf. Insgesamt geht es also sowohl um ein Kommen der Gemeinde als auch um ein Kommen Christi und damit um eine Himmel und Erde verbindende Dynamik, die in eine innige Mahlgemeinschaft Jesu mit seiner Gemeinde mündet.

Motiv der Zulassungsregelung (V. 14 f.; vgl. 11):
Der Glücklichsprechung der Gemeindeglieder, denen ein Anteil am Lebensbaum zugesprochen wird, entspricht ein Ausschluss derer, die aufgrund ihrer Mahlsitten auf die Seite der Hure Babylon zu stellen sind. Insofern die Gemeinde abschließend klärt, wer zur Feiergruppe dazugehört

---

[273] LOHMEYER, Offb, 182, denkt nicht an die ganze Gemeinde, sondern konkret an Gemeindepropheten.

und wer nicht, definiert sie die Mahlgemeinschaft. So handelt es sich zwar nicht um eine liturgische Ausschlussformel im Sinn späterer Entwicklungen,[274] die eine Scheidung von Ungetauften und Getauften vollzog, hat aber genau dieselbe soziale Funktion wie diese, nämlich die Gruppenzugehörigkeit zu verbalisieren und auf das Mahl hin zuzuspitzen.[275] Dafür spricht schon allein die aus Mt 7,6 bekannte Bezeichnung „Hunde", die in Did 9,5 dazu dient, Ungetauften den Zugang zum Gemeindemahl zu verwehren. Dem Seher geht es allerdings nicht um die Ungetauften, sondern um die Abweichler in seinen eigenen Reihen und den paulinisch geprägten Ortsgemeinden. Dazu zieht er eine Scheidelinie zwischen denen, die drinnen, also im Heilsraum der Gemeinde sind, und denen die draußen (ἔξω) stehen, also ihre Zugehörigkeit zur Heilsgemeinschaft Gottes im Grunde verwirkt haben, nämlich die Zauberer, Hurer, Mörder, Götzendiener und Lügner. Er rechnet nicht damit, dass sie die Mahlversammlung verlassen, sondern zielt auf die je eigene Selbstprüfung und Selbstverortung der Gemeindeglieder und tut das auf rhetorisch geschickte Weise. Während wohl alle Anwesenden der Grenzziehung selbst zustimmen würden, wird ihnen erst im Rahmen des Buchganzen deutlich, wer tatsächlich als Zauberer, Hurer, Mörder und Götzendiener zu bezeichnen ist, nämlich jeder, der die Exklusivbindung an Gott und sein Lamm, wie sie im Mahl ihren Ausdruck findet, verletzt, anders gesagt: jeder, der sich zwar einmal im Blut des Lammes gereinigt hat, sich aber nun aufs Neue durch seine oder ihre Teilnahme an den Mählern der Umwelt besudelt.[276]

Die draußen angesiedelten Gruppen sind vom Kaiserkult und seinen vielfältigen, bis in das Vereinswesen reichenden Einflussnahmen her zu deuten.[277] Der Zaubereivorwurf weist auf die Verführungskunst der Hure Babylon hin (Offb 18,23) und kann auch mit der Prophetin „Isebel" verbunden werden, deren alttestamentliche Namenspatronin nach 2Kön 9,22 der Zauberei bezichtigt wurde. Die Mörder sind auf dem Hintergrund gewaltsamen Vorgehens gegen Gemeindeglieder (Offb 2,13) zu verstehen und stehen ganz im Bannkreis der Hure, die das Blut der Zeugen Jesu vergossen und getrunken hat (17,6; 18,24; vgl. 2,13). Der Bezug der Hurer und Götzendiener auf Babylon sowie damit zusammenhängend auf „Isebel" (2,20) und die Nikolaïten (2,14 f.) liegt klar auf der Hand.

---

[274] Als solche wurde sie aber offenbar in der Reformationszeit begriffen. Denn der Genfer Katechismus von 1537 nennt mit dem Ausschluss der „Götzendiener, Lästerer, Mörder, Diebe, Ehebrecher, falschen Zeugen, Aufwiegler, Streithähne, Verleumder, Raufbolde, Säufer und Verschwender" (BEINTKER, Abendmahl, 43) einen Gutteil der Personengruppen, die auch in den beiden Katalogen Offb 21,8; 22,15 aufgelistet werden.

[275] Insofern greifen TAEGER, Johannesapokalypse, 51 f., und GIESEN, Lasterkataloge, 228, zu kurz, wenn sie den Charakter von 22,14 f. als Ausschlussformel bestreiten, nur weil die Verse GIESEN zufolge auf die eigene Initiative setzen und sich nicht konkret auf eine Handlung, von der ausgeschlossen wird, beziehen.

[276] So mit WOLTER, Christliche Identität, 205, der aber nicht mahltheologisch argumentiert.

[277] Vgl. GIESEN, Lasterkataloge, 225.

Lügner sind diese alle schließlich, insofern die von Gott her enthüllte Wahrheit ihre Welt als Scheinwelt entlarvt, die nicht ist, was sie zu sein vorgibt.

Es handelt sich bei den Verhaltensweisen der Ausgeschlossenen um klare Verletzungen der gruppenintern definierten Identität. Wer mit der Hure Babylon kooperiert, sich in ihren Bannkreis begibt und ihrer verführerischen Lebensart erliegt, kann nicht mehr zu denen gehören, die ihren Hunger mit Lebensbaumfrüchten stillen und ihren Durst mit Lebenswasser löschen. Wer dazugehören will, muss sich demnach den im Buch gesetzten Maßstäben beugen und der Exklusivität der gemeindlichen Mahlgemeinschaft durch eine rigorose Abgrenzung nach außen Ausdruck verleihen.

In diesem Sinne ist auch der parallel aufgebaute Abschnitt Offb 21,6–8 zu verstehen, der ebenfalls Mahlsprache benutzt, aber anders als 22,14 den durchhaltenden Christinnen und Christen nicht einen Anteil am Lebensbaum, sondern am Lebenswasser verheißt. Die ausgegrenzten Gruppen ähneln denen in Offb 22,15. Über die Mörder, Hurer, Zauberer und Götzendiener hinaus ist von Feiglingen, Untreuen und Befleckten die Rede. Die Feiglinge gehen aus Furcht vor gesellschaftlichen Nachteilen mit der Masse, die Untreuen haben ihren Christennamen und damit ihre Zugehörigkeit zu Christus und seiner Gemeinde verraten.[278] Die Befleckten erinnern an den mit Abscheulichkeiten gefüllten goldenen Becher der Hure Babylon (17,4). Wie in 22,15 werden diese Leute nicht aus der Gemeinschaft ausgeschlossen. Während sie nach 22,15 trotz ihrer formalen Zugehörigkeit zur Gemeinschaft aufgrund ihrer Entscheidungen und Verhaltensweisen faktisch draußen sind, ohne dass man dem disziplinarrechtlich nachhelfen müsste, wird nach 21,8 erst Gott im bevorstehenden Gericht die Scheidung sichtbar vollziehen.

Motiv des Kommens (V. 7.12.17ab.20):
Es kommt im Gesamtbuch der Offb vor allem in der Selbstvorstellungsformel Gottes als dem, „der ist und der war und der kommt" (1,4.8; 4,8), zur Geltung und häuft sich im Schlussteil. Zu Recht hat man in der Forschung schon lange den Bittruf 22,20 als griechische Übersetzung des aramäischen Gebetsrufs „Maranatha" verstanden. Dieser ist hier nicht nur der nichtjüdischen Christinnen und Christen wegen übersetzt, sondern auch deshalb, um ihn stärker in Beziehung zu den anderen Stellen setzen zu können, die vom Kommen Gottes und Christi reden. Anders als in Offb 2,5.16; 6,1.3.5.7 ist das Kommen hier nicht in erster Linie als Gerichtskommen, sondern primär als sehnsüchtig erwartetes Heilskommen Jesu zu verstehen.[279] Eschatologische und sakramentale Deutungen dürfen dabei

---

[278] Mit KRAFT, Offb, 226; PRIGENT, Rev, 605; GIESEN, Lasterkataloge, 222, erscheint es plausibler ἄπιστος mit „treulos" oder „untreu" als mit „ungläubig" zu übersetzen. Johannes interessiert sich hier nicht für das Schicksal der Außenstehenden, sondern derer, die eigentlich zur Gruppe gehören, sich aber durch ihr Handeln aus ihr heraus entfernen.

[279] SANDVIK, Kommen, 32–34, gewichtet den Gerichtsgedanken zu stark, wenn er das eucharistische Kommen Jesu allein als „eine Art Zwischengericht" im Vorfeld des eschatologischen Gerichts versteht. Doch dient die Gerichtssprache allein der Selbstvergewis-

nicht gegeneinander ausgespielt werden, zumal 3,20 von einem Kommen Christi zum gegenwärtigen Mahl spricht, ohne allerdings das Verb ἔρχεσθαι zu gebrauchen. Die gehäufte Konkretisierung als eines raschen Kommens (ταχύ) in V. 7.12.20 lässt jedenfalls beide Möglichkeiten offen; es lässt sich im Sinne eines einmaligen, auf das Weltende zu beziehenden „Bald" und eines je neu wiederholbaren, auf die Gemeinschaftszusammenkunft zu beziehenden „Rasch" oder „Schleunigst" verstehen.[280] Für Letzteres spricht insbesondere die Nähe zu griechischen Zauberpapyri, die um das schnelle Kommen der Gottheit bitten.[281]

Der Komm-Ruf kann als Frühform der eucharistischen Epiklese verstanden werden.[282] Die Entwicklung sieht dann so aus: Die Epiklese war zunächst im Sinne einer Personenepiklese als Ruf um das Kommen Christi zum Mahl, d.h. zur Mahlgemeinschaft mit der Gemeinde, gedacht (so noch liturgisch greifbar in ActThom 49 f.), bevor dann aus der Taufliturgie die Geistepiklese in die eucharistische Liturgie eindrang. Diese wurde zunächst auch noch ekklesiologisch als Herabrufung des Geistes auf die versammelte Gemeinde (Traditio Apostolica, Kap. 4), schon bald aber im Sinne einer Gabenepiklese als Herabrufung des Geistes auf die Gaben von Brot und Becher (vgl. ActThom 133) verstanden.[283]

Insgesamt, so machen die Motivkreise deutlich, legt sich eine liturgische Prägung des Buchschlusses als Mahleröffnung durchaus nahe. Ob der Seher dabei auf Gestaltungselemente aus der Gemeindetradition zurückgegriffen hat oder umgekehrt mit seiner Vorlage eine solche geprägt hat, kann hier offen bleiben. Zur Unterscheidung von den ausgereiften und opferkultisch gedachten Liturgien des 4. Jh. sollte man aber besser von einer *dialogischen Mahleröffnung* als von einer Mahlliturgie sprechen. Damit wird ihr gottesdienstlicher Charakter nicht vom Opfer, sondern von der buchinternen Rhetorik her definiert.

---

serung der Gemeinde und der Klärung der Gruppenzugehörigkeit und es dominiert wie auch schon in 1Kor 16,22b (vgl. oben Kap. III.3.2.2.2) der Heilsaspekt.

[280] Das gilt genauso für die verwandte Formulierung ἐν τάχει in 1,1 und 22,6. Denn die zu geschehenden Ereignisse sind nicht allein eschatologisch zu verstehen, sondern ereignen sich symbolisch schon in der Gegenwart der Gemeinde, die daraus Leben und Identität schöpft. Mit „schnell" übersetzt auch Martin LEUTZSCH Offb 22,12.20 in der „Bibel in gerechter Sprache".

[281] Vgl. bes. PGM III 123 f.; IV 1245.1593.1924.2037.2098 (dazu AUNE, Magic, 364–366).

[282] WINKLER, Beobachtungen, 196, spricht vom „Vorläufer der Epiklesen".

[283] So MESSNER, Grundlinien, 26–31.40 (1. Nachtrag); DERS., Eucharistie, 497.503–513. Anders WINKLER, Beobachtungen, 184–200, die ungeachtet ihres Ansatzpunktes beim Maranatha von der Ursprünglichkeit nicht der Christus-, sondern der Geist-Epiklese in der Mahlliturgie ausgeht. Der Befund hängt im Wesentlichen daran, ob man die Geist-Epiklese in ActThom 50 als sekundäre Interpolation interpretiert oder nicht. Ersteres meint MESSNER, Letzteres unter Verweis auf einen syrischen Traditionsfluss dagegen WINKLER.

Einen *Mahlverlauf* können wir daraus nicht erheben. Der Seher Johannes geht kaum davon aus, dass sein Werk vor jeder gemeindlichen Mahlfeier vorgelesen wird. Zwar können durchaus Elemente einer Wortversammlung eruiert werden, nämlich prophetische Redebeiträge (Offb 1,3; 19,10; 22,7.10.18 f.), Lieder (5,9; 14,3), Responsorien (5,14; 7,12; 19,4), Gebete (5,8; 8,3) und Schriftlesungen,[284] doch ist ihre Zuordnung zum Mahl alles andere als klar. Aus dem Buchschluss kann daher nicht gefolgert werden, dass das Mahl zwangsläufig auf den wortorientierten Teil folgte.[285] Damit würde nämlich die Buchkomposition als Spiegel der Gemeinschaftsversammlung missverstanden.

Eher noch als ein Spiegel gemeindlicher Vollzüge kann die Buchform der Offb als ein *Spiegel der Vollzüge des Kaiserkults* verstanden werden, auf den immer wieder angespielt wird. So lässt sich die Abfolge von Sendschreiben, himmlischem Gottesdienst und Kampfvisionen mit den Prozessionen, Opferhandlungen und Wettkämpfen zu den städtischen und provinzialen Kaiserfesten parallelisieren.[286] Wie in einer Art literarischer Prozession schreitet Johannes mit seiner Hörerschaft die sieben kleinasiatischen Gemeinden ab, nimmt mit ihnen am himmlischen Gottesdienst im Thronsaal Gottes und des Lammes teil und macht sie zu Zuschauern des apokalyptischen Wettkampfes zwischen Gott und seinen Widersachern. Lediglich der Stellenwert des Mahls ist unterschiedlich. Folgt es im Kaiserkult auf die Opferhandlung, so nach dem Duktus der Offb auf den Sieg Gottes; im Kaiserkult hat das Mahl also den Charakter eines Opfermahls, im Wirkungskreis der Offb dagegen den eines Siegesmahls!

Ritualstruktur des Kaiserkults	*Buchstruktur der Offb*
Prozession	Abschreiten des Weges von Ephesus nach Laodizea (Offb 2 f.)[287]
Opfer	Teilhabe am opferlosen Gottesdienst im himmlischen Thronsaal (Offb 4 f.)
Opferbankett	–

---

[284] Vgl. SALZMANN, Lehren, 117–121. Auch TÓTH, Kult, 35, weist zu Recht darauf hin, dass die himmlischen Hymnen zwar keinen Gottesdienstablauf widerspiegeln, aber dennoch Elemente eines solchen Gottesdienstes gewesen sein können. Literarische und rituelle Funktionen dürfen nicht gegeneinander ausgespielt werden.

[285] So aber SALZMANN, Lehren, 115.

[286] Zu den Abläufen vgl. oben Abschnitt 2.2.3.

[287] KLAUCK, Sendschreiben, 118 f., geht davon aus, dass die Reihenfolge der Gemeinden dem Postweg entspricht (kritisch AUNE, Apk I, 131). TÓTH, Kult, 117, erblickt im Bild von der Tempelsäule in Offb 3,12 eine ironische Anspielung auf die Herausführung der Prozessionsstatuen zu Beginn der Festprozessionen bei den Kaiser- und Götterfesten.

Schaustellungen, vor allem Wettkämpfe Gerichts- und Kampfvisionen (Offb 6–20)
und Mysterienspiele

–   Siegesbankett (Offb 22)

Exkurs: Das Sanctus und die Entwicklung der himmlischen Mahlliturgie in der Alten Kirche

Anders als dem Buchschluss kommt den Hymnen in Offb 4 f. keine Bedeutung für die
Gestaltung der Mahlfeier zu. Auf dem Weg zu den Eucharistiegebeten der Alten Kirche
änderte sich das. So wanderte das in Offb 4,8c bezeugte Dreimalheilig als *Sanctus* in die
Mahlliturgie hinein und rückte damit zugleich Himmel und Erde näher zusammen, als es
noch der Seher Johannes tat. Die Entwicklung dahin soll hier in groben Zügen dargestellt
werden.

Das Dreimalheilig ist uns vor allem aus der Beauftragungsvision Jesajas bekannt (Jes
6,3). Es wird dort als *himmlischer Gesang* verstanden, der im Thronsaal Gottes erklingt.
Das setzt auch die Offb voraus. Das Dreimalheilig ist der erste Gesang, den der Seher
hört, nachdem der Geist ihn in den himmlischen Thronsaal entrückt hat. Er wird dort
Zeuge des Gotteslobs, das in ewiger Konstanz vor dem Thron Gottes zur Geltung gebracht wird. Die vier Lebewesen, die bereits in Ez 1,5 ff. den Thron Gottes umgeben,
singen unaufhörlich und immerwährend: „Heilig, heilig, heilig (ist) Gott, der Herr, der
Allherrscher, der war und der ist und der kommt" (Offb 4,8c).

Aber auch *irdisch* konnte der himmlische Gesang schon früh erklingen. Ursprünglich
wurde er wahrscheinlich im Jerusalemer Tempel als dem Ort, an dem Himmel und Erde
sich in besonderer Weise verbinden, gesungen[288] und wanderte nach dessen Zerstörung
allmählich und regional unterschiedlich rasch in die Synagogenversammlungen. So ist
das Dreimalheilig schon zur Zeit der Abfassung der Offb als Bestandteil des synagogalen
Sabbatmorgengebets greifbar.[289] Analoges wird man auch für christliche Versammlungen
annehmen dürfen. Insbesondere da, wo die Trennungsprozesse von Juden- und Christentum schon fortgeschritten waren, ist es gut möglich, dass die Christinnen und Christen
mit ihrem Auszug aus den jüdischen Versammlungen auch Gebete und Gesänge mitgenommen und in ihre eigenen Versammlungen integriert haben.[290]

Über diesen Weg konnte das Trishagion schließlich in die *eucharistischen Liturgien*
der Alten Kirche wandern.[291] Zuerst ist es im Osten greifbar, und zwar in der Liturgie des
Serapion aus dem 4. Jh. Er stellt sein Lobgebet in den Kontext des himmlischen Gottesdienstes und lässt es in das Dreimalheilig der Gemeinde mit bischöflichem Respons ein-
münden, bevor das Opfergebet und die Einsetzungsworte gesprochen werden: „Heilig,
heilig, heilig ist der Herr Zebaoth, voll ist der Himmel und die Erde Deiner Herrlichkeit.
– Voll ist der Himmel, voll ist auch die Erde Deiner überschwänglichen Herrlichkeit,

---

[288] SCHIMANOWSKI, Liturgie, 131, nimmt an, dass es „schon im Ersten Tempel Bestandteil der Liturgie des Jerusalemer Kultus" war.

[289] So SCHIMDT-LAUBER, Eucharistiegebet, 208.

[290] Insofern ist TÓTH, Kult, 35, zuzustimmen, dass die Hymnen der Offb durchaus in
den Versammlungen erklungen sein können.

[291] Zur Bedeutung des Sanctus außerhalb des Mahlkontextes in den frühen Tauflitur-
gien vor allem der Johannesakten vgl. WINKLER, Epiklese, 220–231.

Herr der Heerscharen [...]."[292] Bereits hier hat das Dreimalheilig bei allen liturgiege-schichtlichen Veränderungen der Folgezeit den Ort, den es in den Mahlliturgien bis heute hat, nämlich am Ende des Präfationsgebetes. Diesen Ort hat man nicht mehr verändert. Allerdings kam es noch zu Anlagerungen anderer Traditionsstücke wie der Hosanna-Akklamation und dem Benedictus, die den Hymnus christologisch ausbauten und vertief-ten. Seit dem 5. Jh. ist das Sanctus im Osten wie im Westen liturgisches Allgemeingut geworden und hat das Eucharistiegebet folgende klassische Gestalt angenommen:[293]

1. Dreigliedriger Eingangsdialog
2. Präfation (Lob- und Dankgebet)
3. Sanctus / Benedictus
4. Einsetzungsbericht
5. Anamnese
6. Epiklese
7. Fürbitte
8. Schlussdoxologie

Gegenüber der Offb haben damit wichtige Verschiebungen stattgefunden. Dort war ers-tens das Dreimalheilig noch nicht Ziel, sondern Ausgangspunkt allen Gotteslobs, und es wurde zweitens von den vier himmlischen Throngestalten, nicht aber von der Schöpfung gesprochen. Die Menschheit kommt in der Gesangsfolge Offb erst da ins Spiel, wo es auf die himmlische Vorgabe zu antworten gilt. Diese inhaltlichen Verschiebungen hängen mit einer Funktionsverschiebung zusammen. Dient das Trishagion in der Offb der Grund-legung des himmlischen Gottesdienstes und dem Anstoß des sich vom Himmel auf die Schöpfung ausbreitenden Gotteslobs, so wächst ihm innerhalb der altkirchlichen Liturgie – nicht zuletzt auf dem theologiegeschichtlichen Hintergrund der sich ausbildenden Tri-nitätslehre – die Funktion einer Namensepiklese zu, „die die Gegenwart Gottes ausspricht und damit bewirkt."[294] Eine solche Funktion musste das Sanctus in der Offb noch nicht haben, weil die Epiklese hier noch einzig an den christologisch verstandenen Komm-Ruf gebunden war.

Mit den Verschiebungen in der Alten Kirche hängt zusammen, dass Himmel und Erde stärker noch als in der Offb aufeinander zurücken. Den Grundstein gelegt hat man durch die Einführung des *Sursum corda* in den liturgischen Mahleingangsdialog. Es ist erstmals in der Traditio Apostolica (Kap. 4) greifbar und macht die Gemeinde zu Himmelsreisen-den. In der Offb war es noch allein der Seher, der den himmlischen Thronsaal betrat, die Gemeinde partizipierte daran nur durch seine Beschreibungen und Bilder. In den altkirch-lichen Liturgien erhebt dann auch die Gemeinde sich gen Himmel, ohne dass der Vor-gang im Sinne der Offb und der Hekhalot-Tradition bildlich ausgestaltet wäre, vielmehr bleibt es bei kurzen, andeutenden Formulierungen: „Der Herr sei mit euch. – Und mit deinem Geiste. – Empor die Herzen. – Wir haben sie beim Herrn." Den kargen Worten entsprach wahrscheinlich die Körperhaltung: „Die Christen beteten [...] stehend, die Ar-me ausgestreckt, die Augen nach oben gerichtet."[295] Insofern zugleich der Geist auf die Gemeinde und die Gaben herabgerufen wird, bleibt bei aller himmlischen Orientierung der Herzen die Gemeinde zugleich der Erde verpflichtet. Dieses Zugleich von Himmel

---

[292] Übersetzung nach LIETZMANN, Entstehung, 15.

[293] Vgl. SCHMIDT-LAUBER, Eucharistiegebet, 208.

[294] Vgl. MESSNER, Grundlinien, 30–33 (Zitat 33); WINKLER, Beobachtungen, 192–195.

[295] MESSNER, Grundlinien, 39.

und Erde verbindet bei allen Verschiebungen die altkirchliche Liturgie mit der Offb. Folglich sind die altkirchlichen Liturgien keineswegs bloße Kultisierungen der in der Offb greifbaren hymnischen Traditionen, sondern können durchaus als liturgische Transformation und Konzentration der visionären Symbolik der Offb verstanden werden.

3.2 Die Mahlrealien und ihre Bedeutung für das Gemeinschaftsverständnis

Nachdem der Buchschluss als Scharnierstelle für den Übergang von der Bilderwelt in die rituelle Wirklichkeit bestimmt werden konnte, kann nun konkret nach den Speisen und Getränken gefragt werden, die im gemeinsamen Mahl einzunehmen sind und wohl auch tatsächlich eingenommen wurden.

Was wurde *gegessen*? Die Abwehr von Götzenopferfleisch sowie die polemische Verzerrung des Fleischgenusses in der Darstellung des Fleischmahles der Raubvögel macht es unwahrscheinlich, wenn nicht gar unmöglich, dass zum gemeinsamen Mahl Fleisch verzehrt wurde, zumal wenn der Fleischmarkt nicht eindeutig rituell ordnungsgemäß nach jüdischen Sitten zubereitetes Fleisch bereithielt. Das allein fällt noch nicht aus dem allgemeinen kulturellen Rahmen, weil Fleisch ohnehin nicht zu den alltäglichen Lebensmitteln der meisten antiken Haushalte gehörte. Auch etliche Vereine fuhren, wie wir oben sahen, zu ihren Mahlzusammenkünften kein Fleisch auf.[296] Doch der Fleischverzicht ist in der Offb nicht pragmatisch, sondern prinzipiell zu verstehen. Das zeigt sich daran, dass die tatsächlich genannten Nahrungsmittel – im Bild gesprochen das Manna und die Früchte vom paradiesischen Lebensbaum – nicht für eine Fleischdeutung offen sind. Zwar darf man nicht allein an Brot und Obst denken, sondern auch Gemüse nicht für ausgeschlossen halten, aber an Fleisch wird man auf keinen Fall denken dürfen. Wichtig ist dem Autor offensichtlich nicht, was wirklich gegessen wurde, sondern was auf keinen Fall gegessen werden durfte, um in der Menge der antiken Mahlgemeinschaften unverwechselbar sein zu können.

Wenn wir weiterfragen, was *getrunken* wurde, ist es wieder zunächst der Verzicht, der ins Auge springt, der Verzicht auf Wein nämlich. Allerdings ist es einfacher als beim Manna und den Lebensfrüchten, das bildlich als Lebenswasser bezeichnete Getränk zu bestimmen. Es handelte sich schlichtweg um Wasser. Nun haben zwar auch andere antike Mahlgemeinschaften zu ihren Mahlzeiten in der Regel keinen Wein getrunken, aber der Weinverzicht ist noch viel einschneidender als der Fleischverzicht. Denn Wein war fester Bestandteil antiker Gast- und Vereinsmähler und wurde im Zuge der Trankspende nach dem Essen und des Unterhaltungs- und Trinkgelages gereicht. Dementsprechend kann das Wasser als Protestgetränk gegen die kultische Verirrung und die sprichwörtlich gewordenen

---

[296] Vgl. oben Kap. II.3.3.3.

Besäufnisse der Völkerwelt verstanden werden. Ersteres ist wahrscheinlicher, weil die Rede vom reinen Lebenswasser am ehesten als Pendant zum ungemischten Wein Babylons zu denken ist.

Nun ist zwar einerseits grundsätzlich Vorsicht geboten, die Mahlbilder einfach in die rituelle Wirklichkeit apokalyptischer Mahlkultur zu übertragen, denn die Symbolwelt der Offb ist keine „schlichte Beschreibung der vorfindlichen Wirklichkeit"[297]. Andererseits ist es aber unwahrscheinlich, dass eine Gemeinschaft, die sich in einer drastischen Mahlsymbolik von der Mahlkultur der paganen Umwelt abgrenzt, dieser Abgrenzung nicht zugleich eine *sichtbare Gestalt* gibt, sondern es bei der symbolischen Auseinandersetzung belässt. „Denn die Metaphorik bezieht ihren Anschauungshintergrund aus dem konkreten Leben und wirkt wieder in die gelebte Wirklichkeit zurück."[298] Man kann nicht gegen geweihtes Opferfleisch polemisieren und selber solches verzehren, man kann auch nicht Weingenuss anprangern und selber davon trinken. Anderenfalls würde man die symbolisch inszenierte und die real bewohnte Welt auseinanderreißen. Daran ist dem Seher Johannes nicht gelegen. Ihm geht es vielmehr um die Schaffung einer Bilderwelt, die zugleich von einer Gemeinschaft bewohnt werden kann. Bild und Ritus entsprechen einander zwar nicht in allegorischer Weise, aber sie entsprechen sich und es ist je neu danach zu fragen, was die jeweiligen Bilder für die Wirklichkeit der prophetischen Zirkel des Sehers Johannes und ihrer Anhängerschaft bedeuten.

In diese Richtung deutet die *Auswahl der alttestamentlichen Stellen*, auf die der Seher rekurriert, und der Stellen, auf die er bewusst – ein schriftgelehrter Autor wie Johannes tat dies kaum zufällig – nicht zurückgreift. Leicht hätte er in der Fleischfrage differenzieren und reines von unreinem Fleisch unterscheiden können. Auf der Bildebene hätte er dazu das Motiv vom Manna durch das der Wachteln ergänzen können, wie es die alttestamentliche Vorlage in Ex 16 auch tut, wonach die Israeliten morgens das Brot vom Himmel und abends die Wachteln aßen (Ex 16,12–15). Auch das endzeitliche Freudenmahl nach Jes 25,6 – es handelt sich um eine Stelle, die der Seher bei seiner intensiven Jesajarezeption auf jeden Fall gekannt haben muss – wird mit Wein und fettem Fleisch begangen. Das Fleischmotiv hätte also leicht eingeführt werden können und hätte sich bei entsprechender Darstellung dennoch vom Götzenopferfleischgenuss und Aasfraß klar unterschieden. Nicht anders verhält es sich mit dem Wein. Neben der gerade erwähnten Jesajastelle vom eschatologischen Freudenmahl lässt sich eine Vielzahl von Stimmen vom Wein als Gottesgabe und Freudenquelle anführen.[299]

---

[297] FREY, Bildersprache, 183.

[298] ZIMMERMANN, Virginitätsmetapher, 58.

[299] Vgl. SALS, Biographie, 366–368.

Wein ist ein nicht wegzudenkendes Festgetränk (1Chr 12,39–41; Est 5,6; 7,2.7; Jes 5,12). Er erfreut das Leben und Herz des Menschen (Ps 104,15; Pred 10,19), verbreitet Ausgelassenheit und stiftet Gemeinschaft (Jes 24,7–13). Auch erweist er sich nützlich im Streben nach Weisheit (Spr 9,1–6; Pred 2,3; 9,7; vgl. aber Spr 20,1), wurde vielleicht sogar auf den Symposien weisheitlich orientierter Schulen getrunken. Weinbesitz ist demnach eine Segensgabe Gottes (Gen 27,28; 49,11 f.), die auch im Reiseproviant nicht fehlen darf (Ri 19,19; 1Sam 16,20; 25,18; 2Sam 16,2 f.). Negativ wird Wein nur im Zusammenhang mit Trunkenheit bewertet (Spr 23,29–35; Sir 31,30–39).

Keine dieser Stellen wird in der Offb zitiert, vor allem nicht Jes 25,6, das im Gegenüber zum Mahl der Hure Babylon leicht als Mahl Gottes hätte vorgestellt und entfaltet werden können. Offenbar war dem Seher Johannes daran gelegen, Fleisch *nur* im Zusammenhang von kultischer Verfehlung und Wein *nur* im Zusammenhang von Trunkenheit und Gericht ins Bild zu setzen, um so den Gegensatz zwischen Gemeinde und Welt so groß wie irgend möglich erscheinen zu lassen.

Die Fokussierung auf Brot, Obst (mitgemeint sein kann auch Gemüse) und Wasser lässt eine Nähe der Gemeindekreise des Sehers Johannes zu den Therapeuten Philos erkennen.[300] Beide Gruppen verbindet das Anliegen, eine eigene Mahlidentität auszubilden, die sich von der Mahlidentität der paganen Mahlgemeinschaften der Umwelt sichtbar unterscheidet und dies sowohl durch die Reduktion der Speisen und Getränke auf Brot und Wasser als auch durch die inhaltliche Fokussierung auf Gotteserkenntnis und Gotteslob zum Ausdruck bringt. Die Nähe beider Gruppen zueinander wirft ein Licht auf die jüdische Identität des Sehers Johannes und macht darin deutlich, dass es ihm mit seinem Protest gegen die Teilnahme von Gemeindegliedern an den Veranstaltungen und Festen der Vereine und Städte nicht nur um Kritik, sondern auch um Gestaltung geht, konkret um die *Bewahrung und Gestaltung der jüdischen Identität in den christlichen Gemeinden*, die wir auch schon in der Rezeption des Aposteldekrets festgestellt haben, und die sich nun erneut bestätigt.[301] Wie es Philo in seiner Schilderung des Lebens der Therapeuten um den Entwurf einer idealen jüdischen Mahlgemeinschaft inmitten der verirrten paganen Mahlgemeinschaften geht, so in analoger Weise dem Seher Johannes um den Entwurf einer Mahlgemeinschaft, die durch die Betonung des Lammes Christus eine eindeutig christliche Prägung trägt, sich aber in der Auswahl ihrer Lebensmittel und in der Pflege ihrer Mahl- und Gelagesitten zugleich als durch und durch jüdisch, wenn auch in einer asketischen Extremform, erweist.

Diese durch die Befolgung von jüdischen Reinheits- und Speisegeboten vorhandene Nähe zum Judentum wird auch nicht durch die aus Smyrna und Philadelphia berichteten Zer-

---

[300] Dazu oben Kap. II.4.4.
[301] Vgl. dazu oben Abschnitt 2.1.

würfnisse (Offb 2,9; 3,9) in Frage gestellt. Die Kritik am Judentum ist anders als die an der paganen Kultur nicht grundsätzlich, sondern zum einen lokal begrenzt und zum anderen Teil eines laufenden innerjüdischen Diskurses über Identität und Abgrenzung. Wenn Johannes den Juden in Smyrna und Philadelphia abspricht, sich noch Juden nennen zu dürfen, so tut er das aus der Überzeugung heraus, dass sie durch Anpassung und Partizipation an ihrer Umwelt ihre eigentliche jüdische Identität verraten haben. Auf diese Weise erklärt sich am ehesten, warum bei aller Kritik an jüdischen Gemeinschaften in der Offb keine Kritik an jüdischen Mahlgewohnheiten und Reinheitsvorstellungen erfolgt, diese sogar im Gegenteil befürwortet und befördert werden.

Mit den Therapeuten verbindet die Offb nicht nur die Nahrungs-, sondern auch die *Sexualaskese*. Während Enthaltsamkeit im antiken Judentum im Allgemeinen nur zeitlich begrenzt gedacht und nur von besonderen Funktionsträgern wie Priestern und Propheten dauerhaft eingefordert wurde,[302] fallen die Therapeuten durch ihren dauerhaften Verzicht auf Sexualität aus dem Rahmen. Sie ist wie der Verzicht auf Wein und festliche Speisen mit der Abgrenzung von paganen Symposien begründet. In ähnlicher Weise wird nun in Offb 14,4 f. von den Erwählten Gottes als makellosen „Jungfrauen" gesprochen, „die sich nicht mit Frauen besudelt haben" und für Gott und das Lamm als Erstlingsfrucht aus der Menschheit losgekauft worden sind. Zwar fehlt hier jeder direkte Mahl- und Gelagebezug, doch kann er durchaus mitschwingen, wenn man das Bild von den Jungfrauen zu dem der Prophetin „Isebel" und der Hure Babylon in Beziehung setzt. Während beide als Huren titulierte Frauen für ein erotisch durchsetztes Trinkgelage stehen, repräsentieren die jungfräulichen Erstlinge aus der Menschheitsschöpfung die ganz und gar rein und geschlechtslos wirkende Braut Jerusalem im weißen Kleid (Offb 19,8). Selbst wenn man die Virginitätsmetaphorik nicht mahltheologisch überhöhen darf, so wird doch deutlich, dass das gemeindliche Mahl nicht nur im Hinblick auf die Speisen und Getränke, sondern auch im Hinblick auf die dort herrschenden Sitten als Größe eigener Art verstanden werden soll.

Mit der asketischen Orientierung verfolgt die Offb nicht nur die von Philo in der Therapeutenschilderung grundgelegten Linien eines wahrnehmbar jüdischen Gemeinschafts- und Mahlverständnisses weiter, sondern bereitet innerchristlich zugleich die sich allmählich anbahnende Mahlaskese der Ebioniten, Enkratiten, Hydroparastaten, Gnostiker und Montanisten vor.[303] Die in Kleinasien und Syrien verbreitete Sitte christlicher Gemeinschaften, auf Fleischverzehr und vor allem auf Weingenuss in ihren Mählern zu verzichten, mahnt zur Vorsicht, sie gleich als Häresien einzustufen, nur weil sie nicht auf gleicher Linie wie die von der Mehrheitskirche propagierte Eucharistie mit Brot und Wein liegen. Dazu waren die Praktiken in den ersten Jahrhunderten noch zu sehr im Fluss. Insbesondere die apokryphen Apostelakten bezeugen auffällig oft asketische Mahlfei-

---

[302] Zur sexuellen Unberührtheit von Frauen bis zur Eheschließung vgl. Dtn 22,13–21; Philo, spec. III 80; Josephus, Ant. IV 244.246. Zur Sexualaskese von Amtsträgern vgl. Lev 21,6–15; Jer 16,2. Zum Ganzen vgl. ZIMMERMANN, Virginitätsmetapher, 48–55.

[303] Vgl. MCGOWAN, Ascetic Eucharists, 143–174.

ern.[304] ActPaulThecl 25 berichtet von einer Agapefeier des Paulus mit Thekla in einer Grabanlage mit Brot, Gemüse und Wasser, ActPetr 2 von einer von Paulus abgehaltenen Mahlfeier, zu der „Brot und Wasser zum Opfer"[305] gereicht wurden. Die ActJoh berichten von zwei Mahlfeiern, die allein mit Brot begangen wurden (85 f.; 106–110). ActThom 26–29 bezeugt eine Feier mit Brot, Öl, Gemüse und Salz, ActThom 49–51 eine Feier allein mit Brot, ActThom 120 f. dagegen eine mit Brot und einem Wassergemisch (ὕδατος κρᾶσις), das aber wohl nicht als Mischwein, sondern als Wasserbecher zu deuten ist, weil der in Kap. 121 dann tatsächlich gereichte Becher nur noch Wasser enthält.[306] In ActThom 158 ist neben dem Brot nur von einem Becher, nicht aber von seinem Inhalt die Rede. Insgesamt fällt bei aller Varianz im Einzelnen eine Fokussierung auf Brot und Wasser, umgekehrt dagegen ein Fehlen von Wein auf. Ob im Gemüsemahl eine Fleischpolemik mitschwingt, lässt sich nicht klar sagen.

3.3 Die theologische Deutung der Mahlfeier

Die Mahlfeier des Sehers Johannes darf aber – genauso wenig wie die der Therapeuten Philos – nicht nur als soziale Protestveranstaltung verstanden werden. Johannes gibt seiner Anhängerschaft in erster Linie ein theologisches Selbstverständnis und setzt auch den Riten sowohl der paganen Bankettgesellschaft als auch der kaiserlichen Festkultur einen theologisch durchdachten eigenen Ritus entgegen.

Dabei gewinnt der schon bei Paulus und im Jud mahltheologisch bedeutsame Zusammenhang von *Gericht und Heil* an Gewicht. Anders als in 1Kor 11,27–34 und in Jud 12 wird das Gericht hier jedoch nicht in der gruppeneigenen Mahlfeier selbst verortet, so dass sie entsprechend der eigenen Verhaltensweisen zum Segens- oder Gerichtsmahl würde. Die Kontrastbilder der Offb zielen vielmehr auf die Unterscheidung von paganen Bankettgemeinschaften, die unter dem Zorngericht Gottes stehen, und den von der Offb und ihrem Gedankengut geprägten christlichen Mahlgemeinschaften, die Anteil an den Heils- und Lebensgaben Gottes empfangen. Pagane Mähler sind aufgrund von Opferfleischverzehr, Trankspende, Weingenuss und erotischem Fehlverhalten als Götzendienst zu brandmarken, der mit dem Dienst an dem einen Gott Israels und dem Lamm Christus unvereinbar ist. Dabei markiert insbesondere die Trankspende den Ort, an dem das Gericht Gottes über die Symposiasten hereinbricht, insofern der den Göttern und Herrschern zugedachte ungemischte Wein aus der Sicht des Sehers Johannes in Wahrheit der Wein des leidenschaftlichen Zornes Gottes ist (Offb 14,10). Folglich ist die Teilnahme am verbotenen Mahl nicht nur die Begründung für das Gericht Gottes, sondern auch der Ort, an dem sich dieses Gericht vollzieht, für die Bankettgemeinschaft noch unsichtbar und unmerklich, in der visionären Sicht des Sehers Johan-

---

[304] Vgl. PRIEUR, L'eucharistie, 253–269.
[305] Übersetzung nach der Textausgabe von HENNECKE/SCHNEEMELCHER.
[306] So mit MESSNER, Eucharistie, 500.

nes dagegen sichtbar und deutlich. Die eigenen Mähler der apokalypti-schen Kreise des Johannes werden im Unterschied dazu ohne Fleisch, Wein und sexuelle Freizügigkeit gefeiert. Nur so entgeht die Mahlgemein-schaft dem Gericht Gottes. Wenn sie sich dagegen wie die Nikolaïten und Anhänger „Isebels" nicht von außergemeindlichen Mahlfeiern fernhält oder ihre eigenen Mahlfeiern in gleicher Gestalt wie die Vereine und Fest-gemeinschaften der Umwelt begeht, stellt sie sich unter das Gericht Gottes bzw. holt sie es in den Heilsraum der Gemeinde hinein.

Dabei folgt der Seher einer *biblisch geschulten Rhetorik*. Er bringt sein Abgrenzungsverhalten gegenüber den paganen Mählern nicht unmittelbar zum Ausdruck, wie es Philo in der Darstellung der Therapeuten in einer expliziten Gegenüberstellung tut, sondern bedient sich ausschließlich der Traditionsvorgaben, die ihm das Alte Testament liefert, und macht dabei die thematischen Linien, die ihm entgegenkommen, stark, während er die anderen verschweigt. So wird der Wein auf der Bildebene nicht deshalb abgelehnt, weil er zu paganen Symposien und Opferfesten getrunken wur-de, sondern weil er über das Zornesbechermotiv biblisch-frühjüdisch zum Sinnbild sowohl für Gottes Gericht als auch für eine zügellose Lebenswei-se geworden ist. Und umgekehrt wird das Wasser nicht deshalb propagiert, weil es ein Gegengetränk zum Wein darstellt, sondern weil sich unter An-knüpfung an alttestamentliche Vorgaben insbesondere in der johannei-schen Tradition am Wasser soteriologisch bedeutsame Lebenserwartungen festgemacht haben. Der soziale Diskurs um Identität und Abgrenzung wird folglich mit den Mitteln prophetisch-visionärer Schriftauslegung als bibli-scher Diskurs geführt. Dadurch erreicht es der Seher Johannes, dass die Gemeinde ihre Mahlfeier nicht in offener Abgrenzung zu ihrer Umwelt definieren muss und damit von deren Denkkategorien abhängig bleibt, sondern ihre Identität binnentheologisch beschreiben und zum Ausdruck bringen kann. Das Proprium der durch die Offb gedeuteten Mahlfeier und Feiergemeinschaft ist also nur dann verstanden, wenn man sie nicht allein und auch nicht primär aus ihrem soziokulturellen Hintergrund, sondern vor allem von dem einen Gott Israels her versteht, der Gericht vollzieht und Heil gewährt.

Über die Polaritäten von Gericht und Heil, Götzendienst und Gottes-dienst, Hurerei und sexueller Enthaltsamkeit hinaus ist der eigentliche theologische Gehalt der Mahlfeier der Offb der einer *Siegesfeier*, die im Vorschein des noch ausstehenden endgültigen Sieges Gottes über seine Widersacher begangen wird.[307] Zum Ausdruck gebracht wird dieser Sie-gescharakter weniger durch die Mahlrealien von Brot und Wasser als viel-mehr durch die begleitenden Worte, die als Dialoge, Hymnen und Gebete

---

[307] Vgl. dazu auch die Gedanken zum Buchaufbau oben am Ende von Abschnitt 3.2.

vorzustellen sind und ähnlich denen sein dürften, die im Buch der Offb selbst bezeugt werden.

Wie schon bei der Speise- und Getränkefrage legt sich auch hier ein Seitenblick auf die apokryphen Apostelakten nahe. Auch diese bringen das Proprium ihrer Mahlfeiern nicht nur durch den Verzicht auf Fleisch und Wein, sondern ebenso durch *begleitende Worte* zum Ausdruck. Allerdings ist hier der konkrete Siegescharakter nicht in der Weise ausgebildet wie in der Offb. In erster Linie sind diese Worte als Gebete zu bestimmen, seien es eher allgemeine Lobgebete (ActJoh 85.109) oder unmittelbar mahlbezogene Bitten um das Kommen Christi und des Geistes (ActThom 50.133).[308] In ActPetr 2 ist von einem Gebet über den als Opfer verstandenen Gaben die Rede, das aber nicht in seinem Wortlaut dargeboten wird. ActThom 158 nimmt eine Zwischenstellung zwischen Gebet und Mahlvermahnung ein, es handelt sich um „eine Art eucharistischer Meditation".[309] Über Gebete hinaus sind auch persönliche Spendeworte bezeugt: „Gereiche euch diese Eucharistie zu Barmherzigkeit und Mitleid, und nicht zum Gericht und zur Vergeltung!" (ActThom 29). Bei alledem gilt, dass ein Bezug der Elemente auf Leib und Blut Christi keineswegs zwingend gegeben ist (explizit nur in ActThom 49.158). Auch von Mahlfeiern in freudiger und fröhlicher Stimmung, die anscheinend in Kontinuität zum Brotbrechen nach Apg 2,46 stehen und an keiner Identifikation der Mahlrealien interessiert sind, ist die Rede (ActThom 27; ActPaulThecl 25). Man wird diese Rede von Jubel und Freude als Hinweise auf begleitende hymnische Gesänge oder geistgewirkte Wortbeiträge deuten dürfen.

Die in den begleitenden Worten zum Ausdruck kommende Siegesgewissheit angesichts gegenwärtigen Leidens und erlebter Entfremdung bildet den Horizont, vor dem die Gemeinschaft isst und trinkt. Die Nahrungsaskese hat darum letztlich für die Feiergemeinschaft weniger den Charakter eines Verzichts als den einer sinnlich erfahrbaren Vorwegnahme künftiger Heilsverheißungen. Darin liegt auch die theologische Qualität der Speisen und Getränke begründet. Sie stehen – anders als im paulinischen Kontext – nicht für den Kreuzesleib Christi, gewähren also auch keine Teilhabe an Leib und Blut Christi. Zwar verschweigt die Offb den Tod Jesu nicht, macht ihn aber auch nicht zum Fokus der Mahlfeier. Das Lamm ist zwar geschlachtet, wird aber nicht verspeist,[310] sondern hat durch seine Schlachtung die Würde der Teilhabe am göttlichen Thron und damit an der Herrschaft Gottes erworben (Offb 5,6.9.12; 13,8). Um die nicht substanziell, sondern personal gedachte innige Mahlgemeinschaft mit diesem herrschenden Christus geht es (Offb 3,20; 19,7 ff.). Er gewährt die Teilhabe an den Früchten des Lebensbaumes (2,7) sowie am verborgenen Manna (2,17) und leitet die Seinen zu den Quellen des Lebenswassers (7,17). Die Speisen und Getränke repräsentieren also nicht ihn persönlich, sondern die von

---

[308] Zu den Epiklesen in ActThom 50.133 und der schwierigen Textüberlieferung vgl. MESSNER, Eucharistie, 503–513.

[309] MESSNER, Eucharistie, 499.

[310] Damit verliert der Bezug auf das Passalamm, wie ihn PRIGENT, Rev, 250 f., sieht, an Plausibilität.

ihm garantierten Lebensgaben. Aber nur weil Christus als Gastgeber und Gast persönlich inmitten der Mahlgemeinschaft ist, können Wasser und Brot auch für Lebenswasser und Manna stehen.

Wie diese innige als Gast- und Ehegemeinschaft gezeichnete Beziehung zwischen Christus und den Seinen theologisch vorgestellt wurde, wird in der Offb nicht entfaltet. Eine Spur legt allerdings die Einladungsformel 22,17 mit der Nennung des *Geistes*. Er ruft die Gemeinschaft zu Tisch. Offensichtlich steht er also für die Vermittlung der himmlischen Wirklichkeit an die irdische Gemeinde.

Der Geist spielt in der Offb eine wichtige Rolle.[311] Das ganze Buch will als Zeugnis prophetischer Geistergriffenheit verstanden werden (1,10), so dass auch die mit der Lesung des Buches bezweckte symbolische Verwandlung der Gemeinde nicht anders denn als Werk des Geistes begriffen werden kann. Der Geist führt die Gemeinde in den himmlischen Thronsaal Gottes (4,2), dann zurück auf die Erde zur Sonnenfrau in die Wüste (17,3) und schließlich auf den Berg, von dem aus sie das herabkommende himmlische Jerusalem zu schauen vermag (21,10). Darüber hinaus ist er Mittler des Wortes Gottes und bringt durch sein Sprechen Christus selbst zur Geltung (2,11.17.29; 3,6.13.22; 14,13b; 22,17; vgl. 19,10). So zeichnet sich der Geist durch seine reziproke Mittlerfunktion in der Teilgabe der Gemeinde an der Schau Gottes einerseits und in der Vergegenwärtigung Christi in der Lebenswirklichkeit der Gemeinde andererseits aus. Es spricht viel dafür, den Sitz im Leben dieser Mittlerfunktion in der charismatischen Mahlversammlung der Gemeinde zu suchen.

Der Geist ist dann – um 22,17 mit 3,20 und 19,9 zu verbinden – Mittler der Vereinigung der Gemeinde mit ihrem Bräutigam und damit auch Mittler der Leben spendenden Wassergabe. Insofern erhalten die Lebensgaben pneumatische Qualität und treten in die Nähe von Mahlaussagen wie 1Kor 10,3 f.; Did 10,3 und vielleicht auch Joh 6,53–58 (auf dem Hintergrund von 6,63 gelesen), die von dem Genuss geistlicher Speise und geistlichen Tranks sprechen.

Abschließend ist noch zu fragen, wie das *Verhältnis von Gegenwart und Zukunft*, Erde und Himmel in der Offb verstanden wird. Als Siegesfeier hat das Mahl bereits irdisch Züge der himmlischen Heilswirklichkeit, als geistlichem Mahl ist ihm bereits gegenwärtig zu eigen, was erst in der Zukunft in unerschöpflicher Fülle verfügbar ist. In der Forschung haben sich Identitätsmodelle, die irdisches und himmlisches Geschehen gleichsetzen und den irdischen Gottesdienst als Spiegelbild des himmlischen verstehen,[312] nicht durchsetzen können. Doch obwohl beides strikt voneinander zu unterscheiden ist,[313] lassen sich Verbindungslinien zwischen Himmel und Erde ziehen, die sich schon aus der Absicht der Offb ergeben, die Hörerschaft nicht zu informieren, sondern zu transformieren:

---

[311] Vgl. AUNE, Rev I, 36.

[312] So DEICHGRÄBER, Gotteshymnus, 47.

[313] Wofür insbesondere WICK, Gottesdienste, 344–348, eintritt.

„[T]he use of the Book of Revelation in the churches reflects the interconnection of heavenly worship and eschatological drama within the book. In both Revelation and the early church, worship serves as the context and setting in which eschatological narratives (such as the Book of Revelation itself) unfold. Furthermore, in both Revelation and the churches of Asia Minor, worship realizes the kingship of God and his just judgment; through liturgical celebration eschatological expectations are experienced presently."[314]

So gesehen kann die Mahlfeier tatsächlich als rituell gebrochene Antizipation des himmlisch vorhandenen und zukünftig verheißenen Heils verstanden werden.[315] Anzusetzen ist bei der himmlischen Gottesstadt, deren Symbolik den Heilsraum der versammelten Gemeinde darstellt (22,14 f.) und in der die beiden wichtigen Mahlmotive vom Lebensbaum und Lebenswasser zusammenfließen (22,1 f.). Sie bringt den Himmel auf die Erde; und wiewohl sie keinen Tempel mehr in ihrer Mitte kennt (22,22), ist sie dennoch kein unkultischer Ort. Sie hat zwar kein Heiligtum, ist aber selbst in Gänze zum Heiligtum geworden, in dem die Christinnen und Christen Gott und dem Lamm unmittelbar dienen (λατρεύειν in 22,3; vgl. schon 7,15). Ihre kultische Bestimmung zu königlichen Priestern, die schon gegenwärtig gilt (1,6; 5,10), wird dort uneingeschränkt zur Geltung kommen (20,6; 22,5). So hat die Gemeinde trotz ihres Wissens um die kategoriale Differenz zwischen Himmel und Erde ein Selbstverständnis, das diese Differenz im Geist überbrückt, so dass der Himmel auf die Erde ausstrahlt. Identität und Differenz von Himmel und Erde kommen gleichermaßen in der kultischen Mahlfeier zum Zuge, in der sich die Teilnehmer als Priester verstehen und im abgegrenzten Heilsraum bereits gegenwärtig Himmelsgaben empfangen, dabei aber ihren Gottesdienst nicht als Opfer verstehen. Die Mahlfeier der Offb ist also eine Art Kultmahl ohne irdischen Altar, das seinen kultischen Charakter also nicht aus dem Opfer zieht, sondern sich von einer kultisch überladenen Umwelt abwendet und im heiligen Raum Gottes einen Ritus begeht, der die himmlische Wirklichkeit in andeutender Weise gemeindliche Gegenwart werden lässt.

4. Ertrag

Die Johannesoffenbarung steht in einer Konfliktlage. Diese ist auf mehreren Ebenen greifbar. Nach innen sieht sie im Konflikt mit paganen und zuweilen paulinisch geprägten Mahlsitten das Erbe jüdischer Mahlkultur bedroht, nach

---

[314] So THOMPSON, Book, 69–73 (Zitat 72 f.); BARR, Experience, 103.

[315] So auch BARR, Enactment, 255; ROLOFF, Offb, 64; PRIGENT, Rev, 83; POKORNÝ, Structure, 506; TÓTH, Kult, 463.502.505 f. Zur möglicherweise ekstatischen Äußerung einer solchen Antizipationserfahrung in der gegenwärtigen Mahlfeier vgl. GROENE-WALD/AARDE, role, 57–59.

außen hin grenzt sie sich von der rituellen Dominanz des Herrscherkults ab, der bis in die Mähler der Vereine hineinwirkte. Sie löst die Konfliktlage dadurch, dass sie ein symbolisches Universum entwirft, das einzelne Mahlbilder zu einem großen dualistischen Mahlentwurf verbindet, der wiederum für eine rituelle Praxis durchsichtig wird.

1. Anders als die genuinen Briefe entfaltet die Offb die Mahlthematik und den mit ihr verbundenen kulturellen Konflikt nicht paränetisch, sondern symbolisch. Verschiedene Einzelmotive verdichten sich zu einer *Mahlbilderwelt*, die in dualistischer Weise die eigene Mahlpraxis zu der Mahlpraxis der kulturellen Mitwelt in Kontrast setzt. Hinter dieser Mahlkritik steht eine umfassende Kritik an der durch den Kaiserkult geprägten Kultur Kleinasiens, die Johannes deshalb mahlsymbolisch angeht, weil sich in der Institution des Symposions die antike Kultur in prägnanter und anschaulicher Weise verdichtet. So ist für Johannes die eigene Mahlpraxis Indikator dafür, ob man zu Gott und dem Lamm gehört und damit auf eine Einladung zum lebensspendenden Hochzeitsmahl hoffen darf (Offb 19,7.9), oder ob man zur Hure Babylon oder ihrer innergemeindlichen Manifestation „Isebel" gehört und an den von ihr gereichten Todesgaben Fleisch und Wein zugrunde gehen wird (19,17 f.21).

2. Diese Mahlbilderwelt wird zugleich durchsichtig für die *Mahlpraxis* der Gemeinde. Der Buchschluss der Offb ist dialogisch gestaltet und enthält Elemente, die in der Folgezeit zu liturgischen Bausteinen ausgebaut werden: Zulassung und Ausschluss (22,14 f.; vgl. 21,6–8), Einladung (22,17) und Christusepiklese (22,20). Zudem verdichten sich hier die auf die Gemeinde zielenden Mahlmotive der Lebensbaumfrüchte und des Lebenswassers. Die Gemeinden der Offb werden damit zu Zeugen einer asketischen Mahlpraxis, die sie als Gegenmodell zur römischen „Leitkultur" verstehen. Fleischverzehr, Weingenuss und sexuelle Verfehlungen charakterisieren im Verständnis der Offb die Vereins- und Volksfeste des Kaiserkults, Wassergenuss und sexuelle Enthaltsamkeit dagegen im Idealfall die Gemeindemähler. Damit steht die Offb in einer Traditionslinie mit den alexandrinischen Therapeuten, die ihre asketische Mahlpraxis auch aus einer Kritik heraus entwerfen, und am Anfang einer innerchristlichen Entwicklung, die von den Trägerkreisen der apokryphen Apostelakten fortgeführt wird.

3. Der Autor kann in seiner *Mahltheologie* noch Himmel und Erde voneinander unterscheiden. Der himmlische Gottesdienst ist durch hymnische Gesänge geprägt, wie sie sich gerade im Dreimalheilig und in den Würdigrufen (Offb 4,8.11; 5,9 f.12.13) verdichten. Das Mahl dagegen wird zwar himmlisch gewährt, aber irdisch eingenommen (Offb 12,6.14; 21 f.). Die Brücke zwischen Himmel und Erde bilden die Mahlbilder, insofern sie das irdisch einfache Mahl vom Himmel her prägen. Dies gilt insbesondere für das Bild von der Mahlgemeinschaft mit Christus, der zugleich als Gastgeber und Gast in

Erscheinung tritt (3,20) und von der Gemeinde sehnsüchtig zum Mahl herbeigerufen wird (22,17). So ist er es, der Himmel und Erde zu verbinden vermag.
Schematisch ausgedrückt lassen sich die Ergebnisse folgendermaßen zusammenfassen:

Mahlorganisation	Räume	Über die Speiseräume ist nichts bekannt. Zu denken ist an Privathäuser.
	Rhythmus	Es ist von einem wöchentlichen Mahlrhythmus auszugehen. Erwogen wird aufgrund von 22,2 auch ein monatlicher Rhythmus.
	Teilnahme	Die Mähler standen Männern und Frauen, Juden und Nichtjuden offen. Kritisiert werden nur die Verhaltensweisen konkreter Nichtjuden und Frauen, nicht aber ihre grundsätzliche Mahlteilnahme.
	Bereitstellung	Über die Bereitstellung der Speisen und Getränke ist nichts bekannt.
Mahlverlauf	Ablaufschema	Ein fester Ablauf ist nicht erkennbar.
	Leitung	Innerhalb der egalitären Mitgliederstruktur ist für eine Leitungspersönlichkeit kein Platz. Wenn es aber eine solche gab, war es allerdings sicher keine Frau.
	Mahlbeginn	Über den Mahlbeginn ist nichts bekannt. Es ist zu erwarten, dass ein Gebet gesprochen wurde.
	Sättigungsmahlzeit	Von einer Sättigungsmahlzeit ist keine Rede. Wahrscheinlich aß man Brot, vielleicht auch Obst und Gemüse. Fleisch dagegen wurde nicht gereicht.
	Mahlabschluss	Wenn eine den paulinischen Gemeinden entsprechende Becherhandlung stattgefunden hat, dann mit reinem Wasser und nicht mit Wein wie in paganen Libationen.
	Trinkgelage	Ein Trinkgelage im wörtlichen Sinn hat nicht stattgefunden. Denkbar ist eine wortorientierte Versammlung mit schriftbezogenen, prophetischen und hymnischen Elementen.

Mahldeutung	*Mahlbezeichnung*	Eine Mahlbezeichnung wird nicht genannt.
	Konflikte	Konflikte machen sich paradigmatisch am Verzehr von Götzenopferfleisch und Treiben von Hurerei fest. Dahinter steht ein Konflikt um die Abgrenzung der Gemeindeglieder von paganen Kult- und Vereinsmählern mit ihrer Bezogenheit auf fremde Götter und ihren erotischen Eskapaden. Ihren Einflüssen ist nur durch radikalen Rückzug zu entkommen.
	Abgrenzungen	Johannes grenzt seine Mahlvorstellung nur von paganen, nicht aber auch von jüdischen Mählern ab. Die Huldigung falscher Götter und das Ausleben fehlgeleiteter Sexualität ist sein eigentliches Problem mit den paganen Mählern, was in analoger Weise nicht auch für die Juden gilt.
	Gruppenverständnis	Das Mahl begründet eine exklusive Gemeinschaft, die schon gegenwärtig an den verheißenen Heilsgaben Gottes teilhat.
	Mahlverständnis	Das Mahl wird verstanden als Gastgemeinschaft mit dem erhöhten Christus. Er kommt als Gast an den Tisch der Gemeinde und spendet als Gastgeber die geistlichen Gaben von himmlischem Manna, Lebensbaumfrüchten und Lebenswasser.
	Prioritätensetzung	Aufgrund der inhaltlichen Bedeutung der Mahlelemente Brot und Wasser hat das Mahl eine wichtige Bedeutung für die Identität der Gruppe. Es kann nicht zugunsten des Wortteils zurücktreten. Es bedarf allerdings auch keiner Sättigung.

Kapitel VII

Schluss

1. Zusammenfassung und Ausblick

Die antike Mahlkultur stellt den Rahmen bereit, in dem sich auch die frühen christlichen Gemeinden bewegten. Wie die vielen Vereine und jüdischen Sondergruppen versammelten sich auch die Christinnen und Christen (meistens in Ortsgemeinden organisiert) zum Mahl. Doch bei aller Partizipation an den Vorgaben der Umwelt gingen ihre Mähler nicht einfach in diesen Rahmenbedingungen auf. Im vorgegebenen Rahmen suchten sie vielmehr eigene Akzente zu setzen, um das, was ihnen in ihrer Gemeinschaft wichtig war, zum Ausdruck zu bringen. Die äußere Gestalt der Mahlfeier ist demnach *Spiegel des Selbstverständnisses* der feiernden Mahlgemeinschaft. Im Ritus des Mahls manifestierte sich nicht einfach nur die allgemein antike Mahlkultur, sondern die Identität einer konkreten Gemeinschaft. Die Organisation und äußere Gestalt des Mahls ist demnach durchsichtig für ein inneres Selbstverständnis, das sich sowohl soziologisch als auch theologisch beschreiben lässt. In diesem Ineinander von äußerer Gestalt und innerem Selbstverständnis liegt die einheitsstiftende Mitte der vielfältigen frühchristlichen Mahlpraxis. So unterschiedlich die verbalen und rituellen Vollzüge im Einzelnen gewesen sein mögen, in der dahinter liegenden Absicht der theologischen Selbstdarstellung sind sie eins.

Man muss die rituelle Vielfalt frühchristlicher Mahlfeiern als solche wahrnehmen und darf sich nicht dazu verleiten lassen, sie idealtypisch zu klassifizieren; die vielen Feiergestalten und Teilnahmekriterien repräsentieren keine unterschiedlichen Mahltypen.[1] Es ist darum nicht sinnvoll, mit

---

[1] So mit SCHRÖTER, Abendmahl, 157 f. Nicht einmal die Klassifizierung in paulinisch und nichtpaulinisch geprägte Mahlfeiern lässt sich durchhalten, weil auch der Paulinismus keine einheitliche Mahlform hervorgebracht hat, wie wir sahen (so jetzt auch HORRELL, Pauline Churches, 185–203). Zu einfach ist die Rede von der Mahlfeier als einem „inclusive and unifying element" neutestamentlicher Ekklesiologie (so VARSILIADIS, Eucharist, 121–145 [Zitat 121]). Damit wird die Differenz der Mahlpraxis nicht hinreichend ernst genommen. Die Tatsache, dass die Mahlgemeinschaft in den meisten frühen Gemeinden gepflegt wurde, schafft noch keine Einheit, wie ja auch die aktuellen ökumenischen Differenzen an den Tag bringen.

Hans Lietzmann sakrale Agapen und sakramentale Eucharistiefeiern zu unterscheiden. Zwar zeigt er sich sensibel für unterschiedliche Mahlkonzeptionen, doch er fasst zu sehr in festen Schablonen, was in Wirklichkeit noch im Fluss gewesen ist. Man wird der Vielfalt am ehesten dadurch gerecht, dass man sie als eine *Suchbewegung* versteht. Im Mittelpunkt der Mahlentwicklung stand keine kulturelle oder theologische Vorgabe, sondern die Frage: Wie können wir unserer Identität als christlicher Gemeinschaft mit dem, was uns wichtig ist und was uns im Innersten zusammenhält, einen rituellen Ausdruck verleihen? Anders formuliert: Die frühchristliche Mahlpraxis steht für einen argumentativ und rituell geführten Diskurs, der zum einen die kulturgeschichtliche Frage nach Integration und Abgrenzung, die dem Christentum jüdisch vorgegeben war, und zum anderen die theologische Frage nach dem Stellenwert der Christologie für das gemeindliche Selbstverständnis und Handeln beinhaltete.

Im Folgenden soll die in der Arbeit herausgestellte Vielfalt noch einmal im *Überblick* dargestellt und dabei skizzenhaft in den Gesamtkontext des frühen Christentums in neutestamentlicher und früh nachneutestamentlicher Zeit eingezeichnet werden. Wir beginnen mit den Fragen der Mahlorganisation (1.1), gehen dann über zur Verlaufsebene der Mähler (1.2) und schließen mit den Mahl- und Gruppendeutungen (1.3).

1.1 Mahlorganisation

Mit den Organisationsfragen sind all jene Fragen angesprochen, die beantwortet sein mussten, bevor überhaupt das Mahl beginnen konnte. Zu nennen sind hier die Räume, der Rhythmus, die Teilnehmerstruktur, die Zulassungsregelungen und die Verantwortung für die Bereitstellung der Speisen und Getränke.

Die *Räume*, in denen diese Mahlfeiern abgehalten wurden, lassen sich kaum noch rekonstruieren, weil das frühe Christentum im Unterschied zu den Vereinen lange Zeit archäologisch unauffällig war. Da es grundsätzlich keine Götterstatuen, Kultnischen oder Altäre geben konnte, sind frühchristliche Mahlräume aus archäologischer Sicht nicht von Alltagsräumen zu unterscheiden. Doch ist diese Lücke zugleich Programm: Zum einen haben die Christinnen und Christen damit die Alltagsbezogenheit ihrer Mahlversammlungen betont; es handelte sich um gelebte Alltagsreligiosität. Zum anderen scheint ihnen die rituelle Darstellung der eigenen Identität scheint von Anfang an wichtiger gewesen zu sein als ihre räumliche Inszenierung. Erst in der Alten Kirche änderte sich das grundlegend und bildete sich allmählich eine eigene Sakralarchitektur heraus, die zugleich Alltags- und Festkultur auseinander riss. Trotz der Unauffälligkeiten lassen sich aus frühen literarischen Zeugnissen einige Annäherungen an die Raumfrage wagen: Die neutestamentlichen Belege verweisen nahezu alle

auf das antike Haus; selbst die großen Speisungen Jesu unter freiem Himmel lassen mit ihren Anspielungen auf sympotische Liegeordnungen noch
die häusliche Prägung erkennen (Mk 6,39 f.; Lk 9,14).

Allerdings ist damit noch nicht viel gesagt. Denn Häuser konnten vielfältig aussehen; die
Bandbreite reichte von privaten Villen bis hin zu mehrgeschossigen Mietskasernen. Bezüglich der Speiseräume ist also sowohl mit exklusiv gehaltenen Triklinien als auch mit
offen gehaltenen Tavernen, Garküchen und Werkstattwohnungen zu rechnen. Sie können
im Erdgeschoss gelegen und den Innenhof eingeschlossen haben, literarisch belegt sind
aber im Neuen Testament nur Räume im Obergeschoss (Mk 14,15; Lk 22,12; Apg 20,8).[2]

Daneben ist es auch denkbar, dass Gemeinden örtliche Versammlungslokale angemietet haben (Apg 19,9 f.). Die Vielfalt der Räume erhöht sich sogar noch, wenn man in Betracht zieht, dass der Versammlungsort wahrscheinlich gewechselt hat, um die Lasten der Gastgeberschaft einigerma-
ßen solidarisch zu verteilen. In diese Richtung ist zumindest die Aufforderung zur Gastfreiheit füreinander in 1Petr 4,7 zu deuten. Unterschiedliche
Gastgeber aber können für unterschiedliche Räume und variierende infra-
strukturelle Möglichkeiten stehen.

Einen regelmäßigen *Rhythmus* der Mahlfeier bezeugt das Neue Testament noch nicht. Paulus geht zwar in 1Kor 11,20 von einer regelmäßigen
Zusammenkunft aus, doch spricht er nicht, was ja begrifflich nahe gelegen
hätte, von der Herrenmahlsfeier am Herrentag.[3] Demgegenüber lässt sich
das Zeugnis vom Herrentag in Offb 1,10 und Did 14,1 zwar auf eine Gemeindeversammlung hin deuten, doch fehlen Hinweise darauf, ob der Tag
jährlich, monatlich oder wöchentlich zu verstehen ist. Von einem festen
und regelmäßig wiederkehrenden Versammlungstag spricht ein externer
Zeuge, der bythinische Statthalter Plinius (Ep. X 96,7). Dass dieser Tag
der wöchentliche Sonntag ist, legen die Mahlzeugnisse bei Justin nahe
(1apol 67,3.8). Bei allen Unsicherheiten lässt sich so die bereits frühe
Etablierung einer wöchentlichen Mahlfeier wahrscheinlich machen, vielleicht unter dem Einfluss des in den jüdischen Häusern wöchentlich begangenen Sabbatmahls. Daneben sind zwar keine weiteren Festtage benannt, zu denen eine Mahlfeier stattgefunden hat, auffällig ist jedoch, dass
Mähler außer am ersten Tag der Woche auch in bestimmten Schwellensi-
tuationen bezeugt werden: bei Bekehrungen (ActPetr 5; ActThom 26 f.49–
51.120 f.158) und Verabschiedungen (Apg 20,7–11; ActPaulThecl 25;

---

[2] Auch die als Versammlungsort fungierende Wohnung Justins in Rom liegt im Obergeschoss, genauer über einer Badeanlage (Acta Iustini 3,3). Vielleicht ist hier an ein
Mietshausappartement zu denken.

[3] Die in 1Kor 16,2 erwähnte sonntäglich zu erfolgende Kollektenrücklage für die
Jerusalemer Gemeinde steht jedenfalls in keinem Zusammenhang mit der Mahlfeier, weil
es nicht um eine gesamtgemeindlich, sondern je individuell zu tätigende Rücklage geht.

ActPetr 2), anlässlich eines bevorstehenden Todes (ActJoh 106–110),[4] oder in angstbesetzten Situationen (Apg 27,33–38).[5] Das Mahl bekam so schon früh den Charakter eines Schwellenrituals, das die feiernde Gruppe je neu als Gemeinschaft der Bekehrten konstituierte und in Umbruchzeiten stabilisierte.

Kommen wir nun zur *Teilnahmefrage*: Wer traf sich denn zum gemeinsamen Mahl? Was lässt sich über die gruppeninterne Struktur der Mahlgemeinschaft sagen? Ethnische, soziale oder geschlechtliche Zugangsvoraussetzungen lassen sich nicht feststellen. Auch wenn die heterogene Zusammensetzung der Gruppen mitunter zu regelrechten Mahlkonflikten führen konnte, hielt man am Verzicht auf homogenisierende Zulassungsregelungen bewusst fest. Zu wichtig war es den Gemeinden anscheinend, ihre Mahlgemeinschaft als Größe zu verstehen, die ethnisch, sozial und geschlechtlich begründete Grenzziehungen hinter sich lässt.[6] Dass neben den Frauen auch die Kinder an Mahlfeiern teilnehmen konnten, belegen vor allem die Haustafeln (Kol 3,20 f.; Eph 6,1–4); Zeuge dafür könnte auch Matthäus sein, der als einziger Evangelist neben den Männern auch Frauen und Kinder an den großen Speisungen Jesu teilhaben lässt (Mt 14,21; 15,38). Die Offenheit gerade für Frauen und Kinder hing in besonderer Weise mit dem familienorientierten Leitbild der Gemeinden zusammen. Solange sie sich am Ideal der Geschwisterliebe orientierten (Röm 12,10; 1Thess 4,9; Hebr 13,1; 1Petr 1,22; 3,8; 2Petr 1,7), trugen die Mahlfeiern einen alltäglich-familiären Charakter und waren als solche für Frauen und Kinder offen. Darin passten sie sich formal in ihre Umwelt ein, die eine Teilnahme von Frauen und Kindern am Mahl und Unterhaltungsprogramm zu familiären oder religiösen Festen kannte, machten diese gesellschaftliche Ausnahme allerdings zur Regel, weil sie sich nicht mehr an einem sozialen, sondern an einem theologischen Familienbegriff orientieren (vgl.

---

[4] Hierher gehören auch die Berichte über das Abschiedsmahl Jesu (Mk 14,12–26 par.; Joh 13–17).

[5] Die Deutung von Apg 27,33–38 auf eine Mahlfeier ist in der Forschung umstritten, ist aber aufgrund der Terminologie unabweisbar, die das Mahl der Schiffbrüchigen schon auf der narrativen Ebene mit dem der Gemeinde und dem Abschiedsmahl Jesu verbindet (in diese Richtung weist auch THEISSEN, Sakralmahl, 182, der von einem sakralen Mahl ohne Todesgedenken ausgeht, das „nicht nur der Sättigung, sondern auch der Angstabwehr" diente; vgl. auch TRUMMER, Zugänge, 56–60; SCHRÖTER, Abendmahl, 54, Anm. 70, spricht nur von einem „Anklang" an ein urchristliches Mahl, und HEIL, Meal Scenes, 293–305, nur von einer stellvertretenden Eucharistie des Paulus).

[6] Auch die Begrenzung der Mahlgemeinschaft beim Abschiedsmahl Jesu auf die zwölf Jünger spricht nicht dafür, dass die frühchristlichen Mähler Männerveranstaltungen waren, sondern hat theologische Gründe: Die Zwölf repräsentieren das Gottesvolk und sind ausschließlich aus dieser Repräsentanz heraus zu deuten.

etwa Mk 3,31–35; Lk 18,28–30). Um die Verwirklichung dieses Ideals musste allerdings immer wieder neu gerungen werden.[7]

Wie wenig selbstverständlich gerade die Teilnahme von Frauen an den Versammlungen war, zeigen die vielfältigen Gestaltungshinweise, die den Frauen mal mehr und mal weniger Beteiligungsmöglichkeiten einräumten. Die Anweisungen in 1Kor 11,2–16 sind auf dem Hintergrund sympotischer Erotik und die Regelungen in 14,33b–36 auf dem Hintergrund sympotischer Eukosmie und Disziplin zu verstehen. Vielleicht spiegeln auch die Gastmahlschilderungen im Lukasevangelium mit der Sünderin (Lk 7,36–50 [beachte den Fortgang 8,1–3!]) und mit Maria und Martha (10,38–42) Auseinandersetzungen um die Teilnahme von Frauen am Mahl in den lukanischen Gemeinden wider. Gerade letztere macht deutlich, dass es nach Jesu Auffassung nicht die Aufgabe der Frauen sein soll, nur die zu Tisch liegenden Männer zu bedienen, sondern wie die Männer dem Lehrvortrag zu lauschen. Selbst 1Tim 2,8–15 hebt mit seinem konservativen Lehrverbot für Frauen nicht deren Teilnahme auf, nimmt ihnen aber weitgehend den Gestaltungsspielraum und lässt sie zu jenen passiven Teilnehmerinnen werden, als die wir sie schon aus paganen Gastmahlbeschreibungen kennen (vgl. nur Plutarchs Gastmahl der sieben Weisen [mor. 146b–164d], wie oben in Kap. II.2.3 dargelegt).

Als einziges *Zulassungskriterium* hat sich ein theologisches Kriterium, die Taufe, herauskristallisiert. Das muss nicht von Anfang an so gewesen sein und wird explizit zum ersten Mal in Did 9,5 ausgesprochen. Die Zulassung ergibt sich dort fast zwangsläufig aus der ekklesialen Bedeutung des Mahls. Auch die Mahlfeiern im paulinischen Kontext werden nicht beliebig offen gewesen sein. Wenn das Mahl leibliche Ausdrucksgestalt gemeindlicher Einheit (1Kor 10,17) und Heilswirklichkeit (Kol 2,16 f.) ist, dann ist es in erster Linie als gemeindeinterne Angelegenheit zu verstehen. Doch scheinen die Grenzen nicht von Anfang an streng gezogen worden zu sein;[8] Paulus setzte die Anwesenheit von Gästen zumindest theoretisch beim anschließenden wortorientierten Teil der Mahlversammlung voraus (1Kor 14,23–25), und auch die Kritik an den Mahlversammlungen, die der Kolosserbrief bezeugt, scheint von außen zu kommen (Kol 2,16 ff.). Der Weg hin zur exklusiven Geschlossenheit war den Gemeinden also nicht von Anfang an vorgegeben, sondern hing mit der zunehmenden Bewusst-

---

[7] Zu pauschal ist deshalb die These von Luise SCHOTTROFF, dass eine Hermeneutik unhaltbar sei, „die davon ausgeht, Frauen und Kinder hätten nicht an den Gemeinschaftsmählern teilgenommen" (BIELER/SCHOTTROFF, Abendmahl, 25, Anm. 19).

[8] REINBOLD, Propaganda, 327–329, spricht im Hinblick auf Traditio Apostolica, Kap. 29 gar von einer missionarischen Funktion frühchristlicher Mähler. Die dort bezeugte Aufforderung an die Gemeinde, die Nichtchristen mit ihrer Mahlpraxis zur Nacheiferung zu reizen, interpretiert er dahingehend, dass bei christlichen Mählern anwesende Nichtchristen zur Bekehrung geführt werden sollen.

werdung der Mahlgemeinschaft als eigener Größe im Konkurrenzkampf mit Vereinen und anderen Mahlgruppen zusammen. Besonders greifbar ist dies in der Offb, die inmitten einer vom Herrscherkult geprägten Mahlkultur eine eigene geschlossene Identität auszubilden sucht, so dass der Mahnkatalog Offb 22,14 f. im Buchschluss auf bestem Weg ist, den Charakter einer Ausschlussformel anzunehmen. Sie bezeugt damit das Problem, das sich schon früh bemerkbar gemacht hatte, wie mit getauften Gemeindegliedern zu verfahren sei, die aufgrund ihres Verhaltens innerhalb und außerhalb der Gemeinde faktisch hinter die Grenze, die sie mit ihrer Bekehrung überschritten haben, zurückfallen. So gilt nach 1Kor 5,9, dass keine Tischgemeinschaft mehr mit Gemeindegliedern mehr möglich ist, die dem Laster verfallen sind.

Auch die apokryphen Apostelakten widmen sich dem Problem unangemessener Mahlteilnahme, entfalten es anders als die Johannesoffenbarung jedoch nicht symbolisch, sondern narrativ: In ActJoh 84 wird vor der Durchführung des Mahls (85 f.) der bekehrungsunwillige Verwalter Fortunatus verflucht; in ActPetr 2 wird eine Ehebrecherin als des Herantretens an den Altar Gottes unwürdig überführt; in ActThom 51–61 wird ein an der Mahlfeier teilnehmender Jüngling als Lustmörder entlarvt und mit Krankheit geschlagen.

Wer war schließlich für die *Bereitstellung* der Speisen und Getränke verantwortlich? Dass wir darüber noch weniger informiert sind als über die Räumlichkeiten, ist zumindest im Vergleich mit den Vereinen auffällig. Während eine ganze Reihe von Vereinsinschriften mitunter minutiös festlegten, wer welchen Anteil bereitzustellen hat, scheinen die Gemeinden lange Zeit auch ohne satzungsmäßige Festlegungen ausgekommen zu sein. Die Missstände in Korinth legen die Vermutung nahe, dass nicht eine einzelne Person, etwa die des Gastgebers, die Gesamtverantwortung zu tragen hatte. Die Ungleichbehandlungen beim Mahl machen vielmehr wahrscheinlich, dass die Teilnehmerinnen und Teilnehmer selbst in die Pflicht genommen wurden, je nach Vermögen etwas beizusteuern. Dass solche Gaben sehr unterschiedlich ausfallen konnten (1Kor 11,21), verwundert angesichts der sozialen Unterschiede innerhalb der Gemeinden, die ja Sklaven und Freie gleichermaßen umfassen konnte, nicht. Denkbar ist, dass Brot und Getränk (meistens wohl Wein) von der privaten Bereitstellung ausgenommen waren und gemeinschaftlich zur Verfügung gestellt wurden, die privaten Spenden also auf Fleisch, Fisch und Zukost beschränkt waren. Eine solche Praxis ist aus einer Reihe von Vereinen bezeugt und würde im Falle der christlichen Mähler bedeuten, dass der theologischen Bedeutung von Brot und Becher dadurch Rechnung getragen wurde, dass sie gemeinschaftlich besorgt und verzehrt werden sollten. Zugleich würde deutlich, warum sich die Voresser in Korinth ohne jegliches Problembewusstsein an den von ihnen mitgebrachten Speisen gütlich taten, denn sie aßen ja nach eigenem Bekunden nur das Eigene, nicht aber

das Gemeinschaftliche. Das muss aber nicht überall der Fall gewesen sein.
Die Notiz in 1Petr 4,7, ohne Murren gastfrei zu sein, deutet darauf hin,
dass die Lasten der Gastgeber nicht unterschätzt werden dürfen, sie also in
jedem Falle mehr zu tragen hatten als die teilnehmenden Gemeindeglieder.
Während Paulus die Ungleichheit im Mahlvollzug kritisiert, so der Verfasser des 1Petr die Ungleichheit in der Verantwortung für die Gastgeberschaft.

1.2 Mahlverlauf

Kommen wir zur Primärebene des Mahls, dem Mahlverlauf. Hier geht es
um die Ablaufstruktur, den Vorsitz und die Leitung der Mahlfeiern, die
Speisen und Getränke sowie die das Mahl begleitenden Worte und Gesten.

In ihrem *Aufbau* werden die Mahlfeiern weitgehend aus einem Mahl-
und einem Wortteil bestanden haben. Lediglich die von Markus und Matthäus überlieferten Berichte vom Abschiedsmahl Jesu (Mk 14,22–26; Mt
26,26–30) lassen die Mahlversammlung mit dem Abschlusshymnus enden
und einen Wortteil vermissen. Ob daraus eine Schlussfolgerung für die
gemeindlichen Mahlfeiern gezogen werden darf, kann hier offen bleiben.
Breiter bezeugt ist jedenfalls die Kombination von Mahl und wortorientiertem Beisammensein, wenn auch in verschiedenen Varianten:

Modell 1	*Modell 2*	*Modell 3*
	Wortorientiertes Beisammensein	Wortorientiertes Beisammensein
Mahlzeit	Mahlzeit	Mahlzeit
Wortorientiertes Beisammensein		Wortorientiertes Beisammensein

Zu Modell 1:

Die aus paganen Gast- und Vereinsmahlbeschreibungen bekannte Reihenfolge von Mahl und Wortversammlung ist vor allem für das Gemeindemahl in Korinth bezeugt. Dort folgte auf das Mahl (1Kor 11,17–34) ein
unterhaltsamer Teil (1Kor 12–14). Darin steckt zugleich eine theologische
Deutung: Die im Mahl hergestellte Einheit der Gemeinde (vgl. 1Kor 10,17)
differenziert sich in der Wortversammlung zur Vielfalt aus. Der Ablauf
von Mahl und Gesprächsteil wird auch in den Darstellungen des Abschiedsmahls Jesu nach Lukas und Johannes bezeugt. Lukas lässt auf das
Mahl (Lk 22,14–20) Gespräche unter den Jüngern und Belehrungen Jesu
folgen (22,21–38), und Johannes lässt auf das Mahl mit Fußwaschung (Joh
13,1–20) erst die Ansage des Verräters (13,21–30) und dann, nachdem der

Verräter den Raum verlassen hat, die Abschiedsreden an den engsten Kreis der Vertrauten folgen, die mit einem Gebet abschließen (13,31–17,26).[9]

Zu Modell 2:
Die aus der jüdischen Tradition heraus bekannte Reihenfolge von lehrhafter Unterweisung und anschließendem Mahl ist bei Justin bezeugt: Die ihm bekannte sonntägliche Mahlfeier beginnt mit Schriftlesungen und lehrhafter wie ermahnender Auslegung, worauf ein gemeinschaftliches Gebet folgt, das zum Mahl überleitet (1apol 67,3–6). Dem entspricht der narrative Befund der Mahlschilderungen in den Evangelien: In der Überlieferung von den galiläischen Speisungen Jesu bei Markus und Lukas (Mk 6,30–44; Lk 9,10–17) redet Jesus erst zu der Menge, bevor er ihnen zu Essen gibt.

Zu Modell 3:
Die Apostelgeschichte wiederum kennt ein von zwei Wortteilen gerahmtes Mahl. So beginnt die Versammlung in Troas nach Apg 20,7–11 mit einer lehrhaften Unterweisung (20,7.9: διαλέγεσθαι), geht weiter mit dem Brotbrechen (und damit auch mit der Mahlzeit) und endet mit einem eher gesprächsorientierten dritten Teil (20,11: ὁμιλεῖν). Ein analoger Ablauf begegnet uns auch im jüdischen Therapeutenmahl. Dieses begann mit einem Lehrvortrag, fuhr fort mit einer leichten Mahlzeit und endete alle sieben Wochen mit einer pneumatisch inspirierten Nachtfeier.

Möglicherweise repräsentiert das Brotbrechen in Troas aber auch gar keinen eigenen Ablauf, sondern nur eine Unterform des ersten Modells. Denn der Akt des Brotbrechens kann leicht mit der Mahlzeit beim korinthischen Herrenmahl, der gesprächsorientierte Teil danach mit der korinthischen Wortversammlung parallelisiert werden. Der eher vortragsartige erste Teil könnte seine Entsprechung in der Verlesung von Briefen haben, die sicher nicht in jeder Versammlung vorkam, dann aber, wenn sie aber stattfand – wofür es deutliche Hinweise gibt (1Thess 5,27; Kol 4,16; Eph 3,4; Offb 1,3) –, am sinnvollsten vor dem Mahl platziert wurde. Wenn es sich so verhält, dann lässt sich auch plausibel machen, warum die Briefschlüsse in 1Kor 16,22–24 und Offb 22,6–21 mit ihrem dialogischen Charakter und dem Maranatha-Ruf auf die Ausbildung der altkirchlichen Liturgie einwirken konnten. Die eigentlich aus der Briefkommunikation heraus zu verstehenden Formulierungen hätten sich dann aufgrund der gemeindlichen Praxis der Lesung vor dem Mahl allmählich zu mahlkommunikativen und dann schließlich zu liturgischen Stücken weiterentwickelt.

Wer hatte die *Leitung* dieser Mahlfeiern inne? In den frühen Zeugnissen der gemeindlichen Mahlfeier spielten Funktionsträger noch keine Rolle. Das mag mit dem noch geringen Organisationsgrad der Gemeinden gegenüber Vereinen zusammenhängen. Da man in der Regel keine eigenen Versammlungslokale besaß, sondern auf die Gastfreundschaft entsprechend betuchter Gemeindeglieder – unter ihnen waren auch Frauen, insbesondere

---

[9] Zur sympotischen Gestalt der johanneischen Abschiedsreden vgl. PARSENIOS, Departure, 31–35.

Witwen (1Tim 5,10) – angewiesen war, nutzte man deren infrastrukturellen Möglichkeiten (Küche, Speiseraum, Personal) gleich mit und überließ dem Hausherrn bzw. der Hausherrin die Leitung.[10] Doch hat zumindest Paulus eine solche Regelung als rein pragmatische Regelung verstanden und sie nicht theologisch überhöht. Theologisch galt für ihn, dass nicht der Gastgeber als Glied der Gemeinde, sondern die Gemeinde in ihrer Gesamtheit als das Subjekt und als die Leiterin der Zusammenkünfte zu verstehen ist. Sie segnet den Becher und bricht das Brot, wie Paulus schreibt (1Kor 10,16), obwohl faktisch Einzelne diese Aufgabe übernommen haben werden; sie verkündigt den Tod des Herrn in Erwartung seiner Wiederkunft (11,26) und tut das in einem Ritus, der nur gemeinschaftlich, nicht aber individuell vollzogen werden konnte. Nicht einmal die eklatanten Missstände, die das Herrenmahl in ein Privatmahl verkehrten, nötigten Paulus dazu, eine menschliche Ordnungsmacht zu installieren. Er vertraute ganz und gar auf die disziplinarische Kraft der Mahlworte Jesu. Erst die gemeindeorganisatorischen Umbrüche, die im 1Tim dokumentiert sind, führten zu sich verfestigenden Funktionsträgerstrukturen, die nicht nur, aber auch die Mahl- und Wortversammlung betrafen (1Tim 3,2 f.8.11). Diese Umstrukturierungsprozesse wurden dann von Ignatius im 2. Jh. theologisch vorangetrieben. Er baute den Episkopat zumindest theoretisch zum Monepiskopat aus, verstand ihn allerdings streng ekklesiologisch. Denn dem Episkopen sollte nur deshalb die Leitung der Mahlfeier zukommen, weil er die Einheit der Gemeinde repräsentiert (IgnPhld 4; vgl. IgnSm 8,1).[11] Mit dem Einheitsgedanken hat der antiochenische Bischof zwar ein genuines Anliegen paulinischer Mahltheologie bewahrt, aber anders als Paulus von der Gesamtgemeinde auf eine als Repräsentationsfigur verstandene Einzelperson übertragen.

Worin die Leitungsfunktion in der Mahlfeier genau bestand, lässt sich nicht klar ersehen. Am ehesten wird man an das Sprechen der Gebete und an Schriftlesung und Auslegung zu denken haben. Klar ist das allerdings nicht. Denn die Pflichtenkataloge für Episkopen und Diakone (1Tim 3,1–13) enthalten eher allgemeine Normen und Werte als spezifische Aufgaben. Sie zeigen, dass man an den Leitern eher Vorbild- als konkrete Leitungsfunktionen festmachte. Wer selbst nicht säuft, wird auch die Gemeindeglieder nicht abfüllen; wer selbst gastfrei ist, wird auch andere zu Gastfreundschaft ermutigen; wer selbst nicht gewalttätig ist, wird auch andere ermutigen, es gar nicht erst zu Streit und Gewalt kom-

---

[10] So mit BECKER, Herrenmahl, 5.

[11] Dass der Einheitsgedanke nicht an der Person des Episkopen, sondern an seinem Amt hängt, zeigt IgnSm 8,1. Demnach muss die Leitung der Mahlfeier nicht zwangsläufig vom Episkopen persönlich übernommen werden, sondern darf auch einem Bevollmächtigten übertragen werden. Noch weiter geht Tertullian, De Exhortatione Castitatis 7,3; denn die Eucharistie dürfen im Notfall auch getaufte männliche Gemeindeglieder leiten, auch wenn sie nicht durch Handauflegung beauftragt worden sind (dazu MINNERATH, présidence, 271–298).

men zu lassen. Disziplinarische Befugnisse und Strafenkataloge, an denen sich die Leiter hätten orientieren können, sind dagegen nicht bezeugt.

Werfen wir nun noch einmal einen genaueren Blick auf die von den privaten Gastgebern oder gemeindlichen Amtsträgern geleitete Mahl- und Wortversammlung. Wie liefen solche Versammlungen im *Detail* ab?

	1Kor 11–14	*Did 9 f.*[12]	*Justin, 1apol 67*
Wortversammlung	(ggf. Brieflesungen)	wird nicht erwähnt	Schriftlesungen und Auslegung; Gebet (1apol 67,3–5)
Mahleröffnung			Hereintragen von Brot, Wein und Wasser (1apol 67,5)
	Friedenskuss; Warnung; Maranatha (1Kor 16,22)	Versöhnungsgestus (Did 14,2); Hosianna; Maranatha (Did 10,6)	
		Dankgebet über dem Becher (Did 9,2; vgl. 1Kor 10,16a)	Dankgebet des Vorstehers über Brot und Becher mit kollektivem Amen-Ruf der Gemeinde (1apol 67,5)
	Dankgebet über dem Brot und Brotbrechen (1Kor 11,23b.24)	Dankgebet über dem Brot und Brotbrechen (Did 9,3 f.; vgl. 1Kor 10,16b)	
Mahlzeit	Sättigungsmahlzeit (1Kor 11,25a)	Sättigungsmahlzeit (Did 10,1)	Sättigungsmahlzeit; Verteilen der Mahlportionen auch an Nichtanwesende (1apol 67,6)
Mahlabschluss	Dankgebet und Becherhandlung (1Kor 11,25b)	Dankgebet für die geistlichen Gaben und Fürbitte für die Kirche (Did 10,2–5)	wird nicht erwähnt
Wortversammlung	Psalm-, Lied-, Lehrvorträge, Offenbarungen, Zungenrede und Auslegung (1Kor 14,26)	wird nicht erwähnt	–

---

[12] Zur hier vertretenen Deutung der Mahlabläufe nach Did. 9 f. vgl. oben Kap. VI.4.1.

Mahleröffnung:

Sie bestand mindestens aus einem Dankgebet über dem Brot, nach der Didache (eine ähnliche Tradition findet sich in 1Kor 10,16) und Justin über Becher und Brot bzw. Brot und Becher. Der Wortlaut der Gebete konnte variieren. Die in Röm 14 und 1Tim 4,3–5 bezeugten Speisekonflikte lassen auf eine Versammlung schließen, die mit einem eher schöpfungs- und nahrungsmittelorientierten Eingangsgebet eingeleitet wurden (Röm 14,6; 1Tim 4,4), die Dankgebete in Did 9 f. sind dagegen eher heilsorientiert. Daraus auf verschiedene Mahltypen zu schließen, wäre allerdings voreilig. Vielmehr ist eine anfängliche theologische Weite und Offenheit in den Gebetsformularen zu konstatieren, die darin ihren Einheitspunkt findet, dass es in allen Fällen letztlich um das Selbstverständnis der Mahlgemeinschaft ging.

Did 9,1–4 bietet das älteste uns erhaltene Zeugnis für den möglichen Wortlaut eines solchen Eingangsgebets. Es wurde in judenchristlichen Kreisen formuliert und trägt noch deutlich jüdische Züge.[13] Das Gebet nimmt unmittelbar Bezug auf die zum Mahl gereichten Grundelemente von Becher und Brot und deutet sie christologisch. Andere Lebensmittel werden zwar vorausgesetzt, weil von einer Sättigungsmahlzeit die Rede ist und die sich nicht auf Brot allein beschränken kann, werden aber im Gebet nicht eigens bedacht. Das theologische Schwergewicht lag allein auf Brot und Becher und den mit ihnen verbundenen Riten. In einem Schlusssatz wird schließlich das Brot auf die zu erwartende Einheit der Kirche hin gedeutet, indem die Sammlung der Körner zu *einem* Brot mit der Sammlung der Christen zur *einen* Kirche verglichen wird. Das sich an das Gebet anschließende Sättigungsmahl wurde durch diese inhaltliche Bestimmung von Brot und Becher theologisch durchdrungen, indem es in das Interim zwischen der Vergangenheit des heilsamen Wirkens Jesu und der Zukunft der kirchlichen Einheit gestellt wird. Das Einheitsmotiv verbindet Did 9,4 mit 1Kor 10,16b, wobei Paulus die Einheit allerdings gemeindlich und noch nicht gesamtkirchlich dachte, sie also nicht nur erwartete, sondern im Brotritus mit Brechen und Austeilen schon als gegeben ansah.

Zum Gebet hinzu trat der Ritus des Brotbrechens, der für die rituelle Zueignung des im Gebet verbal ausgedrückten Inhalts an die Mahlgruppe steht, also nicht nur den pragmatischen Sinn hatte, den Mahlteilnehmern ihr Besteck zu reichen, sondern auch die theologische Bedeutung, die Einheit Christi an die Gemeinschaft zu verteilen und sie dadurch überhaupt erst zu einer Einheit zusammenzuschließen. Das Brotbrechen hatte also eine gruppenkonstituierende Funktion und korrespondierte damit zum Anliegen des Dankgebets, die Identität der Mahlgemeinschaft zu verbalisieren.

Neben Dankgebet und Brotbrechen können sich noch weitere Worte und Gesten im Mahleingangsteil angelagert haben:

---

[13] Zum jüdischen Hintergrund der beiden Mahlgebete der Didache vgl. NIEDERWIMMER, Did, 175 f.; MAZZA, Origins, 12–41; SANDT/FLUSSER, Didache, 310–313; MILAVEC, Did, 402 f.; MESSNER, Grundlinien, 12–15.

Maranatha	Das Maranatha geht auf die aramäisch sprechende Urgemeinde zurück und ist als Ruf um das Kommen Christi zur Parusie zu verstehen (so noch in Jud 14 f.), dann auch im Sinne einer Vorwegnahme dessen als Ruf zum Kommen Christi zum jeweiligen Mahl (1Kor 16,22; Offb 22,20; Did 10,6). Es kann als Frühform der späteren Epiklese gelten, die anfangs noch personal und nicht gabenorientiert verstanden wurde, d.h. auf das Kommen zur Feier und noch nicht auf die Elemente bezogen war.
Hosianna	Dem Maranatha konnte das Hosianna folgen (Did 10,6) und damit der Bitte um das Kommen Christi seine Begrüßung inmitten der Mahlfeier. Ist das Maranatha als Supplikation zu verstehen, so das Hosianna als Akklamation.
Salbung	Salbungen haben wohl vor allem in Taufeucharistien stattgefunden (Did 10,8; ActThom 27).
Friedenskuss	Der Friedenskuss kann als Versöhnungsgeste gedeutet werden (1Kor 16,20; Justin, 1apol 65,2; ist vielleicht auch in Did 14,2 gemeint). Nach Cyprian, ep. 6,1 wurde dabei auf den Mund und nicht auf die Wange geküsst. Dass dabei erotische Irritationen wachgerufen werden konnten, versteht sich von selbst. Von daher ist die Anweisung von Clemens von Alexandrien, sich frei von Lärm und Leidenschaft auf den geschlossenen Mund zu küssen, zu deuten (Paed III 11,81,2–4).

Keine Rolle im Mahlvollzug spielten dagegen anfangs die Einsetzungsworte gemäß Jesu Abschiedsmahl.[14] Sie fungierten aber zumindest bei Mahlfeiern im paulinischen Wirkungskreis als Deutehorizont der Feier und wirkten wahrscheinlich auf den Wortlaut der Mahlgebete ein. Die Mahlgebete in Korinth dürften also im Unterschied zu denen in Syrien, die in der Didache bezeugt sind, den Tod Jesu mit thematisiert, wenn nicht gar ins Zentrum der Deutungen gestellt haben. Ebenfalls keine Rolle im Mahlvollzug spielten Zulassungs- und Ausschlussformulierungen. Did 9,5 spricht zwar vom Ausschluss der Ungetauften, tut dies aber nicht in einer liturgischen Formel, sondern in einer Rubrik, die auf der Metaebene anzusiedeln ist (ähnlich Offb 22,14 f.). Auch der paulinische Aufruf zur Selbstprüfung (1Kor 11,28) geht in die Richtung, den Ausschluss nicht im Verlauf der Mahlfeier zum Ausdruck zu bringen, sondern im Vorfeld zu klären.

Sättigungsmahlzeit:
Die gereichten Speisen konnten vielfältig gewesen sein. Brot gehörte, wie wir in der Behandlung der Mahleröffnung gesehen haben, aus pragmatischen wie theologischen Gründen zum Standard. Gemüse wird zwar nur selten erwähnt (ActPaulThecl 25), war aber auch unstrittig und darf als Zukost selbstverständlich vorausgesetzt werden. Ob die Fischmahlzeiten

---

[14] Vgl. dazu den Exkurs zur liturgischen Funktion des Einsetzungsberichts im Anschluss an Kap. III.3.2.5.2.

des irdischen (Mk 6,38.41.43 par.; 8,7 par.) oder des auferstandenen Jesus (Lk 24,42; Joh 21,9.13) für eine Gemeindepraxis mit Fischverzehr durchsichtig sind, kann als wahrscheinlich gelten.[15] So ergibt sich das Bild von Mahlzeiten mit Brot, Gemüse und Fisch. Strittig war dagegen der Verzehr von Fleisch (Röm 14,2), und zwar vor allem wegen seiner möglichen Herkunft aus dem paganen Opferkult (1Kor 8–10; Offb 2,14.20).[16] Fleischverzicht wurde so zum Kennzeichen einiger asketisch orientierter Gemeindegruppen; er steht zum einen für die Bewahrung des jüdischen Erbes (Did 6,3), zum anderen für eine sichtbare christliche Mahlidentität in Abgrenzung von Opfermählern und Volksfesten sowie von den sich allmählich herausbildenden gnostischen Kreisen in der Kirche (Justin, dial. 34,7; vgl. 35,2 f.6; Irenäus, haer. I 6,3). Die Portionierungen wurden anders als in vielen Vereinen nicht geregelt, so dass es beispielsweise in Korinth zu Ungleichheiten kam. Der 1Tim dagegen billigte den Amtsträgern doppelte Mahlportionen zu (1Tim 5,17), was umgekehrt heißt, dass auch die einfachen Portionen in gewisser Weise festgelegt gewesen sein mussten.

Mahlabschluss:
Er bestand wieder aus einem Gebet. Sein möglicher Wortlaut wird wie schon beim Eingangsgebet von der Didache bezeugt (Did 10,1–5). Wieder liegt der Akzent auf der Soteriologie, jetzt auf der pneumatischen Qualität der Speisen und Getränke, so dass man nach dem gemeinsamen Essen und Trinken noch einmal dezidiert darauf hinweisen wollte, dass es letztlich nicht um Sättigung, sondern um Heilsteilhabe geht (Did 10,3). Nach 1Kor 11,25 war das Abschlussgebet analog zum Eingangsgebet mit einer rituellen Handlung, jetzt einer Becherhandlung verbunden – die in Did 10 keine Rolle spielt, weil der Becher schon im Eingangsteil gedeutet und wahrscheinlich auch herumgegeben wurde (vgl. auch 1Kor 10,16). Von seinem Ablauf und seiner Stellung im Gesamtverlauf erinnert der Abschlussritus mit Gebet und Becherhandlung stark an pagane Mahlabschlusszeremonien mit Trankspende. Eine solche Verwechslung wollte man im frühen Christentum – wieder handelt es sich um eine jüdische Vorgabe, die frühchristlich weitergeführt wurde – strikt vermeiden und wehrte ihr dadurch, dass man den Ritus signifikant veränderte. Das Getränk wurde in christlichen Mählern nicht ausgegossen, sondern herumgereicht und getrunken.[17] Dadurch wurde zugleich die Bedeutung auf den Kopf gestellt; aus der ursprünglich als Gabe der Mahlteilnehmer an die Götter gedeuteten Spende wurde nun die Gabe Gottes an die Mahlteilnehmer. Doch nicht nur rituell,

---

[15] Dazu McGOWAN, Ascetic Eucharists, 127–140.

[16] MÜLLER, Kalbfleisch, 250–261, hält von Lk 15,23 her auch den Verzehr von Kalbfleisch in der Mahlfeier für möglich.

[17] Darauf weisen zu Recht KARRER/CREMER, Vereinsgeschichtliche Impulse, 47, gegen KLINGHARDT hin.

auch substanziell wollte man sich von Trankopferzeremonien abgrenzen. Von daher erklärt es sich, dass der Weingenuss in frühchristlichen Mählern nicht immer und überall bejaht wurde. Einzelne Mahlgruppen ersetzten Wein durch Wasser oder verzichteten überhaupt auf den Becher und konzentrierten sich allein auf das Brot. Gerade Becherverzicht und Wassergenuss in frühchristlichen Mählern sind also als Kritik am paganen Trankopfer zu verstehen.

Dass der Becher nicht in allen frühchristlichen Mählern eine Rolle spielte, zeigen die offene Formulierung des Becherworts in 1Kor 11,25b und der lukanische Mahlbericht, der den Gedächtnisbefehl nur beim Brotwort, nicht aber auch beim Becherwort bezeugt. Der Becher fehlt auch in ActJoh 85 f.110; ActThom 29.49–51. Und dort, wo er gereicht wird, wird sein Inhalt oft nicht thematisiert; weder die Didache noch Paulus sind an der Getränkefrage interessiert. Es ist also alles andere als sicher, dass der Gemeinschaftsbecher mit Wein gefüllt war, wie es die synoptischen Mahlberichte aufgrund des eschatologischen Ausblicks nahe legen (Mk 14,25 par.), obwohl auch sie den Becher und nicht das Getränk deuten. Dass der Becher vielerorts – auch im paulinischen Wirkungsgebiet – nicht mit Wein, sondern mit Wasser gefüllt war, legt sich von der unscheinbaren Anweisung an Timotheus, der hier für die Gemeinde Modell steht, vom Wasser zum Wein zu wechseln (1Tim 5,23), nahe. Auch wenn sich altkirchlich der Wein durchsetzte, wurde das Wasser nie verdrängt. Das zeigt die von Justin vorausgesetzte Praxis des Mischweins (1apol 65,3.5; 67,3), die allgemein üblich wurde (bis Irenäus, haer. I 13,2). Während in paganen Mählern die Trankspende mit ungemischtem Wein begangen wurde, scheute man diesen in christlichen Kreisen und reichte stattdessen ein Wein-Wasser-Gemisch. Die neutestamentlich vor allem von der Offb (7,16f; 21,6; 22,1.17) bezeugte Wasserpraxis ging im Zuge dieser Entwicklungen zum Mischwein nicht verloren und wurde in asketischen Kreisen weiter ausgeübt (ActPaulThecl 25; ActThom 120 f.; ActPetr 2). Erst allmählich wurde die Wasserpraxis zur Zielscheibe großkirchlicher Angriffe und Vereinheitlichungstendenzen und wurden die sie ausübenden Gruppen unter Häresieverdacht gestellt (Cyprian, ep. 63).

Einen ganz anderen Weg gehen die johanneischen Zirkel. Sie stellen nach Joh 13,4 die Fußwaschung nicht nur hinter das Mahl an die Stelle, an der die Synoptiker die Mahlworte Jesu überliefern, sondern damit zugleich an die Stelle des Trankopfers. Der gemeinschaftliche Waschritus ersetzt folglich noch deutlicher als die synoptisch-paulinische Becherhandlung die pagane Trankzeremonie und steht zugleich für den sichtbaren Ausdruck der Identität der johanneischen Mahlgemeinschaft als einer Liebesgemeinschaft.

Trinkgelage:
Es scheint tatsächlich so etwas wie christliche Symposien mit Weingenuss gegeben zu haben – natürlich nur dort, wo der Weingenuss nicht verpönt war. Das Trinken stand dort aber nicht im Vordergrund und sollte maßvoll erfolgen (Eph 5,18). In den meisten Fällen – zumindest ist das Schweigen der Quellen am ehesten in diesem Sinne zu deuten – hat aber wahrscheinlich gar kein gemeinschaftliches Trinken stattgefunden, ist also nur in un-

eigentlicher Weise von Symposien zu reden. Im Mittelpunkt des wortorientierten Beisammenseins standen geistgewirkte Lied- und Redebeiträge, wobei die Prioritäten unterschiedlich ausfallen konnten. In den Gemeinden des 1Tim standen Schriftlesung und Lehre, in denen des Jud Schriftkunde und pneumatisch inspirierte Engelverehrung, in den Zirkeln der Offb dagegen hymnische Gesänge und prophetische Redeformen im Mittelpunkt. Diese „Symposien" stehen für die hohe Bedeutung des Wortes, die den christlichen Versammlungen neben dem Mahl von Anfang an eingestiftet war. Der verbreitete Verzicht darauf, die Wortbeiträge mit Weingenuss zu begleiten, ist wie die Abwehr erotischer Fehlleitungen als Abgrenzungstendenz zu vermeintlichen paganen Sex- und Saufgelagen zu verstehen.

1.3 Mahldeutung

Wenden wir uns schließlich den Fragen nach der Bedeutung der Mähler zu. Deutungen werden nur selten explizit dargelegt, stecken aber in den Mahlbezeichnungen, kommen in den zahlreichen Mahlkonflikten und ihren Lösungsstrategien zum Ausdruck, beziehen sich sowohl auf die Gruppe als auch auf die eingenommene Mahlzeit und verorten die christlichen Mähler anlehnend oder abgrenzend im kulturellen Umfeld jüdischer und paganer Mahlfeiern.

Die Vielfalt frühchristlicher Mähler kommt schon in den *Mahlbezeichnungen* zum Ausdruck. Sie stehen nicht für unterschiedliche Mahltypen, sondern bringen das Proprium der Mahlfeier gleichsam einem Motto auf den Begriff. Nicht überall begegnen wir gefestigten Termini, aber vier Bezeichnungen lassen sich schon recht früh feststellen, auch wenn sich nur eine von ihnen, die Eucharistie, kirchengeschichtlich durchgesetzt hat:

Die Mahlbezeichnung *Brotbrechen* ist vorwiegend im lukanischen Doppelwerk bezeugt (Apg 2,42.46; 20,7) und geht auf die Erscheinung des Auferstandenen beim Mahl zurück (Lk 24,30 f.35).[18] Es steht für ein österlich geprägtes Mahl in freudiger Erwartung und wurde erst nachträglich durch die lukanische Redaktionsarbeit in eine Linie mit dem Abschiedspassa Jesu (Lk 22,14–20) gebracht, indem Lukas dort den Anamnesisbefehl nur im Rahmen des Brotwortes, nicht aber auch im Rahmen des Becherwortes überlieferte und damit eine theologische Kontinuität in der Diskontinuität der Zeiten schuf.

Paulus, die Didache und Ignatius kennen das Brotbrechen zwar nicht als Mahlbezeichnung, bezeugen aber das Brotbrechen als einheitsstiftenden Ritus zu Mahlbeginn (1Kor 10,16 f.; Did 9,3 f.; IgnEph 20,2). Auch in den apokryphen Johannes- und Thomasakten taucht der Ritus des Brotbrechens auf (ActJoh 85.110, ActThom 29), hier vielleicht aus asketischen Tendenzen heraus, insofern als hier das Brot das theologische Schwerge-

---

[18] Vgl. dazu SCHWEMER, Mahlgemeinschaft, 208–217.

wicht zu tragen hatte, während der Becher mitunter fehlte. Justin und Irenäus bezeugen dagegen weder den Begriff noch den Ritus, Justin nicht einmal im Zitat der Einsetzungsworte.

Paulus nennt das gemeindliche Mahl in Abgrenzung zu Privatmählern *Herrenmahl* (1Kor 11,20 f.), wie er im anderen Kontext das Gemeindemahl mit dem Begriff „Opfertisch des Herrn" vom Opfertisch der Götter abgrenzt (1Kor 10,21). Die Bezeichnung steht für ein Mahl, das dem Herrn gehört und darum exklusiv nach außen und bindend nach innen verstanden werden will.

Der Begriff setzte sich nicht durch und wird über Paulus hinaus nur noch in der Apostolischen Tradition (Kap. 27) und bei Tertullian (Ad Uxorem 2,4, vgl. De Fuga 14,1) bezeugt.

Eucharistie heißt die christliche Mahlfeier erstmals in der Didache (Did 9,1) und bei Ignatius (IgnEph 13,1; IgnSm 7,1a; 8,1). Mit dieser Bezeichnung wird das theologische Gewicht der Mahlgebete als Zentrum der Mahlfeier zum Ausdruck gebracht.

Die Entwicklung dahin ist neutestamentlich schon von Paulus (1Kor 10,30 f.; Röm 14,6–8) vorbereitet worden, ihre Zuspitzung erhält sie in 1Tim 4,3–5. Allerdings ist der Eucharistiebegriff bei Paulus und in 1Tim eher schöpfungstheologisch verstanden und gegen den Versuch gerichtet, christliche Speisegebote zu etablieren, während die Didache eher soteriologisch und ekklesiologisch denkt, also den Dank nicht auf die Speisen und Getränke, sondern auf die gewährten Heilsgüter richtet. Schließlich kann Eucharistie auch als Bezeichnung der in der Mahlfeier durch das Dankgebet geheiligten Speisen und Getränke dienen (IgnPhld 4; IgnSm 7,1b; Justin, 1apol 66,1;[19] Irenäus, haer. IV 18,5).

Die Mahlbezeichnung *Agape* begegnet uns erstmals in Jud 12. Traditionsgeschichtlich wohl auf Paulus zurückgehend (1Kor 13) und das Ethos der Wortversammlung nach dem Mahl zum Ausdruck bringend kann die Bezeichnung zugleich als Versuch gewertet werden, das Wesen christlicher Mahlgemeinschaft spezifisch theologisch und ethisch zu fassen. Bei Ignatius und in den apokryphen Apostelakten begegnet der Begriff neben dem der Eucharistie (IgnSm 8,1 f.;[20] ActJoh 84; ActThom50), ohne dass beides inhaltlich gefüllt wird. Möglicherweise ist dort die Eucharistie Inbegriff für das Mahl, die Agape für die Wortversammlung nach dem Mahl.

In altkirchlicher Zeit wurde die Agape Inbegriff einer integralen aus Mahl und Wortteil bestehenden Feier, die von den Schwelgereien und erotischen Eskapaden paganer Symposien abgegrenzt werden soll (Clemens von Alexandrien, Paed II 1,4,3; Strom III 2,10,1; Tertullian, apol. 39,16; ieiun. 17,2 f.). Die Agape ist also spätestens bei den Kir-

---

[19] Die Feier selbst heißt nach 1apol 67,3.8 in Erinnerung an das paulinische συνέρχεσθαι einfach nur συνέλευσις, also „Zusammenkunft".

[20] Dagegen ist die Anweisung in IgnSm 7,1 an die Gegner, „Liebe zu üben", nicht auf eine Mahlfeier zu beziehen (so mit PAULSEN, Ign, 96; gegen KOLLMANN, Ursprung, 134; KLINGHARDT, Gemeinschaftsmahl, 8).

chenvätern nicht mehr nur Mahlbezeichnung, sondern mehr noch ein Mahlmotto, das die christliche Mahlfeier in ihrem Proprium fassen und nach außen unterscheidbar machen sollte.

Die meisten Einblicke in die Mahldeutungen haben wir den zahlreichen *Mahlkonflikten* im frühen Christentum zu verdanken. So sehr sie sich auch oft nur an Äußerlichkeiten entzündet haben, standen sie zugleich für den theologischen Gehalt der Mähler. Mahlkonflikte ergaben sich zum einen durch die fortgesetzte Teilnahme von Gemeindegliedern aus der Völkerwelt an den Kultfesten und Vereinsmählern der paganen Umwelt. Paulus widmet sich dem Problem insbesondere in 1Kor 10,14–22, während der Seher Johannes die Thematik sein ganzes Buch wie einen roten Faden durchziehen lässt. Dass diese mangelnde Abgrenzung von der Umwelt und damit zugleich von den Herkunftsmilieus vieler Gemeindeglieder als Problem empfunden wurde, macht deutlich, dass die Mähler der Gemeinde und die in ihnen zum Ausdruck gebrachte Christusbindung der Teilnehmerinnen und Teilnehmer exklusiv verstanden wurden; wer in den Speiseräumen der Gemeinde verkehrt und dort den einen Gott und seinen Gesalbten verehrt, kann nicht zugleich in anderen Speiseräumen verkehren, in denen nicht dieser Gott, sondern Götzen verehrt werden.[21] Mahlkonflikte prägten zum anderen den Vollzug auch der christlichen Mähler selbst. Probleme entzündeten sich insbesondere an Speisen und Getränken – konkret ist an Fleisch und Wein zu denken – und an gemeinschaftszersetzenden Verhaltensweisen wie Statuskämpfen und Ungleichbehandlungen. Paulus setzt sich in 1Kor 11,17–33 mit dem Problem einer fehlenden Gemeinschaftsbildung auseinander, der Autor des Judasbriefs mit dem Problem einer möglichen Paganisierung der Agapemähler durch Schmausereien und Selbstdarstellungen. Da solche internen Konflikte verhinderten, dass das Mahl seiner Grundfunktion gemäß reine Ausdrucksgestalt gemeinschaftlicher christlicher Identität sein konnte, wurden die Probleme meist gerichtstheologisch zu lösen versucht, d.h. es galt: Wenn die Gemeinde ihre Identität durch ein unangemessenes Mahlverhalten konterkariert, wendet sich die Teilgabe am Heil zum Gericht.

In den Konflikten um die Sättigungsmahlzeit liegt der tiefere Grund für die allmähliche Ritualisierung des Mahls und seiner Reduktion auf Brot- und Becherhandlung. Sie hängt also nicht allein an den kirchlichen Entwicklungen im 3./4. Jh., sondern ist schon, wie die redundante Rede von Brot und Becher in seiner Argumentation zeigt, bei Paulus angelegt, weil er die Mahlästhetik der Mahlökonomie vorordnet; es geht nicht ums Essen und Trinken, sondern um die Bildung einer Gemeinschaft mit Christus und untereinander.

Weil die christliche Mahlfeier nach außen hin exklusiv verstanden wurde und nach innen hin als eigene Größe inmitten der antiken Mahlkultur

---

[21] Vgl. PILHOFER, Überlegungen, 139–153.

wahrgenommen werden sollte, wurden eine Reihe von *Grenzziehungen* vollzogen. Abgegrenzt hat man sich vor allem – hier ist die jüdische Prägung christlicher Mahlfeiern am deutlichsten greifbar – von paganen Mählern, die mit der jüdischen Tradition pauschal als Fress- und Saufgelage und Orte unkontrolliert ausgelebter Sexualität verurteilt wurden.

Die Lasterkataloge der brieflichen Paränesen mit ihrer Kritik an Fresserei, Sauferei, Hurerei und Streitsucht sind konkret auf pagane Symposien zu beziehen (Röm 13,13; Gal 5,19–21; 1Petr 4,3). Ähnliches gilt für die Forderungen an die Amtsträger, keine Säufer und Streithähne zu sein, sondern sich als vorbildliche Mahlteilnehmer zu erweisen (1Tim 3,3.8; Tit 1,7).

Besonders schwerwiegend wurde der Götzendienst in den Kult- und Vereinsmählern empfunden, den man in den mahlbegleitenden Kulthandlungen für Götter und Herrscher erblickte. Hier kulminierten die Abgrenzungsbestrebungen. Umgekehrt wurde die Abgrenzung von jüdischen Mählern weitaus weniger forciert, weil man ihnen gegenüber man keine kultischen Vorbehalte hatte. Selbst die Johannesoffenbarung, die lokale Probleme mit Synagogen erkennen lässt, polemisiert nur gegen pagane, nicht aber gegen jüdische Mähler. Allerdings machen Auseinandersetzungen um die Mahlteilnahme von Nichtjuden und die Auswahl der zu verzehrenden Speisen (Gal 2,11–14) deutlich, dass man auch den jüdischen Gemeinschaften gegenüber als eigenständig wahrgenommen werden wollte. Mit den jüdischen Mahlgemeinschaften wusste man sich christlicherseits einig in der Abgrenzung von der nichtjüdischen Umwelt, gegen die jüdischen Mahlgemeinschaften wusste man sich als eine transethnische Größe, die nicht durch Geburt und Tradition, sondern durch die Christusbindung zusammengehalten wurde.

Die Funktion der frühchristlichen Mahlfeiern bestand also primär in der *Konstitution einer theologisch qualifizierten Gemeinschaft.* In der integralen Mahl- und Wortversammlung stellte sich diese Gemeinschaft nach innen hin in ihrem Selbstverständnis dar und grenzte sich dementsprechend nach außen hin von anderen Mahlgemeinschaften ab. In sozialer Hinsicht kommt der Mahlfeier also die ästhetische Funktion zu, die zu Mahl und Gemeinschaft versammelte Gruppe in ihrem Selbstverständnis wahrnehmbar werden zu lassen. Der Ablauf, die verzehrten Speisen und Getränke, die Teilnahme- und Ausschlussregelungen, die begleitenden Worte und Gesten stehen nicht für sich, sondern sind eine ästhetische Ausdrucksgestalt der Feiergemeinschaft. Die christlichen Mähler lassen sich damit in das allgemein antike Streben nach Wohlordnung (Eukosmie) und die breit bezeugte Priorität von Kommunikation gegenüber Konsum einzeichnen. Spezifisch theologisch war dieses Bestreben dadurch, dass sich die Gemeinschaft nicht nur horizontal, sondern zugleich vertikal definierte. Die Bezeichnung der christlichen Mahlfeiern als Gemeinschaftsmähler ist also nur dann richtig, wenn Gemeinschaft nicht nur horizontal als Gemeinschaft untereinander, sondern zugleich auch theologisch als Gemeinschaft mit Christus verstanden wird:[22]

Die Mahlgemeinschaft bei *Paulus* steht für die Einheit der Gemeinde, die dadurch rituell zum Ausdruck gebracht wird, dass die Gemeinde von einem Brot isst und aus einem Becher trinkt. Sie empfängt den Leib Christi und wird selbst zum Leib Christi, zur Gemeinschaft der neuen Heilssetzung Gottes, die sich durch Angewiesenheit und Agape auszeichnet. Wo diese neue Identität verraten wird, verlässt die Gemeinde den Heilsraum Gottes und verfällt dem Gericht.

Die Linien des Paulus führen der *Kolosser- und der erste Timotheusbrief* je eigenständig fort. Die Mahlgemeinschaft im Kolosserbrief gewinnt den utopischen Charakter der himmlisch verbürgten Gestalt des Leibes Christi, die Mahlgemeinschaft im ersten Timotheusbrief dagegen versteht sich ganz irdisch als Verein, der seine spezifisch christliche Identität in Gebet und werbender Lehre gewinnt.

Die Mahlgemeinschaft im *Judasbrief* ist die Gemeinschaft derer, die in Liebe und Gottesfurcht zusammentreten. Wer das Mahl dagegen im Sinne eines Gastmahls versteht und nicht Gott, sondern sein eigenes Sozialprestige zur Schau stellt, der verleugnet das tiefste Wesen der Agape und verfällt dem Gericht.

Die Mahlgemeinschaft der *Johannesoffenbarung* steht für die Gemeinschaft derer, die nicht den Versuchungen des Herrscherkults und der von ihm geprägten mit Fleisch und Wein begangenen Festkultur erliegen, sondern in asketischer Bescheidenheit auf ihren eigentlichen Herrn warten. Mehr noch, sie warten nicht nur, sondern rufen ihn herbei, um mit ihm das Mahl gemeinsam zu halten, himmlisches Manna und durststillendes Lebenswasser zu empfangen.

Auch die Evangelien zeichnen in ihren Mahlerzählungen ein bestimmtes mahlorientiertes Gruppenverständnis. Was die Briefe argumentativ tun, entfalten die Evangelien narrativ: Die Mahlgemeinschaft bei Markus ist ein Sinnbild wahrer Jüngergemeinschaft, die sich am Leidenschristus orientiert und auch vor dem Martyrium nicht zurückschreckt (Mk 10,38 f.45).[23] Die Mahlgemeinschaft bei Matthäus steht für die von Christus Beauftragten, die sich im Mahl des Mitseins Jesu vergewissern und im Angesicht der Verfehlungen Israels Sündenvergebung empfangen (Mt 26,28).[24] Die Mahlgemeinschaft bei Lukas steht für die missionarische Zeugenschaft der Kirche, die alle Enden der Erde in die durch

---

[22] Gegen SCHRÖTER, Abendmahl, 157, der den Begriff des Gemeinschaftsmahls gegen den des sakramentalen Mahls ausspielt. Fasst man den Gemeinschaftsbegriff nicht nur einlinig, dann erübrigen sich solche Alternativen.

[23] Zur Mahltheologie des Markus vgl. SMITH, Symposium, 240–253; EBNER, Tafelrunde, 17–45.

[24] Dazu mein Beitrag zur Bedeutung der Sündenvergebung in den matthäischen Mahlworten (STEIN, Vergebung, 137–150).

Jesus verbürgte Rettung hineinzuziehen trachtet (Apg 11,3; 27,33–38); diese missionari-schen Mähler sind bereits bei Jesus angelegt, der mit sich bekehrenden Sündern zu Tisch verkehrt (Lk 5,27–39; 7,36–50; 10,37–53; 19,1-27)[25] Die lukanische Mahlgemeinschaft feiert ihr Mahl ganz von der Erwartung des endzeitlichen Passamahls her, das sie nicht antizipiert, sondern im Brotbrechen nur reduziert zur Darstellung bringt und damit dem noch Ausstehenden sichtbaren Ausdruck verleiht (Lk 22,19 f.; Apg 2,42.46; 20,7–11). Die Mahlgemeinschaft im Johannesevangelium schließlich steht für die fast schon mys-tisch anmutende Einheit mit Christus, der seiner Gemeinde durch den Geistparakleten innewohnt und ihr Anteil an seinen Lebensgaben gewährt. Mehr noch als im gemeinsa-men Mahl kommt diese Gemeinschaft aber im Akt der Fußwaschung zum Ausdruck, die für die Liebe der Gemeinschaft steht, wie sie durch Jesus begründet ist (Joh 13). Sie kann zwar mit dem Mahl verbunden werden, trägt aber durchaus einen starken Eigenwert in sich.[26]

Mit dem spezifisch theologischen Gruppenverständnis ist zugleich ein spe-zifisch theologisches *Mahlverständnis* verbunden. Die Speisen und Ge-tränke sowie deren Verzehr dienten ja nicht primär der Sättigung, sondern der umfassenden Gemeinschaftsbildung. So machen Brot- und Becherritus bei Paulus das gemeinsame Essen zu einer Verkündigungshandlung (1Kor 11,26), in die nach dem Kolosserbrief die ganze festliche Mahlzeit mit hineingezogen wird, weil sie schattenhaft für die Heilserfüllung des Leibes Christi steht (Kol 2,16 f.). In der Johannesoffenbarung stehen Brot und Wasser für die himmlischen Gaben von Manna und Lebenswasser (Offb 2,17; 7,16 f.; 21,6; 22,1.17) und haben selbst nicht zum Verzehr gereichte Lebensmittel – Fleisch und Wein – eine Bedeutung, und zwar die des Göt-zendienstes und Gerichts.

Dass die Mähler und die in ihnen genossenen Gaben in einer solchen Weise theologisch bedeutsam werden konnten, setzt zugleich die *Präsenz Christi* im Mahlgeschehen voraus. Denn nur wenn er sich der Gemeinde vergegenwärtigt, kann sie in Gemeinschaft nicht nur untereinander, son-dern auch mit ihm treten. Durchreflektiert haben die Gemeinden diese Vorstellungen noch nicht – insofern ist vor Klassifizierungen zu warnen –, aber sie müssen dennoch vorausgesetzt werden. Die Bandbreite reicht von der Anwesenheit Christi als Gastgeber, Gast und Lebensspender (so in Offb 3,20 f.) bis hin zu seiner Gegenwart in den Elementen von Brot und Becher (so in Joh 6,51–58). Beides verbindet Paulus. In unterschiedlicher Weise konnte zugleich an Vorgaben der Mahlfeier beim irdischen Jesus angeknüpft werden. Während Paulus beim Abschiedsmahl in der Nacht der Hingabe bzw. des Verrats ansetzt (1Kor 11,23b), sieht Johannes die Mahl-feier im Wirken Jesu noch lange vor seiner Passion in der Brotrede grund-

---

[25] Zur Mahltheologie des Lukas vgl. HEIL, Meal Scenes; KIEFER, repas, 161–175; LEINHÄUPL-WILKE, Gast, 91–120.

[26] Zum Mahlverständnis des Johannes vgl. WEHR, Arznei, 182–277; DERS., Eucharis-tieverständnis, 22 f.; THEOBALD, Eucharistie, 178–257; ABRAMOWSKI, Fußwaschung, 176–203.

gelegt (Joh 6,51–58); es ist bei ihm nicht der sterbende, sondern der inkarnierte und vom Geist erschlossene Jesus, der die Mahlfeier einsetzt. So konnten die unterschiedlichen Gemeindekreise in ihrer Mahldeutung auch unterschiedlichen christologischen Akzentuierungen Raum geben. Während das Mahl für Paulus Todesverkündigung und Todesgedenken ist, ist es für Johannes Lebensgabe und Lebensvermittlung. Beides gehört zwar zusammen, wird aber in beiden Traditionskreisen unterschiedlich gewichtet. Einigkeit scheint lediglich darin bestanden zu haben, dass die Teilhabe an Christus pneumatologisch verstanden wurde (1Kor 10,3 f.; Joh 6,63; Offb 22,17; Did 10,3).

2. Hermeneutische Schlussüberlegungen

Frühchristliche Mahlfeiern waren liturgisch und theologisch vielfältig. Sie lassen sich zwar alle in den Rahmen der antiken Mahlkultur einpassen, doch setzten die unterschiedlichen Mahlgemeinschaften je unterschiedliche Akzente in der Ablaufstruktur und der inhaltlichen Deutung. Frühchristliche Mahlfeiern sind also sachgemäß als theologisch qualifizierte Gemeinschaftsmähler zu begreifen, die das *ekklesiale Selbstverständnis* der Feiergemeinschaft zum Ausdruck bringen sollten.[27] In dieser ekklesialen Ausdrucksgestalt eignete ihnen eine darstellende und vergewissernde Funktion. Die Mahlgemeinschaft vergewisserte sich jeweils neu des mit der Christwerdung vollzogenen Übertritts aus der Mahlkultur der Völker in die neue und exklusiv verstandene Mahlkultur der Christinnen und Christen hinein und klärte auf rituelle Weise, wer dazu gehört, was die Gruppe zusammenbindet und wovon die Gruppe lebt. Frühchristliche Mahlfeiern hatten also von Anfang an eine ästhetische Funktion: Sie machten christlichen Glauben inmitten der antiken Mittelmeerkultur wahrnehmbar, und zwar nach innen wie nach außen. Die frühen christlichen Gemeinden gossen also nicht nur neue Inhalte in altbekannte Formen, sondern gestalteten die vorgegebenen Ablaufstrukturen neu. Dabei wurden Elemente der Umwelt vor allem im Bereich der Trankopferzeremonie weggelassen oder verändert – aus dem gemeinschaftlich ausgegossenen Becher wurde der kreisende Becher oder der Verzicht auf den Becher – und neue Formen eingeführt – zu denken ist hier vor allem an den Friedenskuss.

---

[27] Mit der Frage nach der Identität der frühen christlichen Gemeinden und ihrer Ausdrucksgestalt setzen sich auch Theo HECKEL in Bezug auf Paulus (Identität, 41–65) und Stefan SCHOLZ in Bezug auf das Matthäus- und Johannesevangelium sowie die Pastoralbriefe (Identität, 66–94) auseinander. Zur Mahlfrage schweigen sie allerdings; dass sich gerade dort die Identität rituell verdichtet und damit sichtbar wird, erkennen sie offensichtlich nicht.

Was machte also die Mahlfeiern zu christlichen Mahlfeiern? Nicht die Rezitation der Einsetzungsworte oder der Mahlgebete, sondern das Mahlganze mit seinen zahlreichen verbalen und rituellen Elementen. Die gesamte Feier ist als sinnvoll gestaltetes Kunstwerk zu begreifen, das für das christliche Selbstverständnis der Mahlgemeinschaft durchsichtig wird. Abendmahl und Eucharistie sind als Zeichenhandlungen zu verstehen, die christliche Identität wahrnehmbar machen sollen. Diese Grundgegebenheiten lassen sich auch heute in der ökumenischen und innerkonfessionellen Auseinandersetzung um Mahlverständnis und Mahlgemeinschaft fruchtbar machen. Denn die vordringliche Aufgabe an die Kirchen ist aus neutestamentlicher Perspektive nicht die Überbrückung von Differenzen, sondern die *Profilierung der eigenen Mahlpraxis*: In welcher Weise feiern wir unser gemeindliches Mahl? Für welches Selbstverständnis wird unsere eigene Feiergestalt durchsichtig? Wie verhält sich dieses Selbstverständnis zu dem Selbstverständnis, das wir uns als Gemeinde geben? Welche Konsequenzen sind zu ziehen, wenn Diskrepanzen hervortreten? Welche Elemente sind aus der Liturgie zu streichen, welche sind aufzunehmen? Dabei ist allerdings zu beachten, dass Formen, Worte, Gesten und Gegenstände sich nicht beliebig wie Bausteine aus einem Baukasten zusammensetzen lassen, sondern einer theologisch sauberen Reflexion und einer liturgisch sensiblen Komposition bedürfen. Erst dann, wenn diese Fragen intern geklärt sind, kann auch ein sinnvolles ökumenisches Gespräch stattfinden.

Machen wir uns das abschließend anhand der Teilnehmerfrage (2.1), der liturgischen Gestaltungsfrage (2.2) und des ökumenischen Ringens um das gemeinsame Mahl (2.3) klar.

2.1 Zulassung und Ausschluss

Die Frage nach Zulassung und Ausschluss ist nicht individuell, sondern *ekklesiologisch* zu beantworten. Es geht weder um intellektuelle noch um moralische Vorbedingungen, sondern allein um die Frage nach der ekklesialen Identität der Mahlgemeinschaft. Nur sie darf den Ausschlag dafür geben, ob konkrete Personen eingeladen werden dürfen oder abgewiesen werden müssen. Spätestens seit Did 9,5 ist die Teilnahme auf die Getauften beschränkt.[28] Das Kriterium der Taufe ist theologisch sinnvoll, weil es dabei um die Aufnahme in eben jene Gruppe geht, die sich im Mahl ihrer ekklesialen Identität vergewissert. Ob man die Mahlfeier auch für Unge-

---

[28] Für die Taufe als Teilnahmekriterium plädieren auch KIRCHSCHLÄGER, Zulassung, 107–124; BRAUN, Abendmahl, 283–288; HOFIUS, Tisch des Herrn, 177–181. Für die Teilnahmemöglichkeit von Taufbewerbern spricht sich DITTMER, Abendmahl, 166, aus. Zu den Konsequenzen für eine Mahlteilnahme von getauften Kindern vgl. exemplarisch die Arbeitshilfe der Evangelischen Kirche im Rheinland (ARBEITSSTELLE FÜR GOTTESDIENST UND KINDERGOTTESDIENST, Abendmahl mit Kindern).

taufte öffnen soll, sei es für Konfessionslose oder gar für Andersgläubige, sei dahingestellt,[29] doch muss man sich bei der Öffnung der Teilnahme darüber im Klaren sein, dass dabei die ekklesiale Identität in einer humanen Identität zu verschwinden droht. Es ist vor einer solchen Entscheidung immer zu fragen, was es über das Mahl der Gemeinde aussagt, wenn es für grundsätzlich alle Menschen geöffnet wird, und ob man bereit ist, die entsprechenden Konsequenzen dieser Ausdrucksgestalt zu tragen. Teilnahmebeschränkungen sind jedenfalls kein Zeichen von Intoleranz, sondern von Identitätssicherung. Umgekehrt ist nicht nur die Verweigerung der Teilnahme, sondern auch der Ausschluss aus der Mahlgemeinschaft grundsätzlich gerechtfertigt, wenn die Teilnahme die Identität der Mahlgemeinschaft aufs Äußerste bedroht und der Darstellungscharakter des Mahls verwässert wird.

Von daher ist die jüngste Diskussion zum Zusammenhang von Abendmahl und Kirchenzucht in der Evangelischen Kirche im Rheinland, einer unierten Gliedkirche der Evangelischen Kirche in Deutschland, zu beleuchten. Anlass zur Diskussion war ein von der rheinischen Landessynode, dem Kirchenparlament und höchsten Entscheidungsgremium der Landeskirche, im Januar 2004 verabschiedetes Papier, dem die Kirchenleitung einen Monat später den Titel *„Eingeladen sind alle. Warum die Kirche nicht vom Mahl des Herrn ausschließen darf"* gegeben hat.[30] In diesem Papier wird jedweder kircheninstitutionellen Instrumentalisierung der Abendmahlsteilnahme zur Kirchenzucht eine klare Absage erteilt. Die These lautet, dass die im Mahl gewährte Sündenvergebung und darum auch die Mahlteilnahme „bedingungslos, aber nicht folgenlos" sei.[31]

Gerade der Obertitel mit seiner gewollt provokativen Öffnung hat innerkirchlich für etliche Irritationen und Missverständnisse gesorgt. Allerdings ist die offene Einladung so spektakulär nicht, wenn man sich das Papier in Gänze vor Augen führt. Denn erstens wird daran festgehalten, dass die Taufe „grundlegende Voraussetzung"[32] der Mahlteilnahme ist, so dass der Titel eigentlich lauten müsste „Eingeladen sind alle *Getauften*". Von einer Öffnungsklausel für Andersgläubige und Nichtgläubige kann also keine Rede sein. Und zweitens wird durch die These, dass die Abendmahlseinladung bedingungslos ergehe, eine Teilnahme am Mahl des Herrn aber nicht folgenlos bleibe, nicht nur die

---

[29] Dahin tendiert TRUMMER, Zugänge, 171 f., der biblische Anknüpfungspunkte für eine ökumenische Mahlgemeinschaft mit Juden und Muslimen zu finden meint.

[30] Vgl. LANDESSYNODE DER EVANGELISCHEN KIRCHE IM RHEINLAND, Kirche, 46–61 (das Papier trägt im Wesentlichen die Handschrift von Rainer STUHLMANN; vgl. nur den Wortlaut des Papiers mit dem seines Beitrags: Mahl, 26–42). Das Papier ist auf einem im Mai 2004 veranstalteten Symposion in Düsseldorf kontrovers diskutiert worden (vgl. nur BEINTKER, Abendmahl, 41–45; LÜPKE, Fromme, 33–35; NIEBUHR, Verantwortung, 36–40; WELKER, Kirche, 5–10; WICK, Mahl, 11–18). Zum Ganzen vgl. den Überblick bei PLASGER, Einladung, 74–78.

[31] Vgl. LANDESSYNODE DER EVANGELISCHEN KIRCHE IM RHEINLAND, Kirche, 48 f.

[32] LANDESSYNODE DER EVANGELISCHEN KIRCHE IM RHEINLAND, Kirche, 50.

Offenheit, sondern auch der Verpflichtungscharakter der Teilnahme betont. Von billiger Gnade kann also ebenfalls keine Rede sein.

Zu Recht betont das Papier die Problematik des Ausschlusses so genannter Unwürdiger aus der kirchlichen Mahlgemeinschaft, gerade wenn – wie protestantisch immer wieder betont wird – das Abendmahl primär Sündenvergebung gewährt, die Mahlgemeinschaft also die Gemeinschaft der begnadigten Sünder darstellt.[33] Weiterhin zu begrüßen ist der Ansatz, die Frage nach der Teilnahme nicht individuell, sondern im sozialen Rahmen der Gemeinde zu beantworten. Die Leitfrage der Selbstprüfung lautet nicht: „Bin *ich* würdig?", sondern: „Feiern *wir* das Mahl des Herrn würdig, nämlich dem entsprechend, dass wir miteinander der Leib des Herrn sind?"[34] Umso unverständlicher ist es dann aber, dass dieser ekklesiologische Weg im Papier nicht weiterverfolgt wird und die Selbstprüfung am Ende – entgegen dem paulinischen Zeugnis – die Sache des Einzelnen bleibt, indem festgestellt wird, dass nur ein individuell vollzogener Selbstausschluss, nicht aber ein kirchlich verordneter Ausschluss möglich sei. Mit diesem grundsätzlichen Votum wird die ekklesiologische Relevanz des Mahls nicht ernst genommen.[35] Da nach Paulus die Gesamtgemeinde die Folgen ihrer Mahlpraxis zu tragen hat, kann es nie nur die Gewissensentscheidung des Einzelnen sein, die über Teilnahme oder Nichtteilnahme urteilt. Zwar darf aus Gründen persönlich-moralischer Würdigkeit in der Tat niemand ausgeschlossen werden, aus Gründen ekklesialer Würdigkeit aber schon, weil nicht die individuelle, sondern die soziale Identität der Gemeinde auf dem Spiel steht. Ein solcher Ausschluss ist allerdings aus Gründen der ekklesialen Identität auch von der Gemeinde in ihrer Ganzheit zu vollziehen und darf um des Missbrauchs willen nicht in die Befugnis einiger Weniger gestellt werden. Selbst wenn er faktisch nicht vollzogen werden sollte, muss er auf jeden Fall als prinzipielle Möglichkeit denkbar sein, wenn es denn beim Mahl wirklich um die Darstellung einer Gemeinschaft und ihres Grundes gehen soll.

Lehnt die rheinische Kirche diesen letzten denkbaren Schritt grundsätzlich ab, so muss sie zumindest die *Gerichtsthematik* wieder neu liturgisch verankern und zur Geltung bringen. Wer argumentiert, dass selbst der Verräter Judas nicht aus der Mahlgemeinschaft Jesu ausgeschlossen worden

---

[33] Vgl. LANDESSYNODE DER EVANGELISCHEN KIRCHE IM RHEINLAND, Kirche, 47 f. Dazu auch WELKER, Kirche, 6 f.8.

[34] LANDESSYNODE DER EVANGELISCHEN KIRCHE IM RHEINLAND, Kirche, 52 (Kursivdruck im Original).

[35] Auf dieser Linie liegt auch die Kritik von BEINTKER, Abendmahl, 42–44. Er spricht von einer öffentlich feststehenden Unwürdigkeit, die das Bild der Gemeinde in der außergemeindlichen Öffentlichkeit massiv verzerrt.

sei,[36] muss Raum auch für das jesuanische Wehewort (Mk 14,21 par.) schaffen; und wer argumentiert, dass Paulus die Entscheidung zur Mahlteilnahme in das Ermessen des Einzelnen stellt,[37] muss Raum auch für die Ankündigung eines Läuterungsgerichts lassen, das mit Krankheit und Tod über die Gemeinde hereinbrechen kann. Zu denken wäre auch an den als Gerichtsepiphanie zu verstehenden Komm-Ruf der Gemeinde des Judasbriefs oder an die Ausgrenzungsformeln in Offb 21,8; 22,15. Wer den Einsatz von Gerichtsworten als identitätsstabilisierender Maßnahmen dagegen als gegenwärtig theologisch nicht mehr verantwortbar ablehnt, sollte sich umgekehrt auch die prinzipielle Möglichkeit eines Ausschlusses offenhalten.

2.2 Liturgische Gestaltung im gemeindlichen und kulturellen Kontext

Mit dem letzten Punkt, der Frage nach der möglichen Einholung der Gerichtsthematik in die Mahlliturgie, sind wir schon mitten im zweiten Punkt, der liturgischen Gestaltung des Abendmahls im Anschluss an die neutestamentlichen Impulse. Wie wir sahen, partizipierten die frühchristlichen Mähler an den Gestaltungsformen der antiken Mahlkultur, lehnten sich an die mannigfaltigen Kult- und Vereinsmähler an oder grenzten sich schroff von diesen ab. In beiden Fällen aber waren die Mähler ganz im mediterranen Kulturraum beheimatet. Die liturgischen Entwicklungen seit der Alten Kirche haben dazu geführt, dass heute das Abendmahl in einer Weise gefeiert wird, die zwar den Reichtum kirchlicher Traditionen aufzunehmen und zu würdigen weiß, dafür aber die für die neutestamentlichen Autoren wesentliche Auseinandersetzung mit der Mahlkultur der Umwelt aufgegeben hat. Demgegenüber ist zu fordern, dass das gemeindliche Mahl wieder neu in die zeitgenössische Kultur eingebettet wird, und zwar in der Kultur sowohl der konkreten Gemeinde als auch der umfassenden Gegenwartskultur.

Zunächst ist eine Einbettung des Abendmahls in die *Kultur der Gemeinde* einzufordern. Ansatzpunkt dafür kann das gemeindliche Leitbild sein. Viele Gemeinden geben sich heute ein Leitbild oder arbeiten dieses sogar zu einer Gemeindekonzeption aus. Hintergrund solcher Leitbild- und Konzeptionsprozesse ist nicht nur das ökonomische Anliegen, die knapper werdenden Ressourcen zielgerichtet zu verteilen, sondern auch das ekklesiale Anliegen, die eigene Identität profiliert zu formulieren. Die Abendmahlskultur der Gemeinde könnte sich dadurch bereichern lassen, dass sie neben den unverzichtbaren Elementen der Mahlfeier – als solche nennt die Evangelische Kirche in Deutschland (EKD) als institutionelle Stimme aller

---

[36] Vgl. LANDESSYNODE DER EVANGELISCHEN KIRCHE IM RHEINLAND, Kirche, 49.
[37] Vgl. LANDESSYNODE DER EVANGELISCHEN KIRCHE IM RHEINLAND, Kirche, 51 f.

evangelischen Landeskirchen Deutschlands „die Einsetzungsworte, das Vaterunser, die Austeilung der Elemente in der versammelten Gemeinde und eine Danksagung an Gott (beziehungsweise Christus)"[38] – auch liturgische Stücke integriert, die den Abendmahlsritus in besonderer Weise als rituell verdichtetes Leitbild erscheinen lassen. Wenn im Abendmahl zum Ausdruck kommen soll, wofür die Gemeinde einsteht, wie sie sich selber versteht, was ihre Identität ist, dann können Leitbild und Mahlritual nicht auseinander klaffen, dann muss es eine wahrnehmbare Entsprechung zwischen beiden geben. Zwar sind die Gemeinden heute in ihren Gestaltungsräumen und Vernetzungen vielfältiger und weiterreichend als in der Antike, so dass Identität nicht mehr allein in der gottesdienstlichen Versammlung zum Ausdruck kommt, sondern an sehr viel mehr Stellen gemeindlichen Lebens erlebbar wird, doch bleibt dabei der einzigartige Stellenwert des Abendmahls, ein Leitbild wirklich zu einem Bild werden zu lassen, bestehen und in seinem Potenzial weitgehend ungenutzt.

Schwieriger erscheint es, das Abendmahl in die *Mahlkultur der Spätmoderne* einzubetten.[39] Zum einen ist das Abendmahl aufgrund seiner traditionellen Prägung ein Fremdkörper inmitten der modernen Ess- und Trinkkultur, zum anderen hat die Mahlkultur heute einen ganz anderen Stellenwert als in der Antike. In Zeiten von Fastfood und Massenspeisungen in Mensen und Kantinen ist die gruppenbildende und gruppenstabilisierende Funktion von gemeinsamen Mahlzeiten weit zurückgegangen; die Nahrungsaufnahme hat sich individualisiert und beschleunigt. Dennoch muss es möglich sein, die Abendmahlsfeier auch in einer Weise zu gestalten, dass ihre Gegenwartsrelevanz und kulturelle Bedeutung deutlich werden. So stehen das Brechen des Brotes und das Kreisen des Kelches im Zeitalter der Globalisierung auch (aber nicht nur!) für die Sozialutopie einer gerechten Verteilung der Lebensmittel inmitten der Erdengesellschaft.[40] Und in einer Kultur, in der Alkoholismus zunehmend schon unter Jugendlichen verbreitet ist und „Komasaufen" zur Sportart avanciert, ist ganz neu zu überlegen, ob die Option der Johannesoffenbarung für das Wasser nicht einen heilsamen Gegenakzent setzen könnte. Nicht nur aus Rücksicht auf alkoholkranke Menschen ist der Weinverzicht eine ernsthaft zu erwägende Option. Die Orientierung am Stiftungsmahl jedenfalls ist kein hinreichendes Kriterium für den Weingenuss, weil die Mahlworte Jesu offenbar nie als Normierung von Lebensmitteln, sondern nur als Normierung der theologischen Ausrichtung der Feier verstanden wurden, und überdies der Wein in den Mahlworten überhaupt keine Rolle spielt,

---

[38] KIRCHENAMT DER EKD, Abendmahl, 49.
[39] Zur Bedeutung von Essen und Trinken in der modernen Kultur vgl. KUNZ, Essen/Trinken, 33–41.
[40] Vgl. dazu BIELER/SCHOTTROFF, Abendmahl, bes. 103–178.

selbst wenn Jesu Jünger zum Abschiedsmahl Wein getrunken haben sollten.

Man sollte darum die Frage nach den Mahlelementen nicht theologisch, sondern kulturgeschichtlich beantworten. Mit der Beschreibung der Elemente als „Schöpfungsgaben"
oder mit der Normierung von Brot und Wein als der üblicherweise zu verwendeten Elemente „wegen der Bindung an die Einsetzungstradition" ist der Sinngehalt der neutestamentlichen Mahltexte nicht erfasst.[41] Brot und Wein wurden in den frühchristlichen Gemeinden ja nicht aus theologischen, sondern aus kulturellen Gründen verzehrt – oder
auch aus kulturellen Gründen nicht verzehrt, wie in den Trägerkreisen der Offb, die zumindest dem Wein kritisch gegenüberstanden. Für heutige Abendmahlsfeiern bedeutet
dies, dass die Elemente entsprechend dem kulturellen Kontext zu wählen sind, sei es in
Anlehnung an diesen, sei es in Abgrenzung davon. Dies gilt insbesondere für Länder und
Regionen, in denen Brot und Wein keinen natürlichen Sitz im Leben haben.

Bei allen diesen Überlegungen geht es nicht um liturgische Experimente,[42]
sondern um eine Verankerung des christlichen Mahls in der allgemeinen
Mahlkultur und seine liturgische Profilierung, um zum Markenzeichen der
Gemeinde zu werden, an dem sie erkannt wird und an dem sie sich selbst
immer wieder vergewissernd erkennt. Insofern darf natürlich neben allen
kulturellen Prägungen die *Einbettung in den historischen Ursprungsrah-
men* nicht fehlen. Dieser steht nicht nur für die theologische Verankerung
des Mahls, sondern auch für seine Zugehörigkeit zur Mahlkultur der welt-
weiten Kirche Jesu Christi. Das Mahl der Gemeinde ist zugleich das Mahl
der Kirche und in jeder Mahlgestalt muss nicht nur die örtliche Gemeinde,
sondern zugleich auch die ganze Kirche sichtbar zutage treten. Dass dies
gewahrt bleibt, dafür stehen seit alters her die Einsetzungsworte. Ihre Rezitation in der Liturgie und ihre Befolgung in Danksagung, im Vollzug des
Brot- und Becherritus und im Gedenken Jesu verbürgen die übergreifende
Qualifizierung des Mahlgeschehens als christliches Mahlgeschehen. Zwar
sind sie – wie wir gesehen haben – wahrscheinlich nicht von Anfang an
und überall im Mahlverlauf rezitiert worden, aber zu Recht in die Liturgie
hineingewandert, insbesondere dann, als die Entfernung vom Ursprungsge-
schehen zunahm und das Mahlritual nicht mehr für sich sprechen konnte.

Die Ursprungstreue des Abendmahls hängt jedoch nicht allein an den Mahlworten des
Abschiedsmahls. Nicht zufällig betten die Synoptiker ihre Zeugnisse in eine erzähleri-
sche Gesamtkomposition des Wirkens und Redens Jesu ein. Hier liegt das Recht der
evangelischen Wiederentdeckung des Eucharistiegebets, auf die wir eingangs (vgl. oben
Kap. I.1) verwiesen. Dieses kann die Mahlworte durch lobende und anamnetische Redeformen in genau den Kontext hineinstellen, in den sie gehören: in den Kontext der
Selbsthingabe Gottes, die sich als Motiv durch die ganze Bibel zieht und stets den Sinn

---

[41] So aber die Handreichung der EKD (KIRCHENAMT DER EKD, Abendmahl, 50).

[42] Etwas abschätzig spricht die Handreichung der EKD von „individuelle[n] theologische[n] Deutungen oder liturgische[n] Einfälle[n]", ohne genauer zu entfalten, was denn
damit gemeint sein mag (KIRCHENAMT DER EKD, Abendmahl, 49).

hat, das Verhältnis von Gott und den Menschen zu erneuern. Das Eucharistiegebet kann die isolierten Einsetzungsworte also in den biblisch-heilsgeschichtlichen Zusammenhang hineinstellen. Auf diese Weise kann es auch die Fixierung des Abendmahls auf den Tod Jesu aufbrechen. Es geht beim Abendmahl um den ganzen Christus, um sein hingebungsvolles Leben und Sterben! Allerdings ist dies nicht nur im Rahmen der Abendmahlsliturgie zu entfalten, sondern hat das Gesamte des Gottesdienstes zu prägen. Das Abendmahl muss also nicht die ganze Vielfalt der Gottesgemeinschaft zum Ausdruck bringen, sondern kann darauf bauen, dass die Gemeinde auch schon in den anderen Teilen des Gottesdienstes Gott für seine Wohltaten lobt und sich an sein heilvolles Tun erinnert. Darum dürfen die Mahlgebete nicht überfrachtet werden. Nur wer das Abendmahl nicht gesamtgottesdienstlich verankert, wird es liturgisch immer stärker füllen und damit letztlich (vor allem verbal) überladen.

2.3 Ökumenischer Ausblick

Alles in allem ist vom neutestamentlichen Befund her dafür zu plädieren, das Abendmahl der Gemeinde inhaltlich und liturgisch zu profilieren und für die Identität der feiernden Gemeinschaft durchsichtig werden zu lassen. In diesem Sinne ist nicht nur eine gemeindliche und kulturelle, sondern auch eine *ökumenische Profilierung der Mahlfeier* zu wünschen. Wenn durch eine sensible und reflektierte liturgische Gestaltung die Mahlfeier deutlicher als zur Zeit zur Ausdrucksform von Kirche wird, fallen Unterschiede deutlicher auf, verstehen auch die Gemeindeglieder besser als bisher, warum die gemeinsame Eucharistie und Abendmahlsfeier noch nicht durchsetzbar ist, und werden die Kirchen angespornt, miteinander in eine Konkurrenz um christliches Selbstverständnis zu treten, die aber nicht voneinander weg, sondern aufeinander zu führen und somit den Weg zur Einheit ebnen soll.

Der in der Einführung dieser Arbeit erwähnte eucharistische Streit zwischen Liturgiewissenschaft und Kirchengeschichte[43] hat insofern – obwohl er hauptsächlich innerprotestantisch geführt wird – eine ökumenische Dimension. Die Wiedereinführung des altkirchlichen Eucharistiegebets in evangelischen Abendmahlsfeiern kann nämlich sowohl als ökumenische Öffnung zur Orthodoxie hin verstanden werden – die Feiergemeinde lebt dann aus der gemeinsamen Wurzel aller Konfessionen in der Alten Kirche heraus –, als auch als Verrat am reformatorischen, resp. lutherischen Profil der Abendmahlsfeier, weil der Zusagecharakter der Einsetzungsworte und ihre Zentralstellung in der Abendmahlsliturgie verloren gehen. Es geht bei dem Streit also nicht nur um liturgischen Schmuck, der das Abendmahl feierlicher macht, sondern um die Wahrnehmbarkeit konfessioneller Identität.

Insofern ist aus neutestamentlicher Sicht eine von der evangelischen und katholischen Kirche gemeinsam verantwortete sakramentale Mahlfeier

---

[43] Vgl. oben Kap. I.1.

gegenwärtig nicht möglich. Zwar dürften die abendmahlstheologischen Trennungen in den Fragen des Laienkelchs, der Realpräsenz und vielleicht auch der Opfertheologie dank intensiver ökumenischer Gespräche als überwunden gelten, doch sind zunächst noch ekklesiologische Differenzen aufzuarbeiten. Wenn das Mahl die Darstellung ekklesialen Selbstverständnisses ist, dann ist das drängendste ökumenische Hindernis gar nicht das Weihepriestertum und das damit verbundene römisch-katholische Verständnis von apostolischer Sukzession, sondern die Lehre von der Kirche. Nur wer als Protestant die katholische Auffassung von der Kirche als legitim anzuerkennen vermag, wird an der Eucharistie teilnehmen können; nur wer als Katholik die evangelische Kirche als Kirche im eigentlichen Sinn theologisch zu bejahen vermag, wird zum evangelischen Abendmahl gehen können. Man muss also nicht eine Einheitslehre von der Kirche entwickeln, sondern einander als Kirche im Vollsinn und als vollgültige Repräsentationsform des einen Leibes Christi begreifen, um gemeinsam das Mahl des Herrn zu feiern. Solange dies auf beiden (!) Seiten noch nicht geklärt ist, sollte man um des Darstellungscharakters willen darauf verzichten. Es würde sonst eine Einheit zur Anschauung gebracht, die eigentlich noch gar nicht besteht, auf die die Christenheit vielmehr noch wartet.

Man sollte das getrennte Mahl also weniger als schmerzliche Trennung, sondern als anspornende Chance sehen. Es geht beim Verzicht ja nicht um die Festschreibung der Konfessionsgrenzen, sondern um einen kirchlichen Selbstklärungsprozess. An seinem Ende kann aber – zumindest aus neutestamentlicher Perspektive – kein Einheitsmodell des christlichen Mahls stehen, sondern nur die Bejahung vielfältiger Formen christlicher Mahlpraxis und Mahlfrömmigkeit.

Literaturverzeichnis

1. Quellen

1.1 Bibelausgaben

Biblia Hebraica Stuttgartensia, hg. von Karl ELLIGER und Wilhelm RUDOLPH, Stuttgart [4]1990.

Septuaginta. Id est Vetus Testamentum Graece iuxta LXX interpretes, hg. von Alfred RAHLFS, 2 Bde., Stuttgart 1935.

Novum Testamentum Graece post Eberhard et Erwin NESTLE, hg. von Barbara und Kurt ALAND, Johannes KARAVIDOPOULOS, Carlo M. MARTINI und Bruce M. METZGER, Stuttgart [27]1993. (= Nestle-Aland[27])

Die Bibel nach der Übersetzung Martin Luthers. Mit Apokryphen. Bibeltext in der revidierten Fassung von 1984, hg. von der EVANGELISCHEN KIRCHE IN DEUTSCHLAND, Stuttgart 1985.

Die Heilige Schrift. Aus dem Grundtext übersetzt. Elberfelder Bibel, revidierte Fassung, Wuppertal [6]1999.

Bibel in gerechter Sprache, hg. von Ulrike BAIL, Frank CRÜSEMANN, Marlene CRÜSEMANN, Erhard DOMAY, Jürgen EBACH, Claudia JANSSEN, Hanne KÖHLER, Helga KUHLMANN, Martin LEUTZSCH und Luise SCHOTTROFF, Gütersloh [2]2006.

1.2 Frühjüdische Quellen

1.2.1 Apokryphen und Pseudepigraphen

Apokalypse Elias
Die Elia-Apokalypse, hg. von Wolfgang SCHRAGE (JSHRZ V/3), Gütersloh 1980.

Apokalypse Moses
Das Leben Adams und Evas, hg. von Otto MERK und Martin MEISER (JSHRZ II/5), Gütersloh 1998.

Aristeasbrief
Aristeasbrief, hg. von Norbert MEISNER (JSHRZ II/1), Gütersloh 1973, 35–87.

Baruch
Das Buch Baruch, hg. von Antonius H.J. GUNNEWEG (JSHRZ III/2), Gütersloh 1975, 165–181.

2. (syrischer) Baruch
Die syrische Baruch-Apokalypse, hg. von Albertus Frederik Johannes KLIJN (JSHRZ V/2), Gütersloh 1976, 103–191.

3. (griechischer) Baruch
Die griechische Baruch-Apokalypse, hg. von Wolfgang HAGE (JSHRZ V/1), Gütersloh 1974, 15–44.

3. Esra
3. Esra-Buch, hg. von Karl-Friedrich POHLMANN (JSHRZ I/5), Gütersloh 1980.

4. Esra
Das 4. Buch Esra, hg. von Josef SCHREINER (JSHRZ V/4), Gütersloh 1981.

1. (äthiopischer) Henoch
Das Äthiopische Henochbuch, hg. von Siegbert UHLIG (JSHRZ V/6), Gütersloh 1984.

2. (slawischer) Henoch
Das slawische Henochbuch, hg. von Christfried BÖTTRICH (JSHRZ V/7), Gütersloh 1995.

Judith
Das Buch Judit, hg. von Erich ZENGER (JSHRZ I/6), Gütersloh 1981.

Joseph und Aseneth
Joseph und Aseneth, kritisch hg. von Christoph BURCHARD mit Unterstützung von Carsten BURFEIND und Uta Barbara FINK (PVTG 5), Leiden/Boston 2003.
Joseph und Aseneth, hg. von Christoph BURCHARD (JSHRZ II/4), Gütersloh 1983.

Jubiläen
Das Buch der Jubiläen, hg. von Klaus BERGER (JSHRZ II/3), Gütersloh 1981.

Liber Antiquitatum Biblicarum
Pseudo-Philo: Antiquitates Biblicae (Liber Antiquitatum Biblicarum) , hg. von Christian DIETZFELBINGER (JSHRZ II/2), Gütersloh 1975.

1. Makkabäer
1. Makkabäerbuch, hg. von Klaus-Dietrich SCHUNCK (JSHRZ I/4), Gütersloh 1980.

2. Makkabäer
2. Makkabäerbuch, hg. von Christian HABICHT (JSHRZ I/3), Gütersloh 1976.

4. Makkabäer
4. Makkabäerbuch, hg. von Hans-Josef KLAUCK (JSHRZ III/6), Gütersloh 1989.

Oden Salomos
Oden Salomos, übers. und eingeleitet von Michael LATTKE (FC 19), Freiburg i.Br. u.a. 1995.

Paralipomena Jeremiae (= 4. Baruch)
Paralipomena Jeremiou, hg. von Bernd SCHALLER (JSHRZ I/8), Gütersloh 1998.

Psalmen Salomos
Psalmen Salomos, hg. von Svend HOLM-NIELSEN (JSHRZ IV/2), Gütersloh 1977, 51–112.

Sibbylinische Orakel
Sibyllinen, hg. von Helmut MERKEL (JSHRZ V/8), Gütersloh 1998.

Sirach
Jesus Sirach (Ben Sira) , hg. von Georg SAUER (JSHRZ III/5), Gütersloh 1981.

Testament Abrahams
SANDERS, Edward P. (Hg.): Testament of Abraham, in: James H. CHARLESWORTH (Hg.): The Old Testament Pseudepigrapha, Bd. 1: Apocalyptic Literature and Testaments, London 1983, 871–902.

Testament Hiobs
Das Testament Hiobs, hg. von Bernd SCHALLER (JSHRZ III/3), Gütersloh 1979.

Testamente der zwölf Patriarchen
Die Testamente der zwölf Patriarchen, hg. von Jürgen BECKER (JSHRZ III/1), Gütersloh 1974.

Tobit
Buch Tobit, hg. von Beate EGO (JSHRZ II/6), Gütersloh 1999.

Weisheit Salomos
Weisheit Salomos, hg. von Dieter GEORGI (JSHRZ III/4), Gütersloh 1980.

1.2.2 Schriften vom Toten Meer

BAUMGARTEN, Joseph M. (Hg.): Qumran Cave 4, XIII: The Damascus Document (4Q266–273) (DJD 18), Oxford 1996.

CHARLESWORTH, James H. (Hg.): The Dead Sea Scrolls. Hebrew, Aramaic, and Greek Texts with English Translations, Bd. 1: Rule of the Community and Related Documents, Tübingen/Louisville, KT 1994.

DERS. (Hg.): The Dead Sea Scrolls. Hebrew, Aramaic, and Greek Texts with English Translations, Bd. 2: Damascus Document, War Scroll, and Related Documents, Tübingen/Louisville, KT 1995.

DERS. / NEWSOM, Carol A. (Hg.): The Dead Sea Scrolls. Hebrew, Aramaic, and Greek Texts with English Translations, Bd. 4B: Angelic Liturgy: Songs of the Sabbath Sacrifice, Tübingen/Louisville, KT 1999.

ESHEL, Esther / ESHEL, Hanan / NEWSOM, Carol / NITZAN, Bilham / SCHULLER, Eileen / YARDENI, Ada: (Hg.): Qumran Cave 4, VI: Poetical and Liturgical Texts, Part 1 (DJD 11), Oxford 1998.

MAIER, Johann: Die Qumran-Essener: Die Texte vom Toten Meer, 3 Bde. (UTB 1862/1863/1916), München 1995/1996.

MARTÍNEZ, Florentino García / TIGCHELAAR, Eibert J.C. (Hg.): The Dead Sea Scrolls. Study Edition, 2 Bde., Leiden u.a. 1997/1998.

MARTÍNEZ, Florentino García / TIGCHELAAR, Eibert J.C. / WOUDE, Adam S. van der (Hg.): Qumran Cave 11, II: 11Q2–18, 11Q20–31 (DJD 23), Oxford 1998.

1.2.3 Philo und Josephus

Flavius Josephus

Flavius Josephus: Jüdische Altertümer, übers. und mit Einleitung und Anmerkungen versehen von Dr. Heinrich CLEMENTZ, Wiesbaden 2004.

Flavius Josephus: Der Jüdische Krieg. Kleinere Schriften, übers. und mit Einleitung und Anmerkungen versehen von Dr. Heinrich CLEMENTZ, Wiesbaden 2005.

Josephus in Nine Volumes, with an English Translation by Henry Saint John THACKERAY u.a. (LCL), Cambridge, MS/London 1926–1965.

Philo von Alexandrien

Philonis Alexandrini opera quae supersunt, hg. von Leopold COHN und Paul WENDLAND, 7 Bde., Berlin 1896–1930 (= Nachdr. 1962).

Die Werke Philos von Alexandria in deutscher Übersetzung, hg. von Leopold COHN, Isaak HEINEMANN u.a., 6 Bde. (SJHL 1–6), Breslau 1909–1938; Bd. 7 (SJHL 7), Berlin 1964.

1.2.4 Sonstiges

CLARKE, Ernest G. (Hg.): Targum Pseudo-Jonathan: Numbers, with the assistence of Shirley MAGDER (The Aramaic Bible 4), Edinburgh 1995, 189–294.

CORRENS, Dietrich (Hg.): Die Mischna in deutscher Übersetzung mit einer Einleitung und Anmerkungen, Hannover 2002.

GOLDSCHMIDT Lazarus (Hg.): Der Babylonische Talmud, nach der ersten zensurfreien Ausgabe unter Berücksichtigung der neueren Ausgaben und handschriftlichen Materials neu übertragen, Bd. 1: Berakoth, Mišna Zeraïm, Šabbath, Berlin 1929.

HENGEL, Martin / NEUSNER, Jacob / SCHÄFER Peter (Hg.): Übersetzung des Talmud Yerushalmi, Bd. IV/7: Avoda Zara. Götzendienst, übers. von Gerd A. WEWERS, Tübingen 1980.

LOHSE, Eduard / MAYER, Günter (Hg.): Die Tosefta, Seder I: Zeraim, Bd. 1,1: Berakot-Pea, übers. und erklärt (RT), Stuttgart u.a. 1999.

SCHÄFER, Peter (Hg.): Übersetzung der Hekhalot-Literatur, Bd. 2: §§ 81–334 (TSAJ 17), Tübingen 1987.

SCHÄFER, Peter (Hg.): Übersetzung der Hekhalot-Literatur, Bd. 3: §§ 335–597 (TSAJ 22), Tübingen 1989.

1.3 Frühchristliche Quellen

1.3.1 Apostolische Väter

Die Apostolischen Väter, eingeleitet, hg., übertragen und erläutert von Joseph A. FISCHER (SUC 1), Darmstadt [10]1993.

Didache (Apostellehre), Barnabasbrief, Zweiter Klemensbrief, Schrift an Diognet, eingeleitet, hg., übertragen und erläutert von Klaus WENGST (SUC 2), Darmstadt 1984.

Papiasfragmente, Hirt des Hermas, eingeleitet, hg., übertragen und erläutert von Ulrich H.J. KÖRTNER und Martin LEUTZSCH (SUC 3), Darmstadt 1998.

1.3.2 Apokryphen und Pseudepigraphen

JUNOD, Eric / KAESTLI, Jean-Daniel (Hg.): Acta Iohannis, Bd. 1: Praefatio, textus (CChr.SA 1), Turnhout 1983.

DIES. (Hg.): Acta Iohannis, Bd. 2: Textus alii, commentaries, indices (CChr.SA 2), Turnhout 1983.

LIPSIUS, Richard Adelbert / BONNET, Maximilian (Hg.): Acta Apostolorum Apocrypha post Constantinum Tischendorf, 3 Bde., Darmstadt 1959.

SCHNEEMELCHER, Wilhelm (Hg.): Neutestamentliche Apokryphen in deutscher Übersetzung, begründet von Edgar HENNECKE, 2 Bde., Tübingen [6]1990/1997.

1.3.3 Kirchenväter und Kirchenordnungen

Apostolische Konstitutionen

Les Constitutions Apostoliques, Bd. 3: Livres VII et VIII, Introduction, texte critique, traduction et notes par Marcel METZGER (SC 336), Paris 1987.

Clemens von Alexandrien

Clemens Alexandrinus, Bd. 1: Protrepticus und Paedagogus, hg. von Otto STÄHLIN und Ursula TREU (GCS 12), Berlin [3]1972.

Clemens Alexandrinus, Bd. 2: Stromata Buch I–VI, hg. von Otto STÄHLIN und Ludwig FRÜCHTEL (GCS 52), Berlin [3]1960.

Des Clemens von Alexandreia ausgewählte Schriften, aus dem Griechischen übers. von Otto STÄHLIN (BKV), 5 Bde., München 1934–1938.

Cyprian

Sancti Cypriani Episcopi Epistularium, hg. von Gerard Frederik DIERCKS, 2 Bde. (CChr.SL III B/C) Turnhout 1994/1996.

Des Heiligen Kirchenvaters Caecilius Cyprianus Briefe, aus dem Lateininischen übers. von Julius BAER (BKV), München 1928.

Epiphanius

Des Heiligen Epiphanius von Salamis, Erzbischofs und Kirchenlehrers, ausgewählte Schriften, aus dem Griechischen übers. von Josef HÖRMANN (BKV), Kempten/München 1919.

Hippolyt

Hippolytus: Refutatio Omnium Haeresium, hg. von Miroslav MARCOVICH (PTS 25), Berlin/New York 1986.

Irenäus

Irenäus von Lyon: Epideixis – Darlegung der apostolischen Verkündigung / Adversus Haereses – Gegen die Häresien I–V, übers. und eingeleitet von Norbert BROX (FC 8), 5 Bde., Freiburg i.Br. u.a. 1993–2001.

Justin

Iustini Martyris Apologiae pro Christianis, hg. von Miroslav MARCOVICH (PTS 38), Berlin/New York 1994.

Die beiden Apologien Justins des Märtyrers, übers. von Gerhard RAUSCHEN, in: Frühchristliche Apologeten und Märtyrerakten, Bd. 1 (BKV), Kempten/München 1932, 55–155.

Iustini Martyris Dialogus cum Tryphone, hg. von Miroslav MARCOVICH (PTS 47), Berlin/New York 1997.

Des Heiligen Philosophen und Märtyrers Justinus Dialog mit dem Juden Tryphon, übers. von Philipp HAEUSER (BKV), Kempten/München 1917.

Martyrium des heiligen Justin und seiner Genossen, in: Frühchristliche Märtyrerakten, übers. von Gerhard RAUSCHEN, hg. und eingeleitet von Katharina GRESCHAT und Michael TILLY (BKV), Wiesbaden 2006, 69–82.

Minucius Felix
Minucius Felix: Octavius, übers. von Bernhard DOMBART, Erlangen 1881.

Tertullian
Tertullian: Apologeticum – Verteidigung des Christentums, hg., übers. und erledigt von Carl BECKER, Darmstadt [4]1992.

Quinti Septimi Florentis Tertulliani Opera, Bd. 1: Opera Catholica. Adversus Marcionem (CChr.SL I) Turnhout 1954.

Quinti Septimi Florentis Tertulliani Opera Bd. 2: Opera Monastica (CChr.SL II) Turnhout 1954.

Tertullians ausgewählte Schriften, Bd. 2: Tertullians monastische Schriften, übers. und mit einer Einleitung versehen von Karl Adolph Heinrich KELLNER, durchgesehen und hg. von Gerhard ESSER (BKV), Kempten/München 1916.

Traditio Apostolica
Traditio Apostolica – Apostolische Überlieferung, übers. und eingeleitet von Wilhelm GEERLINGS (FC 1), Freiburg i.Br. u.a. 1991, 143–313.

1.4 Griechisch-römische Quellen

1.4.1 Sammelausgaben

KUNST, Christiane (Hg.): Römische *Wohn- und Lebenswelten*. Quellen zur Geschichte der römischen Stadt (TzF 73), Darmstadt 2000.

LEHMSTEDT, Mark (Hg.): Dichtung der Antike. Von Homer bis Nonnos, CD-ROM (Digitale Bibliothek 30), Berlin 2000.

STRECKER, Georg / SCHNELLE, Udo (Hg.): Neuer Wettstein. Texte zum Neuen Testament aus Griechentum und Hellenismus, Bd. 2: Texte zur Briefliteratur und zur Johannesapokalypse, 2 Teilbde., Berlin/New York 1996.

1.4.2 Einzelausgaben

Aelian
Aelian: Historical Miscellany, ed. and transl. by Nigel G. WILSON (LCL), Cambridge, MS/London 1997.

Alkiphron
The Letters of Alkiphron, Aelian and Philostratus, with an English Translation by Allen Rogers BENNER and Francis H. FOBES (LCL), Cambridge, MS/London 1979.

Apuleius
Apuleius: Der goldene Esel – Metamorphosen. Lateinisch und deutsch, hg. und übers. von Edward BRANDT und Wilhelm EHLERS (STusc), München ³1980.

Aristophanes
Aristophanes in Three Volumes, with an English Translation of Benjamin Bickley ROGERS (LCL), Cambridge, MS/London 1979–1982.

Aristoteles
Aristoteles: Nikomachische Ethik, übers. und kommentiert von Franz DIRLMEIER (Werke in deutscher Übersetzung 6), Darmstadt 1964.

Artemidoros
Artemidor von Dalis: Das Traumbuch, übers., erläutert und mit einem Nachwort versehen von Karl BRACHERTZ (BAW.GR), Zürich/München 1979.

Athenaios
Athenaeus: The Deipnosophists, with an English Translation by Charles Burton GULICK (LCL), 7 Bde., Cambridge, MS/London 1969–1971.
Athanaios: Das Gelehrtenmahl, eingeleitet und übers. von Claus FRIEDRICH, kommentiert von Thomas NOTHERS, 5 Bde. (BGrL 47/48/51/53/54), Stuttgart 1998–2001.

Cassius Dio
Cassius Dio: Römische Geschichte. Lateinisch und deutsch, übers. von Otto VEH, mit einer Einführung von Hans Jürgen HILLEN (STusc), 5 Bde., Düsseldorf 2007.

Cicero
Marcus Tullius Cicero: Cato der Ältere – Über das Alter. Lateinisch und deutsch, hg. von Max FALTNER (TuscBü), München 1963.
DERS.: Sämtliche Reden. Lateinisch und deutsch, hg. von Manfred FUHRMANN (STusc), 7 Bde., Düsseldorf 1970–1982.
DERS.: Briefe an seine Freunde. Lateinisch und deutsch, hg. von Helmut KASTEN (STusc), Düsseldorf ⁶2004.
DERS.: Über die Gesetze – Stoische Paradoxien. Lateinisch und deutsch, hg. von Rainer NICKEL (STusc), Düsseldorf ³2004.

Cornelius Nepos
Cornelius Nepos: Berühmte Männer. Lateinisch und deutsch, hg. von Michaela PFEIFFER, unter Mitarbeit von Rainer NICKEL (STusc), Düsseldorf 2006.

Dio Chrysostomos
Dio Chrysostom in Five Volumes, with an English Translation by J.W. COHOON u.a. (LCL), Cambridge, MS/London 1971–1985.

Diogenes Laertius
Diogenes Laertii vitae philosophorum, hg. von Miroslav MARCOVICH (BSGRT), Bd. 1: Libri I–X, Stuttgart 1999.
Diogenes Laertius: Leben und Meinungen berühmter Philosophen, übers. aus dem Griechischen von Otto APELT, 2 Bde., Berlin 1955.

Epiktet
Epictetus: The Discourses as Reported by Arrian, the Manuel, and Fragments, with an English Translation by W.A. OLDFATHER (LCL), 2 Bde., Cambridge, MS/London 1925/1928.

Herodot
Herodot: Historien. Griechisch und deutsch, hg. von Josef FEIX (STusc), 2 Bde., München/Zürich 1988.

Hesiod
Hesiod: Theogonie – Werke und Tage. Griechisch und deutsch, hg. und übers. von Albert von SCHIRNDING (STusc), Düsseldorf/Zürich ³2002.

Homer
Homer: Ilias. Griechisch und deutsch, übertragen von Hans RUPÉ (STusc), München/Zürich ⁸1983.
Homer: Odysee. Griechisch und deutsch, übertragen von Anton WEIHER (TuscBü), München ³1967.

Hyginus
Hyginus: Fables, hg. von Jean-Yves BORIAUD, Paris 1997.

Livius
Titus Livius: Römische Geschichte. Lateinisch und deutsch, hg. von Hans Jürgen HILLEN (STusc), Bd. 3: Buch VII–X, Darmstadt 1994.

Lukian
Lucian in Eight Volumes, with an English Translation by A.M. HERMON (LCL), Cambridge, MS/London 1968–1979.
Die Hauptwerke des Lukian, hg. und übers. von Karl MRAS (TuscBü), München ²1980.

Martial
M. Valerius Martialis: Epigramme. Lateinisch und deutsch, hg. und übersetzt von Paul BARIÉ und Winfried SCHINDLER (STusc), Düsseldorf 1999.

Philostratos
Philostratos: Das Leben des Apollonios von Tyana. Griechisch und deutsch, hg., übersetzt und erläutert von Vroni MUMPRECHT (STusc), München/Zürich 1983.

Platon
Platon: Werke. Griechisch und deutsch, hg. von Gunther EIGLER, 8 Bde., Darmstadt 1970–1983.

Plautus
Plautus in Five Volumes, with an English Translation by Paul NIXON (LCL), 5 Bde., Cambridge, MS/London 1916–1938.

Plinius der Ältere
C. Plinius Secundus d.Ä.: Naturkunde. Lateinisch und deutsch, hg. von Roderich KÖNIG, Karl BAYER, Gerhard WINKLER , Joachim HOPP und Kai BRODERSEN (STusc), 37 Bde., München/Zürich 1973–1994.

Plinius der Jüngere
Gaius Plinius Caecilius Secundus: Briefe. Lateinisch und deutsch, hg. von Helmut KASTEN (TuscBü), München/Zürich ⁵1984.

Plutarch
Plutarchus: Vitae Parallelae, hg. von Konrad Ziegler (BSGRT), Bd. 1/I, Leipzig 1960.
Plutarch's Moralia, with an English Translation by Frank Cole BABBIT u.a. (LCL), 15 Bde., Cambridge, MS/London 1927–1969.

Polybius
Polybius: The Histories in Six Volumes, with an English Translation by W.R. PATON (LCL), 6 Bde., Cambridge, MS/London 1922–1927.

Quintilian
Quintilian: The Orator's Education. Books 1–2, ed. and transl. by Donald A. RUSSELL (LCL), Cambridge, MS/London 2001.

Sallust
Sallust: Werke. Lateinisch und deutsch, hg. von Werner EISENHUT und Josef LINDAUER (STusc), München/Zürich 1985.

Seneca
L. Annaeus Seneca: Philosophische Schriften. Lateinisch und deutsch, hg. von Manfred ROSENBACH, Bd. 4: An Lucilius. Briefe 70–125, Darmstadt ²1987.

Sophokles
Sophokles: Dramen. Griechisch und deutsch, übers. von Wilhelm WILLIGE, überarb. von Karl BAYER (STusc), Düsseldorf ⁵2007.

Sueton
C. Suetonius Tranquillus: Die Kaiserviten – Berühmte Männer. Lateinisch und deutsch, hg. von Hans MARTINET (TuscBü), Düsseldorf/Zürich 1997.

Tacitus
Tacitus: Annalen. Lateinisch und deutsch, hg. von Erich HELLER (STusc), München/Zürich 1982.
Tacitus: Historien. Lateinisch und deutsch, hg. von Joseph BORST unter Mitarbeit von Helmut HROSS und Helmut BORST (TuscBü), München ²1969.

Theognis
Theognis: Frühe griechische Elegien. Griechisch und deutsch, eingeleitet, übers. und kommentiert von Dirk Uwe HANSEN (Edition Antike), Darmstadt 2005.

Vegetius
Publius Flavius Vegetius Renatus: Abriß des Militärwesens. Lateinisch und deutsch mit Einleitung, Erläuterungen und Indices von Friedhelm L. MÜLLER, Stuttgart 1997.

Xenophanes
DIELS, Hermann / KRANZ, Walther (Hg.): Die Fragmente der Vorsokratiker. Griechisch und deutsch, Bd. 1, Berlin [17]1974.
Die Vorsokratiker. Griechisch – Lateinisch – Deutsch, Bd. 1: Thales, Anaximander, Anaximenes, Pythagoras und die Pythagoreer, Xenophanes, Heraklit, Auswahl der Fragmente und Zeugnisse, Übersetzung und Erläuterungen von M. Laura GEMELLI MARCIANO (STusc), Düsseldorf 2007.

Xenophon
Xenophon in Seven Volumes. With an English Translation by Charleton L. BROWNSON u.a. (LCL), Cambridge, MS/London 1968–1985.
Xenophon: Erinnerungen an Sokrates. Griechisch und deutsch, hg. von Peter JAERISCH (STusc), München/Zürich [4]1987.
Xenophon: Die sokratischen Schriften, übertragen und hg. von Ernst BUX (Kröners Taschenbuchausgabe 185), Stuttgart 1956.
Xenophon, Die Verfassung der Spartaner, hg., übers. und erläutert von Stefan REBENICH (TzF 70), Darmstadt 1998.

1.4.3 Inschriften und Papyri

Corpus Inscriptionum Graecarum
BOECKH, August (Hg.): Corpus Inscriptionum Graecarum consilio et auctoritate Academiae Litterarum Regiae Borrusicae editum, Bd. II (CIG II), Hildesheim/New York 1977.

Corpus Inscriptionum Latinarum
BORMANN, Eugen (Hg.): Corpus Inscriptionum Latinarum consilio et auctoritate Academiae Litterarum Regiae Borrusicae editum, Bd. XI/1: Inscriptiones Aemiliae et Etruriae (CIL XI/1), Berlin 1888.
BORMANN, Eugen / HENZEN, Wilhelm / HUELSEN, Christian (Hg.): Corpus Inscriptionum Latinarum consilio et auctoritate Academiae Litterarum Regiae Borrusicae editum, Bd. VI/2: Inscriptiones urbis Romae Latinae (CIL VI/2), Berlin 1882.
DESSAU, Hermann (Hg.): Corpus Inscriptionum Latinarum consilio et auctoritate Academiae Litterarum Regiae Borrusicae editum, Bd. XIV: Inscriptiones Latii Veteris Latinae (CIL XIV), Berlin 1887.
WILMANNS, Gustav (Hg.): Corpus Inscriptionum Latinarum consilio et auctoritate Academiae Litterarum Regiae Borrusicae editum, Bd. VIII/1: Inscriptiones Africae Latinae (CIL VIII/1), Berlin 1881.
ZANGEMEISTER, Karl (Hg.): Corpus Inscriptionum Latinarum consilio et auctoritate Academiae Litterarum Regiae Borrusicae editum, Bd. IV: Inscriptiones Parietariae Pompeianae Herculanenses Stabianae (CIL IV), Berlin 1871.

Inschriften von Ephesus
WANKEL, Hermann (Hg.): Die Inschriften von Ephesus, Bd. 1a: Nr. 1–47 (Inschriften griechischer Städte aus Kleinasien 11,1), Bonn 1979.

Inschriften von Pergamon
FRÄNKEL, Max (Hg.): Die Inschriften von Pergamon, unter Mitwirkung von Ernst FABRICIUS und Carl SCHUCHHARDT, Bd. 2: Römische Zeit – Inschriften auf Thon (Altertümer von Pergamon VIII/2). Berlin 1895.

Inscriptiones Graecae
DITTENBERGER, Wilhelm (Hg.): Inscriptiones Graecae consilio et auctoritate Academiae Litterarum Regiae Borrusicae editae, Bd VII: Inscriptiones Megaridis et Boeotiae (IG VII), Berlin 1892.
EDSON, Charles (Hg.): Inscriptiones Graecae consilio et auctoritate Academiae Litterarum Regiae Borrusicae editae, Bd X/2,1: Inscriptiones Thessalonicae et viciniae (IG X/2,1), Berlin 1972.
HILLER VON GAERTRINGEN, Friedrich (Hg.): Inscriptiones Graecae consilio et auctoritate Academiae Litterarum Regiae Borrusicae editae, Bd. XII/3: Inscriptiones Graecae Insularum (IG XII/3), Berlin 1898.
KLAFFENBACH, Günther (Hg.): Inscriptiones Graecae consilio et auctoritate Academiae Litterarum Regiae Borrusicae editae, editio altera, Bd. IX/1,2: Inscriptiones Acarnaniae (IG IX/1,2), Berlin 1957.
KÖHLER, Ulrich (Hg.): Inscriptiones Graecae consilio et auctoritate Academiae Litterarum Regiae Borrusicae editae, Bd. II/1: Inscriptiones Atticae (IG II/1), Berlin 1877.
KOLBE, Walther (Hg.): Inscriptiones Graecae consilio et auctoritate Academiae Litterarum Regiae Borrusicae editae, Bd.V/1: Inscriptiones Laconiae, Messeniae, Arcadiae (IG V/1), Berlin 1913.

Inscriptiones Graecae ad res Romanas
CAGNAT, René: Inscriptiones Graecae ad res Romanas pertinentes auctoritate et impensis Academiae Inscriptionum et Litterarum Humaniorum colletae et editae, Bd. 1 (IGR I), Paris 1911.

Lois sacrées de l'Asie Mineure
SOKOLOWSKI, Franciszek: Lois sacrées de l'Asie Mineure (Travaux et mémoires des Anciens membres étrangers de l'école Française d'Athènes et de divers savants 9), Paris 1955.

Orientis Graeci Inscriptiones Selectae
DITTENBERGER, Wilhelm (Hg.): Orientis Graeci Inscriptiones Selectae. Supplementum Sylloges Inscriptionum Graecarum, Bd. 2 (OGIS II), Hildesheim u.a. 1986.

Oxyrhynchus Papyri
The Oxyrhynchus Papyri, Bd. 1: Nr. 1–207, edited with translations and notes by Bernhard P. GRENFELL / Arthur S. HUNT (Egypt Exploration Fund / Graeco-Roman Branch 1), London 1898.
The Oxyrhynchus Papyri, Bd. 12: Nr.1405–1593 , edited with translations and notes by Bernhard P. GRENFELL / Arthur S. HUNT (Egypt Exploration Fund / Graeco-Roman Branch 12), London 1916.
The Oxyrhynchus Papyri, Bd. 14: Nr. 1626–1777, edited with translations and notes by Bernhard P. GRENFELL / Arthur S. HUNT (PEES.GR 17), London 1966.
The Oxyrhynchus Papyri, Bd. 31: Nr. 2531–2616, edited with translations and notes by John W.B. BARNS / Peter PARSONS / John REA / Eric G. TURNER (PEES.GR 45), London 1966.

The Oxyrhynchus Papyri, Bd. 33: Nr. 2654–2682, edited with translations and notes by Peter PARSONS / John REA / Eric G. TURNER (PEES.GR 48), London 1968.
The Oxyrhynchus Papyri, Bd. 36: Nr. 2745–2800, edited with translations and notes by R.A. COLES / Daniele FORABOSCHI / A.H. SOLIMAN EL-MOSALLAMY / J.R. REA / Ursula SCHLAG (PEES.GR 51), London 1970.

Papyri Graecae magicae
BETZ, Hans Dieter (Hg.): The Greek Magical Papyri in Translation, Chicago/London ²1992.

Sylloge Inscriptionum Graecarum
DITTENBERGER, Wilhelm (Hg.): Sylloge Inscriptionum Graecarum, Bd. III (SIG III), Hildesheim/Zürich/New York 1982.

Sonstiges
Historische Inschriften zur römischen Kaiserzeit. Von Augustus bis Konstantin, übers. und hg. von Helmut FREIS (TzF 49), Darmstadt 1984.

2. Hilfsmittel

ALAND, Kurt: Vollständige Konkordanz zum griechischen Neuen Testament unter Zugrundelegung aller modernen kritischen Textausgaben und des Textus Receptus, Bd. 1/1+2 (ANTT 4), Berlin/New York 1983.
BAUER, Walter: Griechisch-deutsches Wörterbuch zu den Schriften des Neuen Testaments und der frühchristlichen Literatur, hg. von Kurt und Barbara ALAND, Berlin ⁶1988.
DENIS, Albert-Marie: Concordance grecque des pseudépigrahes d'Ancien Testament. Concordance – Corpus des textes – Indices, Louvain-la-Neuve 1987.
BLASS, Friedrich / DEBRUNNER, Albert: Grammatik des neutestamentlichen Griechisch, bearb. von Friedrich Rehkopf, Göttingen ¹⁷1990. *(= BDR)*
HARDMEIER, Christoph / TALSTRA, Eep / GROVES, Alan (Hg.): Stuttgarter Elektronische Studienbibel. Stuttgart Electronic Study Bible, Stuttgart/Haarlem 2004.
HATCH, Edwin / REDPATH, Henry A.: A Concordance to the Septuagint and other Greek Versions of the Old Testament, 3 Bde., Graz 1954.
HUCK, Albert: Synopse der drei ersten Evangelien mit Beigabe der johanneischen Parallelen, völlig neu bearb. von Heinrich GREEVEN, Tübingen ¹³1981.
KOEHLER, Ludwig / BAUMGARTNER, Walter: Hebräisches und aramäisches Lexikon zum Alten Testament, neu bearb. von Walter BAUMGARTNER, Johann Jakob STAMM und Benedikt HARTMANN, 2 Bde., Leiden/Boston 2004.
LIDDELL, Henry George / SCOTT, Robert: A Greek English Lexicon, revised and augmented throughout by Henry Stuart JONES (Logos Bible software 10), CD-ROM, Bellingham, WA 2003.
MENGE, Hermann: Langenscheidts Großwörterbuch Griechisch – Deutsch. Unter Berücksichtigung der Etymologie, Berlin/München ²⁷1991.
SCHÜTZE, Oliver (Hg.): Metzler Lexikon antiker Autoren, Stuttgart/Weimar 1997.
Thesaurus Linguae Graecae, CD-ROM, Irvine, CA 1999.

3. Sekundärliteratur

3.1 Lexikon- und Wörterbuchartikel

BALZ, Horst: Art. κεράννυμμι, EWNT² 2 (1992), 700.

BAYER, Hermann Wolfgang: Art. εὐλογέω κτλ., ThWNT 2 (1935), 751–763.

BENDEMANN, Reinhard von / FASSBECK, Gabriele: Art. Formen nicht-öffentlicher Frömmigkeit bei Griechen und Römern, NTAK 3 (2005), 224–229.

BINDER, Gerhard: Art. Gastmahl III. Rom, DNP 4 (1998), 803–806.

BÖCHER, Otto: Art. αἷμα, EWNT² 1 (1992), 88–93.

CONZELMANN, Hans: Art. εὐχαριστέω κτλ., ThWNT 9 (1973), 397–405.

CORSTEN, Thomas: Art. Inschriften/Epigraphik, NTAK 1, 2004, 125–130.

DELLING, Gerhard: Art. τάσσω κτλ., ThWNT 8 (1969), 27–49.

EGELHAAF-GAISER, Ulrike: Art. Schola, DNP 11 (2001), 205–208.

GUTSFELD, Andreas: Art. Mahlzeiten, DNP 7 (1999), 705–707.

HAHN, Ferdinand: Art. Abendmahl I. Neues Testament, RGG³ 1 (1998), 10–15.

HAINZ, Josef: Art. κοινωνία κτλ., EWNT² 2 (1992), 749–755.

HEINEMANN, Isaak: Art. Therapeutai, PRE V A/2, 2321–2346.

HEININGER, Bernhard: Art. Tischsitten, NTAK 2 (2005), 34–37.

HÖCKER, Christoph: Art. Haus II. Griechenland, Etrurien, Rom, DNP 5 (1998), 200–210.

HOLLANDER, Harm W.: Art. θυμός, EWNT² 2 (1992), 396 f.

KLOFT, Hans: Art. Mysterien und Mysterienkulte, NTAK 3 (2005), 21–26.

MINDE, Hans-Jürgen van der: Art. βρῶσις, EWNT² 1 (1992), 550–552.

MITCHELL, Alan: Art. Freundschaft, NTAK 2 (2005), 75–78.

ÖHLER, Markus: Art. Antikes Vereinswesen, NTAK 2 (2005), 79–86.

QUELL, Gottfried / FOERSTER, Werner: Art. κύριος κτλ., ThWNT 3 (1938), 1038–1098.

SCHÄFERDIECK, Knut: Art. Johannes-Akten, RAC 18 (1998), 564–595.

SCHMITT-PANTEL, Pauline: Art. Gastmahl II. Griechenland, DNP 4 (1998), 798–803.

SCHNEIDER, Gerhard: Art. τέκνον, EWNT² 3 (1992), 817–820.

SCHNEIDER, Johannes: Art. μέρος, ThWNT 4 (1942), 598–602.

SCHNEIDER, Wolfgang Christian: Art. Herrscherverehrung und Kaiserkult, NTAK 3 (2005), 210–217.

SCHNEEMELCHER, Peter: Art. Die Gnosis 1. Begriff und historische Ursprünge, NTAK 3 (2005), 65–68.

SIGISMUND, Marcus: Art. Ernährung/Lebensmittel, NTAK 2 (2005), 31–33.

SÖLLNER, Peter: Art. Jerusalem, NTAK 2 (2005), 153–159.

THIEL, Wolfgang: Art. Das Haus und seine Einrichtung, NTAK 2 (2005), 9–17.

TIEDEMANN, Holger: Art. Sexualität, NTAK 2 (2005), 21–25.

WEISER, Alfons: Art. διακονέω κτλ. EWNT² 1 (1992), 726–732.

ZMIJEWSKI, Josef: Art. βδέλυγμα, EWNT² 1 (1992), 502–504.

3.2 Kommentare

ARZT-GRABNER, Peter / KRITZER, Ruth Elisabeth / PAPATHOMAS, Amphilochios / WINTER, Franz: 1. Korinther. Mit zwei Beiträgen von Michael ERNST, unter Mitarbeit von Günther SCHWAB und Andreas BAMMER (PKNT 2), Göttingen 2006.

AUNE, David E.: Revelation 1–5 (WBC 52A), Dallas, TX 1997. (= Rev I)

DERS.: Revelation 6–16 (WBC 52B), Nashville, TN 1998. (= Rev II)

DERS.: Revelation 17–22 (WBC 52C), Nashville, TN 1998. (= Rev III)

BAUCKHAM, Richard J.: Jude, 2 Peter (WBC 50), Waco, TX 1983. *(= Jud)*

BEALE, Gregory K.: The Book of Revelation (NIGTC), Grand Rapids, MI/Cambridge/ Carlisle 1999.

BECKER, Jürgen: Der Brief an die Galater, in: DERS. / Ulrich LUZ.: Die Briefe an die Galater, Epheser und Kolosser (NTD 8/1), Göttingen 1998, 7–103.

DERS: Das Evangelium nach Johannes, Bd. 2: Kapitel 11–21 (ÖTBK 4/2), Gütersloh/Würzburg ³1991.

(STRACK, Hermann L.) / BILLERBECK, Paul: Kommentar zum Neuen Testament aus Talmud und Midrasch, Bd. 3: Die Briefe des Neuen Testaments und die Offenbarung des Johannes, München 1926. *(= Bill. III)*

DIES.: Kommentar zum Neuen Testament aus Talmud und Midrasch, Bd. 4/2: Exkurse zu einzelnen Stellen des Neuen Testaments. Abhandlungen zur neutestamentlichen Theologie und Archäologie, München 1928. *(= Bill. IV/2)*

BOUSSET, Wilhelm: Die Offenbarung Johannis (KEK XVI), Göttingen ⁶1906.

BROX, Norbert: Die Pastoralbriefe. 1 Timotheus, 2 Timotheus, Titus (RNT), Regensburg ⁵1989. *(= Past)*

BRUCE, Frederick F.: 1 and 2 Thessalonians (WBC 45), Waco, TX 1982. *(= 2Thess)*

CONZELMANN, Hans: Der erste Brief an die Korinther (KEK V), Göttingen 1969.

DIETZFELBINGER, Christian: Das Evangelium nach Johannes, Bd. 2: Johannes 13–21 (ZBK.NT 4/2), Zürich 2001.

DUNN, James D.G.: The Epistles to the Colossians and to Philemon. A Commentary on the Greek Text (NIGTC), Grand Rapids, MI/Carlisle 1996. *(= Col)*

FITZMYER, Joseph A.: Romans. A new Translation with Introduction and Commentary (AncB 33), New York u.a. 1993. *(= Rom)*

GIESEN, Heinz: Die Offenbarung des Johannes (RNT), Regensburg 1997.

GNILKA, Joachim: Der Kolosserbrief (HThK X/1), Freiburg i.Br. u.a. 1980.

HAACKER, Klaus: Der Brief des Paulus an die Römer (ThHK 6), Leipzig 1999.

HOLTZ, Gottfried: Die Pastoralbriefe (ThHK 13), Berlin ²1972. *(= Past)*

HÜBNER, Hans: An Philemon / An die Kolosser / An die Epheser (HNT 12), Tübingen 1997. *(= Kol)*

JEWETT, Robert: Romans (Hermeneia), Minneapolis, MN 2007. *(= Rom)*

JOHNSON, Luke Timothy: The First and Second Letters to Timothy (AncB 35A), New York 2001. *(= 1Tim)*

KRAFT, Heinrich: Die Offenbarung des Johannes (HNT 16a), Tübingen 1974.

LINDEMANN, Andreas: Der erste Korintherbrief (HNT 9/1), Tübingen 2000.

LOHMEYER, Ernst: Die Offenbarung des Johannes (HNT 16), Tübingen ²1953.

LOHSE, Eduard: Die Briefe an die Kolosser und an Philemon (KEK IX/2), Göttingen 1968. *(= Kol)*

DERS.: Der Brief an die Römer (KEK IV), Göttingen 2003.

LONGENDECKER, Richard N.: Galatians (WBC 41), Dallas, TX 1990.

LUZ, Ulrich: Der Brief an die Kolosser, in: Jürgen BECKER / DERS.: Die Briefe an die Galater, Epheser und Kolosser (NTD 8/1), Göttingen 1998, 181–244.

MAISCH, Ingrid: Der Brief an die Gemeinde in Kolossä (ThK.NT 12), Stuttgart 2003.

MALHERBE, Abraham J.: The Letters to the Thessalonians (AncB 32B), New York 2000. *(= 2Thess)*

MARTIN, J. Louis: Galatians (AncB 33A), New York 1997.

MERKLEIN, Helmut: Der erste Brief an die Korinther, Bd. 2: Kapitel 5,1–11,1 (ÖTBK 7/2), Gütersloh/Würzburg 2000.

DERS. / GIELEN, Marlies: Der erste Brief an die Korinther, Bd. 3: Kapitel 11,2–16,24 (ÖTBK 7/3), Gütersloh 2005.

MILAVEC, Aaron: The *Didache*. Faith, Hope, and Life of the Earliest Christian Communities, 50–70 C.E., New York/Mahwah, NJ 2003.

MOUNCE, William D.: Pastoral Epistles (WBC 46), Nashville, TN 2000. *(= Past)*

MÜLLER, Paul-Gerhard: Der Erste und Zweite Brief an die Thessalonicher (RNT), Regensburg 2001. *(= 2Thess)*

MÜLLER, Ulrich B.: Die Offenbarung des Johannes (ÖTBK 19), Gütersloh/Würzburg ²1995.

MUSSNER, Franz: Der Galaterbrief (HThK), Freiburg i.Br. u.a. ⁵1988.

NEUDORFER, Heinz-Werner: Der erste Brief des Paulus an Timotheus (HTA), Wuppertal/Gießen 2004.

NEYREY, Jerome H.: 2 Peter, Jude (AncB 37C), New York 1993. *(= Jud)*

NIEDERWIMMER, Kurt: Die Didache (KAV 1), Göttingen 1989.

OBERLINNER, Lorenz: Die Pastoralbriefe, Bd. 1: Kommentar zum ersten Timotheusbrief (HThK XI/2.1), Freiburg i.Br. u.a. 1994.

DERS.: Die Pastoralbriefe, Bd. 3: Kommentar zum Titusbrief (HThK XI/2.3), Freiburg i.Br. u.a. 1996.

PAULSEN, Henning: Die Briefe des Ignatius von Antiochien und der Brief des Polykarp von Smyrna (HNT 18), Tübingen 1985.

DERS.: Der Zweite Petrusbrief und der Judasbrief (KEK XII/2), Göttingen 1992. *(= Jud)*

PETERSON, Erik: Der erste Brief an die Korinther und Paulus-Studien, aus dem Nachlass hg. von Hans-Ulrich WEIDEMANN (Ausgewählte Schriften 7), Würzburg 2006. *(= 1Kor)*

PRIGENT, Pierre: Commentary on the Apocalypse of St. John, trans. from French into English by Wendy PRADELS, Tübingen 2001. *(= Rev)*

ROLOFF, Jürgen: Der erste Brief an Timotheus (EKK XV), Zürich/Neukirchen-Vluyn 1988.

DERS.: Die Offenbarung des Johannes (ZBK.NT 18), Zürich ²1987.

SAUER, Georg: Jesus Sirach / Ben Sira (ATD.A 1), Göttingen 2000.

SCHELKLE, Karl. H.: Die Petrusbriefe / Der Judasbrief (HThK XIII/2), Freiburg i.Br. u.a. ⁶1988. *(= Jud)*

SCHLIER, Heinrich: Der Brief an die Galater (KEK XII), Göttingen ¹¹1951.

SCHNEIDER, Gerhard: Die Apostelgeschichte, Bd. 1: Einleitung, Kommentar zu Kap. 1,1–8,40 (HThK V/1), Freiburg i.Br. u.a. 1980.

DERS.: Die Apostelgeschichte, Bd. 2: Kommentar zu Kap. 9,1–28,31 (HThK V/2), Freiburg i.Br. u.a. 1982.

SCHRAGE, Wolfgang: Der erste Brief an die Korinther, Bd. 2: 1Kor 6,12–11,16 (EKK VII/2), Neukirchen-Vluyn u.a. 1995.

DERS.: Der erste Brief an die Korinther, Bd. 3: 1Kor 11,17–14,40 (EKK VII/3), Neukirchen-Vluyn u.a. 1999.

DERS.: Der erste Brief an die Korinther, Bd. 4: 1Kor 15,1–16,24 (EKK VII/4), Neukirchen-Vluyn u.a. 2001.

SCHWEIZER, Der Brief an die Kolosser (EKK XII), Neukirchen-Vluyn u.a. 1976.

TOWNER, Philip H.: The Letters to Timothy and Titus (NIC.NT), Grand Rapids, MI/Cambridge 2006. *(= Past)*

TRILLING, Wolfgang: Der zweite Brief an die Thessalonicher (EKK XIV), Neukirchen-Vluyn u.a. 1980.

WOLFF, Christian: Der erste Brief des Paulus an die Korinther (ThHK 7), Leipzig 1996.

WOLTER, Michael: Der Brief an die Kolosser / Der Brief an Philemon (ÖTBK 12), Gütersloh/Würzburg 1993. *(= Kol)*

VÖGTLE, Anton: Der Judasbrief / Der 2. Petrusbrief (EKK XXII), Neukirchen-Vluyn u.a. 1994. *(= Jud)*

3.3 Monographien und Aufsätze

ABRAMOWSKI, Luise: Die *Geschichte* von der Fußwaschung (Joh 13), ZThK 102 (2005), 176–203.

ARBEITSSTELLE FÜR GOTTESDIENST UND KINDERGOTTESDIENST DER EVANGELISCHEN KIRCHE IM RHEINLAND (Hg.): Abendmahl mit Kindern (Sonderheft der Reihe „Thema: Gottesdienst"), Wuppertal 2008.

D'ARMS, John H.: *Slaves* at Roman Convivia, in: William J. SLATER (Hg.): Dining in a Classical Context, Ann Arbor, MI 1991, 171–183.

ASCOUGH, Richard S.: Paul's *Macedonian Associations*. The Social Context of Philippians and 1 Thessalonians (WUNT II/161), Tübingen 2003.

DERS.: *Voluntary Associations* and the Formation of Pauline Christian Communities: Overcoming the Objections, in: Andreas GUTSFELD / Dietrich-Alex KOCH (Hg.): Vereine, Synagogen und Gemeinden im kaiserzeitlichen Kleinasien (STAC 25), Tübingen 2006, 149–183.

AUFFARTH, Christoph: Zwischen *Anpassung* und Exotik. „Mysterien" und „Orientalische Kulte" in der Religion der Antike, VF 52 (2007), 19–30.

AUNE, David E.: The Prophetic *Circle* of John and the Exegesis of Revelation 22:16 [1989], in: DERS.: Apocalypticism, Prophecy and Magic in Early Christianity. Collected Essays (WUNT 199), Tübingen 2006, 250–260.

DERS.: The Apocalypse of John and Graeco-Roman Revelatory *Magic* [1987], in: DERS.: Apocalypticism, Prophecy and Magic in Early Christianity. Collected Essays (WUNT 199), Tübingen 2006, 347–367.

DERS.: The Social *Matrix* of the Apocalypse of John [1981], in: DERS.: Apocalypticism, Prophecy and Magic in Early Christianity. Collected Essays (WUNT 199), Tübingen 2006, 175–189.

BACHMANN, Michael: Die *Johannesoffenbarung*, in: Karl-Wilhelm NIEBUHR (Hg.): Grundinformation Neues Testament (UTB 2108), Göttingen [2]2003, 346–370.

BACKHAUS, Knut: Apokalyptische *Bilder*? Die Vernunft der Vision in der Johannes-Offenbarung, EvTh 64 (2004), 421–437.

DERS.: Der neue *Bund* und das Werden der Kirche. Die Diatheke-Deutung des Hebräerbriefs im Rahmen der frühchristlichen Theologiegeschichte (NTA NF 29), Münster 1996.

BADER, Günter: Die *Abendmahlsfeier*. Liturgik – Ökonomik – Symbolik, Tübingen 1993.

BALCH, David L.: Rich Pompeiian *Houses*, Shops for Rent, and the Huge Apartment Building in Herculaneum as Typical Spaces for Pauline House Churches, JSNT 27 (2004), 27–46.

BARCLAY, John M.G.: The *Family* as the Bearer of Religion in Judaism and Early Christianity, in: Halvor MOXNES (Hg.): Constructing Early Christian Families. Family as Social Reality and Metaphor, London/New York 1997, 66–80.

DERS.: *Money* and Meetings: Group Formation among Diaspora Jews and Early Christians, in: Andreas GUTSFELD / Dietrich-Alex KOCH (Hg.): Vereine, Synagogen und Gemeinden im kaiserzeitlichen Kleinasien (STAC 25), Tübingen 2006, 113–127

BARR, David L.: The Apocalypse of John as Oral *Enactment*, Interp. 40 (1986), 243–256.

DERS.: Blessed Are Those Who Hear. John's Apocalypse as Present *Experience*, in: DERS. / Linda BENNETT ELDER / Elizabeth STRUTHERS MALBON (Hg.): Biblical and Humane (FS John F. Priest; Homage Series 20), Atlanta, GA 1996, 87–103.

DERS.: The Apocalypse of John in the Light of Modern *Narrative Theory*, in: 1900th Anniversary of St. John's Apocalypse. Proceedings of the International and Interdisciplinary Symposium (Athens-Patmos, 17–26 Septembre 1995), Athen 1999, 259–271.

DERS.: The Apocalypse as a Symbolic *Transformation* of the World. A Literary Analysis, Interp. 38 (1984), 39–50.

BARTH, Gerhard: Das *Herrenmahl* in der frühen Christenheit, in: DERS.: Neutestamentliche Versuche und Beobachtungen (Wechselwirkungen Ergänzungsreihe 4), Waltrop 1996, 67–134.

BAUCKHAM, Richard J.: Jude and the *Relatives* of Jesus in the Early Church, Edinburgh 1990.

BEAVIS, Mary Ann: Philo's *Therapeutai*: Philosopher's Dream or Utopian Construction?, JSPE 14 (2004), 30–42.

BECKER, Jürgen: Das *Herrenmahl* im Urchristentum, MdKI 53 (2002), 3–11.

BECKWITH, Roger T.: Daily and Weekly *Worship*. From Jewish to Christian, in: DERS.: Calendar, Chronology and Worship. Studies in Ancient Judaism and Early Christianity (AJEC [= AGJU] 61), Leiden/Boston 2005, 171–212.

BEINTKER, Michael: *Abendmahl* und Kirchendisziplin. Einige Anmerkungen zum Umgang mit Calvin und den Bekenntnisschriften in „Eingeladen sind alle", epdD 44 (2004), 41–45.

BELL, Albert A.: The *Date* of John's Apocalypse. The Evidence of some Roman Historians Reconsidered, NTS 25 (1979), 93–102.

BENDLIN, Andreas: *Gemeinschaft*, Öffentlichkeit und Identität. Forschungsgeschichtliche Anmerkungen zu den Mustern sozialer Ordnung in Rom, in: Ulrike EGELHAAF-GAISER / Alfred SCHÄFER (Hg.): Religiöse Vereine in der römischen Antike. Untersuchungen zu Organisation, Ritual und Raumordnung (STAC 13), Tübingen 2002, 9–40.

BERGER, Klaus: *Formen* und Gattungen im Neuen Testament (UTB 2532), Tübingen/Basel 2005.

BETZ, Hans Dieter: *Gemeinschaft* des Glaubens und Herrenmahl. Überlegungen zu 1Kor 11,17–34, ZThK 98 (2001), 401–421.

BIELER, Andrea / SCHOTTROFF, Luise: Das *Abendmahl*. Essen, um zu leben, Gütersloh 2007.

BILLINGS, Bradly S.: The Disputed *Words* in the Lukan Institution Narrative (Luke 22:19b–20). A Sociological Answer to a Textual Problem, JBL 125 (2006), 507–526.

BIRNBAUM, Ellen: *Allegorical Interpretation* and Jewish Identity among Alexandrian Jewish Writers, in: David E. AUNE / Torrey SELAND / Jarl Henning ULRICHSEN (Hg.): Neotestamentica. Studies in Honour of Peder Borgen (NT.S 106), Leiden/Boston 2003, 307–329.

BLACK, Matthew: The *Maranatha* Invocation and Jude 14, 15 (1 Enoch 1:9), in: Barnabas LINDARS / Stephen S. SMALLEY (Hg.): Christ and the Spirit in the New Testament (FS Charles Francis Digby Moule), Cambridge 1973, 189–196.

BLUE, Bradley: *Acts* and the House Church, in: David W.J. GILL / Conrad GEMPF (Hg.): The Book of Acts in Its First Century Setting, Bd. 2: The Book of Acts in Its Graeco-Roman Setting, Grand Rapids, MI/Carlisle 1994, 119–222.

BÖCHER, Otto: *Bürger* der Gottesstadt. Kirche in Zeit und Endzeit nach Apk 21 f. [1980], in: DERS.: Kirche in Zeit und Endzeit. Aufsätze zur Offenbarung des Johannes, Neukirchen-Vluyn 1983, 157–167.

BØE, Sverre: *Gog* and Magog. Ezekiel 38–39 as Pre-text for Revelation 19,17–21 and 20,7–10 (WUNT II/135), Tübingen 2001.

BÖHM, Martina: 1 Kor 11,2–16. *Beobachtungen* zur paulinischen Schriftrezeption und Schriftargumentation im 1. Korintherbrief, ZNW 97 (2006), 207–234.

BÖTTRICH, Christfried: *Petrus* und Paulus in Antiochien (Gal 2,11–21), BThZ 19 (2002), 224–235.

BOLLMANN, Beate: Römische *Vereinshäuser*. Untersuchungen zu den Scholae der römischen Berufs-, Kult- und Augustalen-Kollegien in Italien, Mainz 1998.

BOOTH, Alan: The *Age* for Reclining and Its Attendant Perils, in: William J. SLATER (Hg.): Dining in a Classical Context, Ann Arbor, MI 1991, 105–120.

BORGEN, Peder: *"Yes"*, "No", "How Far?". The Participation of Jews and Christians in Pagan Cults [1994], in: DERS.: Early Christianity and Hellenistic Judaism, Edinburgh 1996, 15–43.

BORNKAMM, Günther: Das *Anathema* in der urchristlichen Abendmahlsliturgie [1950], in: DERS.: Das Ende des Gesetzes. Gesammelte Aufsätze, Bd. 1 (BEvTh 16), München ²1961, 123–132.

DERS.: *Herrenmahl* und Kirche bei Paulus [1956], in: DERS.: Studien zu Antike und Christentum. Gesammelte Aufsätze, Bd. 2 (BEvTh 28), München 1959, 138–176.

DERS.: Die *Komposition* der apokalyptischen Visionen in der Offenbarung Johannis [1937], in: DERS.: Studien zu Antike und Christentum. Gesammelte Aufsätze, Bd. 2 (BEvTh 28), München 1959, 204–222.

BRADLEY, Keith: The *Roman Family* at Dinner, in: Inge NIELSEN / Hanne Sigismund NIELSEN (Hg.): Meals in a Social Context. Aspects of the Communal Meal in the Hellenistic and Roman World (ASMA 1), Aarhus 1998, 36–55.

BRAUN, Reiner: *Abendmahl* an Ungetaufte? Brief an einen Kirchenvorstand, ThBeitr 38 (2007), 283–288.

BROCKE, Christoph vom: *Thessaloniki* – Stadt des Kassander und Gemeinde des Paulus. Eine frühe christliche Gemeinde in ihrer heidnischen Umwelt (WUNT II/125), Tübingen 2001.

BURKERT, Walter: Antike *Mysterien*. Funktionen und Gehalt, München ²1991.

CANCIK, Hubert: Der *Kaiser-Eid*. Zur Praxis der römischen Herrscherverehrung, in: DERS. / Konrad HITZL (Hg.): Die Praxis der Herrscherverehrung in Rom und seinen Provinzen, Tübingen 2003, 29–45.

CAPPER, Brian J.: To Keep Silent. Ask *Husbands* at Home, and not to Have Authority over Men (I Corinthians 14,33–36 and I Timothy 2,11–12). The Transition from Gathering in Private to Meeting in Public Space in Second Generation Christianity and the Exclusion of Women from Leadership of the Public Assembly, ThZ 61 (2005), 113–131. 301–319.

CARTLEDGE, Paul: *Kulturgeschichte* Griechenlands in der Antike, übers. von Wilfried NIPPEL, Stuttgart/Weimar 2000.

CHANIOTIS, Angelos: Der *Kaiserkult* im Osten des Römischen Reiches im Kontext der zeitgenössischen Ritualpraxis, in: Hubert CANCIK / Konrad HITZL (Hg.): Die Praxis der Herrscherverehrung in Rom und seinen Provinzen, Tübingen 2003, 3–28.

CHILTON, Bruce: *Eucharist*. Surrogate, Metaphor, Sacrament of Sacrifice, in: Albert I. BAUMGARTEN (Hg.): Sacrifice in Religious Experience (SHR 93), Leiden u.a. 2002, 175–188.

DERS.: A *Feast* of Meanings. Eucharistic Theologies from Jesus through Johannine Circles (NT.S 72), Leiden u.a. 1994.

CLAUSS, Manfred: *Kaiser* und Gott. Herrscherkult im römischen Reich, Stuttgart/Leipzig 1999.

CLAUSSEN, Carsten: *Versammlung*, Gemeinde, Synagoge. Das hellenistisch-jüdische Umfeld der frühchristlichen Gemeinden (StUNT 27), Göttingen 2002.

COUTSOUMPOS, Panayotis: *Paul* and the Lord's Supper (Studies in Biblical Literature 84), New York 2005.

CULLMANN, Oscar: *Urchristentum* und Gottesdienst (AThANT 3), Zürich ⁴1962.

DALY, Robert J., S.J.: *Eucharistic Origins*: From the New Testament to the Liturgies of the Golden Age, TS 66 (2005), 3–22.

DEHANDSCHUTTER, Boudewijn: Μηκέτι ὑδροπότει: Some *Notes* on the Patristic Exegesis of 1 Timothy 5:23, LouvSt 20 (1995), 265–270.

DEICHGRÄBER, Reinhard: *Gotteshymnus* und Christushymnus in der frühen Christenheit. Untersuchungen zu Form, Sprache und Stil der frühchristlichen Hymnen (StUNT 5), Göttingen 1967.

DEICHMANN, Friedrich Wilhelm: *Einführung* in die christliche Archäologie, Darmstadt 1987.

DEISSMANN, Adolf: *Licht* vom Osten. Das Neue Testament und die neuentdeckten Texte der hellenistisch-römischen Welt, Tübingen 1923.

DELLING, Gerhard: Zum gottesdienstlichen *Stil* der Johannes–Apokalypse [1959], in: DERS.: Studien zum Neuen Testament und zum hellenistischen Judentum. Gesammelte Aufsätze 1950–1968, hg. von Ferdinand HAHN, Traugott HOLTZ und Nikolaus WALTER, Göttingen 1970, 425–450.

DIERICHS, Angelika: *Erotik in der Kunst Griechenlands* (Zaberns Bildbände zur Archäologie 9), Mainz 1993.

DIERICHS, Angelika: *Erotik in der römischen Kunst* (Zaberns Bildbände zur Archäologie; Sonderhefte der AW), Mainz 1997.

DITTMANN-SCHÖNE, Imogen: *Götterverehrung* bei den Berufsvereinen im kaiserzeitlichen Kleinasien, in: Ulrike EGELHAAF-GAISER / Alfred SCHÄFER (Hg.): Religiöse Vereine in der römischen Antike. Untersuchungen zu Organisation, Ritual und Raumordnung (STAC 13), Tübingen 2002, 81–96.

DITTMER, Uwe: Das *Abendmahl* in der christlichen Gemeinde. Thesen für das Gespräch zur Theologie und Praxis von Abendmahlsfeiern, in: Rudolf WETH (Hg.): Das Kreuz Jesu. Gewalt – Opfer – Sühne, Neukirchen-Vluyn 2001, 161–169.

DÜBBERS, Michael: *Christologie* und Existenz im Kolosserbrief. Exegetische und semantische Untersuchungen zur Intention des Kolosserbriefs (WUNT II/191), Tübingen 2005.

DÜNZL, Franz: *Herrenmahl* ohne Herrenworte? Eucharistische Texte aus der Frühzeit des Christentums, in: Winfried HAUNERLAND (Hg.): Mehr als Brot und Wein. Theologische Kontexte der Eucharistie, Würzburg 2005, 50–72.

DUNBABIN, Katherine M.D.: Ut Graeco More Biberetur. Greeks and Romans on the *Dining Couch*, in: Inge NIELSEN / Hanne Sigismund NIELSEN. (Hg.): Meals in a Social Context. Aspects of the Communal Meal in the Hellenistic and Roman World (ASMA 1), Aarhus 1998, 81–101.

DIES.: The *Roman Banquet*. Images of Conviviality, Cambridge 2003.

DUNN, James D.G.: The *Incident* at Antioch (Gal 2.11–18) [1983], in: DERS.: Jesus, Paul and the Law. Studies in Mark and Galatians, Louisville, KT 1990, 129–182.

DERS.: The *Theology* of Paul the Apostle, Edinburgh 1998.

EBEL, Eva: Die *Attraktivität* früher christlicher Gemeinden. Die Gemeinde von Korinth im Spiegel griechisch-römischer Vereine (WUNT II/178), Tübingen 2004.

EBNER, Martin: Identitätsstiftende *Kraft* und gesellschaftlicher Anspruch des Herrenmahls. Thesen aus exegetischer Sicht, in: DERS. (Hg.): Herrenmahl und Gruppenidentität (QD 221), Freiburg i.Br. u.a. 2007, 284–291.

DERS.: *Mahl* und Gruppenidentität. Philos Schrift De Vita Conemplativa als Paradigma, in: DERS. (Hg.): Herrenmahl und Gruppenidentität (QD 221), Freiburg i.Br. u.a. 2007, 64–90.

DERS.: Die Etablierung einer „anderen" *Tafelrunde*. Der „Einsetzungsbericht" in Mk 14,22–24 mit Markus gegen den Strich gelesen, in: DERS. / Bernhard HEININGER (Hg.): Paradigmen auf dem Prüfstand. Exegese wider den Strich (FS Karlheinz Müller; NTA NF 47), Münster 2004, 17–45.

DERS. (Hg.): *Herrenmahl* und Gruppenidentität (QD 221), Freiburg i.Br. u.a. 2007.

DERS. / LEINHÄUPL-WILKE, Andreas: *Herrenmahl* und Gruppenidentität. Einführung, in: Martin EBNER (Hg.): Herrenmahl und Gruppenidentität (QD 221), Freiburg i.Br. u.a. 2007, 10–17.

EGELHAAF-GAISER, Ulrike: *Kulträume* im römischen Alltag. Das Isisbuch des Apuleius und der Ort der Religion im kaiserzeitlichen Rom (PAwB 2), Stuttgart 2000.

DIES.: *Religionsästhetik* und Raumordnung am Beispiel der Vereinsgebäude von Ostia, in: DIES. / Alfred SCHÄFER (Hg.): Religiöse Vereine in der römischen Antike. Untersuchungen zu Organisation, Ritual und Raumordnung (STAC 13), Tübingen 2002, 123–172.

DIES.: *Sakrallandschaften* und Tafelluxus: Adaptionen und Naturinszenierung in Banketträumen pompejanischer Kultgemeinschaften, in: Stella GEORGOUDI / Renée KOCH PIETTRE / Francis SCHMIDT (Hg.): La cuisine et l'autel. Les sacrifices en questions dans les sociétés de la Méditerranée ancienne (BEHE.R 124), Turnhout 2006, 253–272.

DIES. / SCHÄFER, Alfred (Hg.): Religiöse *Vereine* in der römischen Antike. Untersuchungen zu Organisation, Ritual und Raumordnung (STAC 13), Tübingen 2002.

ENGBERG-PEDERSEN, Troels: Philo's De Vita Contemplativa as a *Philosopher's Dream*, JSJ 30 (1999), 40–64.

ERICHSEN, Wolja: Die *Satzungen* einer ägyptischen Kultgemeinschaft aus der Ptolemäerzeit. Nach einem demotischen Papyrus in Prag (Historisk-Filosofiske Skrifter 4,1), Kopenhagen 1959.

FEKKES, Jan: *Isaiah* and Prophetic Traditions in the Book of Revelation. Visionary Antecedents and their Development (JSNT.S 93), Sheffield 1994.

FELMY, Karl Christian: „Was unterscheidet diese Nacht von allen anderen Nächten?" Die *Funktion* des Stiftungsberichtes in der urchristlichen Eucharistiefeier nach Didache 9 f. und dem Zeugnis Justins, JLH 27 (1983), 1–15.

FIEGER, Michael: Im *Schatten* der Artemis. Glaube und Ungehorsam in Ephesus, Bern 1998.

FOTOPOULOS, John: *Food* offered to Idols in Roman Corinth. A Social-Rhetorical Reconsideration of 1 Corinthians 8:1–11:1 (WUNT II/151), Tübingen 2003.

FREY, Jörg: Die *Bildersprache* der Johannesapokalypse, ZThK 98 (2001), 161–185.

DERS.: *Erwägungen* zum Verhältnis der Johannesapokalypse zu den übrigen Schriften des Corpus Johanneum, in: Martin HENGEL: Die johanneische Frage. Ein Lösungsversuch. Mit einem Beitrag zur Apokalypse von Jörg FREY (WUNT 67), Tübingen 1993, 326–429.

DERS.: Der *Judasbrief* zwischen Judentum und Hellenismus, in: Wolfgang KRAUS / Karl-Wilhelm NIEBUHR (Hg.): Frühjudentum und Neues Testament im Horizont Biblischer Theologie. Mit einem Anhang zum Corpus Judeo-Hellenisticum Novi Testamenti, unter Mitarbeit von Lutz DOERING (WUNT 162), Tübingen 2003, 180–210.

FRIESEN, Steven J.: *Imperial Cults* and the Apocalypse of John. Reading Revelation in the Ruins, Oxford 2001.

FUCHS, Gisela: Das *Symbol* des Bechers in Ugarit und Israel. Vom „Becher der Fülle" zum „Zornesbecher, in: Axel GRAUPNER / Holger DELKURT / Alexander B. ERNST (Hg.): Verbindungslinien (FS Werner H. Schmidt), Neukirchen-Vluyn 2000, 65–84.

FULLER, Reginald H.: The *Double Origin* of the Eucharist, BR 8 (1963), 60–72.

GÄBEL, Georg: Die *Kulttheologie* des Hebräerbriefs. Eine exegetisch-religionsgeschichtliche Studie (WUNT II/212), Tübingen 2006.

GÄCKLE, Volker: *Die Starken* und die Schwachen in Korinth und Rom. Zu Herkunft und Funktion der Antithese in 1Kor 8,1–11,1 und in Röm 14,1–15,13 (WUNT II/200), Tübingen 2005.

GEHRING, Roger W.: *Hausgemeinde* und Mission. Die Bedeutung antiker Häuser und Hausgemeinschaften – von Jesus bis Paulus (BWM 9), Gießen 2000.

GEORGE, Michael: Domestic *Architecture* and Household Relations. Pompeii and Roman Ephesos, JSNT 27 (2004), 7–25.

GIBLIN: Charles H.: Structural and Thematic *Correlations* in the Theology of Revelation 16–22, Bib. 55 (1974), 487–504.

GIELEN, Marlies: *Beten* und Prophezeien mit unverhülltem Kopf? Die Kontroverse zwischen Paulus und der korinthischen Gemeinde um die Wahrung der Geschlechterrollensymbolik in 1Kor 11,2–16, ZNW 90 (1999), 220–249.

DIES.: Mut zur *Herrenmahlsgemeinschaft*. Ökumenische Impulse aus paulinischer Perspektive, BZ NF 48 (2004), 104–113.

DIES.: Zur *Interpretation* der paulinischen Formel ἡ κατ' οἶκον ἐκκλησία, ZNW 77 (1986), 109–125.

GIESEN, Heinz: *Lasterkataloge* und Kaiserkult in der Offenbarung des Johannes, in: Friedrich Wilhelm HORN / Michael WOLTER (Hg.): Studien zur Johannesoffenbarung und ihrer Auslegung (FS Otto Böcher), Neukirchen-Vluyn 2005, 210–231.

DERS.: Das Römische *Reich* im Spiegel der Johannes-Apokalypse [1996], in: DERS.: Studien zur Johannesapokalypse (SBAB 29), Stuttgart 2000, 100–213.

GORDLEY, Matthew E.: The *Colossian Hymn* in Context. An Exegesis in Light of Jewish and Graeco-Roman Hymnic and Epistolary Conventions (WUNT II/228), Tübingen 2007.

GRAPPE, Christian: Le *repas* de Dieu de l'autel à la table dans le judaïsme et le mouvement chrétien naissant, in : DERS. (Hg.): Le Repas de Dieu – Das Mahl Gottes. 4. Symposium Strasbourg, Tübingen Upsal [Strasbourg 11–15 septembre 2002] (WUNT 169), Tübingen 2004, 69–113.

DERS. (Hg.): Le *Repas* de Dieu – Das Mahl Gottes. 4. Symposium Strasbourg, Tübingen, Upsal [Strasbourg 11–15 septembre 2002] (WUNT 169), Tübingen 2004.

GROENEWALD, Jonanda / AARDE, Andries van: The *role* alternate states of consciousness played in the baptism and Eucharist of the earliest Jesus-followers, HTS 62 (2006), 41–67.

GUTSFELD, Andreas / KOCH, Dietrich-Alex (Hg.): *Vereine*, Synagogen und Gemeinden im kaiserzeitlichen Kleinasien (STAC 25), Tübingen 2006.

GUTTENBERGER, Gudrun: *Johannes* von Thyateira. Zur Perspektive des Sehers, in: Friedrich Wilhelm HORN / Michael WOLTER (Hg.): Studien zur Johannesoffenbarung und ihrer Auslegung (FS Otto Böcher), Neukirchen-Vluyn 2005, 160–188.

HAACKER, Klaus: *Paulus*. Der Werdegang eines Apostels (SBS 171), Stuttgart 1997.

HAARMANN, Michael: „Dies tut zu meinem Gedenken!" *Gedenken* beim Passa- und Abendmahl. Ein Beitrag zur Theologie des Abendmahls im Rahmen des jüdisch-christlichen Dialogs, Neukirchen-Vluyn 2004.

HAHN, Ferdinand: Liturgische *Elemente* in den Rahmenstücken der Johannesoffenbarung [1986], in: DERS.: Studien zum Neuen Testament, hg. von Jörg FREY und Juliane

SCHLEGEL, Bd. 2: Bekenntnisbildung und Theologie in urchristlicher Zeit (WUNT 192), Tübingen 2006, 541–555.

DERS.: Das *Herrenmahl* bei Paulus [1998], in: DERS.: Studien zum Neuen Testament, hg. von Jörg FREY und Juliane SCHLEGEL, Bd. 2: Bekenntnisbildung und Theologie in urchristlicher Zeit (WUNT 192), Tübingen 2006, 323–333.

DERS.: *Randbemerkungen* zum Judasbrief [1981], in: DERS.: Studien zum Neuen Testament, hg. von Jörg FREY und Juliane SCHLEGEL, Bd. 2: Bekenntnisbildung und Theologie in urchristlicher Zeit (WUNT 192), Tübingen 2006, 643–652.

DERS.: Die *Sendschreiben* der Johannesapokalypse. Ein Beitrag zur Bestimmung prophetischer Redeformen [1971], in: DERS.: Studien zum Neuen Testament, hg. von Jörg FREY und Juliane SCHLEGEL, Bd. 2: Bekenntnisbildung und Theologie in urchristlicher Zeit (WUNT 192), Tübingen 2006, 557–594.

DERS.: Theologie des Neuen Testaments, Bd. 1: Die Vielfalt des Neuen Testaments. Theologiegeschichte des Urchristentums. *(= Theologie I)*

DERS.: Theologie des Neuen Testaments, Bd. 2: Die Einheit des Neuen Testaments. Thematische Darstellung, Tübingen 2002. *(= Theologie II)*

DERS.: Die *Worte* vom lebendigen Wasser im Johannesevangelium. Eigenart und Vorgeschichte von Joh 4,10.13f; 6,35; 7,37–39 [1977], in: DERS.: Studien zum Neuen Testament, hg. von Jörg FREY und Juliane SCHLEGEL, Bd. 1: Grundsatzfragen, Jesusforschung, Evangelien (WUNT 191), Tübingen 2006, 563–586.

HAINZ, Josef: *Christus* – „Brot für das Leben der Welt". Zur Feier der Eucharistie im NT und heute: Brücken zu einem „ökumenischen Herrenmahl", TThZ 114 (2005), 171–187.

HANSON, Anthony Tyrrell: *Studies* in the Pastoral Epistles, London 1968.

HARLAND, Philip A.: *Associations*, Synagogues, and Congregations. Claiming a Place in Mediterranean Society, Minneapolis, MN 2003.

DERS.: Honouring the *Emperor* or Assailing the Beast. Participation in Civic Life among Associations (Jewish, Christian and Other) in Asia Minor and the Apocalypse of John, JSNT 77 (2000), 99–121.

HAY, David M.: *Foils* for the Therapeutae: References to Other Texts and Persons in Philo's *De Vita Contemplativa*, in: David E. AUNE / Torrey SELAND / Jarl Henning ULRICHSEN (Hg.): Neotestamentica. Studies in Honour of Peder Borgen (NT.S 106), Leiden/Boston 2003, 330–348. *(= Foils)*

HECKEL, Theo K.: Die *Identität* des Christen bei Paulus, in: Alexander DEEG / Stefan HAUSER / Arne MANZESCHKE (Hg.): Identität. Biblische und theologische Erkundungen (BTSP 30), Göttingen 2007, 41–65.

HECKEL, Ulrich: Der *Segen* im Neuen Testament. Begriff, Formeln, Gesten. Mit einem praktisch-theologischen Ausblick (WUNT 150), Tübingen 2002.

HEIL, Christoph: Die *Ablehnung* der Speisegebote durch Paulus. Die Frage der Stellung des Apostels zum Gesetz (BBB 96), Weinheim 1994.

HEIL, John Paul: The *Meal Scenes* in Luke-Acts. An Audience-Oriented Approach (SBL.MS 52), Atlanta, GA 1999.

HEILIGENTHAL, Roman: Zwischen *Henoch* und Paulus. Studien zum theologiegeschichtlichen Ort des Judasbriefes (TANZ 6), Tübingen 1992.

DERS.: Wer waren die *Nikolaiten*? Ein Beitrag zur Theologiegeschichte des frühen Christentums, ZNW 82 (1991), 133–137.

HEININGER, Bernhard: Das letzte *Mahl* Jesu. Rekonstruktion und Deutung, in: Winfried HAUNERLAND (Hg.): Mehr als Brot und Wein. Theologische Kontexte der Eucharistie, Würzburg 2005, 10–49.

HEMER, Colin J.: The *Letters* to the Seven Churches of Asia in Their Local Setting (The Biblical Resource Series), Grand Rapids, MI u.a. 2001.

HENGEL, Martin: *Abba*, Maranatha, Hosanna und die Anfänge der Christologie [2004], in: DERS.: Studien zur Christologie. Kleine Schriften IV (WUNT 201), Tübingen 2006, 496–534.

DERS.: Das *Christuslied* im frühesten Gottesdienst [1987], in: DERS.: Studien zur Christologie. Kleine Schriften IV (WUNT 201), Tübingen 2006, 205–258.

DERS.: Die johanneische *Frage*. Ein Lösungsversuch. Mit einem Beitrag zur Apokalypse von Jörg FREY (WUNT 67), Tübingen 1993.

DERS.: Das *Mahl* in der Nacht, „in der Jesus ausgeliefert wurde" (1 Kor 11,23) [2004], in: DERS.: Studien zur Christologie. Kleine Schriften IV (WUNT 201), Tübingen 2006, 451–495.

DERS.: *Petrus* der Fels, Paulus und die Evangelientradition, in: DERS: Der unterschätzte Petrus. Zwei Studien, Tübingen 2006, 1–166.

DERS.: Die *Synagogeninschrift* von Stobi [1966], mit einem Anhang von Hanswulf BLOEDHORN, in: DERS.: Judaica et Hellenistica. Kleine Schriften I (WUNT 90), Tübingen 1996, 91–130.

DERS. / SCHWEMER, Anna Maria: *Paulus* zwischen Damaskus und Antiochien. Die unbekannten Jahre des Apostels. Mit einem Beitrag von Ernst Axel KNAUF (WUNT 108), Tübingen 1998.

HENTSCHEL, Anni: *Diakonia* im Neuen Testament. Studien zur Semantik unter besonderer Berücksichtigung der Rolle von Frauen (WUNT II/226), Tübingen 2007.

HERZ, Peter: *Fest* und Gemeinde. Feiern des Kaiserkultes und die Gemeinschaft der Bürger, Die alte Stadt 22 (1995), 65–81.

DERS.: Neue Forschungen zum *Festkalender* der römischen Kaiserzeit, in: Hubert CANCIK / DERS. (Hg.): Die Praxis der Herrscherverehrung in Rom und seinen Provinzen, Tübingen 2003, 47–67.

DERS.: *Herrscherverehrung* und lokale Festkultur im Osten des römischen Reiches (Kaiser/Agone), in: Hubert CANCIK / Jörg RÜPKE (Hg.): Römische Reichsreligion und Provinzialreligion, Tübingen 1997, 239–264.

HILTBRUNNER, Otto: *Gastfreundschaft* in der Antike und im frühen Christentum, Darmstadt 2005.

HIRSCHMANN, Vera: *Macht* durch Integration? Aspekte einer gesellschaftlichen Wechselwirkung zwischen Verein und Stadt am Beispiel der Mysten und Techniten des Dionysos von Smyrna, in: Andreas GUTSFELD / Dietrich-Alex KOCH (Hg.): Vereine, Synagogen und Gemeinden im kaiserzeitlichen Kleinasien (STAC 25), Tübingen 2006, 41–59.

HITZL, Konrad: *Kultstätten* und Praxis des Kaiserkults anhand von Fallbeispielen, in: Hubert CANCIK / DERS. (Hg.): Die Praxis der Herrscherverehrung in Rom und seinen Provinzen, Tübingen 2003, 97–127.

HOFFMAN, Lawrence A.: The *Passover Meal* in Jewish Tradition, in: DERS. / Paul F. BRADSHAW (Hg.): Passover and Easter. Origin and History to Modern Times (Two Liturgical Traditions 5), Notre Dame, IN 1999, 8–26.

HOFIUS, Otfried: *Gemeindeleitung* und Kirchenleitung nach dem Zeugnis des Neuen Testaments. Eine Skizze, ZThK 103 (2006), 184–205.

DERS.: *Gemeinschaft* mit den Engeln im Gottesdienst der Kirche. Eine traditionsgeschichtliche Skizze [1992], in: DERS.: Neutestamentliche Studien (WUNT 132), Tübingen 2000, 301–325.

DERS.: *Herrenmahl* und Herrenmahlsparadosis. Erwägungen zu 1 Kor 11,23b–25 [1988], in: DERS.: Paulusstudien (WUNT 51), Tübingen ²1994, 203–240.

DERS.: Gemeinschaft am *Tisch des Herrn*. Das Zeugnis des Neuen Testaments, in: Anatoly A. ALEXEEV / Christos KARAKOLIS / Ulrich LUZ (Hg.): Einheit der Kirche im Neuen Testament. Dritte europäische orthodox-westliche Exegetenkonferenz in Sankt Petersburg, 24.–31. August 2005, unter Mitarbeit von Karl-Wilhelm NIEBUHR (WUNT 218), Tübingen 2008, 169–183.

DERS.: „Für euch gegeben zur *Vergebung* der Sünden". Vom Sinn des Heiligen Abendmahls [1998], in: DERS.: Neutestamentliche Studien (WUNT 132), Tübingen 2000, 276–300.

DERS.: Τὸ σῶμα τὸ ὑπὲρ ὑμῶν *1Kor 11,24* [1989], in: DERS.: Paulusstudien II (WUNT 143), Tübingen 2002, 193–201.

HORBURY, William: *Cena pura* and the Lord's Supper [2005], in: DERS.: Herodian Judaism and New Testament Study (WUNT 193), Tübingen 2006, 104-140.

HORN, Friedrich-Wilhelm: *Vielfalt* und Einheit der neutestamentlichen Botschaft, in: Karl-Wilhelm NIEBUHR (Hg.): Grundinformation Neues Testament (UTB 2108), Göttingen ²2003, 371–387.

HORRELL, David G.: *Domestic Space* and Christian Meetings at Corinth. Imagining New Contexts and the Buildings East of the Theatre, NTS 50 (2004), 349–369.

DERS.: *Pauline Churches* or Early Christian Churches? Unity, Disagreement, and the Eucharist, in: Anatoly A. ALEXEEV / Christos KARAKOLIS / Ulrich LUZ (Hg.): Einheit der Kirche im Neuen Testament. Dritte europäische orthodox-westliche Exegetenkonferenz in Sankt Petersburg, 24.–31. August 2005, unter Mitarbeit von Karl-Wilhelm NIEBUHR (WUNT 218), Tübingen 2008, 185–203.

HÜBNER, Reinhard M.: *Thesen* zur Echtheit und Datierung der sieben Briefe des Ignatius von Antiochien, ZAC 1 (1997), 44–72.

HUSS, Bernhard: Xenophons *Symposion*. Ein Kommentar (BzA 125), Stuttgart/Leipzig 1999.

JEREMIAS, Joachim: Die *Abendmahlsworte* Jesu, Göttingen ⁴1967.

JEWETT, Robert: Tenement Churches and *Communal Meals* in the Early Church: The Implications of a Form-Critical Analysis of 2 Thessalonians 3:10, BR 38 (1993), 23–43.

DERS.: Tenement Churches and Pauline *Love Feasts*, in: DERS.: Paul the Apostle to America. Cultural Trends and Pauline Scholarship, Louisville, KT 1994, 73–86.

JÖRNS, Klaus-Peter: Das hymnische *Evangelium*. Untersuchungen zu Aufbau, Funktion und Herkunft der hymnischen Stücke in der Johannesoffenbarung (StNT 5), Gütersloh 1971.

DERS.: *Proklamation* und Akklamation. Die antiphonische Grundordnung des frühen Gottesdienstes nach der Johannesoffenbarung, in: Hansjakob BECKER / Rainer KACZYNSKI (Hg.): Liturgie und Dichtung. Ein interdisziplinäres Kompendium, Bd. 1: Historische Präsentation (PiLi 1), St. Ottilien 1983, 187–208.

JONES, Christopher P.: *Dinner Theater*, in: William J. SLATER (Hg.): Dining in a Classical Context, Ann Arbor, MI 1991, 185–198.

JONGE, Henk Jan de: The *Apocalypse* of John and the Imperial Cult, in: H.F.J. HORSTMANSHOFF / H.W. SINGOR / F.T. van STRATEN / J.H.M. STRUBBE (Hg.): Kykeon. Studies in Honour of H.S. Versnel (RGRW 142), Leiden u.a. 2002, 127–141.

DERS.: The Early *History* of the Lord's Supper, in: Jan Willem van HENTEN / Anton HOUTEPEN (Hg.): Religious Identity and the Invention of Tradition. Papers Read at a Noster Conference in Soesterberg, January 4–6, 1999 (STAR 3), Assen 2001, 209–237.

JOSUTTIS, Manfred: Der *Weg* in das Leben. Eine Einführung in den Gottesdienst auf verhaltenswissenschaftlicher Grundlage, Gütersloh ²1993.

JUNGBAUER, Harry: „Ehre *Vater* und Mutter". Der Weg des Elterngebots in der biblischen Tradition (WUNT II/146), Tübingen 2002.

KÄSEMANN, Ernst: *Anliegen* und Eigenart der paulinischen Abendmahlslehre [1947/48], in: DERS.: Exegetische Versuche und Besinnungen, Bd. 1, Göttingen ³1964, 11–34.

KALMS, Jürgen U.: Der *Sturz* des Gottesfeindes. Traditionsgeschichtliche Studien zu Apokalypse 12 (WMANT 93), Neukirchen-Vluyn 2001.

KARRER, Martin: Das urchristliche *Ältestenamt*, NT 32 (1990), 152–188.

DERS.: *Himmel*, Millenium und neuer Himmel in der Apokalypse, JBTh 10 (2005), 225–259.

DERS.: *Jesus Christus* im Neuen Testament (GNT 11), Göttingen 1998.

DERS.: Die *Johannesoffenbarung* als Brief. Studien zu ihrem literarischen, historischen und theologischen Ort (FRLANT 140), Göttingen 1986.

DERS.: Der *Kelch* des neuen Bundes. Erwägungen zum Verständnis des Herrenmahls nach 1 Kor 11,23b–25, BZ NF 34 (1990), 198–221.

DERS.: *Stärken* des Randes: die Johannesoffenbarung, in: Ulrich MELL / Ulrich B. MÜLLER (Hg.): Das Urchristentum in seiner literarischen Geschichte (FS Jürgen Becker; BZNW 100), Berlin/New York 1999, 391–417.

DERS.: *2 Thess 2,1–4* und der *Widersacher* Gottes, in: Roland GEBAUER / Martin MEISER (Hg.): Die bleibende Gegenwart des Evangeliums (FS Otto Merk; MThSt 76), Marburg 2003, 171–188.

DERS. / CREMER, Oliver: *Vereinsgeschichtliche Impulse* im ersten Christentum, in: Volker A. LEHNERT / Ulrich RÜSEN-WEINHOLD (Hg.): Logos – Logik – Lyrik. Engagierte exegetische Studien zum biblischen Reden Gottes (FS Klaus Haacker; ABG 27), Leipzig 2007, 33–52.

KAVANAGH, Michael Aelred: Apocalypse 22:6–21 as Concluding Liturgical *Dialogue*, Diss.masch. Pontificia Universitas Gregoriana, Rom 1984.

KERNER, Jürgen: Die *Ethik* der Johannes-Apokalypse im Vergleich mit der des 4. Esra. Ein Beitrag zum Verhältnis von Apokalyptik und Ethik (BZNW 94), Berlin/New York 1998.

KIEFFER, René: Les *repas* echatologiques chez Luc, in: Christian GRAPPE (Hg.): Le Repas de Dieu – Das Mahl Gottes. 4. Symposium Strasbourg, Tübingen, Upsal [Strasbourg 11–15 septembre 2002] (WUNT 169), Tübingen 2004, 161–175.

KIEWELER, Hans-Volker: *Benehmen* bei Tisch, in: Renate EGGER-WENZEL / Ingrid KRAMMER (Hg.): Der Einzelne und seine Gemeinschaft bei Ben Sira (BZNW 270), Berlin/New York 1998, 191–215.

KIRCHENAMT DER EKD (Hg.): Das *Abendmahl*. Eine Orientierungshilfe zu Verständnis und Praxis des Abendmahls in der evangelischen Kirche. Vorgelegt vom Rat der Evangelischen Kirche in Deutschland, Gütersloh 2003.

KIRCHSCHLÄGER, Walter: Über die *Zulassung* zur Herrenmahlsfeier. Neutestamentliche Erwägungen, ThZ 62 (2006), 107–124.

KLAPPERT, Bertold: Hoffender *Glaube*, kommender Christus und die neue Welt Gottes (Hebräer 11,1–12,3), in: Volker A. LEHNERT / Ulrich RÜSEN-WEINHOLD (Hg.): Logos – Logik – Lyrik. Engagierte exegetische Studien zum biblischen Reden Gottes (FS Klaus Haacker; ABG 27), Leipzig 2007, 219–266.

KLAUCK, Hans-Josef: *Hausgemeinde* und Hauskirche im frühen Christentum (SBS 103), Stuttgart 1981.

DERS.: *Herrenmahl* und hellenistischer Kult. Eine religionsgeschichtliche Untersuchung zum 1. Korintherbrief (NTA NF 15), Münster ²1986.

DERS.: „*Leib Christi*" – Das Mahl des Herrn in 1 Kor 10–12 [2002], in: DERS.: Religion und Gesellschaft im frühen Christentum. Neutestamentliche Studien (WUNT 152), Tübingen 2003, 194–202.

DERS.: Die antiken *Mysterienkulte* und das Urchristentum – Anknüpfung und Widerspruch [2002], in: DERS.: Religion und Gesellschaft im frühen Christentum. Neutestamentliche Studien (WUNT 152), Tübingen 2003, 171–193.

DERS.: *Präsenz* im Herrenmahl. 1 Kor 11,23–26 im Kontext hellenistischer Religionsgeschichte, in: DERS., Gemeinde – Amt – Sakrament. Neutestamentliche Perspektiven, Würzburg 1989, 313–330.

DERS.: Das *Sendschreiben* nach Pergamon und der Kaiserkult in der Johannesoffenbarung [1992], in: DERS.: Alte Welt und neuer Glaube. Beiträge zur Religionsgeschichte, Forschungsgeschichte und Theologie des Neuen Testaments (NTOA 29), Freiburg, Schweiz/Göttingen 1994, 115–143.

KLAWANS, Jonathan: Interpreting the *Last Supper*: Sacrifice, Spiritualization, and Anti-Sacrifice, NTS 48 (2002), 1–17.

KLINGHARDT, Matthias: *Gemeinschaftsmahl* und Mahlgemeinschaft. Soziologie und Liturgie frühchristlicher Mahlfeiern (TANZ 13), Tübingen/Basel 1996.

DERS.: *Gesetz* und Volk Gottes. Das lukanische Verständnis des Gesetzes nach Herkunft, Funktion und seinem Ort in der Geschichte des Urchristentums (WUNT II/32), Tübingen 1988.

DERS.: „Nehmt und eßt, das ist mein Leib". *Mahl* und Mahldeutung im frühen Christentum, in: Perry SCHMIDT-LEUKEL (Hg.): Die Religionen und das Essen (DGR 163), Kreuzlingen/München 2000, 37–69.

KLOFT, Hans: *Mysterienkulte* der Antike. Götter – Menschen – Rituale (C.H.Beck Wissen in der Beck'schen Reihe 2106), München 1999.

KLOPPENBORG, John S.: Collegia and *Thiasoi*: Issues in Function, Taxonomy and Membership, in: Stephen G. WILSON / DERS. (Hg.): Voluntary Associations in the Graeco-Roman World, London/New York 1996, 16–30. *(= Collegia)*

KOCH, Dietrich-Alex: The Early *History* of the Lord's Supper. A Response to Henk Jan de Jonge, in: Jan Willem van HENTEN / Anton HOUTEPEN (Hg.): Religious Identity and the Invention of Tradition. Papers Read at a Noster Conference in Soesterberg, January 4–6, 1999 (STAR 3), Assen 2001, 238–252.

DERS. / SCHINKEL, Dirk: Die *Frage* nach den Vereinen in der Geistes- und Theologiegeschichte des 19. und 20. Jahrhunderts unter besonderer Berücksichtigung des zeitgenössischen Vereinswesens und der „Wende" in der protestantischen Theologie nach 1918, in: Andreas GUTSFELD / Dietrich-Alex KOCH (Hg.): Vereine, Synagogen und Gemeinden im kaiserzeitlichen Kleinasien (STAC 25), Tübingen 2006, 129–148.

KOCH, Michael: *Drachenkampf* und Sonnenfrau. Zur Funktion des Mythischen in der Johannesapokalypse am Beispiel von Apk 12 (WUNT II/184), Tübingen 2004.

KOCH, Stefan: Rechtliche *Regelung* von Konflikten im frühen Christentum (WUNT II/174), Tübingen 2004.

KOESTER, Helmut: Jesu *Leiden* und Tod als Erzählung, in: Rüdiger BARTELMUS / Thomas KRÜGER / Helmut UTZSCHNEIDER (Hg.): Konsequente Traditionsgeschichte (FS Klaus Baltzer; OBO 126), Freiburg, Schweiz/Göttingen 1993, 199–204.

KOLLMANN, Bernd: *Ursprung* und Gestalten der frühchristlichen Mahlfeier (GTA 43), Göttingen 1990.

KONRADT, Matthias: Die gottesdienstliche *Feier* und das Gemeinschaftsethos der Christen bei Paulus, JBTh 18 (2003), 203–229.

DERS.: *Gericht* und Gemeinde. Eine Studie zur Bedeutung und Funktion von Gerichtsaussagen im Rahmen der paulinischen Ekklesiologie und Ethik im 1 Thess und 1 Kor (BZNW 117), Berlin/New York 2003.

KOOTEN, George H. van: Cosmic *Christology* in Paul and the Pauline School. Colossians and Ephesians in the Context of Graeco-Roman Cosmology, with a New Synopsis of the Greek Texts (WUNT II/171), Tübingen 2003.

KOWALSKI, Beate: Die Rezeption des Propheten *Ezechiel* in der Offenbarung des Johannes (SBS 52), Stuttgart 2004.

KRANEMANN, Benedikt: Von der *Privatmesse* zur Gemeinschaftsmesse. Herrenmahl und Gruppenidentität in der ,Liturgischen Bewegung' am Anfang des 20. Jahrhunderts, Martin EBNER (Hg.): Herrenmahl und Gruppenidentität (QD 221), Freiburg i.Br. u.a. 2007, 211–229.

KRAUS, Thomas J.: *Sprache*, Stil und historischer Ort des zweiten Petrusbriefes (WUNT II/136), Tübingen 2001.

KRAUS, Wolfgang: Gottes *Gerechtigkeit* und Gottes Volk. Ökumenisch-ekklesiologische Aspekte der New Perspective on Paul, in: Michael BACHMANN (Hg.): Lutherische und Neue Paulusperspektive. Beiträge zu einem Schlüsselproblem der gegenwärtigen exegetischen Diskussion, unter Mitarbeit von Johannes WOYKE (WUNT 182), Tübingen 2005, 329–347.

DERS.: Zwischen *Jerusalem* und Antiochia. Die „Hellenisten", Paulus und die Aufnahme der Heiden in das endzeitliche Gottesvolk (SBS 179), Stuttgart 1999.

KRECH, Volkhard: Die semantischen und sozialstrukturellen *Kontexte* der Mahlfeier. Eine religionssoziologische Typologie, in: Martin EBNER (Hg.): Herrenmahl und Gruppenidentität (QD 221), Freiburg i.Br. u.a. 2007, 39–58.

KREMER, Jacob: „*Herrenspeise*" – nicht Herrenmahl. Zur Bedeutung von κυριακὸν δεῖπνον φαγεῖν (1 Kor 11,20), in: Knut BACKHAUS / Franz Georg UNTERGAßMAIR (Hg): Schrift und Tradition (FS Josef Ernst), Paderborn u.a. 1996, 227–242.

KÜCHLER, Max: *Schweigen*, Schmuck und Schleier. Drei neutestamentliche Vorschriften zur Verdrängung der Frauen auf dem Hintergrund einer frauenfeindlichen Exegese des Alten Testaments im antiken Judentum (NTOA 1), Freiburg, Schweiz/Göttingen 1986.

KUHN, Heinz-Wolfgang: The *Qumran Meal* and the Lord's Supper in Paul in the Context of the Graeco-Roman World, in: Alf CHRISTOPHERSEN / Carsten CLAUSSEN / Jörg FREY / Bruce LONGENECKER (Hg.): Paul, Luke and the Graeco-Roman World. Essays in Honour of Alexander J.M. Wedderburn (JSNT.S 217), London/New York 2002, 221–248.

KUNST, Christiane: *Leben* und Wohnen in der römischen Stadt. Unter Mitarbeit von Bettina KUNST, Darmstadt 2006.

KUNZ, Ralph: *Essen/Trinken*, in: Kristian FECHTNER / Gotthard FERMOR / Uta POHL-PATALONG / Harald SCHROETER-WITTKE (Hg.): Handbuch Religion und Populäre Kultur, Stuttgart 2005, 33–41.

LÄUCHLI, Samuel: Eine *Gottesdienststruktur* in der Johannesoffenbarung, ThZ 16 (1960), 359–378.

LAMPE, Peter: Die stadtrömischen *Christen* in den ersten beiden Jahrhunderten. Untersuchungen zur Sozialgeschichte (WUNT II/18), Tübingen ²1989.

DERS.: Das korinthische *Herrenmahl* im Schnittpunkt hellenistisch-römischer Mahlpraxis und paulinischer Theologia Crucis (1Kor 11,17–34), ZNW 82 (1991), 183–213.

DERS.: Die *Wirklichkeit* als Bild. Das Neue Testament als ein Grunddokument abendländischer Kultur im Lichte konstruktivistischer Epistemologie und Wissenssoziologie, Neukirchen-Vluyn 2006.

LANDESSYNODE DER EVANGELISCHEN KIRCHE IM RHEINLAND: Eingeladen sind alle. Warum die *Kirche* nicht vom Mahl des Herrn ausschließen darf. Beschluss der Landessynode der Evangelischen Kirche im Rheinland vom 15. Januar 2004, epdD 44 (2004), 46–61.

LAVERDIERE, Eugene, S.S.S.: The *Eucharist* in the New Testament and the Early Church, Collegeville, MN 1996.

LEINHÄUPL-WILKE, Andreas: Zu *Gast* bei Lukas. Einblicke in die lukanische Mahlkonzeption am Beispiel von Lk 7,36–50, in: Martin EBNER (Hg.): Herrenmahl und Gruppenidentität (QD 221), Freiburg i.Br. u.a. 2007, 91–120.

LEONHARD, Clemens: Das alttestamentliche und das jüdische *Pesachfest*, in: Hansjörg auf der MAUR: Die Osterfeier in der Alten Kirche. Aus dem Nachlaß hg. von Reinhard MESSNER und Wolfgang G. SCHÖPF. Mit einem Beitrag von Clemens LEONARD (Liturgica Oenipontana 2), Münster 2003, 11–31.

LEYERLE, Blake: *Meal Customs* in the Greco-Roman World, in: Paul F. BRADSHAW / Lawrence A. HOFFMAN (Hg.): Passover and Easter. Origin and History to Modern Times (Two Liturgical Traditions 5), Notre Dame, IN 1999, 29–61.

LICHTENBERGER, Hermann: Die *Mahlmetaphorik* in der Johannesapokalypse, in: Christian GRAPPE (Hg.): Le Repas de Dieu – Das Mahl Gottes. 4. Symposium Strasbourg, Tübingen, Upsal [Strasbourg 11–15 septembre 2002] (WUNT 169), Tübingen 2004, 227–252.

LIETAERT PEERBOLTE, Bert Jan: To Worship the *Beast*. The Revelation of John and the Imperial Cult in Asia Minor, in: Michael LABAHN / Jürgen ZANGENBERG (Hg.): Zwischen den Reichen. Neues Testament und Römische Herrschaft. Vorträge auf der Ersten Konferenz der European Association for Biblical Studies (TANZ 36), Tübingen/Basel 2002, 239–259.

LIETZMANN, Hans: Die *Entstehung* der christlichen Liturgie nach den ältesten Quellen [1925/26], Sonderausgabe, Darmstadt 1963.

DERS.: *Messe* und Herrenmahl. Eine Studie zur Geschichte der Liturgie (AKG 8), Bonn 1926.

DERS.: Zur altkirchlichen *Verfassungsgeschichte* [1914], in: Karl KERTELGE (Hg.): Das kirchliche Amt im Neuen Testament (WdF 439), Darmstadt 1977, 93–143.

LLEWELYN, S.R.: The Use of *Sunday* for Meetings of Believers in the New Testament, NT 43 (2001), 205–223.

LÖHR, Hermut: Studien zum frühchristlichen und frühjüdischen *Gebet*. Untersuchungen zu 1 Clem 59 bis 61 in seinem literarischen, historischen und theologischen Kontext (WUNT 160), Tübingen 2003.

DERS.: Die „*Lehre* der Nikolaiten". Exegetische und theologische Bemerkungen zu einer neutestamentlichen Häresie, in: Athina LEXUTT / Vicco von BÜLOW (Hg.): Kaum zu glauben! Von der Häresie und dem Umgang mit ihr (FS Heiner Faulenbach; Arbeiten zur Theologiegeschichte 5), Rheinbach 1998, 34–55.

DERS.: *Speisenfrage* und Tora im Judentum des Zweiten Tempels und im entstehenden Christentum, ZNW 94 (2003), 17–37.

LÖHR, Winrich A.: Das antike *Christentum* im zweiten Jahrhundert – neue Perspektiven seiner Erforschung, ThLZ 127 (2002), 247–262.

LÜPKE, Johannes von: *Fromme* und Unfromme vereint, epdD 44 (2004), 33–35.

LUZ, Ulrich: Das *Herrenmahl* im Neuen Testament, BiKi 57 (2002), 2–8.

MARTIN, Troy W.: By *Philosophy* and Empty Deceit. Colossians as Response to a Cynic Critique (JSNT.S 118), Sheffield 1996.

MAUR, Hansjörg auf der: Die *Osterfeier* in der Alten Kirche. Aus dem Nachlaß hg. von Reinhard MESSNER und Wolfgang G. SCHÖPF. Mit einem Beitrag von Clemens LEONARD (Liturgica Oenipontana 2), Münster 2003.

MAZZA, Enrico: The Origins of the *Eucharistic Prayer*, transl. by Ronald E. LANE, Collegeville, MN 1995.

MCGREADY, Wayne O.: *Ekklēsia* and Voluntary Associations, in: Stephen G. WILSON / John S. KLOPPENBORG (Hg.): Voluntary Associations in the Graeco-Roman World, London/New York 1996, 59–73.

MCGOWAN, Andrew: *Ascetic Eucharists*. Food and Drink in Early Christian Ritual Meals (The Oxford Early Christian Studies), Oxford 1999.

DERS.: 'First regarding the *cup* …': Papias and the Diversity of Early Eucharistic Practice, JThS 46 (1995), 551–555.

DERS.: "Is there a liturgical text in this Gospel?" The *Institution Narratives* and their Early Interpretative Communities, JBL 118 (1999), 73–87.

MERKELBACH, Reinhold: *Isis regina* – Zeus Sarapis. Die griechisch-ägyptische Religion nach den Quellen dargestellt, Leipzig ²2001.

MERZ, Annette: Die fiktive *Selbstauslegung* des Paulus. Intertextuelle Studien zur Intention und Rezeption der Pastoralbriefe (NTOA 52), Freiburg, Schweiz/Göttingen 2004.

MESSNER, Reinhard: Zur *Eucharistie* in den Thomasakten. Zugleich ein Beitrag zur Frühgeschichte der eucharistischen Epiklese, in: Hans-Jürgen FEULNER / Robert F. TAFT / Elena VELKOVSKA (Hg.): Crossroad of Cultures. Studies in Liturgy and Patristics in Honor of Gabriele Winkler (OCA 260), Rom 2000, 493–513.

DERS.: *Grundlinien* der Entwicklung des eucharistischen Gebets in der frühen Kirche [1993], in: Albert GERHARDS / Heinzgerd BRAKMANN / Martin KLÖCKNER (Hg.): Prex Eucharistica, Bd. 3: Studia, Teil 1: Ecclesia Antiqua et Occidentalis (SpicFri 42), Freiburg, Schweiz 2005, 3–41.

METZGER, Paul: Eine apokalyptische *Paulusschule*? Zum Ort des Zweiten Thessalonicherbriefs, in: Michael BECKER / Markus ÖHLER (Hg.): Apokalyptik als Herausforderung neutestamentlicher Theologie (WUNT II/214), Tübingen 2006, 145–166.

MEYER-BLANCK, Michael: „… daß unser Herr selbst mit uns rede …" *Möglichkeiten* des neuen „Gottesdienstbuches" für die lutherischen und unierten Kirchen, ZThK 97 (2000), 488-508.

MINNERATH, Roland: La *présidence* de l'eucharistie chez Tertullien et dans l'Église des trois premiers siècles, in: Christian GRAPPE (Hg.): Le Repas de Dieu – Das Mahl Gottes. 4. Symposium Strasbourg, Tübingen, Upsal [Strasbourg 11–15 septembre 2002] (WUNT 169), Tübingen 2004, 271–298.

MOXNES, Halvor: What is *Family*? Problems in Constructing Early Christian Families, in: DIES. (Hg.): Constructing Early Christian Families. Family as Social Reality and Metaphor, London/New York 1997, 13–41.

MOYISE, Steve: The *Language* of the Old Testament in the Apocalypse, JSNT 76 (1999), 97–113.

DERS.: The *Old Testament* in the New. An Introduction (The Continuum Biblical Studies Series), London/New York 2001.

MÜLLER, Christoph G.: *Kalbfleisch* und gebratener Fisch, ThGl 96 (2006), 250–261.

MÜLLER, Peter: Der *Judasbrief*, ThR 65 (1998), 267–289.

DERS.: In der *Mitte* der Gemeinde. Kinder im Neuen Testament, Neukirchen-Vluyn 1992.

MÜLLER, Ulrich B.: Zwischen *Johannes* und Ignatius. Theologischer Widerstreit in den Gemeinden der Asia, ZNW 98 (2007), 49–67.

DERS.: Zur frühchristlichen *Theologiegeschichte*. Judenchristentum und Paulinismus in Kleinasien an der Wende vom ersten zum zweiten Jahrhundert n.Chr., Gütersloh 1976.

MURPHY-O'CONNOR, Jerome: St. Paul's *Corinth*. Texts and Archaeology (GNS 6), Wilmington, DE 1983.

NEWTON, Derek: *Deity* and Diet. The Dilemma of Sacrificial Food at Corinth (JSNT.S 169), Sheffield 1998.

NIEBUHR, Karl-Wihelm: Die *Paulusbriefsammlung*, in: DERS. (Hg.): Grundinformation Neues Testament (UTB 2108), Göttingen ²2003, 196–293.

DERS.: Die *Verantwortung* der Kirche bei der Zulassung zum Mahl des Herrn – Exegetische und hermeneutische Anmerkungen zu dem Beschluss der Landessynode, epdD 44 (2004), 36–40.

NIEHOFF, Maren: Philo on *Jewish Identity* and Culture (TSAJ 86), Tübingen 2001.

NIELSEN, Hanne Sigismund: Roman *Children* at Mealtimes, in: Inge NIELSEN / DERS.. (Hg.): Meals in a Social Context. Aspects of the Communal Meal in the Hellenistic and Roman World (ASMA 1), Aarhus 1998, 56–66.

NIELSEN, Inge: *Royal Banquets*: The Development of Royal Banquets and Banqueting Halls from Alexander to the Tetrarchs, in: DIES. / Hanne Sigismund NIELSEN (Hg.): Meals in a Social Context. Aspects of the Communal Meal in the Hellenistic and Roman World (ASMA 1), Aarhus 1998, 102–133.

DIES. / NIELSEN, Hanne Sigismund (Hg.): *Meals* in a Social Context. Aspects of the Communal Meal in the Hellenistic and Roman World (ASMA 1), Aarhus 1998.

NIEMAND, Christoph: Jesu *Abendmahl*. Versuche zur historischen Rekonstruktion und theologischen Deutung, in: DERS. (Hg.): Forschungen zum Neuen Testament und seiner Umwelt (FS Albert Fuchs; Linzer Philosophisch-Theologische Beiträge), Frankfurt a.M. u.a. 2002, 81–122.

NOY, David: The Sixth Hour is the Mealtime for Scholars. *Jewish Meals* in the Roman World, in: Inge NIELSEN / Hanne Sigismund NIELSEN (Hg.): Meals in a Social Context. Aspects of the Communal Meal in the Hellenistic and Roman World (ASMA 1), Aarhus 1998, 134–144.

NUSCA, Anthony Robert: Heavenly *Worship*, Ecclesial Worship. A 'Liturgical Approach' to the Hymns of the Apocalypse of St. John, Diss.masch. Pontificia Universitas Gregoriana, Rom 1998.

ÖHLER, Markus: Die *Didache* und antike Vereinsordnungen – ein Vergleich, in: Wilhelm PRATSCHER / Markus ÖHLER (Hg.): Theologie in der Spätzeit des Neuen Testaments (FS Kurt Niederwimmer), Wien 2005, 35–65.

DERS.: Die Jerusalemer *Urgemeinde* im Spiegel des antiken Vereinswesens, NTS 51 (2005), 393–415.

DERS.: Römisches *Vereinsrecht* und christliche Gemeinden, in: Michael LABAHN / Jürgen ZANGENBERG (Hg.): Zwischen den Reichen. Neues Testament und Römische Herrschaft. Vorträge auf der Ersten Konferenz der European Association for Biblical Studies (TANZ 36), Tübingen/Basel 2002, 51–71.

OMERZU, Heike: Die *Himmelsfrau* in Apk 12. Ein polemischer Reflex des römischen Kaiserkults, in: Michael BECKER / Markus ÖHLER (Hg.): Apokalyptik als Herausforderung neutestamentlicher Theologie (WUNT II/214), Tübingen 2006, 167–194.

OSIEK Carolyn / BALCH, David L.: *Families* in the New Testament World. Households and House Churches (The Family, Religion, and Culture), Louisville, KT 1997.

PARSENIOS, George L.: *Departure* and Consolation. The Johannine Farwell Discourses in Light of Greco-Roman Literature (NT.S 117), Leiden/Boston 2005.

PILHOFER, Peter: Die ökonomische *Attraktivität* christlicher Gemeinden der Frühzeit, in: DERS.: Die frühen Christen und ihre Welt. Greifswalder Aufsätze 1996–2001. Mit Beiträgen von Jens BÖRSTINGHAUS und Eva EBEL (WUNT 145), Tübingen 2002, 194–216.

DERS.: *Dionysos* und Christus. Zwei Erlöser im Vergleich, in: DERS.: Die frühen Christen und ihre Welt. Greifswalder Aufsätze 1996–2001. Mit Beiträgen von Jens BÖRSTING-HAUS und Eva EBEL (WUNT 145), Tübingen 2002, 73–91.

DERS.: Περὶ τῆς φιλαδελφίας ... (1Thess 4,9). Ekklesiologische *Überlegungen* zu einem Proprium früher christlicher Gemeinden, in: DERS.: Die frühen Christen und ihre Welt. Greifswalder Aufsätze 1996–2001. Mit Beiträgen von Jens BÖRSTINGHAUS und Eva EBEL (WUNT 145), Tübingen 2002, 139–153.

PLASGER, Georg: *Einladung* statt Kirchenzucht? Gegenwärtige kirchliche Abendmahls-debatten, VF 51 (2006), 72–80.

PLÜSS, David: Religiöse *Erfahrung* zwischen Genesis und Performanz. Praktisch-theolo-gische Erkundungsgänge, ZThK 105 (2008), 242–257.

POKORNÝ, Petr: St. John's Revelation: *Structure* and Message, in: 1900th Anniversary of St. John's Apocalypse. Proceedings of the International and Interdisciplinary Sympo-sium (Athens-Patmos, 17–26 Septembre 1995), Athen 1999, 499–512.

PRICE, Simon R.F.: *Rituals* and Power. The Roman imperial cult in Asia Minor, Cam-bridge 1984.

PRIGENT, Pierre: Apocalypse et *Liturgie* (CTh 52), Neuchâtel 1964.

PRIEUR, Jean-Marc: *L'eucharistie* dans les Actes apocryphes des apôtres, in: Christian GRAPPE (Hg.): Le Repas de Dieu – Das Mahl Gottes. 4. Symposium Strasbourg, Tü-bingen, Upsal [Strasbourg 11–15 septembre 2002] (WUNT 169), Tübingen 2004, 253–269.

PRIESTER, Sascha: Ad summas tegulas. *Untersuchungen* zu vielgeschossigen Gebäude-blöcken mit Wohneinheiten und Insulae im kaiserzeitlichen Rom (Bullettino della Commissione Archeologica Comunale di Roma, Supplementi 11), Rom 2002.

RÄISÄNEN, Heikki: The *Nicolaitans*: Apoc. 2; Acta 6, ANRW II 26.2 (1995), 1602–1644.

RAHNER, Johanna: „Ein Brot ist es, darum sind wir viele ein Leib" (1 Kor 10,17). Bibli-sche und altkirchliche *Dimensionen* von koinonia und ihre ekklesiologische Relevanz für die gegenwärtige ökumenische Debatte, in: Johannes BROSSEDER / Hans-Georg LINK (Hg.): Eucharistische Gastfreundschaft. Ein Plädoyer evangelischer und katholi-scher Theologen, Neukirchen-Vluyn 2003, 43–60.

RASCHZOK, Klaus: Der *Streit* um das Eucharistiegebet in den Kirchen der Reformation, in: Winfried HAUNERLAND (Hg.): Mehr als Brot und Wein. Theologische Kontexte der Eucharistie, Würzburg 2005, 145–172.

REICHERT, Angelika: Durchdachte *Konfusion*. Plinius, Trajan und das Christentum, ZNW 93 (2002), 227–250.

REINBOLD, Wolfgang: *Propaganda* und Mission im ältesten Christentum. Eine Untersu-chung zu den Modalitäten der Ausbreitung der frühen Kirche (FRLANT 188), Göttin-gen 2000.

REISER, Marius: *Bürgerliches Christentum* in den Pastoralbriefen?, Bib. 74 (1993), 27–44.

RICHARDSON, Peter: Early *Synagogues* as Collegia in the Diaspora and Palestine, in: Stephen G. WILSON / John S. KLOPPENBORG (Hg.): Voluntary Associations in the Graeco-Roman World, London/New York 1996, 90–109.

RICHARDSON, Peter: Towards a *Typology* of Levantine/Palestinian Houses, JSNT 27 (2004), 47–68.

RICHARDSON, Peter / HEUCHAN, Valerie: Jewish Voluntary *Associations* in Egypt and the Roles of Women, in: Stephen G. WILSON / John S. KLOPPENBORG (Hg.): Voluntary Associations in the Graeco-Roman World, London/New York 1996, 226–251.

RIEMER, Ulrike: *Domitian* – (k)ein Christenverfolger?, ZRGG 52 (2000), 75–80.

ROBERTS, Colin / SKEAT, Theodore C. / NOCK, Arthur Darby: The *Gild* of Zeus Hypsistos, HThR 29 (1936), 39–88.

ROJAS-FLORES, Gonzalo: The *Book* of Revelation and the First Years of Nero's Reign, Bib. 85 (2004), 375–392.

ROLOFF, Jürgen: „Siehe, ich stehe vor der Tür und klopfe an". *Beobachtungen* zur Überlieferungsgeschichte von Offb 3,20, in: Hubert FRANKEMÖLLE / Karl KERTELGE (Hg.): Vom Urchristentum zu Jesus (FS Joachim Gnilka), Freiburg i.Br. u.a. 1989, 452–466.

DERS.: Der *Gottesdienst* im Urchristentum, in: Hans-Christoph SCHMIDT-LAUBER / Michael MEYER-BLANCK / Karl-Heinrich BIERITZ (Hg.): Handbuch der Liturgik. Liturgiewissenschaft in Theologie und Praxis der Kirche, Göttingen ³2003, 45–71.

DERS.: *Herrenmahl* und Amt im Neuen Testament, KuD 47 (2001), 68–89.

DERS.: *Kirche* im Neuen Testament (GNT 10), Göttingen 1993.

RORDORF, Willy: Der *Sonntag*. Geschichte des Ruhe- und Gottesdiensttages im ältesten Christentum (AThANT 43), Zürich 1962.

ROUWHORST, Gerard A.M.: La *Célébration* de l'Eucharistie dans l'Église primitive, QuLi 74 (1993), 89–112.

ROYER, Sophie / SALLES, Catherine / TRASSARD, François: *Leben* im Alten Griechenland. Aus dem Französischen von Isa ODENHARDT-DONVEZ, Stuttgart 2005.

RÜPKE, Jörg: *Collegia sacerdotum*. Religiöse Vereine in der Oberschicht, in: Ulrike EGELHAAF-GAISER / Alfred SCHÄFER (Hg.): Religiöse Vereine in der römischen Antike. Untersuchungen zu Organisation, Ritual und Raumordnung (STAC 13), Tübingen 2002, 41–67.

DERS.: *Gäste* der Götter – Götter als Gäste: Zur Konstruktion des römischen Opferbanketts, in: Stella GEORGOUDI / Renée KOCH PIETTRE / Francis SCHMIDT (Hg.): La cuisine et l'autel. Les sacrifices en questions dans les sociétés de la Méditerranée ancienne (BEHE.R 124), Turnhout 2006, 227–239.

SALS, Ulrike: Die *Biographie* der „Hure Babylon". Studien zur Intertextualität der Babylon-Texte in der Bibel (FAT II/6), Tübingen 2004.

SALZMANN, Jorg Christian: *Lehren* und Ermahnen. Zur Geschichte des christlichen Wortgottesdienstes in den ersten drei Jahrhunderten (WUNT II/59), Tübingen 1994.

SANDELIN, Karl-Gustav: Drawing the Line: Paul on *Idol Food* and Idolatry in 1 Cor 8:1–11:1, in: David E. AUNE / Torrey SELAND / Jarl Henning ULRICHSEN (Hg.): Neotestamentica. Studies in Honour of Peder Borgen (NT.S 106), Leiden/Boston 2003, 108–125.

SANDNES, Karl Olav: *Equality* within Patriarchal Structures. Some New Testament perspectives on the Christian fellowship as a brother- or sisterhood and a family, in: Halvor MOXNES (Hg.): Constructing Early Christian Families. Family as Social Reality and Metaphor, London/New York 1997, 150–165.

SANDT, Huub van de / FLUSSER, David: The *Didache*. Its Jewish Sources and its Place in Early Judaism and Christianity (CIR III/5), Assen/Minneapolis, MN 2002.

SANDVIK, Bjørn: Das *Kommen* des Herrn beim Abendmahl im Neuen Testament (AThANT 58), Zürich 1970.

SATAKE, Akira: Die *Gemeindeordnung* in der Johannesapokalypse (WMANT 21), Neukirchen-Vluyn 1966.

SCHÄFER, Alfred: *Raumnutzung* und Raumwahrnehmung im Vereinslokal der Iobakchen von Athen, in: Ulrike EGELHAAF-GAISER / DERS. (Hg.): Religiöse Vereine in der römischen Antike. Untersuchungen zu Organisation, Ritual und Raumordnung (STAC 13), Tübingen 2002, 173–220.

SCHÄFER, Peter: *Engel* und Menschen in der Hekhalot-Literatur, in: DERS.: Hekhalot-Studien (TSAJ 19), Tübingen 1988, 250–276.

SCHÄFER, Ruth: *Paulus* bis zum Apostelkonzil. Ein Beitrag zur Einleitung in den Galaterbrief, zur Geschichte der Jesusbewegung und zur Pauluschronologie (WUNT II/179), Tübingen 2004.

SCHAREIKA, Helmut: Weizenbrei und Pfauenzunge. Die alten *Römer* bitten zu Tisch, Stuttgart 2007.

SCHIMANOWSKI, Gottfried: Die himmlische *Liturgie* in der Apokalypse des Johannes. Die frühjüdischen Traditionen in Offenbarung 4–5 unter Einschluss der Hekhalotliteratur (WUNT II/154), Tübingen 2002.

SCHMELLER, Thomas: *Gegenwelten*. Zum Vergleich zwischen paulinischen Gemeinden und nichtchristlichen Gruppen, BZ NF 47 (2003), 167–185.

DERS.: Neutestamentliches *Gruppenethos*, in: Johannes BEUTLER (Hg.): Der neue Mensch in Christus. Hellenistische Anthropologie und Ethik im Neuen Testament (QD 190), Freiburg i.Br. u.a. 2001, 120–134.

DERS.: *Hierarchie* und Egalität. Eine sozialgeschichtliche Untersuchung paulinischer Gemeinden und griechisch-römischer Vereine (SBS 162), Stuttgart 1995.

DERS.: Zum exegetischen *Interesse* an antiken Vereinen im 19. und 20. Jahrhundert, in: Andreas GUTSFELD / Dietrich-Alex KOCH (Hg.): Vereine, Synagogen und Gemeinden im kaiserzeitlichen Kleinasien (STAC 25), Tübingen 2006, 1–19.

DERS.: *Schulen* im Neuen Testament? Zur Stellung des Urchristentums in der Bildungswelt seiner Zeit. Mit einem Beitrag von Christian CEBULJ zur johanneischen Schule (HBS 30), Freiburg i.Br. u.a. 2001.

SCHMIDT-LAUBER, Hans-Christoph: Die *Eucharistie*, in: DERS. / Michael MEYER-BLANCK / Karl-Heinrich BIERITZ (Hg.): Handbuch der Liturgik. Liturgiewissenschaft in Theologie und Praxis der Kirche, Göttingen [3]2003, 207–246.

DERS.: Das *Eucharistiegebet*, KuD 48 (2002), 203–237.

SCHNELLE, Udo: *Einleitung* in das Neue Testament (UTB 1830), Göttingen [5]2005.

SCHÖLLGEN, Georg: Die διπλῆ τιμή von 1Tim 5,17, ZNW 80 (1989), 232–239.

SCHOLZ, Stefan: Christliche *Identität* im Plural. Ein neutestamentlicher Vergleich gemeindlicher Selbstverständnisse, in: Alexander DEEG / Stefan HAUSER / Arne MANZESCHKE (Hg.): Identität. Biblische und theologische Erkundungen (BTSP 30), Göttingen 2007, 66–94.

SCHRÖTER, Jens: Das *Abendmahl*. Frühchristliche Deutungen und Impulse für die Gegenwart (SBS 210), Stuttgart 2006.

SCHÜSSLER FIORENZA, Elisabeth: Das *Buch* der Offenbarung. Vision einer gerechten Welt, aus dem Englischen übers. von Melanie GRAFFAM-MINKUS, Stuttgart u.a. 1994.

SCHUNCK, Klaus-Dieter: Der *Becher* Jahwes: Weinbecher – Taumelbecher – Zornesbecher, in: Axel GRAUPNER / Holger DELKURT / Alexander B. ERNST (Hg.): Verbindungslinien (FS Werner H. Schmidt), Neukirchen-Vluyn 2000, 323–330.

SCHWARZER, Holger: Vereinslokale im hellenistischen und römischen Pergamon, in: Ulrike EGELHAAF-GAISER / Alfred SCHÄFER (Hg.): Religiöse Vereine in der römischen Antike. Untersuchungen zu Organisation, Ritual und Raumordnung (STAC 13), Tübingen 2002, 221–260.

SCHWEMER, Anna Maria: Gott als *König* und seine Königsherrschaft in den Sabbatliedern aus Qumran, in: Martin HENGEL / DIES. (Hg.): Königsherrschaft und himmlischer

Kult in Judentum, Urchristentum und in der hellenistischen Welt (WUNT 55), Tübingen 1991, 45–118.

DIES.: Das Problem der *Mahlgemeinschaft* mit dem Auferstandenen, in: Christian GRAPPE (Hg.): Le Repas de Dieu – Das Mahl Gottes. 4. Symposium Strasbourg, Tübingen, Upsal [Strasbourg 11–15 septembre 2002] (WUNT 169), Tübingen 2004, 187–226.

SEELIG, Gerald: *Religionswissenschaftliche Methode* in Vergangenheit und Gegenwart. Studien zur Geschichte und Methode des religionsgeschichtlichen Vergleichs in der neutestamentlichen Wissenschaft (ABG 7), Leipzig 2001.

SELAND, Torrey: *Philo* and the Clubs and Associations of Alexandria, in: Stephen G. WILSON / John S. KLOPPENBORG (Hg.): Voluntary Associations in the Graeco-Roman World, London/New York 1996, 110–127.

SELLIN, Gerhard: Die *Häretiker* des Judasbriefes, ZNW 77 (1986), 206–225.

SHEPHERD, Massey H.: The Paschal *Liturgy* and the Apocalypse of John (ESW 6), Richmond, VA 1960.

SIRKS, A.J. Boudewijn: Die *Vereine* in der kaiserlichen Gesetzgebung, in: Andreas GUTSFELD / Dietrich-Alex KOCH (Hg.): Vereine, Synagogen und Gemeinden im kaiserzeitlichen Kleinasien (STAC 25), Tübingen 2006, 21–40.

SLATER, Thomas B.: On the Social *Setting* of the Revelation to John, NTS 44 (1998), 232–256.

SLATER, William J. (Hg.): *Dining* in a Classical Context, Ann Arbor, MI 1991.

SLEE, Michelle: The *Church* in Antioch in the First Century CE. Communion and Conflict (JSNT:S 244), London/New York 2003.

SMIT, Peter-Ben: *Fellowship* and Food in the Kingdom. Eschatological Meals and Scenes of Utopian Abundance in the New Testament (WUNT II/234), Tübingen 2008.

DERS.: A *Symposium* in Rom. 14:17? A Note on Paul's Terminology, NT 49 (2007), 40–53.

SMITH, Dennis E.: From *Symposium* to Eucharist. The Banquet in the Early Christian World, Minneapolis, MN 2003.

SODEN, Hans Feiherr von: *Sakrament* und Ethik bei Paulus. Zur Frage der literarischen und theologischen Einheitlichkeit von 1.Kor 8–10 [1951], in: RENGSTORF, Karl Heinrich (Hg.): Das Paulusbild in der neueren Forschung (WdF 24), Darmstadt 1964, 338–379.

SÖDING, Thomas: „Tut dies zu meinem Gedächtnis!". Das *Abendmahl* Jesu und die Eucharistie der Kirche nach dem Neuen Testament, in: DERS. (Hg.): Eucharistie. Positionen katholischer Theologie, Regensburg 2002, 11–58.

DERS.: Das *Liebesgebot* bei Paulus. Die Mahnung zur Agape im Rahmen der paulinischen Ethik (NTA NF 26), Münster 1995.

DERS.: Das *Mahl* des Herrn. Zur Gestalt und Theologie der ältesten nachösterlichen Tradition, in: Bernd Jochen HILBERATH / Dorothea SATTLER (Hg.): Vorgeschmack. Ökumenische Bemühungen um die Eucharistie (FS Theodor Schneider), Mainz 1995, 134–163.

STAATS, Reinhard: *Ignatius* und der Frühkatholizismus – Neues zu einem alten Thema, VF 48 (2003), 80–92.

STANDHARTINGER, Angela: *Frauen* in Mahlgemeinschaften. Diskurs und Wirklichkeit einer antiken, frühjüdischen und frühchristlichen Praxis, lectio difficilior 2 (2005), 1–28. [abrufbar unter http://www.lectio.unibe.ch/05_2/standhartinger_frau_mahlgemeinschaft.htm; Zitation nach dem dort herunterladbaren mit Seitenzahlen versehenen PDF-Dokument]

DIES.: *Studien* zur Entstehungsgeschichte und Intention des Kolosserbriefs (NT.S 94), Leiden u.a. 1999.

STEGEMANN, Ekkehard W. / STEGEMANN, Wolfgang: Urchristliche *Sozialgeschichte*. Die Anfänge im Judentum und die Christusgemeinden in der mediterranen Welt, Stuttgart u.a. 1995.

STEIN, Hans Joachim: „Zur *Vergebung* der Sünden". Erwägungen zu den israeltheologischen und ekklesiologischen Implikationen des matthäischen Abendmahls, in: Volker A. LEHNERT / Ulrich RÜSEN-WEINHOLD (Hg.): Logos – Logik – Lyrik. Engagierte exegetische Studien zum biblischen Reden Gottes (FS Klaus Haacker; ABG 27), Leipzig 2007, 137–150.

STEIN, Siegfried: The *Influence* of Symposia Literature on the Literary Form of the Pesah Haggadah, JJS 8 (1957), 13–44.

STEIN-HÖLKESKAMP, Elke: Das römische *Gastmahl*. Eine Kulturgeschichte, München 2005.

STETTLER, Christian: Der *Kolosserhymnus*. Untersuchungen zu Form, traditionsgeschichtlichem Hintergrund und Aussage von Kol 1,15–20 (WUNT II/131), Tübingen 2000.

STEUERNAGEL, Dirk: Kult und *Alltag* in römischen Hafenstädten. Soziale Prozesse in archäologischer Perspektive (PAwB 11), Stuttgart 2004.

STILL, Todd D.: *Conflict* at Thessalonica. A Pauline Church and its Neighbours (JSNT.S 183), Sheffield 1999.

STOWERS, Stanley K.: A *Cult* from Philadelphia: Oikos Religion or Cultic Association?, in: Abraham J. MALHERBE / Frederick W. NORRIS / James W. THOMPSON (Hg.): The Early Church in its Context. Essays in Honor of Everett Ferguson (NT.S 90), Leiden u.a. 1998, 287–301.

STRECKER, Christian: Die *liminale Theologie* des Paulus. Zugänge zur paulinischen Theologie aus kulturanthropologischer Perspektive (FRLANT 185), Göttingen 1999.

STUCKENBRUCK, Loren T.: *Angel Veneration* and Christology. A Study in Early Judaism and in the Christology of the Apocalypse of John (WUNT II/70), Tübingen 1995.

STUHLMACHER, Peter: Biblische Theologie des Neuen Testaments, Bd. 1: Grundlegung. Von Jesus zu Paulus, Göttingen 1992. *(= Theologie I)*

DERS.: Biblische Theologie des Neuen Testaments, Bd. 2: Von der Paulusschule bis zur Johannesoffenbarung. Der Kanon und seine Auslegung, Göttingen 1999. *(= Theologie II)*

STUHLMANN, Rainer: Das *Mahl* des Herrn im Neuen Testament, in: Johannes BROSSEDER / Hans-Georg LINK (Hg.): Eucharistische Gastfreundschaft. Ein Plädoyer evangelischer und katholischer Theologen, Neukirchen-Vluyn 2003, 26–42.

SÜSS, Jürgen: *Kaiserkult* und Urbanistik. Kultbezirke für römische Kaiser in kleinasiatischen Städten, in: Hubert CANCIK / Konrad HITZL (Hg.): Die Praxis der Herrscherverehrung in Rom und seinen Provinzen, Tübingen 2003, 249–281.

TABORY, Joseph: Towards a *History* of the Paschal Meal, in: Paul F. BRADSHAW / Lawrence A. HOFFMAN (Hg.): Passover and Easter. Origin and History to Modern Times (Two Liturgical Traditions 5), Notre Dame, IN 1999, 62–80.

TAEGER, Jens-W.: *Johannnesapokalypse* und johanneischer Kreis. Versuch einer traditionsgeschichtlichen Ortsbestimmung am Paradigma der Lebenswasser-Thematik (BZNW 51), Berlin/New York 1989.

DERS.: Begründetes *Schweigen*. Paulus und paulinische Traditionen in der Johannesapokalypse [1998], in: DERS.: Johanneische Perspektiven. Aufsätze zur Johannesapokalypse und zum johanneischen Kreis 1984–2003 (FRLANT 215), Göttingen 2006, 121–138.

TAYLOR, Joan E.: Jewish *Women Philosophers* of First-Century Alexandria. Philo's 'Therapeutae' Reconsidered, Oxford 2003.

THEISSEN, Gerd: Soziale *Integration* und sakramentales Handeln. Eine Analyse von 1 Cor. XI 17–34 [1974], in: DERS.: Studien zu Soziologie des Urchristentums (WUNT 19), Tübingen ³1989, 290–317.

DERS.: *Das Neue Testament* (C.H. Beck Wissen in der Beck'schen Reihe 2192), München 2002.

DERS.: Die *Religion* der ersten Christen. Eine Theorie des Urchristentums, Gütersloh ²2001.

DERS.: *Sakralmahl* und sakramentales Geschehen. Abstufungen in der Ritualdynamik des Abendmahls, in: Martin EBNER (Hg.): Herrenmahl und Gruppenidentität (QD 221), Freiburg i.Br. u.a. 2007, 166–186.

DERS. / MERZ, Annette: Der historische *Jesus*. Ein Lehrbuch, Göttingen ²1997.

THEOBALD, Michael: *Eucharistie* in Joh 6. Vom pneumatologischen zum inkarnations-theologischen Verstehensmodell, in: Thomas SÖDING (Hg.): Johannesevangelium – Mitte oder Rand des Kanons? Neue Standortbestimmungen (QD 203), Freiburg i.Br. u.a. 2003, 178–257.

DERS.: „Vergesst die *Gastfreundschaft* nicht!" (Hebr 13,2). Biblische Perspektiven zu einem ekklesiologisch zentralen Thema, ThQ 186 (2006), 190–212.

DERS.: Das *Herrenmahl* im Neuen Testament, ThQ 183 (2003), 257–280.

DERS.: *Leib* und Blut Christi. Erwägungen zu Herkunft, Funktion und Bedeutung des sogenannten „Einsetzungsberichts", in: Martin EBNER (Hg.): Herrenmahl und Gruppenidentität (QD 221), Freiburg i.Br. u.a. 2007, 121–165.

DERS.: *Paschamahl* und Eucharistiefeier. Zur heilsgeschichtlichen Relevanz der Abendmahlsszenerie bei Lukas (Lk 22,14–38), in: DERS. / Rudolf HOPPE: „Für alle Zeiten zur Erinnerung". Beiträge zu einer biblischen Gedächtniskultur (FS Franz Mußner; SBS 209), Stuttgart 2006, 133–180.

DERS.: Der *Römerbrief* (EdF 294), Darmstadt 2000.

THOMPSON, Leonard L.: The *Book* of Revelation. Apocalypse an Empire, New York/ Oxford 1990.

DERS.: *Cult* and Eschatology in the Apocalypse of John, JR 49 (1969), 330–350.

THRAEDE, Klaus: Noch einmal: *Plinius* d.J. und die Christen, ZNW 95 (2004), 102–128.

TILLY, Michael: *Textsicherung* und Prophetie. Beobachtungen zur Septuaginta-Rezeption in Apk 22,18f, in: Friedrich Wilhelm HORN / Michael WOLTER (Hg.): Studien zur Johannesoffenbarung und ihrer Auslegung (FS Otto Böcher), Neukirchen-Vluyn 2005, 232–247.

TÓTH, Franz: Der himmlische *Kult*. Wirklichkeitskonstruktion und Sinnbildung in der Johannesoffenbarung (ABG 22), Leipzig 2006.

TREBILCO, Paul: The Early Christians in *Ephesus* from Paul to Ignatius (WUNT 166), Tübingen 2004.

TRUMMER, Peter: „Das ist mein Leib". Neue *Perspektiven* zu Eucharistie und Abendmahl, Düsseldorf 2005.

DERS.: „... dass alle eins sind!" Neue *Zugänge* zu Eucharistie und Abendmahl, Düsseldorf ²2003.

ULLAND, Harald: Die *Vision* als Radikalisierung der Wirklichkeit in der Apokalypse des Johannes. Das Verhältnis der sieben Sendschreiben zu Apokalypse 12–13 (TANZ 21), Tübingen/Basel 1997.

VANNI, Ugo: Liturgical *Dialogue* as a Literary Form in the Book of Revelation, NTS 37 (1991), 348–372.

DERS.: *Language*, Symbol and Mystical Experience in the Book of Revelation, in: 1900th Anniversary of St. John's Apocalypse. Proceedings of the International and Interdisciplinary Symposium (Athens-Patmos, 17–26 Septembre 1995), Athen 1999, 605–627.

VARSILIADIS, Petros: The *Eucharist* as an Inclusive and Unifying Element in the New Testament Ecclesiology, in: Anatoly A. ALEXEEV / Christos KARAKOLIS / Ulrich LUZ (Hg.): Einheit der Kirche im Neuen Testament. Dritte europäische orthodox-westliche Exegetenkonferenz in Sankt Petersburg, 24.–31. August 2005, unter Mitarbeit von Karl-Wilhelm NIEBUHR (WUNT 218), Tübingen 2008, 121–145.

VOUGA, François: Apostolische *Briefe* als ‚scriptura'. Die Rezeption des Paulus in den katholischen Briefen, in: Hans Heinrich SCHMID / Joachim MEHLHAUSEN (Hg.): Sola Scriptura. Das reformatorische Schriftprinzip in der säkularen Welt, Gütersloh 1991, 194–210.

WAGENER, Ulrike: Die *Ordnung* des „Hauses Gottes". Der Ort von Frauen in der Ekklesiologie und Ethik der Pastoralbriefe (WUNT II/65), Tübingen 1994.

WAHL, Otto: *Lebensfreude* und Genuß bei Jesus Sirach, in: Renate EGGER-WENZEL / Ingrid KRAMMER (Hg.): Der Einzelne und seine Gemeinschaft bei Ben Sira (BZNW 270), Berlin/New York 1998, 271–284.

WALLACE-HADRILL, Andrew: *Domus* and *Insulae* in Rome. Families and Housefuls, in: David L. BALCH / Carolyn OSIEK (Hg.): Early Christian Families in Context. An Interdisciplinary Dialogue, Grand Rapids, MI 2003, 3–18. *(= Domus)*

WALLRAFF, Martin: *Eucharistie* oder Herrenmahl? Liturgiewissenschaft und Kirchengeschichte im Gespräch, VF 51 (2006), 55–63.

WALTER, Matthias: *Gemeinde* als Leib Christi. Untersuchungen zum Corpus Paulinum und zu den „Apostolischen Vätern" (NTOA 49), Freiburg, Schweiz/Göttingen 2001.

WALTER, Nikolaus: *Nikolaos*, Proselyt aus Antiochien, und die Nikolaiten in Ephesus und Pergamon. Ein Beitrag auch zum Thema: Paulus und Ephesus, ZNW 93 (2002), 200–226.

WASSERMANN, Tommy: The Epistle of *Jude*. Its Texts and Transmission (CB.NT 43), Stockholm 2006.

WEHNERT, Jürgen: Die *Reinheit* des „christlichen Gottesvolkes" aus Juden und Heiden. Studien zum historischen und theologischen Hintergrund des sogenannten Aposteldekrets (FRLANT 173), Göttingen 1997.

WEHR, Lothar: *Arznei* der Unsterblichkeit. Die Eucharistie bei Ignatius von Antiochien und im Johannesevangelium (NTA NF 18), Münster 1987.

DERS.: Das *Eucharistieverständnis* an der Wende vom ersten zum zweiten Jahrhundert. Johannesevangelium und außerbiblische Traditionen, BiKi 57 (2002), 22–27.

WEINFELD, Moshe: *Grace* after Meals in Qumran, JBL 111 (1992), 427–440.

WELKER, Michael: Ist es der *Kirche* freigestellt, vom Abendmahl auszuschließen?, epdD 44 (2004), 5–10.

WENDEBOURG, Dorothea: Noch einmal „Den falschen *Weg Roms* zu Ende gegangen?" Auseinandersetzung mit meinen Kritikern, ZThK 99 (2002), 400–440.

WERDERMANN, Hermann: Die *Irrlehrer* des Judas- und 2. Petrusbriefes (BFChTh XII/6), Gütersloh 1913.

WHALLON, William: Should We Keep, Omit or Alter the οἱ in *Jude 12*?, NTS 34 (1988), 156–159.

WHITE, L. Michael: Regulating *Fellowship* in the Communal Meal: Early Jewish and Christian Evidence, in: Inge NIELSEN / Hanne Sigismund NIELSEN (Hg.): Meals in a Social Context. Aspects of the Communal Meal in the Hellenistic and Roman World (ASMA 1), Aarhus 1998, 177–205.

DERS.: The Social Origins of Christian Architecture, Bd. 1: Builing God's House in the Roman World: Architectural Adaption among Pagans, Jews and Christians (HThS 42), Valley Forge, PA 1996 (1990). *(= Origins I)*

DERS.: The Social Origins of Christian Architecture, Bd. 2: Texts and Monuments for the Christian Domus Ecclesiae in its Environment (HThS 42), Valley Forge, PA 1997. *(= Origins II)*

WICK, Peter: Die urchristlichen *Gottesdienste*. Entstehung und Entwicklung im Rahmen der frühjüdischen Tempel-, Synagogen- und Hausfrömmigkeit (BWANT 150), Stuttgart u.a. ²2003.

DERS.: Das *Mahl* des Herrn und die Kirchenzucht im Neuen Testament, epdD 44 (2004), 11–18.

WILCKENS, Ulrich: Theologie des Neuen Testaments, Bd. I: Geschichte der urchristlichen Theologie, Teilbd. 2: Jesu Tod und Auferstehung und die Entstehung der Kirche aus Juden und Heiden, Neukirchen-Vluyn 2003. *(= Theologie I/2)*

DERS.: Theologie des Neuen Testaments, Bd. I: Geschichte der urchristlichen Theologie, Teilbd. 3: Die Briefe des Urchristentums: Paulus und seine Schüler, Theologen aus dem Bereich judenchristlicher Heidenmission, Neukirchen-Vluyn 2005. *(= Theologie I/3)*

WILSON, Stephen G.: Voluntary *Associations*: An Overview, in: DERS. / John S. KLOPPENBORG (Hg.): Voluntary Associations in the Graeco-Roman World, London/New York 1996, 1–15.

DERS. / KLOPPENBORG, John S. (Hg.): Voluntary *Associations* in the Graeco-Roman World, London/New York 1996.

WINKLER, Gabriele: Weitere *Beobachtungen* zur frühen Epiklese (den Doxologien und dem Sanctus). Über die Bedeutung der Apokryphen für die Erforschung der Entwicklung der Riten, OrChr 80 (1996), 177–200.

DIES.: Nochmals zu den Anfängen der *Epiklese* und des Sanctus im Eucharistischen Hochgebet, ThQ 174 (1994), 214–231.

WINTER, Bruce W.: After *Paul* left Corinth. The Influence of Secular Ethics and Social Change, Grand Rapids, MI 2001.

DERS.: Seek the *Welfare* of the City (First Century Christians in the Graeco-Roman World Series 1), Grand Rapids, MI 1994.

WINTERER, Angelika: Verkehrte *Sexualität* – ein umstrittenes Pauluswort. Eine exegetische Studie zu Röm 1,26 f. in der Argumentationsstruktur des Römerbriefes und im kulturhistorisch-sozialgeschichtlichen Kontext (EHS.T 810), Frankfurt a.M. u.a. 2005.

WISCHMEYER, Oda: Das *Adjektiv* ἀγαπητός in den paulinischen Briefen. Eine traditionsgeschichtliche Miszelle [1986], in: DIES.: Von Ben Sira zu Paulus. Gesammelte Aufsätze zu Texten, Theologie und Hermeneutik des Frühjudentums und des Neuen Testaments, hg. von Eve-Marie BECKER (WUNT 173), Tübingen 2004, 131–136.

DIES.: Traditionsgeschichtliche *Untersuchung* der paulinischen Aussagen über die Liebe (ἀγάπη) [1983], in: DIES.: Von Ben Sira zu Paulus. Gesammelte Aufsätze zu Texten, Theologie und Hermeneutik des Frühjudentums und des Neuen Testaments, hg. von Eve-Marie BECKER (WUNT 173), Tübingen 2004, 116–130.

DIES.: *Vorkommen* und Bedeutung von Agape in der außerchristlichen Antike [1978], in: DIES.: Von Ben Sira zu Paulus. Gesammelte Aufsätze zu Texten, Theologie und Hermeneutik des Frühjudentums und des Neuen Testaments, hg. von Eve-Marie BECKER (WUNT 173), Tübingen 2004, 91–115.

WISSE, Frederik: The Epistle of Jude in the History of *Heresiology*, in: Martin KRAUSE (Hg.): Essays on the Nag Hammadi Texts in Honour of Alexander Böhlig (NHS 3), Leiden 1972, 133–143.

WITULSKI, Thomas: Ein neuer *Ansatz* zur Datierung der neutestamentlichen Johannes-apokalypse, SNTU.A 30 (2005), 39–60.

DERS.: *Kaiserkult* in Kleinasien. Die Entwicklung der kultisch-religiösen Kaiserverehrung (NTOA 63), Göttingen/Freiburg, Schweiz 2007.

WÖRRLE, Michael: *Stadt* und Fest im kaiserzeitlichen Kleinasien. Studien zu einer agonistischen Stiftung aus Oinoanda (Vestigia 39), München 1988.

WOLTER, Michael: *Christliches Ethos* nach der Offenbarung des Johannes, in: DERS. / Friedrich Wilhelm HORN (Hg.): Studien zur Johannesoffenbarung und ihrer Auslegung (FS Otto Böcher), Neukirchen-Vluyn 2005, 189–209.

DERS.: Die *ethische Identität* christlicher Gemeinden in neutestamentlicher Zeit, in: Wilfried HÄRLE / Reiner PREUL (Hg.): Woran orientiert sich Ethik? (MJTh 13; MThS 67), Marburg 2001, 61–90.

DERS.: *Ethos und Identität* in paulinischen Gemeinden, NTS 43 (1997), 430–444.

WÜRTHWEIN, Ernst / MERK, Otto: *Verantwortung* (BiKon 1009), Stuttgart u.a. 1982.

YARBRO COLLINS, Adela: *Crisis* and Catharasis. The Power of the Apocalypse, Philadelphia, PA 1984.

YOUNG, Norman H.: "The Use of *Sunday* for Meetings of Believers in the New Testament". A Response, NT 45 (2003), 111–122.

ZELLER, Dieter: *Gedächtnis* des Leidens. Eucharistie und antike Kulttheorie [1995], in: DERS.: Neues Testament und hellenistische Umwelt (BBB 150), Hamburg 2006, 189–197.

ZIMMERMANN, Ruben: Unecht – und doch wahr? *Pseudepigraphie* im Neuen Testament als theologisches Problem, ZNT 6 (2003), 27–38.

DERS.: Die *Virginitätsmetapher* in Apk 14:4–5 im Horizont von Befleckung, Loskauf und Erstlingsfrucht, NT 45 (2003), 45–70.

Stellenregister (Auswahl)

1. Altes Testament

2. Neues Testament

3. Frühjüdische Quellen

4. Frühchristliche Quellen

5. Griechisch-römische Quellen

6. Inschriften und Papyri

Autorenregister (Auswahl)

Sachregister

Speiseräume 28–32, 49 f., 125–128,
  329 f.
  siehe auch Häuser, Vereinshäuser
Symposion *siehe* Trinkgelage

Taufe *siehe* Zulassungsbedingungen
Teilnehmer
– Frauen 34 f., 42, 55, 75 f., 81, 130–
  132, 182 f., 199, 205, 253–255,
  331 f.
– Gäste 132 f., 169 f., 332
– Kinder 36, 42, 184–187, 331 f.
– Männer 34, 53, 55, 57, 81, 182 f.
– Sklaven 53, 130, 182 f.
Totengedächtnismahl 5–8, 137
Trankopfer 38, 39–42, 52, 54–57, 59,
  60 f., 63, 67, 70, 72 f., 75, 77, 85 f.,
  98, 103, 109, 123, 140, 159, 194,
  197 f., 211, 274, 288, 291, 316, 320,
  340 f., 348
Trinkgelage 42–47, 67, 69, 71, 83, 85–
  87, 120–123, 181 f., 211, 223–228,
  270–272, 341 f.

Vereine
– christliche 198–200, 202 f., 204–207
– jüdische 65 f.
– pagane 47–49, 61–63, 197 f., 295–
  297
Vereinsmähler 52–61, 202 f.
Vorsitz 52–54, 63, 77, 133 f., 201, 203,
  254, 261, 270, 291, 335–337

Wasser *siehe* Speisen und Getränke
Wein *siehe* Speisen und Getränke

Werteordnung
– Freude 40 f., 45, 54, 59, 67–71,
  152 f., 156 f., 174, 273 f., 280, 287,
  317, 322
– Freundschaft 38, 44 f., 83, 224,
  227 f.
– Frieden 45, 84, 153, 155, 227
– Gerechtigkeit 54, 83, 153 f., 227
  siehe auch Gemeinschaft
Wohlordnung (Eukosmie) 88 f., 132,
  148, 149 f., 154, 156, 160, 199,
  227 f., 230 f., 294, 332, 345
  siehe auch Ästhetik
Wortbeiträge
– Engelverehrung 218–220, 230 f.,
  237 f., 342
– Hymnen 41 f., 73, 79, 84–87, 179–
  181, 210, 242 f., 302, 305, 313–315,
  321 f., 325, 334, 342
– Lehre 13, 65, 120, 180 f., 196, 200–
  202, 204, 208 f., 218, 342, 346
– Lieder 41, 44, 56, 67, 87, 89, 179 f.,
  210, 313
– pneumatisch-inspiriertes Reden
  85 f., 218 f., 342
– Schriftlesung und -auslegung 181,
  196, 218, 313, 342
– Tischgespräch 44

Zorneswein Gottes 142, 272–276, 290 f.
Zulassungskriterien
– Lebenswandel 267, 304, 309–311
  siehe auch Kirchenzucht
– Taufe 105, 129 f., 133, 159, 186,
  332 f., 349 f.

Wissenschaftliche Untersuchungen zum Neuen Testament
Alphabetische Übersicht der ersten und zweiten Reihe

Ådna, Jostein: Jesu Stellung zum Tempel. 2000. *Bd. II/119.*

Ådna, Jostein (Hrsg.): The Formation of the Early Church. 2005. *Bd. 183.*

– und *Hans Kvalbein* (Hrsg.): The Mission of the Early Church to Jews and Gentiles. 2000. *Bd. 127.*

Alexeev, Anatoly A., Christos Karakolis und *Ulrich Luz* (Hrsg.): Einheit der Kirche im Neuen Testament. Dritte europäische orthodox-westliche Exegetenkonferenz in Sankt Petersburg, 24.–31. August 2005. 2008. *Band 218.*

Alkier, Stefan: Wunder und Wirklichkeit in den Briefen des Apostels Paulus. 2001. *Bd. 134.*

Allen, David M.: Deuteronomy and Exhortation in Hebrews. 2008. *Bd. II/238.*

Anderson, Paul N.: The Christology of the Fourth Gospel. 1996. *Bd. II/78.*

Appold, Mark L.: The Oneness Motif in the Fourth Gospel. 1976. *Bd. II/1.*

Arnold, Clinton E.: The Colossian Syncretism. 1995. *Bd. II/77.*

Ascough, Richard S.: Paul's Macedonian Associations. 2003. *Bd. II/161.*

Asiedu-Peprah, Martin: Johannine Sabbath Conflicts As Juridical Controversy. 2001. *Bd. II/132.*

Attridge, Harold W.: siehe *Zangenberg, Jürgen.*

Aune, David E.: Apocalypticism, Prophecy and Magic in Early Christianity. 2006. *Bd. 199.*

Avemarie, Friedrich: Die Tauferzählungen der Apostelgeschichte. 2002. *Bd. 139.*

Avemarie, Friedrich und *Hermann Lichtenberger* (Hrsg.): Auferstehung – Ressurection. 2001. *Bd. 135.*

– Bund und Tora. 1996. *Bd. 92.*

Baarlink, Heinrich: Verkündigtes Heil. 2004. *Bd. 168.*

Bachmann, Michael: Sünder oder Übertreter. 1992. *Bd. 59.*

Bachmann, Michael (Hrsg.): Lutherische und Neue Paulusperspektive. 2005. *Bd. 182.*

Back, Frances: Verwandlung durch Offenbarung bei Paulus. 2002. *Bd. II/153.*

Baker, William R.: Personal Speech-Ethics in the Epistle of James. 1995. *Bd. II/68.*

Bakke, Odd Magne: 'Concord and Peace'. 2001. *Bd. II/143.*

Balch, David L.: Roman Domestic Art and Early House Churches. 2008. *Bd. 228.*

Baldwin, Matthew C.: Whose *Acts of Peter?* 2005. *Bd. II/196.*

Balla, Peter: Challenges to New Testament Theology. 1997. *Bd. II/95.*

– The Child-Parent Relationship in the New Testament and its Environment. 2003. *Bd. 155.*

Bammel, Ernst: Judaica. Bd. I 1986. *Bd. 37.*

– Bd. II 1997. *Bd. 91.*

Barton, Stephen C.: siehe *Stuckenbruck, Loren T.*

Bash, Anthony: Ambassadors for Christ. 1997. *Bd. II/92.*

Bauernfeind, Otto: Kommentar und Studien zur Apostelgeschichte. 1980. *Bd. 22.*

Baum, Armin Daniel: Pseudepigraphie und literarische Fälschung im frühen Christentum. 2001. *Bd. II/138.*

Bayer, Hans Friedrich: Jesus' Predictions of Vindication and Resurrection. 1986. *Bd. II/20.*

Becker, Eve-Marie: Das Markus-Evangelium im Rahmen antiker Historiographie. 2006. *Bd. 194.*

Becker, Eve-Marie und *Peter Pilhofer* (Hrsg.): Biographie und Persönlichkeit des Paulus. 2005. *Bd. 187.*

Becker, Michael: Wunder und Wundertäter im frührabbinischen Judentum. 2002. *Bd. II/144.*

Becker, Michael und *Markus Öhler* (Hrsg.): Apokalyptik als Herausforderung neutestamentlicher Theologie. 2006. *Bd. II/214.*

Bell, Richard H.: Deliver Us from Evil. 2007. *Bd. 216.*

– The Irrevocable Call of God. 2005. *Bd. 184.*

– No One Seeks for God. 1998. *Bd. 106.*

– Provoked to Jealousy. 1994. *Bd. II/63.*

Bennema, Cornelis: The Power of Saving Wisdom. 2002. *Bd. II/148.*

Bergman, Jan: siehe *Kieffer, René*

Bergmeier, Roland: Das Gesetz im Römerbrief und andere Studien zum Neuen Testament. 2000. *Bd. 121.*

Bernett, Monika: Der Kaiserkult in Judäa unter den Herodiern und Römern. 2007. *Bd. 203.*

Betz, Otto: Jesus, der Messias Israels. 1987. *Bd. 42.*

– Jesus, der Herr der Kirche. 1990. *Bd. 52.*

Beyschlag, Karlmann: Simon Magus und die christliche Gnosis. 1974. *Bd. 16.*

Bieringer, Reimund: siehe *Koester, Craig.*

Bittner, Wolfgang J.: Jesu Zeichen im Johannesevangelium. 1987. *Bd. II/26.*

Bjerkelund, Carl J.: Tauta Egeneto. 1987. *Bd. 40.*

Blackburn, Barry Lee: Theios Aner and the Markan Miracle Traditions. 1991. *Bd. II/40.*

Blanton IV, Thomas R.: Constructing a New Covenant. 2007. *Bd. II/233.*

Bock, Darrell L.: Blasphemy and Exaltation in Judaism and the Final Examination of Jesus. 1998. *Bd. II/106.*

Bockmuehl, Markus N.A.: Revelation and Mystery in Ancient Judaism and Pauline Christianity. 1990. *Bd. II/36.*

Bøe, Sverre: Gog and Magog. 2001. *Bd. II/135.*

Böhlig, Alexander: Gnosis und Synkretismus. Teil 1 1989. *Bd. 47* – Teil 2 1989. *Bd. 48.*

Böhm, Martina: Samarien und die Samaritai bei Lukas. 1999. *Bd. II/111.*

Böttrich, Christfried: Weltweisheit – Menschheitsethik – Urkult. 1992. *Bd. II/50.*

– */ Herzer, Jens* (Hrsg.): Josephus und das Neue Testament. 2007. *Bd. 209.*

Bolyki, János: Jesu Tischgemeinschaften. 1997. *Bd. II/96.*

Bosman, Philip: Conscience in Philo and Paul. 2003. *Bd. II/166.*

Bovon, François: Studies in Early Christianity. 2003. *Bd. 161.*

Brändl, Martin: Der Agon bei Paulus. 2006. *Bd. II/222.*

Breytenbach, Cilliers: siehe *Frey, Jörg.*

Brocke, Christoph vom: Thessaloniki – Stadt des Kassander und Gemeinde des Paulus. 2001. *Bd. II/125.*

Brunson, Andrew: Psalm 118 in the Gospel of John. 2003. *Bd. II/158.*

Büchli, Jörg: Der Poimandres – ein paganisiertes Evangelium. 1987. *Bd. II/27.*

Bühner, Jan A.: Der Gesandte und sein Weg im 4. Evangelium. 1977. *Bd. II/2.*

Burchard, Christoph: Untersuchungen zu Joseph und Aseneth. 1965. *Bd. 8.*

– Studien zur Theologie, Sprache und Umwelt des Neuen Testaments. Hrsg. von D. Sänger. 1998. *Bd. 107.*

Burnett, Richard: Karl Barth's Theological Exegesis. 2001. *Bd. II/145.*

Byron, John: Slavery Metaphors in Early Judaism and Pauline Christianity. 2003. *Bd. II/162.*

Byrskog, Samuel: Story as History – History as Story. 2000. *Bd. 123.*

Cancik, Hubert (Hrsg.): Markus-Philologie. 1984. *Bd. 33.*

Capes, David B.: Old Testament Yaweh Texts in Paul's Christology. 1992. *Bd. II/47.*

Caragounis, Chrys C.: The Development of Greek and the New Testament. 2004. *Bd. 167.*

– The Son of Man. 1986. *Bd. 38.*

– siehe *Fridrichsen, Anton.*

Carleton Paget, James: The Epistle of Barnabas. 1994. *Bd. II/64.*

Carson, D.A., Peter T. O'Brien und *Mark Seifrid* (Hrsg.): Justification and Variegated Nomism.
Bd. 1: The Complexities of Second Temple Judaism. 2001. *Bd. II/140.*
Bd. 2: The Paradoxes of Paul. 2004. *Bd. II/181.*

Chae, Young Sam: Jesus as the Eschatological Davidic Shepherd. 2006. *Bd. II/216.*

Chapman, David W.: Ancient Jewish and Christian Perceptions of Crucifixion. 2008. *Bd. II/244.*

Chester, Andrew: Messiah and Exaltation. 2007. *Bd. 207.*

Chibici-Revneanu, Nicole: Die Herrlichkeit des Verherrlichten. 2007. *Bd. II/231.*

Ciampa, Roy E.: The Presence and Function of Scripture in Galatians 1 and 2. 1998. *Bd. II/102.*

Classen, Carl Joachim: Rhetorical Criticism of the New Testament. 2000. *Bd. 128.*

Colpe, Carsten: Griechen – Byzantiner – Semiten – Muslime. 2008. *Bd. 221.*

– Iranier – Aramäer – Hebräer – Hellenen. 2003. *Bd. 154.*

Crump, David: Jesus the Intercessor. 1992. *Bd. II/49.*

Dahl, Nils Alstrup: Studies in Ephesians. 2000. *Bd. 131.*

Daise, Michael A.: Feasts in John. 2007. *Bd. II/229.*

Deines, Roland: Die Gerechtigkeit der Tora im Reich des Messias. 2004. *Bd. 177.*

– Jüdische Steingefäße und pharisäische Frömmigkeit. 1993. *Bd. II/52.*

– Die Pharisäer. 1997. *Bd. 101.*

Deines, Roland und *Karl-Wilhelm Niebuhr* (Hrsg.): Philo und das Neue Testament. 2004. *Bd. 172.*

Dennis, John A.: Jesus' Death and the Gathering of True Israel. 2006. *Bd. 217.*

Dettwiler, Andreas und *Jean Zumstein* (Hrsg.): Kreuzestheologie im Neuen Testament. 2002. *Bd. 151.*

Dickson, John P.: Mission-Commitment in Ancient Judaism and in the Pauline Communities. 2003. *Bd. II/159.*

Dietzfelbinger, Christian: Der Abschied des Kommenden. 1997. *Bd. 95.*

Dimitrov, Ivan Z., James D.G. Dunn, Ulrich Luz und *Karl-Wilhelm Niebuhr* (Hrsg.): Das Alte Testament als christliche Bibel in orthodoxer und westlicher Sicht. 2004. *Bd. 174.*

Dobbeler, Axel von: Glaube als Teilhabe. 1987. *Bd. II/22.*

Downs, David J.: The Offering of the Gentiles. 2008. *Bd. II/248.*

Dryden, J. de Waal: Theology and Ethics in 1 Peter. 2006. *Bd. II/209.*

Dübbers, Michael: Christologie und Existenz im Kolosserbrief. 2005. *Bd. II/191.*

Dunn, James D.G.: The New Perspective on Paul. 2005. *Bd. 185.*

Dunn, James D.G. (Hrsg.): Jews and Christians. 1992. *Bd. 66.*
− Paul and the Mosaic Law. 1996. *Bd. 89.*
− siehe *Dimitrov, Ivan Z.*

Dunn, James D.G., Hans Klein, Ulrich Luz und *Vasile Mihoc* (Hrsg.): Auslegung der Bibel in orthodoxer und westlicher Perspektive. 2000. *Bd. 130.*

Ebel, Eva: Die Attraktivität früher christlicher Gemeinden. 2004. *Bd. II/178.*

Ebertz, Michael N.: Das Charisma des Gekreuzigten. 1987. *Bd. 45.*

Eckstein, Hans-Joachim: Der Begriff Syneidesis bei Paulus. 1983. *Bd. II/10.*
− Verheißung und Gesetz. 1996. *Bd. 86.*

Ego, Beate: Im Himmel wie auf Erden. 1989. *Bd. II/34.*

Ego, Beate, Armin Lange und *Peter Pilhofer* (Hrsg.): Gemeinde ohne Tempel − Community without Temple. 1999. *Bd. 118.*
− und *Helmut Merkel* (Hrsg.): Religiöses Lernen in der biblischen, frühjüdischen und frühchristlichen Überlieferung. 2005. *Bd. 180.*

Eisen, Ute E.: siehe *Paulsen, Henning.*

Elledge, C.D.: Life after Death in Early Judaism. 2006. *Bd. II/208.*

Ellis, E. Earle: Prophecy and Hermeneutic in Early Christianity. 1978. *Bd. 18.*
− The Old Testament in Early Christianity. 1991. *Bd. 54.*

Endo, Masanobu: Creation and Christology. 2002. *Bd. 149.*

Ennulat, Andreas: Die 'Minor Agreements'. 1994. *Bd. II/62.*

Ensor, Peter W.: Jesus and His 'Works'. 1996. *Bd. II/85.*

Eskola, Timo: Messiah and the Throne. 2001. *Bd. II/142.*
− Theodicy and Predestination in Pauline Soteriology. 1998. *Bd. II/100.*

Fatehi, Mehrdad: The Spirit's Relation to the Risen Lord in Paul. 2000. *Bd. II/128.*

Feldmeier, Reinhard: Die Krisis des Gottessohnes. 1987. *Bd. II/21.*
− Die Christen als Fremde. 1992. *Bd. 64.*

Feldmeier, Reinhard und *Ulrich Heckel* (Hrsg.): Die Heiden. 1994. *Bd. 70.*

Fletcher-Louis, Crispin H.T.: Luke-Acts: Angels, Christology and Soteriology. 1997. *Bd. II/94.*

Förster, Niclas: Marcus Magus. 1999. *Bd. 114.*

Forbes, Christopher Brian: Prophecy and Inspired Speech in Early Christianity and its Hellenistic Environment. 1995. *Bd. II/75.*

Fornberg, Tord: siehe *Fridrichsen, Anton.*

Fossum, Jarl E.: The Name of God and the Angel of the Lord. 1985. *Bd. 36.*

Foster, Paul: Community, Law and Mission in Matthew's Gospel. *Bd. II/177.*

Fotopoulos, John: Food Offered to Idols in Roman Corinth. 2003. *Bd. II/151.*

Frenschkowski, Marco: Offenbarung und Epiphanie. Bd. 1 1995. *Bd. II/79* − Bd. 2 1997. *Bd. II/80.*

Frey, Jörg: Eugen Drewermann und die biblische Exegese. 1995. *Bd. II/71.*
− Die johanneische Eschatologie. Bd. I. 1997. *Bd. 96.* − Bd. II. 1998. *Bd. 110.*
− Bd. III. 2000. *Bd. 117.*

Frey, Jörg und *Cilliers Breytenbach* (Hrsg.): Aufgabe und Durchführung einer Theologie des Neuen Testaments. 2007. *Bd. 205.*
− und *Udo Schnelle* (Hrsg.): Kontexte des Johannesevangeliums. 2004. *Bd. 175.*
− und *Jens Schröter* (Hrsg.): Deutungen des Todes Jesu im Neuen Testament. 2005. *Bd. 181.*
−, *Jan G. van der Watt,* und *Ruben Zimmermann* (Hrsg.): Imagery in the Gospel of John. 2006. *Bd. 200.*

Freyne, Sean: Galilee and Gospel. 2000. *Bd. 125.*

Fridrichsen, Anton: Exegetical Writings. Hrsg. von C.C. Caragounis und T. Fornberg. 1994. *Bd. 76.*

Gäbel, Georg: Die Kulttheologie des Hebräerbriefes. 2006. *Bd. II/212.*

Gäckle, Volker: Die Starken und die Schwachen in Korinth und in Rom. 2005. *Bd. 200.*

Garlington, Don B.: 'The Obedience of Faith'. 1991. *Bd. II/38.*

– Faith, Obedience, and Perseverance. 1994. *Bd. 79.*

Garnet, Paul: Salvation and Atonement in the Qumran Scrolls. 1977. *Bd. II/3.*

Gemünden, Petra von (Hrsg.): siehe *Weissenrieder, Annette.*

Gese, Michael: Das Vermächtnis des Apostels. 1997. *Bd. II/99.*

Gheorghita, Radu: The Role of the Septuagint in Hebrews. 2003. *Bd. II/160.*

Gordley, Matthew E.: The Colossian Hymn in Context. 2007. *Bd. II/228.*

Gräbe, Petrus J.: The Power of God in Paul's Letters. 2000, ²2008. *Bd. II/123.*

Gräßer, Erich: Der Alte Bund im Neuen. 1985. *Bd. 35.*

– Forschungen zur Apostelgeschichte. 2001. *Bd. 137.*

Grappe, Christian (Hrsg.): Le Repas de Dieu – Das Mahl Gottes. 2004. *Bd. 169.*

Gray, Timothy C.: The Temple in the Gospel of Mark. 2008. *Bd. II/242.*

Green, Joel B.: The Death of Jesus. 1988. *Bd. II/33.*

Gregg, Brian Han: The Historical Jesus and the Final Judgment Sayings in Q. 2005. *Bd. II/207.*

Gregory, Andrew: The Reception of Luke and Acts in the Period before Irenaeus. 2003. *Bd. II/169.*

Grindheim, Sigurd: The Crux of Election. 2005. *Bd. II/202.*

Gundry, Robert H.: The Old is Better. 2005. *Bd. 178.*

Gundry Volf, Judith M.: Paul and Perseverance. 1990. *Bd. II/37.*

Häußer, Detlef: Christusbekenntnis und Jesusüberlieferung bei Paulus. 2006. *Bd. 210.*

Hafemann, Scott J.: Suffering and the Spirit. 1986. *Bd. II/19.*

– Paul, Moses, and the History of Israel. 1995. *Bd. 81.*

Hahn, Ferdinand: Studien zum Neuen Testament.
Bd. I: Grundsatzfragen, Jesusforschung, Evangelien. 2006. *Bd. 191.*
Bd. II: Bekenntnisbildung und Theologie in urchristlicher Zeit. 2006. *Bd. 192.*

Hahn, Johannes (Hrsg.): Zerstörungen des Jerusalemer Tempels. 2002. *Bd. 147.*

Hamid-Khani, Saeed: Relevation and Concealment of Christ. 2000. *Bd. II/120.*

Hannah, Darrel D.: Michael and Christ. 1999. *Bd. II/109.*

Hardin, Justin K.: Galatians and the Imperial Cult? 2007. *Bd. II /237.*

Harrison; James R.: Paul's Language of Grace in Its Graeco-Roman Context. 2003. *Bd. II/172.*

Hartman, Lars: Text-Centered New Testament Studies. Hrsg. von D. Hellholm. 1997. *Bd. 102.*

Hartog, Paul: Polycarp and the New Testament. 2001. *Bd. II/134.*

Heckel, Theo K.: Der Innere Mensch. 1993. *Bd. II/53.*

– Vom Evangelium des Markus zum viergestaltigen Evangelium. 1999. *Bd. 120.*

Heckel, Ulrich: Kraft in Schwachheit. 1993. *Bd. II/56.*

– Der Segen im Neuen Testament. 2002. *Bd. 150.*

– siehe *Feldmeier, Reinhard.*

– siehe *Hengel, Martin.*

Heiligenthal, Roman: Werke als Zeichen. 1983. *Bd. II/9.*

Heliso, Desta: Pistis and the Righteous One. 2007. *Vol. II/235.*

Hellholm, D.: siehe *Hartman, Lars.*

Hemer, Colin J.: The Book of Acts in the Setting of Hellenistic History. 1989. *Bd. 49.*

Hengel, Martin: Jesus und die Evangelien. Kleine Schriften V. 2007. *Bd. 211.*

– Die johanneische Frage. 1993. *Bd. 67.*

– Judaica et Hellenistica. Kleine Schriften I. 1996. *Bd. 90.*

– Judaica, Hellenistica et Christiana. Kleine Schriften II. 1999. *Bd. 109.*

– Judentum und Hellenismus. 1969, ³1988. *Bd. 10.*

– Paulus und Jakobus. Kleine Schriften III. 2002. *Bd. 141.*

– Studien zur Christologie. Kleine Schriften IV. 2006. *Bd. 201.*

– Studien zum Urchristentum. Kleine Schriften VI. 2008. *Bd. 234.*

– und *Anna Maria Schwemer:* Paulus zwischen Damaskus und Antiochien. 1998. *Bd. 108.*

– Der messianische Anspruch Jesu und die Anfänge der Christologie. 2001. *Bd. 138.*

– Die vier Evangelien und das eine Evangelium von Jesus Christus. 2008. *Bd. 224.*

Hengel, Martin und *Ulrich Heckel* (Hrsg.): Paulus und das antike Judentum. 1991. *Bd. 58.*

– und *Hermut Löhr* (Hrsg.): Schriftauslegung im antiken Judentum und im Urchristentum. 1994. *Bd. 73.*

– und *Anna Maria Schwemer* (Hrsg.): Königsherrschaft Gottes und himmlischer Kult. 1991. *Bd. 55.*

– Die Septuaginta. 1994. *Bd. 72.*

–, *Siegfried Mittmann* und *Anna Maria Schwemer* (Hrsg.): La Cité de Dieu / Die Stadt Gottes. 2000. *Bd. 129.*

Hentschel, Anni: Diakonia im Neuen Testament. 2007. *Bd. 226.*

Hernández Jr., Juan: Scribal Habits and Theological Influence in the Apocalypse. 2006. *Bd. II/218.*

Herrenbrück, Fritz: Jesus und die Zöllner. 1990. *Bd. II/41.*

Herzer, Jens: Paulus oder Petrus? 1998. *Bd. 103.*

– siehe *Böttrich, Christfried.*

Hill, Charles E.: From the Lost Teaching of Polycarp. 2005. *Bd. 186.*

Hoegen-Rohls, Christina: Der nachösterliche Johannes. 1996. *Bd. II/84.*

Hoffmann, Matthias Reinhard: The Destroyer and the Lamb. 2005. *Bd. II/203.*

Hofius, Otfried: Katapausis. 1970. *Bd. 11.*

– Der Vorhang vor dem Thron Gottes. 1972. *Bd. 14.*

– Der Christushymnus Philipper 2,6–11. 1976, ²1991. *Bd. 17.*

– Paulusstudien. 1989, ²1994. *Bd. 51.*

– Neutestamentliche Studien. 2000. *Bd. 132.*

– Paulusstudien II. 2002. *Bd. 143.*

– Exegetische Studien. 2008. *Bd. 223.*

– und *Hans-Christian Kammler:* Johannesstudien. 1996. *Bd. 88.*

Holmberg, Bengt (Hrsg.): Exploring Early Christian Identity. 2008. *Bd. 226.*

– und *Mikael Winninge* (Hrsg.): Identity Formation in the New Testament. 2008. *Bd. 227.*

Holtz, Traugott: Geschichte und Theologie des Urchristentums. 1991. *Bd. 57.*

Hommel, Hildebrecht: Sebasmata. Bd. 1 1983. *Bd. 31* – Bd. 2 1984. *Bd. 32.*

Horbury, William: Herodian Judaism and New Testament Study. 2006. *Bd. 193.*

Horst, Pieter W. van der: Jews and Christians in Their Graeco-Roman Context. 2006. *Bd. 196.*

Hvalvik, Reidar: The Struggle for Scripture and Covenant. 1996. *Bd. II/82.*

Jauhiainen, Marko: The Use of Zechariah in Revelation. 2005. *Bd. II/199.*

Jensen, Morten H.: Herod Antipas in Galilee. 2006. *Bd. II/215.*

Johns, Loren L.: The Lamb Christology of the Apocalypse of John. 2003. *Bd. II/167.*

Jossa, Giorgio: Jews or Christians? 2006. *Bd. 202.*

Joubert, Stephan: Paul as Benefactor. 2000. *Bd. II/124.*

Judge, E. A.: The First Christians in the Roman World. 2008. *Bd. 229.*

Jungbauer, Harry: „Ehre Vater und Mutter". 2002. *Bd. II/146.*

Kähler, Christoph: Jesu Gleichnisse als Poesie und Therapie. 1995. *Bd. 78.*

Kamlah, Ehrhard: Die Form der katalogischen Paränese im Neuen Testament. 1964. *Bd. 7.*

Kammler, Hans-Christian: Christologie und Eschatologie. 2000. *Bd. 126.*

– Kreuz und Weisheit. 2003. *Bd. 159.*

– siehe *Hofius, Otfried.*

Karakolis, Christos: siehe *Alexeev, Anatoly A.*

Karrer, Martin und *Wolfgang Kraus* (Hrsg.): Die Septuaginta – Texte, Kontexte, Lebenswelten. 2008. *Band 219.*

Kelhoffer, James A.: The Diet of John the Baptist. 2005. *Bd. 176.*

– Miracle and Mission. 1999. *Bd. II/112.*

Kelley, Nicole: Knowledge and Religious Authority in the Pseudo-Clementines. 2006. *Bd. II/213.*

Kieffer, René und *Jan Bergman* (Hrsg.): La Main de Dieu / Die Hand Gottes. 1997. *Bd. 94.*

Kierspel, Lars: The Jews and the World in the Fourth Gospel. 2006. *Bd. 220.*

Kim, Seyoon: The Origin of Paul's Gospel. 1981, ²1984. *Bd. II/4.*

– Paul and the New Perspective. 2002. *Bd. 140.*

– "The 'Son of Man'" as the Son of God. 1983. *Bd. 30.*

Klauck, Hans-Josef: Religion und Gesellschaft im frühen Christentum. 2003. *Bd. 152.*

Klein, Hans: siehe *Dunn, James D.G.*

Kleinknecht, Karl Th.: Der leidende Gerechtfertigte. 1984, ²1988. *Bd. II/13.*

Klinghardt, Matthias: Gesetz und Volk Gottes. 1988. *Bd. II/32.*

Kloppenborg, John S.: The Tenants in the Vineyard. 2006. *Bd. 195.*

Koch, Michael: Drachenkampf und Sonnenfrau. 2004. *Bd. II/184.*

Koch, Stefan: Rechtliche Regelung von Konflikten im frühen Christentum. 2004. *Bd. II/174.*

Köhler, Wolf-Dietrich: Rezeption des Matthäusevangeliums in der Zeit vor Irenäus. 1987. *Bd. II/24.*

Köhn, Andreas: Der Neutestamentler Ernst Lohmeyer. 2004. *Bd. II/180.*

Koester, Craig und *Reimund Bieringer* (Hrsg.): The Resurrection of Jesus in the Gospel of John. 2008. *Bd. 222.*

Konradt, Matthias: Israel, Kirche und die Völker im Matthäusevangelium. 2007. *Bd. 215.*

Kooten, George H. van: Cosmic Christology in Paul and the Pauline School. 2003. *Bd. II/171.*

– Paul's Anthropology in Context. 2008. *Bd. 232.*

Korn, Manfred: Die Geschichte Jesu in veränderter Zeit. 1993. *Bd. II/51.*

Koskenniemi, Erkki: Apollonios von Tyana in der neutestamentlichen Exegese. 1994. *Bd. II/61.*

– The Old Testament Miracle-Workers in Early Judaism. 2005. *Bd. II/206.*

Kraus, Thomas J.: Sprache, Stil und historischer Ort des zweiten Petrusbriefes. 2001. *Bd. II/136.*

Kraus, Wolfgang: Das Volk Gottes. 1996. *Bd. 85.*

– siehe *Karrer, Martin.*

– siehe *Walter, Nikolaus.*

– und *Karl-Wilhelm Niebuhr* (Hrsg.): Frühjudentum und Neues Testament im Horizont Biblischer Theologie. 2003. *Bd. 162.*

Kreplin, Matthias: Das Selbstverständnis Jesu. 2001. *Bd. II/141.*

Kuhn, Karl G.: Achtzehngebet und Vaterunser und der Reim. 1950. *Bd. 1.*

Kvalbein, Hans: siehe *Ådna, Jostein.*

Kwon, Yon-Gyong: Eschatology in Galatians. 2004. *Bd. II/183.*

Laansma, Jon: I Will Give You Rest. 1997. *Bd. II/98.*

Labahn, Michael: Offenbarung in Zeichen und Wort. 2000. *Bd. II/117.*

Lambers-Petry, Doris: siehe *Tomson, Peter J.*

Lange, Armin: siehe *Ego, Beate.*

Lampe, Peter: Die stadtrömischen Christen in den ersten beiden Jahrhunderten. 1987, ²1989. *Bd. II/18.*

Landmesser, Christof: Wahrheit als Grundbegriff neutestamentlicher Wissenschaft. 1999. *Bd. 113.*

– Jüngerberufung und Zuwendung zu Gott. 2000. *Bd. 133.*

Lau, Andrew: Manifest in Flesh. 1996. *Bd. II/86.*

Lawrence, Louise: An Ethnography of the Gospel of Matthew. 2003. *Bd. II/165.*

Lee, Aquila H.I.: From Messiah to Preexistent Son. 2005. *Bd. II/192.*

Lee, Pilchan: The New Jerusalem in the Book of Relevation. 2000. *Bd. II/129.*

Lichtenberger, Hermann: Das Ich Adams und das Ich der Menschheit. 2004. *Bd. 164.*

– siehe *Avemarie, Friedrich.*

Lierman, John: The New Testament Moses. 2004. *Bd. II/173.*

– (Hrsg.): Challenging Perspectives on the Gospel of John. 2006. *Bd. II/219.*

Lieu, Samuel N.C.: Manichaeism in the Later Roman Empire and Medieval China. ²1992. *Bd. 63.*

Lindgård, Fredrik: Paul's Line of Thought in 2 Corinthians 4:16-5:10. 2004. *Bd. II/189.*

Loader, William R.G.: Jesus' Attitude Towards the Law. 1997. *Bd. II/97.*

Löhr, Gebhard: Verherrlichung Gottes durch Philosophie. 1997. *Bd. 97.*

Löhr, Hermut: Studien zum frühchristlichen und frühjüdischen Gebet. 2003. *Bd. 160.*

– siehe *Hengel, Martin.*

Löhr, Winrich Alfred: Basilides und seine Schule. 1995. *Bd. 83.*

Lorenzen, Stefanie: Das paulinische Eikon-Konzept. 2008. *Bd. II/250.*

Luomanen, Petri: Entering the Kingdom of Heaven. 1998. *Bd. II/101.*

Luz, Ulrich: siehe *Alexeev, Anatoly A.*

– siehe *Dunn, James D.G.*

Mackay, Ian D.: John's Raltionship with Mark. 2004. *Bd. II/182.*

Mackie, Scott D.: Eschatology and Exhortation in the Epistle to the Hebrews. 2006. *Bd. II/223.*

Maier, Gerhard: Mensch und freier Wille. 1971. *Bd. 12.*

– Die Johannesoffenbarung und die Kirche. 1981. *Bd. 25.*

Markschies, Christoph: Valentinus Gnosticus? 1992. *Bd. 65.*

Marshall, Peter: Enmity in Corinth: Social Conventions in Paul's Relations with the Corinthians. 1987. *Bd. II/23.*

Martin, Dale B.: siehe *Zangenberg, Jürgen.*

Mayer, Annemarie: Sprache der Einheit im Epheserbrief und in der Ökumene. 2002. *Bd. II/150.*

Mayordomo, Moisés: Argumentiert Paulus logisch? 2005. *Bd. 188.*

McDonough, Sean M.: YHWH at Patmos: Rev. 1:4 in its Hellenistic and Early Jewish Setting. 1999. *Bd. II/107.*

McDowell, Markus: Prayers of Jewish Women. 2006. *Bd. II/211.*

McGlynn, Moyna: Divine Judgement and Divine Benevolence in the Book of Wisdom. 2001. *Bd. II/139.*

Meade, David G.: Pseudonymity and Canon. 1986. *Bd. 39.*

Meadors, Edward P.: Jesus the Messianic Herald of Salvation. 1995. *Bd. II/72.*

Meißner, Stefan: Die Heimholung des Ketzers. 1996. *Bd. II/87.*

Mell, Ulrich: Die „anderen" Winzer. 1994. *Bd. 77.*

– siehe *Sänger, Dieter.*

Mengel, Berthold: Studien zum Philipperbrief. 1982. *Bd. II/8.*

Merkel, Helmut: Die Widersprüche zwischen den Evangelien. 1971. *Bd. 13.*

– siehe *Ego, Beate.*

Merklein, Helmut: Studien zu Jesus und Paulus. Bd. 1 1987. *Bd. 43.* – Bd. 2 1998. *Bd. 105.*

Metzdorf, Christina: Die Tempelaktion Jesu. 2003. *Bd. II/168.*

Metzler, Karin: Der griechische Begriff des Verzeihens. 1991. *Bd. II/44.*

Metzner, Rainer: Die Rezeption des Matthäusevangeliums im 1. Petrusbrief. 1995. *Bd. II/74.*

– Das Verständnis der Sünde im Johannesevangelium. 2000. *Bd. 122.*

Mihoc, Vasile: siehe *Dunn, James D.G..*

Mineshige, Kiyoshi: Besitzverzicht und Almosen bei Lukas. 2003. *Bd. II/163.*

Mittmann, Siegfried: siehe *Hengel, Martin.*

Mittmann-Richert, Ulrike: Magnifikat und Benediktus. *1996. Bd. II/90.*

– Der Sühnetod des Gottesknechts. 2008. *Bd. 220.*

Miura, Yuzuru: David in Luke-Acts. 2007. *Bd. II/232.*

Mournet, Terence C.: Oral Tradition and Literary Dependency. 2005. *Bd. II/195.*

Mußner, Franz: Jesus von Nazareth im Umfeld Israels und der Urkirche. Hrsg. von M. Theobald. 1998. *Bd. 111.*

Mutschler, Bernhard: Das Corpus Johanneum bei Irenäus von Lyon. 2005. *Bd. 189.*

Nguyen, V. Henry T.: Christian Identity in Corinth. 2008. *Bd. II/243.*

Niebuhr, Karl-Wilhelm: Gesetz und Paränese. 1987. *Bd. II/28.*

– Heidenapostel aus Israel. 1992. *Bd. 62.*

– siehe *Deines, Roland*

– siehe *Dimitrov, Ivan Z.*

– siehe *Kraus, Wolfgang*

Nielsen, Anders E.: "Until it is Fullfilled". 2000. *Bd. II/126.*

Nissen, Andreas: Gott und der Nächste im antiken Judentum. 1974. *Bd. 15.*

Noack, Christian: Gottesbewußtsein. 2000. *Bd. II/116.*

Noormann, Rolf: Irenäus als Paulusinterpret. 1994. *Bd. II/66.*

Novakovic, Lidija: Messiah, the Healer of the Sick. 2003. *Bd. II/170.*

Obermann, Andreas: Die christologische Erfüllung der Schrift im Johannesevangelium. 1996. *Bd. II/83.*

Öhler, Markus: Barnabas. 2003. *Bd. 156.*

– siehe *Becker, Michael.*

Okure, Teresa: The Johannine Approach to Mission. 1988. *Bd. II/31.*

Onuki, Takashi: Heil und Erlösung. 2004. *Bd. 165.*

Oropeza, B. J.: Paul and Apostasy. 2000. *Bd. II/115.*

Ostmeyer, Karl-Heinrich: Kommunikation mit Gott und Christus. 2006. *Bd. 197.*

– Taufe und Typos. 2000. *Bd. II/118.*

Paulsen, Henning: Studien zur Literatur und Geschichte des frühen Christentums. Hrsg. von Ute E. Eisen. 1997. *Bd. 99.*

Pao, David W.: Acts and the Isaianic New Exodus. 2000. *Bd. II/130.*

Park, Eung Chun: The Mission Discourse in Matthew's Interpretation. 1995. *Bd. II/81.*

Park, Joseph S.: Conceptions of Afterlife in Jewish Insriptions. 2000. *Bd. II/121.*

Pate, C. Marvin: The Reverse of the Curse. 2000. *Bd. II/114.*

Pearce, Sarah J.K.: The Land of the Body. 2007. *Bd. 208.*

Peres, Imre: Griechische Grabinschriften und neutestamentliche Eschatologie. 2003. *Bd. 157.*

Philip, Finny: The Origins of Pauline Pneumatology. 2005. *Bd. II/194.*

Philonenko, Marc (Hrsg.): Le Trône de Dieu. 1993. *Bd. 69.*

Pilhofer, Peter: Presbyteron Kreitton. 1990. *Bd. II/39.*

– Philippi. Bd. 1 1995. *Bd. 87.* – Bd. 2 2000. *Bd. 119.*

– Die frühen Christen und ihre Welt. 2002. *Bd. 145.*

– siehe *Becker, Eve-Marie.*

– siehe *Ego, Beate.*

Pitre, Brant: Jesus, the Tribulation, and the End of the Exile. 2005. *Bd. II/204.*

Plümacher, Eckhard: Geschichte und Geschichten. 2004. *Bd. 170.*

Pöhlmann, Wolfgang: Der Verlorene Sohn und das Haus. 1993. *Bd. 68.*

Pokorný, Petr und *Josef B. Souček:* Bibelauslegung als Theologie. 1997. *Bd. 100.*

Pokorný, Petr und *Jan Roskovec* (Hrsg.): Philosophical Hermeneutics and Biblical Exegesis. 2002. *Bd. 153.*

Popkes, Enno Edzard: Das Menschenbild des Thomasevangeliums. 2007. *Band 206.*

- Die Theologie der Liebe Gottes in den johanneischen Schriften. 2005. *Bd. II/197.*
Porter, Stanley E.: The Paul of Acts. 1999. *Bd. 115.*
Prieur, Alexander: Die Verkündigung der Gottesherrschaft. 1996. *Bd. II/89.*
Probst, Hermann: Paulus und der Brief. 1991. *Bd. II/45.*
Räisänen, Heikki: Paul and the Law. 1983, ²1987. *Bd. 29.*
Rehkopf, Friedrich: Die lukanische Sonderquelle. 1959. *Bd. 5.*
Rein, Matthias: Die Heilung des Blindgeborenen (Joh 9). 1995. *Bd. II/73.*
Reinmuth, Eckart: Pseudo-Philo und Lukas. 1994. *Bd. 74.*
Reiser, Marius: Bibelkritik und Auslegung der Heiligen Schrift. 2007. *Bd. 217.*
- Syntax und Stil des Markusevangeliums. 1984. *Bd. II/11.*
Reynolds, Benjamin E.: The Apocalyptic Son of Man in the Gospel of John. 2008. *Bd. II/249.*
Rhodes, James N.: The Epistle of Barnabas and the Deuteronomic Tradition. 2004. *Bd. II/188.*
Richards, E. Randolph: The Secretary in the Letters of Paul. 1991. *Bd. II/42.*
Riesner, Rainer: Jesus als Lehrer. 1981, ³1988. *Bd. II/7.*
- Die Frühzeit des Apostels Paulus. 1994. *Bd. 71.*
Rissi, Mathias: Die Theologie des Hebräerbriefs. 1987. *Bd. 41.*
Röhser, Günter: Metaphorik und Personifikation der Sünde. 1987. *Bd. II/25.*
Roskovec, Jan: siehe Pokorný, Petr.
Rose, Christian: Theologie als Erzählung im Markusevangelium. 2007. *Bd. II/236.*
- Die Wolke der Zeugen. 1994. *Bd. II/60.*
Rothschild, Clare K.: Baptist Traditions and Q. 2005. *Bd. 190.*
- Luke Acts and the Rhetoric of History. 2004. *Bd. II/175.*
Rüegger, Hans-Ulrich: Verstehen, was Markus erzählt. 2002. *Bd. II/155.*
Rüger, Hans Peter: Die Weisheitsschrift aus der Kairoer Geniza. 1991. *Bd. 53.*
Sänger, Dieter: Antikes Judentum und die Mysterien. 1980. *Bd. II/5.*
- Die Verkündigung des Gekreuzigten und Israel. 1994. *Bd. 75.*
- siehe Burchard, Christoph.
- und Ulrich Mell (Hrsg.): Paulus und Johannes. 2006. *Bd. 198.*
Salier, Willis Hedley: The Rhetorical Impact of the Se-meia in the Gospel of John. 2004. *Bd. II/186.*

Salzmann, Jorg Christian: Lehren und Ermahnen. 1994. *Bd. II/59.*
Sandnes, Karl Olav: Paul – One of the Prophets? 1991. *Bd. II/43.*
Sato, Migaku: Q und Prophetie. 1988. *Bd. II/29.*
Schäfer, Ruth: Paulus bis zum Apostelkonzil. 2004. *Bd. II/179.*
Schaper, Joachim: Eschatology in the Greek Psalter. 1995. *Bd. II/76.*
Schimanowski, Gottfried: Die himmlische Liturgie in der Apokalypse des Johannes. 2002. *Bd. II/154.*
- Weisheit und Messias. 1985. *Bd. II/17.*
Schlichting, Günter: Ein jüdisches Leben Jesu. 1982. *Bd. 24.*
Schließer, Benjamin: Abraham's Faith in Romans 4. 2007. *Band II/224.*
Schnabel, Eckhard J.: Law and Wisdom from Ben Sira to Paul. 1985. *Bd. II/16.*
Schnelle, Udo: siehe Frey, Jörg.
Schröter, Jens: Von Jesus zum Neuen Testament. 2007. *Band 204.*
- siehe Frey, Jörg.
Schutter, William L.: Hermeneutic and Composition in I Peter. 1989. *Bd. II/30.*
Schwartz, Daniel R.: Studies in the Jewish Background of Christianity. 1992. *Bd. 60.*
Schwemer, Anna Maria: siehe Hengel, Martin
Schwindt, Rainer: Das Weltbild des Epheserbriefes. 2002. *Bd. 148.*
Scott, Ian W.: Implicit Epistemology in the Letters of Paul. 2005. *Bd. II/205.*
Scott, James M.: Adoption as Sons of God. 1992. *Bd. II/48.*
- Paul and the Nations. 1995. *Bd. 84.*
Shi, Wenhua: Paul's Message of the Cross as Body Language. 2008. *Bd. II/254.*
Shum, Shiu-Lun: Paul's Use of Isaiah in Romans. 2002. *Bd. II/156.*
Siegert, Folker: Drei hellenistisch-jüdische Predigten. Teil I 1980. *Bd. 20* – Teil II 1992. *Bd. 61.*
- Nag-Hammadi-Register. 1982. *Bd. 26.*
- Argumentation bei Paulus. 1985. *Bd. 34.*
- Philon von Alexandrien. 1988. *Bd. 46.*
Simon, Marcel: Le christianisme antique et son contexte religieux I/II. 1981. *Bd. 23.*
Smit, Peter-Ben: Fellowship and Food in the Kingdom. 2008. *Bd. II/234.*
Snodgrass, Klyne: The Parable of the Wicked Tenants. 1983. *Bd. 27.*
Söding, Thomas: Das Wort vom Kreuz. 1997. *Bd. 93.*
- siehe Thüsing, Wilhelm.
Sommer, Urs: Die Passionsgeschichte des Markusevangeliums. 1993. *Bd. II/58.*

Sorensen, Eric: Possession and Exorcism in the New Testament and Early Christianity. 2002. *Band II/157.*

Souček, Josef B.: siehe *Pokorný, Petr.*

Southall, David J.: Rediscovering Righteousness in Romans. 2008. *Bd. 240.*

Spangenberg, Volker: Herrlichkeit des Neuen Bundes. 1993. *Bd. II/55.*

Spanje, T.E. van: Inconsistency in Paul? 1999. *Bd. II/110.*

Speyer, Wolfgang: Frühes Christentum im antiken Strahlungsfeld. Bd. I: 1989. *Bd. 50.*

– Bd. II: 1999. *Bd. 116.*

– Bd. III: 2007. *Bd. 213.*

Spittler, Janet E.: Animals in the Apocryphal Acts of the Apostles. 2008. *Bd. II/247.*

Sprinkle, Preston: Law and Life. 2008. *Bd. II/241.*

Stadelmann, Helge: Ben Sira als Schriftgelehrter. 1980. *Bd. II/6.*

Stein, Hans Joachim: Frühchristliche Mahlfeiern. 2008. *Bd. II/255.*

Stenschke, Christoph W.: Luke's Portrait of Gentiles Prior to Their Coming to Faith. *Bd. II/108.*

Sterck-Degueldre, Jean-Pierre: Eine Frau namens Lydia. 2004. *Bd. II/176.*

Stettler, Christian: Der Kolosserhymnus. 2000. *Bd. II/131.*

Stettler, Hanna: Die Christologie der Pastoralbriefe. 1998. *Bd. II/105.*

Stökl Ben Ezra, Daniel: The Impact of Yom Kippur on Early Christianity. 2003. *Bd. 163.*

Strobel, August: Die Stunde der Wahrheit. 1980. *Bd. 21.*

Stroumsa, Guy G.: Barbarian Philosophy. 1999. *Bd. 112.*

Stuckenbruck, Loren T.: Angel Veneration and Christology. 1995. *Bd. II/70.*

–, *Stephen C. Barton* und *Benjamin G. Wold* (Hrsg.): Memory in the Bible and Antiquity. 2007. *Vol. 212.*

Stuhlmacher, Peter (Hrsg.): Das Evangelium und die Evangelien. 1983. *Bd. 28.*

– Biblische Theologie und Evangelium. 2002. *Bd. 146.*

Sung, Chong-Hyon: Vergebung der Sünden. 1993. *Bd. II/57.*

Tajra, Harry W.: The Trial of St. Paul. 1989. *Bd. II/35.*

– The Martyrdom of St.Paul. 1994. *Bd. II/67.*

Theißen, Gerd: Studien zur Soziologie des Urchristentums. 1979, ³1989. *Bd. 19.*

Theobald, Michael: Studien zum Römerbrief. 2001. *Bd. 136.*

Theobald, Michael: siehe *Mußner, Franz.*

Thornton, Claus-Jürgen: Der Zeuge des Zeugen. 1991. *Bd. 56.*

Thüsing, Wilhelm: Studien zur neutestamentlichen Theologie. Hrsg. von Thomas Söding. 1995. *Bd. 82.*

Thurén, Lauri: Derhethorizing Paul. 2000. *Bd. 124.*

Thyen, Hartwig: Studien zum Corpus Iohanneum. 2007. *Bd. 214.*

Tibbs, Clint: Religious Experience of the Pneuma. 2007. *Bd. II/230.*

Toit, David S. du: Theios Anthropos. 1997. *Bd. II/91.*

Tomson, Peter J. und *Doris Lambers-Petry* (Hrsg.): The Image of the Judaeo-Christians in Ancient Jewish and Christian Literature. 2003. *Bd. 158.*

Tolmie, D. Francois: Persuading the Galatians. 2005. *Bd. II/190.*

Toney, Carl N.: Paul's Inclusive Ethic. 2008. *Bd. II/252.*

Trebilco, Paul: The Early Christians in Ephesus from Paul to Ignatius. 2004. *Bd. 166.*

Treloar, Geoffrey R.: Lightfoot the Historian. 1998. *Bd. II/103.*

Tsuji, Manabu: Glaube zwischen Vollkommenheit und Verweltlichung. 1997. *Bd. II/93*

Twelftree, Graham H.: Jesus the Exorcist. 1993. *Bd. II/54.*

Ulrichs, Karl Friedrich: Christusglaube. 2007. *Bd. II/227.*

Urban, Christina: Das Menschenbild nach dem Johannesevangelium. 2001. *Bd. II/137.*

Vahrenhorst, Martin: Kultische Sprache in den Paulusbriefen. 2008. *Bd. 230.*

Vegge, Ivar: 2 Corinthians – a Letter about Reconciliation. 2008. *Bd. II/239.*

Visotzky, Burton L.: Fathers of the World. 1995. *Bd. 80.*

Vollenweider, Samuel: Horizonte neutestamentlicher Christologie. 2002. *Bd. 144.*

Vos, Johan S.: Die Kunst der Argumentation bei Paulus. 2002. *Bd. 149.*

Waaler, Erik: The *Shema* and The First Commandment in First Corinthians. 2008. *Bd. II/253.*

Wagener, Ulrike: Die Ordnung des „Hauses Gottes". 1994. *Bd. II/65.*

Wahlen, Clinton: Jesus and the Impurity of Spirits in the Synoptic Gospels. 2004. *Bd. II/185.*

Walker, Donald D.: Paul's Offer of Leniency (2 Cor 10:1). 2002. *Bd. II/152.*

Walter, Nikolaus: Praeparatio Evangelica. Hrsg. von Wolfgang Kraus und Florian Wilk. 1997. *Bd. 98.*

Wander, Bernd: Gottesfürchtige und Sympathisanten. 1998. *Bd. 104.*

Wasserman, Emma: The Death of the Soul in Romans 7. 2008. *Bd. 256.*

Waters, Guy: The End of Deuteronomy in the Epistles of Paul. 2006. *Bd. 221.*

Watt, Jan G. van der: siehe *Frey, Jörg.*

Watts, Rikki: Isaiah's New Exodus and Mark. 1997. *Bd. II/88.*

Wedderburn, A.J.M.: Baptism and Resurrection. 1987. *Bd. 44.*

Wegner, Uwe: Der Hauptmann von Kafarnaum. 1985. *Bd. II/14.*

Weiß, Hans-Friedrich: Frühes Christentum und Gnosis. 2008. *Bd. 225.*

Weissenrieder, Annette: Images of Illness in the Gospel of Luke. 2003. *Bd. II/164.*

–, *Friederike Wendt* und *Petra von Gemünden* (Hrsg.): Picturing the New Testament. 2005. *Bd. II/193.*

Welck, Christian: Erzählte ‚Zeichen'. 1994. *Bd. II/69.*

Wendt, Friederike (Hrsg.): siehe *Weissenrieder, Annette.*

Wiarda, Timothy: Peter in the Gospels. 2000. *Bd. II/127.*

Wifstrand, Albert: Epochs and Styles. 2005. *Bd. 179.*

Wilk, Florian: siehe *Walter, Nikolaus.*

Williams, Catrin H.: I am He. 2000. *Bd. II/113.*

Winninge, Mikael: siehe *Holmberg, Bengt.*

Wilson, Todd A.: The Curse of the Law and the Crisis in Galatia. 2007. *Bd. II/225.*

Wilson, Walter T.: Love without Pretense. 1991. *Bd. II/46.*

Winn, Adam: The Purpose of Mark's Gospel. 2008. *Bd. II/245.*

Wischmeyer, Oda: Von Ben Sira zu Paulus. 2004. *Bd. 173.*

Wisdom, Jeffrey: Blessing for the Nations and the Curse of the Law. 2001. *Bd. II/133.*

Witmer, Stephen E.: Divine Instruction in Early Christianity. 2008. *Bd. II/246.*

Wold, Benjamin G.: Women, Men, and Angels. 2005. *Bd. II/2001.*

– siehe *Stuckenbruck, Loren T.*

Wright, Archie T.: The Origin of Evil Spirits. 2005. *Bd. II/198.*

Wucherpfennig, Ansgar: Heracleon Philologus. 2002. *Bd. 142.*

Yates, John W.: The Spirit and Creation in Paul. 2008. *Vol. II/251.*

Yeung, Maureen: Faith in Jesus and Paul. 2002. *Bd. II/147.*

Zangenberg, Jürgen, Harold W. Attridge und *Dale B. Martin* (Hrsg.): Religion, Ethnicity and Identity in Ancient Galilee. 2007. *Bd. 210.*

Zimmermann, Alfred E.: Die urchristlichen Lehrer. 1984, ²1988. *Bd. II/12.*

Zimmermann, Johannes: Messianische Texte aus Qumran. 1998. *Bd. II/104.*

Zimmermann, Ruben: Christologie der Bilder im Johannesevangelium. 2004. *Bd. 171.*

– Geschlechtermetaphorik und Gottesverhältnis. 2001. *Bd. II/122.*

– (Hrsg.): Hermeneutik der Gleichnisse Jesu. 2008. *Bd. 231.*

– siehe *Frey, Jörg.*

Zumstein, Jean: siehe *Dettwiler, Andreas*

Zwiep, Arie W.: Judas and the Choice of Matthias. 2004. *Bd. II/187.*

Einen Gesamtkatalog erhalten Sie gerne vom Verlag
Mohr Siebeck – Postfach 2040 – D–72010 Tübingen
Neueste Informationen im Internet unter www.mohr.de